Das Große Buch *der* Sportregeln

Von American Football bis Wasserspringen

Das
Große Buch
der
Sportregeln

Von American Football bis Wasserspringen

Sportverlag Berlin

© by Duncan Petersen Publishing Ltd 1997

© der deutschsprachigen Ausgabe by SVB Sportverlag Berlin GmbH 1998

Autor der Kapitel Kunstturnen, Rhythmische Sportgymnastik, Taekwon-do, Darts, Billard, Schwimmen, Segeln, Radsport, Wintersport: Hans-Jürgen Zeume

Übersetzung aus dem Englischen: Ruslan Tulburg

Projektleitung: Andrew Duncan
Art Director: Mel Petersen

Lektorat der deutschen Ausgabe: Bernd Ludwig

Umschlaggestaltung: Volkmar Schwengle/Buch und Werbung, Berlin
Titelfotos: Allsport Picture Library
Fotos: Allsport Picture Library
Zeichnungen: Julian Baker
Satz: LVD GmbH, Berlin
Druck und Bindung: Graficromo, S. A., Cordoba
Printed in Spain 1998
ISBN 3-328-00800-4

Gedruckt auf alterungsbeständigem Papier
mit chlorfrei gebleichtem Zellstoff

Die Deutsche Bibliothek – CIP-Einheitsaufnahme
Das große Buch der Sportregeln: Von American Football bis Wasserspringen/
[Autor der Kap. Kunstturnen, Rhythmische Sportgymnastik, Taekwon-do, Darts,
Billard, Schwimmen, Segeln, Radsport, Wintersport: Hans-Jürgen Zeume.
Übers. aus dem Engl.: Ruslan Tulburg]. - Berlin: Sportverl., 1998
ISBN 3-328-00800-4

Einführung

Das Ziel dieses Buches war ehrgeizig: einen überaus leicht zu benutzenden Führer für Sportregeln zu schaffen, der funktional, aber nicht oberflächlich illustriert ist, ein Buch, das nicht in trockener Amtssprache verfaßt ist, wie bei offiziellen Regelwerken üblich, sondern anregend und leserfreundlich ist. Es sollte einfach zu benutzen und leicht verständlich sein für Leser aller Altersgruppen, angefangen vielleicht schon bei zehn Jahren.

In der Hoffnung, ein einzigartiges und wertvolles Nachschlagewerk zu schaffen, das einzelnen Lesern, Familien, Schulen, Vereinen, ja auch Sportjournalisten dienen könnte, haben wir eine umfassende Sammlung von Regeln für alle häufig ausgeübten Sportarten in einem Band zusammengestellt und damit ein gewaltiges Stück Arbeit geleistet.

Bei der Gestaltung der reich illustrierten Seiten »Das Wichtigste auf einen Blick« legten wir besonderen Wert auf Übersichtlichkeit und Einfachheit. Die Illustrationen mit den Legenden sind ideal dafür geeignet, das Wesentliche darzustellen und häufig gestellte Fragen zu beantworten. Sie sollen dem Leser eine praktikable Hilfe sein, wenn das Spiel ins Stocken gerät.

Die Seiten »Das Wichtigste auf einen Blick« würden natürlich nicht ausreichen, wenn sie allein stünden. Daher haben wir sie um Texte der Regelwerke ergänzt, und zwar Punkt für Punkt und in doppelseitiger Aufmachung, so daß die beiden Arten der Darstellung – mit Querverweisen versehen – immer abwechselnd auftreten. Diese beiden Stränge sich gegenseitig ergänzender Information – Übersicht und detaillierte Erläuterung – ziehen sich durch das ganze Buch und schaffen einen interessanten Kontrast. Wir hoffen, daß dieses Buch für viele Menschen eine wertvolle Informationsquelle sein wird. Informationen zu den Auswahlkriterien der Regeln findet der Leser auf Seite 9.

Danksagung

Ohne die Fähigkeiten von *Angela Koo*, die die Hauptrolle beim Recherchieren und Zusammenstellen spielte, und ohne die Hilfe von Experten wäre es nicht möglich gewesen, ein Buch wie dieses zusammenzustellen. Bis auf wenige Sportarten sind sämtliche Texte von den jeweiligen Sportverbänden überprüft worden. Die wenigen, die dazu nicht in der Lage waren, konnten dies aus Zeitmangel nicht tun, aber auch diese Texte wurden den neuesten Quellen entnommen. Die Regeln entsprechen also dem aktuellen Stand zum Zeitpunkt der ersten Drucklegung der englischsprachigen Ausgabe im August 1997.

Wir bedanken uns bei den Verbandsleitungen der in diesem Buch vertretenen Sportarten für ihre unschätzbare Hilfe. Eine Aufzählung ihrer Namen und Adressen ist auf Seite 223 zu finden. Zu besonderem Dank sind wir jedoch den folgenden Personen für ihre außerordentlich nützlichen Beiträge verpflichtet:

- **American Football** David Rossell
- **Baseball** Steve Meyerhoff und Wendy Macadam
- **Basketball** Alan Richardson und Albert Schencking
- **Boxsport** Karl-Heinz Wehr
- **Eisschnelllauf** Thea Lindner
- **Fußball** David Barber
- **Hockey** Jane Nuckolds, George Croft und Mary Coyle
- **Leichtathletik** David Littlewood und Pat Liddiard
- **Softball** Merle Butler
- **Squash** Ted Wallbutton
- **Synchronschwimmen** Cornelia Euringer
- **Tennis** Nicola Bickord
- **Tischtennis** Colin Clemett
- **Volleyball** Bernard Kilkenny

Inhaltsverzeichnis

Die Sportarten in der Reihenfolge ihres Erscheinens im Buch

Die Sportarten alphabetisch

American Football	82
Badminton	126
Bahnradsport	192
Baseball	94
Basketball	42
Biathlon	205
Billard	158
Boxen	142
Curling	219
Darts	156
Eishockey	206
Eiskunstlauf	216
Eisschnellauf	214
Eistanz	216
Fechten	152
Freestyle Ski	200
Fußball	34
Golf	166
Handball	30
Hockey	58
Judo	150
Karate	146
Korfball	54
Kunstturnen	26
Leichtathletik	10
Mountain-Bike	195
Pétanque	178
Radball	195
Radpolo	195
Rhythmische Sportgymnastik	28
Rugby	66
Schwimmen	182
Segeln	186
Ski alpin	196
Ski nordisch	202
Snowboard	201
Softball	103
Squash	130
Straßenradsport	194
Synchronschwimmen	184
Taekwondo	154
Tennis	114
Tischtennis	138
Volleyball	106
Wasserspringen	184

Hinweise zur Benutzung des Buches

Was im Buch enthalten ist und was nicht

Im *Großen Buch der Sportregeln* werden Sie die wichtigsten Sportarten finden. Es sind diejenigen, die am häufigsten betrieben werden oder denen man als Zuschauer begegnet. Der Schwerpunkt liegt auf den körperbetonten Sportarten und solchen, die wenig oder keine Spezialausrüstung erfordern. Daher liegen solche Sportarten wie Bobsport, Motorsport oder Schießen außerhalb des Rahmens dieses Buches, zumindest bei dieser ersten Ausgabe.

Obwohl auch einige wichtige Sportarten von nur regionaler Bedeutung beschrieben werden, handelt es sich hier doch im wesentlichen um eine internationale Auswahl.

Die behandelten Aspekte

Zur Sicherung der Übersichtlichkeit wird jede Sportart konsequent jeweils nach drei Gesichtspunkten behandelt:

Wettkampfstätte, Ausrüstung, Spieler und Offizielle

Die in den Legenden enthaltenen Informationen, die Illustrationen und die Beschriftung der Diagramme und Zeichnungen sind dem offiziellen Regelwerk entnommen.

Spielgedanke/ Wer gewinnt

Unter diesen Überschriften erscheint eine Kurzzusammenfassung des Spielverlaufs; auch diese Informationen basieren auf dem offiziellen Regelwerk.

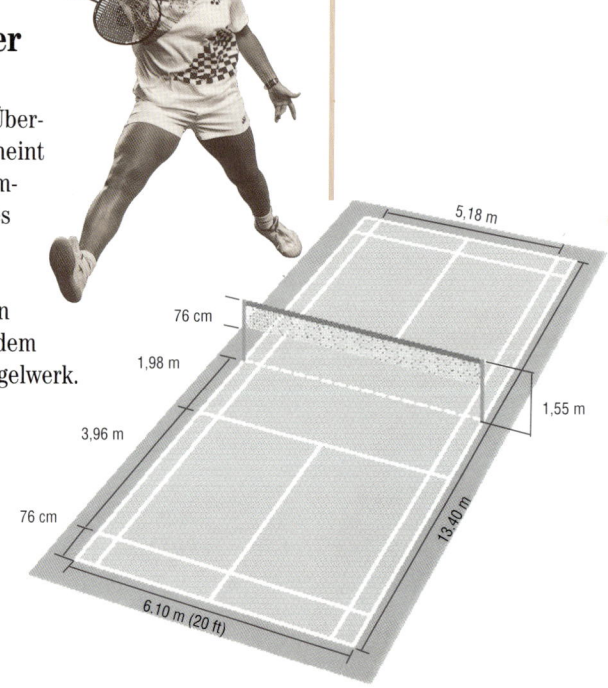

5,18 m

76 cm

1,98 m

1,55 m

3,96 m

76 cm

13,40 m

6,10 m (20 ft)

Die wichtigsten Regeln

Da Regelwerke im allgemeinen ziemlich umfangreich und eher etwas für Insider sind, soll diese Rubrik über das Wichtigste in allgemeinverständlicher Form informieren.

Fertigkeiten und Taktik

Ganze Bücher sind zu diesen Fragen geschrieben worden; wir fassen die wichtigen Punkte kurz zusammen.

Grauzonen

Gemeint sind Grenzbereiche der Regelauslegung, die immer wieder zu Meinungsverschiedenheiten führen. Die meisten davon wurden von Experten der betreffenden Sportverbände vorgeschlagen.

Die Regeln

In den meisten Fällen geben wir die »höchste« zur Verfügung stehende offizielle Fassung wieder – gewöhnlich die, die am weitesten verbreitet ist. Beim Boxsport beschränken wir uns auf die Amateurregeln.

Bei fast allen Sportarten werden wichtige Regeln, wie etwa die zu den Wettkampfstätten und den Geräten, in der Weise behandelt, daß der Leser auf die Seite »Das Wichtigste auf einen Blick« verwiesen wird, wo sie mit einfachen Worten und mit Illustrationen erläutert werden.

Für viele Sportarten werden die Regeln möglichst vollständig aufgeführt, der zur Verfügung stehende Raum zwang aber zu Straffungen.

Beachten Sie bitte, daß die Regeln in manchen Sportarten regelmäßig verändert werden.

Leichtathletik

Leichtathletik ist die älteste Form des
organisierten Sports und genießt
weltweite Beliebtheit. Sie umfaßt
Laufdisziplinen, Sprungdisziplinen
und Wurf-/Stoßdisziplinen. Es gibt
Einzelwettbewerbe, Mannschafts-
wettbewerbe und Mehrkämpfe.

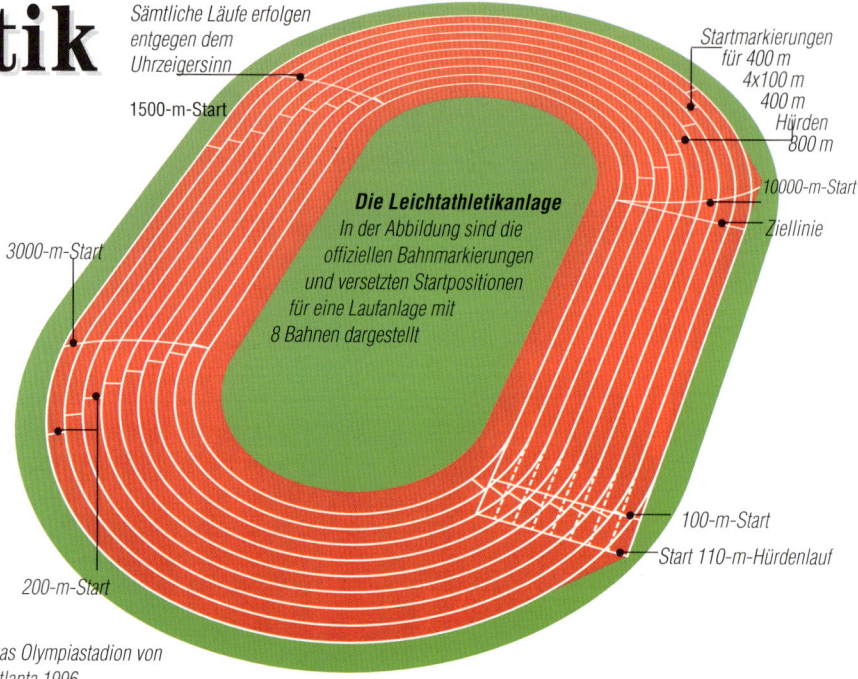

Sämtliche Läufe erfolgen
entgegen dem
Uhrzeigersinn

1500-m-Start

3000-m-Start

200-m-Start

Startmarkierungen
für 400 m
4x100 m
400 m
Hürden
800 m

10000-m-Start

Ziellinie

Die Leichtathletikanlage
In der Abbildung sind die
offiziellen Bahnmarkierungen
und versetzten Startpositionen
für eine Laufanlage mit
8 Bahnen dargestellt

100-m-Start

Start 110-m-Hürdenlauf

*Das Olympiastadion von
Atlanta 1996*

LAUFWETTBEWERBE

Abmessungen der Laufbahn

Die Länge einer Standardbahn
beträgt 400 m. Eine Bahn mit 6
einzelnen Laufbahnen mit einer
Breite von je 1,22 m (max.
1,25 m)sollte insgesamt mindestens 7,32 m breit sein.
Stadien, in denen große Wettbewerbe ausgetragen werden,
haben oft 8 oder mehr Laufbahnen. Der Innen-

rand der Laufbahn sollte
deutlich markiert sein, und
zwar bei festen Bahnen (außer
Rasenbahnen) durch eine Art
Bordsteine, die mindestens
5 cm breit und bis zu 5 cm hoch
sind. Die innere Abgrenzung
kann auch mit einer 5 cm
breiten Linie mit Fähnchen
oder Kegeln im Abstand von 5 m
markiert sein, die verhindern
sollen, daß Läufer auf die Linie

auf den äußeren Bahnen auszu-
gleichen. Bei Laufdisziplinen
bis zu 110 m müssen die Lauf-
bahnstrecken gerade sein. Beim
400-m- bis einschließlich 800-m-
Lauf kann bis zur ersten Kurve
in Bahnen gelaufen werden,
wobei auch hier ein Lauf-
streckenausgleich durch Versetzen der Startpositionen erforderlich ist. Die Ziellinie für
alle Laufwettbewerbe soll sich
am Ende einer der Geraden
befinden.

Wegen des begrenzten
Raumes sind **Hallen-
bahnen** kürzer
als Lauf-
bahnen im
Freien. In
den Kurven
darf die Bahn ein Ge-
fälle haben. Wettbe-
werbe bis zu 60 m sind

(Hürden) wird dem Sportler,
der die Nr. 1 zieht, die – in
Zielrichtung gesehen – die
äußere linke Laufbahn (Innen-
laufbahn) zugeteilt. Der die
Nr. 2 ziehende Läufer nimmt
dann die nächste Laufbahn usw.

Bei Rundenläufen sollte der
Sicherheit und Fairneß halber
die Anzahl der Läufer pro Lauf
begrenzt sein. Die Gesamt-
anzahl der Teilnehmer sollte
vom Schiedsrichter auf mehrere
Vorläufe bzw. Zwischenläufe
aufgeteilt werden, die nacheinander gelaufen werden.

Mittel/Langstreckenstart
Aufstellung kurz vor dem
Startschuß

Die folgenden Regeln gelten
für internationale Wettbewerbe für Erwachsene. In
einigen Fällen können sie
von den Regeln für Wett-
kämpfe auf örtlicher Ebene
und für Jugendliche abweichen. Im Zweifelsfall sollte
Einsicht in das Regelwerk
des nationalen Verbands
genommen werden.

treten. Die einzelnen Laufbahnen sollten ebenfalls mit weißen, 5 cm breiten Linien markiert sein.

Die Bahn soll eben sein, das
seitliche Gefälle darf 1 : 100,
das Gesamtgefälle in Laufrichtung 1 : 1000 nicht überschreiten. Gelaufen wird entgegen
dem Uhrzeigersinn.

Bei Läufen bis zu einschließlich 400 m müssen die Läufer in
ihren Laufbahnen bleiben. Die
Startpositionen sind daher versetzt, um die längere Laufstrecke

auf einer geraden Bahn und in
Laufbahnen durchzuführen.
Beim 400-m-Lauf auf einer
Bahn von 200 m oder darunter
sollten die ersten beiden Kurven in Bahnen gelaufen werden,
das Ende dieses Abschnitts
sollte auf der Bahn deutlich
markiert sein.

Laufbahnauslosung

Bei sämtlichen Laufwettbe-
werben sollten die Bahnen
ausgelost werden. Bei Läufen
bis zu 100 m bzw. 110 m

Diese Regeln sollten wenn
irgend möglich befolgt
werden. Selbstverständlich
werden nicht alle Vereine
und Schulen über Anlagen
und Ausrüstung verfügen, die
dem empfohlenen Standards
entsprechen. Das sollte kein
Grund sein, die Anpassung
und Improvisation zu zügeln.
Wenn aber z.B. nicht mehr
Raum vorhanden ist, sollte
man sich nicht davor
scheuen, eine 300-m-Bahn
einzurichten.

Startblöcke

Startblöcke dürfen bei allen Laufstrecken bis einschließlich 400 m benutzt werden. Dazu zählt auch die erste Runde eines Staffellaufes, bei der die Laufstrecke 400 m nicht überschreitet.

Startblöcke bestehen aus 2 verstellbaren Fußplatten, die auf einem festen Rahmen montiert sind. Ihre Konstruktion und Anwendung muß einigen Festlegungen entsprechen:
• Sie müssen ausschließlich aus biegefestem Material gefertigt sein und dürfen dem Läufer keine unfaire Begünstigung verschaffen;
• sie sollen mit einigen Stiften auf der Laufbahn fixiert werden und müssen schnell und einfach zu entfernen sein;
• sie sollen verstellbar sein, dürfen sich jedoch beim eigentlichen Start nicht bewegen;
• benutzen die Läufer ihre eigenen Startblöcke, müssen diese vom Startrichter zugelassen werden; und
• wenn der Block fixiert ist, darf er die Startlinie nicht überlappen oder in eine andere Laufbahn hineinragen.

Die Fußplatte darf Schlitze oder Kerben aufweisen, oder sie kann mit einem geeigneten Material beschichtet sein, damit die Spikes fest sitzen.

Bei bedeutenden internationalen Begegnungen müssen die Startblocks an eine Fehlstartanzeige angeschlossen sein. Ist die Reaktionszeit kürzer als 100/1000 Sek., erzeugt die Anlage ein akustisches Signal für den Startrichter, der in einem solchen Falle die Teilnehmer zurückrufen muß.

Der Start

Eine 5 cm breite weiße Linie, die im rechten Winkel zum Innenrand der Bahn verläuft, ist die Startlinie. Die Laufstrecke sollte von jener Kante der Linie gemessen werden, die weiter vom Ziel entfernt ist, bis zu der Kante der Ziellinie, die der Startlinie näher ist. Bei Läufen, die nicht in Laufbahnen gelaufen werden, sollte die Startlinie gebogen sein, wobei die Kurve so zu berechnen ist, daß alle Läufer die gleiche Distanz bis zur Ziellinie zu laufen haben.

Alle Laufdisziplinen beginnen mit dem Startschuß, der mit der Pistole des Starters oder mit einem anderen zugelassenen Gerät in die Luft abgegeben wird.

Bei Läufen bis einschließlich 400 m (auch beim Staffellauf) ruft der Starter »Auf die Plätze«, dann »Fertig« (Nach dem Einnehmen der Fertig-Position verharren die Läufer bewegungslos auf ihrem Platz), darauf gibt er den Startschuß. Bei den Laufstrecken ab 800 m starten die Läufer aus dem Hochstart. Sie gehen auf das Kommando »Auf die Plätze« zur Startlinie (ohne sie zu berühren oder den Boden mit den Händen zu berühren); wenn alle Läufer bewegungslos verharren, wird der Startschuß abgegeben, davor gibt es kein Kommando »Fertig.« Der Starter kann alle Läufer auffordern, von ihren Plätzen zurückzugehen, wenn er (sie) nicht überzeugt ist, daß alles bereit ist und der Lauf beginnen kann.

Fehlstarts

Umstände, die als Fehlstart eines Läufers betrachtet werden können, sind u. a.:
• den Kommandos »Auf die Plätze« oder »Fertig« wird nicht innerhalb einer angemessenen Zeit Folge geleistet;
• nach dem Kommando »Auf die Plätze« kommt es zur Störung anderer Läufer durch Geräusche o. ä.;
• ein Läufer (oder mehrere) bewegt sich nach Einnahme der endgültigen »Fertig«-Position vor dem Startsignal.

Ein Läufer, der einen Fehlstart verursacht, wird verwarnt. Zwei Fehlstarts (drei bei den Einzeldisziplinen des Fünfkampfes, Siebenkampfes oder Zehnkampfes) ziehen eine Disqualifikation nach sich. Wenn der Starter (oder der Fehlstartrichter) der Meinung ist, daß der Start nicht regelgerecht war, müssen die Läufer durch einen zweiten Schuß zurückgerufen werden. Wenn ein oder mehrere Läufer vorzeitig starten, neigen die anderen dazu zu folgen, und nach den Buchstaben der Regel haben alle einen Fehlstart verursacht. Der Startrichter sollte aber nur den oder die Läufer verwarnen, die seiner Meinung nach den Fehlstart verursacht haben. Das kann bedeuten, daß mehr als ein Läufer verwarnt wird. Ist ein Fehlstart auf keinen Läufer zurückzuführen, sollte natürlich auch kein Läufer verwarnt werden.

Rechts: Der Tiefstart ist nach den Regeln der International Amateur Athletic Federation (IAAF) Pflicht in allen Läufen bis einschließlich 400 m. Die Teilnehmer gehen nach dem Kommando »Auf die Plätze« an die Startlinie und nehmen hinter der Startlinie (die sie nicht berühren dürfen) die Tiefstartstellung in ihren Bahnen ein. Jeder Läufer sollte mit beiden Händen und mindestens mit einem Knie den Boden berühren und mit beiden Füßen auf den Fußplatten des Startblocks stehen. Auf das Kommando »Fertig« heben die Läufer ihre Knie vom Boden und nehmen die (gebückte) endgültige Startstellung ein, bei der die Hände den Boden berühren und ihre Füße fest gegen die Startblöcke gedrückt werden.

Fotofinish
Bei elektronischer Zeitnahme wird die Zeit automatisch durch die Startpistole in Gang gesetzt. Der Einlauf wird mit einer Zielkamera mit einem senkrechten Schlitz kontinuierlich im Fotofinishverfahren aufgenommen. Die Kamera steht in Verlängerung der Ziellinie. Der Film läuft synchron mit einer einheitlich markierten Zeitskala. Die so vorgenommene Zeitmessung ist auf 1/100 Sek. genau.

Kleidung und Schuhwerk

Die Kleidung der Athleten sollte dezent und ordentlich sein – Hemd und Shorts o. ä., die sauber und (auch bei Nässe) nicht durchsichtig sein sollen. Die Sportler sollten nichts tragen, was die Sicht der Schiedsrichter beeinträchtigen könnte. Den Teilnehmern sollen deutlich lesbare Startnummern zur Verfügung gestellt werden, die ihren Nummern im Veranstaltungsprogramm entsprechen.

Die Schuhe sollen gute Bodenhaftung und guten Schutz bei minimalem Gewicht bieten, obwohl die Teilnehmer auf Wunsch auch barfuß oder mit nur einem Schuh laufen dürfen. Schuhe dürfen nicht so beschaffen sein, daß sie dem Wettkämpfer zusätzliche Hilfe bieten (z. B. zusätzliche Federung). Bis zu 11 Dornen darf jede Sohle und jeder Absatz haben. Bei Läufen auf Kunststoffbahnen darf die über die Sohle hinausragende Höhe der Spikes 9 mm (beim Hochsprung und Speerwurf 12 mm) nicht überschreiten. Spikedurchmesser: max. 4 mm. Bei natürlichem Untergrund soll die Spikelänge max. 25 mm betragen. Sohle und/oder Absatz dürfen (außer beim Hochsprung) beliebig dick sein. Sie dürfen Rillen, Grate und andere Strukturen aufweisen, vorausgesetzt, sie sind aus dem gleichen oder ähnlichem Grundmaterial wie die Sohle selbst.

Lauf

Bei Wettbewerben, die in Bahnen ausgetragen werden, müssen die Läufer vom Start bis zum Ziel in den ihnen zugewiesenen Laufbahnen bleiben. Nach den IAAF-Regeln zieht ein Treten auf oder über die Laufbahnlinie während des Laufes in der Kurve automatisch die Disqualifikation nach sich, es sei denn, der betreffende Athlet wurde von einem anderen Läufer dazu gezwungen. Das Übertreten der äußeren Laufbahnlinie stellt keinen Verstoß dar, wenn kein anderer Läufer dadurch behindert wird. Wettkämpfer, die andere schubsen, schneiden oder behindern, riskieren, disqualifiziert zu werden. Wird ein Läufer disqualifiziert, kann der Schiedsrichter eine Wiederholung des Laufes (ohne diesen Läufer) anordnen. Falls bei dem zur Disqualifikation führenden Vorfall irgendein Läufer in einem Lauf beeinträchtigt wurde, kann ihm der Schiedsrichter erlauben, an einem späteren Lauf teilzunehmen.

Läufer, die an ihren Startplätzen sind, dürfen nicht von ihrem Betreuer begleitet werden, noch dürfen sie während des Laufes Hilfe bekommen.

Die letzte Runde wird den Läufern gewöhnlich mit einer Glocke bekanntgegeben. Bei Läufen bis zu 200 m sollte möglichst die Windgeschwindigkeit gemessen werden, wobei der Windmesser 50 m vor dem Ziel und nicht weiter als 2 m vom Innenrand der Bahn in einer Höhe von 1,22 m aufgestellt werden sollte. Der Wind sollte über eine Dauer von 13 Sek. bei Hürdenläufen und 10 Sek. bei anderen Laufdisziplinen gemessen werden (beim 200-m-Lauf beginnt die Messung, wenn der erste Läufer die Gerade erreicht hat). Bei einem Rückenwind von über 2 m/Sek. wird eine Rekordzeit nicht anerkannt.

Das Ziel

Zwei weiße Pfosten können an der gedachten Verlängerung der Ziellinie zu beiden Seiten der Laufbahn mindestens 30 cm von der Laufbahnkante aufgestellt werden, außer wenn dies das Zielfoto beeinträchtigt. Die Plazierung der Läufer wird danach bestimmt, in welcher Reihenfolge der jeweilige Läufer die senkrechte Ebene an derjenigen Kante der Ziellinie erreicht, die der Startlinie näher ist (dabei ist sein Rumpf und nicht der Kopf oder Hals maßgebend).

Kommen bei einem Lauf, der zur Qualifikation für die nächste Runde oder für das Finale ausgetragen wird, mehrere Läufer zeitgleich auf den ersten Platz, so qualifizieren sie sich alle. (Nach IAAF-Reglement ist es zulässig, die gemessenen Zeiten mit einer größeren Genauigkeit als mit den offiziell vorgeschriebenen 1/100 Sek. zu überprüfen.) Endet ein Finallauf mit einem toten Rennen für die Erstplazierten, ist der Schiedsrichter befugt zu entscheiden, ob es zweckmäßig ist, diese Läufer noch einmal laufen zu lassen. Entscheidet er sich dagegen, bleibt das Ergebnis bestehen. Alle anderen zeitgleichen Plazierungen bleiben bestehen.

Zeitnahme

Es sollten eine der Anzahl der Läufer angemessene Anzahl von Zeitnehmern zur Verfügung stehen, von denen einer die Funktion des Oberzeitnehmers bekleidet. Die Zeitnehmer müssen in Verlängerung der Ziellinie stehen, und zwar möglichst außerhalb der Laufbahn mit mindestens 5 m Abstand von ihr. Sie sollten auf einer Erhöhung stehen. Als Laufzeit zu messen ist die Zeit vom Aufblitzen des Startschusses oder vom Zusammenschlagen der Startklappe bis zum Zeitpunkt, in dem der Oberkörper des Läufers die Vorderkante der Ziellinie erreicht (s. *Das Ziel*). Bei Läufen über 800 m und darüber müssen die Rundenzeiten und die Nummer des führenden Läufers registriert werden, darüber hinaus auch die 1000-m-Zwischenzeiten bei allen Distanzen von 3000 m an. Diese Information ist entscheidend bei Rekordansprüchen. Nur der offizielle Zeitnehmer oder eine andere damit

Die Lauftechnik ist je nach Laufdisziplin unterschiedlich. Im Sprintlauf werden die Knie hoch angehoben, die Arme kräftig mitgeschwungen, und der Oberkörper ist um etwa 25 Grad nach vorn geneigt. Bei Langstreckenläufern ist der Kniehub nicht so ausgeprägt, die Schritte sind kürzer, und die Vorlage ist geringer.

beauftragte Person darf Zwischenzeiten angeben, die dann über die Lautsprecheranlage bekanntgegeben werden.

Elektronische Zeitmessung

Sie wird bei den meisten wichtigen Begegnungen eingesetzt; bei internationalen Wettbewerben, wie etwa bei den Olympischen Spielen oder bei Weltmeisterschaften, gehört sie zum Standard.

Für Laufstrecken bis zu einschließlich 10 000 m sollte die im Fotofinish festgehaltene Zeit mit einer Genauigkeit von 1/100 Sek. ablesbar sein. Bei Bahnläufen sollte die Zeit auf die nächste 1/10 Sek. aufgerundet werden. Bei Läufen, die teilweise oder gänzlich außerhalb des Stadions ausgetragen werden, sollte die Zeit auf die nächste ganze Sekunde aufgerundet werden.

Vollautomatisch erfaßte Zeiten sind als offiziell anzusehen, es sei denn, der Fotofinish-Oberzeitnehmer ist anderer Auffassung. In diesem Fall sollte der Oberzeitnehmer manuell ermittelte Zeiten vorlegen, die von Hilfszeitnehmern gemessen wurden. Eine Zeitmeßvorrichtung, die entweder beim Start oder beim Finish automatisch arbeitet, aber nicht bei beiden, kann für offizielle Zeitmessung angewandt werden. Wenn möglich, sollten zwei Zielkameras an beiden Enden der Ziellinie aufgestellt werden. Sie sollten technisch unabhängig voneinander arbeiten.

Die Zeiten sollten für alle Läufer genommen werden, die das Ziel erreichen.

Manuelle Zeitmessung

Konventionelle Stoppuhren (die im allgemeinen durch elektronische Zeitmeßgeräte mit manueller Bedienung ersetzt worden sind) können für Läufe bis zu einschließlich 3000 m benutzt werden. Elektronische Zeitmeßgeräte dürfen bei allen Laufdisziplinen zur manuellen Zeitnahme benutzt werden. Für alle Läufe auf der Bahn, bei denen die Zeitnahme manuell erfolgt, sind sämtliche Zeiten, die mit einer Genauigkeit von 1/100 Sek. gemessen wurden, auf den nächsten 1/10-Sekundenwert aufzurunden, bei vollen Zehntelsekunden bleibt der Wert unverändert, (Beispiel: 10,13=10,2 Sek.; 10,60= 10,6 Sek.). Bei Läufen, die teilweise oder gänzlich außerhalb des Stadions ausgetragen werden, sollen die Zeiten auf die nächste volle Sekunde aufgerundet werden. Jeder Zeitnehmer soll unabhängig arbeiten und dem Obmann Zeit die gemessene Zeit mitteilen, der die Werte zur Bestätigung überprüfen darf (bei Rekordzeiten ist das Vorschrift). Der Obmann Zeit sollte dann ggf. nach den folgenden Festlegungen entscheiden, welche offizielle Zeit für den jeweiligen Läufer einzutragen ist:

• wenn sich 2 von 3 Zeitnehmern über die Plazierung eines Läufers einig sind und einer nicht, dann gilt die von den beiden vorgelegte Zeit als offiziell;
• sind sich alle 3 Zeitnehmer nicht einig, sollte die mittlere Zeit als offiziell gelten;
• sollten aus irgendwelchen Gründen nur 2 Zeiten vorliegen und keine Einigkeit bestehen,

sollte die längere Zeit als offiziell gelten.

Staffellauf

Jedes Staffelmitglied trägt den Staffelstab über eine bestimmte Teilstrecke, bevor es ihn dem nächsten seiner Staffel übergibt. Die Übergabe muß innerhalb eines festgelegten Abschnitts erfolgen.

Wechselraum und Teilstrecke sind durch Linien markiert. Der Wechselraum reicht von 10 m vor bis 10 m hinter der Teilstreckenmarkierung. Diese Linien gehören zum Wechselraum.

Der 2., 3. und 4. Läufer eines 4x100-m-Staffel-Teams (die Läufe werden nur in Bahnen absolviert) dürfen erst dann anfangen zu laufen, wenn der Stabträger 10 m oder weniger vom Wechselraum entfernt ist. Diese zusätzliche Grenze sollte deutlich auf jeder Laufbahn markiert sein.

Bei der 4x400-m-Staffel muß der übernehmende Läufer den Lauf innerhalb des Wechselraumes beginnen. Diese Staffel wird in der ersten und in einem Teil der zweiten Runde in Bahnen gelaufen; das IAAF-Reglement empfiehlt allerdings, daß bei Teilnahme von drei oder weniger Mannschaften nur die erste Kurve in Bahnen gelaufen werden sollte. Der zweite Läufer einer jeden Staffel darf seine Laufbahn verlassen, sobald er das Ende der ersten Kurve erreicht hat (markiert mit einer Linie quer über die Laufbahn). Nach offizieller Anweisung stellen sich die Läufer der 3. und 4. Teilstrecke in Warteposition in der gleichen Reihenfolge auf (von innen

nach außen), wie die jeweiligen Läufer ihrer Staffel die 200-m-Marke erreichen.

Bei anderen Staffelläufen, die nicht in Bahnen ausgetragen werden, können wartende Läufer auf die Innenbahn gehen, sobald sich ihr eigener Läufer nähert, vorausgesetzt, sie behindern dadurch nicht den Lauf eines anderen Läufers.

Läßt ein Läufer/eine Läuferin den Stab fallen, darf er/sie die Laufbahn ggf. verlassen, um ihn aufzuheben. Dabei dürfen weder andere Läufer behindert noch die Distanz verkürzt werden; Verstöße können eine Disqualifikation nach sich ziehen.

Nachdem eine Staffel einen Lauf absolviert hat, dürfen maximal zwei weitere Teilnehmer als Ersatzläufer eingesetzt werden. Eingewechselt werden dürfen nur die Läufer, die für den Wettbewerb gemeldet worden waren.

Laufdisziplinen im Freien umfassen im allgemeinen (Meisterschaftsprogramm):

Kurzstreckenlauf:
100 m, 200 m, 400 m

Mittelstreckenlauf:
800 m, 1500 m

Langstreckenlauf:
5000 m, 10 000 m

Hindernislauf:
3000 m

Hürdenlauf:
100 m (nur Frauen),
110 m (nur Männer), 400 m

Staffellauf:
4x100 m, 4x400 m

Der Stab
Ein biegefestes Hohlrohr mit einem Umfang von 12–13 cm. Er sollte 28–30 cm lang sein, mindestens 50 g wiegen und eine deutlich sichtbare Farbe haben. Bei allen Staffelläufen muß die Stabübergabe innerhalb des Wechselraumes erfolgen.

Stabübergabe
Die Stabübergabe beginnt mit der ersten Stabberührung durch den übernehmenden Läufer und ist abgeschlossen, wenn sich der Stab allein in dessen Hand befindet. Nicht die Position der Gliedmaßen des Läufers, sondern allein die Position des Stabes im Wechselraum ist für alle Entscheidungen maßgebend. Nach der Übergabe soll der Läufer in seiner Bahn bleiben, bis die anderen Läufer vorbei sind.

Hürdenlauf

Die Standard-Hürdenlauf-strecken im Freien sind 110 m und 400 m für Männer; 100 m und 400 m für Frauen und in der Halle 60 m. Alle Hürden-läufe finden in abgesteckten Bahnen statt (Hürdenhöhen und -abstände siehe Tabelle Seite 183).

Eine Hürde ist aus Metall und Holz gefertigt und so auf der Laufbahn aufzustellen, daß ihre Füße gegen die Laufrichtung zeigen.

Die Hürde soll so konstruiert sein, daß eine Kraft von mindestens 3,6 kg und höchstens 4 kg auf die Lattenmitte wirken muß, um die Hürde umzuwerfen. Die Latten-höhe kann je nach Lauf-strecke verschieden eingestellt

werden. Die Gegengewichte sollten so einstellbar sein, daß ihre Standfestigkeit in jeder Höhe den Regeln ent-spricht. Das Umstoßen einer beliebigen Anzahl von regel-gerechten Hürden in einem Lauf zieht weder eine Disquali-fikation nach sich, noch hat dies einen Einfluß auf einen eventuellen Rekord-anspruch.

Ein Läufer/eine

Läuferin wird disqualifiziert, wenn
• sich sein/ihr Nachziehbein oder -fuß beim Überqueren irgendeiner Hürde unterhalb der horizontalen Ebene der Hürde befindet;
• er/sie über eine Hürde springt, die nicht auf seiner/ihrer Laufbahn ist;
• er/sie nach Meinung des Schiedsrichters absichtlich eine Hürde mit der Hand oder dem Fuß umwirft.

Hürdenlauf
Kennzeichnend für eine gute Hürden-lauftechnik ist das möglichst flache Überlaufen der Hürden, wozu ein nach vorn geneigter Körper und das seitliche Abspreizen des Nachziehbeins gehören, aber auch das schnelle Bodenfassen nach der Hürde und eine fließende, rhythmische Laufbewegung.

Hürdenabmessungen
Die max. Breite einer Hürde beträgt nach den Regeln 1,20 m und die max. Fußlänge 70 cm. Die Querlatte ist 7 cm breit und 1–2,5 cm dick und sollte im Wechsel helle und dunkle Streifen aufweisen. Die helleren Streifen sollten an den Enden sein, ihre Mindestbreite sollte 22,5 cm betragen.

Maßangaben für den Hürdenlauf

Lauf-strecke	Hürden-höhe	Entfernung zwischen Startlinie und erster Hürde	Hürden-abstand	Entfernung zwischen Hürde und Ziellinie
Männer				
Im Freien				
110 m	1,067 m	13,72 m	9,14 m	14,02 m
400 m	0,914 m	45 m	35 m	40 m
In der Halle				
50 m	1,067 m	13,72 m	9,14 m	8,86 m
60 m	1,067 m	13,72 m	9,14 m	9,72 m
Frauen				
Im Freien				
100 m	0,840 m	13 m	8,5 m	10,5 m
400 m	0,762 m	45 m	35 m	40 m
In der Halle				
50 m	0,840 m	13 m	8,5 m	11,5 m
60 m	0,840 m	13 m	8,5 m	13 m

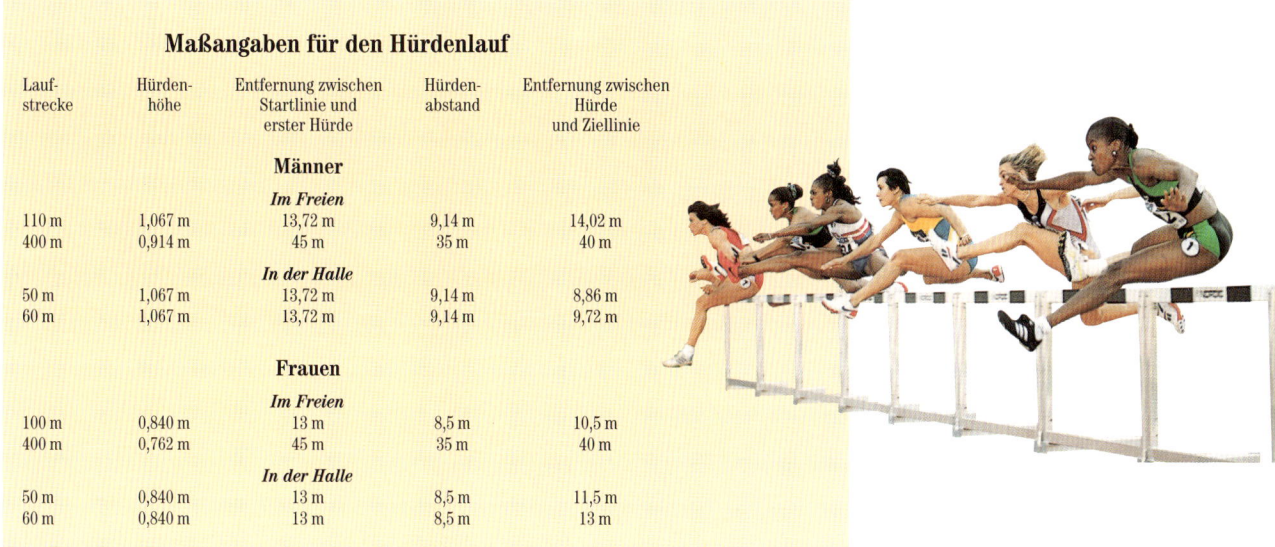

Hindernislauf

Der Hindernislauf ist eine Kombination aus Langstreckenlauf und Hürdenlauf. Die beiden Standardstrecken sind 2000 m und 3000 m (aber auch 1500 m werden gelaufen). Bei der 3000-m-Distanz werden 28mal Hindernisse und 7mal der Wassergraben überwunden, bei der 2000-m-Distanz 18- bzw. 5mal. Eine 3000-m-Strecke sollte 5 Hindernisse je Runde aufweisen, die in gleichen Abständen voneinander stehen, wobei das letzte Hindernis jeweils der Wassergraben ist.

Der Wassergraben befindet sich innerhalb oder außerhalb der Laufbahn. Dadurch wird die normale 400-m-Runde entweder verkürzt oder verlängert. Daher ist es nicht möglich, eine Regel festzulegen, die die genaue Länge einer Hindernislaufrunde vorschreibt oder die genaue Lage des Wassergrabens festlegt.

Um ein Gedränge zu vermeiden, ist eine ausreichend lange Strecke zwischen der Startlinie und der ersten Hürde vorzusehen. Beim 3000-m-Lauf sollten bis zum Anfang der ersten vollen Runde keine Hindernisse aufgestellt sein (die Hürden sind zu entfernen, bis die Läufer den Anfang der vollen Runde erreicht haben). Der Abstand zwischen dem letzten Hindernis und der Ziellinie sollte ca. 62 m betragen. Die Art des Überquerens der Hindernisse ist nicht vorgeschrieben. Die Läufer können sie im Hürdenschritt (ohne Berührung des Hindernisses) überqueren, sie dürfen aber auch die Hände zu Hilfe nehmen oder mit den Füßen aufsetzen. Zur Disqualifikation führt, wenn der Läufer an einer der beiden Seiten vorbeiläuft oder wenn sich sein Nachziehbein im Augenblick des Überquerens einer Hürde unterhalb der gedachten Verlängerung der Hürdenoberkante befindet.

Hindernis

Das Hindernis aus schwerem Holz oder aus Metall mit einer Holzplatte sollte so konstruiert sein, daß es sich nicht leicht umwerfen läßt. Es ist 91,40 cm (Für Frauen 76,20 cm) hoch und hat eine Gesamtbreite von mindestens 3,96 m. Die Kantenlänge des Hürdenquerbalkens (auch der Hürde am Wassergraben) beträgt 12,70 cm. Das Hindernis sollte so auf der Bahn aufgestellt sein, daß der Querbalken mit ca. 30 cm über die Bahninnenkante in den Innenraum ragt. Der Querbalken ist gestreift. Die Streifen, die mindestens 30 cm breit sein sollten, sind so aufgestellt, daß die beiden Balkenenden hell sind.

Wassergraben

Die Gesamtlänge des Wassergrabens (einschließlich des Hindernisses) beträgt 3,66 m. Das Hindernis vor dem Wassergraben ist fest verankert, und alle haben die gleiche Höhe. Auf der Absprungseite ist der Wassergraben 70 cm tief; in Laufrichtung weist der Graben diese Tiefe über eine Länge von 30 cm auf, dahinter nimmt die Tiefe kontinuierlich bis zum Ende des Wassergrabens auf 0 cm ab. Der Boden auf der Absprungseite des Grabens ist mit geeignetem Material abgedeckt, das einen sicheren Aufsprung der Läufer gewährleistet. Die Abdeckung ist mindestens so breit wie der Wassergraben und 2,50 m lang; ihre Dicke darf 2,5 cm nicht überschreiten.

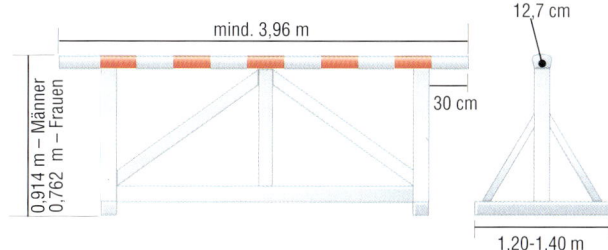

mind. 3,96 m

12,7 cm

30 cm

0,914 m – Männer
0,762 m – Frauen

1,20–1,40 m

Hindernis

SPRUNGDISZIPLINEN

Allgemeine Bestimmungen

Die Startreihenfolge wird ausgelost. Jeder Sprung eines Wettkämpfers wird Versuch genannt. In jedem Durchgang des Wettbewerbs ist eine bestimmte Anzahl von Versuchen erlaubt. Außer beim Hoch- und Stabhochsprung dürfen die Sportler keinen Versuch auf einen späteren Durchgang verschieben. Wenn Wettkämpfer an mehreren Disziplinen teilnehmen, die gleichzeitig stattfinden, können die Schiedsrichter ihnen erlauben, ihre Versuche in einer anderen Reihenfolge durchzuführen, als ursprünglich festgelegt worden war. Kein Teilnehmer darf während eines Durchgangs mehr als einen gültigen Versuch machen, außer im Hoch- und Stabhochsprung.

Nachdem ein Wettkampf begonnen hat, dürfen die Sportler für das Warmmachen oder vorbereitende Übungen keine Anlaufbahnen benutzen. Der Schiedsrichter hat die Befugnis, die Wettkampfstätte zu wechseln, wenn dies die Umstände erfordern. Das sollte nicht während eines Durchganges geschehen.

Alle Messungen sollten mit einem geeichten Stahlbandmaß oder mit einem entsprechenden Meßgerät durchgeführt werden.

Qualifikationswettkämpfe

Qualifikationswettkämpfe werden durchgeführt, wenn die Anzahl der Wettkämpfer für einen Wettbewerb zu hoch ist. Die Teilnehmer werden in eine oder mehrere Gruppen eingeteilt, wobei die Gruppen nacheinander an den Start gehen, außer wenn es ihnen die Anlage erlaubt, zur gleichen Zeit und unter den gleichen Bedingungen zu starten. Wer die Qualifikationsnorm erreicht, wird zum Wettkampf zugelassen. Wenn weniger als die festgelegte Anzahl von Teilnehmern die Norm erreichen, wird die Gruppe der Finalteilnehmer aufgefüllt mit denjenigen, deren Leistungen der Qualifikationsnorm am nächsten gekommen sind.

Die Wettkämpfer haben im Qualifikationswettkampf bis zu 3 Versuche (außer im Hoch- und Stabhochsprung). Die dabei erreichte Leistung zählt nicht zum eigentlichen Wettkampf. Hat ein Teilnehmer die Qualifikationsnorm erreicht, sollte er keine weiteren Versuche machen.

Wettkämpfer, die sich in den Vorrunden für die weitere Teilnahme qualifiziert haben, aber dann nicht an den Start gehen, ohne daß sie dem Schieds-

richter dafür eine Begründung angegeben haben, werden von der weiteren Teilnahme ausgeschlossen. Bei Wettkämpfen, die länger als einen Tag dauern, gilt ein solcher Ausschluß für alle folgenden Wettkämpfe.

Hochsprunganlage

Die Graphik veranschaulicht die Maße der Sprunglatte, der Sprungständer und der Auflageplatten. Die Ständer müssen biegefest sein. Die Latte (aus Glasfaser, Metall oder anderem geeignetem Material) sollte einen kreisförmigen Querschnitt aufweisen, außer an den Enden, die auf den Auflageplatten der Ständer aufliegen. Die Vorderseite der Latte sollte farbig gekennzeichnet sein und das Lattengewicht von 2 kg nicht überschritten werden.

Die Auflageplatten sollten fest an den Ständern angebracht sein, wobei jede Platte genau gegenüber der anderen liegen muß, so daß die Enden der Latte auf ihnen ruhen können. Die Platten dürfen keine Federn haben und nicht mit einem Material beschichtet sein, das die Reibung erhöht. Das gleiche gilt für die Teile der Latte, die auf den Auflageflächen ruhen.

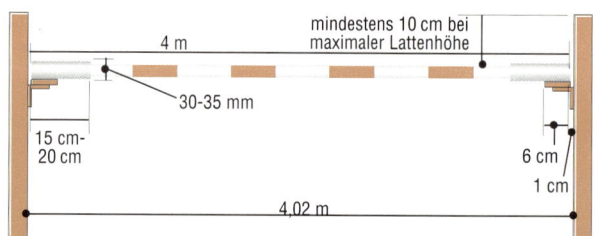

Hoch- und Stabhochsprung

Der Schiedsrichter legt die Anfangshöhe fest sowie die weiteren Höhen, auf die die Latte nach jedem Durchgang anzuheben ist. Ein Springer kann nach eigenem Ermessen bei jeder beliebigen festgelegten Höhe beginnen. Er scheidet aus, wenn er 3 Fehlsprünge hintereinander bei einer Höhe gemacht hat (außer bei Höhengleichheit). Der Springer kann den 2. oder 3. Versuch bei einer bestimmten Höhe auslassen (nachdem er einen oder zwei

Fehlversuche hatte), darf dann aber bei einer der weiteren Höhen springen. Wenn er jedoch einen Versuch ausläßt, darf er bei dieser Höhe später keinen weiteren Versuch machen, außer bei Höhengleichheit.

Ist nur noch ein Springer im Wettbewerb, darf er weiterspringen, bis er drei Fehlversuche hintereinander hat. In diesem Falle entscheidet der verantwortliche Offizielle nach Beratung mit dem Sportler, auf welche Höhe die Sprunglatte gelegt werden soll (gilt nicht für Mehrkämpfe).

Gemessen wird in Zentimetern senkrecht vom Boden zum tiefsten Punkt der oberen Lattenkante. Vor dem ersten Versuch über eine neue Höhe sollte die Latte neu vermessen werden. Für eine Rekordanerkennung muß die übersprungene Höhe überprüft werden. Ist nur noch ein Springer im Wettkampf, sollte die Latte mindestens 2 cm beim Hochsprung und 5 cm beim Stabhochsprung nach jedem Durchgang höher gelegt werden.

Höhengleichheit

Bei Höhengleichheit ist jener Teilnehmer besser zu plazieren, der ebendiese Höhe mit der geringeren Anzahl von Versuchen erreicht hat. Besteht dann immer noch Platzgleichheit, entscheidet die geringere Anzahl von Fehlversuchen bis einschließlich der Höhe, die zuletzt übersprungen wurde. Besteht weiterhin Gleichheit und geht es um den ersten Platz, sollten die Wettkämpfer noch einen Sprung absolvieren, wobei die Latte auf die niedrigste Höhe zu legen ist, die einer von ihnen nicht geschafft hat. Fällt die Entscheidung nicht, kommt es zum »Stechen«:

Verzögerung

Einem Teilnehmer, der einen Versuch ungerechtfertigt verzögert, wird die Verzögerung als Fehlversuch angerechnet. Eine zweite Verzögerung im Laufe des Wettbewerbs kann Disqualifikation von der weiteren Teilnahme am Wettbewerb nach sich ziehen (die bis zu diesem Zeitpunkt erzielten Leistungen werden jedoch im Ergebnisprotokoll für den Wettkampf festgehalten). Es liegt zwar im Ermessen des Kampfrichters festzustellen, wann eine unbegründete Verzögerung vorliegt, folgende Zeiten sollten jedoch im Normalfall nicht überschritten werden:
• 1 : 30 Min. beim Hochsprung, Weitsprung, Dreisprung, Kugelstoßen, Diskuswerfen, Hammerwurf und Speerwurf.
• 2 Min. beim Stabhochsprung (gerechnet ab

dem Zeitpunkt, wo die Ständer nach Wunsch des Springers aufgestellt worden sind).
• Wenn nur noch 2 oder 3 Teilnehmer im Wettbewerb verblieben sind, sollten die o. g. Zeiten auf 3 bzw. 4 Min. erhöht werden (und nach dem IAAF-Reglement auf 5 bzw. 6 Min., wenn nur noch ein Teilnehmer geblieben ist). Das gilt nicht für den Mehrkampfwettbewerb.
• Der Zeitabstand zwischen nacheinander folgenden Versuchen eines Teilnehmers sollte mindestens 4 Min. beim Stabhochsprung und 3 Min. bei anderen Wurf- und Sprungdisziplinen betragen.

Ist die Zeit für einen Versuch abgelaufen, nachdem ein Teilnehmer seinen Versuch begonnen hat, sollte der Versuch nicht für ungültig erklärt werden.

Die Stabhochsprunganlage

Für die Stabhochsprungständer gibt es keine Vorgaben, außer daß sie formstabil sein müssen. Der Abstand zwischen ihnen soll mindestens 4,30 m und höchstens 4,37 m betragen. Das Mittelteil der Latte (aus Glasfiber, Metall oder einem anderen geeigneten Material) soll einen kreisförmigen Querschnitt haben (Durchmesser 29–31 mm). Insgesamt soll die Latte 4,48–4,52 m lang sein, ihr Gewicht muß 2,25 kg betragen.

Die Auflageplatten sollten horizontal angebracht sein, jedoch nicht mehr als 7,5 cm über die Außenkante der Ständer hinausragen. Ihr Durchmesser sollte nicht größer als 13 mm sein. Die Auflageplatten können auch an Verlängerungsarmen angebracht werden, die fest am Ständer befestigt sind. Auf diese Weise kann der Abstand zwischen den Ständer vergrößert und die Verletzungsgefahr für den Springer verringert werden, ohne daß eine längere Latte genommen werden muß. Die Ständer sollten 35–40 mm über die Auflagen hinausragen. Weder die Auflageplatten noch die Lattenenden dürfen mit einem Material beschichtet sein, das die Reibung erhöht. Die Auflageplatten dürfen nicht mit Federn versehen sein.

die Latte wird 2 bzw. 5 cm (Hoch- bzw. Stabhochsprung) höher oder niedriger gelegt und die Teilnehmer machen je einen Versuch pro Höhe, bis die Entscheidung fällt. Bei anderen Plazierungen als Platz 1 wird auf das »Stechen« verzichtet, die betreffenden Teilnehmer werden auf den gleichen Platz gesetzt.

Hochsprung

Bei dieser Disziplin sollen die Ständer während eines Wettbewerbs nicht verschoben werden, es sei denn, der Schiedsrichter ist der Auffassung, daß die Absprung- und die Aufsprungfläche nicht mehr geeignet sind. Dies sollte nicht während eines Durchgangs geschehen. Die Teilnehmer dürfen Anlaufmarkierungen benutzen.

Als Fehlversuch gilt, wenn ein Teilnehmer
• mit beiden Füßen abspringt;
• die Latte so berührt, daß sie herunterfällt;
• den Boden mit irgendeinem Körperteil jenseits der Ständerebene (zwischen den Ständern oder außerhalb der Ständer) berührt (dazu zählt auch die Aufsprungfläche), bevor er die Latte überquert hat (es sei denn, der Schiedsrichter ist der Meinung, daß dadurch kein Vorteil entstanden ist).

Die Springer dürfen keine Schuhe tragen, deren Sohlen dicker als 13 mm sind.

Die Mindestlänge der Anlaufbahn sollte 15 m (bei wichtigeren Wettbewerben 20 m) betragen, und die Aufsprungfläche sollte mindestens 5 m lang und 3 m breit sein. Die Anlauffläche sollte eben sein, ein Gesamt-

gefälle von 1 : 250 zum Mittelpunkt der Latte ist aber erlaubt.

Stabhochsprung

Positionierung der Ständer

Die Teilnehmer dürfen verlangen, daß die Ständer verschoben werden, und zwar um nicht mehr als 40 cm zur Anlaufbahn hin und 80 cm zur Aufsprungfläche hin, gemessen von der verlängerten Innenkante des Absprungkastens. Senkrecht zur Achse der Anlaufbahn auf der Ebene der inneren oberen Kante des Kastens darf eine 1 cm breite weiße Linie gezogen werden. Sie sollte bis zur Außenkante der Ständer verlaufen. Die Springer sollten dem verantwortlichen Offiziellen vor Beginn des Wettbewerbs mitteilen, wo sie die Ständer für ihren ersten Versuch aufgestellt haben möchten, und diese Position sollte bleiben. Haben sie danach Änderungswünsche, sollten sie den Offiziellen sofort informieren, noch bevor die Ständer entsprechend ihrem

Stabhochsprung
Beim Stabhochsprung versucht der Wettkämpfer mit Hilfe eines biegsamen Sprungstabs eine Sprunglatte in möglichst großer Höhe zu überspringen. Nachdem der Springer die Stabspitze in den Einstichkasten gestoßen hat, verleiht er dem Stab nach dem Absprung eine starke Biegung, um in eine handstandähnliche Position hochzuschwingen. Der sich streckende Stab treibt den Athleten hoch und über die Latte.

ursprünglichen Wunsch aufgestellt worden sind.

Der Sprung

Teilnehmer dürfen Anlauf- und Absprungmarkierungen neben – aber nicht auf – der Laufbahn anbringen. Pflaster an den Händen oder Fingern sind nicht erlaubt, sofern dies nicht wegen einer offenen Wunde erforderlich ist; ein Haftmittel darf für einen sicheren Stabgriff benutzt werden.

Als Fehlsprung gilt, wenn ein Springer
• die Latte von der Auflage an den Ständern abwirft;
• den Boden (einschließlich der Absprungfläche jenseits der senkrechten Ebene des oberen Teils des Einstichkastens) mit seinem Körper oder seinem Stab berührt, bevor er die Latte überquert;
• nach dem Absprung den Griff am Stab ändert (mit der unteren Hand über die höhere greift oder mit der oberen Hand den Stab höher faßt).

Niemand sonst darf den Stab berühren, es sei denn, dieser fällt nicht in Richtung Sprunglatte oder Ständer. Wird er jedoch berührt und der Schiedsrichter ist der Meinung, daß er sonst die Latte

abgeworfen hätte, gilt das als Fehlversuch.

Die Anlaufbahn sollte eben und mindestens 40 m lang sowie, ähnlich wie eine Laufbahn, 1,22 m – 1,25 m breit sein. Bei Rekordversuchen darf das seitliche Gesamtgefälle 1 : 100 und das Gefälle in Laufrichtung 1 : 1000 nicht übersteigen. Die Landefläche sollte mindestens 5 m x 5 m betragen.

Der Einstichkasten

Er kann aus Holz oder Metall sein und sollte eben in den Boden eingelassen sein und innen (am Boden) 1 m lang sein. Am vorderen Ende soll er 60 cm, am verjüngten Ende unten an der Anschlagseite 15 cm breit sein.
Der Kastenboden soll in bezug zur Bodenoberkante ein Gefälle aufweisen, so daß er vorn bei einer Tiefe von 20 cm einen Winkel von 105° zur Anschlagseite bildet.
Ein hölzener Einstichkasten sollte (von der Anlaufseite aus) 80 cm weit mit 2,5 mm dickem Blech ausgekleidet sein.

Der Sprungstab

Der Stab darf aus beliebigem Material oder Materialkombinationen bestehen und beliebig lang sein, auch sein Durchmesser ist nicht vorgeschrieben, vorausgesetzt, seine Grundoberfläche ist glatt. Zwei Schichten Klebeband mit gleicher Dicke und glatter Oberfläche sind erlaubt. Der Stab darf auch an den unteren 30 cm mit Klebebandschichten versehen sein, damit er beim Aufschlag gegen den hinteren Teil des Einstichkastens geschützt ist.

Weitsprung/Dreisprung

Allgemeine Bestimmungen

Sind mehr als 8 Athleten am Start, hat jeder 3 Versuche; die besten 8 bekommen jeweils 3 weitere Versuche. Bei Weitengleichheit auf dem 8. Platz bekommen die betreffenden Springer 3 zusätzliche Versuche. Bei 8 oder weniger Teilnehmern hat jeder 6 Versuche.

Am Ende des Anlaufs wird von einem Absprungbalken abgesprungen, dessen Kante zur Sprunggrube hin die Absprunglinie bildet. Der Springer darf Anlauf- und Ablaufmarkierungen neben der Anlaufbahn anbringen, jedoch nicht auf ihr selbst oder jenseits der Absprunglinie. Ein Sprung wird als Fehlsprung gewertet, wenn der Wettkämpfer

• den Boden jenseits der Absprunglinie mit dem Körper berührt, egal, ob er dabei abspringt oder nur läuft, ohne abzuspringen;

• neben dem Absprungbalken abspringt, wobei es unerheblich ist, ob der Absprung vor oder jenseits der gedachten Verlängerung der Absprunglinie stattfindet;

• beim Sprung den Boden außerhalb der Sprunggrube an einer Stelle berührt, die näher zur Absprunglinie liegt als die Ein-

druckstelle im Sand, die der Absprunglinie am nächsten liegt;

• nach erfolgtem Sprung durch die Sprunggrube zurückgeht;

• während des Anlaufes oder des Sprunges einen Salto – gleichgültig welcher Art – macht.

Es wird nicht als ungültiger Versuch gewertet, wenn der Springer innerhalb des gültigen Absprungraumes *vor* dem Balken abspringt.

Die Sprungweite

Sie wird beim Weit- und Dreisprung gemessen vom nächsten durch irgendeinen Körperteil in der Sprunggrube hinterlassenen Eindruck bis zur Absprunglinie, und zwar rechtwinklig zu dieser oder ihrer gedachten Verlängerung. Die Weiten werden auf volle Zentimeter abgerundet. Bei Weitengleichheit entscheidet die zweitbeste Leistung, ggf. die drittbeste usw. Besteht

weiterhin Weitengleichheit und es geht um den ersten Platz, sollten die betreffenden Springer den Durchgang in der gleichen Reihenfolge wiederholen, bis eine Entscheidung gefallen ist. Jedem Sportler wird die beste im Wettbewerb erreichte Weite, einschließlich der bei der Entscheidung um den ersten Platz erreichten Weite, gutgeschrieben.

Windmessung

Wenn möglich, sollte beim Weitsprung und Dreisprung die Windgeschwindigkeit gemessen und registriert werden. Das Windmeßgerät sollte höchstens

2 m vom Rand der Anlaufbahn entfernt in einer Höhe von 1,22 m an der Absprunglinie aufgestellt werden. Der Wind wird 5 Sek. lang gemessen von dem Augenblick an, wo der Springer eine Markierung passiert, die beim Weitsprung 40 m und beim Dreisprung 35 m vor dem Absprungbalken angebracht ist. Ist der Anlauf kürzer als diese Entfer-

nungen, sollte die Messung ab dem ersten Anlaufschritt beginnen.

Allgemeine Maße der Anlage

Der weiß gestrichene hölzerne Absprungbalken ist fest in den Boden eingelassen, seine Oberkante sollte in gleicher Ebene mit der Anlaufbahn abschließen. Abmessungen: Länge 1,21–1,22 m; Breite 19,8–20,2 cm; Tiefe 10 cm. Die Mindestlänge der Anlaufbahn sollte 40 m, die Mindestbreite 1,22 m betragen. Bei Rekorden darf das seitliche Gefälle 1 : 100 und das Gesamtgefälle in Laufrichtung 1 : 1000 nicht überschreiten. Der Sand in der Sprunggrube sollte vor dem Wettbewerb angefeuchtet werden, da dies das genaue Messen erleichtert. Die Sandoberfläche muß in gleicher Höhe mit der Oberkante des Absprungbalkens liegen.

Absprungrichtung

Plastilinauflage, 1 mm dick

Absprungbalken

30°

20 cm

10 cm max.

7 mm

10 cm

»Spurensicherung«

Die in der Zeichnung dargestellte Plastilinauflage, die unmittelbar an die Absprunglinie anschließt, dient der »Spurensicherung« bei einem möglichen Übertreten. Die Anlage besteht aus einem biegefesten Balken, der 9,80–10,20 cm breit und 1,21–1,22 m lang ist. Er ist mit einer Plastilinauflage versehen. Ab Absprunglinie weist ihre Oberfläche eine Schräge von 30° in Laufrichtung auf, wobei sie die Oberkante des Balkens max. um 7 mm überragt. Wenn das Anbringen einer solchen Auflagenicht möglich ist, sollte lockere Erde oder feuchter Sand jenseits des Absprungbalkens aufgetragen werden (7 mm hoch, 10 cm breit). Die Sprunggrube sollte 2,75-30 m breit und 9 m lang sein.

Der Hop (erste Sprung) beim Dreisprung

Rechts: Windmeßgerät

Weitsprung

Beim Weitsprung soll der Abstand zwischen Absprungbalken und Sprunggrubenanfang 1–3 m und der Abstand zwischen Absprungbalken und Sprunggrubenende mindestens 10 m betragen sollen.

1.22–1.25 m

*Abmessungen für internationale Wettbewerbe. Für andere Wettbewerbe sollten sie an das Niveau der Teilnehmer angepaßt werden.

Anlaufbahn

40–45 m

Absprungbalken

1–3 m

Sprunggrube

min 10 m

2.75–3 m

Anlaufbahn

Absprungbalken

* min. 13 m (Männer) min. 11 m (Frauen)

min. 21 m

Sprunggrube

Alle anderen Maße wie beim Weitsprung

Dreisprung

Beim Hop (1. Sprung) muß der Springer mit dem Absprungbein landen, beim Step (2. Sprung) mit dem anderen Bein, mit dem er dann auch den Jump (abschließender 3. Sprung) ausführt. Berührt das Nachziehbein während des Schrittes den Boden, wird der Sprung nicht als fehlerhaft gewertet. Der Abstand zwischen dem Absprungbalken und dem Ende der Sprunggrube sollte mindestens 21 m betragen. Der empfohlene Mindestabstand zwischen dem Absprungbalken und dem Anfang der Sprunggrube sollte 13 m für Männer und 11 m für Frauen betragen.

Die drei Sprünge des Dreisprungs

Gleichgewichthalten durch Armeinsatz

aufrechte Körperhaltung

Oberschenkel horizontal

Hop   Step   Jump

Absprung und Landung

Nach einem Sprintanlauf bis zum Absprungbalken versucht der Athlet möglichst weit zu springen. Am Ende der Flugphase bringt der Weitspringer die Beine nach vorn, bevor er in der Sprunggrube landet. Der Dreisprung erfordert drei verschieden zu gestaltende Sprünge (Hop – Step – Jump), die möglichst flach und weit sein sollen. Die Sprungweite wird gemessen auf der gedachten Linie von der Vorderkante des Absprungbalkens bis zu dem Punkt des vom Springer im Sand hinterlassenen Eindrucks, der dem Absprungbalken am nächsten liegt.

Weitsprunglandung

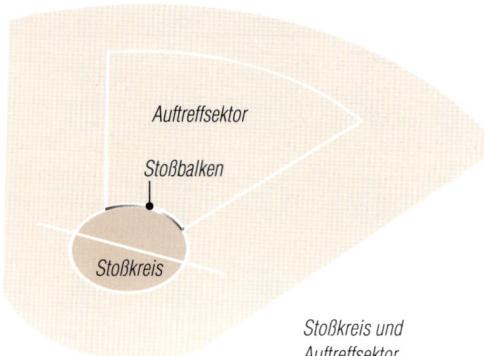

Auftreffsektor

Stoßbalken

Stoßkreis

Stoßkreis und Auftreffsektor

WURF- UND STOSSDISZIPLINEN

Allgemeine Bestimmungen

Beim Kugelstoßen sowie Hammer-, Diskus- und Speerwerfen kommt es darauf an, das jeweilige Gerät möglichst weit zu werfen bzw. zu stoßen.

Nehmen mehr als 8 Sportler am Wettbewerb teil, sollte jeder 3 Versuche haben, und diejenigen mit den 8 besten Ergebnissen bekommen dann jeweils 3 weitere Versuche. Belegen 2 oder mehr Athleten mit gleicher Weite den 8. Platz, sollten beiden 3 weitere Versuche zugesprochen werden. Nehmen 8 oder weniger Sportler am Wettbewerb teil, stehen jedem 6 Würfe/ Stöße zu.

Bei Weitengleichheit im weiteren Wettbewerbsverlauf entscheidet das zweitbeste Ergebnis der Gleichplazierten. Sind diese ebenfalls gleich, entscheidet dann das drittbeste Ergebnis usw. Bleibt die Weitengleichheit auch dann noch bestehen und geht es dabei um den ersten Platz, absolvieren die Betreffenden in der gleichen Reihenfolge einen zusätzlichen Durchgang bzw. mehrere Durchgänge, bis eine Entscheidung fällt (»Stechen«). Jedem Sportler wird die beste im Wettbewerb erreichte Weite, einschließlich der bei der Entscheidung um den ersten Platz erreichten Weite, gutgeschrieben.

Die Athleten dürfen im Wurfsektor keine Markierungen anbringen. Außer beim Hammerwurf dürfen an den Händen oder Fingern keine Tapes oder irgendwelche anderen Mittel, die dem Teilnehmer unerlaubte Vorteile verschaffen könnten, angebracht sein. Die Teilnehmer dürfen jedoch einen Gürtel aus geeignetem Material zum Schutz der Wirbelsäule tragen.

Kugelstoßen

Der Kugelstoßer hält in der Stoßhand die Kugel, die an seiner Schulter ruht und unter seinem Kinn liegt. Durch das Angleiten im Stoßring erhält die Kugel bereits eine beträchtliche Beschleunigung, so daß sie durch die eigentliche Stoßbewegung nach schräg oben eine weite Flugbahn erhalten kann.

Jeder Athlet darf vor Beginn des Wettbewerbs zwei Übungsversuche aus dem Stoßkreis machen. Er darf keine Handschuhe tragen oder irgendwelche Substanzen auf die Schuhsohlen oder auf den Wurfkreis auftragen.

Der Stoßvorgang

Der Kugelstoßer steht ruhig innerhalb des Kreises. Während des Stoßes dürfen der Boden außerhalb des Kreises, die Oberkante des Ringrandes oder des Stoßbalkens (siehe gegenüberliegende Seite) mit keinem Körperteil berührt werden. Solcherart Berühren oder unvorschriftsmäßiges Loslassen der Kugel bei einem Versuch wird als Fehlstoß gewertet. Ein Fehlstoß zählt als Versuch. Der Athlet darf den Kreis nicht verlassen, bis die Kugel den Boden berührt hat. Beim Verlassen des Kreises muß der erste Kontakt mit der Kreiskantenoberfläche oder dem Boden außerhalb des Kreises vollständig hinter der weißen Linie stattfinden, die außerhalb des Kreises eingezeichnet ist und die theoretisch durch seinen Mittelpunkt verläuft. Wurden die o. g. Regeln nicht verletzt, darf ein Teilnehmer einen begonnenen Versuch unterbrechen; er darf die Kugel innerhalb oder außerhalb des Kreises ablegen und den Kreis wie oben beschrieben verlassen, bevor er wieder die Ausgangsstellung einnimmt und einen neuen Versuch beginnt. Alle solche Handlungen sollten innerhalb der Zeit stattfinden, die für einen Versuch normalerweise vorgesehen ist.

Damit die Kugel nicht geworfen (statt gestoßen) wird, ist sie in der Ausgangsstellung am Kinn zu halten bzw. soll das Kinn berühren, und die Hand darf während des Stoßvorgangs nicht unterhalb dieser Position gesenkt werden. Die Kugel darf nicht hinter die Schulterlinie zurückgenommen werden.

Weitenmessung

Bei einem gültigen Versuch muß die Kugel vollständig innerhalb der Innenkanten der beiden den Wurfsektor

Drehstoßtechnik

begrenzenden Linien auf den Boden auftreffen. Gemessen wird vom stoßringnäheren Rand der Aufschlagstelle bis zur Innenkante des Kreises, und zwar entlang der Linie, die durch den Mittelpunkt des Kreises verläuft. Gemessen wird sofort nach jedem Versuch und die Weite auf volle cm abgerundet.

Die Kugel

Die Kugel kann aus beliebigem Material gefertigt sein, das nicht weicher als Messing ist; eine Hülle aus einem solchen Metall mit einer Füllung aus Blei oder aus einem anderen Material ist ebenfalls zulässig; die Oberfläche muß glatt sein. Eine ungewöhnliche Oberfläche ist nicht zulässig. Das Mindestgewicht der Kugel sollte 7,26 kg für Männer und 4 kg für Frauen betragen, der Kugeldurchmesser 110–130 mm (Männer) bzw. 95–110 mm (Frauen).

> Die Sicherheit steht an erster Stelle, und die entsprechenden Bestimmungen sind streng einzuhalten. So sind die Wettkampfbereiche mit Seilen abzugrenzen. Egal, ob beim Üben oder im Wettkampf – Wurfgeräte sollten zum Ausgangsbereich zurückgetragen und niemals zurückgeworfen werden.

O'Brien-Technik Ausstoßphase

Hallenwettbewerbe

Im Hallenwettbewerb sollten
die Sektorlinien, die einen
Winkel von 40 Grad bilden, so
lang sein, wie es der Raum
erlaubt, und die Fläche, auf der
die Kugel aufschlägt, sollte aus
geeignetem Material bestehen,
so daß sie einen Eindruck hin-
terläßt. Am Ende des Stoß-
feldes sollte eine Stoppvor-
richtung installiert sein. Die
Abmessungen sind die gleichen
wie beim Wettbewerb im Freien,
die Kugel darf jedoch mit Kunststoff oder Gummi umhüllt
sein.

Stoßkreiskonstruktion

Die Fläche innerhalb des Stoßkreises
sollte aus festem und rutschsicherem
Material und eben sein. Bei einer Tole-
ranz von 5 mm beträgt der Innendurch-
messer des Ringes 2,135 m. Zwei
breite weiße Linien (jeweils mindestens
75 cm lang) an beiden Seiten außerhalb
des Kreises teilen diesen in eine vor-
dere und eine hintere Hälfte.
Der Stoßbalken sollte fest im Boden
verankert sein.

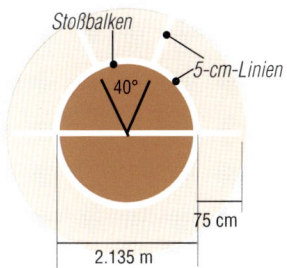

Zwei vom Kreismittelpunkt ausgehende
Linien bilden einen Winkel von 40
Grad. Der Winkel kann genau kon-
struiert werden, indem man diese
beiden Linien so zieht, daß der Abstand
zwischen ihren beiden Innenkanten in
20 m Entfernung vom Kreismittelpunkt
genau 13,68 m beträgt.

Hammerwerfen

Das Wurfgerät ist nicht ein herkömmlicher Hammer, sondern es besteht aus einer Metallkugel, die durch einen Draht mit dem Handgriff verbunden ist. Der Athlet hält den Griff mit beiden Händen und leitet den Wurf mit Armkreisschwüngen ein. Die vom kreisenden Hammer umschriebene Ebene hat einen oberen Punkt oberhalb der Kopfhöhe und einen unteren Punkt unterhalb der Kniehöhe des Athleten. Darauf vollführt er drei oder vier schnelle Drehungen im Wurfkreis, bevor er den Hammer in dem Winkel nach oben losläßt, den diese Ebene mit dem Boden bildet.

Wurfsektor

40°

2.5 m

Schutzgitter

Der Wettkampfbereich soll wie beim Diskuswerfen abgegrenzt sein, und die Würfe sollen aus einem Käfig oder Schutzgitter erfolgen, um die Sicherheit der Zuschauer, Offiziellen und Wettbewerbsteilnehmer zu gewährleisten. Das Schutzgitter muß imstande sein, einen Hammer mit einer Geschwindigkeit bis zu 32 m/Sek. zu stoppen, und ist so konstruiert, daß bei einem Abprallen zurück zum Werfer oder über das Schutzgitter keine Gefahr besteht. Beliebige Gitterformen oder -konstruktionen können benutzt werden, vorausgesetzt, daß diese Bestimmungen eingehalten werden.

Wettbewerb

Jeder Teilnehmer darf vor dem Wettbewerb nur 2 Übungsversuche ausführen. Die Wett-

kämpfer dürfen Handschuhe tragen und Tapes an einzelnen Fingern anbringen, sie dürfen jedoch keine Substanzen auf die Schuhe oder auf die Wurfkreisoberfläche auftragen. Der Wurf beginnt aus einer ruhenden Stellung im Kreis, wobei der Hammerkopf auf dem Boden

innerhalb oder außerhalb des Kreises liegen darf. Während seines Versuchs darf der Athlet weder den Boden außerhalb des Kreises noch die Oberkante des Ringes mit irgendeinem Teil des Körpers berühren. Anderenfalls zählt das als Fehlwurf (der als Versuch gilt). Während der dem Wurf vorausgehenden Schwünge und Drehungen darf der Hammerkopf den Boden berühren, sollte jedoch der Teilnehmer den Wurf abbrechen, um danach einen neuen Wurf zu beginnen, wird das als Fehlwurf gewertet. Der Teilnehmer darf den Kreis nicht verlassen, bevor der Hammerkopf den Boden berührt hat. Beim Verlassen des Kreises sollte der erste Kontakt mit der Kreiskantenoberfläche oder dem Boden vollständig

hinter der weißen Linie sein, die außerhalb des Kreises eingezeichnet ist und die theoretisch durch seinen Mittelpunkt verläuft.

Vorausgesetzt, daß gegen die

o. g. Regeln nicht verstoßen wurde, darf ein Teilnehmer einen begonnenen Versuch unterbrechen, den Hammer niederlegen, den Kreis verlassen (wie oben beschrieben) und danach wieder in die Ausgangsstellung gehen, um einen neuen Versuch zu beginnen. Etwaige solche Handlungen gehen auf Kosten der Zeit, die normalerweise für einen Versuch zur Verfügung steht. Bei einem gültig ausgeführten Hammerwurf muß der Hammerkopf völlig innerhalb des Wurfsektors (maßgeblich: die Innenkanten der beiden Begrenzungslinien) landen. Berührt der Hammer vor der Bodenberührung den Käfig, sollte der Wurf nicht als ungültig gelten. Geht der Hammer während des Wurfes oder des Fluges entzwei, darf der Teilnehmer erneut werfen. Wenn der Teilnehmer während eines solchen Vorfalls das Gleichgewicht verliert und einen Regelverstoß begeht, wird dies ebenfalls nicht geahndet.

Weitenmessung

Die Weite wird gemessen vom wurfkreisnächsten Punkt der Aufschlagstelle des Hammerkopfes bis zur Innenkante des

Wurfkreises über eine Linie, die über den Kreismittelpunkt verläuft.

Gemessen wird sofort nach jedem Wurf und die Weite auf gerade Werte von 2 cm abgerundet.

Phasen des Bewegungsablaufs

1 2 3 4
5 6 7 8

Links: Teilnehmer bei einer Weltmeisterschaft im Hammerwurf

Wurfkreis und -gerät

Die Maße für den Hammerwurfkreis sind die gleichen wie für den Kugelstoßkreis (jedoch ohne Wurfbalken). Der Hammerkopf kann aus beliebigem Material gefertigt sein, das nicht weicher als Messing ist. Ein Stahldraht ist über ein Gelenk am Hammerkopf angebracht; sein Durchmesser sollte nicht unter 3 mm betragen. Der Griff

am anderen Ende des Drahtes darf aus einer einfachen oder doppelten Schlinge bestehen, er muß jedoch starr und ohne Gelenke sein. Das Mindestgewicht des Hammers muß 7,26 kg für Männer und 4 kg für Frauen betragen, der Durchmesser min. 110 mm und max. 130 mm für Männer und 95 mm bzw. 110 mm für Frauen.

Diskuswerfen

Der Diskus – eine tellerförmige Wurfscheibe – liegt an Handteller und Unterarm des Wurfarmes an und wird mit den letzten Fingergliedern gehalten. Der Teilnehmer steht mit dem Rücken zur Wurfrichtung. Aus dieser Ausgangsstellung führt er oder sie anderthalb schnelle Umdrehungen aus und wirft die Scheibe mit einer Schleuderwurfbewegung ab. Wie beim Hammerwurf sollte der Diskus aus Sicherheitsgründen aus einem Schutzgitter oder Käfig geworfen werden. Die meisten technischen Daten für den Diskuskreis sind die gleichen wie für den Hammerwurfkreis, außer daß der Innendurchmesser 2,50 m beträgt.

Die Teilnehmer dürfen nur zwei Übungsversuche machen. Sie dürfen keine Handschuhe tragen und keine Substanz auf die Schuhe oder auf die Wurfkreisoberfläche auftragen. Der Athlet kann den Wurf aus beliebiger Stellung im Kreis ausführen, wobei der Wurf aus dem Stand begonnen wird. Als

Verstoß zählt, wenn der Teilnehmer mit irgendeinem Körperteil den Boden

Wurfkreis

2,5 m   40°

Wurfsektor

außerhalb des Kreises oder die Randoberkante berührt. Ein Teilnehmer darf den Kreis nicht verlassen, bevor der Diskus den Boden berührt hat. Die Regeln für das Verlassen des Kreises sind die gleichen, wie sie bereits für das Hammerwerfen und Kugelstoßen beschrieben wurden.

Bei einem gültigen Wurf muß die Scheibe völlig in dem Wurfsektor – definiert durch die

Innenkanten der Begrenzungslinien – landen.

Berührt der Diskus den Käfig, bevor er im Wurfsektor niedergeht, gilt der Wurf nicht als ungültig. Geht der Diskus während eines gültigen Wurfes entzwei, wird der Wurf nicht als ungültig gewertet.

Weitenmessung

Die Wurfweite wird sofort nach dem Wurf gemessen, und zwar vom wurfkreisnächsten Punkt der Aufschlagstelle bis zur Innenkante des Kreises, und zwar entlang der Linie, die durch den Kreismittelpunkt verläuft. Die Weite wird auf gerade Einheiten von 2 cm abgerundet.

Diskus

Unten: Der Diskuskörper sollte aus Holz oder einem anderen geeigneten Material bestehen und in einen Metallreifen mit rundem Rand eingefaßt sein. Die beiden Seiten sollten identisch sein und keine Dellen oder Vorsprünge aufweisen. Mindestgewicht: 2 kg für Männer und 1 kg für Frauen. Die vorgeschriebenen Diskusabmessungen für Männer und Frauen sind unten angegeben.

Männer 219–221 mm
Frauen 180–182 mm

1   2   3   4   5

6   7   8   9

Oben: Phasen des Bewegungsablaufes

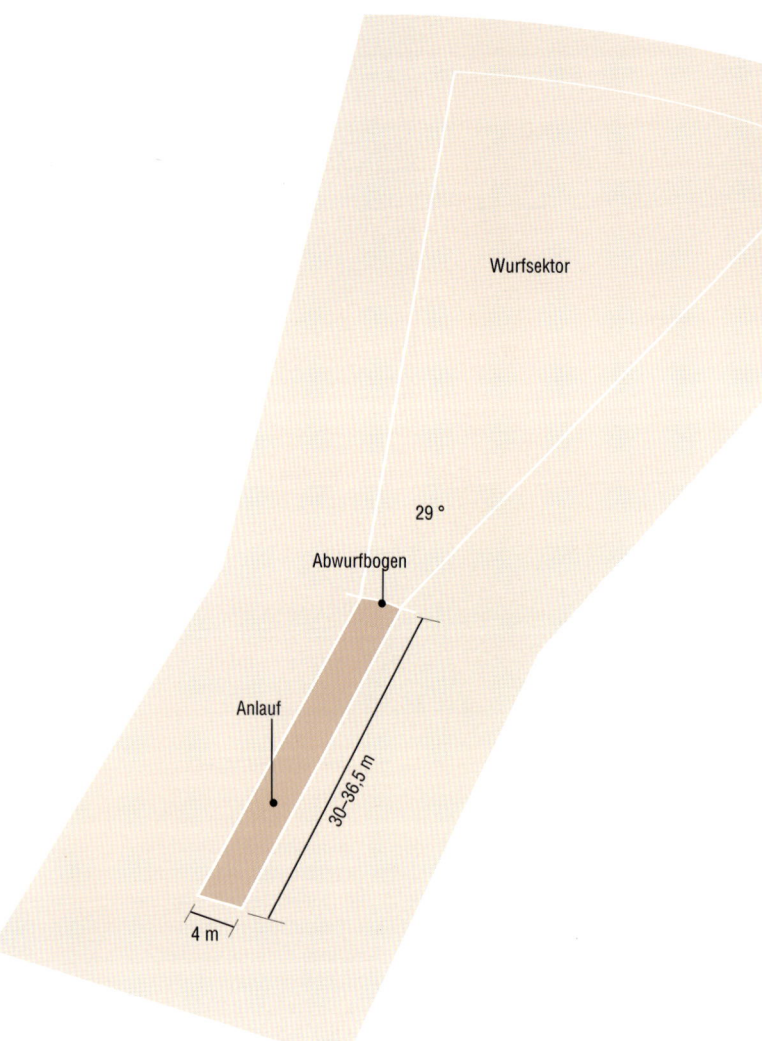

Wurfsektor

29 °

Abwurfbogen

Anlauf

30–36,5 m

4 m

Der Wurf soll von einer Stelle hinter dem Bogen – einem 7 cm breiten weißen Streifen auf dem Boden – ausgeführt werden. An den beiden Bogenenden sind im rechten Winkel zur Anlaufbahn 7 cm breite weiße Linien gezogen. Der Wurfsektor ist durch zwei weiße Linien markiert.

Phasen des Bewegungsablaufs

Mehrkämpfe

Mehrkämpfe setzen sich aus verschiedenen Disziplinen zusammen und werden an einem oder zwei Tagen ausgetragen. In jeder Disziplin bekommt der Athlet für seine Leistung Punkte, Sieger ist derjenige mit den meisten Punkten am Ende des Wettbewerbs. Zu den Mehrkämpfen zählen Fünfkampf, Zehnkampf und Siebenkampf. Der Fünfkampf wird im Freien von Männern und in der Halle von Männer und Frauen ausgetragen. Zehnkämpfe werden nur von Männern bestritten. Im Freien wird der Siebenkampf nur von Frauen ausgetragen.

Die Einzeldisziplinen der Mehrkämpfe:

Fünfkampf im Freien (Männer): Weitsprung, Speerwerfen, 200-m-Lauf, Diskus und 1500-m-Lauf. Wettbewerbsdauer 1 Tag
Fünfkampf in der Halle (Männer): 60-m-Hürdenlauf, Weitsprung, Kugelstoßen, Hochsprung, 1000-m-Lauf. Wettbewerbsdauer 1 Tag
Fünfkampf in der Halle (Frauen): 60-m-Hürdenlauf, Hochsprung, Kugelstoßen, Weitsprung, 800-m-Lauf. Wettbewerbsdauer 1 Tag
Siebenkampf im Freien (Frauen): 1. Tag: 100-m-Hürdenlauf, Hochsprung, Kugelstoßen, 2. Tag: 200-m-Lauf, Weitsprung, Speerwurf, 800-m-Lauf.
Siebenkampf in der Halle (Männer): 1. Tag: 60-m-Lauf, Weitsprung, Kugelstoßen, Hoch-

sprung, 2. Tag: 60-m-Hürdenlauf, Stabhochsprung, 1000-m-Lauf.
Zehnkampf im Freien (Männer): 1. Tag: 100-m-Lauf, Weitsprung, Kugelstoßen, Hochsprung, 400-m-Lauf, 2. Tag: 110-m-Hürdenlauf, Diskuswerfen, Stabhochsprung, Speerwerfen, 1500-m-Lauf.

Drei Versuche haben die Athleten für den Weitsprung und für jede Wurfdisziplin. Den Sportlern soll nach dem Ermessen des Schiedsrichters eine Pause von mindestens 30 min vom Ende einer Disziplin bis zum Anfang der nächsten gewährt werden. Im Lauf und Hürdenlauf ist ein Teilnehmer nach 3 Fehlstarts zu disqualifizieren. Beim Hochsprung und Stabhochsprung sollten die

Höhen einheitlich über den gesamten Wettbewerb um 3 cm bzw. 10 cm erhöht werden.

Ein Athlet, der an irgendeiner der Pflichtdisziplinen nicht teilnimmt, wird von der weiteren Teilnahme ausgeschlossen. Bei Punktgleichheit wird der Sieg demjenigen Sportler zuerkannt werden, der in mehr Disziplinen mehr Punkte gewonnen hat als der andere Athlet (Athleten), mit dem er punktgleich ist. Kann eine Entscheidung nicht getroffen werden, gewinnt der Athlet, der die höchste Punktzahl in irgendeiner Disziplin erzielt hat (dieses Verfahren sollte auch für die anderen Plazierungen angewandt werden).

Der Speer

Der Speer besteht aus einem Metallschaft
mit einer Metallspitze und einer Schnur-
Wicklung am Schwerpunkt des Speeres .
Die Schaftoberfläche soll glatt und
einheitlich sein und die Wicklung den
Schaftdurchmesser um maximal 8 mm
vergrößern. Der Speerquerschnitt soll
über die gesamte Länge kreis-
förmig sein, wobei die Stelle
mit dem größten Durchmesser
unmittelbar vor dem Griff sein
muß. Der Speer soll sich vom
Griff bis zur Spitze und vom
Griff zum hinteren Ende hin
gleichmäßig verjüngen.

2,20—2,30 m

2,60—2,70 m

Frauen-
speer

Männerspeer

Speerabmessungen für
Männer- bzw.
Frauenwettbewerb:

Mindestgewicht:
800 bzw. 600 g

Gesamtlänge:
min. 2,60 bzw. 2,20 m;
max. 2,70 bzw. 2,30 m

**Länge von Metallspitze bis
Schwerpunkt:**
min. 0,90 m bzw. 0,80 m;
max. 1,06 bzw. 0,95 m

**Größter Schaftdurch-
messer:**
min. 25 bzw. 20 mm;
max. 30 bzw. 25 mm

Kunstturnen

Der Deutsche Friedrich Ludwig Jahn richtete 1811 in Berlin den ersten Turnplatz ein und prägte auch den Begriff Turnen. Dieser leitet sich vom lateinischen tornare (=drehen, wenden) ab. 1881 wurde die internationale Turnföderation FIG gegründet, seit den ersten Olympischen Spielen 1896 in Athen gehört das Gerätturnen zum olympischen Programm. Frauen durften erstmals 1928 in Amsterdam die olympische Bühne betreten.

Spezifik: Eine gute Bodenübung enthält akrobatische Sprünge, gymnastische Elemente und Verbindungen. 50 bis 70 Sekunden stehen den Wettkämpfern zur Verfügung, die Übung zu zeigen.

Ringeturnen

Dynamische Elemente und Halteelemente (hier ein Schwebe-stütz) sollen in einer Ringekür enthalten sein

Männer

Bei offiziellen Wettkämpfen wird an folgenden Geräten geturnt: Boden, Pauschenpferd, Ringe, Sprungpferd, Barren, Reck.

Bodenturnen

Gerät: Bodenmatte – Maße: 12 m x 12 m, sie ist auf einem mit kleinen Federn dicht an dicht gestützten abgepolsterten Unterboden ausgebreitet. Diese besondere Konstruktion erlaubt schwierigere akrobatische Sprünge, muß aber auch Bewegungsenergie auffangen und Stöße abfedern können.

Die olympischen Turngeräte

Frauen:
1 *Sprungpferd*
2 *Schwebebalken*
3 *Stufenbarren*
Männer:
4 *Reck*
5 *Sprungpferd, längsgestellt*
6 *Pauschenpferd*
7 *Ringe*
8 *Parallelbarren*

Seitpferd

Gerät: Pauschenpferd – Höhe: 1,05 m (ab Mattenoberkante), Länge: 1,60 m, Pausche: 12 cm hoch
Die Übung am Pauschenpferd muß in fließender, rhythmischer Bewegungsfolge vorgetragen werden. Unterbrechungen und kantige Bewegungen beeinträchtigen die Qualität des Vortrags. Kreisendes Schwingen, Scheren und Kreisbewegungen mit beiden Beinen müssen harmonisch aufeinander abgestimmt sein. Alle oberen Teile des Seitpferds sollen in die Übung einbezogen werden. Kraftelemente sind nicht erlaubt.

Ringe

Gerät: stillhängende Ringe – Höhe: 2,55 m, Durchmesser eines Ringes: 18 cm, Abstand beider Ringe: 50 cm. Die Ringe sind an Stahlseilen mit Lederschlaufen an den Enden aufgehängt.
Spezifik: Eine Übung an den Ringen soll die Vielfalt der für das Ringeturnen typischen Bewegungsabläufe demonstrieren – sowohl Schwung-, als auch Kraft- und Gleichgewichtelemente aufweisen. Vom Turner wird eine kurzweilige Abfolge von dynamischen und statischen Übungsteilen verlangt, in denen Vorwärts- und Rückwärtselemente gleichermaßen vertreten sind. Die Übung schließt mit einem akrobatischen Abgang.

Pferdsprung

Gerät: Sprungpferd – Höhe: 1,35 m, obere Länge: 1,60 m. Sprungbrett: 1,20 m, Länge der Anlaufbahn: 25 m
Spezifik: Der Sprung über das Pferd wird nach einem Anlauf ausgeführt. Der Absprung muß beidbeinig, und zwar mit geschlossenen Beinen, erfolgen. Dabei müssen beide Hände oder eine Hand kurzzeitig auf dem Pferd stützen.
Die einzelnen Phasen des Sprunges müssen klar ausgeprägt, der Sprung soll sowohl hoch als auch weit sein und eine oder mehrere Drehungen aufweisen. Abgeschlossen wird er mit einer kontrollierten Landung. Es ist nur ein Pferdsprung gefordert, das Gerätefinale ist allerdings mit zwei verschiedenen Sprüngen ausgeschrieben.

Barren

Gerät: Parallelbarren – Höhe der Holme: 1,75 m, Länge: 3,50 m, Abstand: 42 cm. Die beiden Holme haben einen tropfenförmigen Durchmesser (mit Glasfibereinlage, die für die gewünschte Elastizität sorgt).
Spezifik: Wie an den Ringen, wird am Barren eine Verbindung von Elementen mit gebeugten Hüften und solchen mit gestrecktem Körper, von Schwung-, Halte- und Flugelementen mit verschiedenen Übergängen in Stütz- und Hangpositionen verlangt. Der Turner muß die gesamte Länge der Holme ausnutzen und sich sowohl unterhalb als auch oberhalb dieser bewegen. Abgeschlossen wird die Übung mit einem akrobatischen Abgang in den kontrollierten Stand.

Reck

Gerät: Hochreck – Höhe: 2,55 m, Stange: 2,40 m lang und 28 mm dick. Sie muß eine Belastung von 220 kp aushalten.
Spezifik: Der Turner muß die turnerischen Bewegungsabläufe in ununterbrochenem Bewegungsfluß vorführen, ohne die Reckstange mit seinem Körper – die Hände ausgenommen – zu berühren. Er muß Handwechsel, Vorwärts- und Rückwärtsdrehungen demonstrieren, das Gerät zu Flugelementen loslassen und erfassen. Einarmige Schwünge sind erlaubt, werden aber nicht zusätzlich honoriert. Der Abgang erfolgt mit einem akrobatischen Element in einen sicheren Stand auf beiden Beinen.

Turnen am Pauschenpferd
Die Kunst besteht darin, ständig den Stütz zu wechseln und die Beine wie einen Propeller kreisen zu lassen

---

Einige turnerische Ausführungsvarianten

Gehockt – Knie an der Brust, Hüft- und Kniegelenke stark gebeugt
Gebückt – Beine gestreckt und geschlossen
Gehechtet – gesamter Körper gestreckt

Frauen

Die Frauen turnen bei offiziellen Wettkämpfen an folgenden Geräten: Boden, Stufenbarren, Schwebebalken, Sprungpferd.

Bodenturnen

Wettkampffläche: wie bei den Männern
Spezifik: Die Bodenübungen der Frauen werden zu musikalischer Begleitung vorgetragen. Gymnastische und akrobatische Elemente sowie Sprünge wechseln einander ab und müssen mit persönlicher Note arrangiert und ausgeführt werden. Die zeitliche Länge einer Übung beträgt zwischen 70 und 90 Sekunden. Die Turnerin soll die gesamte Fläche ausnutzen.

Stufenbarren

Gerät: Stufenbarren – Höhe des oberer Holms: 2,35 m, Differenz zum unteren Holm: 80 cm. Holmenlänge : 2,40 m. Unterer Abstand zwischen den Holmen: 43 cm, oberer Abstand: bis 1,50 m – je nach Amplitude der Turnerin. Als Hilfsmittel für Angänge steht ein Sprungbrett (1,20 m) zur Verfügung.

Spezifik: Gefordert sind wiegende Bewegungen. Sie müssen fließend ausgeführt werden und in beide Richtungen unter den Holmen durch und darüber hinweg erfolgen. Es sind ausnahmslos Schwung- und Flugelemente verlangt. Um die Maximalnote erhalten zu können, muß die Turnerin auch Übungen beherrschen, bei denen ein Holm losgelassen und anschließend wieder erfaßt wird.

Schwebebalken

Gerät: mit einem Lederbezug abgepolsterter Holzbalken mit einem Aluminiumkern (seit 1973) – Länge: 5 m, Breite: 10 cm, Höhe: 1,20 m
Spezifik: Eine Übung auf dem Balken besteht aus akrobatischen Elementen und Sprüngen, kombiniert mit gymnastischen Verbindungen. Sie soll nach 80 bis 90 Sekunden beendet sein. Eine Turnerin soll die gesamte Länge des Sportgerätes ausnutzen und dabei Eleganz, Beweglichkeit, Gleichgewicht und Körperbeherrschung demonstrieren. Die Abgänge können akrobatisch sein. Nach unfreiwilligem Verlassen des Gerätes muß die Übung innerhalb von 10 Sekunden fortgesetzt werden.

Pferdsprung

Gerät: Sprungpferd, quergestellt – Höhe ab Boden: 1,20 m, Anlaufbahn: 25 m, Sprungbrett: 1,20 m lang
Spezifik: Die einzelnen Phasen des Sprunges müssen klar ausgeprägt sein; er soll sowohl hoch als auch weit sein sowie eine oder mehrere Drehungen aufweisen. Abgeschlossen wird er mit einem kontrollierten Aufsprung. Der Absprung muß mit beiden Füßen, der Stütz auf dem Pferd mit beiden Händen erfolgen.
Wertung: Es ist nur ein Sprung gefordert, in einem Gerätefinale jedoch zwei verschiedene Sprünge. Der Mittelwert aus beiden Noten ergibt die Endnote.

Kampfgericht

Bei den *Männern*: ein Schiedsrichter, ein Technikspezialist und vier Kampfrichter
Bei den *Frauen*: eine Schiedsrichterin, eine Technikspezialistin und sechs Kampfrichterinnen

Bewertung

Bewertet wird in erster Linie die technisch einwandfreie Ausführung der Elemente unter Berücksichtigung des Schwierigkeitsgrades der gesamten Übung. Verlassen des Gerätes vor Abschluß der Übung wird generell mit Punktabzug geahndet.

Jede Übung setzt sich aus unterschiedlich schwierigen Elementen, Verbindungen und Kombinationen zusammen. Je nach Leistungsstufe, auf der ein Wettkampf ausgetragen wird, gelten für die Übungen bestimmte Anforderungen hinsichtlich des technischen Schwierigkeitsgrades der Elemente und Kombinationen. Erfüllt eine Übung diese Anforderungen, wird dafür ein Maximalwert von 10,0 Punkten angesetzt. Erfüllt sie sie nicht, liegt der maximal erreichbare Punktwert darunter und ist dann der Ausgangswert für die Bewertung einer Übung. Er wird vor Ermittlung der Note den Kampfrichtern mitgeteilt. Die Bestimmung des Schwierigkeitsgrades ist die Aufgabe des Technikspezialisten.

Die Turnelemente bzw. Elementekombinationen werden entsprechend ihrem Schwierigkeitsgrad in vier Kategorien – von A bis E – eingeteilt, wobei die E-Teile die schwierigsten sind. Darüber hinaus ist der Schwierigkeitsgrad eines Turnelements durch einen entsprechenden Koeffizienten ausgedrückt.

Ermittlung der Note für eine Übung: Bei den **Männern** werden alle vier Noten (Höchstwert 10 Punkte) herangezogen, addiert und dann durch vier dividiert. Bei den **Frauen** werden die höchste und die niedrigste Note von sechs gestrichen, die verbleibenden vier Noten addiert und durch vier dividiert. Das so errechnete arithmetische Mittel stellt die Endnote dar. Bei wesentlichen Meinungsverschiedenheiten, nimmt der Schiedsrichter Einfluß und berät mit den übrigen Mitgliedern des Kampfgerichts über eine Korrektur von Noten.

Wettkämpfe

Wettkampf I: Qualifikation in Form eines Mannschaftskampfes. Eine Riege besteht aus sechs Mitgliedern, die besten fünf Noten an den jeweiligen Geräten (Frauen vier, Männer sechs) kommen in die Wertung.

Wettkampf II: Mehrkampffinale. Die 36 besten Einzelturner sowie die 36 besten Einzelturnerinnen des Wettkampfes I (maximal jeweils drei pro Riege) ermitteln den jeweils besten Einzel-Mehrkämpfer. Dazu muß jeder Teilnehmer an allen sechs bzw. vier (bei den Frauen) Geräten turnen. Die Note aus dem Wettkampf I spielt für das Endergebnis keine Rolle, sie kommt nicht zur Anrechnung. Die Addition aller Noten aus den einzelnen Übungen ergibt die Endnote.

Wettkampf III: Gerätefinale. Die jeweils acht besten Turner und Turnerinnen an den jeweiligen Geräten (Männer sechs, Frauen vier) aus dem Wettkampf I (maximal zwei pro Riege) ermitteln den Besten an dem Gerät. Die im Gerätefinale erturnte Note ist die Endnote.

Wettkampf IV: Mannschaftsfinale. Qualifiziert sind die besten sechs Mannschaften aus dem Wettkampf I. Die vor dem Mannschaftsfinale erzielten Punkte bleiben unberücksichtigt. Die Final-Gesamtnote (ergibt sich aus der Addition von fünf der sechs an jedem Gerät vergebenen) ist die Endnote.

RHYTHMISCHE SPORTGYMNASTIK

Die Ursprünge dieses Sports liegen am Anfang des 20. Jahrhunderts in Deutschland und in Rußland. Der erste Wettkampf wurde aber erst 1946 in Moskau ausgetragen, 1956 bei den Olympischen Spielen in Melbourne, gab es eine Gruppenübung mit Handgerät, die noch von den Gerätturnerinnen vorgeführt wurden. Beide Disziplingruppen trennten sich danach, sind aber unter dem Dach eines Weltverbandes (FIG) organisiert. Die Gymnastinnen tragen ihre Übungen nach Musik vor.

Geräte

Reifen, Ball, Keulen, Seil, Band

Reifen

Das Gerät: Er besteht aus Holz oder synthetischem Material. Sein innerer Durchmesser beträgt 80 bis 90 cm. Er wiegt 300 g. Der Reifen muß steif und so beschaffen sein, daß er sich nicht verformt.

Spezifik: Der Reifen umschließt einen freien Raum. Dieser wird von der Gymnastin ideenreich ausgenutzt. Sie schneidet den Reifen oder bewegt sich innerhalb des Geräts. Dank häufiger Handwechsel mit anschließendem Fangen behält sie das Gerät unter Kontrolle. Der Reifen eignet sich besonders für Rollen, Reifendurchschläge, Drehungen und Werfen mit anschließendem Fangen. Aus diesen Elementen, die vielfach variiert und miteinander kombiniert sein sollen, ist eine gute Übung aufgebaut.

Ball

Gerät: Er ist aus Gummi oder synthetischem Material (Weichplastik). Sein Durchmesser beträgt 18 bis 20 cm, und er ist mindestens 400 g schwer.

Spezifik: Der Ball erlaubt als einziges Gerät keine Körperbetontheit. Er läßt deshalb ein sehr sinnliches Verhältnis zum Körper entstehen und bewegt sich ausgesprochen symbiotisch mit ihm. Kräftige, spektakuläre Würfe bilden einen Kontrast mit den weichen und präzisen Bewegungen beim Auffangen des Balls. Das soll auch in einer Übung zum Ausdruck kommen.

Keulen

Gerät: Die zwei Keulen sind aus Holz oder synthetischem Material. Sie haben eine Länge von 40 bis 50 cm. Jede Keule ist mindestens 150 g schwer.

Spezifik: Die Gymnastin schwingt die zwei Keulen oder wirbelt sie im Kreis um ihre Handgelenke. Rollen, Schrauben, Würfe und asymmetrische Figuren werden damit ausgeführt und mit Bewegungen ohne Gerät kombiniert. Der Einsatz der Keulen verlangt rhythmisches Bewegen, ein hohes Niveau der koordinativen Fähigkeiten und Präzision.

Bewertung

Note A 1 für den technischen Wert, sie wird vergeben zur besseren Berücksichtigung des Schwierigkeitsgrades der einzelnen Übungen (Anzahl und Art) und gibt der Gymnastin mehr Raum für Kreativität.

Note A 2 für den künstlerischen Wert, für die Wahl der Körper- und Geräteelemente durch die Gymnastin.

Note B für die Ausführung unter Berücksichtigung aller Fehler, aber auch Bonus für Ausdruck, Virtuosität oder außergewöhnlich fehlerfreie Ausführung. Es gibt zwei getrennt agierende Kampfgerichte. Die Halbierung der Noten aus A 1 (maximal 5 Punkte) und A 2 (maximal 5 Punkte) und B (maximal 10 Punkte) ergibt die Endnote. maximal 10 Punkte.

Seil

Gerät: Das Seil kann aus Hanf oder synthetischem Material gedreht sein. Das Gewicht ist beliebig. Seine Länge ist nicht vorgeschrieben, sie wird proportional zur Größe der Gymnastin gewählt. An den Enden hat das Seil keine Griffe, sondern je einen Knoten.

Spezifik: Das Seil kann zur Ausführung der verschiedensten Elemente gespannt oder durch Zusammenlegen verkürzt werden. Die Elemente werden ein- oder beidhändig, mit oder ohne Handwechsel ausgeführt. Die Beziehung zwischen Gymnastin und Seil ist eher stürmisch, wild. Das Seil ist oft das Abbild eines Angreifers, es erobert die Gymnastin und umschlingt sie. Ihre Geschmeidigkeit und ihre Beweglichkeit voller Anmut sollen über den Angreifer immer wieder triumphieren. Eine gute Übung soll das ausdrücken.

Band

Gerät: Der Stab, an dem das Band befestigt ist, hat einen Durchmesser von 1 cm und ist 50 bis 60 cm lang. Er ist aus Holz, Bambus, Plastik oder Glasfiber gefertigt. Das Band ist meistens aus Satin oder aus einem anderen ungestärkten Material. Es wiegt maximal 35 g, ist 4 bis 6 cm breit und höchstens 6 m lang.

Spezifik: Das Band setzt Zeichen in den Raum, lang, leicht, formbar. Seine luftigen Bewegungen zeichnen Bilder und Formen. Die Figuren werden bald eng, bald ausladend und in verschiedenen Rhythmen ausgeführt. Schlangen, Spiralen und Würfe sollen den größten Teil der Spielarten mit der Übung mit dem Band ausmachen.

Grazie
Ballettänzerinnen ebneten den Weg zur RSG

Meisterschaft
Kein Hula-Hoop, sondern zirzensische Vortragskunst

Wettkampffläche

Die Wettkampffläche besteht aus einem 13 x 13 m großen Teppich auf einem speziellen, abgefederten Unterbau. Bei Übertreten der roten Umrandung gibt es Punktabzüge.

Übungsdauer

Die Länge einer Übung darf maximal 1:30 min betragen. Die Begleitmusiken können frei gewählt werden. Verboten sind jedoch Gesangstitel.

Accessoires

Bis 1996 verboten, ist es nunmehr der Gymnastin erlaubt, ihr Dress mit Verzierungen wie Pailletten oder Stickereien zu schmücken. Auch die Farben Gold, Silber und Bronze (die Medaillenfarben) sind seitdem für die Bekleidung wie für die Handgeräte freigegeben.

Wettkämpfe

Wettkampf I: Er gilt für alle drei folgenden Wettkämpfe als Qualifikation. Drei, maximal vier Gymnastinnen bilden eine Mannschaft. Insgesamt werden zwölf Übungen geturnt, je drei mit den ausgeschriebenen vier der fünf Geräte. Die Addition der Wertungen der besten 10 Übungen pro Mannschaft ergibt das Endergebnis.

Wettkampf II: Die besten acht Mannschaft aus dem Wettkampf I erreichen das Halbfinale, die daraus besten vier das Finale.

Wettkampf III: Die besten 30 Gymnastinnen des Wettkampfes I erreichen mit ihren drei besten von vier Bewertungen das Mehrkampf-Einzelfinale (maximal zwei pro Mannschaft). Der Ausgangswert ist wieder 0. Sie zeigen mit insgesamt vier Handgeräten ihre Übungen. Die Addition der vier Noten ergibt die Endnote.

Wettkampf IV: Die besten acht Gymnastinnen mit dem jeweiligen Handgerät erreichen das Gerätefinale (maximal zwei pro Mannschaft). Der Ausgangswert ist 0. Die Note für die Finalübung ist zugleich die Endnote.

Gruppenwettkampf: Fünf Gymnastinnen bilden eine Gruppe. Es gibt Übungen mit fünf gleichen Geräten und Übungen mit zwei verschiedenen Geräten. Sechs Kampfrichterinnen vergeben jeweils eine A- und eine B-Note. Das Mittel aus beiden ergibt die Endnote. Die Aufhebung langjähriger Verbote in puncto Kleidung und Handgeräte gilt auch für die Gruppe. Länge einer Wettkampf-Gruppenübung: 2:30 min.

Handball

Handball ist eines der ältesten Spiele überhaupt – wahrscheinlich wurde es in seiner Urform schon im antiken Griechenland gespielt. Seit 1932 gehört es zu den olympischen Sportarten. In der Gegenwart wird Handball nahezu ausschließlich in der Version des Hallen-Handball gespielt, das sich durch ein hohes Tempo auszeichnet.

Das Spielfeld

Das rechteckige, 40 m lange und 20 m breite Spielfeld ist durch eine Mittellinie in zwei Spielfeldhälften geteilt. Der Torkreis darf von den Feldspielern nicht betreten werden.

40 m (44 yds)
Seitenlinie
Mittellinie
4,5 m
4,5 m
Auswechselräume
Freiwurflinie
Strafwurf- oder 7-m-Linie
Torraumlinie
Torwartgrenz- linie (Kreis)
4 m
20 m (22 yds)
Torauslinie

Die Tore

Der Abstand zwischen den 2 m hohen Pfosten beträgt 3 m. Pfosten und Querlatte können aus Holz, Leichtmetall oder synthetischem Material sein und müssen zweifarbig mit alternierenden Streifen angestrichen sein. Am Tor ist ein Netz angebracht.

Die Spieler

Zwölf Spieler pro Mannschaft, wobei sich gleichzeitig höchstens sieben einschließlich Torwart auf dem Spielfeld befinden dürfen.

Der Ball

Kugelförmiger Hohlball aus Leder oder synthetischem Material. Die Außenhülle darf nicht übermäßig glänzen oder glatt sein. Bei einem Umfang von 54–56 cm beträgt das Gewicht für Männer 425–475 g, für Frauen und Junioren 325–400 g. Zu Spielbeginn müssen 2 Bälle zur Verfügung stehen, wobei der gewählte Ball während der gesamten Spielzeit benutzt werden muß.

Ball in der Hand

Im Gegensatz zu anderen Hand-Ball-Spielen, wie z.B. Basketball, ist der Ball beim Handball klein genug, daß man ihn in der Hand halten kann. Zudem ist seine Oberfläche nicht so glatt, daß er leicht aus der Hand rutscht. Dadurch ist es möglich, den Ball mit einer Hand auf das Tor zu werfen.

Kleidung

Die Spieler einer Mannschaft tragen eine einheitliche Kleidung und Sportschuhe; die Farben müssen sich deutlich von denen der gegnerischen Mannschaft unterscheiden. Die beiden Torwarte sollten Farben tragen, die sich deutlich von denen der Feldspieler und des jeweils anderen Torwarts abheben. Die Kapitäne tragen am Oberarm ein 4 cm breites Armband.

Die Offiziellen

Zwei Schiedsrichter, ein Schriftführer und ein Zeitnehmer.

SPIELGEDANKE

Die Mannschaften erzielen Tore, indem sie den Ball in das gegnerische Tor bringen. Die Spieler dürfen dabei Hände, Arme, Kopf, Rumpf, Oberschenkel und Knie einsetzen. Der Ball darf auf dem Spielfeld geprellt und geworfen werden.

Spielbeginn

Das Anwurfrecht wird von den Mannschaften mit einem Münzwurf ausgelost. Der ausführende Spieler macht dies von der Spielfeldmitte aus. Innerhalb von 3 Sek. nach dem Schiedsrichterpfiff muß der Anwurf in beliebige Richtung ausgeführt werden. Bis zum Anwurf müssen alle anderen Spieler in ihrer Spielfeldhälfte verbleiben, und die Spieler der Mannschaft, die den Anwurf nicht ausführt, müssen sich mindestens 3 m von dem den Anwurf ausführenden Spieler befinden.

Wer gewinnt

Ein Tor wird erzielt, wenn der Ball die Torlinie vollständig überquert hat und ins Tor gegangen ist. Wird das z. B. durch einen Zuschauer auf dem Spielfeld verhindert, wird das Tor gegeben, wenn ein Tor erzielt worden wäre, falls diese Verhinderung nicht stattgefunden hätte. Es gewinnt die Mannschaft, die die meisten Tore erzielt.

DIE WICHTIGSTEN REGELN

• Ein Spiel besteht aus zwei Spielzeithälften von jeweils 30 min mit einer Halbzeitpause von 10 min, nach der die Spielfeldseiten gewechselt werden. Endet das Spiel mit einem Unentschieden und muß ein Gewinner ermittelt werden, wird das Spiel um zwei Perioden von jeweils 4 min verlängert.

• Spieler dürfen den Ball nicht länger als 3 Sek. halten und nicht mehr als 3 Schritte mit dem gehaltenen Ball machen. Der Ball darf mit keinem Teil des Beines unterhalb des Knies absichtlich berührt werden. »Passives Spiel« liegt vor, wenn das Team in Ballbesitz keinen Versuch macht, anzugreifen oder ein Tor zu erzielen. Passives Spiel wird mit einem Freiwurf für die gegnerische Mannschaft geahndet. *Siehe Regel 7 (Seite 32).*

• Regelverstöße werden entweder mit Freiwurf geahndet (und zwar vor der Stelle aus, wo der Verstoß stattgefunden hat) oder mit einem 7-m-Wurf. Der 7-m-Wurf wird als Torwurf von der 7-m-Linie ausgeführt, dabei müssen alle Spieler außer dem Ausführenden hinter der Freiwurflinie (9-m-Linie) bleiben. *Siehe Regel 13 und 14 (S. 32).*

• Fouls oder unsportliches Verhalten ziehen eine Verwarnung nach sich (der Schiedsrichter hält eine gelbe Karte hoch); bei Wiederholung wird der Spieler für 2 min hinausgestellt. Eine zweite Wiederholung sowie jede grobe Verletzung der Regeln des sportlichen Verhaltens wird mit sofortiger Disqualifikation bestraft.

FERTIGKEITEN UND TAKTIKEN

Handball ist ein schnelles Spiel mit ständigen Situationswechseln, das Fitneß sowie geistige Beweglichkeit erfordert. Gute Zuspiel- und Fangfertigkeiten ermöglichen es der Mannschaft, in Ballbesitz zu bleiben und anzugreifen, um Tore zu erzielen. Die häufigste Zuspielart ist der Schlagwurf, wobei der Ball meist in Kopfhöhe – Ellenbogen unter bzw. leicht vor dem Ball geworfen wird.

Der Paß aus dem Handgelenk mit einer peitschenartigen Bewegung des Handgelenks kommt dort zum Einsatz, wo überraschendes Reagieren und Genauigkeit wichtiger sind als Kraft und Weite. Wenn sie nicht gerade angreifen, beteiligen sich alle Spieler einer Mannschaft konsequent an der Abwehr.

Zuspielbereit
Spieler dürfen den Ball nicht länger als 3 Sek. halten oder mehr als 3 Schritte machen, während sie den Ball halten. Sie dürfen jedoch mehr als 3 Schritte machen, wenn sie den Ball im Lauf wiederholt prellen. Schnelles Zuspielen ist somit ein entscheidender Faktor bei dieser Sportart.

GRAU-ZONE

Ein Spieler darf den Ball nicht zweimal hintereinander berühren – es gibt jedoch eine Ausnahme, die verschieden auslegbar ist: Er darf es, wenn er beim Fangen zeitweilig die Kontrolle über ihn verliert. Er darf ihn jedoch nicht ein zweites Mal berühren, nachdem er ihn sauber gefangen hat.

Abfangen
Da der Ball schnell abgespielt werden muß, versuchen die verteidigenden Spieler den Ball zurückzuerobern, indem sie Pässe abblocken

Kampf um den Ball
Die Spieler dürfen versuchen, im Kampf mit dem Gegner den Ball zu erobern – allerdings ohne Stoßen, Festhalten, Rempeln, Anspringen u.dgl.m.

HANDBALLREGELN
● ● ● ● ● ● ● ● ● ●

Der Torwart
Bei der Verteidigung darf der Torwart den Ball mit jedem beliebigen Körperteil berühren, er darf jedoch keinen Teil seiner Beine unterhalb der Knie einsetzen, wenn der Ball im Torraum ruht oder sich zum Spielfeld hin bewegt. Er darf den Torraum verlassen, wenn er nicht in Ballbesitz ist. Ist er jedoch in Ballbesitz, darf er dies nur bei einem Versuch, den Ball unter Kontrolle zu bringen, im Zuge einer Verteidigungshandlung tun. Im Torraum darf er sich uneingeschränkt bewegen, jedoch gelten die gleichen Einschränkungen wie für alle anderen Spieler, sobald er diesen Bereich verläßt.

Der Torraum
Feldspieler dürfen diesen Raum nicht betreten; eine Zuwiderhandlung wird mit einem Freiwurf (falls sie dadurch einen Vorteil erlangen) oder mit einem 7-m-Ball (falls sie dadurch einen Vorteil erlangen gegenüber einem angreifenden Gegner in Ballbesitz) geahndet. Ist ein Spieler nicht in Ballbesitz oder gewinnt er keinen Vorteil, wird keine Strafe ausgesprochen. Wenn sich der Ball in diesem Bereich bewegt, gehört er ausschließlich dem Torwart.

7. Spielen des Balls
Es ist erlaubt:
7.1 den Ball unter Gebrauch von Händen(ob geöffnet oder geschlossen), Armen, Kopf, Rumpf, Oberschenkeln und Knien zu werfen, fangen, stoßen oder zu schlagen:
7.2 den Ball maximal 3 Sekunden zu halten, auch wenn er auf dem Boden liegt;
7.3 höchstens 3 Schritte mit dem gehaltenen Ball zu machen. Ein Schritt gilt als ausgeführt, wenn:
a) der mit beiden Füßen auf dem Boden stehende Spieler einen Fuß abhebt und wieder aufsetzt oder einen Fuß von einer Stelle zu einer anderen bewegt.
b) ein Spieler, der mit nur einem Fuß Bodenkontakt hat, den Ball fängt und danach mit dem anderen Fuß den Boden berührt.
c) ein Spieler nach einem Sprung mit einem Fuß den Boden berührt und danach auf demselben Fuß einen Sprung ausführt oder den Boden mit dem anderen Fuß berührt.
d) ein Spieler nach einem Sprung mit beiden Füßen gleichzeitig den Boden berührt und danach einen Fuß abhebt und wieder

aufsetzt oder einen Fuß von einer Stelle zu einer anderen bewegt.
7.4 den Ball sowohl im Stand als auch im Laufen:
a) einmal auf den Boden zu tippen und mit einer Hand oder beiden Händen wieder zu fangen;
b) wiederholt mit einer Hand auf den Boden zu prellen oder den Ball am Boden wiederholt mit einer Hand zu rollen und danach mit einer oder beiden Händen wieder zu fangen bzw. aufzunehmen.
7.5 den Ball von einer Hand in die andere zu legen. (Nicht erlaubt ist es, den Ball von einer Hand in die andere zu werfen).
7.6 den Ball im Knien, Sitzen oder Liegen weiterzuspielen.
Es ist nicht erlaubt:
7.7 den Ball mehr als einmal zu berühren, bevor er zunächst den Boden, einen anderen Spieler oder irgendeinen Teil des Tores berührt hat. Fangfehler beim ersten Fangversuch werden nicht bestraft. Hat der Spieler den Ball jedoch unter Kontrolle, darf er ihn nach dem Tippen oder Prellen nicht mehr als einmal berühren.
7.8 den Ball mit Unterschenkel oder Fuß zu berühren, außer er wird vom Gegner angeworfen. Das Berühren des Balles mit Unterschenkel oder Fuß bleibt straffrei, wenn daraus dem Spieler oder seiner Mannschaft kein Vorteil entsteht.
7.9 sich nach dem Ball zu werfen, während dieser auf dem Boden liegt oder rollt.
7.10 den Ball absichtlich über die Seiten- oder eigene Torauslinie zu spielen.
7.11 den Ball im Besitz der eigenen Mannschaft zu halten, ohne eine Angriffsaktion oder einen Versuch, zum Wurf auf das Tor zu gelangen, zu machen. Dies wird als **passives Spiel** gewertet und mit Freiwurf an der Stelle geahndet, an der sich der Ball bei der Spielunterbrechung befand.
7.12 Berührt der Ball einen Schiedsrichter auf dem Spielfeld, geht das Spiel weiter, denn in einem solchen Fall gilt der Schiedsrichter als Teil des Spielfeldes.

8. VERHALTEN ZUM GEGNER
Ein Spieler darf die Arme, Hände und den Rumpf benutzen, um in den Besitz des Balles zu gelangen. Es ist jedoch verboten, den Gegner mit den Armen, Händen oder Beinen zu sperren; ihn in den Torraum zu drängen; dem Gegner den Ball aus den Händen zu reißen oder zu schlagen; die Faust zu benutzen, um dem

Gegner den Ball wegzuspielen; den Ball auf den Gegner zu werfen oder dieses auf bedrohliche Weise zu fintieren; den Gegner zu stoßen, festzuhalten, anzurennen oder anzuspringen, ihm ein Bein zu stellen oder ihn zu schlagen. Regelverstöße werden mit Strafen belegt, die je nach der Schwere der Regelwidrigkeit von einem Freiwurf bis zur Disqualifikation reichen.

…

10. ANWURF
Siehe Spielbeginn, Seite 31

11. EINWURF
Ein Einwurf wird der Mannschaft zugesprochen, die den Ball nicht zuletzt berührt hat, bevor er die Seitenlinie vollständig in der Luft oder auf dem Boden überquert hat. Der Einwurf wird an der Stelle ausgeführt, wo der Ball die Linie überquert hat. Ein Einwurf kann auch gegeben werden, wenn ein verteidigender Spieler den Ball über die Torlinie ablenkt; in diesem Falle wird der Einwurf am Schnittpunkt dieser Linie und der Seitenlinie ausgeführt.

12. ABWURF DURCH DEN TORHÜTER
12.1 Auf Abwurf wird entschieden, wenn der Ball über die Torauslinie geht, nachdem er zuletzt von einem Spieler der angreifenden Mannschaft oder vom Torwart bei der Verteidigung des Tors berührt wurde.
12.2 Der Abwurf wird vom Torwart ausgeführt, der den Ball aus dem Torraum in das übrige Spielfeld wirft. Der Abwurf wird ohne Schiedsrichterpfiff ausgeführt. Der Abwurf gilt als ausgeführt, wenn der vom Torwart gespielte Ball die Torraumlinie passiert hat.
12.3 Kommt der Ball im Torraum zur Ruhe, muß der Torwart den Ball erneut ins Spiel bringen.
12.4 Nach Ausführung des Abwurfes darf der Torwart den Ball erst wieder berühren, nachdem dieser einen anderen Spieler berührt hat.

13. FREIWURF
13.1 Auf Freiwurf wird entschieden bei fehlerhaftem Wechseln oder bei Regelwidrigkeiten durch den Torwart, durch Feldspieler im Torraum, beim Spielen des Balls, bei passivem Spiel, regelwidrigem Verhalten gegenüber dem Gegner, regelwidrigem Anwurf, Einwurf, Abwurf, Freiwurf, regelwidrigem Verhalten beim Schiedsrichterwurf, bei unsport-

lichem Verhalten und Tätlichkeiten.
13.2–13.7 Der Freiwurf wird ohne Schiedsrichterpfiff ausgeführt, und zwar an der Stelle, wo sich die Regelwidrigkeit ereignete. Spieler der angreifenden Mannschaft dürfen die gegnerische Freiwurflinie nicht überschreiten oder berühren, bevor der Freiwurf ausgeführt wurde. Ein Freiwurf soll nicht gegeben werden, wenn dadurch für die damit zu bestrafende Mannschaft ein Vorteil und für die im Ballbesitz befindliche Mannschaft ein Nachteil entstehen würde. Wird die angreifende Mannschaft durch eine Regelwidrigkeit benachteiligt, muß mindestens ein Freiwurf gegeben werden. Mindestens ein Freiwurf wird gegeben, wenn die angreifende Mannschaft durch eine Regelwidrigkeit den Ballbesitz verliert. Ein Freiwurf darf **nicht** gegeben werden, wenn der gefoulte Spieler die volle Ballkontrolle behält.

Wird das Spiel unterbrochen, muß es mit Freiwurf durch die Mannschaft, die zum Zeitpunkt der Unterbrechung in Ballbesitz war, und von der Stelle ausgeführt, wo sich der Ball zu diesem Zeitpunkt befand, wieder aufgenommen werden. Dazu ist der Schiedsrichterpfiff abzuwarten.
13.8 Der Spieler im Ballbesitz **muß den Ball sofort niederlegen,** wenn eine Entscheidung gegen seine Mannschaft gefällt wird.

14. 7-m-WURF
14.1 Auf 7-m-Wurf wird entschieden, wenn:
a) eine klare Torgelegenheit regelwidrig vereitelt wird – auf dem gesamten Spielfeld und auch durch einen Offiziellen einer Mannschaft;
b) der Torwart den Ball in den Torraum holt oder mit dem Ball in den Torraum geht,
c) ein Feldspieler den eigenen Torraum betritt, um sich einen Vorteil gegenüber dem ballbesitzenden Angriffsspieler zu verschaffen.
d) der Ball absichtlich zu dem sich in seinem Torraum befindenden Torwart gespielt wird und dieser den Ball greift.
e) ein unberechtigter Schiedsrichterpfiff eine klare Torgelegenheit vereitelt.
f) eine klare Torgelegenheit durch das Eingreifen eines am Spiel nicht Beteiligten zunichte gemacht wird.
14.2 Der 7-m-Wurf ist nach dem Schiedsrichterpfiff innerhalb von 3 Sekunden als Torwurf auszuführen.

14.3 Beim 7-m-Wurf darf der Werfer die 7-m-Linie weder berühren noch überschreiten, bis der Ball die Hand verlassen hat.

14.4 Nach dem 7-m-Wurf darf der Ball erst wieder gespielt werden, nachdem er Torwart, Torpfosten oder Latte berührt hat.

14.5 Bei der Ausführung des 7-m-Wurfes dürfen sich außer dem Werfer **keine** Spieler zwischen Torraum- und Freiwurflinie (9-m-Linie) befinden.

14.6 Die Spieler der gegnerischen Mannschaft müssen mindestens 3 m von der 7-m-Linie entfernt sein. Berührt oder überschreitet ein Spieler der verteidigenden Mannschaft die Freiwurflinie oder tritt näher als 3 m an den Werfenden heran, bevor der Ball die Hand des Werfers verlassen hat, ist wie folgt zu entscheiden:
a) Tor, wenn der Ball in das Tor gelangt.
b) Wiederholung des Wurfes in allen anderen Fällen.

14.8 Nicht auf 7-m-Wurf entscheiden dürfen die Schiedsrichter bei einem Regelverstoß der verteidigenden Mannschaft, wenn dadurch die angreifende Mannschaft benachteiligt wird. Wird eine klare Torgelegenheit durch eine Regelwidrigkeit, unsportliches Verhalten, einen unberechtigten Abpfiff oder durch das Eingreifen eines am Spiel nicht Beteiligten derart vereitelt, daß kein Tor erzielt wird, ist immer wenigstens auf 7-m-Wurf zu entscheiden. Wenn der Spieler der angreifenden Mannschaft trotz der Regelwidrigkeit unter voller Ball- und Körperkontrolle bleibt, darf nicht auf 7-m-Wurf entschieden werden.

15. SCHIEDSRICHTERWURF

15.1 **Auf Schiedsrichterwurf wird entschieden, wenn**
a) Spieler beider Mannschaften auf dem Spielfeld gleichzeitig einen Fehler begehen;
b) der Ball die Decke oder festgemachte Gegenstände über der Spielfläche berührt;
c) das Spiel ohne Regelverstoß unterbrochen wurde und keine Mannschaft in Ballbesitz ist.

15.2 Bei Schiedsrichterwurf ist immer *»Time out«* zu geben.

15.3 Der Schiedsrichter wirft mit Anpfiff den Ball am Mittelpunkt des Spielfeldes senkrecht hoch.

15.4 Bei der Ausführung des Schiedsrichterwurfes müssen bis auf je einen Spieler jeder Mann-

schaft alle anderen Spieler mindestens 3 m vom Schiedsrichter entfernt sein. Die beiden um den Ball kämpfenden Spieler sollen neben dem Schiedsrichter, jeder auf der seinem Tor zugewandten Seite, stehen. Der Schiedsrichter wirft den Ball senkrecht hoch, und die beiden Spieler versuchen, den Ball in ihren Besitz zu bringen. Der Ball darf erst gespielt werden, nachdem er seinen höchsten Punkt erreicht hat.

16. AUSFÜHRUNG DER REGELWÜRFE

16.1 Alle Spieler müssen die in der betreffenden Regel geforderten Stellungen einnehmen.

16.2 Bei einem An-, Ein-, Frei- und 7-m-Wurf muß ein Teil des Fußes ununterbrochen am Boden bleiben. Der andere Fuß darf wiederholt vom Boden abgehoben und wieder abgesetzt werden.

16.4 Hat der Ball die Hand des Werfers verlassen, gilt ein Wurf als ausgeführt.

16.5 Wenn der Spieler den Wurf ausgeführt hat, darf der Werfer den Ball erst wieder berühren, nachdem dieser einen anderen Spieler, den Torpfosten oder die Latte berührt hat.

16.6 Jeder Wurf kann unmittelbar zu einem Tor führen.

16.7 Bei der Ausführung des Ein- oder Freiwurfes müssen die Spieler der Mannschaft, die nicht in Ballbesitz ist, mindestens 3 m vom Werfer entfernt sein.

17. STRAFEN

17.1 **Eine Verwarnung kann gegeben werden bei:**
a) Regelwidrigkeiten im Verhalten zum Gegner.

Eine Verwarnung ist zu geben bei:
b) Regelwidrigkeiten im Verhalten zum Gegner, die progressiv zu bestrafen sind.
c) Regelwidrigkeiten bei der Ausführung eines Wurfes der gegnerischen Mannschaft,

d) unsportlichem Verhalten, auch eines Offiziellen.

17.2 Die Verwarnung ist dem Betreffenden durch Hochhalten der gelben Karte anzuzeigen.

17.3 **Eine Hinausstellung (2 Minuten) ist auszusprechen:**
a) bei fehlerhaftem Wechseln oder regelwidrigem Eintreten ins Spiel,
b) bei wiederholten progressiv zu bestrafenden Regelwidrigkeiten im Verhalten zum Gegner,
c) bei wiederholtem unsportlichem Verhalten eines Spielers auf dem Spielfeld,
d) wenn ein Spieler den Ball nicht sofort nach einer Entscheidung gegen die ballbesitzende Mannschaft niederlegt,
e) bei wiederholten Regelwidrigkeiten bei der Ausführung eines gegnerischen Regelwurfes,
f) bei Disqualifikation eines Spielers oder Offiziellen einer Mannschaft. In Ausnahmefällen muß der Hinausstellung keine Verwarnung vorausgehen.

17.4 Die Entscheidung ist dem betreffenden Spieler durch Hochhalten eines gestreckten Armes mit 2 erhobenen Fingern deutlich anzuzeigen.

17.5 **Eine Disqualifikation ist auszusprechen:**
wenn ein nicht teilnahmeberechtigter Spieler die Spielfläche betritt; bei groben Regelwidrigkeiten im Verhalten zum Gegner; wiederholtem unsportlichem Verhalten eines Offiziellen einer Mannschaft oder eines Spielers außerhalb der Spielfläche; grob unsportlichem Verhalten eines Spielers oder eines Offiziellen einer Mannschaft; einer dritten Hinausstellung; Tätlichkeit eines Offiziellen einer Mannschaft. Die Disqualifikation eines Spielers oder eines Offiziellen einer Mannschaft während der Spielzeit ist immer mit einer Hinausstellung verbunden, wodurch die Mannschaftsstärke auf dem Spielfeld um einen Spieler reduziert wird.

17.6 Eine Disqualifikation ist durch Hochhalten der roten Karte anzuzeigen. Die Disqualifikation eines Spielers oder eines Offiziellen einer Mannschaft gilt immer für den Rest der Spielzeit. Der Spieler oder der Offizielle muß sowohl die Spielfläche als auch den Auswechselraum sofort verlassen. Mit der Disqualifikation eines Spielers oder eines Offiziellen einer Mannschaft vermindert sich die Zahl der Spieler beziehungsweise der Offiziellen einer Mannschaft. Es ist jedoch erlaubt, nach Ablauf einer Hinausstellungszeit auf der Spielfläche die Zahl der Spieler zu ergänzen.

17.7 **Ein Ausschluß ist auszusprechen bei:**
Tätlichkeit während der Spielzeit, auch außerhalb der Spielfläche.

17.9 Begeht ein Spieler, nachdem er hinausgestellt wurde, einen weiteren Verstoß vor dem Wiederanpfiff, wird er außerdem mit der härtesten Strafe belegt, die die Regeln zulassen.

17.10 Wenn ein Torwart hinausgestellt, disqualifiziert oder ausgeschlossen wird, muß ein anderer Spieler als Torwart eingesetzt werden.

17.11 Bei unsportlichem Verhalten, ob auf dem Spielfeld oder außerhalb desselben, haben die Schiedsrichter den derart gegen die Regeln verstoßenden Spieler zu verwarnen.

Diese Regeln wurden mit Genehmigung der Internationalen Handball Föderation nachgedruckt.

Fußball

Im Mittelalter war das ein wildes Spiel, das zwischen ganzen Dörfern ausgetragen wurde. Erst mit der Gründung der Football Association im Jahre 1863 wurde es formellen Regeln unterworfen, die erarbeitet wurden, um die Spielweise zu vereinheitlichen.

Heute ist das auf diesen Regeln beruhende Spiel, das in den englischsprachigen Ländern als *Association Football, Soccer* oder einfach als *Football* bezeichnet wird, das populärste Spiel und zugleich die beliebteste Zuschauersportart der Welt.

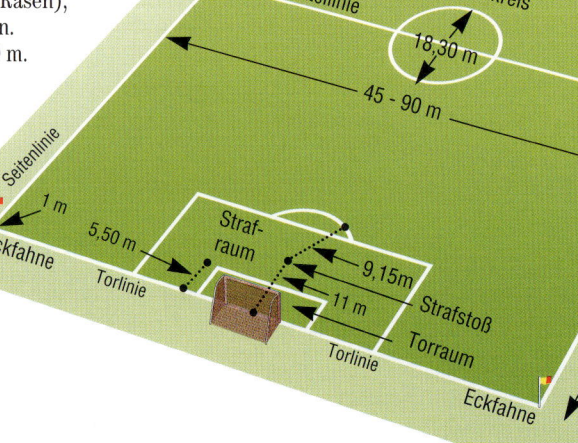

Manchester United 1996

Das Spielfeld

Eine rechteckige Fläche (meistens Rasen), bestehend aus zwei gleichen Hälften. Länge 90 bis 120 m, Breite 45 bis 90 m.

Eckfahne

Seitenlinie

18,30 m

40 m

16,50 m

Eckfahne

Mittellinie

Mittelkreis

18,30 m

45 - 90 m

90 - 120 m

Seitenlinie

1 m

Eckfahne

5,50 m

Straf-raum

Torlinie

9,15m

11 m

Strafstoß

Torraum

Torlinie

Eckfahne

Die Mannschaften

Zwei Mannschaften mit je 11 Spielern einschließlich je einem Torwart. Höchstzahl der Ersatzspieler: 3. Jeder Spieler einer Mannschaft darf seine Position mit dem Torwart wechseln.

Die Tore

Zwei senkrechte Pfosten mit einem Abstand von 7,30 m, die durch eine waagerechte Querlatte verbunden sind. Pfosten und Querlatte müssen die gleiche Breite (max. 12,7 cm) aufweisen. Ein Netz, das an den Pfosten, der Querlatte und am Boden dahinter befestigt ist, ist nicht gefordert. Torhöhe 2,40 m (Innenmaß).

Fußballfans

Die wohl größte Zahl an Zuschauern, die je zu einem Fußballspiel erschienen waren, betrug 199 854. So viele Fans kamen am 16. Juli 1950 in das Maracaña-Stadion in Rio de Janeiro in Brasilien, um das WM-Finale zu sehen. Rechts ist das Wembley-Stadion abgebildet.

Der Ball

Kugelförmig mit einer Hülle aus Leder oder einem anderen zugelassenen Material. Sein Umfang muß 68–71cm, sein Gewicht 396–453 g betragen. Der Druck sollte 0,6–1,1 bar betragen.

SPIELGEDANKE

Die Mannschaften versuchen, Tore zu schießen, indem sie den Ball in das gegnerische Tor kicken oder köpfen. Der Ball darf nicht absichtlich mit den Händen gespielt werden – das darf nur der Torwart.

Spielbeginn

Die Mannschaft, die per Münzwurf gewinnt, kann zwischen Feldhälfte und Anstoß wählen. Mindestens zwei Spieler der Mannschaft, die den Anstoß ausführt, stehen im Mittelkreis hinter der Mittellinie. Zu diesem Zeitpunkt müssen sich alle Spieler in der eigenen Feldhälfte befinden. Die Spieler der Verteidigungsseite stehen außerhalb des Mittelkreises, und der Ball liegt in der Mitte des Kreises. Das Spiel beginnt mit dem Anpfiff. Mit der ersten Ballberührung muß der Ball in die gegnerische Hälfte gestoßen werden.

Wer gewinnt

Die Mannschaft, die die meisten Tore durch Treten oder Köpfen des Balles in das gegnerische Tor erzielt, gewinnt das Spiel. Die Torerzielung ist durch Regel 10 definiert.

Die Offiziellen

Ein Schiedsrichter und zwei Schiedsrichterassistenten (Linienrichter).

Kleidung des Torwarts
Durch die Farben der Torwartkleidung muß es möglich sein, den Torwart sofort von den anderen Spielern zu unterscheiden. Einige Torwarte tragen Handschuhe, um den Ball besser fassen zu können, und gelegentlich auch Schirmmützen, um die Augen abzuschirmen.

Kleidung

Ein Jersey mit Shorts und Stutzen (Kniestrümpfe). Die Farben müssen für die ganze Mannschaft einheitlich sein; allerdings müssen die Farben für die Torwartkleidung so gewählt sein, daß der Torwart von den anderen Spielern und dem Schiedsrichter unterschieden werden kann. Geeignetes Schuhwerk und Schien-

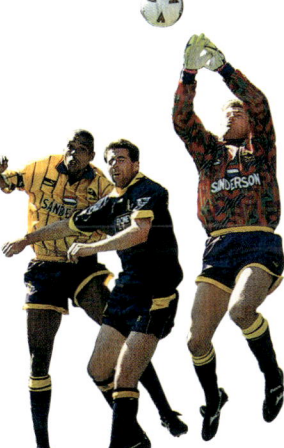

beinschützer, die durch die Stutzen voll bedeckt sind, werden ebenfalls getragen. Ein Spieler darf nichts tragen, was einen anderen Spieler gefährden könnte.

Klubfarben
Fußballvereine haben ihre spezifischen Klubfarben. Die meisten Klubs haben jedoch mindestens noch eine zweite Farbkombination, um die Spieler bei Auswärtsspielen gegebenenfalls deutlich von den gegnerischen Spielern unterscheiden zu können. Der hier abgebildete Franzose Eric Cantona, einer der Stars, der Anfang der neunziger Jahre die Fans begeisterte, trägt die Farben seines damaligen auswärts spielenden Vereins Manchester United. Normalerweise hätte er in Rot gespielt.

DIE WICHTIGSTEN REGELN

• Ein Spiel dauert 90 Minuten und ist in zwei Hälften zu je 45 Minuten geteilt; nach der Halbzeitpause werden die Feldseiten gewechselt. (Bei Meisterschaftsspielen kann diese Zeit um weitere 30 Minuten verlängert werden, falls bis dahin keine Entscheidung gefallen ist.)

• Ein Spieler, der abseits ist (siehe Regel 11, Abseits), wird bestraft (Seite 36).

• Begeht ein Spieler einen schweren körperbezogenen Regelverstoß – tritt, schlägt oder stößt er z. B. einen Gegner –, bekommt die gegnerische Mannschaft einen Freistoß zugesprochen. Das gleiche gilt bei absichtlichem Handspiel durch Feldspieler. Andere Verstöße, wie etwa Spielverzögerung oder gefährliches Spiel, werden mit einem indirekten Freistoß für die gegnerische Mannschaft geahndet. Wenn der Freistoß ausgeführt wird, muß der Abstand zwischen den Gegnern des Ausführenden und dem Ball mindestens 9,15 m betragen.

• Einem Spieler, der mit dem Schiedsrichter streitet oder wiederholt gegen die Regeln verstößt, wird die gelbe Karte gezeigt (als offizielle Verwarnung), während ernstere Verstöße, wie etwa Gewalttätigkeit oder Benutzen beleidigender Ausdrücke, mit sofortigem Platzverweis (rote Karte) geahndet werden. Zur *Regel 12 (Verbotenes Spiel und unsportliches Verhalten) siehe Seite 36f.*

• Bestimmte Verstöße im Strafraum werden mit einem Strafstoß gegen die verstoßende Mannschaft geahndet. *Siehe Regel 14, Strafstoß (Seite 40).*

DIE REGELN

Regel: 1 Das Spielfeld
Siehe Seite 34

Regel 2: Der Ball
Siehe »Der Ball« (Seite 34).

Regel 3: Anzahl der Spieler
Siehe »Die Mannschaften«
(Seite 34)

Regel 4: Spielerausrüstung
Siehe »Der Ball« (Seite 34)

Regeln 5 und 6:
Siehe »Die Offiziellen«

Regel 7: Spieldauer
Vorbehaltlich der folgenden
Regelungen besteht das Spiel,
wenn nichts anderes vereinbart
worden ist, aus zwei Spielzeithälften von je 45 Minuten Dauer.
a) Dabei soll der Schiedsrichter
jeder Spielzeithälfte die nach
seinem Ermessen durch Auswechslung, Transport von verletzten Spielern vom Spielfeld,
Zeitvergeudung oder aus einem
anderen Grunde verlorenge-
gangene Zeit hinzufügen.
b) Der Schiedsrichter muß jede
Spielzeithälfte verlängern, um
einen innerhalb der normalen
Spielzeit verhängten Strafstoß
ausführen zu lassen.
Die Halbzeitpause darf 15
Minuten nicht überschreiten.
In der Ausschreibung muß die
Dauer der Halbzeitpause genau
festgelegt sein. Die Dauer der
Halbzeitpause darf nur mit
Zustimmung des Schiedsrichters
geändert werden.

Regel 8: Spielbeginn
a) Vor Beginn des Spiels wird
mittels einer Münze um die
Spielfeldhälften und den Anstoß
gelost. Die den Losentscheid
gewinnende Mannschaft kann
die Spielfeldhälfte oder den
Anstoß wählen. Nachdem der
Schiedsrichter ein Zeichen
gegeben hat, beginnt das Spiel
durch den Anstoß, indem ein
Spieler den Ball, welcher auf
dem Boden im Mittelpunkt des
Spielfeldes ruht, in die gegnerische Spielfeldhälfte stößt.
Jeder Spieler muß sich in seiner
eigenen Spielhälfte befinden,
und jeder Spieler der Mannschaft, die den Anstoß nicht
ausführt, muß mindestens
9,15 m von dem Ball entfernt
bleiben, bis dieser im Spiel ist.
Der Ball ist erst dann im Spiel,
wenn er eine Strecke von der
Länge seines Umfanges zu-
rückgelegt hat. Der Spieler, der
den Anstoß ausgeführt hat, darf

den Ball nicht ein zweites Mal
spielen, bevor dieser von einem
anderen Spieler gespielt oder
berührt worden ist. [Ein Tor
kann nicht direkt aus einem
Anstoß erzielt werden.]
b) Nach einem Torerfolg ist das
Spiel in gleicher Weise durch
einen Spieler der Mannschaft,
gegen die das Tor erzielt worden
ist, wiederaufzunehmen.
c) Nach der Halbzeit werden vor
Wiederbeginn des Spieles die
Spielfeldhälften gewechselt. Der
Anstoß wird von einem Spieler
der Mannschaft ausgeführt, die
zu Beginn des Spieles den
Anstoß nicht hatte.

Strafbestimmung
Bei jedem Verstoß gegen diese
Regel ist der Anstoß zu wiederholen, ausgenommen in dem
Falle, wo der Spieler den im Spiel
befindlichen Ball ein zweites
Mal spielt, bevor dieser von
einem anderen Spieler berührt
oder gespielt worden ist. Für
dieses Vergehen ist ein indirekter Freistoß durch einen gegnerischen Spieler, vorbehaltlich
der zwingenden Bestimmungen
der Regel 13, auszuführen, und
zwar dort, wo sich das Vergehen
ereignete.
d) Wenn das Spiel nach einer
zeitweiligen Unterbrechung, die
sich aus keinem Regelverstoß
ergab, wiederaufgenommen
wird, wobei der Ball nicht unmittelbar vor der Unterbrechung
über die Seiten- oder Torlinie
gegangen sein darf, muß der
Schiedsrichter den Ball an der
Stelle, wo dieser sich im Augenblick der Spielunterbrechung
befunden hat, fallen lassen
(Schiedsrichterball), es sei
denn, der Ball war zu diesem
Zeitpunkt innerhalb des Torraumes. In diesem Falle wird der
Ball auf der Torraumlinie, die
parallel zur Torlinie verläuft, an
der Stelle fallen gelassen, die am
nächsten zu der Stelle liegt, wo
er bei Unterbrechung des Spiels
war. Der Ball gilt als im Spiel,
sobald er den Boden berührt hat.
Wenn der durch den Schiedsrichter ins Spiel gebrachte Ball
die Seiten- oder Torlinie überquert, ehe er von einem Spieler
berührt worden ist, oder wenn
ein Spieler den Ball spielt, bevor
er den Boden berührt hat, muß
der Schiedsrichterball wiederholt werden.
Der Ball darf nicht gespielt werden, bevor er den Boden berührt
hat. Bei Nichtbeachtung dieses
Abschnitts der Regel soll der
Ball erneut vom Schiedsrichter
fallen gelassen werden.

Sauber bleiben
*Fußball ist kein körperbetontes
Spiel, und jegliche Behinderung
des gegnerischen Spielers wird als
Foulspiel betrachtet und mit einem
direkten Freistoß geahndet.*

**Regel 9: Ball in und aus dem
Spiel**
Der Ball ist aus dem Spiel,
a) wenn er entweder auf dem
Boden oder in der Luft die Tor-
oder Seitenauslinie vollständig
überquert hat;
b) wenn das Spiel vom Schiedsrichter unterbrochen worden ist.
Der Ball ist zu jeder anderen
Zeit von Spielbeginn bis -ende
im Spiel, auch dann,
a) wenn er von einem Tor-
pfosten, von der Querlatte oder
einer Eckfahne ins Spielfeld
zurückspringt;
b) wenn er vom Schiedsrichter
oder Linienrichter zurückspringt,
sofern diese sich im Spielfeld
befinden;
c) wenn ein Regelverstoß vermutet wird, eine Entscheidung
aber nicht getroffen wurde.

Regel 10: Erzieltes Tor
Ein Tor ist erzielt, wenn der Ball
die Torlinie zwischen den
Torpfosten und unter der
Querlatte vollständig überquert
hat, ohne dabei von einem
Spieler der angreifenden
Mannschaft absichtlich mit dem
Arm oder mit der Hand
angehalten bzw. geworfen,
getragen oder gespielt worden
zu sein, ausgenommen vom Torwart, der sich innerhalb seines
eigenen Strafraumes befindet.
Die Mannschaft, die während
des Spiels die meisten Tore
erzielt, hat gewonnen. Wenn
keine Tore erzielt worden sind
oder wenn jede Mannschaft

gleiche Anzahl von Toren erzielt
hat, gilt das Spiel als »unentschieden«.

Regel 11: Abseits
1. Ein Spieler befindet sich in
Abseitsstellung, wenn er näher
der gegnerischen Torlinie ist als
der Ball, außer
a) er befindet sich in seiner eigenen Spielfeldhälfte oder
b) er steht nicht näher zur gegnerischen Torlinie als mindestens zwei seiner Gegner.
2. Die Abseitsstellung eines Spielers stellt an sich noch keinen
Regelverstoß dar. Ein Spieler
wird nur dann für seine Abseitsstellung bestraft, wenn er nach
Ansicht des Schiedsrichters zum
Zeitpunkt, wenn der Ball einen
seiner Mannschaftskollegen
berührt oder von einem gespielt
wird, aktiv am Spielgeschehen
teilnimmt, indem er
a) ins Spiel eingreift oder
b) einen Gegner beeinflußt oder
c) aus seiner Stellung einen
Vorteil zieht.

**Regel 12: Verstöße und
Regelverletzungen**
Ein Spieler verstößt gegen die
Regel 12, wenn er einen der
folgenden sechs Verstöße in
einer Art und Weise begeht, die
vom Schiedsrichter als fahrlässig,
rücksichtslos oder mit unver-
hältnismäßigem Körpereinsatz
ausgeführt eingeschätzt wird,
das heißt, wenn er
a) einen Gegner tritt oder versucht ihn zu treten,

b) einem Gegner ein Bein stellt,

c) einen Gegner anspringt,

d) einen Gegner rempelt,

e) einen Gegner schlägt oder versucht ihn zu schlagen,

f) einen Gegner stößt,

g) beim Tackling den Gegner vor dem Ball berührt oder

h) einen Gegner hält oder einen Gegner anspuckt oder

i) den Ball absichtlich mit der Hand spielt, d. h. ihn mit dem Arm oder mit der Hand anhält bzw. wirft, trägt oder stößt (dies gilt nicht für den Torwart in seinem eigenen Strafraum).

Der betreffende Spieler ist durch Verhängen eines *direkten Freistoßes* zu bestrafen, der von der Gegenpartei an der Stelle auszuführen ist, wo der Verstoß begangen wurde. Ausnahme: Der Verstoß wurde von einem Spieler im Torraum der gegnerischen Mannschaft begangen; in diesem Falle ist der Freistoß von irgendeinem Punkt innerhalb des Torraumes auszuführen. Begeht ein Spieler der verteidigenden Mannschaft absichtlich innerhalb des Strafraumes einen der oben genannten Verstöße, ist er durch einen Strafstoß zu bestrafen. Ein Strafstoß kann ohne Rücksicht auf die jeweilige Position des Balles verhängt werden, vorausgesetzt, daß der Ball im Augenblick des Verstoßes im Spiel war und das Vergehen im Strafraum stattfand.

Mit einem *indirekten Freistoß* wird ein Spieler bestraft, der

1. in einer nach Ansicht des Schiedsrichters gefährlichen Weise spielt;

2. korrekt rempelt, d. h. mit der Schulter, wenn der Ball nicht in Spielnähe der betreffenden Spieler ist und wenn diese nicht ernstlich versuchen, ihn zu spielen;

3. ohne den Ball spielen zu wollen, den Lauf des Gegners behindert, d. h. zwischen Ball und Gegner läuft oder durch Einsatz des Körpers ein Hindernis für den Gegner bildet;

4. den Torwart rempelt, außer wenn dieser:

a) den Ball hält oder

b) einen Gegner hindert oder

c) seinen Torraum verlassen hat;

5. als Torwart und im eigenen Strafraum:

a) vom Moment an, wo er den Ball mit seinen Händen kontrolliert, mehr als vier Schritte in irgendeine Richtung macht und dabei den Ball in den Händen hält, auf den Boden aufspringen läßt oder in die Luft wirft und wieder auffängt, ohne

Abwehrspieler versuchen oft mit allen Mitteln, dem Gegner den Ball abzunehmen – und verstoßen dabei häufig gegen die Regeln.

ihn für das Spiel freizugeben, oder

b) nachdem er den Ball vor, während oder nach den vier Schritten freigegeben hat, ihn wieder mit den Händen berührt, bevor ihn ein Spieler seiner Mannschaft außerhalb des Strafraumes oder ein Spieler der gegnerischen Mannschaft vorbehaltlich der zwingenden Bestimmun-

gen von 5. c) entweder innerhalb oder außerhalb des Strafraumes berührt oder gespielt hat, oder

c) den Ball mit seinen Händen berührt, nachdem ihm dieser von einem Mannschaftskameraden absichtlich mit dem Fuß zugespielt wurde, oder

d) sich einer Taktik bedient, die nach Auffassung des Schiedsrichters dazu dient, das Spiel zu

Fair Play?

Für Attacken wie diese gibt es meist »Gelb«, deshalb bevorzugen etliche Spieler für unfaire Aktionen die dem Schiedsrichter abgewandte Seite.

verzögern, um seiner eigenen Mannschaft einen unsportlichen Vorteil zu verschaffen.

3. Ein Spieler wird vom Schiedsrichter nicht abseits erklärt,

a) nur weil er sich in Abseitsstellung befindet;

b) wenn er den Ball direkt aus einem Abstoß, einem Eckstoß oder einem Einwurf bekommt.

4. Wenn ein Spieler »abseits« erklärt wird, verhängt der Schiedsrichter einen indirekten Freistoß, der von einem Spieler der gegnerischen Mannschaft an dem Ort ausgeführt werden muß, an dem der Verstoß begangen wurde. Ausnahme: Der Verstoß wurde von einem Spieler im Torraum der gegnerischen Mannschaft begangen; in diesem Fall ist der Freistoß von irgendeinem Punkt innerhalb des Torraumes auszuführen.

Der indirekte Freistoß wird von der gegnerischen Mannschaft, vorbehaltlich der zwingenden Bestimmungen der Regel 13, an der Stelle ausgeführt, wo der Regelverstoß begangen wurde.

Der Schiedsrichter hat einen Spieler durch Zeigen der **gelben Karte** zu verwarnen, wenn dieser:

j) das Spielfeld betritt oder wieder betritt, um in seine Mannschaft einzutreten oder wieder einzutreten, nachdem das Spiel begonnen hat, oder wenn er das Spielfeld während des Spieles verläßt (ausgenommen bei Unglücksfällen), ohne in diesen Fällen vorher die Einwilligung des Schiedsrichters erhalten zu haben. Wenn ein Schiedsrichter das Spiel unterbricht, um die Verwarnung auszusprechen, ist es durch einen indirekten Freistoß, ausgeführt durch einen Spieler der gegnerischen Mannschaft, vorbehaltlich der zwingenden Bestimmungen der Regel 13, an der Stelle wieder aufzunehmen, wo sich der Ball bei der Unterbrechung des Spieles durch den Schiedsrichter befand. Wenn jedoch der Spieler einen schweren Regelverstoß beging, soll er gemäß der dafür in Frage kommenden Bestimmung der Spielregeln bestraft werden.

k) wiederholt gegen die Spielregeln verstößt,

l) durch Worte oder Handlungen die Ablehnung irgendeiner Entscheidung des Schiedsrichters zu erkennen gibt,

m) sich eines unsportlichen Verhaltens schuldig macht. Für jeden Regelverstoß gemäß

➡ *Seite 40*

FERTIGKEITEN

Obwohl alle Spieler über Ausdauer, Schnelligkeit und eine gute Ballbeherrschung verfügen müssen, werden an die vier Spielerpositionen innerhalb einer Mannschaft spezifische Anforderungen gestellt. *Verteidiger* müssen gute Fertigkeiten im Tackling und Kopfballspiel besitzen. Mittelfeldspieler müssen geistig sehr beweglich sein, um je nach Situation offensiv oder defensiv zu spielen. *Stürmer* müssen besonders gute Ballfertigkeiten haben und kopfballstark sein. Darüber hinaus müssen sie schnell und genau bei Tormöglichkeiten reagieren. *Torwarte* müssen die nötige Beweglichkeit und das Reaktionsvermögen besitzen, um aus beliebigem Winkel kommende Bälle abzuwehren. Außerdem müssen sie über ein hohes Konzentrationsvermögen und sichere Entscheidungskraft verfügen.

Pässe

Es gibt verschiedene Arten von Pässen, die je nach Richtung und Entfernung, über die der Ball zu befördern ist, zur Anwendung kommen. So wird ein Paß, bei dem der Ball hoch und über eine große Entfernung fliegt, mit einer weiten Ausholbewegung mittels eines Spannstoßes zum unteren Teil des Balles erzielt, während ein links oder rechts, also außermittig mit der äußeren bzw. inneren Fußseite getroffener Ball mit einem Effekt versehen wird, der ihm eine kurvenförmige Bahn verleiht.

Ballabnahme

Das *Blockieren* wird angewendet, um in Ballbesitz zu kommen, indem man den Gegner frontal oder von der Seite angreift und ihm den Ball abnimmt. Durch *Gleittackling* wird der Ball einfach der Kontrolle des Gegners entzogen, ohne selbst in den Ballbesitz zu kommen. Ein erfolgreiches Tackling erfordert vor allem gutes Timing.

Weiterleiten

Es ist viel leichter, den Ball zu beherrschen, wenn er sich vom Spieler weg bewegt. Angestrebt wird, den Ball in Laufrichtung des annehmenden Mitspielers zu spielen, damit er seinen Laufschwung behält.

Angreifer

Abwehrspieler

Foulspiel

Das ist unerlaubtes Tackling. Der Verteidiger hat den Ball verfehlt, und es besteht die Gefahr, daß er dem Angreifer gegen die Beine tritt.

Fair Play

Das ist ein erlaubtes Tackling: Der Verteidiger geht den Ball an und berührt ihn sauber.

Abwehrspieler

Angriffsspieler

Ballkontrolle

Ballbeherrschung ist die wichtigste Fertigkeit im Fußball. Die besten Spieler können den Ball schnell dribbeln und die Richtung beliebig ändern, um den Gegner zu umspielen.

Zu spät

Ein verspätetes Tackling – nachdem der Ball schon weg ist – wird fast mit Sicherheit zu einem Strafstoß führen, falls der Verstoß im Strafraum stattgefunden hat.

Ballkontrolle und Dribbling

Der Ball kann mit jedem beliebigen Körperteil, außer Händen und Armen, angenommen und unter Kontrolle gebracht werden. Dann kann der Spieler den Ball auf dem Spielfeld führen, indem er ihn dribbelt. Ein geschickter Spieler ist dabei in der Lage, die Richtung und Geschwindigkeit plötzlich zu ändern, um die Gegner auszuspielen.

Körperbeherrschung
Ein Spieler darf den Ball mit der Brust annehmen und unter Kontrolle bringen, er muß jedoch darauf achten, daß er ihn nicht mit den Armen oder Händen berührt.

Dribbling
Ein guter Stürmer kann sich an etlichen Verteidigern vorbeischlängeln.

Den Ball treten

Die Flugbahn des Balles sollte nach Möglichkeit flach gehalten werden, denn ein hoch geschlagener Ball ist länger unterwegs, leichter berechenbar und daher auch leichter abzufangen. Wenn es aber nicht möglich ist, den Ball flach zu spielen, sollte man andere Techniken anwenden. Ein Volleyschuß bringt den Ball ohne vorherige Bodenberührung direkt ins Tor. Die Bogenlampe ist ein hoher Schuß, mit dem der Spieler den Vorteil ausnutzt, daß der Torwart die Torlinie verlassen hat. Eine weitere Technik, den Ball korrekt ins Netz zu bringen, ist das Köpfen.

Kopfbälle

Per Kopfball kann man Tore schießen, zuspielen und Verteidigen. Mit der Stirn wird der Ball nach einer kraftvollen Ausholbewegung nach vorn, hinten oder zur Seite gelenkt.

»Aufstützen« verboten
Spieler dürfen den Ball zwar köpfen und per Fuß spielen, sie dürfen sich jedoch nicht auf andere Spieler stützen, um den Ball mit dem Kopf zu erreichen.

Hüten des Tors

Der Torwart ist der einzige Spieler, der den Ball mit den Händen berühren darf. Und im allgemeinen ist die sicherste Methode, das Tor zu hüten, den Ball mit den Händen zu fangen. Der Torwart muß stets auf der Hut und bereit sein, zu springen, zu hechten oder den Ball frontal zu fangen. Ist es ihm nicht möglich, den Ball zu fangen, wird der Torwart den Ball mit der flachen Hand ablenken oder mit der Faust wegschlagen.

Stürmen
Die besten Stürmer, wie hier Englands Gary Lineker, gehen drangvoll im Torraum zum Ball und schießen, bevor Verteidiger eingreifen können.

Fortsetzung von Seite 37

Absatz k), l) und m) soll der betreffende Spieler verwarnt werden, und ein indirekter Freistoß soll von einem Spieler der gegnerischen Mannschaft vorbehaltlich der zwingenden Bestimmungen der Regel 13 an der Stelle ausgeführt werden, wo der Regelverstoß erfolgte, wenn nicht ein schwererer Verstoß gegen die Spielregeln vorlag.
Der Schiedsrichter hat einen Spieler durch Zeigen der **roten Karte** des Feldes zu verweisen, wenn dieser:
n) sich gewalttätig verhält,
o) sich eines grob unsportlichen Betragens schuldig macht,
p) beleidigende oder schmähende Äußerungen gebraucht,
q) einen zweiten mit einer Verwarnung zu ahndenden Verstoß begeht, nachdem er bereits verwarnt worden ist.
Wiederaufnahme des Spiels: durch indirekten Freistoß vom Ort des Geschehens.

Regel 13: Freistoß
Es gibt zwei Arten von Freistößen:
a) direkter Freistoß (aus dem ein Tor direkt gegen die übertretende Mannschaft erzielt werden kann);
b) indirekter Freistoß (aus dem ein Tor nur erzielt werden kann, wenn der Ball zuvor von einem anderen Spieler als dem, der den Freistoß ausführt, berührt oder gespielt wird).
Wenn ein Spieler einen direkten oder indirekten Freistoß innerhalb seines Strafraumes ausführt, müssen alle Spieler der gegnerischen Mannschaft mindestens 9,15 m vom Ball entfernt sein und außerhalb des Strafraumes bleiben, bis der Ball aus dem Strafraum hinausgespielt worden ist. Der Ball ist im Spiel, wenn er eine seinem Umfang entsprechende Strecke zurückgelegt und den Strafraum verlassen hat. Der Torwart darf den Ball nicht mit seinen Händen auffangen, um ihn danach ins Spiel stoßen zu können.
Wenn der Ball nicht direkt aus dem Strafraum ins Spiel gestoßen wird, muß der Freistoß wiederholt werden.
Wenn ein Spieler einen direkten oder indirekten Freistoß außerhalb des eigenen Strafraumes ausführt, muß jeder Spieler der gegnerischen Mannschaft mindestens 9,15 m vom Ball entfernt und außerhalb des Strafraumes sein, bis der Ball im Spiel ist, es sei denn, sie stehen zwischen

den Torpfosten auf der eigenen Torlinie.
Wenn ein Spieler der gegnerischen Mannschaft noch vor Ausführung des Freistoßes in den Strafraum eindringt oder sich dem Ball auf weniger als 9,15 m nähert, soll der Schiedsrichter die Ausführung des Freistoßes verzögern, bis die Bestimmungen der Regel erfüllt sind.
Bei der Ausführung des Freistoßes muß der Ball ruhig am Boden liegen, und nach dem Stoß darf der den Freistoß ausführende Spieler den Ball erst wieder spielen, nachdem ein anderer Spieler den im Spiel befindlichen Ball berührt oder gespielt hat. Ungeachtet jeglicher anderen Hinweise in diesen Regeln über den Ort, von wo der Freistoß ausgeführt werden soll,
1. kann jeder der verteidigenden Mannschaft im eigenen Torraum zugesprochene Freistoß von irgendeinem Punkt innerhalb des Torraumes ausgeführt werden;
2. wird jeder der angreifenden Mannschaft innerhalb des gegnerischen Torraumes zugesprochene indirekte Freistoß auf der Torraumlinie, die parallel zur Torlinie verläuft, ausgeführt, und zwar an der Stelle, die dem Ort des Verstoßes am nächsten liegt.

Die gelbe Karte
Spieler, die wiederholt gegen die Regeln verstoßen und mit dem Schiedsrichter streiten, werden verwarnt und bekommen die gelbe Karte, die der Schiedsrichter mit hochgehobener Hand zeigt. Ein Spieler, der Gewalt anwendet oder unanständige Ausdrücke benutzt, bekommt die rote Karte gezeigt und wird sofort des Feldes verwiesen.

Strafbestimmung
Wenn der Spieler, der den Freistoß ausgeführt hat, den im Spiel befindlichen Ball ein zweites Mal spielt, bevor er von einem anderen Spieler berührt oder gespielt worden ist:
indirekter Freistoß an der Stelle des Regelverstoßes, ausgenommen, der Verstoß wurde von einem Spieler im Torraum der gegnerischen Mannschaft begangen – in diesem Falle ist der Freistoß von irgendeinem Punkt innerhalb des Torraumes auszuführen.

Regel 14: Strafstoß (Elfmeter)
Ein Strafstoß wird von der Strafstoßmarke ausgeführt. Alle Spieler – mit Ausnahme des den Strafstoß tretenden und klar festgelegten Spielers und des gegnerischen Torwarts – müssen außerhalb des Strafraumes, aber innerhalb des Spielfeldes und mindestens 9,15 m von der Strafstoßmarke entfernt sein und hinter der Strafstoßmarke stehen.
Der gegnerische Torwart muß auf seiner Torlinie zwischen den Torpfosten stehen (ohne seine Füße zu bewegen), bis der Ball gestoßen ist. Der den Strafstoß ausführende Spieler muß den Ball nach vorn stoßen: Er darf den Ball erst ein zweites Mal

spielen, nachdem dieser von einem anderen Spieler berührt oder gespielt worden ist.
Strafbestimmung
Bei Verstoß gegen diese Regel:
a) *seitens der verteidigenden Mannschaft* ist der Strafstoß zu wiederholen, wenn ein Tor nicht erzielt worden ist;
b) *seitens der angreifenden Mannschaft*, sofern der Verstoß nicht von dem den Strafstoß ausführenden Spieler begangen wird, ist ein erzieltes Tor für ungültig zu erklären und der Strafstoß zu wiederholen;
c) *seitens des den Strafstoß ausführenden Spielers*, begangen, nachdem der Ball im Spiel ist, soll ein Spieler der gegnerischen Mannschaft einen indirekten Freistoß vorbehaltlich der zwingenden Bestimmungen der Regel 13 ausführen.

Regel 15: Einwurf
Wenn der Ball, sei es am Boden oder in der Luft, vollständig die Seitenlinie überquert hat, so ist er an der Stelle, wo er die Linie überquert hat, einzuwerfen, und zwar von einem Spieler, der nicht der Mannschaft angehört, deren Spieler den Ball zuletzt berührt hat. Der einwerfende Spieler muß im Augenblick des Einwurfes das Gesicht dem Spielfeld zuwenden und mit einem Teil eines jeden Fußes entweder auf der Seitenlinie oder auf dem Boden außerhalb des Spielfeldes stehen. Der einwerfende Spieler muß den Ball mit beiden Händen von hinten über seinen Kopf werfen. Der Ball ist im Spiel, sobald er innerhalb des Spielfeldes ist; der einwerfende Spieler darf den Ball jedoch nicht eher spielen, bis ihn ein anderer Spieler berührt oder gespielt hat. Ein Tor kann aus einem Einwurf nicht direkt erzielt werden.
Strafbestimmung
a) Wenn der Ball nicht regelgerecht eingeworfen wurde: Einwurf für dir gegnerische Mannschaft.
b) Wenn der einwerfende Spieler den Ball ein zweites Mal spielt, bevor ihn ein anderer Spieler berührt oder gespielt hat: indirekter Freistoß – vorbehaltlich Regel 13 – an der Stelle des Regelverstoßes.

Regel 16: Abstoß
Wenn der Ball, sei es in der Luft oder am Boden, vollständig über die Torlinie – mit Ausnahme des Teiles zwischen den Torpfosten – geht und dabei zuletzt von einem Spieler der

angreifenden Mannschaft berührt wurde, so wird er von einem Spieler der verteidigenden Mannschaft von irgendeinem Punkt innerhalb des Torraumes aus dem Strafraum hinaus direkt in das Spielfeld gestoßen. Der Torwart darf beim Abstoß den Ball nicht mit den Händen aufnehmen, um ihn dann ins Spiel zu stoßen. Wenn der Ball nicht aus dem Strafraum herausgestoßen wird, d. h. nicht direkt ins Spiel geht, so ist der Abstoß zu wiederholen. Der abstoßende Spieler darf den Ball nicht ein zweites Mal spielen, bevor ihn ein anderer Spieler berührt oder gespielt hat. Aus einem Abstoß kann nicht direkt ein Tor erzielt werden. Die Gegner des Spielers, der den Abstoß ausführt, müssen außerhalb des Strafraumes bleiben, bis der Ball aus dem Strafraum hinausgespielt worden ist.

Strafbestimmung
Wenn ein Spieler beim Abstoß den Ball, nachdem dieser die Strafraumgrenze überquert hat, aber bevor er von einem anderen Spieler berührt oder gespielt wurde, ein zweites Mal spielt: indirekter Freistoß vorbehaltlich Regel 13 an der Stelle des Regelverstoßes.

Regel 17: Eckstoß
Wenn der Ball, sei es in der Luft oder am Boden, vollständig über die Torlinie – mit Ausnahme des Teiles zwischen den Torpfosten – geht und dabei zuletzt von einem Spieler der verteidigenden Mannschaft berührt wurde, so führt ein Spieler der angreifenden Mannschaft einen Eckstoß aus. Der Ball ist vollständig innerhalb des Viertelkreises derjenigen Eckfahne abzulegen, die der Stelle am nächsten liegt, wo der Ball die Torlinie überquert hat. Aus einem Eckstoß kann ein Tor direkt erzielt werden. Die Spieler der verteidigenden Mannschaft dürfen nicht näher als 9,15 m an den Ball herankommen, bevor dieser im Spiel ist, d. h. eine seinem Umfang entsprechende Strecke

zurückgelegt hat. Der den Eckstoß ausführende Spieler darf den Ball nicht ein zweites Mal spielen, bevor ihn ein anderer Spieler berührt oder gespielt hat.

Strafbestimmung
a) Wenn der Spieler, der den Eckstoß ausführt, den im Spiel befindlichen Ball ein zweites Mal spielt, ehe er von einem anderen Spieler berührt oder gespielt wurde: indirekter Freistoß – vorbehaltlich Regel 13.
b) Bei jedem anderen Verstoß: Wiederholung des Eckstoßes.

Wiedergabe mit Genehmigung der *Football Association*.

Dropkick
Ein Torwart kann den Ball in Richtung des gegnerischen Tors befördern, indem er ihn schießt oder mit einer Hand wirft.
Ein Torwart, der den Ball zu lange hält, kann wegen Spielverzögerung bestraft werden.

TAKTIK

Die Formeln 4–2–4 (vier Verteidiger, zwei Mittelfeldspieler und vier Stürmer), 4–3–3 oder 4–4–2 (Abwehr – Mittelfeld – Sturm) drücken aus, wie viele Spieler in den Mannschaftsteilen agieren. Die letztgenannte ist die defensivste Aufstellung. Welche im konkreten Fall gewählt wird, hängt von verschiedenen Faktoren ab, darunter von der Spielstärke der einzelnen eigenen und der gegnerischen Spieler und den Bedingungen am Austragungsort.
Man kann im Verlauf eines Spiels das System ändern, z. B. um einen Torvorsprung zu verteidigen. In einem solchen Falle würde man mehr Abwehrspieler auf Kosten des Sturms einsetzen.

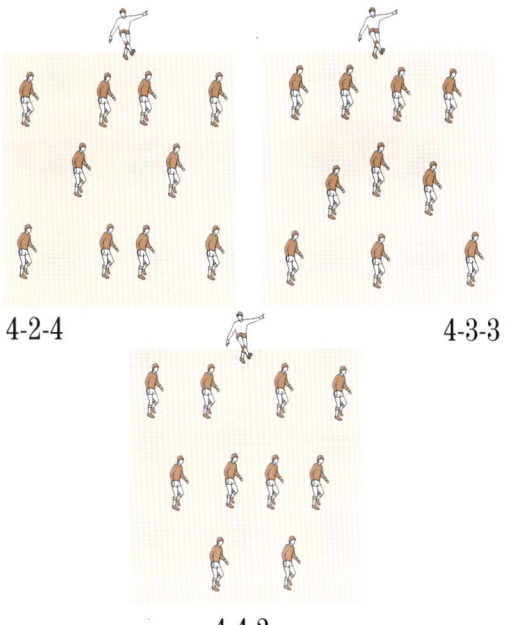

4-2-4   4-3-3

4-4-2

GRAUZONE
Frage: Spieler A spielt den Ball in Richtung gegnerisches Tor zum Spieler B, der abseits ist. Zur Ballannahme läuft B zurück an zwei gegnerischen Spielern vorbei, und es stehen nun zwei gegnerische Spieler zwischen ihm und dem Tor. Wird er für seine Abseitsstellung bestraft?

Antwort: Ja. Spieler B kann nicht in die Inseitsstellung laufen, indem er zurück in Richtung des eigenen Tors läuft, nachdem der Ball zu ihm gespielt wurde. Siehe Regel 11, Abseits (Seite 36).

Basketball

Das Spiel wurde von dem Kanadier James Naismith erfunden, der zwei Pfirsichkörbe an den beiden Enden einer Sporthalle aufhängte, in die Spieler den Ball werfen sollten. Heute ist Basketball die am weitesten verbreitete Hallensportart der Welt.

Korb

Mittelkreis
3,6 m Durchmesser

Mittellinie

Drei-Punkte-Linie

Freiwurflinie

5,8 m

3.6 m

6.25 m

1.575 m

1.2 m

15 m

2 m

28 m

Das Spielfeld

Das Spielfeld befindet sich gewöhnlich in einer Halle. Seine Maße betragen bei offiziellen FIBA-Spielen 28 m x 15 m, Mindestabmessungen sind 26 m x 14 m, die Oberfläche ist eben und fest. Die lichte Höhe der Halle muß mindestens 7m betragen.

Wohin mit dem Korb

Basketball wird auf festem, ebenem Boden gespielt – normalerweise in der Halle. Aber zum Üben kann der Korb an einer beliebigen Wand angebracht werden, sei es im Hinterhof oder am Bürogebäude.

Technische Ausrüstung

Eine Spieluhr zur Spielzeitnahme, eine Stoppuhr für die Auszeiten, eine 30-Sekunden-Uhr (automatische Digitaluhr, die die Zeit in Sekunden angibt) zur Handhabung der 30-Sekunden-Regel sowie sehr laute Signalgeber für den Zeitnehmer/ Anschreiber und 30-Sekunden-Zeitnehmer.

Ein Spiel für alle

Aufgrund seiner Einfachheit ist Basketball in allen Schichten der Bevölkerung zu einer populären Sportart geworden.

Ausrüstung

Zwei rechteckige Spielbretter aus 3 cm starkem Hartholz mit weißem Anstrich oder aus durchsichtigem Material, die an den beiden Enden des Spielfeldes angebracht sind. Die Spielbretter sind jeweils 1,80 m breit und 1,05 m hoch, die Unterkante befindet sich 2,90 m über dem Boden. An den Spielbrettern ist jeweils ein Korb angebracht. Sein Ring befindet sich in 3,05 m Höhe und hat einen Innendurchmesser von 0,45 m. Das am Ring hängende Netz muß so konstruiert sein, daß es den Durchgang des Balles leicht verzögert.

Die Offiziellen

Erster und zweiter Schiedsrichter, Zeitnehmer, Anschreiber, Hilfsanschreiber und ein 30-Sekunden-Zeitnehmer.

Die Spieler

Zwei Teams mit je 10 Spielern bei Spielen mit zwei Halbzeiten von je 20 Minuten. Bei Spielen mit 4 Perioden von je 12 Minuten, oder wenn eine Mannschaft mehr als 3 Spiele in einem Turnier absolvieren muß, haben die Teams je 12 Spieler. Es dürfen nur 5 Spieler einer Mannschaft gleichzeitig auf dem Spielfeld sein.

Der Ball

Der Ball ist kugelförmig und in einem bestimmten, zugelassenen Orangefarbton gehalten. Seine äußere Hülle ist aus Leder, Gummi oder synthetischem Material. Er hat einen Umfang von 74,90–78 cm. Der Ball muß 567 bis 650 g wiegen und, wenn man ihn aus einer Höhe von 1,80 m auf die Spielfläche fallen läßt, bis zu einer Höhe von etwa 1,20 m bis 1,40 m zurückspringen.

SPIELGEDANKE

Jedes Team bekommt Punkte, wenn es den Ball in den gegnerischen Korb wirft. Der Ball kann unter Einhaltung der Regeln in beliebige Richtung auf dem Spielfeld geworfen, aufgetippt, gerollt oder gedribbelt werden.

Spielbeginn

Der Schiedsrichter eröffnet das Spiel, indem er im Mittelkreis, wo je ein Spieler jeder Mannschaft sich aufgestellt hat, den Ball hochwirft, und wenn dieser beginnt, nach unten zu fallen, dürfen die beiden Spieler versuchen, den Ball zu ihren Mitspielern zu tippen (Sprungball). Die Spieluhr wird in Gang gesetzt, wenn der Ball von einem Spieler getippt wird. Bis dahin müssen alle Spieler außerhalb des Mittelkreises bleiben.

Wer gewinnt

Ein Freiwurferfolg zählt einen Punkt, ein Feldtreffer zwei und ein Korberfolg aus dem Drei-Punkte-Bereich drei Punkte (als Drei-Punkte-Bereich gilt der gesamte Spielfeldbereich jenseits – vom gegnerischen Korb aus gesehen – der Drei-Punkte-Linie). Das Team, das die meisten Punkte erzielt, gewinnt das Spiel.

Die Kleidung

Trikots und Shorts sind von gleicher vorherrschender Farbe, die sich deutlich von der Farbe des gegnerischen Teams unterscheidet, wobei die Shorts eine andere Farbe haben können als das Trikot. Auf den Trikots muß die jeweilige Nummer sowohl vorn als auch

DIE WICHTIGSTEN REGELN

• Ein Spiel besteht gewöhnlich aus 2 Hälften von je 20 Minuten mit einer Halbzeitpause von 10 bis 15 Minuten dazwischen. Nach der 1. Hälfte erfolgt ein Seitenwechsel. (Ein Spiel kann auch 4 Perioden von je 12 Minuten umfassen.) Bei Punktgleichstand am Ende der 2. Halbzeit wird das Spiel so oft um jeweils 5 Minuten verlängert, bis der Gewinner ermittelt ist.

• Der Ball wird nur mit den Händen gespielt. Ein Spieler, der den Ball im Stand erhält, darf mit dem gehaltenen Ball nicht mehr als einen Schritt machen. Wenn er beim Ballerhalt in Bewegung ist, darf er 2 Schritte machen.

• Nachdem der Spieler den Ball unter Kontrolle gebracht hat, kann er ihn mittels Tippen oder Rollen dribbeln; das Dribbeln ist in dem Augenblick beendet, wenn er den Ball mit beiden Händen gleichzeitig berührt.

• Es gibt mehrere Regeln im Basketball, die dem Zweck dienen, das Spiel zu beschleunigen. Die 30-Sekunden-Regel verpflichtet eine Mannschaft, innerhalb von 30 Sekunden nach Ballerhalt auf den Korb zu werfen.

Die 10-Sekunden-Regel (Art. 42) besagt, daß die Mannschaft, die den Ball erhält, diesen innerhalb von 10 Sekunden in das vordere Feld gebracht haben muß. Nach der Drei-Sekunden-Regel darf der Spieler nur 3 Sekunden nacheinander in der gegnerischen begrenzten Zone verweilen, während seine Mannschaft im Ballbesitz ist.

• Theoretisch ist Basketball ein »körperloses« Spiel, und ein Spieler, der gegen diesen Grundsatz verstößt oder sich unsportlich verhält, begeht ein »persönliches Foul«. Das gegnerische Team bekommt daraufhin einen oder zwei Freiwürfe. »Technische Fouls« – Verstöße ohne Körperkontakt – werden mit 2 Freiwürfen geahndet (oder 2 Freiwürfen und Ballbesitz für das gegnerische Team, falls ein technisches Foul eines Trainers vorliegt). Im Verlauf eines Spiels von 2 mal 20 Minuten Dauer darf ein Spieler bis zu 5 Fouls begehen (6 Fouls bei einem Spiel von 4 mal 12 Minuten Dauer). Nach dem 5. (6.) Foul muß er das Spielfeld verlassen.

• Freiwürfe ermöglichen es einer Mannschaft, unbehindert einen Punkt von der Freiwurflinie aus zu erzielen. Kein anderer Spieler darf sich während des Freiwurfs in der begrenzten Zone aufhalten.

• Der Teamtrainer darf Auszeiten beantragen, um seinen Spielern Hinweise zu geben. Diese dauern jeweils 1 Minute.

Aufbauspieler

Jedes Basketballteam hat seine Aufbauspieler. Sie sind oft nicht groß, dafür aber flink und dribbelstark und verfügen über eine ausgezeichnete Spielübersicht.

hinten angebracht sein. Nur Zahlen von 4 bis 15 sind erlaubt. Schuhe und Socken.

Basketball kann man mit Turnschuhen spielen, aber die meisten Spieler, die diese Sportart ernsthaft betreiben, tragen Basketballschuhe, die gute Bodenhaftung und Fußgelenkstabilität sichern.

BASKETBALLREGELN

(Auszüge)
Die Regeln sind gekürzt und
zusammengefaßt.

Einsatz der Spieluhr

1. Die Spieluhr wird in Gang
gesetzt, wenn
a) der Ball bei einem Sprungball
regelgerecht von einem (mehreren) Spieler(n) getippt wird,
nachdem er nach dem Hochwurf
den höchsten Punkt erreicht hat;
b) der Ball nach einem mißlungenen Freiwurf im Spiel
bleibt und einen Spieler auf dem
Spielfeld berührt;
c) der Ball einen Spieler auf dem
Spielfeld nach einem Einwurf
von außen berührt.
2. Die Spieluhr wird angehalten,
wenn
a) die Zeit am Ende einer Halbzeit abläuft;
b) ein Offizieller pfeift;
c) das 30-Sekunden-Signal
ertönt;
d) ein Feldwurfkorb gegen eine
Mannschaft erzielt wird, die eine
angerechnete Auszeit beantragt hat.

Die 30-Sekunden-Regel

1. Gewinnt ein Spieler
die Kontrolle über
einen Ball auf dem
Spielfeld, so muß
seine Mannschaft
binnen 30 Sekun-
den einen Korb-
wurf versuchen.
2. Versucht das den
Ball kontrollierende Team
nicht binnen 30 Sekunden
einen Korbwurf, so wird das
durch das 30-Sekunden-Signal
angezeigt.
3. Die 30-Sekunden-Uhr wird
wie folgt bedient:
a) Sie wird in Gang gesetzt,
sobald ein Spieler die Kontrolle über einen gültigen Ball
auf dem Spielfeld erlangt hat.
b) Sie wird angehalten, sobald
die Ballkontrolle durch eine
Mannschaft beendet ist.
c) Sie wird erneut auf 30
Sekunden eingestellt und erst
dann in Gang gesetzt, wenn
die Ballkontrolle wiederher-
gestellt ist und eine neue
30-Sekunden-Periode auf
dem Spielfeld beginnt.
– Wird das Spiel wegen
Handlung(en) durch
Gegner des ballbesit-
zenden Teams unter-
brochen, wird dem

Nach einem Foul wird
die Uhr angehalten.

ballbesitzenden Team eine neue
30-Sekunden-Periode gegeben.
– Das bloße Berühren des Balles
durch einen Gegner löst noch
nicht den Beginn einer neuen
30-Sekunden-Periode aus, wenn
dieselbe Mannschaft den Ball
unter Kontrolle behält.
d) In den folgenden Fällen wird
die 30-Sekunden-Uhr gestoppt,
jedoch nicht auf Null zurück-
gestellt:
– Wenn der Ball ins Aus gegangen ist und der Einwurf von
demselben Team, das die Ballkontrolle hatte, ausgeführt wird;
– wenn die Offiziellen das Spiel
unterbrochen haben, um einen
verletzten Spieler des den Ball
kontrollierenden Teams zu
schützen;
– wenn das Spiel wegen
Handlung(en) des den Ball
kontrollierenden Teams
unterbrochen wird.
Der 30-Sekunden-Zeitnehmer
setzt die Uhr erneut in Gang,
sobald ein Spieler desselben
Teams die Ballkontrolle auf dem

Spielfeld nach dem Einwurf
erlangt.
e) Liegen irgendwelche anderen
Gründe vor, wird dem Team, das
die Ballkontrolle hat, eine neue
30-Sekunden-Periode gegeben,
es sei denn, die Gegner wurden
nach Meinung der Offiziellen
benachteiligt; in diesem Falle
wird dem den Ball kontrollierenden Team eine neue 30-Sekun-
den-Periode nicht gegeben.

Angerechnete Auszeit

A. Beschreibung

Eine Auszeit von 1 min Dauer
wird einer Mannschaft unter
folgenden Bedingungen
angerechnet:
1. Jedes Team kann 2 angerechnete Auszeiten pro Halbzeit bei
Spielen mit einer Spieldauer von
2 x 20 min und 1 angerechnete
Auszeit für jede Verlängerungsperiode in Anspruch nehmen.
2. Jedes Team kann 3 angerechnete Auszeiten pro Halbzeit
(2 Perioden) bei Spielen mit
einer Spieldauer von 4 x 12 min
und 1 angerechnete Auszeit pro
Verlängerungsperiode bekommen.
3. Ist das die Auszeit nehmende
Team vor Ablauf der ange-
rechneten Auszeit spielbereit, so
setzt der Schiedsrichter das
Spiel so bald wie möglich fort.
4. Den Spielern ist es gestattet,
während der Auszeit das
Spielfeld zu verlassen und auf
ihrer Teambank zu sitzen.

B. Verfahrensweise

1. Ein Trainer oder sein
Helfer ist berechtigt, eine
angerechnete Auszeit zu
beantragen. Dies tut er,
indem er zum
Anschreiber geht,
deutlich »Auszeit« sagt
und das übliche
Handzeichen gibt.

Spielbeginn

Siehe Seite 43.

Ball im Spiel, belebt oder tot

1. Der Ball ist **im Spiel** (wird ins
Spiel gebracht), wenn
a) der Schiedsrichter den Kreis
betritt, um einen Sprungball
ausführen zu lassen;
b) der Schiedsrichter den
Freiwurfraum betritt, um einen
Freiwurf ausführen zu lassen;
c) einem Spieler ein Ball zur
Verfügung steht, um einen
Einwurf auszuführen.
2. Der Ball ist **belebt**, wenn
a) er bei einem Sprungball von
einem Spieler(n) getippt wird,
nachdem er seinen höchsten
Punkt erreicht hatte;

b) er einem den Freiwurf
ausführenden Spieler vom
Schiedsrichter zur Verfügung
gestellt wird;
c) er nach einem Einwurf einen
Spieler auf dem Spielfeld
berührt.
3. Der Ball ist **tot**, wenn
a) ein gültiger Korberfolg erzielt
wird;
b) der Schiedsrichter pfeift,
während der Ball belebt oder im
Spiel ist;
c) es offensichtlich ist, daß der
Ball nicht in den Korb gehen
wird bei einem Freiwurf
– dem ein weiterer Freiwurf/
weitere Freiwürfe folgen soll(en);
– dem eine weitere Strafe folgen
soll;
d) das Signal des 30-Sekunden-
Zeitnehmers ertönt, während
der Ball belebt ist;
e) die Halbzeit oder Periode
abgelaufen ist;
f) der Ball, der bereits im Flug
zum Korb ist, von einem der
beiden Teams regelgerecht
berührt wird, nachdem die Zeit
einer Halbzeit oder Periode
abgelaufen war oder ein Foul
gegeben wurde.

Standort eines Spielers oder Schiedsrichters

1. Der Standort eines Spielers ist
die Stelle, an der er den Boden
berührt. Befindet er sich
während eines Sprunges in der
Luft, gilt als sein Standort die
Stelle, die er zuletzt berührt
hatte. Dazu zählen die Grenz-,
Mittel-, Dreipunkt-, Freiwurf-
und die die Freiwurfräume
begrenzenden Linien.
2. Der Standort eines Schiedsrichters wird ähnlich wie der
eines Spielers bestimmt. Berührt
der Ball einen Schiedsrichter,
zählt das, als hätte er den Boden
an der Stelle berührt, wo der
Offizielle steht.

Sprungball

1. Ein Sprungball liegt vor, wenn
der Schiedsrichter den Ball
zwischen je einem Spieler der
beiden Teams hochwirft.
2. Ein Sprungball gilt als regel-
recht, wenn er von einem Spieler
oder beiden getippt wurde.
3. Der Sprungball erfolgt am
nächstliegenden Kreis
a) wenn auf Halteball entschieden wurde, d. h., wenn ein
Gegenspieler oder mehrere den
Ball mit einer Hand oder beiden
Händen festhalten, so daß ein
Spieler nur durch übermäßige
Roheit in Ballbesitz kommen
kann. Sind mehr als zwei Spieler
beteiligt, so wird der Ball
zwischen zwei etwa gleich-

großen beteiligten Spielern hochgeworfen, die vom Schiedsrichter bestimmt werden;

b) wenn der Ball ins Aus geht und
– zuletzt von zwei Gegenspielern gleichzeitig berührt wurde; oder
– der Schiedsrichter nicht sicher ist, wer den Ball zuletzt berührt hat;
– sich die Schiedsrichter nicht einig sind, gibt es Sprungball zwischen den beiden beteiligten Spielern;

c) wenn der Ball in der Korbhalterung hängenbleibt – der Sprung wird von zwei beliebigen Gegenspielern ausgeführt;

d) wenn Strafen gleichen Schweregrades sich aufheben und das Ergebnis ein Sprungball ist;

e) wenn der Ball versehentlich von unten in den Korb gerät.

4. Dabei gelten die folgenden Bedingungen:

a) Bei einem Sprungball stehen die Gegenspieler mit den Füßen jeweils in derjenigen Hälfte des Kreises, die dem eigenen Korb näher ist, wobei jeder mit einem Fuß nahe der Mitte der Linie steht, die zwischen ihnen liegt.

b) Daraufhin wirft der Offizielle den Ball senkrecht zwischen den beiden Spielern so hoch, daß keiner von ihnen den Ball mit einem Sprung erreichen kann, und so, daß er darauf zwischen den beiden herabfallen wird.

c) Der Ball muß von einem oder beiden Springern regelgerecht getippt werden, nachdem er den höchsten Punkt erreicht hatte.

d) Keiner der Springer darf seine Position vor dem Tippen verlassen.

e) Keiner der beiden Spieler darf den Ball fangen oder mehr als zweimal berühren, bevor der Ball einen der 8 Nichtspringenden, den Korb oder das Spielbrett berührt.

f) Die anderen Spieler müssen außerhalb des Kreises bleiben, bis der Ball getippt wurde.

g) Wird der Ball von keinem der beiden Spieler getippt oder berührt er den Boden, ohne von mindestens einem Spieler getippt zu werden, muß

der Sprungball wiederholt werden.

h) Spieler dürfen nicht nebeneinander um den Kreis stehen, wenn ein Gegenspieler auf einer dieser Positionen stehen will. Eine Verletzung der Bedingungen a), c), d), e) und f) gilt als Verstoß.

Wie der Ball gespielt wird

1. Im Basketball wird der Ball mit den Händen gespielt. Es ist nicht erlaubt, mit dem Ball in Händen zu laufen, ihn zu treten oder mit der Faust zu schlagen.

2. Unter Balltreten ist das absichtliche Schlagen oder Abblocken des Balles mit dem Knie, einem beliebigen Teil des Beines unter dem Knie oder mit dem Fuß zu verstehen.

3. Versehentliche Ballberührung mit dem Fuß oder Bein ist kein Verstoß.

Ballkontrolle

1. Ein Spieler hat die Kontrolle über den Ball, wenn
a) er einen belebten Ball hält oder dribbelt;
b) der Ball für einen Einwurf nach einem Aus zu seiner Verfügung steht.

2. Eine Mannschaft hat die Ballkontrolle, wenn
a) ein Spieler des Teams Ballkontrolle hat;
b) der Ball zwischen Mitspielern zugespielt wird.

3. Eine Mannschaft behält die Ballkontrolle, bis
a) ein Gegen-

Ballartistik

Die Ballbeherrschung ist eine derart wichtige Fähigkeit beim Basketball, daß Spieler jeden Tag stundenlang üben.

spieler die Kontrolle übernimmt;
b) der Ball als tot gilt;
c) der Ball nicht mehr die Hand (die Hände) des auf den Korb werfenden Spielers berührt.

Spieler in der Korbwurfaktion
Definitionen:

Wurf: den Ball in einer oder beiden Händen halten und ihn durch die Luft zum Korb werfen.

Dunking: den Ball mit einer oder beiden Händen von oben nach unten in den Korb werfen (»stopfen«) oder versuchen, dies zu tun.

Tip: den Ball mit der Hand oder beiden Händen zum Korb zu schlagen.

1. Ein Spieler befindet sich in der Korbwurfaktion, wenn er
– nach Meinung des Schiedsrichters – den Versuch beginnt, durch Werfen, Dunking oder Tippen des Balles einen Korb zu erzielen. Die Aktion dauert an, bis der Ball die Hand/Hände des Spielers verlassen hat.

2. Bei einer Korbwurfaktion aus der Luft dauert die Aktion an, bis der Versuch abgeschlossen ist (der Ball hat die Hand/Hände des Spielers verlassen) und beide Füße des Spielers den Boden berühren. Die Ballkontrolle endet jedoch bereits, wenn der Ball losgelassen wird.

3. Um als Foul an einem Spieler in der Korbwurfaktion zu gelten, muß das Foul erfolgen, nachdem ein Spieler die kontinuierliche Armbewegung für einen Korbwurf eingeleitet hat.

Die kontinuierliche Wurfbewegung
a) beginnt, wenn der Ball auf der Hand (den Händen) des auf den Korb werfenden Spielers zu ruhen kommt und die Wurfbewegung, gewöhnlich nach oben, begonnen wurde;
b) kann die Bewegung des Armes (der Arme) und/oder des Körpers einbeziehen, die der Spieler bei dem Korbwurfversuch einsetzt.

Entspricht die Bewegung eines Spielers den o. g. Kriterien bezüglich der Bewegungskontinuität, wird er als Spieler bei einer Wurfaktion betrachtet.

Anmerkung: Es gibt keine Beziehung zwischen der Anzahl der gemachten Schritte und der Wurfaktion.

4. Der Korberfolg gilt, auch wenn der Ball die Hand des Spielers nach dem Pfiff verlassen hat.

Diese Regelung (Punkt 4) trifft nicht zu
a) am Ende einer Periode;
b) wenn das 30-Sekunden-Signal ertönt.

5. Der Korb zählt nicht, wenn nach dem Pfiff ein völlig neuer Versuch (Bewegung) gemacht wird.

6. Ein Spieler, der unmittelbar aus dem Sprungball den Ball zum Korb tippt, befindet sich nicht in einer Korbwurfaktion.

Korberfolg – wann und wieviel er zählt

1. Ein Korberfolg zählt, wenn ein *belebter* Ball von oben in den Korb geht.

2. Ein Korberfolg aus dem Feldspiel wird dem Team angeschrieben, das den Korb angreift, in den der Ball geworfen wird, und wird wie folgt gewertet:
a) Ein Freiwurftreffer zählt einen Punkt;
b) ein Korb aus dem Feldspiel zählt zwei Punkte;
c) ein Korb aus der Drei-Punkte-Feldkorb-Zone zählt 3 Punkte.

Einwurf
A. Nach einem Feldkorb nach einem erfolgreichen letzten Freiwurf

1. Ein beliebiger Gegenspieler des Teams, dem der Korberfolg angeschrieben

➡ *Seite 48*

Manche Spieler machen das Dribbling fast zu einer Kunst – eine Augenweide.

FERTIGKEITEN

Neben den Grundfertigkeiten des Zuspielens und Fangens ist der Korbwurf eine entscheidende Fertigkeit für alle Spieler. Bei dem hohen Tempo und Druck muß jede Möglichkeit eines Korbwurfes wahrgenommen werden. Bis auf den Freiwurf dürfen Korbwürfe von überall aus der Bewegung heraus oder nach Zurückprallen des Balles vom Korb oder Spielbrett nach einem mißglückten Wurf gemacht werden. Der Ball kann hoch auf den Korb geworfen werden, oder der Spieler springt mit dem Ball hoch und wirft mit einer kurzen Handbewegung im höchsten Punkt (»Sprungwurf«).

Ein Spieler, der die Dribbeltechnik gut beherrscht, kann den Ball mit flinken Ausweichmanövern, bei denen er den Ball sicher mit den Fingern einer Hand unter Kontrolle hält, schnell in Korbnähe bringen und gleichzeitig den Gegner im Auge behalten.

Hochsprung
Die Vorderspieler sind oft sehr hochgewachsen. Spieler mit Körpergrößen von über 2,15 m sind keine Seltenheit. Diese Größe verschafft ihnen Vorteile beim Korbwurf. Manute Bol, ein Spieler in der amerikanischen Profiliga, ist über 2,31 m groß, während der Korbring sich in 2,90 m befindet.

Bremseffekt
Das Netz am Korb ist so konstruiert, daß der Ball kurz abgebremst wird, nachdem er den Ring passiert hat, damit man mit Sicherheit feststellen kann, ob er »drin« war.

Wurffertigkeiten
Die meisten Spieler werfen mit einer Hand, aber sie leiten den Wurf mit beiden Händen ein, um den Ball bis zum Abwurf fest unter Kontrolle zu haben. Vor dem Wurf sollte der Ball dicht vor dem Körper gehalten werden, so daß sich das Handgelenk und der Ellbogen des Wurfarmes fast unter dem Ball befinden.

Beim Wurf streckt der Spieler den Arm zum Korb und gibt dem Ball mit einem kräftigen »Nachwinken« der Hand den letzten Impuls, wobei der Ball bis zuletzt auf der Hand ruht.

Blick vom Ball

Beim Dribbeln ist es wichtig, nicht ständig auf den Ball zu sehen, sondern die Mitspieler und Gegner im Auge zu behalten. Jeder Spieler übt daher das »Blinddribbeln«.

Schnelles Dribbling

Manche Spieler sind derart schnell, daß sie den Gegner allein durch ihre hohe Geschwindigkeit dribbelnd ausspielen können. Der mit voller Geschwindigkeit dribbelnde Spieler schiebt den Ball eher vor sich her, als daß er ihn mit dem Körper schützt, denn er kann in freie Räume stoßen.

Von der Brust

Die häufigste Zuspielart im Basketball ist der beidhändige Druckwurf, der benutzt wird, wenn die Bahn zum Mitspieler frei ist. Dabei wirft der Spieler den Ball direkt von der Brust zum signalisierenden Mitspieler. Bei der Ausführung des Brustpasses bringt er den Ball ganz nahe an die Brust und hält dabei den Ball mit den Fingern und Daumen, nicht aber mit den Handtellern fest. Die Daumen zeigen nach oben. Der Paß erfolgt, indem der Spieler einen Schritt nach vorn macht und gleichzeitig die Arme streckt und die Hände vorklappt.

Geschütztes Dribbeln

Wenn man nahe am Gegner dribbelt, muß man den Ball abschirmen, damit er nicht »abgenommen« wird. Dabei wird der Ball eng am Fuß an der vom Gegner abgewandten Seite bei leicht gebeugten Knien gedribbelt. Der Körper des Dribblers wird konsequent zwischen Ball und Gegner gebracht und dabei der freie Arm locker hängen gelassen, um den Ball vom Gegner abzuschirmen.

TAKTIK
. . . . . .

Spieler dürfen sich überall auf der Spielfläche bewegen, aber die Grundpositionen sind die der Aufbauspieler, der Vorderspieler und des Centers. Die *Aufbauspieler* spielen gewöhnlich zwischen Freiwurflinie und Mittellinie. Sie unterstützen die *Vorderspieler*, gute Korbwerfer. Der *Center*, meistens der größte Spieler des Teams, bleibt in der Nähe des Korbes und führt die meisten Korbwürfe aus.

Fast Break – schneller, überfallartiger Angriff, wenn eine Mannschaft den Ball erobert hat, läßt dem Gegner keine Zeit, seine Verteidigung zu formieren.

Zu den Verteidigungstaktiken zählen die *Manndeckung* (jeder deckt »seinen« Gegenspieler) und die *Raumdeckung*, bei der die Spieler den Raum statt einen bestimmten Spieler decken.

Freiwurf

Bei einem Freiwurf steht der Spieler direkt hinter der Freiwurflinie, während zwei Gegner außerhalb des Freiwurfraumes vor dem Korb stehen.

Fortsetzung von Seite 45

wurde, ist berechtigt, den Ball einzuwerfen, und zwar von beliebiger Stelle außerhalb des Spielfeldes auf oder hinter der Endlinie an dem Ende des Spielfeldes, an dem der Korberfolg erzielt wurde.

2. Er kann den Ball binnen 5 Sekunden zu einem Mitspieler auf oder hinter der Endlinie spielen, aber die Zeit wird ab dem Moment gerechnet, da der Ball dem ersten Spieler außerhalb des Spielfeldendes zur Verfügung steht.

3. Der Schiedsrichter sollte den Ball nicht berühren, außer, das Spiel kann dadurch schneller wieder aufgenommen werden.

4. Die Gegenspieler des einwerfenden Spielers dürfen den Ball nicht berühren, nachdem dieser durch den Korb gegangen ist. Versehentliche oder instinktive Ballberührung kann mit Nachsicht behandelt werden, wird jedoch das Spiel durch die Ballstörung verzögert, zählt das als ein technisches Foul.

B. Von außen von der Seitenlinie – nach einer Regelwidrigkeit oder etwaiger Spielunterbrechung, nach der das Spiel mit einem Einwurf fortgesetzt werden soll (außer bei gültigem Freiwurf oder Feldkorb):

1. Der Spieler, der den Ball einwerfen soll, muß im Aus stehen, und zwar möglichst nahe an der Stelle der Regelwidrigkeit oder der Spielunterbrechung, außer unmittelbar hinter dem Spielbrett.

2. Ein Schiedsrichter muß den Ball direkt an den einwerfenden Spieler übergeben oder ihm den Ball zur Verfügung stellen.

3. Der einwerfende Spieler darf vor dem Loslassen des Balles nicht weiter als einen normalen Schritt (ca. 1 m) zur Seite oder in eine andere Richtung von der Stelle gehen, die vom Schiedsrichter bestimmt wurde.

a) Einige kleine Schritte in eine Richtung sind erlaubt, vorausgesetzt, die Gesamtentfernung ist nicht größer als ein normaler Schritt.

b) Es ist erlaubt, sich rückwärts zu bewegen.

C. Ein den Freiwurf ausführender Spieler darf folgendes nicht:

1. den Ball auf dem Spielfeld berühren, bevor ein anderer Spieler diesen berührt hat;

2. auf das Spielfeld treten, während er den Ball losläßt;

3. länger als 5 Sekunden bis zum Loslassen des Balles warten;

4. den Ball über das Spielbrett einem anderen Spieler auf dem Spielfeld zuspielen;

5. bewirken, daß der Ball, nach seiner Freigabe für den Freiwurf, das Aus berührt, in der Spielbrettbefestigung hängenbleibt oder in den Korb geht, bevor er einen Spieler auf dem Spielfeld berührt.

D. Kein anderer Spieler darf mit irgendeinem Körperteil über die Begrenzungslinie kommen, bevor der Ball über die Linie geworfen worden ist. Eine Verletzung von B.3., C und D gilt als Verstoß.
Strafe: Das gegnerische Team erhält einen Einwurf an der Stelle des ursprünglichen Einwurfs.

Persönliches Foul

Behindert ein Spieler seinen Gegner körperlich beim Korbwurf, ist das ein persönliches Foul und wird bestraft.

Wann eine Periode oder ein Spiel beendet wird

1. Eine Periode, eine Spielhälfte oder ein Spiel wird mit dem Signal des Zeitnehmers beendet.

2. Wird gleichzeitig mit dem Zeitnehmersignal, das die Halbzeit oder eine Periode beendet, oder davor ein Foul begangen, so wird der Freiwurf (Freiwürfe) als Folge des Fouls noch ausgeführt.

Verlust der Spielberechtigung

Eine Mannschaft verliert das Recht zu spielen, wenn

1. sie sich zu spielen weigert, nachdem der Schiedsrichter sie dazu auffordert;

2. sie durch ihre Handlungen das Spiel verhindert;

3. die Mannschaft 15 Minuten nach Spielbeginnzeit nicht erscheint oder nicht in der Lage ist, 5 Spieler bereitzustellen.
Strafe: Der Sieg wird dem Gegner zugesprochen, und das Spielergebnis lautet 20 : 0. Das auf diese Weise verlierende Team bekommt null Punkte bei der Tabellenwertung.

Spielverlust durch Nichtantreten

Eine Mannschaft verliert ein Spiel durch Nichantreten, wenn die Anzahl der Spieler dieses Teams auf dem Spielfeld weniger als 2 beträgt.
Strafe: Führt die Mannschaft, dem der Sieg zugesprochen wird, so gilt der tatsächliche Spielstand zum Zeitpunkt des Spielabbruchs. Liegt dieses Team nach Punkten zurück, so gilt ein Spielstand von 2 : 0 für die Mannschaft. Darüber hinaus bekommt das durch Nichtantreten verlierende Team einen Punkt in der Tabellenwertung.

Verstöße

1. Ein Verstoß ist eine Regelverletzung.

2. Die einen Regelverstoß begehende Mannschaft wird mit Ballverlust bestraft.

3. Der Gegner erhält einen Einwurf zugesprochen, und zwar von der Stelle an der Spielfeldbegrenzung aus, die der Stelle der Regelverletzung am nächsten ist, außer unmittelbar hinter dem Spielbrett.

Spieler im Aus/Ball im Aus

1. Ein Spieler ist im Aus, wenn irgendein Teil seines Körpers den Boden oder irgendeinen Gegenstand (außer einem Spieler) berührt, der sich auf, oberhalb oder außerhalb der Spielfeldbegrenzung befindet.

2. Der Ball ist im Aus, wenn er
a) einen Spieler oder irgendeine andere Person berührt, die im Aus ist;
b) den Fußboden oder irgendeinen anderen Gegenstand berührt, der sich auf, oberhalb oder außerhalb der Begrenzungslinie befindet;
c) die Halterungen hinter den Spielbrettern berührt.

3. Der Spieler, der den Ball zuletzt berührt oder von ihm berührt wird, gilt als Verursacher des Ausballes.

Dribbeln

1. Ein Dribbling liegt vor, wenn ein Spieler, der die Ballkontrolle erlangt hat, den Ball durch Werfen, Tippen oder Rollen treibt und ihn dann wieder berührt, bevor der Ball einen anderen Spieler berührt hat.

2. Das Dribbling ist abgeschlossen, sobald der Spieler den Ball mit beiden Händen gleichzeitig hält oder den Ball in einer oder in beiden Händen zur Ruhe kommen läßt.

3. Es gibt keine Begrenzung für die Anzahl der Schritte, die ein Spieler machen darf, wenn der Ball seine Hand nicht berührt.

4. Nicht als Dribbling zählen

a) aufeinanderfolgende Korbwürfe;

b) ungewollter Verlust und Wiedererlangen der Kontrolle am Anfang oder Ende eines Dribblings;

c) Versuche, die Ballkontrolle durch Tippen des Balles in der Nähe anderer Spieler zu erlangen, die ebenfalls danach streben;

d) Tippen des Balles, um ihn der Kontrolle eines anderen Spielers zu entziehen;

e) Abblocken eines Passes und Erobern des Balles;

f) Werfen des Balles von einer Hand (beiden Händen) zur anderen (beiden Händen), wobei der Ball zur Ruhe kommt, bevor er den Boden berührt, vorausgesetzt, es wird dabei die Schrittregel nicht verletzt.

5. Nach Beendigung des ersten Dribblings darf der Spieler kein zweites Mal dribbeln, es sei denn, er hat dazwischen die Ballkontrolle verloren durch

a) einen Korbwurf;

b) ein Tippen durch einen Gegenspieler;

c) einen Paß oder fallengelassenen Ball, der dann einen anderen Spieler berührt oder

von einem berührt wurde.

6. Ein Spieler darf den Ball nicht gegen das Spielbrett werfen und danach den Ball wieder berühren, es sei denn, es handelte sich um einen Korbwurf.

Schrittregel
A. Definitionen

1. Ein **Sternschritt** liegt vor, wenn der den Ball haltende Spieler ein- oder mehrmals mit demselben Fuß in irgendeine Richtung schreitet, während der andere Fuß (Standfuß oder Pivotfuß) an seiner Berührungsstelle auf dem Boden bleibt.

2. **Lauf mit dem Ball** (innerhalb des Spielfeldes) ist das Bewegen eines oder beider Füße in irgendeine Richtung, wobei der Ball unter Mißachtung der in diesem Artikel festgelegten Einschränkungen gehalten wird.

B. Festlegen eines Standfußes

1. Ein Spieler, der den Ball fängt, während sich seine beiden Füße auf dem Boden befinden, darf entscheiden, welchen Fuß er als Standfuß benutzen will. Sobald er einen Fuß hebt, wird der andere zum Standfuß.

2. Ein Spieler, der den Ball aus der Bewegung oder beim Dribbling fängt, darf anhalten und den Standfuß wie folgt festlegen:

a) Wenn ein Fuß als erster den Boden berührt, – wird dieser Fuß zum Standfuß, sobald der andere

Fuß den Boden berührt;

– darf der Spieler von dem Fuß abspringen und auf beiden Füßen landen, wonach er den Standfuß wählen kann.

b) Wenn beide Beine in der Luft sind und der Spieler

– mit beiden Füßen gleichzeitig landet, dann darf er den Standfuß wählen – sobald ein Fuß hochgehoben wird, wird der andere zum Standfuß;

– auf einem Fuß und danach auf dem anderen landet, ist der Standfuß derjenige, der den Boden zuerst berührt hat;

– auf einem Fuß landet, kann er mit diesem Fuß abspringen und auf **beiden** Füßen landen –dann kann kein Fuß zum Standfuß werden.

C. Fortbewegen mit dem Ball

1. Nach dem Festlegen des Standfußes

a) darf der Standfuß bei einem Paß oder Korbwurf angehoben werden, jedoch nicht wieder den Boden berühren, bevor der Ball die Hand (Hände) verläßt;

b) darf der Standfuß zum Einleiten eines Dribblings nicht angehoben werden, bevor der Ball aus der Hand (den Händen) losgelassen wird.

2. Nach dem Anhalten, wenn kein Fuß Standfuß ist,

a) dürfen ein Fuß oder beide Füße bei einem Paß oder Korbwurf angehoben werden, jedoch nicht den Boden erneut berühren, bevor der Ball die Hand (Hände) verläßt;

b) darf kein Fuß angehoben werden, um ein

Dribbling zu beginnen, bevor der Ball die Hand (Hände) verläßt.

Drei-Sekunden-Regel

1. Ein Spieler darf sich nicht länger als 3 Sekunden hintereinander in der begrenzten Zone der gegnerischen Mannschaft aufhalten, wenn seine Mannschaft die Ballkontrolle hat.

2. Die Begrenzungslinien der begrenzten Zone sind Teil dieser Zone, und ein Spieler, der eine dieser Linien berührt, befindet sich in der Zone.

3. Die Drei-Sekunden-Regel bleibt in allen Aus-Situationen in Kraft. Die Zeit läuft ab dem Augenblick, da der einwerfende Spieler im Aus ist und der Ball zu seiner Verfügung steht (im Spiel ist).

4. Die Drei-Sekunden-Einschränkung gilt nicht

a) während der Ball bei einem Korbwurf in der Luft ist;

b) während eines Rebounds;

c) wenn der Ball tot ist.

5. Zugeständnisse sind zu machen, wenn ein Spieler, der weniger als 3 Sekunden in der begrenzten Zone war, zum Korbwurf dribbelt.

Preßdeckung

Ein eng (im Bereich eines normalen Schrittes) gedeckter Spieler, der den Ball hält, muß den Ball binnen 5 Sekunden abspielen, dribbeln, rollen oder auf den Korb werfen.

➡ *Seite 50*

Dreifache Bedrohung

Der Sternschritt ist eine der wichtigsten Fertigkeiten im Basketball. Wenn ein Spieler den Ball bekommt, sollte er sich sofort mit Hilfe eines Sternschritts zum gegnerischen Korb hin drehen, wobei er den Ball an der Brust mit abgespreizten Ellbogen und gebeugten Knien halten sollte. Diese Position wird auch als SPD-Stellung bezeichnet, weil der Spieler aus ihr »schießen« (werfen), passen oder dribbeln kann.

Hinter dem Rücken

Besonders beliebt bei den Zuschauern ist das Dribbeln hinter dem Rücken. Diese Technik, die allerdings recht schwierig ist, eignet sich aber gut für einen Handwechsel und um einen Verteidiger abzuschütteln.

GRAUZONE

Einer der häufigen Streitpunkte im Basketball betrifft das Stören des Balles am Korb. Verteidiger dürfen den auf den Korb geworfenen Ball nur berühren, solange er seine Abwärtsflugphase noch nicht begonnen hat. Sie dürfen den Ball wieder berühren, wenn mindestens ein Teil des Balles unterhalb der Ringebene ist. Das Problem besteht darin, festzustellen, ob der Wurf tatsächlich ein Korbwurf war, denn wenn das nicht der Fall war, ist jede Behinderung völlig legal. Das andere Problem ist, festzustellen, ob der Ball unterhalb der Ringebene war. Die Entscheidung des Korbschiedsrichters ist endgültig.

Stören des Balles durch einen Angreifer

Ein angreifender Spieler darf einen sich abwärts bewegenden Ball oberhalb der Ringebene innerhalb der begrenzten Zone nicht stören. Die Strafe für einen Verstoß ist ein Einwurf für die Verteidiger.

Stören des Verteidigers

Ein Verteidiger darf einen Korbwurfball in der Abwärtsflugphase in der begrenzten Zone oberhalb der Ringebene nicht berühren. Bei einem Freiwurf ist die Strafe ein Punkt und bei einem gewöhnlichen Korbwurf zwei Punkte. Bei einem Korberfolg wird das Spiel fortgesetzt.

Fortsetzung von Seite 49

Zehn-Sekunden-Regel

1. Der Ball ist im **Vorfeld** einer Mannschaft, wenn er das Spielfeld jenseits der Mittellinie oder einen Spieler dieser Mannschaft berührt, der mit einem Teil seines Körpers das Spielfeld jenseits der Mittellinie berührt. Der andere Teil des Spielfeldes, einschließlich Mittellinie und eigenem Korb, sowie der Teil des Spielbrettes, der sich innerhalb des Spielfeldes befindet, bildet das **Rückfeld** einer Mannschaft.
2. Erlangt ein Spieler die Kontrolle über einen belebten Ball in seinem Rückfeld, muß seine Mannschaft den Ball innerhalb von 10 Sekunden in ihr Vorfeld spielen.

Spielen des Balles

1. Ein Spieler, dessen Mannschaft die Kontrolle über den Ball hat und der sich im Vorfeld befindet, darf den Ball nicht ins eigene Rückfeld spielen.
2. Der Ball gilt als ins Rückfeld gespielt, wenn ein Spieler der Mannschaft, die die Ballkontrolle hat,

a) den Ball zuletzt berührt hat, bevor dieser ins Rückfeld gegangen ist, und

b) den zurückgespielten Ball als erster im Rückfeld berührt, oder wenn der Ball erstmalig von einem Spieler dieser Mannschaft berührt wird, nachdem der Ball das Rückfeld berührt hat.

3. Diese Einschränkung gilt für alle Situationen im Vorfeld einer Mannschaft, einschließlich Einwürfe von außen.

4. Sie gilt nicht für Einwürfe von der Mitte der Seitenlinie.

Stören des Balles in Angriff und Verteidigung

Während der Spielzeit:

1. Weder ein Angriffs- noch ein Verteidigungsspieler darf einen Korbwurfball während dessen Abwärtsflugphase berühren, solange er sich noch vollständig oberhalb der Ringebene befindet. Diese Einschränkung gilt nur, bis

a) der Ball den Ring berührt hat;

b) es offensichtlich ist, daß er den Ring nicht berühren wird.

2. Ein Verteidigungsspieler darf weder den Ball noch den Korb berühren, wenn der Ball

innerhalb des Korbes ist.

3. Weder ein Angriffs- noch ein Verteidigungsspieler darf den Korb oder das Spielbrett berühren, während bei einem Feldkorbwurf der Ball den Ring berührt.

Strafe: A. Der Ball gilt als tot, wenn der Schiedsrichter (die Schiedsrichter) den Verstoß anzeigt (anzeigen).

1. Bei Verstoß durch die angreifende Mannschaft kann kein Punkt erzielt werden, und die gegnerische Mannschaft erhält einen Einwurf zugesprochen von außerhalb der gedachten Verlängerung der Freiwurflinie.

2. Bei Verstoß durch das verteidigende Team:

Dem Werfer werden 2 Punkte, bei Korbwurf aus dem Drei-Punkte-Feldkorb-Bereich 3 Punkte angeschrieben. Das Spiel wird mit einem Einwurf an der Endlinie so fortgesetzt, als wäre der Korbwurf erfolgreich gewesen.

B. Bei einem Wurf unmittelbar vor Ende der Spielzeit (einer Periode oder Hälfte), bei dem der Ball die Hände des Spielers verlassen hat und in der Luft ist, bevor die Zeit abgelaufen ist:

1. Geht der Ball unmittelbar in den Korb, so gilt der Korberfolg.

2. Berührt der Ball den Ring, prallt von diesem ab und geht dann in den Korb, so gilt der Korberfolg.

3. Berührt ein Spieler eines der Teams den Ball, den Korb oder das Spielbrett, nachdem der Ball den Ring berührt hat, ist das ein Verstoß.

a) Begeht ein Verteidiger den Verstoß, so zählt der Korberfolg, und es werden 2 oder 3 Punkte gegeben.

b) Begeht ein Angreifer den Verstoß, gilt der Ball als tot, und der Korb, falls getroffen, gilt nicht.

4. Diese Bestimmungen gelten, bis es offensichtlich ist, daß der Wurf nicht in den Korb geht.

Persönliche Fouls
Fouls

1. Ein Foul ist eine Regelwidrigkeit durch Körperkontakt mit einem Gegenspieler oder durch unsportliches Verhalten.

2. Ein Foul wird mit einer Strafe gegen den betreffenden Spieler nach dem entsprechenden Artikel der Regeln geahndet.

Kontakt

1. Theoretisch ist Basketball ein körperkontaktloses Spiel. Trotzdem ist es offensichtlich, daß Körperkontakt nicht gänzlich

ausgeschlossen werden kann, wenn sich 10 Spieler mit hohem Tempo in einem begrenzten Raum bewegen.

2. Ist der Kontakt zufällig und wird der berührte Spieler dadurch nicht benachteiligt, sollte keine Strafe ausgesprochen werden.

Persönliches Foul

1. Ein persönliches Foul ist ein Spielerfoul, bei dem Kontakt mit einem Gegenspieler vorliegt, egal, ob der Ball im Spiel oder tot ist.

2. Ein Spieler darf die Vorwärtsbewegung eines Gegenspielers nicht durch Blockieren, Festhalten, Schieben, Rempeln, Beinstellen beeinträchtigen, indem er seinen Arm, Fuß, seine Schulter, Hüfte oder sein Knie vorstreckt oder seinen Körper auf eine andere als normale Art und Weise beugt, noch darf er irgendeine rohe Spielweise anwenden.

Definitionen:

1. **Blockieren**: persönlicher Kontakt, der die Vorwärtsbewegung eines Gegenspielers beeinträchtigt.

2. **Rempeln (Charging)**: persönlicher Kontakt mit oder ohne Ball durch Stoßen oder Hineinbewegen in den Gegner.

3. **Verteidigen im Rücken eines Spielers**: persönlicher Kontakt mit einem Gegner von hinten durch einen Verteidigungsspieler. Die Tatsache allein, daß der Verteidigungsspieler an den Ball zu kommen versucht, berechtigt ihn nicht zum Kontakt mit einem Gegner.

4. **Handchecking**: eine Handlung durch einen Verteidigungsspieler während einer Abwehraktion, mit der er versucht, einen Gegner mit der Hand (den Händen) an der Vorwärtsbewegung zu hindern oder ihn zu kontrollieren.

5. **Halten**: persönlicher Kontakt, durch den der Gegner in seiner Bewegungsfreiheit behindert wird. Halten kann eine beliebige Körperpartie betreffen.

6. **Unerlaubter Gebrauch der Hände**: liegt vor, wenn ein Spieler bei einem Versuch, an den Ball zu gelangen, einen

Gegner mit der Hand (den Händen) berührt. Berührt er dabei nur die gegnerische Hand, wenn sie am Ball ist, wird der Kontakt als zufällig betrachtet.

7. **Stoßen**: persönlicher Kontakt mit einer beliebigen Körperpartie, der entsteht, wenn sich ein Spieler mit Gewalt bewegt oder versucht, einen Gegner aus seiner Position zu drängen, gleichgültig, ob dieser Kontrolle über den Ball hat oder nicht.

8. **Sperren**: der Versuch, einen Gegner, der den Ball nicht kontrolliert, daran zu hindern, eine bestimmte Position auf dem Spielfeld zu erreichen, oder den Versuch zu verzögern.

Strafe: In allen Fällen ist gegen den Täter ein persönliches Foul zu verhängen. Außerdem:

1. Bei Foul an einem Spieler, der nicht in einer Korbwurfaktion ist:

a) Das Spiel wird mit einem Einwurf für die gefoulte Mannschaft fortgesetzt von einer Stelle an der Feldbegrenzungslinie aus, die der Stelle des Verstoßes am nächsten liegt.

b) Wenn eine Mannschaft die maximale Foulzahl erreicht hat, tritt folgendes in Kraft: Spielerfouls mit 2 Freiwürfen für den gefoulten Spieler werden geahndet, nachdem ein Team 7 (persönliche oder technische) Spielerfouls in einem Spiel über 2 x 20 min in einer Spielhälfte begangen hat. Die gleiche Strafe gilt, wenn eine Mannschaft 4 (persönliche oder

technische) Spielerfouls in einer Periode eines Spiels von 4 x 12 min begangen hat.

2. Bei Foul an einem Spieler in einer Korbwurfaktion:

a) Ein erfolgreicher Korbwurf ist gültig, zusätzlich wird ein Freiwurf gegeben;

b) gelingt der Korbwurf für 2 Punkte nicht, werden 2 Frei-

würfe gegeben;

c) gelingt der Korbwurf für 3 Punkte nicht, werden 3 Freiwürfe gegeben.

3. Bei Foul, von einem Spieler, begangen in der Zeit, in der seine Mannschaft Ballkontrolle hat:

a) Das Spiel wird mit einem Einwurf von der Stelle im Aus durch das gefoulte Team fortgesetzt, die der Stelle der Regelwidrigkeit am nächsten ist.

Kommentar

A. Vertikalprinzip

1. Jeder Spieler auf dem Feld hat das Recht auf den Raum, der sich unmittelbar über ihm befindet.

2. Dieses Prinzip schützt sowohl den Raum auf dem Boden, den er in Anspruch nimmt, als auch den Raum über ihm.

3. Sobald der Spieler seine vertikale Position (»Zylinder«) verläßt und es zu einem Kontakt mit einem Gegner kommt, der seine eigene vertikale Position bereits in Anspruch genommen hatte, ist derjenige Spieler für den Kontakt verantwortlich, der seine vertikale Position verlassen hat.

a) Der Verteidiger darf nicht dafür bestraft werden, daß er den Boden vertikal verläßt, oder dafür, daß er seine Hände und Arme nach oben und innerhalb des »Zylinders« streckt.

b) Der Angriffsspieler, gleichgültig, ob er auf dem Boden oder in der Luft ist, darf keinen Kontakt mit dem Verteidigungsspieler verursachen oder seine Arme dazu benutzen, um zusätzlichen Raum für sich zu schaffen (Räumen).

B. Erlaubte Verteidigungsposition

1. Ein Verteidiger hat eine erlaubte Deckungsposition eingenommen, wenn er

a) seinem Gegner zugewandt steht und

b) mit beiden Füßen in Schulterbreite auf dem Boden steht.

2. Der Verteidigungsspieler darf seine Arme über den Kopf heben, er muß sie jedoch in vertikaler Lage im gedachten Zylinder halten.

C. Decken eines Spielers, der den Ball kontrolliert

1. Die Faktoren Raum und Zeit sind beim Decken eines Spielers, der den Ball unter Kontrolle hat (den Ball hält oder dribbelt), unerheblich.

2. Der Spieler mit dem Ball muß damit rechnen, daß er gedeckt wird, und muß bereit sein, anzuhalten oder seine Richtung zu ändern, wenn sein Gegner eine erlaubte Verteidigungsstellung

Korbleger

Der wichtigste Korbwurf ist der Korbleger aus der Bewegung. Dabei werden 2 Schritte gemacht, mit dem linken Bein abgesprungen, das rechte Knie angehoben und mit dem rechten Arm von der rechten Korbseite auf den Korb geworfen.

➥ *Seite 52*

Fortsetzung von Seite 51

vor ihm einnimmt, auch wenn dies in Sekundenbruchteilen geschieht.

3. Der verteidigende Spieler muß seine Position einnehmen, ohne einen Körperkontakt zu verursachen.

4. Nachdem der verteidigende Spieler eine erlaubte Deckposition eingenommen hat, muß er diese Position beibehalten (siehe Punkt 5. unten), d. h., er darf seine Arme, Schultern, Hüften oder Beine nicht ausstrecken, um den dribbelnden Spieler daran zu hindern, an ihm vorbeizukommen.

5. Bei der Bewertung der Situation Blocken/Rempeln bei einem Spieler mit Ball muß sich der Schiedsrichter von folgenden Grundsätzen leiten lassen:

a) Der Verteidiger muß eine erlaubte Verteidigungsposition einnehmen, indem er sich dem Spieler mit dem Ball zuwendet und mit beiden Füßen auf dem Boden steht.

b) Der Verteidiger darf stehenbleiben oder sich seitwärts oder rückwärts bewegen, um die Verteidigungsposition aufrechtzuerhalten. Wenn er sich zu diesem Zweck bewegt, dürfen ein Fuß oder beide Füße den Boden kurz verlassen, vorausgesetzt, die seitliche oder Rückwärtsbewegung kann als normale Verteidigungsposition betrachtet werden.

c) Der Verteidiger muß zuerst an einer Stelle sein. Kommt es dann zu einem Kontakt am Rumpf, dann gilt, daß der Verteidiger zuerst an dieser Stelle war.

Treffen die drei o. g. Punkte zu, so wurde das Foul von dem Spieler in Ballbesitz verursacht.

D. Spieler in der Luft

1. Ein Spieler, der hochgesprungen ist, hat das Recht, auf derselben Stelle, von der er gesprungen ist, zu landen.

2. Er hat das Recht, auf einer anderen Stelle zu landen, wenn

a) die Landestelle nicht schon beim Absprung von einem Gegenspieler (Gegenspielern) besetzt wurde;

b) die direkte Bahn zwischen

Absprung und Landung nicht bereits von einem Gegenspieler besetzt ist.

3. Ist ein Spieler abgesprungen und gelandet und berührt dabei infolge des Bewegungsschwunges einen Gegenspieler, der eine erlaubte Deckungsposition in der Nähe der Landestelle einge-

Ellbogeneinsatz
Ein Spieler darf den Ball durch Ausstrecken der Ellbogen gegen einen Verteidiger abschirmen, er darf diesen jedoch nicht wegstoßen.

nommen hat, dann ist er für den Kontakt verantwortlich.

4. Ein Spieler darf nicht in die Bahn eines Gegenspielers springen, nachdem der letztere hochgesprungen ist.

5. Es wird stets als unsportliches Verhalten betrachtet, wenn sich jemand unter einem hochgesprungenen Spieler bewegt, und unter bestimmten Voraussetzungen kann dies zur Disqualifikation führen.

E. Decken eines Spielers, der den Ball nicht unter seiner Kontrolle hat

1. Ein Spieler, der den Ball nicht kontrolliert, kann sich auf dem Spielfeld frei bewegen und kann eine beliebige Position einnehmen, die nicht bereits von einem anderen Spieler besetzt ist.

2. Die Faktoren Abstand und Zeit gelten. Das bedeutet, daß ein Verteidiger nicht

a) eine Position einnehmen darf, die so nahe am sich bewegenden Gegenspieler ist, daß dieser nicht genügend Raum hat, um anzuhalten oder die Richtung zu ändern;

b) so schnell eine Position auf der Bahn eines sich bewegenden Gegenspielers einnehmen darf, daß der Gegner nicht genügend Zeit oder Abstand hat, um anzuhalten oder auszuweichen. Der Abstand ist direkt proportional zu der Geschwindigkeit des Gegners, nie weniger als ein und nie größer als zwei Schritte. Läßt der Spieler die Faktoren Zeit und Abstand bei der Einnahme

der Position außer acht, und es kommt zu einem Körperkontakt mit dem Gegner, ist er für den Kontakt verantwortlich.

3. Sobald ein Verteidiger eine erlaubte Verteidigungsposition eingenommen hat, darf er den Gegner nicht daran hindern, an ihm vorbeizugehen, indem er mit seinen Armen, Schultern, Hüften oder Beinen den Weg versperrt. Er darf sich jedoch umdrehen und seinen Arm (die Arme) vor dem und nahe am Körper halten, um eine Verletzung zu vermeiden.

4. Wenn ein Verteidigungsspieler eine erlaubte Verteidigungsposition eingenommen hat,

a) darf er sich seitwärts oder rückwärts bewegen, um in dem Weg seines Gegners zu bleiben;

b) darf er sich nach vorn bewegen; kommt es zu Körperkontakt, ist er verantwortlich;

c) muß er, entsprechend Punkt 2.b. (s. oben), den Abstand zwischen ihm und seinem Gegner respektieren.

F. Erlaubtes und unerlaubtes Sperren

1. *Sperren* liegt vor, wenn ein Spieler versucht, einen Gegner, der nicht den Ball kontrolliert, daran zu hindern, eine gewünschte Position auf dem Spielfeld einzunehmen.

2. Erlaubtes *Sperren* liegt vor, wenn der sperrende Spieler

a) still steht;

b) bei dem Kontakt mit beiden Füßen auf dem Boden steht.

3. Unerlaubtes Sperren liegt vor, wenn der sperrende Spieler

a) bei dem Kontakt in Bewegung war;

b) nicht genügend Abstand gehalten hat, als er beim Kontakt den bewegungslosen Gegner außerhalb dessen Blickfeld abschirmte;

c) die Faktoren Zeit und Abstand bei einem sich bewegenden Gegner außer acht ließ.

4. Wird die Sperre im Blickfeld eines bewegungslosen Gegners gestellt (frontal oder seitlich), kann der sperrende Spieler den Abstand so kurz halten, wie er will, vorausgesetzt, es entsteht kein Kontakt.

5. Wird die Sperre außerhalb des Blickfeldes eines stationären Gegners gestellt, muß der gesperrte Gegner einen normalen Schritt bis zur Sperre machen können, ohne daß es dabei zu einem Kontakt kommt.

6. Ist der Gegner in Bewegung,

so muß der Sperrende genügend Raum lassen, um es dem gesperrten Spieler zu ermöglichen, entweder anzuhalten oder auszuweichen, um die Sperre zu umgehen. Der erforderliche Abstand ist nie weniger als ein normaler Schritt und nie mehr als zwei Schritte.

7. Ein regelgerecht gesperrter Spieler ist verantwortlich für etwaigen Kontakt mit dem sperrenden Spieler.

G. Blockieren

Ein Spieler, der zu sperren versucht, begeht ein Blockieren, wenn der Kontakt dadurch zustande kommt, daß er sich bewegt, während sein Gegner ruhig steht oder zurückweicht.

2. Wenn sich ein Spieler mit dem Gesicht zum Gegner befindet und seine Position verändert, ohne den Ball zu beachten, ist hauptsächlich er für einen etwaigen Kontakt verantwortlich, es sei denn, es spielen dabei weitere Faktoren eine Rolle: absichtliches Stoßen, Rempeln oder Festhalten des gesperrten Spielers.

3. Ein Spieler darf beim Einnehmen einer Position seinen Arm (die Arme) oder seine Ellbogen ausstrecken, sie müssen jedoch gesenkt werden, wenn ein Gegner versucht, an ihm vorbeizukommen. Läßt ein Spieler seinen Arm (Arme) oder Ellbogen nicht sinken und es kommt zu einem Kontakt, gilt das als Blockieren oder Festhalten.

H. Berühren des Gegners mit den Händen

1. Das Berühren des Gegners mit der Hand oder den Händen stellt für sich allein keinen Verstoß dar. Befindet sich jedoch der Gegner im Blickfeld des Spielers, so gibt es keinen Grund dafür, und es kann als unerlaubter persönlicher Kontakt betrachtet werden. Die Schiedsrichter müssen entscheiden, ob dadurch ein Vorteil gewonnen wurde.

2. Behindert der Kontakt auf irgendeine Weise die Bewegungsfreiheit, gilt dies als Foul.

3. Ein Dribbler darf nicht einen ausgestreckten Unterarm oder seine Hand einsetzen, um einen Gegner daran zu hindern, einen Ball zu erlangen. Situationen dieser Art können zu einem Vorteil führen, der durch die Regeln nicht beabsichtigt war, und auch zu vermehrten Kontakten zwischen Gegnern.

I. Angriffsspiel mit dem Rücken zum Korb (Center-Pivot-Spiel)

1. Der Angriffsspieler mit dem Rücken zum Korb und der ihn deckende Gegner müssen ihre Vertikalrechte gegenseitig respektieren.

2. Es darf nicht zugelassen werden, daß der Pivotspieler seinen Gegner aus dessen Position mit der Hüfte oder der Schulter verdrängt oder daß er die Bewegungsfreiheit des Gegners durch herausgestreckte Ellbogen oder Arme einschränkt.

3. Andererseits darf es dem Verteidiger nicht erlaubt werden, die Bewegungsfreiheit des Pivotspielers durch unerlaubten Einsatz von Armen, Knien oder anderen Körperpartien zu beeinträchtigen.

Doppelfoul

A. Ein Doppelfoul liegt vor, wenn zwei gegnerische Spieler sich gleichzeitig gegenseitig foulen.

Absichtliches Foul wegen unsportlichen Verhaltens

1. Ein absichtliches Foul ist ein persönliches Foul, das nach Meinung des Schiedsrichters an einem Gegenspieler mit oder ohne Ball mit Absicht begangen wurde.

2. Ein absichtliches Foul darf am Spielanfang nicht anders bewertet werden als am Spielende, d. h., die Bewertung muß über das gesamte Spiel hinweg einheitlich bleiben.

3. Die Handlung muß vom Schiedsrichter allein bewertet werden.

4. Um festzustellen, ob ein absichtliches Foul vorliegt, müssen die Offiziellen folgende Kriterien anlegen:

a) Foult ein Spieler bei einem erlaubten Versuch, den Ball zu spielen, so ist das kein absichtliches Foul.

b) Wendet ein Spieler übermäßigen Körpereinsatz (Härtefoul) an, um den Ball zu spielen, wird der Kontakt als absichtlich und unsportlich bewertet.

c) Gewöhnlich wird Festhalten, Schlagen oder Stoßen eines Spielers als unsportliches Verhalten betrachtet und entsprechend geahndet.

5. Ein Spieler, der wiederholt absichtlich Fouls begeht, kann disqualifiziert werden.

Strafe

1. Gegen den Täter wird ein persönliches Foul verhängt.

2. Das gefoulte Team erhält einen Freiwurf (oder Freiwürfe) mit anschließendem Ballbesitz zugesprochen.

3. Die Anzahl der zugesprochenen Freiwürfe ergibt sich wie folgt festgelegt:

a) Befand sich der gefoulte Spieler nicht in einer Korbwurfaktion: 2 Freiwürfe.

b) Befand sich der gefoulte Spieler in einer Korbwurfaktion, gilt ein erzielter Korberfolg, zusätzlich: ein Freiwurf.

c) Befand sich der gefoulte Spieler gerade in einer Korbwurfaktion, wobei aber kein Treffer erzielt wurde, so bekommt er 2 oder 3 Freiwürfe, je nachdem, von wo er geworfen hatte.

4. Beim Freiwurf (bei den Freiwürfen) bleiben alle übrigen Spieler hinter der Freiwurflinie und ihrer gedachten Verlängerung sowie hinter der Drei-Punkte-Feldkorb-Linie, bis der Freiwurf abgeschlossen ist.

5. Nach dem Freiwurf (den Freiwürfen) wird der Ball von einem beliebigen Spieler des den Freiwurf ausführenden Teams vom Mittelpunkt der Seitenlinie gegenüber dem Anschreibertisch eingeworfen – unabhängig davon, ob der letzte Freiwurf erfolgreich war oder nicht.

6. Der den Einwurf ausführende Spieler muß so stehen, daß seine Füße auf beiden Seiten der Mittellinie oder deren gedachter Verlängerung stehen; er darf den Ball einem beliebigen Spieler überall auf dem Spielfeld zuspielen.

Disqualifizierendes Foul

Jeder grob unsportliche Verstoß gegen die Regeln »Persönliches Foul«, »Absichtliches Foul« und »Technisches Foul durch Spieler« sowie »Technisches Foul durch Trainer, Ersatzspieler oder Teamanhänger« ist ein disqualifizierendes Foul.

Magic Johnson
– vom Spieler zum Trainer

Strafe

1. Ein disqualifizierendes Foul wird demjenigen angeschrieben, der gefoult hat.

2. Er wird disqualifiziert und muß in den Umkleideraum seiner Mannschaft gehen und dort für die Dauer des Spiels bleiben; wenn er will, kann er das Gebäude verlassen.

3. Das gefoulte Team erhält Freiwurf (Freiwürfe) mit anschließendem Ballbesitz zugesprochen.

4. Die Anzahl der zu erteilenden Freiwürfe wird wie folgt festgelegt:

a) Wenn das Foul an einem Spieler begangen wurde, der sich nicht in einer Korbwurfaktion befand – 2 Freiwürfe.

b) Wurde das Foul an einem Spieler begangen, der gerade im Begriff war, einen Korbwurf zu machen, und er erzielt einen Treffer – ist der Korb gültig, und der Spieler bekommt zusätzlich einen Freiwurf.

c) Wurde das Foul an einem Spieler begangen, der sich gerade in einer Korbwurfaktion befand, den Korb jedoch verfehlte – 2 oder 3 Freiwürfe, je nachdem, von wo er den Versuch gemacht hat.

5. Während des Freiwurfs müssen alle anderen Spieler hinter der Freiwurflinie und ihrer gedachten Verlängerung und hinter der Drei-Punkte-Feldkorb-Linie bleiben, bis der Freiwurf (die Freiwürfe) abgeschlossen worden ist.

6. Nach dem Freiwurf (den Freiwürfen) wird der Ball von einem beliebigen Spieler des gefoulten Teams vom Mittelpunkt der Seitenlinie gegenüber dem Anschreibertisch eingeworfen – unabhängig davon, ob der letzte Freiwurf erfolgreich war oder nicht.

Technische Fouls

Diese Regel behandelt Fouls, bei denen kein Kontakt mit einem Gegner vorliegt, wie etwa Benutzen anstößiger Ausdrücke, respektloses Anreden eines Schiedsrichters, Provozieren eines Gegners oder Behindern seiner Sicht durch Winken mit den Händen in der Nähe seiner Augen oder Sich-an-den-Ring-Hängen. Technische Fouls werden mit 2 Freiwürfen geahndet.

Korfball

Der Name dieser Sportart ist niederländischen Ursprungs und bedeutet Korbball. Es handelt sich hierbei um ein Spiel ohne Körperkontakt, das von 2 gemischten Mannschaften in der Halle oder im Freien ausgetragen werden kann. Das Ziel ist, den Ball in den gegnerischen Korb zu werfen, um Punkte zu erzielen.

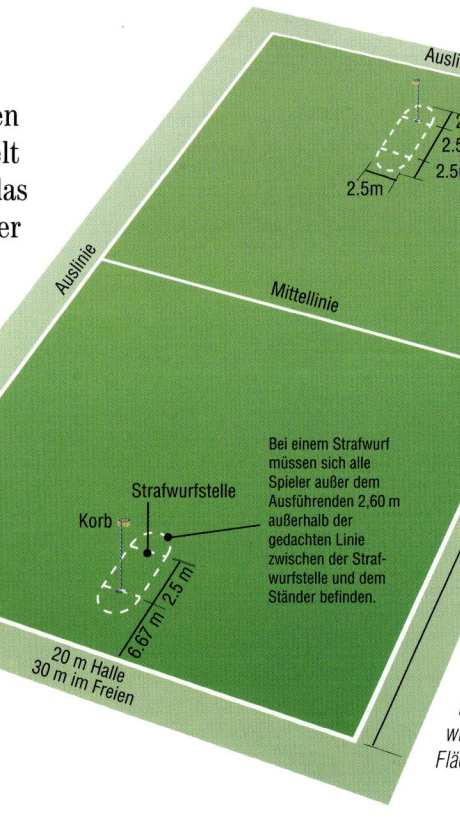

Auslinie

2.5m
2.5m
2.5m
2.5m

Auslinie

Mittellinie

40 m Halle
60 m im Freien

Strafwurfstelle

Korb

Bei einem Strafwurf müssen sich alle Spieler außer dem Ausführenden 2,60 m außerhalb der gedachten Linie zwischen der Strafwurfstelle und dem Ständer befinden.

6.67 m / 2.5 m

20 m Halle
30 m im Freien

Das Spielfeld

In der Halle ist das Spielfeld 40 m lang, 20 m breit, im Freien (gewöhnlich Rasen oder Kunstrasen) 60 m bzw. 30 m. Das Spielfeld ist in zwei Hälften (Zonen) durch eine Mittellinie getrennt und von einer deutlich sichtbaren Begrenzungslinie oder einem Band (3–5 cm breit) umgeben. In der Halle muß die lichte Höhe 7 m betragen.

Im Freien

Im Gegensatz zum Basketball, mit dem das Spiel gewisse Ähnlichkeiten hat, wird Korfball oft auf einem Rasen im Freien gespielt. Das Spielfeld ist gewöhnlich durch weiße Bänder markiert. In der Halle wird auf einer etwas kleineren Fläche gespielt.

Körbe

Zwei kegelförmige Körbe, an runden Ständern angebracht, die 6,66 m von jeder Auslinie am Spielfeldende stehen. Der Korb ist 25 cm hoch und hat einen Innendurchmesser von 39–41 cm; seine Oberkante befindet sich 3,50 m über dem Boden.

Gemischtes Spiel

Korfball ist eines der wenigen Spiele, bei denen Männer und Frauen gemeinsam und gleichberechtigt spielen. Bestimmte Regeln sollen eine übermäßige Benachteiligung von Spielern des anderen Geschlechts verhindern.

Die Spieler

Zwei Mannschaften mit je 4 männlichen und 4 weiblichen Spielern. In den beiden Zonen spielen je 2 Männer und 2 Frauen einer Mannschaft. (Bis zu zwei Auswechslungen sind erlaubt, bei Verletzung kann der Schiedsrichter auch mehr Auswechslungen zulassen.)

Der Ball

Ein Ball der Größe 5, kugelförmig, mit einer Hülle aus Leder (oder einem anderen zugelassenen Material). Im Hallenkorfball ist er zweifarbig, im Freien kann auch ein einfarbiger Ball benutzt werden. Umfang 68–71 cm, Gewicht 425–475 g am Spielanfang.

Offizielle

Ein Schiedsrichter, ein Zeitnehmer und 2 Linienrichter

Kleidung

Jede Mannschaft trägt eine einheitliche Kleidung, die sich von der der Gegenmannschaft abheben muß. Spieler dürfen nichts tragen, was während des Spiels Verletzungen verursachen könnte.

Ballannahme im Lauf
Normalerweise ist es den Spielern nicht erlaubt, mit dem Ball zu laufen. Sie dürfen dies jedoch tun, wenn sie den Ball im Lauf annehmen und wenn Annahme und Abspiel fließend ineinander übergehen. Der Schiedsrichter entscheidet, ob das weitere Laufen den Regeln entspricht.

SPIELGEDANKE

Punkte werden erzielt, indem der Ball in den gegnerischen Korb geworfen wird. Spieler dürfen nicht mit dem Ball laufen und sollen ihn so oft wie möglich zuspielen.

Angriffs- und Abwehrspieler einer Mannschaft agieren in separaten Spielfeldhälften.

Spielbeginn

Die Heimmannschaft wählt den Korb für die erste Halbzeit, und beide Mannschaften positionieren ihre Angriffs- oder Abwehrspieler getrennt in je einer Hälfte. Das Spiel beginnt mit Anwurf durch einen Angreifer von einer Stelle innerhalb seiner Zone nahe der Spielfeldmitte. Jeweils nach zwei Korberfolgen wechseln die Spieler ihre Rollen, d. h., die Angreifer werden zu Verteidigern und umgekehrt. Nach der Halbzeitpause wechseln die Mannschaften die Spielfeldhälften, wobei die Rollen der Spieler erhalten bleiben.

Wer gewinnt

Das Spiel gewinnt, wer die meisten Punkte erzielt hat.

DIE WICHTIGSTEN REGELN

• Ein Spiel besteht aus zwei Halbzeiten zu jeweils 30 min (35 min bei Spielen im Freien) mit einer Halbzeitpause dazwischen. Jede Mannschaft kann pro Spiel eine Auszeit von 60 Sek. beantragen.

• Spieler dürfen nicht mit dem Ball laufen, sie dürfen sich jedoch auf einem Fuß drehen, wenn sie im Ballbesitz sind, sich dabei aber nicht fortbewegen. Wird ein Ball im Lauf angenommen, muß der Spieler entweder vollständig anhalten oder den Ball sofort einem anderen Spieler zuspielen.

• Es ist nicht erlaubt, einem Gegner den Ball aus der Hand zu schlagen oder diesen in seiner Fortbewegung dadurch zu behindern, daß ihm ein Arm oder Bein in den Weg gestreckt wird. Absichtlicher Kontakt ist nicht erlaubt, und der Gegner darf nicht durch Körpereinsatz behindert werden.

• Korbwürfe dürfen nicht aus einer verteidigten Position gemacht werden, d. h., wenn ein Verteidiger sich innerhalb einer Armlänge vor dem Werfer befindet, diesem zugewandt ist und näher als der Werfer zum Ständer steht.

• Die Spieler müssen, um den Ball spielen zu dürfen, sich in ihrer eigenen Zone befinden. Der Ball ist im Aus, wenn er eine Begrenzungslinie oder irgend etwas berührt, was sich jenseits dieser Linie befindet. Ein Ball im Aus wird mit einem freien Paß geahndet.

• Ein Regelverstoß zieht einen freien Paß von der Stelle nach sich, an der der Verstoß stattgefunden hat.

• Ein Regelverstoß, durch den ein Korberfolg verhindert wird, wird mit einem Strafwurf geahndet. Er wird von der Strafwurfstelle, die 2,50 m vor dem gegnerischen Ständer liegt, ausgeführt, und es darf unmittelbar auf den Korb geworfen werden. Dem ausführenden Werfer muß ein ungehinderter Korbwurf gewährt werden, dabei müssen alle anderen Spieler mindestens 2,5 m entfernt von ihm stehen, bis der Ball gespielt worden ist.

FERTIGKEITEN UND TAKTIKEN

Beweglichkeit und gute Ballbeherrschung sind natürlich wichtige Fertigkeiten. Aber auch die Verteidigung (ohne Ball) ist ein wichtiger Bestandteil des Spiels. Die Spieler müssen die Kunst der erlaubten Behinderung beherrschen – das Decken des Gegners, um seine Spielzüge und -möglichkeiten möglichst einzuschränken, ohne dabei gegen die den Körperkontakt betreffenden Regeln zu verstoßen.

Die Korfballregeln tragen aktiv dazu bei, taktisches Denken und Teamwork zu fördern. So unterbindet die Regel 16 e das Alleinspiel, und die Regel 16 n (Korbwerfen bei verteidigter Position ist nicht erlaubt) soll die Spieler dazu anhalten, zusammenzuarbeiten und Freiräume auf dem Spielfeld zu suchen, von denen Korbwürfe gemacht werden können.

Hoher Korb
Beim Korfball ist der Korb viel höher angebracht als beim Basketball, und es ist auch für den größten Spieler nicht möglich, so hoch zu springen, daß er den Ball in den Korb »stopfen« kann.

REGELN FÜR HALLENKORFBALL

Regelverstöße

Während des Spiels ist es nicht erlaubt,

a) den Ball mit Beinen oder Füßen zu berühren.

Falls eine solche Berührung versehentlich geschieht, den Spielverlauf jedoch nicht wesentlich beeinflußt, wird sie nicht bestraft.

b) den Ball zu fausten,

c) den Ball auf dem Boden liegend zu ergreifen,

d) mit dem Ball zu laufen.

Das Laufen mit dem Ball widerspricht der Forderung nach Zusammenarbeit im Spiel. Daher ist eine Positionsänderung eines Spielers, der im Ballbesitz ist, nur dann erlaubt, wenn es sonst nicht möglich wäre, den Ball zügig abzuspielen, mit dem Ball anzuhalten oder einen Korbwurf auszuführen. Bei der Anwendung dieses Prinzips muß man drei Fälle unterscheiden.

1. Der Spieler steht bei der Ballannahme. In diesem Fall darf er einen Fuß frei bewegen, vorausgesetzt, der andere bleibt dort stehen, wo er ist. Der Spieler darf sich auf dem Standfuß drehen.

2. Der Spieler nimmt den Ball im Lauf oder Sprung an, stoppt und spielt den Ball ab oder macht einen Korbwurf. Es wird gefordert, daß der Spieler sofort nach der Ballannahme versuchen muß, vollständig anzuhalten. Danach gelten die Bestimmungen in Punkt 1.

3. Der Spieler spielt den Ball oder führt einen Korbwurf aus, bevor er vollständig angehalten hat. In diesem Fall darf der Spieler in dem Augenblick, wo er den Fuß zum dritten Mal nach der Ballannahme auf den Boden setzt, nicht mehr im Ballbesitz sein.

e) das Zusammenspiel zu unterlassen (Alleinspiel). Alleinspiel ist nicht strafbar,

1. wenn der Spieler seine Position nicht merklich ändert.

2. wenn das Zusammenspiel nicht absichtlich unterlassen wurde.

f) den Ball einem Mitspieler zu reichen,

g) das Spiel zu verzögern,

h) den Ball aus der Hand des Gegners zu schlagen, zu nehmen oder zu stoßen.

i) den Gegner zu stoßen, sich an ihn zu klammern oder ihn festzuhalten. Solche Behinderung wird geahndet, gleichgültig, ob der Gegner im Ballbesitz ist oder nicht. Jede absichtliche oder ver-

Die richtige Position

Beim Korfball ist es nicht erlaubt, sich mit dem Ball fortzubewegen, deshalb ist die Position entscheidend. Jeder Spieler muß daher an der richtigen Stelle sein, sowohl um Pässe von seinen Mitspielern anzunehmen, als auch um den Ball anderen zuzuspielen.

sehentliche Behinderung der freien Bewegung eines Gegners ist verboten.

Diese Regel bedeutet nicht, daß ein Spieler einem anderen aus dem Weg gehen muß, d. h., jeder Spieler hat das Recht, seine Position frei zu wählen. Bestraft wird er nur, wenn er so plötzlich in den Weg eines Gegners springt, daß ein Zusammenprall unvermeidbar wird.

j) einen Gegner übermäßig zu behindern. Diese Regel gilt, wenn ein Gegner im Ballbesitz ist. Der behindernde Spieler darf das Werfen des Balls in die gewünschte Richtung durch Handlungen behindern, die dazu führen, daß der Ball gegen seine Hand geworfen wird. Er darf den Ball abblocken, indem er seinen Arm in die Flugbahn des Balls bewegt, er darf jedoch nicht

1. den Gegner in seinen Bewegungen behindern, indem er dessen Arm statt den Ball abblockt;

2. den Ball oder den Wurfarm schlagen, d. h., die behindernde Hand darf im Augenblick der Berührung nur an den Ball gehen.

Unerwartete Bewegungen eines Spielers verursachen häufig eine Einschränkung der Bewegungsfreiheit eines Gegenspielers. Solche Fälle werden nicht bestraft, vorausgesetzt, daß sich der Spieler dann sofort so verhält, daß der Gegenspieler die Bewegungsfreiheit wieder erlangt.

k) einen Gegner des anderen Geschlechts am Wurf zu hindern.

l) einen Gegner zu behindern, der bereits von einem anderen Gegner behindert wird.

m) außerhalb des eigenen Fachs zu spielen.

n) aus einer verteidigten Position einen Korbwurf zu machen. Der Wurf gilt als verteidigt, wenn der behindernde Verteidiger jede der drei folgenden Bedingungen erfüllt:

1. Er muß sich innerhalb einer Armeslänge vom Angreifer befinden, und sein Gesicht muß ihm zugewandt sein;

2. er muß tatsächlich versuchen, den Ball zu blockieren;

3. er muß sich näher zum Ständer befinden als der Angreifer,

außer wenn er und der Angreifer sich nahe dem Ständer, aber an den entgegengesetzten Seiten davon befinden. Im letzteren Fall sind die Bedingungen 1 und 2 ausreichend.

o) einen Korbwurf nach dem Schneiden eines anderen Angreifers zu machen. Schneiden liegt vor, wenn ein verteidigender Spieler, der bis zu einer Armeslänge von seinem Angreifer entfernt ist, diesem Angreifer nicht folgen kann, weil der Angreifer so nahe an einem anderen Angreifer vorbeiläuft, daß der Verteidiger mit diesem zusammenprallt oder zusammenprallen würde, so daß er gezwungen ist, seine Position innerhalb einer Armeslänge aufzugeben.

p) aus der Verteidigungszone, aus dem freien Paß oder aus einem Sprungball auf den Korb zu werfen.

q) auf den Korb zu werfen, wenn der Werfer keinen persönlichen Gegner hat. Diese Situation ist gegeben, wenn eine aus drei Spielern bestehende Verteidigung vier Angreifern gegenübersteht. In diesem Fall muß der Kapitän der angreifenden Seite den Schiedsrichter und den gegnerischen Kapitän informieren, welcher seiner Spieler nicht auf den Korb werfen darf. Der Kapitän kann seine Entscheidung während eines Spiels ändern, darf dies jedoch erst dann tun, nachdem er den

Schiedsrichter und den anderen Kapitän davon in Kenntnis gesetzt hat, und zwar wenn der Ball tot ist. Dieser Angreiferwechsel darf nur zweimal innerhalb eines Zonenwechsels vorgenommen werden. Aus einem Strafwurf kann ein Korberfolg erzielt werden, ohne daß dabei ein persönlicher Gegner anwesend sein muß.

r) einen Wurf durch Bewegen des Ständers zu beeinflussen.

s) den Ständer beim Springen, Laufen oder, um schneller wegzukommen, anzufassen.

t) gegen die Bedingungen zu verstoßen, die für einen freien Paß oder einen Strafwurf aufgestellt werden.

u) auf eine gefährliche Art und Weise zu spielen. Es ist einem Angreifer verboten, seinen verteidigenden Gegner, der sich innerhalb einer Armeslänge von ihm befindet, zu zwingen, mit einem anderen Angreifer heftig zusammenzuprallen.

Ball im Aus

Der Ball ist im Aus, sobald er die Begrenzungslinie des Spielfeldes, den Boden, eine Person oder einen Gegenstand außerhalb des Spielfeldes berührt hat. Das gilt auch, wenn er die Decke oder einen Gegenstand oberhalb des Spielfeldes berührt.

Bei einem Ball im Aus wird gegen die Mannschaft ein freier Paß verhängt, die den Ball zuletzt berührt hat.

Schiedsrichterwurf (Sprungball)

Ergreifen zwei Gegner den Ball gleichzeitig, unterbricht der Schiedsrichter das Spiel, und es wird ein Sprungball ausgeführt. Das gleiche gilt, wenn das Spiel wieder begonnen wird, ohne daß eine der beiden Mannschaften zum Ballbesitz berechtigt wäre. Dazu wählt der Schiedsrichter zwei Spieler gleichen Geschlechts aus der betreffenden Zone, die möglichst auch gleich groß sein sollten. Beim Sprungball dürfen beide den Ball berühren, nachdem er (nach Hochwurf durch den Schiedsrichter) den höchsten Punkt erreicht hat. Die anderen Spieler müssen einen Abstand von mindestens 2,50 m einhalten und dürfen den Ball erst berühren, nachdem einer der beiden ausgewählten Spieler den Ball berührt oder der Ball den Boden berührt hat. Aus einem Sprungball kann kein Korb erzielt werden.

Freier Paß

a) Wann?

Ein freier Paß wird gegen die einen Verstoß begehende Mannschaft gegeben, wenn der Schiedsrichter angezeigt hat, daß gegen die Regeln »Regelverstöße« oder »Ball im Aus« verstoßen wurde.

b) Wo?

Der freie Paß wird dort ausgeführt, wo der Verstoß begangen wurde. Wurde der Verstoß gegen einen bestimmten Spieler begangen, wird der freie Paß dort ausgeführt, wo dieser Spieler stand. Bei Ball im Aus oder Verstoß gegen »Regelverstöße« auf dem Spielfeld oder außerhalb davon wird der freie Paß von außerhalb des Spielfeldes an der Stelle ausgeführt, wo der Ball oder der betreffende Spieler die Linie überquert hat.

c) Wie?

In dem Augenblick, in dem der Spieler den Ball in die Hände nimmt oder ihn nehmen kann, hebt der Schiedsrichter eine Hand senkrecht nach oben und zeigt mit vier Fingern dieser Hand an, daß er das Spiel in 4 Sek. wieder anpfeifen wird. Nach dem Heben der Hand gibt es zwei Möglichkeiten.

A. 1. Alle Spieler sind mindestens 2,50 m von dem ausführenden Spieler entfernt.

2. Wird der freie Paß in der Angriffszone ausgeführt, stehen die Mitspieler des Ausführenden ebenfalls mindestens 2,50 m voneinander entfernt.

Sobald die o. g. Situation innerhalb der 4 Sek. Vorbereitungszeit eingetreten ist, pfeift der Schiedsrichter das Spiel wieder an. Der ausführende Spieler muß den Ball innerhalb von 4 Sek. nach dem Pfiff ins Spiel bringen. Schafft dies der Spieler nicht, wird der Versuch abgepfiffen, und der freie Paß wird der anderen Mannschaft zugesprochen. Die Spieler der gegnerischen Mannschaft müssen weiterhin die Bedingung 1 so lange erfüllen, bis der Ausführende den Ball bewegt oder eine deutlich sichtbare Bewegung mit einem Arm oder Bein macht.

Die Mitspieler des den freien Paß ausführenden Spielers müssen die Bedingungen 1 und 2 weiterhin so lange erfüllen, bis der Ball ins Spiel gebracht ist. Dies ist der Fall, wenn (a) ein Spieler der gegnerischen Mannschaft den Ball berührt hat, (b) ein Mitspieler des den freien Paß ausführenden Spielers den Ball berührt hat, während er sich in einem Abstand von mindestens 2,50 m von der Stelle befindet, an der der freie Paß ausgeführt wurde, oder wenn (c) der Ball sich mindestens 2,50 m von der Stelle bewegt hat, von der der freie Paß ausgeführt wurde (über dem Boden gemessen).

Der freie Paß darf nicht als Korbwurf ausgeführt werden. Der freie Paß wird der gegnerischen Mannschaft in der anderen Spielfeldhälfte zugesprochen, falls der den Paß annehmende Spieler eine Begrenzungslinie oder die Spielfeldfläche jenseits dieser Linie berührt.

B. Erfüllen die Spieler die Bedingungen A. 1. und 2. innerhalb von 4 Sek., nachdem der Schiedsrichter den Arm gehoben hat, pfeift er kurz zweimal hintereinander, wobei der erste Pfiff die Wiederaufnahme des Spiels und der zweite die Spiel-

unterbrechung zur Bestrafung der gegen die Regel verstoßende Mannschaft signalisiert. Befinden sich Spieler beider Mannschaften bis zu 2,50 m vom ausführenden Spieler, wird derjenige Spieler vom Schiedsrichter bestraft, der sich am nächsten zum ausführenden Spieler befindet. Befindet der Schiedsrichter, daß Spieler von beiden Mannschaften den vorgeschriebenen Abstand nicht eingehalten haben, wird die angreifende Mannschaft bestraft. Begeht die in der Angriffszone befindliche verteidigende Mannschaft diesen Regelverstoß zum zweitenmal bei dem gleichen freien Paß, gibt der Schiedsrichter einen Strafwurf.

Strafwurf

a) Wann?

Verstöße, die zum Verlust einer Korbwurfmöglichkeit führen, werden mit einem Strafwurf

für die gegnerische Seite geahndet. Ein Strafwurf kann auch für andere Verstöße gegeben werden, durch die der Angriff wiederholt auf unfaire Art und Weise behindert wird.

b) Wo?

Der Strafwurf wird von der Strafwurfstelle ausgeführt (siehe 2), die sich 2,50 m vom Ständer in Richtung Spielfeldmitte befindet.

c) Ausführung

Es ist erlaubt, unmittelbar auf den Korb zu werfen. Der ausführende Spieler darf mit keinem Körperteil den Boden zwischen dem Ständer und der Strafwurfstelle berühren, bevor der Ball seine Hände verläßt. Der Strafwurf muß wiederholt werden, falls er ausgeführt wird, bevor der Schiedsrichter ihn durch Pfiff freigegeben hat.

Alle anderen Spieler müssen sich in einem Abstand von mindestens 2,50 m vom nächsten Punkt auf der gedachten Linie zwischen dem Ständer und der Marke befinden. Sie müssen jegliche Handlungen oder Bemerkungen unterlassen, die den ausführenden Spieler beeinflussen könnten.

Gegebenenfalls wird sowohl die erste als auch die zweite Spielzeithälfte verlängert, damit ein Strafwurf ausgeführt werden kann.

[Diese Regeln wurden mit freundlicher Genehmigung der International Korfball Federation abgedruckt.]

Blocken und Tackling

Spieler dürfen im Weg eines angreifenden Spielers stehen, sie dürfen jedoch nicht ihre Arme einsetzen, um ihn daran zu hindern vorbeizulaufen.

Hockey

Eine weltweit beliebte Stock-und-Ball-Sportart. Schnell, kraftvoll und zuweilen gefährlich, ist Hockey am spannendsten, wenn Können, Energie und intelligentes Teamwork eine Einheit bilden.

Grundlinie
22,85 m
4,55 m
4,55 m
14,63 m
3,66 m
Seiten-Linie
Viertellinie
Mittellinie
91,40 m
7-m-Punkt
4,55 m
Schußkreis
6,40 m
55 m

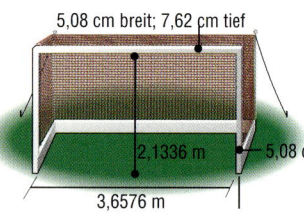

5,08 cm breit; 7,62 cm tief
2,1336 m
5,08 cm breit; 7,62 cm tief
3,6576 m

Die Tore

Torpfosten und Querlatte sind weiß gestrichen und recht-eckig, daran ist ein locker hängendes Netz angebracht.

Der Ball

Der kugelförmige Ball ist hart und kann aus beliebigem Material sein. Er muß 156–163 g wiegen und einen Umfang von 22,4–23,5 cm haben.

Der Stock

Der Stock wiegt 340–794 g, und es muß möglich sein, ihn durch einen Ring mit einem Innen-durchmesser von 5,1 cm durch-zuziehen. Der hölzerne Keulen-kopf ist gebogen und darf nicht länger als 10,16 cm (gemessen vom untersten Ende der flachen Seite) sein, wobei nur die linke Stockseite flach sein darf.

Torwartschutz

Hockeybälle sind sehr hart, daher muß der Torwart Körperschutz, Schienbein-sowie Bein- und Ellbogenschützer, Handschuhe, Schutzhelm und Gesichtsschutz tragen.

Das Spielfeld

Rechteckiges Feld mit Natur- oder Kunstrasenfläche, 91,40 m lang, 55 m breit. An den Enden der Viertellinien und an den Ecken stehen Fahnenstangen (1,20–1,50 m hoch) 0,91 m außerhalb der Seitenlinie.

Hockeystock

Erwachsene Spieler benutzen meistens Stöcke mit einer Länge von 90 cm. Wenn der Stock neben dem Fuß auf dem Boden steht, soll er bis zur Hüfte reichen.

Kleidung

Hemd und kurze Hose bzw. Rock. Die Spieler eines Teams müssen einheitliche Kleidung tragen, die vom Verband oder ihrem Verein zugelassen ist. Der Torwart hingegen muß über dem Körperschutz ein Hemd oder ein anderes Kleidungs-stück tragen, das sich von den Farben seiner Mannschaft und der der gegnerischen Mann-schaft unterscheidet, und außer-dem eine Schutzausrüstung (Vollschutzhelm, Handschützer, Beinschützer).

Schienbeinschützer

Für die meisten Spieler ist keine besondere Schutz-kleidung erforderlich. Sie tragen jedoch meistens Kunststoff- oder Schaumgummi-Schienbeinschützer unter den Stutzen.

Mannschaften

Zwei Teams mit max. je 16 Spielern (einschließlich Ersatz-spieler); aber nur 11 Spieler dürfen sich gleich-zeitig auf dem Feld be-finden.

Offizielle

Zwei Schiedsrichter

SPIELGEDANKE

Die beiden Teams versuchen, unter Zuhilfenahme ihrer Stöcke in Ballbesitz zu gelangen und den Ball in das gegnerische Tor zu befördern und gleichzeitig die Versuche des Gegners, das gleiche zu tun, zu vereiteln.

Spielbeginn

Wer den Losentscheid durch Münzwurf gewinnt, kann entweder den Ballbesitz für das Anspiel oder die Spielfeldhälfte wählen. Der erste Paß erfolgt aus dem Spielfeldmittelpunkt und wird von einem Spieler des Teams ausgeführt, das in Ballbesitz ist. Alle gegnerischen Spieler müssen sich in einem Abstand von mindestens 4,55 m vom Ball befinden, und alle Spieler müssen in der eigenen Hälfte sein. Der Paß erfolgt nach hinten und wird dann von einem Spieler der eigenen Mannschaft in die Angriffsrichtung geschlagen.

Wer gewinnt

Es gewinnt das Team, das die meisten Tore, und zwar von einer beliebigen Stelle im Schußkreis aus, schießt.

Ersatzspieler

Ein Team darf höchstens elf Spieler auf dem Spielfeld haben, aber im Verlaufe eines Spiels dürfen bis zu fünf Ersatzspieler ausgewechselt werden.

DIE WICHTIGSTEN REGELN

• Ein Spiel besteht aus zwei Halbzeiten von je 35 min und einer Halbzeitpause von 5 bis 10 min dazwischen.

• Eine Reihe von Regeln sind darauf gerichtet, ein Höchstmaß an Sicherheit während des Spiels zu gewährleisten. Spieler dürfen die Stöcke nicht über die Schulterhöhe heben oder gefährlich hoch halten, wenn sie sich dem Ball nähern. Es ist ferner nicht erlaubt, den Gegner zu treten, zu rempeln oder festzuhalten oder den Stock dafür einzusetzen, um den Gegner daran zu hindern, an den Ball zu kommen.

• Die Strafe, die ein Regelverstoß nach sich zieht, hängt davon ab, wo der Verstoß stattgefunden hat, und von seinem Schweregrad.

• Im allgemeinen wird der gegnerischen Mannschaft ein Freischlag gegeben, verhindert aber ein Verteidiger im eigenen Schußkreis absichtlich durch Regelverstoß ein Tor, wird der gegnerischen Mannschaft ein 7-m-Ball zugesprochen. Eine weitere Strafe ist die Strafecke, die bei unabsichtlichen Verstößen innerhalb des Schußkreises der Verteidiger oder bei absichtlichen Verstößen im eigenen Viertel, aber außerhalb des Schußkreises, verhängt wird. Bei einer Strafecke kann das Tor mit einem direkten Schlag erzielt werden. Vor dem Schlag muß der Ball außerhalb des Schußkreises vollständig zur Ruhe gebracht werden.

• Bei gravierenden Fällen von Fehlverhalten kann der Schiedsrichter einen Spieler mit einer grünen Karte verwarnen oder ihn sogar des Feldes verweisen. Eine gelbe Karte bedeutet Spielausschluß für mindestens 5 min, eine rote Karte bedeutet Spielausschluß für den Rest der Spielzeit.

• Ein Bully wird angesetzt, wenn beide Teams einen Regelverstoß begehen oder wenn das Spiel wegen Verletzung oder aus anderen unvorhergesehenen Gründen unterbrochen werden muß. Zwei Spieler (je einer von den beiden Teams) stehen einander gegenüber mit der rechten Körperseite zur eigenen Grundlinie, der Ball liegt zwischen ihnen auf dem Boden. Dreimal berühren die Spieler mit dem Stock abwechselnd den Boden und dann über dem Ball den Stock des Gegners, danach können sie versuchen, den Ball zu spielen.

Rasenkönige

In der Vergangenheit dominierten im Hockey Teams aus Indien und Pakistan, die auf dem Rasen Meister waren. Seitdem Spiele auf hohem Niveau zunehmend auf künstlichem Rasen ausgetragen werden, haben diese Länder ihre Vorherrschaft verloren. Kunstrasen läßt ein viel schnelleres und genaueres Spiel zu mit weniger Fehlern bei der Ballkontrolle und bei Pässen.

DIE HOCKEYREGELN

Teams

Das Spiel findet zwischen 2 Teams statt, die jeweils maximal 16 Spieler haben, von denen sich aber nicht mehr als 11 je Team gleichzeitig auf dem Spielfeld befinden dürfen.

Auswechslung

a. Die Anzahl der Spieler, die gleichzeitig ausgewechselt werden können, ist nicht begrenzt, ebenso darf ein Spieler beliebig oft ein- oder ausgewechselt werden.
b. Eine Einwechslung kann erst stattfinden, wenn ein Spieler aus derselben Mannschaft das Spielfeld verlassen hat.
c. Die Zeit beim Spielerwechsel wird nicht gestoppt, außer beim Torwartwechsel.
d. Für hinausgestellte Spieler dürfen während der Dauer der Hinausstellung keine Spieler eingewechselt werden.
e. Nach Ablauf der Hinausstellungszeit kann ein Spieler ausgewechselt werden, ohne daß er zuvor auf das Spielfeld zurückkehren muß.
f. Spieler verlassen oder betreten das Feld an der Mittellinie oder an einer anderen Stelle, die die Schiedsrichter vor dem Spiel festgelegt haben.

Jedes Team muß einen Torwart auf dem Spielfeld haben:
a. Ein verletzter oder hinausgestellter Torwart muß sofort durch einen anderen Torwart ersetzt werden.
b. Steht kein Ersatztorwart zur Verfügung, übernimmt ein Feldspieler diese Funktion; er muß einen Kopfschutz tragen sowie ein Trikot, das eine andere Farbe haben muß als die der beiden Mannschaften, dabei darf er, ohne Zeitverzögerung, eine Schutzausrüstung anlegen.
c. Während der Zeit, in der der Torwart die Zeitstrafe verbüßt, muß das Team einen Spieler weniger auf dem Spielfeld haben.
Wenn vom Schiedsrichter nicht anders festgelegt, dürfen sich während des Spiels nur Spieler und Schiedsrichter auf dem Spielfeld aufhalten.

Spielführer

• Jede Mannschaft muß einen Spielführer auf dem Spielfeld haben, der eine deutlich erkennbare Armbinde trägt.

Die Spielführer
a. losen mit Münzenwurf um die Spielfeldhälften und das Anspiel; der Losgewinner kann die Feldhälfte oder das Anspiel wählen.
b. zeigen den Schiedsrichtern etwaige Ersatzspielführer an.
c. sind für Spielerwechsel verantwortlich,
d. tragen die Verantwortung für das Verhalten aller Spieler ihrer Mannschaft.

Schiedsrichter

Zwei Schiedsrichter überwachen das Spiel und achten auf die Einhaltung der Regeln; sie allein entscheiden über das Fair-play. Spieler und Ersatzspieler, gleichgültig, ob sie sich auf oder außerhalb des Spielfeldes befinden, unterliegen der Gerichtsbarkeit der Schiedsrichter, auch während einer zeitweiligen Hinausstellung oder eines Feldverweises.

Die Schiedsrichter sind
a. hauptsächlich für Entscheidungen in ihrer Spielfeldhälfte verantwortlich und wechseln nicht die Spielfeldhälften,
b. verantwortlich dafür, daß das Spiel über die ganze oder die vereinbarte Spielzeit geht sowie für die Bekanntgabe des Endes der ersten Halbzeit und des Spieles bei Spielzeitverlängerung zur Ausführung einer Strafecke,
c. alleinverantwortlich für Entscheidungen bei Ausbällen über die nähere Seiten- und Grundlinie,
d. alleinverantwortlich für Entscheidungen über Ecken, Strafecken, 7-m-Bälle, Tore in der eigenen Hälfte sowie Freischläge im eigenen Kreis,
e. verantwortlich für das Anschreiben der erzielten Tore und der ausgesprochenen Verwarnungen und Hinausstellungen,
f. nicht befugt, während des Spiels und der Halbzeitpause als Trainer einzugreifen.

Die Schiedsrichter pfeifen,
a. um die erste und die zweite Halbzeit zu eröffnen,
b. um eine Strafe zu verhängen,
c. um den Beginn und das Ende eines 7-m-Balles zu signalisieren,
d. um ggf. anzuzeigen, daß der Ball ins Aus gegangen ist,
e. um ein Tor zu signalisieren,
f. um das Spiel nach einem erzielten und gegebenen Tor fortzusetzen,
g. um das Spiel nach einem 7-m-Ball fortzusetzen, bei dem kein Tor erzielt und gegeben wurde,

h. um das Spiel aus irgendeinem anderen Grund zu unterbrechen und danach fortzusetzen.

Anwendung der Spielregeln

Spielzeit

Falls nicht anders vereinbart, zwei Hälften von je 35 min
a. Halbzeitpause: 5 bis 10 min, nach Vereinbarung; danach Spielfeldhälftenwechsel.
b. Die jeweilige Halbzeit beginnt mit dem Schiedsrichterpfiff für den Rückpaß.

Spielbeginn und -wiederaufnahme

Der Rückpaß

a. wird vom Spielfeldmittelpunkt gespielt;
b. der Ball kann in eine beliebige Richtung geschlenzt oder geschlagen werden; alle Spieler – ausgenommen der den Paß ausführende – sind in der eigenen Hälfte;
c. wird von einem Spieler des Teams ausgeführt, das nicht die Spielfeldhälfte gewählt hat;
d. wird nach der Halbzeit von einem Spieler des Teams ausgeführt, das das Spiel nicht begonnen hat;
e. wird nach einem Tor von einem Spieler des Teams ausgeführt, gegen das das Tor geschossen und gegeben wurde.

Der Rückpaß und das erneute Ins-Spiel-Bringen des Balles:

a. Alle Gegner sind mindestens 4,60 m vom Ball entfernt.

Ball im Aus

Ein Ball ist im Aus, wenn er die Seiten- oder Grundlinie völlig passiert hat, und dieser Ball oder ein anderer wird benutzt, um das Spiel fortzusetzen:
• bei Seitenaus:
a. Einschieben an der Seitenlinie nahe der Stelle, wo der Ball ins Aus ging.
b. Der den Ball spielende Spieler braucht nicht gänzlich innerhalb oder außerhalb der Seitenlinie zu sein.
c. wird von einem gegnerischen Spieler ausgeführt.
• Bei Toraus aus einem Angriff, der nicht zu einem Tor führte:
a. aus bis zu 14,50 m Entfernung von der Stelle, wo der Ball über die Torlinie ging, und zwar senkrecht zur Grundlinie und auf einer zur Torlinie parallel verlaufenden Linie,
b. wird von einem Verteidigenden ausgeführt.
• Bei unabsichtlichem Toraus

durch die verteidigende Mannschaft, wenn kein Tor gefallen ist:
a. an der Grundlinie bis zu 4,60 m von der Eckfahne entfernt, die näher zu der Stelle steht, an der der Ball ins Toraus gegangen ist.

Bully

• Das Spiel wird mit einem Bully wiederaufgenommen, wenn
a. der Spielball ersetzt werden muß,
b. ein gleichzeitiger Regelverstoß durch beide Teams vorliegt,
c. der Ball sich in den Schienbeinschützern des Torwarts oder der Kleidung des Schiedsrichters oder eines Spielers verfängt,
d. wenn die Spielzeit angehalten wurde wegen Verletzung oder aus einem anderen Grunde ohne Vorliegen eines Regelverstoßes.
• Ausführung
a. An einem vom Schiedsrichter festgelegten Punkt, der mindestens 14,50 m von der Grundlinie entfernt liegt.
b. Zwei Spieler (je einer beider Teams) stehen einander gegenüber, rechte Körperseite zu ihrer eigenen Grundlinie.
c. Der Ball liegt zwischen beiden Spielern auf dem Boden.
d. Jeder Spieler muß mit dem Schläger abwechselnd zuerst den Boden rechts vom Ball berühren und dann mit der flachen Seite seines Stockes den Stock seines Gegners, und zwar dreimal hintereinander. Anschließend darf jeder der beiden den Ball spielen und ihn damit ins Spiel bringen.
e. Alle anderen Spieler müssen mindestens 4,60 m entfernt bleiben, bis der Ball im Spiel ist.

Torerfolg

a. Ein Tor ist erzielt, wenn der Ball im Schußkreis von einem Angriffsspieler gespielt wird und der Ball den Kreis nicht verläßt, bevor er unterhalb der Querlatte die Grundlinie vollständig überschreitet.
b. Der Ball darf mit dem Stock gespielt werden oder den Stock oder einen Verteidiger berühren, bevor oder nachdem er im

Das Bully

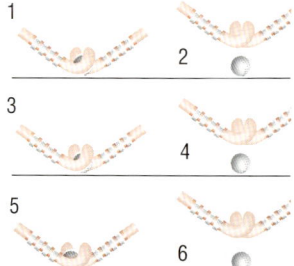

1
2
3
4
5
6

Rempeln
Spieler dürfen ihre Stöcke nicht über Schulterhöhe heben, und Beinstellen, Rempeln, Schlagen oder Anfassen des Gegners mit den Händen ist verboten.

Schußkreis von einem Angriffsspieler gespielt wird.
c. Nach einer Spielunterbrechung im Kreis muß der Ball erneut aus dem Bereich innerhalb des Kreises von einem Angriffsspieler gespielt werden, damit ein Tor erzielt werden kann.
d. Ein Tor wird gegeben, wenn ein Torwart die 7-m-Ball-Regeln verletzt und damit ein Tor verhindert.
e. Das Team, welches die höhere Torzahl erzielt, ist der Gewinner.

Abseits
Ein Spieler ist abseits, wenn er sich im Augenblick des Passes oder Abspiels durch einen Spieler des eigenen Teams
– im Viertel des gegnerischen Teams und dabei
– vor dem Ball und
– näher zur Grundlinie als zwei Gegenspieler befindet.
Spieler, die so stehen, verstoßen aber nur dann gegen die Regel, wenn sie angespielt werden oder dadurch einen Vorteil gewinnen. Spieler auf gleicher Höhe mit einem Verteidiger (der sich weiter vom eigenen Tor befindet) sind *nicht* abseits. Spieler, die sich neben dem Spielfeldviertel außerhalb des Spielfeldes oder hinter der gegnerischen Grundlinie befinden, können abseits sein.

Spielweise
Hockey kann ein gefährliches Spiel sein, wenn es ohne Rücksicht auf andere gespielt wird. Diese Regel verbietet oder erklärt Handlungen, die die Sicherheit aller Spieler betreffen.

Es ist verboten:
• **Bei der Benutzung des Stockes und der Spielausrüstung**
a. Den Ball absichtlich mit dem hinteren Teil des Stockes zu spielen.

b. Sich nicht am Spiels zu beteiligen oder es zu stören, ohne einen Stock in der Hand zu haben.
c. Einen überschulterhohen Ball spielen.
d. Den Stock nahe am Gegner über Kopfhöhe zu führen.
e. Den Stock auf eine Art und Weise zu heben, die gefährlich, bedrohlich oder behindernd für andere Spieler ist, wenn sie sich dem Ball nähern oder wenn sie den Ball spielen oder ihn zu spielen versuchen.
f. Den Ball gefährlich oder auf eine Art und Weise zu spielen, daß dies zu gefährlichem Spiel führen könnte. Ein Ball ist gefährlich, wenn er Spieler zu berechtigten Ausweichhandlungen veranlaßt.
g. Andere Spieler zu schlagen, haken, anrennen, treten, stoßen, rempeln, ihnen ein Bein zu stellen oder sie am Körper, am Stock oder an der Kleidung festzuhalten.
h. Ausrüstungsstücke oder Gegenstände auf das Spielfeld, den Ball, andere Spieler oder Schiedsrichter zu werfen.

• **Beim Körper-, Hand- und Fußeinsatz**
a. Den Ball mit der Hand anzuhalten oder zu fangen.
Es ist den Spielern nicht verboten, sich gegen gefährlich hoch gespielte Bälle mit den Händen zu schützen.
b. Den Ball absichtlich mit irgendeinem Körperteil anzuhal-

ten, treten, stoßen, aufheben, werfen oder tragen.
Es liegt kein Regelverstoß vor, wenn der Ball gegen den Fuß oder den Körper eines Spielers fliegt, es sei denn, daß der Spieler
– sich in die Bahn des Balles bewegt hat oder
– keinen Versuch gemacht hat, dem Ball auszuweichen oder
– die Position mit der deutlichen Absicht eingenommen hat, den Ball anzuhalten oder
– dadurch einen unerlaubten Vorteil erlangt.
Spieler sollten nicht bestraft werden, wenn der Ball aus geringer Entfernung auf sie gespielt wird.
c. Den Fuß oder das Bein zu benutzen, um den Stock bei einem Tackling zu stützen.

• **Hoher Ball**
a. Einen Ball, außer bei einem Torschußversuch, absichtlich bei einem Schlag anzuheben.
b. Einen Ball absichtlich anheben, damit er direkt im Kreis landet.
Nicht jeder Ball, der aus der Luft im Kreis landet, ist verboten. Ein Ball, der in den Kreis springt oder dort nach kurzem Flug landet, muß lediglich nach Absicht oder Gefährlichkeit eingeschätzt werden.
Ein Ball, der über den Stock eines Spielers oder dessen Körper gehoben wird, auch in den Schußkreis hinein, muß lediglich nach der Gefährlichkeit beurteilt werden.
c. Sich dichter als 4,60 m einem Spieler zu nähern, der einen herabfallenden Ball annimmt, bis der Ball gespielt worden ist und sich auf dem Boden befindet.
d. Den Ball gegen einen anderen Spieler hochzuspielen.

• **Behinderung**
Einen Gegner bei einem Versuch, den Ball zu spielen, zu behindern, indem
– sie sich selbst in den Weg stellen oder mit dem Stock behindern,

– sie den Ball mit dem Stock oder einem beliebigen Körperteil decken,
– sie den Stock oder den Gegenspieler mit dem Körper behindern.

• **Zeitvergeudung**
Spielverzögerung durch Zeitvergeudung.

Ist der Ball im eigenen Kreis, so sind dem Torwart folgende Aktionen erlaubt:
a. Er darf den Stock, die Füße oder Beinschützer einsetzen, um den Ball zu spielen, sowie beliebige Körperpartien, darunter auch die Hände, um den Ball anzuhalten, nicht aber, um auf dem Ball zu liegen, vorausgesetzt, daß das nicht gefährlich ist oder nicht zu einem gefährlichen Spiel führt. Bei einem auf dem Ball liegenden Torwart sollte die Behinderungsregel in Betracht gezogen werden.
b. Er darf den Ball mit dem Stock über Schulterhöhe anhalten oder ablenken, es sei denn, daß dies an sich gefährlich ist oder zu gefährlichem Spiel führen kann.
c. Er darf den Ball über die Querlatte oder um die Torpfosten mit dem flachen Teil des Stockes oder mit einem beliebigen Körperteil lenken.

Wenn der Ball einen Schiedsrichter oder einen beliebigen beweglichen Gegenstand, darunter auch unabsichtlich auf dem Spielfeld liegengebliebene Ausrüstungsteile, auf dem Spielfeld berührt, wird das Spiel nicht unterbrochen.

Strafen
Eine Strafe wird nur dann verhängt, wenn ein Spieler oder ein Team durch einen Verstoß des Gegners klar benachteiligt wurde (Vorteilsauslegung).

• **Freischlag** wird gegeben:
a. für einen Verstoß eines Angreifers im gegnerischen Viertel,
b. für einen ungewollten Verstoß der verteidigenden Mannschaft im eigenen Viertel, aber außerhalb des Kreises,
c. für beliebigen Verstoß im Bereich zwischen den Viertellinien.

• Eine **Strafecke** wird gegeben:
a. für einen absichtlichen Regelverstoß der Verteidiger innerhalb ihres Viertels, aber außerhalb des Kreises,

Spieler (2) spielt den Ball. Spieler (1) ist abseits

➨ *Seite 64*

FERTIGKEITEN

Die Spieler einer Mannschaft werden (in unterschiedlicher Anzahl) vier Spielerpositionen zugeordnet: Stürmer, Mittelfeldspieler, Verteidiger und Torwart. Diese Aufstellung ist jedoch ausreichend flexibel, um den Anforderungen jeder Mannschaftsstrategie zu genügen. Alle Spieler müssen die Stock-

Drehgriff
Der Ball darf nur mit der linken flachen Seite des Stockes gespielt werden, daher müssen die Spieler die Fähigkeit besitzen, den Stock so zu drehen, daß sie den Ball auch von links schlagen können.

technik beherrschen und gute koordinative Fähigkeiten besitzen, um in der Lage zu sein, den Ball anzunehmen, ihn unter Kontrolle zu bringen und ihn daraufhin schnell und genau zuzuspielen oder zu dribbeln. Die Stürmer müssen gut und schnell schießen und jede Mög-

lichkeit wahrnehmen können, Tore zu erzielen. Mittelfeldspieler brauchen eine gute Spielübersicht und müssen je nach Bedarf den Angriff und die Verteidigung unterstützen. Vor allem sind Ausdauer, die Fähigkeit, den Spielverlauf zu antizipieren und gute Pässe zu

schlagen, wichtig. Die Verteidiger bleiben meistens im hinteren Bereich ihrer Feldhälfte. Effektives Decken sowie Ballabnehmen sind die Grundelemente des Verteidigerspiels. Der Torwart kann beliebige Körperpartien oder Teile des Stockes zum Anhalten des Balles einsetzen. Das bedeutet, daß er äußerst wendig und schnell sowie in der Lage sein muß, jederzeit mit hoher Konzentration zu spielen. Der Torwart hat darüber hinaus die Verteidigung zu koordinieren, den Überblick zu bewahren und den vor ihn spielenden Verteidigern Anweisungen zu geben.

TAKTIK

Es werden häufig zwei Spielsysteme angewandt. Das 5–3–2–1-System (5 Stürmer, 3 Mittelfeldspieler, 2 Verteidiger und ein Torwart) ist das eine. Das andere ist die »Ausputzer«-Variante mit der Konfiguration 3–3–3–1, wobei der mittlere Verteidiger etwas hinter den anderen beiden steht, um bei etwaigen Bällen oder Gegnern, die die Verteidigung durchbrechen, »zu klären«.

Hinlegen
Eine Methode, dem Gegner den Ball abzunehmen, ist, den Stock vor dem Ball auf den Boden zu klatschen. Ein derartiges Tackling kann jedoch in den Fingerknöcheln sehr weh tun.

Linkshändiges Dribbeln
Geübte Spieler können oft den Ball am Verteidiger vorbeispielen, indem sie den Stock umkehren.

Jab-Tackling
Einen Jab-Tackle macht man, wenn der Gegner noch vor einem ist. Das Ziel dabei ist, den Gegenspieler durch eine Stockdrehung zu überraschen, wobei man den hinteren Teil des Stockes zum Boden kehrt und hart den Ball schlägt.

Tackling von der abgewandten Seite

Das Tackeln eines Gegners von der linken Seite aus kann ziemlich schwierig sein, aber wenn es unbedingt getan werden muß, hält man den Stock in der linken Hand und dreht den Schaft so, daß die Spitze nach unten zeigt. Mit der Spitze zieht man dann den Ball weg.

Tackling von der zugewandten Seite

Tackling von der zugewandten Seite ist die her-kömmliche Art des Tackling. Die beste Technik ist oft, einfach mit dem Dribbler zu laufen, bis er einen Fehler macht.

GRAUZONEN

Strafen für Fouls können sehr unterschiedlich sein, und sie hängen nicht nur davon ab, wo sie begangen wurden, sondern auch, ob sie mit oder ohne Absicht geschahen. Oft muß ein Schiedsrichter eine schwierige Entscheidung auf der Stelle treffen.

Die maßgeblichen Gremien experimentieren damit, die Abseits-regel abzuschaffen, um das Spiel flüssiger zu gestalten.

Mit Beulen muß man rechnen
Bei der Geschwindigkeit des Spiels und der Kraft, mit der oft die Stöcke geschwungen werden, bleiben Verletzungen nicht aus. Das Problem für den Schiedsrichter besteht darin, zu entscheiden, ob ein Schlag absicht-lich war oder nicht.

Touchdown

Bei abgewandtem Tackling versucht man, den Ball auf dem Rasen zu stoppen, während der Angriffsspieler durch seinen Schwung weitergetragen wird.

Kinderspiel
Der »Slap Push« ist einer der dynamischsten Paßschläge. Charakteristisch ist ein langes Ausholen, wobei die rechte Hand ziemlich weit unten am Stock gehalten wird.

Gefährliches Spiel

Rempeln

Angriff mit Schläger

Fortsetzung von Seite 61

b. für einen absichtlichen Regelverstoß eines Verteidigers innerhalb des Kreises, ohne daß dabei ein Tor verhindert wird, dem Angreifer der Ball abgenommen oder er daran gehindert wird, in Ballbesitz zu kommen;
c. für einen unabsichtlichen Verstoß der Verteidiger in ihrem Kreis, ohne daß dabei ein wahrscheinliches Tor verhindert wird;
d. wenn die Verteidiger den Ball absichtlich über ihre Grundlinie spielen.

• Ein **7-m-Ball** wird gegeben:
a. für einen absichtlichen Verstoß eines Verteidigers im Kreis, um ein Tor zu verhindern oder um den Angreifer daran zu hindern, tatsächlich oder möglicherweise in Ballbesitz zu kommen.
b. für einen unabsichtlichen Verstoß eines Verteidigers im Kreis, bei dem ein wahrscheinliches Tor verhindert wird.
c. für fortwährendes vorzeitiges Verlassen der Grundlinie durch die Verteidigung bei Strafecken.

Vorgehensweise bei Strafen

• **Freischlag bei Verstößen:**
a. Verstoß weiter als 4,50 m vom Kreis: Freischlag ungefähr von der Stelle des Verstoßes.
b. Verstoß außerhalb des Kreises: Freischlag für die Verteidiger, Ausführung nicht weiter als 14,60 m von der Grundlinie entfernt von einer Linie, die durch die Stelle des Fouls und parallel zur Seitenlinie verläuft.
c. Verstoß innerhalb des Kreises: Freischlag für die Verteidiger, Ausführung von beliebiger Stelle im Kreis; oder wenn ein Foul außerhalb des Kreises geahndet wird, dann Ausführung außerhalb des Kreises, und zwar bis zu 14,60 m von der Grundlinie entfernt von einer Linie, die durch die Stelle des Fouls und parallel zur Seitenlinie verläuft.
d. Vorstoß im Bereich 4,50 m außerhalb des Kreises: Freischlag für die Angreifer aus dem Bereich des Fouls; alle Spieler beider Teams, außer dem Ausführenden, max. 4,50 m vom Ball entfernt.
e. Der Ball muß stilliegen.
f. Der Ausführende muß den Ball schlenzen oder schlagen. Der Ball muß mindestens 0,90 m zurücklegen, bevor ein anderer Spieler aus demselben Team den Ball spielen darf.
g. Der Ball darf nicht absichtlich angehoben oder auf eine Art und Weise gespielt werden, die zu einem gefährlichen Spiel führen könnte.
h. Nachdem der Ausführende den Ball gespielt hat, darf er den Ball nicht erneut berühren oder so nahe an ihn herankommen, daß er ihn spielen kann, bis er von einem anderen Spieler gespielt wurde.
i. Kein gegnerischer Spieler darf weniger als 4,50 m vom Ball entfernt sein.

• **Strafecke:**
a. Ein Angreifer schlenzt oder schlägt den Ball, ohne ihn dabei absichtlich anzuheben, von der Grundlinie, 9 m vom Torpfosten entfernt, wobei das angreifende Team die Spielfeldhälfte wählen darf.
b. Mindestens ein Fuß des Ausführenden muß außerhalb des Spielfeldes stehen.
c. Alle Spieler müssen mindestens 4,50 m vom Ball entfernt sein.
d. Alle Angreifer sind auf dem Spielfeld, dabei dürfen sie den Boden im Kreis weder mit Stöcken, Händen noch Füßen berühren.
e. Hinter der Grundlinie dürfen nicht mehr als 5 Verteidiger einschl. Torwart stehen, dabei dürfen sie den Boden im Kreis weder mit Stöcken, Händen oder Füßen berühren.
f. Die restlichen Verteidiger befinden sich hinter der Mittellinie.
g. Außer dem Ausführenden darf kein Angreifer den Kreis betreten, bevor der Ball gespielt worden ist, desgleichen darf kein Verteidiger die Mittel- oder Grundlinie überqueren.
h. Der ausführende Angreifer darf den Ball weder erneut spielen, noch innerhalb einer Stocklänge bleiben oder sich dem Ball nähern, bevor er von einem anderen Spieler gespielt worden ist.
i. Es darf kein Schuß auf das Tor erfolgen, bevor der Ball außerhalb des Kreises angehalten wurde oder auf dem Boden zur Ruhe gekommen ist.
j. Der Ball darf von Angreifern zugespielt oder abgelenkt werden, er muß jedoch vor einem Schuß aufs Tor außerhalb des Kreises am Boden angehalten werden oder zur Ruhe kommen, wenn er weniger als 4,50 m vom Kreis entfernt bleibt.
k. Trifft der erste Schuß das Tor, darf der Ball für ein gültiges Tor die Grundlinie in max. 45 cm Höhe (Höhe des hinteren Torbrettes) überqueren, es sei denn, er berührt einen Stock oder den Körper eines Verteidigers auf dem Weg ins Tor.
l. Beim Schlenzen, Ablenken und Schaufeln sowie bei Zweit- und weiteren Schlägen aufs Tor darf der Ball beliebig hoch angehoben werden, vorausgesetzt, es entsteht dabei keine Gefahr.
m. Ein Direkttor durch den den Ball ins Spiel bringenden Angreifer zählt nicht als Torerfolg, auch wenn er von einem Verteidiger ins Tor abgelenkt wird.
n. Bewegt sich der Ball mehr als 4,50 m vom Kreis weg, gelten die Strafeckenregeln nicht mehr.

• Die Strafecke darf erneut vergeben werden, wenn
a. Verteidiger den Boden im Kreis mit Füßen, Händen und/oder Stöcken berühren.
b. Verteidiger nicht mindestens 4,50 m vom Ball entfernt sind, bevor der Ball gespielt wird.
c. Verteidiger die Grundlinie überqueren, bevor der Ball gespielt wird.
Betreten Angreifer den Kreis, bevor der Ball gespielt wird, sollten sie mit einem Freischlag bestraft werden.
c. ein Verteidiger irgendeine Regel verletzt, außer einer, nach der eine weitere Strafecke oder ein 7-m-Ball gegeben wird.
In diesem Falle wird das Spiel erneut verlängert, um den Abschluß der Strafmaßnahme zu ermöglichen.
d. sich der Ball weiter als 4,50 m vom Kreis wegbewegt.
e. der Ball von einem Angreifer oder unabsichtlich von einem Verteidiger außerhalb des Kreises über die Grundlinie gespielt wird.

Freischlag
Kein Gegner darf sich beim Freischlag innerhalb eines Bereiches von 4,50 m befinden.

f. der Ball erneut den Kreis über die Kreislinie verläßt (d. h. zum zweitenmal nach dem ersten Schlag von der Grundlinie).

• 7-m-Ball
Ausführung
a. Bei Anzeige eines 7-m-Balles wird die Zeitnahme unterbrochen und nach dem Pfiff zur Spielfortsetzung wiederaufgenommen.

b. Vor dem Schlag steht der Ausführende unmittelbar hinter dem Ball.

c. Außer dem Torwart stehen alle Spieler auf dem Feld hinter der nächsten Viertellinie; sie dürfen keinen Einfluß auf das Geschehen ausüben.

d. Der verteidigende Torwart trägt weiterhin einen Kopfschutz.

e. Der verteidigende Torwart steht mit beiden Füßen auf der Torlinie und darf weder die Torlinie verlassen noch einen Fuß bewegen, bis der Ball gespielt wurde.

f. Der Ausführende muß warten, bis der verantwortliche Schiedsrichter bestätigt, daß sowohl der Ausführende als auch der Torwart bereit sind, und dies mit einem Pfiff signalisiert hat.

g. Der Ball darf vom 7-m-Punkt geschlenzt, geschaufelt oder geschlagen werden.

h. Der Ball darf in beliebige Höhe angehoben werden.

i. Der Spieler darf den Ball nur einmal berühren und sich danach weder dem Ball noch dem Torwart nähern.

j. Bei der Ausführung darf der Spieler einen Schritt nach vorn machen, der hintere Fuß darf jedoch nicht vor den vorderen bewegt werden, bis der Ball gespielt worden ist.

k. Der Spieler darf keinen Schlag antäuschen.

l. Der Torwart der verteidigenden Mannschaft darf nicht unnötigerweise irgendeinen Teil der Schutzausrüstung ablegen, nur um Zeit zu gewinnen.

m. Der Schiedsrichter kann ein Tor geben, ohne daß der Ball die Torlinie überquert, wenn der Torwart einen Regelverstoß begeht, um ein Tor zu verhindern.

Abschluß:
a. Ein Tor wird erzielt oder gegeben.

b. Der Ball kommt im Kreis zur Ruhe, bleibt im Beinschützer des Torwarts hängen, wird vom Torwart gefangen, geht am Kreis vorbei, oder der Spieler in Ballbesitz verletzt die Regeln, und es wird kein Tor erzielt oder gegeben.

Wiederaufnahme des Spiels nach einem 7-m-Ball:
a. Wurde ein Tor erzielt oder gegeben: Wiederaufnahme des Spiels durch Rückpaß.

b. Wurde kein Tor erzielt bzw. gegeben: Wiederaufnahme durch Schlenzen oder Schlagen durch einen Verteidiger von einem Punkt aus, der 14,60 m vor dem Mittelpunkt der Torlinie liegt.

Strafen:
a. Wegen Verstoßes durch den den 7-m-Ball ausführenden Spieler: Freischlag, ausgeführt 14,60 m vor Torlinienmittelpunkt.

b. Wegen Verstoßes durch den Torwart, wodurch ein Tor verhindert wird: Tor wird gegeben

c. Wegen Verstoßes durch beliebigen Spieler der beiden Teams: der 7-m-Ball darf erneut ausgeführt werden.

• Persönliche Strafen
a. Für rohes oder gefährliches Spiel oder schlechtes Benehmen kann der Schiedsrichter eine angemessene Strafe aussprechen und den betreffenden Spieler:
– ermahnen.
– verwarnen: grüne Karte.
– vorübergehend – für mindestens 5 min – ausschließen: gelbe Karte.
– für den Rest der Spielzeit ausschließen: rote Karte.

b. Auf Zeit ausgeschlossene Spieler verbleiben in einem dafür bestimmten Bereich, bis der Schiedsrichter, ihnen erlaubt, erneut am Spiel teilzunehmen.

c. Auf Zeit ausgeschlossene Spieler dürfen sich während der Halbzeitpause bei ihren Mannschaftskameraden aufhalten, müssen aber nach der Pause erneut zu der vorbestimmten Stelle zurückkehren, bis die Strafzeit abgelaufen ist.

d. Für den Rest der Spielzeit ausgeschlossene Spieler dürfen sich weder auf dem Spielgelände noch in seiner Umgebung aufhalten.

Unfälle/Verletzungen
a. Wird ein Tor erzielt, bevor das Spiel wegen Unfall/Verletzung unterbrochen wird, wird das Tor gegeben, sofern das Tor erzielt worden wäre, wenn kein Unfall passiert wäre.

b. Der Schiedsrichter darf das Spiel unterbrechen, falls ein Spieler spielunfähig wird.

c. Ein verletzter oder blutender Spieler soll das Spielfeld verlassen, sobald das ohne Gefährdung möglich ist, und sollte außerhalb des Spielfeldes behandelt werden, es sei denn, dies ist nach Auffassung des Arztes nicht möglich.

d. Spieler sollten das Spielfeld nicht betreten, bis ihre Wunden verbunden wurden; ein Spieler mit blutbeschmierter Kleidung sollte nicht auf dem Feld bleiben oder es betreten.

e. Das Spiel sollte unterbrochen werden, falls der Schiedsrichter seine Funktion nicht mehr wahrnehmen kann; er sollte ersetzt werden, falls er durch eine Verletzung nicht mehr in der Lage ist, seine Funktion wahrzunehmen.

f. Das Spiel sollte mit einem Bully, mit einer angemessenen Strafe oder, falls ein Tor gefallen ist, mit einem Rückpaß wiederaufgenommen werden.

Tor!
Torjäger zeichnen sich durch die Fähigkeit aus, auch geringe Torchancen zum Torerfolg nutzen zu können.

Rugby

Behandelt wird im folgenden Rugby Union, die ursprüngliche und weitestverbreitete Version von Rugby. Die Ursprünge dieses Spiels lassen sich im allgemeinen bis zu jenem Schüler der Schule in Rugby zurückverfolgen, der 1823 in einem Fußballspiel die Regeln brach, indem er den Ball aufnahm und mit ihm rannte.

Offizielle
Ein Schieds-richter und zwei Seiten-richter.

Das Spielfeld
Grasbedeckt bzw. Lehm- oder Sandboden. Vorge-schrieben sind nur die maximalen – nicht die minimalen – Abmessungen.

max. 22 m
Malfeldauslinie
Malfeld
Mallinie
Malmarkierung
22-m-Linie
10 m
10-m-Linie
10 m
Mittellinie
10-m-Linie
22 m
22-m-Linie
max. 22 m
Mallinie
Malfeld
Malfeldauslinie
max. 100m
Malfeld-seiten-auslinie
15 m
5 m
5 m

Die Male
Zwei mindestens 3,40 m hohe Malstangen stehen 5,60 m weit auseinander und sind durch eine Querstange 3 m über dem Boden miteinander verbunden.

3 m
mind. 3,40 m
5,60 m

⑪ ⑮ ⑭
⑩ ⑫ ⑬
⑨
⑥ ⑧ ⑦
④ ⑤
① ② ③

Spielernummern und -positionen
1–8 Stürmer
9 und 10 Halbspieler
12 und 13 Center-Dreiviertelspieler
11 und 14 Flügel-Dreiviertelspieler
15 Schlußspieler.

Francois Pienaar, Kapitän der Mannschaft Südafrikas, die 1996 den Weltcup gewann.

Der Weltcup

Kleidung
Jersey, Shorts, Knie-strümpfe und Fußballschuhe. Die Spieler können auch Mund-schutz und Schienbeinschützer tragen. Sie dürfen nichts anha-ben, womit sie anderen Spielern eine Verletzung zufügen könn-ten. Die Schuhstollen dürfen maximal 18 mm lang sein.

Rugby-Highlight
Irland, Frankreich, Wales, England und Schottland spielen um die Fünf-Nationen-Meisterschaft.

Gedränge
Bild oben: Das Gedränge ist eines der Hauptelemente des Rugbyspiels.

Die Spieler
Zwei Mannschaften mit jeweils 15 Spielern (bzw. zehn oder sieben in einigen Fällen).

Der Ball
Oval, mit vier Feldern. Seine Länge beträgt 280–300 mm, der Umfang (über die Länge) 760–790 mm und sein Gewicht 400–440 g.

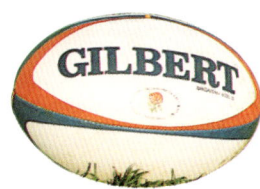

SPIELGEDANKE

Jede Mannschaft ist bestrebt, den Ball im gegnerischen Malfeld niederzulegen und so »Versuche« zu erzielen. Sie sind die Voraussetzung, um den Ball über die Querstange zwischen den Malstangen zu treten und so einen Treffer zu erzielen. Die Spieler dürfen den Ball tragen, treten oder werfen.

Spielbeginn

Die Mannschaftsführer losen um das Recht des Antritts oder um die Wahl der Spielfeldhälfte. Ein Spieler der Mannschaft, die das Spiel beginnt, führt einen Platztritt vom Mittelpunkt der Mittellinie aus. Dieser muß die 10-m-Linie des Gegners erreichen, bevor er erstmals von einem Gegner gespielt werden darf. Bei Spielbeginn muß sich die Mannschaft des Treters hinter dem Ball befinden und die gegnerische Mannschaft an oder hinter der 10-m-Linie.

Spielgewinn

Ein Versuch zählt 5 Punkte, ein Treffer nach einem Versuch weitere 2 Punkte und ein Treffer von einem Straftritt 3 Punkte, ebenso ein während des Spiels durch einen **Platztritt** (der Ball wird von einem Punkt auf dem Boden aus getreten) oder einen **Sprungtritt** (der Spieler läßt den Ball auf seinen Fuß fallen) erzielter Treffer, wobei dieser Treffer nicht infolge eines Freitritts oder nach einem Gedränge im Anschluß an einen Freitritt erzielt worden sein darf. Die Mannschaft mit den meisten Punkten hat gewonnen.

DIE WICHTIGSTEN REGELN

• Ein Spiel besteht aus zwei Halbzeiten zu je 40 Minuten mit einer Unterbrechung von maximal 10 Minuten. Nach der Pause wechseln die Mannschaften die Spielfeldhälften.

• Der Ball darf in Vorwärtsrichtung getragen oder getreten werden, seitwärts oder rückwärts jedoch nur geworfen werden.

• Wenn ein Spieler gefaßt wird, muß er sich sofort vom Ball trennen.

• Ein **offenes Gedränge** wird zur Spielfortführung gebildet, wenn ein oder mehrere Spieler aus jeder Mannschaft, alle auf den Beinen stehend und miteinander verbunden, sich um den *Ball* zusammenschließen. Ein **Paket** entsteht, wenn die Spieler sich in ähnlicher Weise um einen *Ballträger* verbinden.

• Wenn es keiner Mannschaft gelingt, mit einer der beiden Formen in den Ballbesitz zu gelangen, wird ein **Gedränge** angeordnet. Es wird von Spielern beider Mannschaften gebildet, bevor der Ball zwischen ihnen eingeworfen wird. Der mittlere Spieler in der ersten Reihe ist der Hakler, und die Spieler zu seinen beiden Seiten sind die Außenstürmer. Diese Spieler müssen sich fest umfassen und am Boden zwischen sich und den gegnerischen Spielern einen klaren Tunnel freilassen. Die Spieler hinter ihnen müssen sich mit mindestens einem Arm

und einer Hand umfassen. Die Spieler beider Mannschaften kommen dann zusammen, um die Gedränge-Formation zu vollenden.

Der Ball wird vom Gedrängehalbspieler eingeworfen, und zwar so, daß er sich auf der gedachten Mittellinie zwischen den beiden ersten Reihen bewegt. Ein Spieler der jeweiligen ersten Reihe muß als erster mit den Füßen den Ball berühren, sonst muß erneut eingeworfen werden.

• Ein Spieler macht einen **Freifang**, wenn er innerhalb seines eigenen 22-m-Raumes den Ball direkt von einem Tritt eines gegnerischen Spielers fängt und dabei »Mark« ruft. Dieser Spieler bekommt einen **Freitritt**.

Wenn sich der Ball in der Mark («im Aus»)befindet, muß das Spiel mit einer **Gasse** fortgesetzt werden: Mindestens zwei Spieler jeder Mannschaft bilden eine einfache Linie, parallel zur Linie der gegnerischen Mannschaft, aber mit einem Meter Abstand.

Trittspezialist
Der Ball hat eine so ungünstige Form, daß es eine hohe Kunst ist, ihn zu treten; jede Mannschaft hat deshalb ihren Spezialisten für Straftritte und Tritte auf das Tor.

Der Einwurf erfolgt von außerhalb des Spielfeldes. Die Spieler in der Gasse versuchen, den Ball zu fangen oder zu einem Mannschaftskameraden zu lenken, um den Ballbesitz für ihre Mannschaft zu erreichen.

Kühner Versuch
Das letztendliche Ziel der meisten Spielzüge ist, den Ball über die gegnerische Mallinie zu bekommen und ihn zu einem Versuch niederzulegen, der einer Mannschaft 5 Punkte einbringt.

DAS REGEL-WERK
●●●●●

Die hier aufgelisteten Regeln sind verkürzt und zusammengefaßt dargestellt. Es sind auch die Vorschriften für einen Straftritt oder Freitritt bei Verstoß gegen die jeweilige Regel angeführt.

…

Regel 7 Spielweise

Ein Spiel wird durch einen Antritt begonnen, danach darf jeder Spieler, der sich im Spiel befindet, bei regelgemäßem Verhalten jederzeit:
• den Ball fangen oder aufnehmen und damit laufen,
• den Ball zu einem anderen Spieler passen, werfen oder schlagen,
• den Ball treten oder anderweitig antreiben,
• einen Gegner, der den Ball hat, fassen, schieben oder mit der Schulter stoßen,
• auf den Ball fallen,
• an einem Gedränge, offenen Gedränge, Paket oder einer Gasse teilnehmen,
• den Ball im Malfeld niederlegen.

Regel 8 Vorteil

Der Schiedsrichter soll nicht wegen eines Regelverstoßes pfeifen, wenn die nicht schuldige Mannschaft nach dem Verstoß gerade einen Spielvorteil erzielt. Ein Vorteil muß entweder ein Raumgewinn sein oder ein Ballbesitz, der einen offensichtlichen taktischen Vorteil darstellt. Eine bloße Gelegenheit, einen Vorteil zu erringen, reicht nicht aus.

Anmerkungen
…
(II) Keine Mannschaft darf aus folgenden Umständen einen Vorteil erzielen:
(a) wenn der Ball oder der Ballträger den Schiedsrichter berührt (Regel 9(1));
(b) wenn der Ball bei einem Gedränge an einem der beiden Tunnelenden herauskommt, ohne gespielt worden zu sein;
(III) wenn irgendeine im Regelwerk nicht behandelte Unstatthaftigkeit im Spiel auftritt, soll ein Gedränge dort formiert werden, wo die Unstatthaftigkeit

Der internationale Schiedsrichter Derek Bevan

auftrat. Bei der Entscheidung, welche Mannschaft den Ball einwirft, soll der Schiedsrichter Regel 20(7) anwenden.

Regel 9 Ball oder Spieler berührt den Schiedsrichter

(1) Wenn der Ball oder ein Spieler, der den Ball trägt, den Schiedsrichter auf dem Spielfeld berührt, soll das Spiel fortgesetzt werden, falls der Schiedsrichter nicht der Meinung ist, daß eine der beiden Mannschaften einen Vorteil erzielt hat; in diesem Fall soll er ein Gedränge anordnen. Die Mannschaft, die zuletzt im Ballbesitz war, führt den Einwurf aus.

(2) (a) Wenn ein Ball im Besitz eines Spielers oder ein Spieler, der den Ball trägt, den Schiedsrichter im gegnerischen Malfeld berührt, soll das Spiel fortgesetzt werden, falls nach Auffassung des Schiedsrichters kein Vorteil für die Mannschaft dieses Spielers entsteht; in letzterem Fall soll ein Handauf an der Stelle, an der der Schiedsrichter berührt worden ist, gewährt werden.
(b) Wenn ein Ball im Besitz eines Spielers oder ein Spieler, der den Ball trägt, den Schiedsrichter im Malfeld dieses Gegners berührt, soll das Spiel fortgesetzt werden, falls der Schiedsrichter meint, daß die Mannschaft dieses Spielers keinen Vorteil daraus hat; anderenfalls soll ein Versuch an der Stelle, an der der Schiedsrichter berührt worden ist, gewährt werden.

Regel 10 Antritt

Der Antritt ist (a) ein Platztritt vom Mittelpunkt der Mittellinie, ausgeführt durch die Mannschaft, die das Recht hat, das Spiel zu beginnen, oder durch die gegnerische Mannschaft bei der Wiederaufnahme des Spiels nach der Halbzeitpause, oder (b) ein Sprungtritt vom oder hinter dem Mittelpunkt der Mittellinie durch die verteidigende Mannschaft, nachdem die Gegenseite Punkte erzielt hat.
(1) Der Ball muß von der richtigen Stelle und durch den richtigen Tritt getreten werden, sonst ist der Antritt zu wiederholen.
(2) Der Ball muß die gegnerische 10-m-Linie erreichen, bevor er erstmals durch einen Gegner

gespielt wird; sonst muß je nach Wahl durch den Gegner der Antritt noch einmal erfolgen oder ein Gedränge am Mittelpunkt ausgeführt werden. Wenn der Ball die 10-m-Linie erreicht und dann zurückgetrieben wird, soll das Spiel fortgesetzt werden.
(3) Wenn der Ball direkt in die Mark getreten wird, kann die gegnerische Mannschaft entweder den Tritt akzeptieren, den Antritt wiederholen lassen oder ein Gedränge im Zentrum verlangen.
(4) Wenn der Ball von einem Antritt aus die gegnerische Mallinie überquert, ohne einen Spieler zu berühren oder von einem Spieler berührt zu werden, hat die gegnerische Mannschaft die Wahl, den Ball auf den Boden zu legen und damit »totzumachen« oder weiterzuspielen. Wenn die gegnerische Mannschaft den Ball niederlegt oder ihn totmacht oder wenn der Ball in die Malmark oder durch Berührung oder Überquerung der Malfeldauslinie ins Aus geht, hat die Mannschaft die Wahl, entweder ein Gedränge am Mittelpunkt der Mittelfeldlinie zu fordern, wobei sie selbst den Einwurf hat, oder die andere Mannschaft den Antritt wiederholen zu lassen.
(5) Die den Antritt ausführende Mannschaft muß beim Treten hinter dem Ball sein; andernfalls wird am Mittelpunkt ein Gedränge formiert.
(6) Die gegnerische Mannschaft muß an oder hinter der 10-m-Linie stehen. Wenn Spieler vor dieser Linie stehen oder wenn sie anlaufen, ehe der Ball getreten worden ist, muß der Antritt wiederholt werden.

Regel 11 Wertungsmethode

Versuch. Ein Versuch wird erzielt, wenn der Ball zuerst im gegnerischen Malfeld niedergelegt wird.

Ein *Strafversuch* soll zugesprochen werden, wenn wahrscheinlich ein Versuch erzielt worden wäre, aber durch ein Foul des Gegners verhindert wurde.

Treffer. Ein Treffer ist erzielt, wenn der Ball vom Spielfeld aus mittels Platztritt oder Sprungtritt (außer beim Antritt, Einwurf oder Freitritt) über die Querstange und zwischen beide Malstangen getreten wird, ohne vorher den Boden oder einen anderen Spieler von der Mannschaft des Treters zu berühren.

Ein Treffer ist erzielt, wenn
– der Ball die Querstange überquert hat, ungeachtet einer vorherigen Regelwidrigkeit der

gegnerischen Mannschaft;
– der Ball die Querstange überquert hat, auch wenn er anschließend wieder zurückgetrieben wird, und ungeachtet, ob er die Querstange oder eine der beiden Malstangen berührt hat oder nicht.

Ein Treffer kann zugesprochen werden, wenn der Ball regelwidrig von einem Spieler der Gegenmannschaft berührt worden ist und der Schiedsrichter der Ansicht ist, daß anderenfalls wahrscheinlich ein Treffer erzielt worden wäre.
Zur Punktwertung siehe »Spielgewinn« (S. 67)

Regel 12 Versuch und Handauf

Das Niederlegen des Balls ist die Aktion eines Spielers, der
(a) während er den Ball mit seiner Hand (oder seinen Händen) oder seinem Arm (bzw. seinen Armen) hält, den Ball in Kontakt mit dem Boden bringt, oder
(b) während der Ball auf dem Boden liegt, entweder
• seine Hand (oder Hände) oder seinen Arm (seine Arme) auf ihn legt und nach unten drückt, oder
• auf ihn fällt und der Ball irgendwo unter der Vorderseite seines Oberkörpers zwischen Taille und Hals (inklusive) liegt.

A. Versuch
(1) Ein Spieler, der spielberechtigt ist, erzielt einen *Versuch*, wenn
• er den Ball in das gegnerische Malfeld trägt oder
• der Ball sich im gegnerischen Malfeld befindet, und er ihn dort zuerst mit dem Boden in Berührung bringt.
(2) Ein Versuch ist in folgenden Fällen erzielt:
(a) wenn ein Spieler den Ball in sein Malfeld trägt, paßt, schlägt oder tritt und ein gegnerischer Spieler ihn dort zuerst in Kontakt mit dem Boden bringt;
(b) wenn bei einem Gedränge oder offenen Gedränge eine Mannschaft über ihre Mallinie geschoben wird und der Ball, bevor er herauskommt, zuerst von einem angreifenden Spieler im Malfeld niedergelegt wird;
(c) ein Ballträger, nachdem er gehalten wurde, noch durch seinen eigenen Schwung in das gegnerische Malfeld kommt und dort den Ball zuerst niederlegt;
(d) ein Spieler den Ball zuerst auf der gegnerischen Mallinie niederlegt oder wenn der Ball in Kontakt mit dem Boden und einer Malstange ist; und
(e) wenn ein Fassen in einer Position stattfindet, daß der gefaßte Spieler in Übereinstim-

mung mit den Regeln den Ball auf oder über die Mallinie befördern kann.

(3) Wenn ein Spieler den Ball im gegnerischen Malfeld niederlegt und ihn anschließend wieder aufnimmt, ist ein Versuch dort erzielt, wo er ihn zuerst niedergelegt hat.

(4) Ein Versuch kann von einem Spieler erzielt werden, der sich in der Mark oder Malmark aufhält, vorausgesetzt, daß er den Ball nicht trägt.

B. Strafversuch

Ein Strafversuch zwischen den Malstangen muß zugesprochen werden, wenn ohne das Foul der verteidigenden Mannschaft
• ein Versuch wahrscheinlich erzielt worden wäre oder
• wenn er wahrscheinlich an einer günstigeren Stelle erzielt worden wäre als dort, wo der Ball niedergelegt worden ist.

C. Handauf

(1) Ein Handauf liegt vor, wenn ein Spieler den Ball in seinem eigenen Malfeld zuerst niederlegt.

(2) Nach einem Handauf muß das Spiel entweder mit einem 22-m-Antritt oder einem Gedränge fortgesetzt werden.

D. Gedränge nach Niederlegen im Zweifelsfall

Wenn Zweifel bestehen, welche Mannschaft den Ball zuerst im Malfeld niedergelegt hat, muß ein Gedränge 5 m vor der Mallinie gegenüber der Stelle, an der der Ball niedergelegt wurde, stattfinden. Die angreifende Mannschaft soll den Ball einwerfen.

Regel 13 Tritt auf das Mal nach einem Versuch

(1) Wenn eine Mannschaft einen Versuch erzielt hat, hat sie das Recht, einen Platz- oder Sprungtritt aufs Mal auszuführen, und zwar von einer Linie aus durch jene Stelle, an der der Versuch erzielt worden ist.

(2) Wenn ein Tritt ausgeführt wird:
…
(c) muß sich die Mannschaft des Treters mit Ausnahme des Aufsetzers hinter dem Ball befinden;
(d) und der Treter tritt den Ball aus den Händen des Aufsetzers, ohne daß sich der Ball auf dem Boden befindet, ist der Tritt ungültig;
(e) muß die gegnerische Mannschaft hinter der Mallinie bleiben, bis der Treter zu laufen beginnt oder sich zu treten anschickt; erst dann darf sie anlaufen oder hochspringen, um einen Treffer zu verhindern.

(3) Weder der Treter noch ein Ballaufsetzer sollen absichtlich etwas unternehmen, das die gegnerische Mannschaft veranlassen könnte, voreilig loszulaufen. Tut es einer von ihnen dennoch, wird das Loslaufen nicht geahndet.

Strafe:
• Bei einer Regelwidrigkeit der Mannschaft des Treters wird der Tritt nicht anerkannt;
• bei einer Regelwidrigkeit der gegnerischen Mannschaft wird das Loslaufen geahndet. Falls jedoch der Tritt erfolgreich ausgeführt worden ist, gilt der Treffer. Wenn er erfolglos war, darf der Treter einen weiteren Tritt unter den ursprünglichen Bedingungen ohne das Loslaufen ausführen und außerdem die Art des Tritts wechseln.

Regel 14 Das Malfeld

Es wird von der Mallinie, den Malmarklinien und der Malfeldauslinie begrenzt. Die Mallinie und die Malstangen gehören zum Malfeld, die Malmarklinien und die Malfeldauslinie nicht.

Der Ball ist in der Malmark, wenn er oder der Ballträger eine Eckstange, eine Malmarklinie oder den Boden oder eine Person oder ein Objekt darauf oder dahinter berührt. Die Flagge gehört nicht zur Eckstange.

5-m-Gedränge

(1) Ein 5-m-Gedränge ist ein Gedränge, das 5 m von der Mallinie gegenüber der Stelle formiert wird, wo der Ball im Malfeld totgemacht worden ist, jedoch nicht näher als 5 m von der Mallinie entfernt. Die angreifende Mannschaft soll den Ball einwerfen.

(2) Wenn ein Ballträger im Malfeld so gehalten wird, daß er den Ball nicht niederlegen kann, gilt der Ball als tot.

(3) Ein 5-m-Gedränge findet statt,
(a) wenn ein Verteidiger den Ball in sein Malfeld hakelt, tritt, trägt, paßt oder schlägt und der Ball dann tot wird, ohne daß eine Regelwidrigkeit auftrat, *außer* wenn
• ein Versuch erzielt wird oder
• er absichtlich den Ball vom Spielfeld in die Malmark oder über die Malfeldauslinie stößt oder wirft oder
(b) ein verteidigender Ballträger vom Spielfeld in sein Malfeld gedrängt wurde und er den Ball dann niederlegt; oder
(c) wenn bei einem Gedränge oder offenen Gedränge eine verteidigende Mannschaft mit Ballbesitz über ihre Mallinie geschoben wird und, bevor der Ball

herausgekommen ist, ihn im Malfeld niederlegt.

22-m-Antritt

(4) Ein 22-m-Antritt wird gewährt, wenn ein angreifender Spieler den Ball von einem gegnerischen Tritt aus tritt, trägt, paßt oder schlägt und der Ball, entweder direkt oder nach Berührung eines Verteidigers, der nicht absichtlich versucht hat, den Ball zu stoppen, zu fangen oder zu treten, in das Malfeld des Gegners fliegt und der Ball dort
• von einem Verteidiger niedergelegt wird oder
• in die Malmark oder über die Malfeldauslinie geht.

Auf 22-m-Antritt wird nicht entschieden, wenn der Ball im Spielfeld oder im Malfeld vorwärts geschlagen oder geworfen wird.

Strafe:
(a) Ein *Straftritt* wird gewährt, wenn die verteidigende Mannschaft durch ein Foul im Malfeld einen Versuch verhindert hat, der sonst wahrscheinlich erfolgreich gewesen wäre.
(b) Ein Versuch soll aberkannt und ein Straftritt angeordnet werden, wenn ein Versuch wahrscheinlich nicht gelungen wäre, hätte nicht die angreifende Mannschaft ein Foul begangen.
(c) Für ein Foul im Malfeld, während der Ball nicht im Spiel ist, soll ein Straftritt dort gewährt werden, wo das Spiel sonst wiederaufgenommen worden wäre; zusätzlich soll der Spieler entweder des Feldes verwiesen oder darauf hingewiesen werden, daß er im Wiederholungsfall vom weiteren Spiel ausgeschlossen wird.
(d) Für absichtliches Anstürmen oder Behinderung eines Spielers im Malfeld, der gerade den Ball getreten hat, soll die Strafe sein:
• ein Straftritt im Spielfeld 5 m von der Mallinie gegenüber der Stelle, wo die Behinderung stattfand, oder – nach Wahl durch die schuldlose Mannschaft –
• ein Straftritt dort, wo der Ball niedergeht, gemäß Regel 26(3) Strafe (II) (b).

Regel 15 22-m-Antritt

Ein 22-m-Antritt wird mittels Sprungtritt ausgeführt und der verteidigenden Mannschaft zugesprochen.

(1) Der Sprungtritt muß von einer Stelle auf oder hinter der 22-m-Linie ausgeführt werden, sonst muß der Tritt wiederholt werden.

(2) Der Sprungtritt muß ohne Verzögerung ausgeführt werden.

Strafe: Straftritt auf der 22-m-Linie.

(3) Der Ball muß die 22-m-Linie überqueren; sonst kann die gegnerische Mannschaft die Wiederholung des Tritts oder ein Gedränge auf der Mitte der 22-m-Linie verlangen. Wenn der Ball die 22-m-Linie überquert hatte und dann zurückgetrieben wird, ist das Spiel fortzusetzen.

(4) Wenn der Ball direkt in die Mark fliegt, kann die gegnerische Mannschaft den Tritt akzeptieren oder einen neuen Tritt oder ein Gedränge in der Mitte der 22-m-Linie verlangen.

(5) Die Mannschaft des Treters muß sich hinter dem Ball befinden. Das Spielfeld verlassende Spieler der Mannschaft des Treters, die sich vor dem Ball befinden, werden nicht bestraft, wenn sie das Feld nur deshalb noch nicht verlassen haben, weil der Antritt sehr schnell ausgeführt wurde.

Strafe: Gedränge am Mittelpunkt der 22-m-Linie, wobei die Gegenmannschaft den Ball einwirft.

(6) Die Gegenmannschaft darf nicht über die 22-m-Linie treten, sonst wird der Ball noch einmal angetreten.

(7) Wenn der Ball von der angreifenden Mannschaft durch einen Tritt totgemacht worden ist, außer durch einen erfolglosen Tritt auf das Mal, der in die Malmark oder auf bzw. über die Malfeldauslinie geht, hat die verteidigende Mannschaft die Wahl zwischen einem Antritt oder einem Gedränge. Falls ein Gedränge gewählt wird, soll dieses dort stattfinden, von wo aus der Ball getreten worden ist, jedoch nicht unter 5 m von der Seitenlinie entfernt.

Regel 16 Freifang (Mark)

(a) Ein Spieler macht einen Freifang, wenn er in seinem 22-m-Feld oder im Malfeld den Ball direkt von einem Tritt, außer einem Antritt, eines gegnerischen Spielers sauber fängt und dabei »Mark!« ruft. Ein Freifang kann auch gemacht werden, wenn der Ball vorher eine der Malstangen oder die Querlatte berührt hat.

(b) Für einen Freifang wird ein Freitritt gewährt.

(1) Der Freitritt muß durch den Spieler, der den Freifang gemacht hat, ausgeführt werden, es sei denn, er ist verletzt. Wenn er nicht in der Lage ist, den Tritt innerhalb einer Minute auszuführen, muß an der Marke ein Gedränge stattfinden. Die Mannschaft des Fängers wirft den Ball ein.

➥ *Seite 71*

DIE SPIELERPOSITIONEN

Beim Gedränge besteht die vordere Reihe aus den Außenstürmern und dem Hakler. Der *Hakler* soll durch das »Hakeln« des Balls mit seinen Füßen seine Mannschaft in Ballbesitz bringen. Die *Außenstürmer* sind starke, gedrungene Spieler, die den Hakler unterstützen, indem sie die Kraft ihrer eigenen Mannschaft lenken und dem Druck der gegnerischen Mannschaft standhalten. Die *Blocker* sind die treibende Kraft des Gedränges. Sie sind im allgemeinen große Spieler, und man verläßt sich oft darauf, daß sie bei einer Gasse den Ballbesitz sichern. Die hintere Reihe besteht aus zwei Flügelspielern und der Nummer 8. Die *Flügelspieler* müssen sowohl gute Hakler als auch hervorragende Spieler in einem Paket oder einer Gasse sein. Die *Nummer 8* muß das Stehvermögen, die Kraft und das Gespür haben, um ein Gedränge von seiner Basis her sowie den Ball zu steuern, wenn dieser durch das Gedränge nach hinten gehakelt wird. Der *Gedrängehalbspieler* arbeitet mit dem *Flügelhalbspieler* zusammen, sie stellen die Verbindung zwischen den Stürmern und den Schlußspielern her. Diese beiden entscheiden, ob getreten, gepaßt oder mit dem Ball gelaufen wird, sobald die Stürmer im Ballbesitz sind. Beide müssen beweglich, schnell und gewitzt sein. Die *Innendreiviertelspieler* spielen entweder im Angriff und schaffen den Flankenspielern Möglichkeiten, um Versuche zu erzielen, oder in der Verteidigung stoppen sie die Angriffe der gegnerischen Dreiviertelspieler. Die *Außendreiviertelspieler* erhalten den Ball aus dem Zentrum, sie müssen schnelle, trickreiche Läufer sein. Der *Schlußspieler* bildet die letzte Verteidigungslinie, er muß den Ball akkurat zur Seite treten können.

TAKTIK

Die Stürmer kämpfen um den Ball durch verschiedene »Spieleröffnungen«, d. h. Gedränge und Gassen, und geben ihn dann wieder frei, damit die hinteren Spieler einen Angriff formieren können.

Training
Die zweite Vorderlinie (Schloß) übt das Springen in die Gasse mit Unterstützung der Außenstürmer.

Zusammenschluß
Die Stürmer verbinden sich sorgfältig vor einem Gedränge, um maximales Schieben und eine erfolgreiche Aktion zu garantieren.

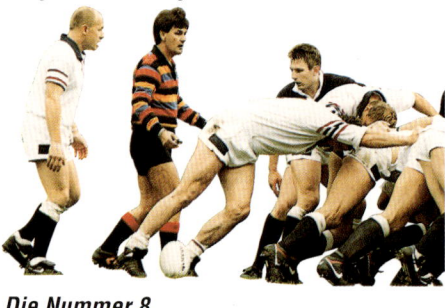

Die Nummer 8
Die Nummer 8 bildet den Abschluß eines Gedränges, sie spielt den Ball dem Gedrängehalbspieler, der hinten wartet, zu.

Kleiner General
Nicht alle Rugbyspieler sind groß. Der Flügelhalbspieler muß sehr wendig sein und gut im Fassen, Treten und Passen des Balls. Er ist der Mittelfeldstratege der Mannschaft, dessen Aufgabe es ist, die Dreiviertelspieler ins Spiel zu bringen. Er steuert nicht nur ihre Bewegungsrichtung, sondern auch ihr Tempo, und es ist wichtig, daß er in einem bestimmten Augenblick die Richtung ändern kann, um die Gegner auszutricksen.

Hartes offenes Gedränge
Wenn ein Spieler mit dem Ball zu Boden geht, drängen die anderen Spieler in einem offenen Gedränge nach, um selbst in den Besitz des Balls zu kommen.

Verbindungsmann

Der Gedrängehalbspieler ist der wichtigste Verbindungsmann zwischen den Stürmern und den hinteren Spielern.

Tritt zurück

Der Schlußmann ist oft der Trittspezialist der Mannschaft, weil es äußerst wertvoll ist, einen Mann hinten stehen zu haben, der kompromißlos klären und den Ball weit ins Mittelfeld treten kann.

Fliegender Paß

Gedrängehalbspieler sind in der Regel klein und beweglich. Man sieht oft, daß sie sich der Länge nach hinwerfen, um den Ball schnell aus einem Gedränge herauszubringen und ihn einem Dreiviertelspieler zuzuspielen.

Seitenpässe

Es gibt nichts Aufregenderes als das Gewirbel im Bereich der Dreiviertelspieler-Linie – wenn der Ball rasch von Mann zu Mann weitergegeben wird.

Im Lauf

Die Flügelspieler sind die Sprinter der Mannschaft, sie können die Gegner überspurten, Bogen laufen und mit einem Haken zu einem Lauf übers Feld durchbrechen.

Fortsetzung von Seite 69

(2) Wenn die Marke im Malfeld liegt, soll das folgende Gedränge 5 m von der Mallinie entfernt auf einer Linie durch die Marke stattfinden.

Regel 17 Vorfallen oder Vorpaß
Vorfallen entsteht, wenn der Ball vorwärts in Richtung auf die gegnerische Malfeldauslinie fliegt, nachdem
• ein Spieler den Ballbesitz verliert oder
• ein Spieler den Ball mit der Hand oder dem Arm treibt oder schlägt oder
• der Ball von der Hand oder dem Arm eines Spielers abprallt und den Boden oder einen anderen Spieler berührt, ehe der Spieler ihn wieder in seinen Besitz bekommt.

Ein *Vorpaß* entsteht, wenn der Ball vom Ballträger in Richtung der gegnerischen Malfeldauslinie geworfen wird. Ein Einwurf aus der Mark ist kein Vorpaß. Wenn der Ball nicht vorgeworfen ist, jedoch nach vorn springt, nachdem er einen Spieler getroffen oder den Boden berührt hat, ist das kein Vorpaß.
(1) Vorfallen oder Vorpaß dürfen nicht absichtlich geschehen.
Strafe: Straftritt an der Stelle des Verstoßes oder gemäß Regel

14 Strafe (e). Ein Strafversuch kann gewährt werden.
(2) Wenn ein *Vorfallen* oder ein *Vorpaß* unabsichtlich geschieht, muß ein Gedränge stattfinden entweder an der Stelle des Verstoßes oder, wenn es bei einer Gasse geschieht, 15 m von der Marklinie entfernt

Regel 18 Fassen, Liegen mit, auf oder neben dem Ball
Fassen bedeutet, daß ein Ballträger im Spielfeld von einem oder mehreren Gegnern so gefaßt wird, daß er zu Boden gebracht wird bzw. der Ball in Kontakt mit dem Boden kommt. Wenn der Ballträger auf einem oder auf beiden Knien kniet oder auf dem Boden sitzt oder auf einem anderen am Boden liegenden Spieler liegt, wird es so gewertet, daß der Ballträger zu Boden gebracht worden ist.
(1) (a) Ein gefaßter Spieler muß den Ball sofort abspielen oder freigeben und aufstehen bzw. sich vom Ball wegbewegen.
(b) Ein Spieler, der einen Gegner faßt und dabei wie dieser ebenfalls zu Boden geht, muß den gefaßten Spieler sofort loslassen und aufstehen bzw. sich vom gefaßten Spieler wegbewegen. Er darf den Ball nicht spielen, solange er nicht

selbst wieder auf den Beinen ist.
(c) Nach einem Fassen muß ein Spieler auf den Beinen stehen, um den Ball zu spielen.
(d) Ein Spieler, der zu Boden geht und den Ball ergreift bzw. im Ballbesitz ist, ohne jedoch gefaßt worden zu sein, muß mit dem Ball sofort wieder auf die Beine kommen oder den Ball passen oder freigeben und aufstehen oder sich vom Ball wegbewegen.
(2) Ein Spieler handelt regelwidrig, wenn er
(a) einen gefaßten Spieler daran hindert, den Ball zu passen oder freizugeben, aufzustehen oder sich wegzubewegen, nachdem er ihn gepaßt oder freigegeben hat;
(b) einem gefaßten Spieler den Ball wegzieht oder versucht, den Ball aufzunehmen, bevor der gefaßte Spieler ihn freigegeben hat.
…
(4) Ein Versuch kann gewertet werden, falls der Schwung eines Spielers ihn in das gegnerische Malfeld trägt, selbst wenn er gefaßt wurde.

…

Regel 20 Gedränge
Ein Gedränge kann nur im Spielfeld stattfinden. Es wird von Spie-

lern beider Mannschaften gebildet, die sich zusammenschließen, bevor der Ball zwischen ihnen auf dem Boden eingeworfen wird; es darf jedoch nicht weniger als 5 m von der Seitenlinie entfernt gebildet werden.

Die „Mittellinie" ist eine gedachte Linie auf dem Boden, die mitten durch den Tunnel verläuft, der von den umfaßten Schultern der beiden vorderen Reihen gebildet wird.

Wenn der Ball in einem Gedränge mit den Füßen auf oder über die Mallinie geschoben wird, ist das Gedränge beendet.
Bilden eines Gedränges
(1) Keine Mannschaft darf die Formierung des Gedranges absichtlich verzögern (Freitritt).
(2) Jedes Gedränge muß an der Stelle des Verstoßes oder so nahe wie möglich an dieser Stelle, je nachdem, wie es im Spielfeld durchführbar ist, stattfinden. Bis der Ball eingeworfen worden ist, muß das Gedränge ruhig stehen. Die Mittellinie muß parallel zu den Mallinien verlaufen.

Vor Beginn des Ansturms muß jede Vorderreihe sich in vorgebeugter Haltung befinden, wobei die Köpfe und Schultern nicht tiefer liegen dürfen als die Hüf-

➡ *Seite 72*

Fortsetzung von Seite 71

ten und so, daß sie nicht weiter als eine Armlänge von den Schultern des Gegners entfernt sind.

Im Interesse der Sicherheit sollte jede der Vorderreihen sich in der Reihenfolge, wie die Spieler ihre Haltung einnehmen, zugleich verbinden, dann pausieren und erst auf den Ruf »Angriff« des Schiedsrichters hin den Ansturm beginnen (Freitritt).

Anmerkungen:
• Soweit nötig, wird das Gedränge in einiger Entfernung von dem Ort des Regelverstoßes durchgeführt, damit das Gedränge auf dem Spielfeld stattfinden kann und die Füße aller verteidigenden Spieler in dem Gedränge sich im Spielfeld befinden.
• Wenn die Stelle des Regelverstoßes näher als 5 m an der Seitenlinie liegt, muß das Gedränge 5 m von dieser Linie entfernt durchgeführt werden.
• Der Schiedsrichter soll den Angriffspunkt mit seinem Fuß markieren, ehe das Gedränge gebildet wird.
(3) Es ist für eine erste Reihe gefährlich, sich mit einigem Abstand vom Gegner zu formieren und dann gegen diese anzulaufen (Straftritt).

Anmerkung:
• Der Schiedsrichter sollte die Vorderreihen nicht zum Kampf aufrufen, ehe nicht der Ball sich in den Händen des Spielers befindet, der ihn einwirft, und dieser umgehend zum Einwurf bereit ist. Dieser Ruf ist kein Kommando, sondern ein Signal, daß die Vorderreihen drängen dürfen, wenn sie fertig sind.
…
(5) (a) Während ein Gedränge gebildet wird,
• dürfen die Schultern jedes Spielers in der vorderen Reihe nicht tiefer als seine Hüften liegen,
• müssen alle Spieler jeder der beiden vorderen Reihen normal stehen,
• müssen beide Füße auf dem Boden stehen und dürfen nicht gekreuzt werden,
• müssen die Hakler in Hakler-Position (s. Anm.) stehen,
• dürfen die Füße des Haklers nicht vor dem jeweils vorgesetzten Fuß seiner Außenstürmer sein (Freitritt).
(b) Während das Gedränge stattfindet, müssen die Spieler in jeder vorderen Reihe ihr Gewicht fest auf zumindest einem Fuß haben, so daß sie zu einem wirksamen Vorwärtsdrängen in der Lage sind, und die Schultern

jedes Spielers dürfen sich nicht tiefer als seine Hüften befinden (Freitritt).

Anmerkung
Haklerposition bedeutet, daß ein Hakler im Gedränge beide Füße auf dem Boden hat, das Gewicht voll auf ein Bein, und in der Lage ist, den Ball zu hakeln oder zu stoßen.
…

Einwurf des Balls in das Gedränge
(7) Nach einem Regelverstoß soll die Mannschaft, die daran keine Schuld hat, den Ball einwerfen. Andernfalls, wenn nichts anderes vorgeschrieben ist, soll der Ball von derjenigen Mannschaft eingeworfen werden, die sich vor der Spielunterbrechung vorwärts bewegt hat oder, wenn keine der Mannschaften sich vorwärts bewegt hat, von der angreifenden Mannschaft.
(8) Der Ball soll ohne Verzögerung eingeworfen werden, sobald die beiden Vorderreihen gemeinsam einen Tunnel gebildet haben. Eine Mannschaft muß den Ball einwerfen, wenn es angeordnet ist, und zwar von der zuerst gewählten Seite (Freitritt).
(9) Der Einwerfer muß
(a) einen Meter vom Gedränge und auf der Mittellinie zwischen den beiden vorderen Reihen stehen (Freitritt);
(b) den Ball mit beiden Händen über der Mittellinie zwischen den beiden vorderen Reihen in der Höhe mitten zwischen seinen Knien und seinen Fußgelenken halten (Freistoß);
(c) aus dieser Position den Ball einwerfen
• ohne Verzögerung oder Täuschung bzw. Rückwärtsbewegung, d. h. mit einer einzigen Vorwärtsbewegung und
• mit hohem Tempo gerade entlang der Mittellinie, so daß der Ball unmittelbar hinter der Schulter des nächsten Außenstürmers den Boden berührt (Freistoß).
(10) Das Spiel im Gedränge beginnt, wenn der Ball die Hände des Einwerfers verläßt.
(11) Wenn der Ball nach dem Einwerfen an einem der beiden Tunnelenden wieder herauskommt, muß der Einwurf wiederholt werden, es sei denn, daß ein Freitritt oder ein Straftritt verhängt wurde. Wenn der Ball anderswo als an einem Tunnelende herauskommt und wenn kein Straftritt verhängt wurde, muß das Spiel weiterlaufen.

Einschränkungen für Spieler der ersten Reihe

(12) Alle Spieler der ersten Reihe müssen mit den Füßen so stehen, daß ein einwandfreier Tunnel gebildet wird. Kein Spieler darf verhindern, daß der Ball in das Gedränge eingeworfen werden kann oder an der geforderten Stelle den Boden berührt (Freitritt).
(13) Kein Spieler der ersten Reihe darf einen Fuß vorsetzen, ehe der Ball die Hände des einwerfenden Spielers verlassen hat (Freitritt).
(14) Wenn der Ball den Boden berührt hat, kann jeder Spieler der ersten Reihe mit jedem Fuß versuchen, in den Ballbesitz zu kommen, unter folgenden Voraussetzungen:

Spieler der ersten Reihe dürfen niemals während des Gedränges absichtlich
(a) beide Füße gleichzeitig vom Boden heben (Straftritt) oder
(b) eine Stellung einnehmen oder eine Aktion unternehmen, z. B. durch Drehen oder Abtauchen des Körpers oder durch Ziehen an der Kleidung des Gegners, die den Zusammenbruch des Gedränges verursachen kann (Straftritt) oder
(c) einen Gegner vom Boden abheben oder ihn mit Gewalt nach oben aus dem Gedränge heben (Straftritt) oder
(d) den Ball aus dem Tunnel in der Richtung wieder heraustreten, aus der er eingeworfen wurde (Freitritt).

Einschränkungen für die Spieler
(15) Kein Spieler, der nicht in der ersten Reihe steht, darf den Ball spielen, solange er sich im Tunnel, der von den beiden Vorderreihen gebildet wird, befindet (Freitritt).
(16) Kein Spieler darf
(a) den Ball wieder in das Gedränge zurückbefördern (Freitritt) oder
(b) den Ball im Gedränge mit der Hand spielen, ausgenommen, wenn ein Rüberschieben für einen Versuch oder ein Handauf stattfindet (Straftritt) oder
(c) den Ball im Gedränge mit der Hand oder den Beinen hochnehmen (Straftritt),
(d) absichtlich den Zusammenbruch des Gedränges verursachen (Straftritt) oder
(e) absichtlich in das Gedränge fallen oder darin knien (Straftritt) oder
(f) versuchen, im Gedränge durch irgendeinen Körperteil außer dem Fuß oder dem Unterschenkel in den Ballbesitz zu gelangen (Freitritt).
(17) (a) Der Einwerfer und sein

direkter Gegner dürfen den Ball nicht treten, solange er im Gedränge ist (Freitritt).
…
(18) Ein Gedränge darf nicht über eine Position hinaus verschoben werden, bei der die Mittellinie parallel zur Seitenlinie verläuft. Das Gedränge wird an der Stelle der Unterbrechung erneut formiert, der Ball wird von der Mannschaft, die den Ballbesitz hat, oder von der gleichen Mannschaft wie beim ersten Mal eingeworfen.

Strafe:
(a) Für eine Verletzung der Absätze (1), (2), (5) und (6)(e), (9), (12), (13), (14)(d), (15), (16)(a) und (f) und (17)(a) und (b) wird ein Freitritt am Ort der Regelwidrigkeit gewährt.
(b) Für eine Verletzung der Absätze (3), (4), (6)(a), (b), (c) und (d), (14)(a), (b) und (c) oder (16)(b), (c), (d) und (e)wird ein Straftritt am Ort der Regelwidrigkeit gewährt.
Zu Abseits beim Gedränge siehe Regel 24 B.

Regel 21 Offenes Gedränge
Ein offenes Gedränge kann nur im Spielfeld stattfinden. Es ist gebildet, wenn der Ball auf dem Boden liegt und sich ein oder mehrere Spieler beider Mannschaften, einander gegenüberstehend, in körperlichem Kontakt um ihn herum zusammengeschlossen haben.

In einem offenen Gedränge benutzt der Spieler seine Füße, um den Ball zu holen oder zu halten, ohne Regel 26 zu verletzen.

Wenn sich in einem offenen Gedränge der Ball auf oder hinter der Mallinie befindet, ist das offene Gedränge beendet.
(1) Ein Spieler in einem offenen Gedränge darf seinen Kopf und seine Schultern nicht tiefer als seine Hüfte haben. Er muß mindestens mit einem Arm einen Spieler seiner Mannschaft umfassen, der sich bereits in dem offenen Gedränge befindet.
Strafe: Freitritt am Ort des Regelverstoßes (Freitritt).
Anmerkungen:
(I) Eine Hand auf einen anderen Spieler zu legen reicht für das Umfassen nicht aus. Umfassen bezieht sich auf den ganzen Arm von der Hand bis zur Schulter.
(2) Kein Spieler darf
(a) den Ball wieder in das offene Gedränge zurückbefördern;
(b) während sich der Ball im offenen Gedränge befindet, etwas unternehmen, um den Gegner glauben zu machen, daß

der Ball sich außerhalb des offenen Gedränges befinde.

Strafe: Freitritt an der Stelle des Regelverstoßes (Freitritt)

(c) den Ball im offenen Gedränge mit der Hand spielen, außer wenn er einen Versuch oder Handauf erzielen will,

(d) den Ball im offenen Gedränge mit den Händen oder Beinen vom Boden heben,

(e) absichtlich den Zusammenbruch eines offenen Gedränges verursachen,

(f) auf andere Spieler aufspringen, die sich im offenen Gedränge befinden,

(g) absichtlich in das offene Gedränge fallen oder darin knien oder

(h) während er auf dem Boden liegt, auf irgendeine Weise den Ball zuspielen, der sich im offenen Gedränge befindet oder aus ihm herauskommt. Er muß sich bemühen, vom Ball wegzurollen.

Strafe: Für (c) bis (h) ein Straftritt an der Stelle des Regelverstoßes.

Anmerkung:

(II) Die Sicherheit der Spieler ist von größter Bedeutung, und die Spieler sollen im offenen Gedränge um den Ball kämpfen und nicht um die Spieler auf dem Boden. Die Spieler, die um den Ball kämpfen, sollen versuchen, über andere, am Boden liegende Spieler hinüberzusteigen und nicht absichtlich auf sie treten. Die Spieler müssen in größtmöglicher Nähe zum Ball kämpfen.

(3) Wenn der Ball im offenen Gedränge unspielbar wird, soll ein Gedränge angeordnet werden.

Regel 22 Paket

Ein Paket kann nur im Spielfeld stattfinden. Es ist gebildet, wenn ein oder mehrere Spieler von beiden Mannschaften, auf den Füßen stehend, sich in körperlichem Kontakt um einen Ball*träger* zusammengeschlossen haben.

Ein Paket ist beendet, wenn der Ball auf dem Boden ist, der Ball oder Ballträger aus dem Paket herauskommt oder wenn ein Gedränge angeordnet wurde.

Wenn der Ball im Paket auf oder über die Mallinie gelangt, ist das Paket beendet.

(1) Ein Spieler in einem Paket darf Kopf und Schultern nicht tiefer als seine Hüften haben.

Strafe: Freitritt an der Stelle des Regelverstoßes.

(2) Ein Spieler darf nicht

(a) auf Spieler, die sich im Paket

befinden, springen;

(b) absichtlich den Zusammenbruch eines Pakets verursachen;

(c) versuchen, einen Gegner aus dem Paket zu schieben.

Strafe: Straftritt am Ort des Regelverstoßes.

(d) während sich der Ball im Paket befindet, etwas unternehmen, um den Gegner glauben zu machen, der Ball sei außerhalb des Pakets.

Strafe: Freitritt am Ort des Regelverstoßes.

(3) Ein Spieler hat keinen körperlichen Kontakt, wenn er nicht im Paket eingebunden oder fest umfaßt ist, ein bloßer Aufenthalt seitlich vom Paket gilt nicht.

(4) (a) Wenn ein Paket auf der Stelle bleibt oder sich nicht weiter vorwärts bewegt oder der Ball in einem Paket unspielbar wird, muß ein Gedränge angeordnet werden.

…

Regel 23 Mark und Gasse
A. Mark

(1) Der Ball ist in der Mark

• wenn er, von keinem Spieler getragen, eine Marklinie oder den Boden oder eine Person oder ein Objekt auf oder hinter der Marklinie berührt, oder

• wenn er von einem Spieler getragen wird und der Ball oder der Ballträger die Marklinie oder den Boden dahinter berührt.

(2) Wenn der Ball sich nicht in der Mark befindet und die Ebene der Marklinie nicht überquert hat, kann ein Spieler von dort den Ball treten oder mit der Hand spielen, darf ihn jedoch nicht halten.

(3) Der Ball wird als direkt in die Mark getreten angesehen, wenn er durch einen Tritt in der Mark ist, ohne vorher auf das Spielfeld zu springen oder ohne im Flug einen Spieler oder den Schiedsrichter zu berühren oder von ihm berührt zu werden.

B. Gasse

Die Gassenlinie ist eine gedachte Linie, die von der Stelle, von der aus der Ball eingeworfen werden soll, im rechten Winkel zur Marklinie über das Spielfeld verläuft.

Bilden einer Gasse

(1) Eine Gasse wird von mindestens zwei Spielern von jeder Mannschaft gebildet, die sich einander gegenüber parallel zur Gassenlinie aufstellen, damit der Ball zwischen beide Reihen eingeworfen werden kann. Die einwerfende Mannschaft soll die maximale Zahl der sich aufstellenden Spieler von beiden

Mannschaften bestimmen. Spieler, die sich so aufstellen, befinden sich in der Gasse, falls nicht unten ausgeschlossen (Freitritt).

(2) Jede Mannschaft muß sich einen halben Meter auf ihrer Seite von der Gassenlinie entfernt aufstellen, so daß ein freier Raum von 1 m zwischen den beiden Spielerreihen freigelassen wird (bezogen auf die Schultern der Spieler, wenn sie aufrecht stehen) (Freitritt).

(3) Die Gasse beginnt 5 m von dem Punkt entfernt, wo der Ball von der Marklinie eingeworfen wird, und endet 15 m von dieser Marklinie entfernt (Freitritt).

(4) Jeder Spieler, der sich weiter als 15 m von der Marklinie entfernt aufhält, wenn die Gasse beginnt, befindet sich nicht in der Gasse (Freitritt).

Anmerkung:

(VI) Wenn bei einer formierten Gasse die einwerfende Mannschaft weniger als die normale Spielerzahl aufstellt, müssen die Gegner die Möglichkeit erhalten, gleichzuziehen. Spieler, die sich zu diesem Zweck entfernen, müssen das direkt und ohne zu zögern bis zu einer Linie 10 m hinter der Gassenlinie tun. Nachzügler werden bestraft. Dementsprechend dürfen nach Beendigung der Gasse die zurückgezogenen Spieler wieder am Spiel teilnehmen, selbst wenn sie nicht die 10-m-Linie erreicht haben.

Einwurf des Balls

(5) Wenn der Ball in die Mark gegangen ist, muß der Einwurf von folgender Stelle erfolgen:

(a) wenn der Ball von einem Straftritt in die Mark geht oder von einem Tritt, einschließlich Freitritt, aus dem 22-m-Raum vor der Mallinie des Treters, an der Stelle, an der die Marklinie berührte oder überquerte, falls nicht anders bestimmt;

(b) wenn der Treter den Ball außerhalb seiner 22-m-Linie bekommen hat und sich vor dem Treten hinter diese Linie zurückgezogen hat sowie bei anderen Gelegenheiten, wenn der Ball direkt in die Mark getreten wurde, nachdem er anders, als unter (a) angegeben, getreten worden war, dann gegenüber der Stelle, von der aus der Ball getreten wurde, oder an der Stelle, wo er die Marklinie berührte oder überquerte, wenn diese Stelle näher an der Mallinie des Treters liegt;

(c) wenn ein schneller Einwurf erfolgt von einem beliebigen Punkt auf der Marklinie zwischen der Stelle, wo der Ball in die Mark ging, und der Ballinie der einwerfenden Mannschaft;

(d) sonst, wenn der Ball in der Mark ist, an der Stelle, wo der Ball die Marklinie berührt oder überquert hat.

(6) (a) Wenn der Ball bei einem Straftritt in die Mark getreten wurde, wird er in die zu bildende Gasse von der Mannschaft eingeworfen, die den Ball in die Mark getreten hat.

(b) Sonst muß der Ball von einem Gegner des Spielers eingeworfen werden, der ihn zuletzt berührte, bevor er in die Mark ging.

(c) Im Zweifelsfall, welche Mannschaft den Ball einwirft, soll die angreifende Mannschaft das tun.

(7) Der Ball kann in die formierte Gasse eingeworfen werden oder mittels eines schnellen Einwurfs, der nur gewählt werden darf, wenn sich die Gasse noch nicht formiert hat.

Wenn ein schneller Einwurf erfolgt, nachdem sich die Gasse gebildet hat, ist er ungültig, und der Ball wird durch die Gasse von der gleichen Mannschaft ins Spiel gebracht.

(8) Bei einer formierten Gasse soll der einwerfende Spieler

• sich mit keinem Teil eines Beines im Spielfeld befinden,

• den Ball an der unter (5) angezeigten Stelle einwerfen, so daß er mindestens 5 m von der Marklinie entlang der Gassenlinie erst den Boden oder einen Spieler berühren bzw. von einem Spieler berührt werden kann; sonst soll je nach Wunsch die gegnerische Mannschaft das Recht haben, den Ball einzuwerfen oder ein Gedränge 15 m von der Marklinie entfernt zu fordern.

(9) (a) Bei einem schnellen Einwurf muß der Ball, der in die Mark ging, benutzt werden, und nachdem er in der Mark war und »totgemacht« wurde, falls er nicht nur von dem Spieler berührt wurde, der ihn hineinwarf, soll der Ball an der unter (5) bezeichneten Stelle durch die gleiche Mannschaft eingeworfen werden.

(b) Bei einem schnellen Einwurf muß der Ball wie unter (8) beschrieben geworfen werden.

(c) Bei einem schnellen Einwurf darf ein Spieler nicht verhindern, daß der Ball 5 m weit geworfen wird (Freitritt).

(10) Wenn bei der zweiten Gelegenheit der Ball wieder nicht korrekt eingeworfen wurde, soll ein Gedränge gebildet werden, der Ball soll dann von der gleichen Mannschaft eingeworfen werden, die zuvor den Einwurf hatte.

➡ *Seite 75*

Gasse

Wenn der Ball ins Aus (in die Mark) geht, wird das Spiel mit einer Gasse wiederaufgenommen. Die gegnerischen Stürmer stehen in zwei Linien und springen hoch, wobei sie versuchen, den eingeworfenen Ball zu fangen. Die maximale Spielerzahl in der Gasse wird von der Mannschaft bestimmt, die den Einwurf ausführt.

Spring nach dem Ball

Gassen sind eine der Hauptmethoden, in den Ballbesitz zu gelangen. Die Spieler springen nach dem Ball und versuchen, ihn zu fangen, ihn zum Gedrängehalbspieler umzulenken oder ihn einem anderen Mitspieler in der Gasse zuzuschlagen.

Hoch oben und geschützt

In jeder Gasse gibt es gewöhnlich einen speziellen Springer. Sobald er den Ball gefangen hat, schließen sich die Spieler vor ihm um ihn herum zusammen, um ihn zu schützen.

Gerangel

Im Gegensatz zum Gedränge, wo die einwerfende Mannschaft die größte Chance hat, den Ball zu gewinnen, hat in einer Gasse jede Mannschaft eine gute Chance. Das Ergebnis ist oft ein chaotisches Gerangel um den Ball.

Erhoben

Es ist legal, einen Spieler der eigenen Mannschaft beim Hochspringen zu unterstützen, damit er den Ball in einer Gasse packen kann. Es ist jedoch strafbar, einen Spieler der gegnerischen Mannschaft in der Gasse niederzudrücken, wie es mit dem Spieler in Weiß geschieht.

Fortsetzung von Seite 73

Anfang und Ende einer Gasse

(11) Die Gasse beginnt, wenn der Ball die Hände des einwerfenden Spielers verlassen hat.

(12) Die Gasse ist beendet, wenn

• ein offenes Gedränge oder ein Paket stattfindet und alle Fuße der Spieler im offenen Gedränge oder im Paket sich über die Gassenlinie bewegt haben, oder

• wenn ein Spieler, der den Ball trägt, die Gasse verläßt, oder

• der Ball aus der Gasse gepaßt, zurückgeschlagen oder getreten worden ist, oder

• der Ball über eine Position 15 m von der Marklinie entfernt geworfen wurde, oder

• der Ball unspielbar geworden ist.

Auflösen

»Auflösen« setzt ein, wenn ein Spieler (oder mehrere Spieler) von seiner Position in der Gasse weggeht, um den Ball zu fangen, wenn dieser von einem anderen Spieler seiner Mannschaft in der Gasse zurückgepaßt oder -geschlagen wurde.

(13) Wenn der Ball in der Mark ist, dürfen sich Spieler immer nur unter der Voraussetzung zur Gassenlinie begeben, daß sie

eine Gasse formieren wollen. Bevor der Ball die Hände des Einwerfers verläßt, dürfen die Spieler in der Gasse diese nicht verlassen, sie dürfen jedoch ihre Position entlang der Gassenlinie wechseln. Nach dem Einwurf dürfen die Spieler die Gasse nicht mehr verlassen, außer für eine Auflösung (Freitritt).

(14) Bei einer Auflösung muß sich ein Spieler parallel zur und dicht an der Gasse entlang bewegen (Freitritt).

…

Einschränkungen für Spieler in der Gasse

Anmerkung:

Der Sprung nach dem Ball kann einen Schritt oder Schritte in irgendeiner Richtung einschließen, vorausgesetzt, daß er den Spieler an die Gassenlinie heran, aber nicht darüber hinaus bringt.

(18) Ein Spieler in der Gasse darf den Raum zwischen der Marklinie und der 5-m-Marke nur betreten, wenn der Ball an ihm vorbeigeworfen wurde, und wenn er das tut, dann darf er sich nicht in Richtung seiner Mallinie bewegen, ehe die Gasse beendet ist, außer für eine Auflösung (Freitritt).

(19) Bis die Gasse beendet ist, darf sich kein Spieler weiter als

15 m von der Marklinie entfernt bewegen, außer wie erlaubt, wenn der Ball weiter als zu dieser Position geworfen worden ist, siehe Ausnahme im Anschluß an Regel 24 D(1)(c) (Straftritt).

Anmerkung:

(XVI) Wenn ein Ball in einer Gasse unspielbar wird, außer durch eine Regelverletzung, für die eine Strafe verhängt wird, muß ein Gedränge angeordnet werden.

(20) Ein Spieler, der gemäß Regel 24 D an der Gasse teilnimmt, darf in eine Lücke in der Gasse laufen und den Ball nehmen, vorausgesetzt, daß er keinen Gegner in der Gasse angreift oder behindert (Straftritt).

Einschränkungen für Spieler, die nicht an der Gasse teilnehmen

(21) Spieler beider Mannschaften, die nicht an der Gasse teilnehmen, dürfen nicht aus dem Raum hinter der Gasse vorlaufen und den Ball nach dem Einwurf fangen, mit Ausnahme eines Spielers, der bei einem langen Einwurf an der Abseitslinie vorläuft (Straftritt).

Strafe:

(a) Für eine Verletzung der Absätze (1), (2), (3), (4), (9)(c), (13), (14) oder (18) ein Freitritt 15 m von der Marklinie entlang der Gassenlinie.

(b) Für eine Verletzung der Absätze (19) oder (20) ein Straftritt 15 m von der Marklinie entlang der Gassenlinie.

(c) Für eine Verletzung des Absatzes (21) ein Straftritt an der Abseitslinie der verteidigenden Mannschaft (gemäß Regel 24 D) gegenüber vom Ort des Regelverstoßes, jedoch nicht weniger als 15 m von der Marklinie entfernt.

Ort des Gedränges

Ein Gedränge, das laut dieser Regel oder im Ergebnis einer Regelverletzung in einer Gasse durchgeführt oder angeordnet wird, soll 15 m von der Marklinie entfernt entlang der Gassenlinie stattfinden.

Anmerkung:

(XVII) Wenn ein Spieler wiederholt die Regeln verletzt, muß er gemäß Regel 26 (2) behandelt werden.

Zu Abseits bei der Gasse siehe Regel 24 D.

Regel 24 Abseits

Abseits bedeutet, daß ein Spieler sich an einer Stelle aufhält, in der er sich außerhalb des Spielgeschehens befindet und einen

Straftritt verursachen kann.

Im normalen Spiel ist ein Spieler in Abseitsposition, wenn er sich vor dem Ball befindet, den ein anderer Spieler seiner Mannschaft zuletzt gespielt hat.

Im Gedränge, offenen Gedränge, Paket oder in der Gasse ist ein Spieler abseits, wenn er an einer genannten Linie oder Stelle bleibt, sie überschreitet oder sonst die entsprechenden Absätze dieser Regel auf andere Weise verletzt.

A. Abseits im allgemeinen Spiel

(1) Ein Spieler befindet sich in Abseitsposition, wenn der Ball von einem anderen Spieler hinter ihm

• getreten oder

• berührt oder

• getragen wurde.

(2) Es gibt keine Strafe für eine Abseitsposition, außer

(a) der Spieler spielt den Ball oder behindert einen Gegner,

(b) er nähert sich einem Gegner, der den Ball erwartet, oder der Stelle, an der der Ball aufkommt, auf weniger als 10 m und zieht sich nicht sofort und ohne den Gegner zu behindern zurück,

(c) oder – bei allen anderen Gelegenheiten – er nähert sich Gegnern, die den Ball erwarten, oder der Stelle, an der der Ball aufkommt, solange er noch im Abseits ist.

Ausnahmen:

(I) Wenn ein abseits stehender Spieler nicht verhindern kann, daß ihn der Ball oder der Ballträger berührt, ist er unabsichtlich abseits. Das Spiel darf weitergehen, wenn die regelverletzende Mannschaft keinen Vorteil erhält; andernfalls soll an dieser Stelle ein Gedränge stattfinden.

(II) Ein Spieler, der einen unabsichtlichen Vorpaß annimmt, ist nicht abseits.

Strafe: Abseits wird mit einem Straftritt an der Stelle des Verstoßes oder nach Wahl der Gegner mit einem Gedränge dort bestraft, wo der Ball zuletzt von der schuldigen Mannschaft gespielt wurde. Ist die Stelle für den Straftritt oder das Gedränge im Malfeld, müssen sie 5 m vor der Mallinie gegenüber der Stelle des Verstoßes stattfinden.

Bei einer Verletzung von (2)(c) durch mehr als einen Spieler gilt als Stelle des Regelverstoßes die Position desjenigen Abseits-Spielers, der dem den Ball erwartenden Spieler oder dem Auftreffort des Balles am nächsten steht.

➡ *Seite 76*

Fortsetzung von Seite 75

Anmerkungen:

(I) Eine Strafe für ein Abseits sollte nicht sofort ausgesprochen werden, wenn die schuldlose Mannschaft einen Vorteil erringt oder es wahrscheinlich erscheint, daß sie einen Vorteil erringt; wenn jedoch der erwartete Vorteil nicht eintritt, sollte der Straftritt doch unter allen Umständen angeordnet werden, selbst wenn es notwendig ist, zu diesem Zweck das Spiel an die Stelle der Regelwidrigkeit zurückzuverlegen.

(II) Wenn ein Spieler ein Vorfallen verursacht und ein Abseitsspieler oder die gleiche Mannschaft als nächstes spielt, sollte ein Abseits nicht gegeben werden, wenn der Abseitsspieler die schuldlose Mannschaft nicht um einen Vorteil bringt.

(III) Ein Spieler darf in seinem Malfeld im Abseits stehen.

(IV) Wenn ein Spieler den Ball einem anderen Spieler seiner Mannschaft vor ihm übergibt, steht der zweite Spieler im Abseits. Ein Gedränge für unabsichtliches Abseits soll angeordnet werden, wenn nicht der Eindruck entstand, daß der Spieler absichtlich im Abseits stand; in letzterem Fall wird ein Straftritt verhängt.

(V) Der Schiedsrichter muß sofort pfeifen, wenn ein Abseitsspieler, der nicht ins Spiel zurückgeholt werden kann, näher als 10 m an einen auf den Ball wartenden Spieler herankommt. Jede Verzögerung kann für letzteren Spieler gefährlich werden. Wo es keinen Gegner gibt, der darauf schon wartet, den Ball zu spielen, aber einer zur Stelle sein wird, wenn der Ball aufsetzt, darf ein Abseitsspieler, der sich in der Nähe dieses Gegners aufhält, diesen nicht behindern oder auf irgendeine andere Weise sich einmischen, ehe er nicht wieder zurück im Spiel ist.

(VI) Wenn ein angreifender Spieler den Ball tritt, der durch einen Gegner ins Mittelfeld gebracht wird, und der Ball dann von einem anderen angreifenden Spieler in Abseitsposition im Umkreis von weniger als 10 m von diesem Gegner gespielt wird, wird ein Straftritt verhängt.

…

(VIII) Regel 24 (2)(b) und (c) gilt auch, wenn der Ball eine Malstange oder die Querlatte getroffen hat. Abseitsspieler dürfen sich nicht auf weniger als 10 m einem Gegner, der auf den Ball wartet, bzw. der Stelle, wo der Ball aufkommt, nähern oder dort verharren.

B. Abseits beim Gedränge
Der Ausdruck »Abseitslinie« bezeichnet eine Linie, die parallel zur Mallinie durch den am weitesten hinten stehenden Fuß der Mannschaft des Spielers in einem Gedränge verläuft.

Während ein Gedränge sich bildet oder stattfindet,
(1) steht ein Spieler im Abseits,
(a) wenn er sich dem Gedränge von der Seite des Gegners her nähert,
(b) wenn er nicht im Gedränge ist und auch nicht der Spieler der jeweiligen Mannschaft ist, die den Ball einwirft,
• sich trotzdem nicht hinter die Abseitslinie oder seine Mallinie, je nachdem, welche näher ist, zurückzieht oder
• einen Fuß vor die Abseitslinie stellt, während der Ball sich noch im Gedränge befindet.
(2) ist ein Spieler abseits,
(a) wenn er als Gedrängehalbspieler, dessen Mannschaft den Ball gewonnen hat, beide Füße vor den Ball stellt, während der Ball sich noch im Gedränge befindet, oder
(b) als direkter Gegenspieler zum Spieler in der Gedrängehalb-Position, dessen Mannschaft den Ball gewonnen hat, einen Fuß vor den Ball stellt, während dieser sich noch im Gedränge befindet.
(3) ist ein Spieler abseits, wenn er als unmittelbarer Gegner des Einwerfers sich auf die andere Seite des Gedränges oder vom Gedränge weg bewegt und sich vor der Abseitslinie des Gedränges befindet (Straftritt).
Strafe: Straftritt an der Abseitslinie.

Anmerkungen:
(IX) Die Spieler müssen sich ohne Verzögerung an die Abseitslinie des Gedränges zurückziehen, wenn ein Gedränge sich formiert. Nachzügler werden bestraft.
(X) Jeder Spieler jeder Mannschaft kann bei einem speziellen Gedränge der Spieler sein, der den Ball einwirft bzw. der die Position des Gedrängehalbspielers einnimmt, wenn sein Gegenspieler der Einwerfer ist; aber dieser Spieler ist bei diesem Gedränge der einzige Spieler der Mannschaft, der von Regel 24 B (2) profitiert.

C. Abseits bei offenem Gedränge oder Paket
Der Ausdruck »Abseitslinie« bezeichnet eine fiktive Linie, die parallel zu den Mallinien durch den hintersten Fuß eines Spielers in einem offenen Gedränge bzw. in einem Paket verläuft.

(1) Offenes Gedränge oder Paket nicht während einer Gasse
Während eines offenen Gedränges oder Pakets (einschließlich eines offenen Gedränges oder Pakets, das nach Abschluß einer Gasse andauert) befindet sich ein Spieler im Abseits, wenn er
(a) sich von der Seite des Gegners her anschließt,
(b) sich vor dem hintersten Spieler seiner Mannschaft in dem offenen Gedränge oder Paket anschließt,
(c) sich dem offenen Gedränge oder Paket nicht anschließt, sich jedoch nicht umgehend hinter die Abseitslinie zurückzieht,
(d) sich von dem offenen Gedränge löst oder das Paket verläßt und sich nicht umgehend hinter die Abseitslinie zurückzieht oder, wenn er im Spiel ist, sich vor dem hintersten Spieler seiner Mannschaft im offenen Gedränge oder Paket dem Gedränge oder Paket wieder anschließt,
(e) mit einem Fuß über die Abseitslinie vortritt und sich dem offenen Gedränge oder dem Paket nicht anschließt.
Strafe: Straftritt an der Abseitslinie.

(2) Offenes Gedränge oder Paket bei der Gasse
Der Ausdruck »an der Gasse teilnehmen« hat dieselbe Bedeutung wie im Abschnitt D dieser Regel. Ein Spieler, der an der Gasse teilnimmt, ist nicht verpflichtet, an dem offenen Gedränge oder dem Paket teilzunehmen oder darin zu verbleiben. Wenn er nicht an dem offenen Gedränge oder dem Paket teilnimmt, dann nimmt er weiter an der Gasse teil, bis diese beendet ist.

Während einer Gasse, eines offenen Gedränges oder eines Pakets ist ein Spieler im Abseits,
(a) wenn er sich dem offenen Gedränge oder dem Paket von der gegnerischen Seite seines Gegners aus anschließt,
(b) wenn er sich vor dem hintersten Spieler seiner Mannschaft in dem offenen Gedränge oder dem Paket einreiht,
(c) wenn er ein Spieler ist, der sich nur an der Gasse beteiligt, nicht aber an dem offenen Gedränge oder Paket, sich nicht zurückzieht und an der Abseitslinie bleibt, wie in diesem Abschnitt dargelegt.
Strafe: Straftritt 15 m entfernt

von der Marklinie entlang der Gassenlinie,
(d) wenn er ein Spieler ist, der nicht an der Gasse teilnimmt, mit einem Fuß vor der Abseitslinie bleibt oder sie überschreitet, wie im Abschnitt D dieser Regel definiert.
Strafe: Straftritt an der Abseitslinie der schuldigen Mannschaft gegenüber der Stelle des Regelverstoßes, jedoch nicht weniger als 15 m von der Marklinie entfernt.

D. Abseits bei der Gasse
Die Bezeichnung »an der Gasse beteiligt« bezieht sich ausschließlich auf folgende Spieler:
• die Spieler, die in der Gasse sind, und
• den Spieler, der den Ball einwirft, sowie
• seinen unmittelbaren Gegner, der die Wahl haben kann, den Ball einzuwerfen, und
• einen weiteren Spieler aus einer der Mannschaften, der sich in Position stellt, um den Ball anzunehmen, wenn er von der Gasse zurückgepaßt oder geschlagen wird.

Alle anderen Spieler nehmen nicht an der Gasse teil.

Der Ausdruck »Abseitslinie« bezeichnet hier eine Linie 10 m hinter der Gassenlinie und parallel zu den Mallinien. Wenn sich die Mallinie dichter als 10 m an der Gassenlinie befindet, dann ist die Abseitslinie die Mallinie.

Abseits während der Teilnahme an der Gasse
(1) Ein teilnehmender Spieler ist abseits, wenn er,
(a) bevor der Ball einen Spieler oder den Boden berührt hat, absichtlich mit einem Fuß vor der Gassenlinie bleibt oder vorrückt, außer wenn er vorläuft, um nach dem Ball zu springen, vorausgesetzt, daß der Sprung von seiner Seite der Gassenlinie aus erfolgt,
(b) nachdem der Ball einen Spieler oder den Boden berührt hat und er den Ball nicht trägt, mit einem Fuß vor den Ball kommt, außer wenn er legal einen Gegner, der an der Gasse teilnimmt, angreift oder anzugreifen versucht. Dieser Angriff oder Angriffsversuch muß jedoch von seiner Seite des Balls aus gestartet werden,
(c) vor Abschluß der Gasse sich auf eine Position jenseits von 15 m von der Marklinie entfernt begibt.

Ausnahme:
Spieler der einwerfenden Mannschaft dürfen sich für einen langen Einwurf jenseits der 15 m von

der Marklinie aufhalten. Sie dürfen das nur tun, wenn der Ball die Hände des Einwerfers verlassen hat, und wenn sie das tun, dürfen auch ihre an der Gasse teilnehmenden Gegner ihnen dabei folgen. Wenn Spieler sich so bewegen und der Ball nicht bis zu ihnen oder darüber hinaus eingeworfen wird, müssen sie wegen Abseitsposition bestraft werden.

Strafe: Straftritt 15 m von der Marklinie entlang der Gassenlinie (Straftritt).

(2) Der Spieler, der den Ball einwirft, und sein unmittelbarer Gegner müssen

(a) innerhalb von 5 m von der Marklinie bleiben oder

(b) sich an die Abseitslinie zurückziehen oder

(c) sich der Gasse anschließen, sobald der Ball 5 m eingeworfen worden ist, oder

(d) Stellung beziehen, um den Ball anzunehmen, wenn er aus der Gasse zurückgepaßt oder gestoßen wird, vorausgesetzt, kein anderer Spieler besetzt bei dieser Gasse diese Position. Wenn sie das nicht tun, befinden sie sich im Abseits.

Strafe: Straftritt 15 m von der Marklinie entlang der Gassenlinie.

Abseits ohne Teilnahme an der Gasse

(3) Ein Spieler, der nicht teilnimmt, ist abseits, falls er vor Beendigung der Gasse mit einem Fuß vor die Abseitslinie vorrückt oder sich dort befindet.

Ausnahme:

Spieler der einwerfenden Mannschaft, die nicht an der Gasse teilnehmen, können für einen weiten Einwurf über die Gasse hinaus dazustoßen. Sie dürfen das jedoch erst tun, wenn der Ball die Hände des Einwerfers verlassen hat, und wenn sie das tun, dürfen auch ihre Gegner dementsprechend vorrücken. Wenn Spieler so für einen weiten Einwurf vorrücken, der Ball dann aber nicht zu ihnen geworfen wird, müssen sie als abseits bestraft werden.

Spieler, die aus dem Abseits zurückkommen

(4) Ein Spieler ist nicht verpflichtet, vor dem Werfen des Balls zu warten, bis die Spieler seiner Mannschaft bis zur Gasse oder weiter zurückgekommen sind, diese Spieler sind jedoch abseits, solange sie nicht ohne Verzögerung aus der Abseitsposition ins Spiel zurückkommen.

Strafe: Strafstoß an der Abseitslinie der schuldigen Mannschaft (wie im Abschnitt D dieser Regel

definiert) gegenüber der Stelle des Regelverstoßes, jedoch nicht weniger als 15 m von der Marklinie entfernt.

Anmerkung:

(XVII) Gedränge, offenes Gedränge, Paket und Gasse – wenn diese Regeln eine Linie nennen, die die Abseitsposition bestimmt, erstreckt sich diese Linie durchgehend von Marklinie zu Marklinie.

Regel 25 Im Spiel

Im Spiel bedeutet, daß ein Spieler am Spielgeschehen teilnimmt und keine Strafe für eine Abseitsposition erhalten kann.

Ein Spieler wird durch seine Mannschaft aus dem Abseits geholt

(1) Ein Spieler, der im allgemeinen Spiel im Abseits ist und nicht die Regel 24 (A)(2) verletzt, kehrt durch eine der folgenden Aktionen seiner Mannschaft aus der Abseitsposition ins Spiel zurück:

• Wenn der im Abseits befindliche Spieler sich hinter den Spieler seiner Mannschaft, der den Ball zuletzt getreten, berührt oder getragen hat, zurückgezogen hat oder

• wenn ein Spieler seiner Mannschaft, der den Ball trägt, vor ihm läuft oder

• wenn ein Spieler seiner Mannschaft vor ihm läuft, nachdem er von der Stelle oder von hinter der Stelle, wo der Ball getreten worden ist, kommt.

Um einen Spieler aus dem Abseits wieder ins Spiel zu bringen, muß dieser andere Spieler auf dem Spielfeld sein, aber er wird nicht davon ausgeschlossen, in die Mark oder in die Malmark zu folgen.

Anmerkung:

(I) Ein Abseitsspieler, der sich weniger als 10 m von einem Gegner, der auf den Ball wartet, oder der Stelle, wo der Ball aufkommt, aufhält, muß sich so weit zurückziehen, bis er 10 m Abstand hat und wieder im Spiel ist. Wenn er das nicht tut, muß er bestraft werden.

Ein Spieler wird durch die gegnerische Mannschaft aus dem Abseits geholt

(2) Ein Spieler, der im allgemeinen Spiel im Abseits ist, außer einem Abseitsspieler, der weniger als 10 m von einem den Ball erwartenden Spieler oder der Stelle, wo der Ball aufkommt, entfernt ist, wird aus der Abseitsposition durch eine der folgenden Aktionen wieder ins Spiel gebracht:

• wenn ein Gegner, der den Ball

trägt, 5 m gelaufen ist,

• wenn ein Gegner den Ball tritt oder paßt,

• wenn ein Gegner absichtlich den Ball berührt, ihn aber nicht fängt oder aufnimmt.

Ein Abseitsspieler mit weniger als 10 m Abstand zum Gegner, der auf die Ballannahme wartet, oder zu der Stelle, wo der Ball aufkommt, kann durch keine Aktion seiner Gegner wieder ins Spiel gebracht werden.

Irgendein anderer Abseitsspieler im allgemeinen Spiel wird immer ins Spiel zurückgeholt, wenn ein Gegner den Ball spielt,

Ein Spieler, der sich beim Gedränge, offenen Gedränge, Paket und bei der Gasse zurückzieht

(3) Ein Spieler, der sich in Abseitsposition befindet, wenn sich ein Gedränge, offenes Gedränge, Paket oder Gasse formiert oder stattfindet, und sich zurückzieht, wie in Regel 24 (Abseits) gefordert, kommt ins Spiel zurück:

• wenn ein Gegner, der den Ball trägt, 5 m gelaufen ist, oder

• wenn ein Gegner den Ball getreten hat.

Ein Abseitsspieler in dieser Situation wird *nicht* ins Spiel zurückgeholt, wenn ein Gegner den Ball paßt.

Regel 26 Foul-Spiel

Foul-Spiel ist jede Handlung eines Spielers, die dem Geist und Buchstaben des Spiels widerspricht, und umfaßt Behinderung, unfaires Spiel, Fehlverhalten, gefährliches Spiel, unsportliches Benehmen, Revanchefouls und wiederholte Regelverletzung.

Behinderung

(1) Es ist regelwidrig für einen Spieler,

(a) der nach dem Ball läuft, einen Gegner, der dasselbe macht, anzugreifen oder zu rempeln, ausgenommen Schulter gegen Schulter,

(b) der sich in Abseitsposition befindet, sich absichtlich vor einen Ballträger seiner Mannschaft zu stellen oder vor ihm zu laufen und dadurch zu verhindern, daß ein Gegner den Ballträger erreichen kann,

(c) der den Ball trägt, nachdem dieser aus einem Gedränge, offenen Gedränge, Paket oder einer Gasse gekommen ist, zu versuchen, gewaltsam durch Spieler seiner Mannschaft vor ihm durchzubrechen,

(d) als Außenstürmer in einem Gedränge einen Gegner daran zu hindern, um das Gedränge

herumzukommen.

Strafe: Straftritt an der Stelle des Regelverstoßes. Ein Strafversuch kann zugesprochen werden.

Anmerkungen:

Es gibt keine Situation, in der ein Spieler, der den Ball trägt, für Behinderung bestraft werden kann.

Unfaires Spiel, wiederholte Regelverletzungen

(2) Es ist regelwidrig für einen Spieler,

(a) absichtlich unfair zu spielen und willkürlich die Spielregeln zu verletzen,

(b) absichtlich Zeit zu vergeuden,

(c) absichtlich den Ball aus dem Spielfeld in die Mark, in die Malmark oder über die Malfeldauslinie zu schlagen oder zu werfen,

(d) wiederholt eine Regel dieses Spiels zu verletzen.

Strafe: Straftritt an der Stelle des Regelverstoßes. Ein Strafversuch kann zugesprochen werden, wenn die Regelwidrigkeit einen Versuch vereitelt, der sonst wahrscheinlich erzielt worden wäre.

Für Regelwidrigkeiten unter (2)(d) kann ein Spieler verwarnt werden. Wenn er den Verstoß wiederholt, wird er des Feldes verwiesen.

Fehlverhalten, gefährliches Spiel

(3) Es ist regelwidrig für einen Spieler,

(a) einen Gegner zu schlagen,

(b) absichtlich und rücksichtslos einen Gegner zu schlagen oder zu treten, ihm ein Bein zu stellen oder auf ihn zu treten, wenn er am Boden liegt,

(c) zu früh oder zu spät oder zu gefährlich zu fassen, einschließlich der Aktion, die als »Fassen mit steifem Arm« bekannt ist,

(d) der nicht nach dem Ball läuft, absichtlich oder rücksichtslos gegen einen Gegner, der gerade den Ball getreten hat, anzulaufen oder ihn zu behindern,

(e) einen Gegner, der nicht im Ballbesitz ist, zu halten, wegzuschieben, anzugreifen, zu behindern oder nach ihm zu greifen, ausgenommen in einem Gedränge, offenen Gedränge oder Paket.

(Außer in einem Gedränge oder Paket ist das Wegziehen eines Spielers, der dicht am Ball liegt, gestattet. Sonst zählt das Ziehen an der Kleidung eines Gegners als Halten.)

(f) in der ersten Reihe eines Gedränges einigen Abstand zu den Gegnern zu lassen und dann gegen sie anzurennen,

➡ *Seite 78*

Vorwärtsspiel

Durchbruch der Nummer 8

1 Gelegentlich kann die Nummer 8, statt den Ball zu dem Gedrängehalbspieler zu hakeln, sich aus dem Gedränge lösen und selbst den Ball aufnehmen.

2 Er läuft an der abgewandten Seite des Gedränges vorbei. Unvermeidlich trifft er auf Gegenwehr, aber sein Ziel ist es, so weit wie möglich vorzustoßen, bevor er zu Fall gebracht wird.

Stopper

Eine Aufgabe der Flügelspieler ist es, schnell loszuspurten, wenn die Gegner in Ballbesitz gelangen, und sie zu fassen, ehe sie den Ball wegtragen können.

Gegenseitige Unterstützung

Wenn ein Spieler mit dem Ball läuft, müssen seine Mannschaftskameraden zur Stelle sein, um den Ball zu übernehmen, sobald er gefaßt wird.

Abspiel

Wenn ein Spieler gefaßt wird, muß er den Ball an einen Mannschaftskameraden abgeben, ehe er schließlich fällt – dabei muß er noch aufpassen, daß er den Ball nicht vorwärts wirft.

Beweglich

Die Außenstürmer sind gewöhnlich die stärksten Spieler in der Mannschaft: Sie müssen den Hakler unterstützen und das Gedränge vorwärtstreiben. Sie müssen jedoch auch gut mit dem Ball laufen können.

Fortsetzung von Seite 77

(g) in der ersten Reihe eines Gedränges absichtlich einen Gegner vom Boden abzuheben oder ihn nach oben aus dem Gedränge zu heben,

(h) absichtlich oder rücksichtslos zu verursachen, daß ein Gedränge, offenes Gedränge oder Paket zusammenbricht,

(i) während der Ball sich nicht im Spiel befindet, einen Gegner zu beleidigen, zu behindern oder auf sonstige Weise zu belästigen oder mit ihm zu streiten oder sich sonst schlecht zu benehmen,

(j) sich auf dem Sportfeld unsportlich zu verhalten, was mit dem Geist der sportlichen Fairneß unvereinbar ist.

Strafe: Ein Spieler, der sich unsportlich verhalten oder unfair gespielt hat, soll entweder des Feldes verwiesen werden oder dahingehend verwarnt werden, daß er vom Spielfeld muß, wenn er den Regelverstoß wiederholt. Für einen ähnlichen Regelverstoß nach der Verwarnung muß der Spieler des Feldes verwiesen werden.

(4) Es ist regelwidrig für eine Mannschaft, solche Tricks anzuwenden, die bekannt sind als
(a) »fliegender Keil« oder
(b) »Kavallerie-Angriff«,
wie sie in den Anmerkungen (XII) und (XIII) beschrieben sind.

Strafe: Straftritt an der Stelle der ursprünglichen Regelverletzung.

Anmerkungen:

(III) »Den Mann ohne Ball spielen« und alle Formen des gefährlichen Angriffs, darunter zu frühes, zu spätes oder Steifarm-Fassen oder das Fassen oder versuchte Fassen eines Spielers um den Hals oder den Kopf oder über der Schulterlinie, müssen streng bestraft werden. Spieler, die absichtlich diese Art von Foul-Spiel betreiben, müssen vom Spielfeld verwiesen werden.

Bei Vorteil soll das Spiel weitergehen, ein Strafversuch muß jedoch zuerkannt werden, wenn das unfaire Spiel einen wahrscheinlich erfolgreichen Versuch vereitelt (Straftritt).

(IV) Der Schiedsrichter entscheidet, was gefährliches Fassen unter den jeweiligen Umständen bedeutet, d. h. die offensichtlichen Absichten des Angreifers oder die Art des Fassens oder die wehrlose Position des angegriffenen oder niedergeschlagenen Spielers, wodurch eine ernste Verletzung verursacht werden kann.

(V) Folgende Aktionen stellen gefährliches Spiel dar:
(a) wenn ein Spieler einen Gegner, der den Ball trägt, angreift oder niederschlägt, ohne den Versuch zu machen, ihn zu fassen;
(b) wenn ein Spieler den Fuß oder die Füße eines anderen Spielers, der in einer Gasse hochspringt, stößt oder zieht;
(c) wenn ein Spieler einen anderen zu fassen versucht, der im offenen Spiel bei der Annahme eines Balls vom Boden hochgesprungen ist, um den Ball zu fangen.

(VI) Ein Spieler soll nicht »das Gesetz in seine eigenen Hände nehmen« oder sonst absichtlich etwas tun, das einem Gegner gefährlich werden könnte, selbst wenn der andere Spieler gerade die Regeln verletzt.

(VII) Wenn ein Spieler nach dem Treten des Balls behindert wird und der Ball an eine Malstange geht, soll die wahlweise Strafe dort angeordnet werden, wo der Ball landet, nachdem er vom Pfosten abgeprallt ist.

(VIII) Wenn ein Straftritt angeordnet wurde und die schuldige Mannschaft, noch ehe der Straftritt ausgeführt wurde, die Regel 26 (2)(I) verletzt, sollte der

Rückspiel

Mittelspielerlauf

Wenn der Mittelspieler mit dem Ball läuft, dann meist direkt nach vorn. Das erleichtert es nicht nur, Gegner auszutricksen, sondern hilft auch, die Linie der Dreiviertelspieler aufrechtzuerhalten.

Rechtzeitig weg

Ein Dreiviertelspieler versucht, den Ball an einen Mannschaftskameraden abzugeben, ehe er gefaßt wird. Im Idealfall kann er ihn weitergeben, noch ehe er sein Tempo verlangsamt, so daß der Angriffsschwung erhalten bleibt.

Die Dreiviertelspieler

Die Hintermannschaft eines Rugby-Teams besteht aus sieben Spielern: dem Gedrängehalbspieler, der die Verbindung zwischen den Stürmern und der Hinterreihe herstellt; dem Flügelhalbspieler, der die Bewegungen in der Dreiviertelspieler-Linie initiiert; den beiden mittleren Dreiviertelspielern, den Außendreiviertelspielern, die die meisten Versuche für die Mannschaft erzielen, und dem Schlußmann, der oft die letzte Verteidigungslinie darstellt.

Offensive Verteidigung

Die Innendreiviertelspieler müssen starke Angriffsspieler sein. Timing und Stärke sind entscheidend, aber auf dem Bild stoppt Scott Gibbs seinen Gegner und übernimmt selbst die Initiative.

Schiedsrichter: (a) den Spieler, der sich fehlverhält, verwarnen oder vom Spielfeld verweisen und (b) zusätzlich die Marke für den Straftritt 10 m vorverlegen, um so den ursprünglichen Regelverstoß und das Fehlverhalten zu ahnden.

(IX) Wenn ein Straftritt angeordnet wurde und ein Spieler dieser Mannschaft, noch ehe der Straftritt ausgeführt wurde, die Regel 26 (3)(I) verletzt, sollte der Schiedsrichter:

(a) den Regelverletzer verwarnen oder des Feldes verweisen und (b) den Straftritt als ungültig erklären und (c) einen Straftritt gegen die Mannschaft, die zuletzt den Regelverstoß begangen hat, anordnen.

(X) Der Schiedsrichter sollte beachten:

(a) Wiederholte Regelverletzung ist eine Sache von Fakten und nicht eine Frage, ob jemand die Absicht hatte, die Regeln zu verletzen;

(b) wenn derselbe Spieler wiederholt bestraft werden muß, sollte er gemäß Regel 26 (2)(d) behandelt werden;

(c) Foul-Spiel darf nicht stillschweigend geduldet werden.

(d) Wiederholte Regelverletzungen treten hauptsächlich im Zusammenhang mit Gedrängen, Abseits und Gassen, Fassen, offenen Gedrängen und Paketen auf. Wenn ein Spieler mehrmals im gleichen Spiel für die Verletzung einer dieser Regeln bestraft worden ist, sollte er verwarnt werden und, wenn er den Verstoß wiederholt, vom Feld geschickt werden.

(e) Es ist eine Frage für den Schiedsrichter, ob eine Serie gleicher Verstöße durch verschiedene Spieler einer Mannschaft als wiederholter Verstoß anzusehen ist. Wenn er entscheidet, daß dies so ist, sollte er zunächst eine allgemeine Warnung dieser Mannschaft gegenüber aussprechen, und falls der Verstoß wiederholt wird, muß er den nächsten schuldigen Spieler vom Feld weisen.

(f) Bei der Entscheidung über die Zahl der Verstöße, die einen »wiederholten Regelverstoß« darstellen, wie oben in (d) und (e) angedeutet, sollte der Schiedsrichter in repräsentativen und Erwachsenenspielen immer einen strengen Maßstab anlegen. Bei der dritten Gelegenheit muß die Verwarnung gegeben werden.

Im Fall von Spielen von Junioren- und Kindermannschaften, wo Unkenntnis der Regeln und Mangel an Fertigkeiten für viele Regelverletzungen verantwortlich sind, darf ein weniger strenger Maßstab angelegt werden.

(XI) Das International Board und die ihm angeschlossenen Unions werden voll und ganz die strenge und einheitliche Durchsetzung des Regelwerks hinsichtlich wiederholter Regelverletzungen unterstützen.

(XII) Fliegender Keil

Diese Aktion tritt gewöhnlich in der Nähe der Mallinie des Gegners auf, wenn der angreifenden Mannschaft ein Straftritt oder ein Freitritt gegeben wird, und wird von einem Spieler begonnen, der entweder den Ball hält oder einen kurzen Paß annimmt und dann auf die Mallinie zuläuft, wobei seine Mannschaftskameraden sich an seinen beiden Seiten wie in einer V- bzw. keilförmigen Formation verbinden. Regelmäßig wird der Spieler durch die Spieler seiner eigenen Mannschaft vor sich regelwidrig abgeschirmt. Die Gefahr, die in dieser Formation liegt, betrifft nicht so sehr die Ausführenden als vielmehr diejenigen, die sie zu

➡ *Seite 80*

Fortsetzung von Seite 79
stoppen versuchen.

(XIII) Der Kavallerie-Angriff

Ein Kavallerie-Angriff kommt gewöhnlich vor, wenn der angreifenden Mannschaft nahe der gegnerischen Mallinie ein Straftritt oder ein Freitritt gegeben wurde. Die Spieler der angreifenden Mannschaft reihen sich hinter dem Treter auf und verteilen sich in Abständen von einem bis zwei Metern über das Feld. Auf ein Signal des Treters stürmen sie vorwärts. Erst wenn sie fast auf Höhe des Treters sind, tritt dieser den Ball und paßt ihn einem von ihnen zu. Die verteidigende Mannschaft muß hinter einer Linie 10 m von ihrer eigenen Mallinie bleiben, bis der Ball getreten worden ist. Die Aktion ist potentiell gefährlich.

Des Feldes verwiesene Spieler

Ein Spieler, der des Feldes verwiesen wurde, darf am weiteren Spiel nicht mehr teilnehmen.

Regel 27 Straftritt

Ein Straftritt wird nach einem Regelverstoß der schuldlosen Mannschaft zugesprochen.

Er kann von jedem Spieler dieser Mannschaft und mittels jeder Trittart ausgeführt werden. Wenn der Treter den Ball in den Händen hält, muß er ihn auch aus den Händen treten. Liegt der Ball auf dem Boden, muß er auf sichtbare Entfernung von der Marke weggetreten werden.

(1) Die schuldlose Mannschaft hat die Wahl, an der Marke ein Gedränge zu verlangen, sie wirft dann den Ball ein.

(2) Wenn ein Straftritt ausgeführt wird, gilt folgendes:

(a) Der Tritt muß ohne unnötige Verzögerung ausgeführt werden.

(b) Der Tritt muß an oder hinter der Marke auf einer Linie durch die Marke ausgeführt werden, und der Treter darf den Ball für einen Platztritt ablegen. Wenn der durch die Regeln vorgeschriebene Platz für den vergebenen Straftritt weniger als 5 m von der gegnerischen Mallinie entfernt liegt, soll der Straftritt über das an seiner Stelle abgehaltene Gedränge 5 m von der Mallinie auf einer Linie durch diese Stelle stattfinden.

(c) Der Treter kann den Ball in jede Richtung treten und ihn sofort ohne Einschränkung selbst wieder spielen. Wenn er jedoch dem Schiedsrichter angedeutet hat, daß er einen Tritt auf das Mal versuchen will, oder etwas unternommen hat, das solche Absicht andeutete, dann darf er den Ball in keine andere Richtung treten. Ein Spieler, der in die Mark treten will, darf den Ball nur aus der Hand oder aus dem Fall treten. Jede Andeutung der Absicht ist unwiderruflich.

(d) Die Mannschaft des Treters, mit Ausnahme des Aufsetzers für einen Platztritt, muß sich hinter dem Ball befinden, bis der Tritt ausgeführt ist. Die zurücklaufenden Spieler der Mannschaft des Treters, die sich vor dem Ball befinden, werden nicht bestraft, wenn sie sich nicht schnell genug zurückziehen konnten, weil der Tritt zu schnell ausgeführt wurde, sie dürfen jedoch nicht im Zurücklaufen innehalten und dürfen nicht wieder in das Spiel eingreifen, bis sie durch eine Handlung ihrer eigenen Mannschaft gemäß Regel 25 (1) wieder aus dem Abseits ins Spiel gebracht worden sind.

(e) Die gegnerische Mannschaft muß ohne Verzögerung an oder hinter eine gedachte Linie laufen, die 10 m von der Marke entfernt und parallel zu den Mallinien verläuft, oder sie muß hinter die eigene Mallinie, wenn diese näher an der Marke ist. Wenn ein Tritt auf das Mal ausgeführt wird, müssen sie dort ruhig stehen mit ihren Händen seitlich am Körper, bis der Tritt ausgeführt ist.

Die zurücklaufenden Spieler werden nicht bestraft, wenn sie sich deshalb nicht schnell genug 10 m zurückziehen konnten, weil der Tritt zu schnell ausgeführt wurde, sie dürfen jedoch nicht im Zurücklaufen innehalten und dürfen nicht wieder in das Spiel eingreifen, bis sie 10 m von der Stelle, an der der Straftritt vergeben wurde, zurückgelaufen sind oder bis ein Spieler ihrer eigenen Mannschaft, der mindestens 10 m von der Marke entfernt war, vor sie gerannt ist.

(f) Die gegnerische Mannschaft darf nicht absichtlich etwas unternehmen, um den Tritt zu verzögern. Dazu zählen auch Handlungen, wie den Ball absichtlich aus der Reichweite des Treters tragen, werfen oder treten oder den Treter irgendwie stören.

Strafe:

• Für Regelverletzung durch die Mannschaft des Treters – ein Gedränge an der Marke.

• Für Regelverletzung durch die gegnerische Mannschaft – ein Straftritt 10 m vor der Marke oder 5 m von der Mallinie, je nachdem, was näher ist, auf einer Linie durch die Marke. Den Tritt darf ein beliebiger Spieler der nichtschuldigen Mannschaft ausführen.

Anmerkungen:

(I) Der Tritt muß mit dem Ball ausgeführt werden, mit dem gespielt worden ist, falls der Schiedsrichter nicht entscheidet, daß der Ball defekt ist.

(II) Für das Setzen des Balls ist die Benutzung von Sand, Sägespänen oder eines anerkannten Tritt-Tees gestattet.

(III) Ein Spieler, der den Straftritt ausführt, darf den Ball nicht auf sein Knie springen lassen. Der Tritt muß mit dem Fuß oder dem unteren Teil des Beins ausgeführt werden. Wenn ein Spieler den Ball nicht tritt, muß ein Gedränge angeordnet werden.

(IV) Zusätzlich zu der allgemeinen Festlegung bei Zeitvergeudung ist der Treter bei Strafe verpflichtet, den Tritt ohne Verzögerung auszuführen.

Selbst ohne Verwarnung sollte der Tritt, wenn die Verzögerung eine klare Regelverletzung ist, aberkannt und ein Gedränge angeordnet werden.

(V) Wenn der Treter sich anschickt, einen Tritt auf das Mal auszuführen, darf der Schiedsrichter ihn bitten, seine Absicht kundzutun.

(VI) Wenn der Treter einen Tritt auf das Mal ausführt, müssen alle Spieler der Gegenmannschaft von dem Moment an, da der Treter seinen Lauf beginnt, bis der Tritt ausgeführt worden ist, sich passiv verhalten.

(VII) Wenn ein Straftritt im Malfeld ausgeführt wird, soll ein Strafversuch zugesprochen werden, wenn ein verteidigender Spieler durch Foul-Spiel einen Gegner daran hindert, den Ball zuerst niederzulegen.

(VIII) Wenn von einem im Malfeld ausgeführten Straftritt der Ball in die Malmark oder sogar über die Malfeldauslinie fliegt, soll ein 5-m-Gedränge angeordnet werden, bei dem die angreifende Mannschaft den Ball einwirft.

(IX) Wenn der Treter einen Sprungtritt ausführt und dieser zu einem Treffer führt, gilt dieser, auch wenn der Treter dem Schiedsrichter vorher nicht seine Absicht angedeutet hat, einen Tritt auf das Mal auszuführen.

(X) Wenn trotz einer vorherigen Regelverletzung durch die gegnerische Mannschaft ein Treffer erzielt wurde, soll der Treffer gegeben werden und nicht ein weiterer Straftritt.

(XI) Der Schiedsrichter soll keinen weiteren Straftritt geben, wenn er der Meinung ist, daß der Grund für solche weitere Strafe absichtlich durch die Mannschaft des Treters herbeigeführt wurde; er sollte dann das Spiel weiterlaufen lassen. Wenn der Schiedsrichter einen Straftritt vergibt, sollte dieser nicht ausgeführt werden, bevor der Schiedsrichter die Marke gemacht hat, die Stelle für den Straftritt anzeigt.

Regel 28 Freitritt

Ein Freitritt wird für einen Freifang oder an die bei einem Regelverstoß nicht schuldige Mannschaft vergeben. Ein Treffer kann durch einen Freitritt nicht erzielt werden.

Eine Mannschaft, an die ein Freitritt vergeben wird, darf keinen Dropkick-Treffer erzielen, ehe nicht der Ball »tot« war oder ein gegnerischer Spieler den Ball gespielt hat oder einen Gegner gefaßt hat oder ein Paket gebildet worden ist.

Ein Freitritt, der für eine Regelverletzung vergeben wurde, darf durch einen beliebigen Spieler der nichtschuldigen Mannschaft ausgeführt werden.

Ein Freitritt darf mittels jeder Art von Tritt ausgeführt werden, außer beim Tritt in die Mark, vorausgesetzt, daß der Treter, wenn er den Ball hält, ihn aus den Händen tritt. Wenn der Ball auf dem Boden ist, muß er eindeutig von der Marke weggetreten werden.

(1) Die Mannschaft, die einen Freitritt erhalten hat, kann wählen, daß ein Gedränge an der Marke angeordnet wird, und sie soll dann den Ball einwerfen.

(2) Ein Tritt muß ohne unnötige Verzögerung ausgeführt werden.

(3) und (4) wie bei Regel 27 (2)(b)

(5) Der Treter darf den Ball in jede beliebige Richtung treten und den Ball ohne Einschränkung selbst wieder spielen. Ein Spieler, der in die Mark treten will, darf den Ball nur aus der Hand oder als Dropkick treten.

(6) Wie bei Regel 27 (2)(d)

(7) Die gegnerische Mannschaft darf nicht absichtlich irgend etwas unternehmen, das die Ausführung des Freitritts verzögert. Das schließt Handlungen ein wie absichtliches Tragen, Werfen oder Treten des Balls außerhalb der Reichweite des Treters.

(8) Die gegnerische Mannschaft muß ohne Verzögerung auf oder hinter eine Linie zurücklaufen, die parallel zur Mallinie verläuft und 10 m von der Marke entfernt ist, oder zu ihrer eigenen Mallinie, falls diese näher als 10 m an der Marke ist, oder 5 m von der gegnerischen Mallinie, wenn die Marke sich im Malfeld befindet.

Wenn sie so zurückgelaufen sind, dürfen die Spieler der Gegenmannschaft losstürmen, um den Tritt zu verhindern, sobald der Treter anzulaufen beginnt oder tritt.

(9) Wenn nach fairem Eingreifen Spieler der gegnerischen Mannschaft verhindern, daß der Tritt ausgeführt wird, ist er ungültig.

(10) Weder der Treter noch der Setzer sollen absichtlich etwas tun, das die gegnerische Mannschaft veranlassen könnte, vorzeitig loszustürmen. Wenn einer von ihnen das tut, soll das Losstürmen nicht geahndet werden.

Strafe:
• Für eine Regelverletzung durch die Mannschaft des Treters oder für einen ungültigen Tritt – ein Gedränge an der Marke, und die Gegenmannschaft soll den Ball einwerfen.
Wenn die Marke im Malfeld liegt, soll das Gedränge 5 m von der Mallinie auf einer Linie durch die Marke stattfinden.
• Für eine Regelverletzung durch die gegnerische Mannschaft – Freitritt 10 m von der Marke oder 5 m von der Mallinie, was immer näher ist, und dann auf einer Linie, die durch die Marke verläuft. Jeder Spieler der nicht schuldigen Mannschaft darf den Tritt ausführen.

Anmerkungen:
(I) Wie bei Regel 27 (2), Anmerkung (I).
(II) Wie bei Regel 27 (2), Anmerkung (III).
(III) Der Treter darf nicht täuschen, als wolle er treten, und dann zurückweichen. Sobald er eine Bewegung zum Treten macht, dürfen die Gegner losstürmen.
(IV) Wie bei Regel 27 (2), Anmerkung (IV).
(V) Der Schiedsrichter soll darauf achten, daß die gegnerischen Spieler sich nicht allmählich heranschleichen und daß sie beide Füße hinter der 10-m-Linie haben, sonst wird entsprechend Regel 28 ein Straftritt verhängt.
(VI) Wenn der Straftritt hinter der Mallinie ausgeführt wird, befindet sich der Ball im Spiel, wenn ein Gegner ihn regelgerecht spielt, ehe er die Mallinie überquert und ein Versuch erzielt werden kann.
(VII) Wie bei Regel 27 (2), Anmerkung (VII).
(VIII) Wie bei Regel 27 (2), Anmerkung (VIII),
(IX) Wenn die Gegner regelgerecht einen Freitritt im Spielfeld zunichte machen, darf das Spiel weitergehen.

(X) Wenn ein Freitritt im Spielfeld gegeben wird und der Spieler in sein Malfeld zurückläuft, um den Freitritt auszuführen, und seine Gegner nach rechtmäßigem Losstürmen den Tritt verhindern, soll ein Gedränge 5 m von der Mallinie auf einer Linie durch die Marke ausgeführt werden.

(XI) Wenn ein Freitritt im Malfeld angeordnet wird und die Gegner nach rechtmäßigem Stürmen die Ausführung des Tritts verhindern, soll ein Gedränge 5 m von der Mallinie auf einer Linie durch die Marke ausgeführt werden.

(XII) Wenn der Schiedsrichter der Meinung ist, daß der Grund für einen Freitritt nach den Strafvorschriften fabriziert wurde, soll er das Spiel weiterlaufen lassen. Wenn der Schiedsrichter eine weitere Strafe vergibt, soll der Freitritt nicht ausgeführt werden, ehe der Schiedsrichter die Marke gemacht hat, die die Stelle für den Freitritt anzeigt.

TEAMS AUS 7 SPIELERN UND MINI-RUGBY

»Siebener«

»Siebener« ist ein schnelles Spiel, das zuerst in den achtziger Jahren des vorigen Jahrhunderts in Schottland gespielt wurde. Das Siebener-Spiel folgt den gleichen Grundregeln wie das Spiel mit Mannschaften aus 15 Spielern und wird auf einem gleich großen Spielfeld gespielt. Es gibt jedoch nur sieben Spieler – drei Stürmer und vier Verteidiger; demzufolge ist die Zahl der Spieler in einem Gedränge oder einer Gasse auf drei begrenzt. Die Spiele dauern nur 15 Minuten.

Mini-Rugby

Mini-Rugby ist eine ziemlich junge Rugby-Variante, dazu bestimmt, junge Spieler mit den Regeln und Fertigkeiten des Spiels sicher und schrittweise bekannt zu machen. Eine Mannschaft besteht aus neun Spielern – vier Stürmern und fünf Schlußmännern – mit vier Spielern in einer Gasse. Das Spielfeld ist viel kleiner und gewöhnlich auf einem Feld von Standardgröße eingezeichnet, die Abmessungen betragen 59 x 28 m (für Kinder unter 10 Jahren) oder etwa 69 x 38 m

(10–13 Jahre). Die Spiele bestehen aus zwei Halbzeiten von je 15, 20 oder 25 Minuten. Der Gedanke ist, eine maximale Beteiligung zu erreichen. Das reduzierte Spielfeld sichert, daß Spieler in allen Positionen eine Chance haben, an den Aktionen teilzunehmen und wiederholt Kontakt zum Ball zu haben. Die Regeln sind die gleichen wie für Mannschaften von 15 Spielern, mit geringen Ausnahmen, z. B., wenn der Tritt von außerhalb des 15-m-Gebiets des Treters direkt in die Mark geht, bekommt die Gegenmannschaft einen Straftritt (wobei der Spieler, der den Straftritt ausführt, den Ball leicht mit dem Fuß anstößt, ihn dann aufnimmt und paßt); eine Entfernung von mindestens 7 m muß von den Gegenspielern bei allen Strafen eingehalten werden; die Spieler dürfen einen Straftritt nicht ins Mal treten; Spieler bis zu acht Jahren treten keine Konversionen von Versuchen, aber die bis zu neun und zehn Jahren dürfen das, obwohl von einer Stelle direkt vor den Malstangen aus.

American Football

Diese populäre, rassige Sportart wird oft als die kämpferische Variante des Schachspiels bezeichnet. Die Teamtrainer arbeiten eine Reihe komplizierter Züge, Taktiken und Formationen aus und führen dann ihre Mannschaften strategisch durch das Spiel. Das Super-Bowl-Pokalspiel ist der Saisonhöhepunkt in der *National Football League*.

Das Spielfeld

Rechteckig, 110 x 49 m. Natürlicher oder künstlicher Rasen. Begrenzt durch Seitenlinien und Endlinien. Der Abstand zwischen den parallel zu den Torlinien verlaufenden Yardlinien beträgt 5 y (4,5 m). Anhand der Yardlinien kann man den Raumgewinn einer Mannschaft ermitteln.

Die Tore

In der Mitte der beiden Endlinien steht jeweils ein zum Feld hin versetztes Tor mit zwei in hellen Farben gehaltenen Torpfosten. Diese sind durch eine in 18 Fuß 6 Zoll (3 m) Höhe angeordnete Querlatte verbunden. Die Pfosten ragen über die Querstange 30 Fuß (9 m) hinaus, wobei die zwischen den beiden Pfosten – nach oben unbegrenzt – verlaufende Ebene das Tor markiert. (Abb. unten)

Masten

120 yd

Inbounds-Yard-Markierung

20-y-Linie

Tor

10 yds

Torlinie

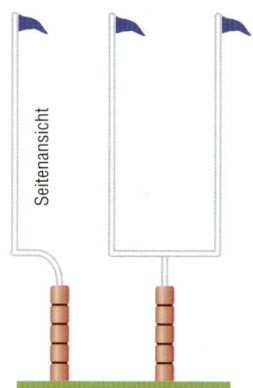

Seitenansicht

Der Ball

Ovale, beigefarbene Hülle aus grobem Leder mit luftgefüllter Gummiblase. Die Standardmaße sind: Längsachse 11 bis 11 1/4 Zoll (ca. 28 cm); langer Umfang (um die Mitte) 28–28 1/2 Zoll (ca. 71 cm); Gewicht 14–15 Unzen (ca. 397 g). Bei Stadionspielen müssen 24 Bälle zur Verfügung stehen.

Das »Spielfeldgitter«

Im Gegensatz zu anderen Football-varianten, bei denen die Spielfeldmaße nur ungefähr eingehalten werden, sind die Maße im American Football genau festgelegt. So sind die Yard Lines in Abständen von genau 5 y gezogen. Zwei Linien (Hash Marks), bestehend aus vielen kurzen Markierungen in 1-Yard-Abstand, verlaufen im rechten Winkel zu den 5-y-Linien und markieren die Endpunkte jedes Spielzuges.

Schutzausrüstung

American-Football-Spieler gehören zu den Sportlern, die die stärkste Schutzausrüstung tragen und die an gepanzerte Ritter aus dem Mittelalter erinnern. Unter seinem Trikot trägt der Football-Spieler eine Schutzweste mit massiven Schulterschützern, einem Gürtelschutz und Hüftschützern.

Der Super Bowl

Die ranglistenhöchsten Mannschaften der National Football League kämpfen um die Teilnahme am Super Bowl, in dem der Meister ermittelt wird. Seitdem er 1967 zum erstenmal ausgetragen wurde, waren die San Francisco 49ers und die Dallas Cowboys am häufigsten Sieger.

Die Spieler

Eine Mannschaft besteht aus 45 Spielern, von denen sich 11 gleichzeitig auf dem Spielfeld befinden dürfen. Eine Mannschaft besitzt eine *Offense*-Gruppe für den Angriff, eine *Defense*-Gruppe für die Verteidigung und ein Special Team für *Kickoffs*, *Punts* (Kicks aus der Hand), Extrapunkte (oder *Conversion*) und *Field Goals* (Feldtore).

Kleidung

Schutzhelm, Schulterschützer, Bein- und Knieschützer, Hose, Trikot, Armbänder, Handschuhe, Socken und Schuhe. Vorn, hinten und an den Ärmeln des Trikots trägt jeder Spieler seine Nummer, hinten am Trikot ist sein Zuname angebracht. Die Nummern 1–19 werden von den *Quarterbacks*, *Puntern* und *Place-Kickers*; 20–49 von den *Running Backs*; 50–59 von den *Centers*; 60–79 von den *Offensive Guards* und *Tackles*; 80–89 von den *Wide Receivers* und *Tight Ends*; 90–99 von den *Linebackers* (falls 50–59 nicht zur Verfügung stehen) getragen.

Die Offiziellen

Ein *Referee* (Oberschiedsrichter), ein *Umpire* (der zweite Chef), *Head Linesman* (beobachtet jeden Versuchsbeginn), *Line Judge* (wie Head Linesman plus Paßspielzüge), *Back Judge* (Rückraum der Defense plus Spielzeit), *Side Judge* (wie Field Judge plus Feldtorversuche), *Field Judge* (Rückraum der Defense: Pässe).

GRAUZONEN

Die häufigste Strafe wird für **Holding** (unerlaubtes Festhalten) verhängt. Es ist den Offensivspielern zwar erlaubt, ihre Arme und Hände zum Blocken von Gegenspielern einzusetzen, das Festhalten ist jedoch nicht erlaubt. Es wird streng zwischen erlaubtem und unerlaubtem Blocken unterschieden, und *Linemen* werden oft wegen Festhaltens eines Gegenspielers am Arm oder Trikot bestraft.

Obwohl der Verstoß **Pass-Interference** (Behinderung) nicht so häufig vorkommt, ist er sehr umstritten, was teilweise durch die harte Strafe zu erklären ist, die er nach sich zieht. Ein Spieler darf zwar einen Paß abfangen, er darf jedoch einen Gegenspieler nicht bei einem Versuch behindern, den Ball zu fangen.

Der Gejagte

Der mit dem Ball laufende Spieler ist der einzige, der in jedem Spielzug getackelt werden darf.

Torschuß

Ist die Mannschaft nahe genug an der Endzone, kann der Teamkicker hereingeholt werden, um einen Field-Goal-Schuß auszuführen.

Quarterback-Paß

Im Gegensatz zum Rugby ist ein Vorwärtspaß beim American Football erlaubt und wird normalerweise vom Quarterback ausgeführt.

Kurzer Lauf

Ein langer Lauf gelingt selten, da der Betreffende bald zu Boden gebracht wird.

SPIELGEDANKE

Die *Offense* punktet, wenn es ihr gelingt, den Ball über die Torlinie der gegnerischen Mannschaft zu tragen (*Touchdown*) oder den Ball über die Querlatte zu schießen (Tor). Die angreifende Mannschaft hat 4 *Downs* (Versuche), um den Ball 10 y in die gegnerische Richtung zu tragen. Gelingt ihr das in vier oder weniger *Downs*, so bekommt sie 4 weitere *Downs* usw.

Um den Raumgewinn zu berechnen, wird der in den 4 *Downs* gewonnene Raum summiert. Dabei werden die Ordnungszahl des *Downs* und die noch bis 10 y fehlende Yardanzahl angegeben. Für die *Offense* beginnt also jede Serie mit »*first Down and 10*«. Beträgt der Raumgewinn im 2. Spielzug 6 y, lautet die Angabe »*second and four*«. Büßt eine Mannschaft Raum ein, wird dieser zur 2. Zahl addiert.

Die Angreifer versuchen, Raum durch Laufspiel bzw. Paßspiel zu gewinnen, während die Verteidiger (*Defense*) ver-

suchen, sie daran zu hindern und in Ballbesitz zu gelangen.

Spieleröffnung

Die Partei, die den Münzwurfentscheid gewinnt, kann entweder die Torlinie wählen, die sie verteidigen will, oder darf entscheiden, welche Mannschaft den Kick-off ausführt. Die *Defense* eröffnet das Spiel mit einem *Kick-off* von der eigenen 35-y-Linie. Dazu wird der Ball auf einen Halter gestellt und in die Richtung der gegnerischen Mannschaft getreten, die dann versucht, mit dem Ball möglichst weit in die entgegengesetzte Richtung vorzudringen.

Wer gewinnt

Ein *Touchdown* bringt 6 Punkte, ein Feldtor 3. Ein erfolgreicher *Try* (oder *Conversion* – ein Zusatzversuch von der 2-y-Linie nach einem *Touchdown*) hat eine Wertung von 1 oder 2 Punkten, während ein *Safety* (siehe Abschnitt 4) 2 Punkte bringt. Das Spiel gewinnt die Mannschaft, die die meisten Punkte hat.

Bei Punktgleichstand nach Ablauf der regulären Spielzeit wird das *Sudden-Death*-Prinzip zu Ermittlung des Siegers angewandt. Es werden Verlängerungen von jeweils 15 min gespielt, bis eine der beiden Mannschaften punktet.

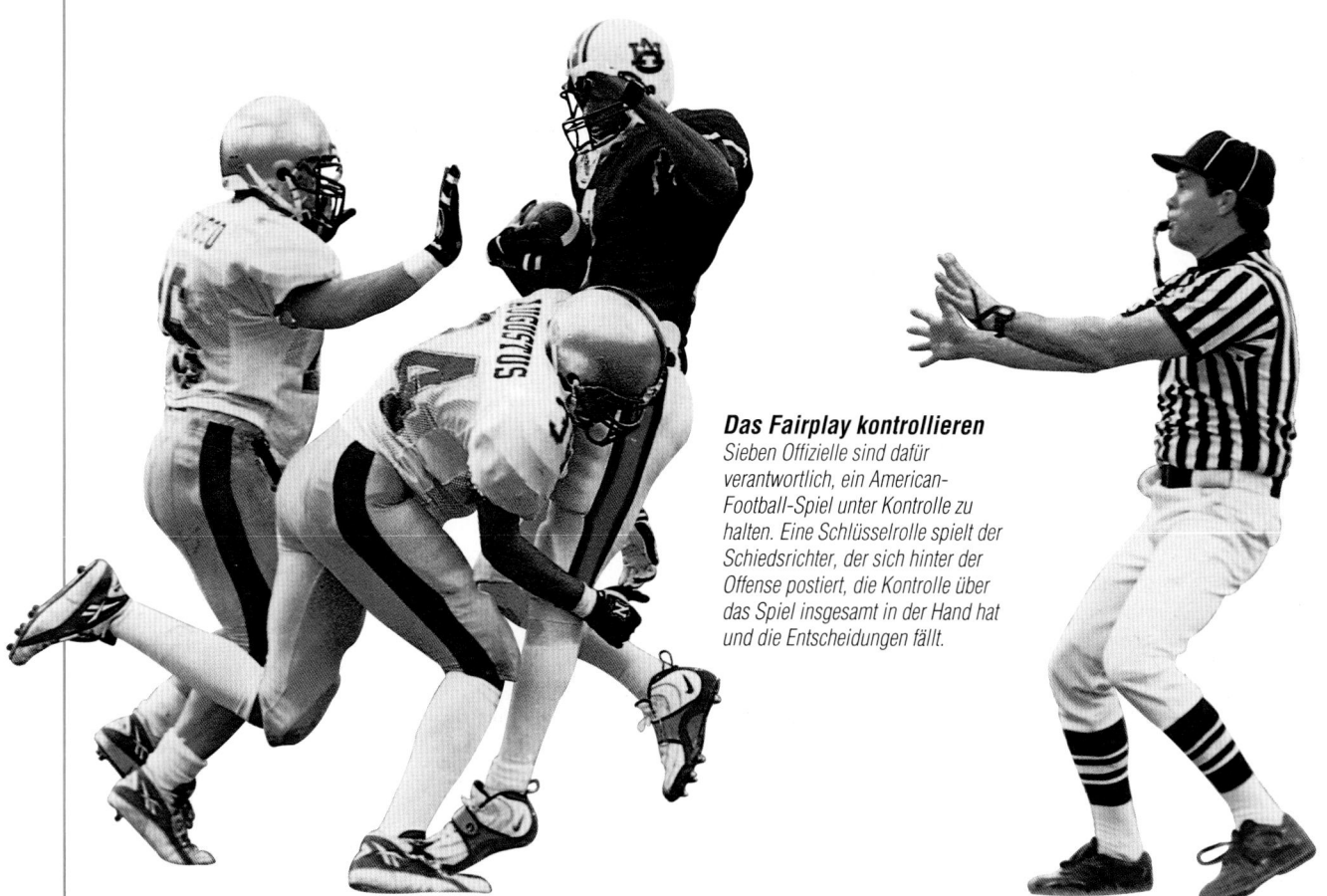

Das Fairplay kontrollieren
*Sieben Offizielle sind dafür
verantwortlich, ein American-
Football-Spiel unter Kontrolle zu
halten. Eine Schlüsselrolle spielt der
Schiedsrichter, der sich hinter der
Offense postiert, die Kontrolle über
das Spiel insgesamt in der Hand hat
und die Entscheidungen fällt.*

REGELN DER AMERICAN FOOTBALL LEAGUE UND NATIONAL FOOTBALL LEAGUE

* * * * * * * * * * * * * *

(Die Regeln sind gekürzt und
zusammengefaßt.)

Regel 6. Free-Kick
Abschnitt 1. Der Ball wird ins Spiel gebracht
Art.1. Der Ball wird mit einem
Free-Kick, *Kick-off* genannt, ins
Spiel gebracht, und zwar:
(a) zu Beginn einer jeden Halbzeit;
(b) nach einem *Try*;
(c) nach einem erfolgreichen
Feldtor.
Art.2. Ebenfalls mit einem *Free-
Kick* wird der Ball ins Spiel
gebracht:
(a) nach einem *Safety* (siehe
Abschnitt 4);
(b) nach einem *Fair Catch*,
wenn diese Vorgehensweise
gewählt wird;
(c) bei der Wiederholung eines
kurzen *Free-Kick*;
(d) wenn ein Foul von dem vorherigen *Spot* aus geahndet wird.
Art.3. Ein *Free-Kick* kann von
beliebiger Stelle aus oder von
der *Free-Kick*-Linie und
zwischen den *In-Bounds*-Linien
ausgeführt werden. Das Treten
erfolgt aus der Hand als *Place-
Kick* oder als ein *Punt*.

Strafe: Für einen unerlaubt
ausgeführten *Free-Kick*: 5 y
Raumverlust.
Art.4. Die anfänglichen *Free-
Kick*-Linien bei einem *Free-Kick*
(plus oder minus einer beliebigen Entfernung, um die sie
wegen einer evtl. vor dem Kick
ausgesprochenen Raumstrafe
verschoben wurden) werden wie
folgt festgelegt:
　Für das tretende Team:
(a) bei *Kick-off* – eigene 30-Yard-
Linie
(b) bei *Safety-Kick* – eigene 20-
Yard-Linie
(c) bei *Fair-Catch-Kick* – Die
durch die Fangmarke verlaufende Yardlinie.
　Für das annehmende Team:
Eine Yardlinie 10 Yard vor der
Free-Kick-Linie der *Offense*.
Art.5. Nach dem Schiedsrichterpfiff vor dem *Free-Kick*:
(a) Bis zum Kick müssen sich
alle annehmenden Spieler
(Mannschaft B) im *In-Bounds*-
Bereich und hinter ihrer
Anspiellinie befinden;
(b) außer dem Halter des *Place-
Kicks* müssen sich alle Spieler
des tretenden Teams (Mannschaft A) im *In-Bounds*-Bereich
und hinter dem Ball befinden,
wenn dieser getreten wird; auch
der Kicker darf jenseits der Linie
stehen, sein Trittfuß jedoch
nicht.
Strafe: Für Verstoß gegen die

Free-Kick-Aufstellung:
Wiederholung des *Free-Kicks*.
Die neuen *Free-Kick*-Linien werden um 5 Yard zur Endlinie der
zu bestrafenden Mannschaft hin
versetzt, falls keine Halb-Distanz-
Strafe ausgesprochen wird.
**Abschnitt 2. Ball im Spiel nach
Free-Kick**
Art.1. Ein *Free-Kick* gilt als kurz,
wenn der Ball nicht bis oder
über die *Free-Kick*-Linie der
annehmenden Mannschaft fliegt,
es sei denn, er wird dabei vorher
von einem Spieler der annehmenden Mannschaft berührt
oder er geht ins Aus.
Art.2. *Free-Kick-Recovery*
(a) Wird ein *Free-Kick* von der
annehmenden Mannschaft gesichert (nach dessen Bodenberührung unter Kontrolle gebracht –
Recovery), kann diese in den
Angriff gehen.
(b) Wird ein (erlaubter oder
unerlaubter) *Free-Kick* vom
tretenden Team gesichert, liegt
ein toter Ball vor. Wird er legal
gesichert, wird er von der tretenden Mannschaft am *Spot* der
Recovery ins Spiel gebracht. Un-
berechtigtes Vorrücken durch
den Ball (erlaubt oder unerlaubt)
sichernde Team wird daraufhin
als Spielverzögerung geahndet.
(c) Wird ein *Free-Kick* von zwei
gegnerischen Spielern
gleichzeitig gesichert, wird der
Ball dem annehmenden Team

zugesprochen.
Art.3. Alle allgemeinen Regeln
gelten, wenn das Spiel nach
Beendigung eines *Free-Kick*
(*loose Ball*) fortgesetzt wird.
Art.4. Ein Spieler des tretenden
Teams darf einen *Kick-off*- oder
Safety-Ball nicht sichern, bevor:
(a) der Ball von der annehmenden Mannschaft (B) berührt
wird, wenn dieser Spieler der
tretenden Mannschaft während
des Kicks im Aus war;
(b) der Ball die *Restraining
Line* des annehmenden Teams
überquert, es sei denn, er wurde
davor vom ballannehmenden
Team berührt.
Art.5. Bei einem Foul, außer
einem persönlichen Foul (Blok-
ken), nach einem *Fair-Catch*-
Signal, *Fair-Catch-Interference*
oder ungültiger *Fair-Catch-
Interference* während eines
Free-Kicks muß der *Free-Kick*
– falls das Foul geahndet wird –
erneut ausgeführt werden, und
zwar vom vorherigen *Spot* aus.

Regel 7. *Scrimmage*
**Abschnitt 1. Zu erreichender
Raumgewinn bei Downs**
Art.1. Dem angreifendem Team
wird eine neue Serie (*first-and-
10*) zugesprochen, wenn die
folgenden Bedingungen gegeben
sind, vorbehaltlich der spezifischen Durchführungsregelung
(Regel 12):

EINIGE AMERICAN-FOOTBALL-BEGRIFFE

Conversion: Aktion nach regulärem →*Touchdown*, die bei Gelingen 2 Extrapunkte bringt: Aus 3 m Entfernung von der Endzone wird ein weiterer Touchdown geschafft.
Down: Versuch, die geforderten 10 Yards zu überwinden.
Encroachment: Ein Angreifer befindet sich nach der Ballfreigabe unzulässigerweise in oder gar jenseits der neutralen Zone.
Fair Catch: Fangen eines gekickten Balles durch einen Spieler des gegnerischen Teams ohne die Absicht, Raumgewinn zu erzielen; ein *Fair Catch* muß zuvor angezeigt werden.
Fake: Täuschungsmanöver
Free Ball: Freier Ball, der von jedem Spieler auf dem Feld

erobert werden darf.
Fumble: Fallenlassen des Balles, der dadurch zum *Free Ball* wird.
Halbdistanzstrafe: Halbierung des Distanzverlustes in der Nähe der Torlinie des bestraften Teams, denn keine Distanzstrafe soll größer als die Entfernung zur Torlinie sein.
Holding: Foul, bei dem ein Gegenspieler festgehalten wird, der *nicht* im Ballbesitz ist.
Huddle: Zusammenkunft der Spieler zur Beratung, meist in Kreisform.
In-Bounds-Linien: Hashmarks
In-Bounds-Spot: Punkt zwischen den In-Bounds-Linien oder auf ihnen.
Interference: unzulässige Behinderung (bei einer Aktion)
Kick-off: Spieleröffnung durch einen Kick zu jeder Halbzeit und nach Punktgewinn.

Loose Ball: →*Free Ball*
Place-Kick: Kick vom Boden aus
Punt: Kick aus der Hand
Receiver: Paßempfänger (zum Paßempfang ist nicht jede Spielerposition berechtigt)
Safety: Aktion, bei der der Ballträger in seiner eigenen Endzone zu Fall gebracht wird – bringt 2 Punkte.
Safety-Kick: Nach einem Safety kickt die Offense den Ball von der eigenen 20-m-Linie in Richtung Gegner.
Scrimmage: Spieleröffnung von der →*Scrimmage-Linie*, an der sich beide Teams gegenüberstehen.
Scrimmage-Linie: (imaginäre) Anspiellinie
Shift: Positionswechsel von 2 oder mehr Angriffsspielern in einer Scrimmage-Situation kurz vor dem Snap.
Snap: Anspiel, indem der Center den Ball rückwärts

durch seine Beine weitergibt.
Spot: Ort (z.B. des Regelverstoßes)
tackeln: zu Boden reißen
Touchback:
a) Nach einem Kick-off oder Punt des Gegners fängt ein Spieler den Ball in der eigenen Endzone auf.
b) Nach einem Kick-off oder Punt geht der Ball in die Endzone des Gegners und von dort ins Aus.
c) Ein Verteidiger fängt den Paß eines Gegners ab und bringt den Ball in die eigene Endzone.
Touchdown: Der Ball wird in die gegnerische Endzone getragen oder dort gefangen – wird mit der höchsten Wertung (6 Punkte) belohnt.
Try: Abfangen des Balles nach →*Conversion* und Zurücktragen in die gegnerische Endzone

(a) wenn bei einer Serie der Ball in der Zeit, da er auf, über oder jenseits der zu erreichenden Linie ist, zum toten Ball in

Besitz des angreifenden Teams erklärt wird (Ausnahme: wenn er dort bei einer Strafe plaziert wird oder wenn daraus ein

Touchback für das Team resultiert);
(b) wenn der Ball auf dem Spielfeld in Besitz der *Offense* zum

toten Ball wird, nachdem er in demselben *Down* in Besitz der *Defense* war;
(c) wenn – falls keine anderslautende Bestimmung zur Anwendung kommt – das Verteidigungsteam ein Foul begeht oder wenn ihr Schwung zu einem *Touchback* für die *Offense* führt;
(d) wenn das tretende Team einen *Scrimmage-Kick* an beliebiger Stelle auf dem Spielfeld sichert, nachdem er von der annehmenden Mannschaft jenseits der Anspiellinie berührt worden war.
Art.2. Als Bezugspunkt zum Messen des Raumgewinns wird der Punkt genommen, auf dem sich zum Zeitpunkt, da der Ball

Auge in Auge
stehen sich die Gegner gegenüber

➨ *Seite 87*

Scrimmage
Nach jedem toten Ball geht das Spiel mit einem Scrimmage weiter.

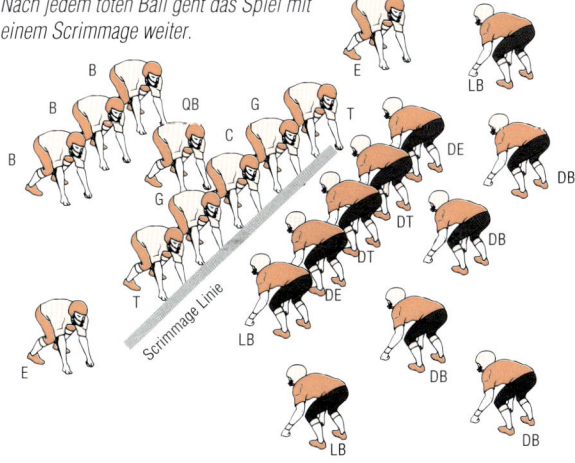

Scrimmage-Positionen
Angriff:
B	Back
QB	Quarterback
C	Center
E	End
T	Tackle
G	Guard

Verteidigung:
LB	Linebacker
DE	Defense End
DT	Defense Tackle
DB	Defense Back

Abseits
Jeder Spieler (außer dem Snapper), der die Scrimmage-Linie überschreitet, ist abseits.

Der Snap
Der »Snap« ist eine der wichtigsten Aktionen im American Football. Dabei reicht der Center den Ball in einer schnellen, fließenden Bewegung zwischen den Beinen nach hinten zu seinem Quarterback. Beim Snap verharren der Center und alle anderen Spieler regungslos in ihrer Position.

Der Snap

Center   Quarterback   Back

Besondere Spielzüge

Taktisch ist American Football ein unglaublich kompliziertes Spiel, bei dem die Mannschaft bei jedem Down eine Serie von zuvor sorgfältig ausgearbeiteten Spielzügen mit militärischer Präzision ausführt. Dazu zählen Laufspielzüge, wie

etwa der »Sweep«, bei dem der Ballträger von zwei Blockern abgeschirmt wird, während er um seine Linemen herum läuft; die »Falle«,

bei der die Angreifer eine Öffnung lassen, um ihre Gegner irrezuführen; und das »Quarterback Sneak«, bei dem eine Öffnung in der Verteidigung geschaffen wird, durch die der Quarterback durchkommen kann.

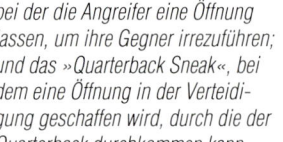

HAUPTREGELN

Die Spielzeit beträgt 4 x 15 Minuten mit 2 Minuten Pause zwischen dem ersten und zweiten sowie dem dritten und vierten Viertel; die Halbzeitpause beträgt 12 Minuten. Da aber die Spielzeituhr nur läuft, wenn der Ball im Spiel ist, dauert ein Spiel häufig ca. 3 Stunden. Ein Torwechsel erfolgt am Ende des ersten und dritten Viertels. Den Teams stehen drei Auszeiten von je 2 min in jeder Halbzeit zu.

• Spieler dürfen mit dem Ball laufen, ihn werfen oder treten. Vorwärtspässe sind erlaubt, aber pro *Scrimmage* ist nur ein solcher Paß zu einem Angriffsspieler erlaubt, und zwar von der *Scrimmage*-Linie. Ein Rückpaß ist zu jeder Zeit erlaubt. Siehe Regel 8 auf Seite 89.

• Die *Scrimmage*-Linie ist eine gedachte Linie, die parallel zu den Endzonen durch die Ballspitze verläuft, welche sich am nächsten zur Mannschaft befindet, die im Ballbesitz ist. Bei einem *Scrimmage* stehen sich die Mannschaften auf den entgegengesetzten Seiten der Linie gegenüber. Nachdem der Ball mit dem *Kick-off* zur gegnerischen Mannschaft befördert wurde, wird das Spiel mit einem *Snap* fortgesetzt, den der *Center* von der *Scrimmage*-Linie aus ausführt, indem er den Ball zwischen seinen Beinen nach hinten zum *Quarterback* gibt. Beim *Snap* müssen sich mindestens 7 Spieler an der *Scrimmage*-Linie befinden, während sich die übrige Mannschaft mindestens 1 y dahinter befinden muß. Siehe Regel 7, (Seite 84).

Fair Catch

Wenn der Spieler den Ball annimmt, muß der Ball völlig unter seiner Kontrolle sein. Beabsichtigt er einen Fair Catch, um einen neuen Angriffszug zu starten, muß er seine Absicht durch das Heben eines Arms signalisieren, während der Ball noch in der Luft ist. Signalisiert er diese Absicht nicht, wird er mit 5 y Raumverlust bestraft.

• Ein *Fair Catch* ist nach einem *Punt* oder *Kick-off* von einem Spieler der gegnerischen Mannschaft möglich. Der Fänger muß seine Absicht, den Ball zu fangen, signalisieren, indem er eine Hand über Kopfhöhe ausstreckt und sie mehrere Male schwenkt. Sollte ein Spieler den Fangenden behindern (*Interference*), bevor dieser den Ball fängt, wird er bestraft. Nach einem *Fair Catch* beginnt die Mannschaft des Fängers eine neue Serie, dabei kann sie wählen, ob sie diese mit einem *Free-Kick* oder einem *Snap* startet.

Siehe Regel 10 (Seite 92).

• Ein Verteidiger darf einen balltragenden Gegner mit den Händen oder Armen tackeln, um ihn zu Boden zu bringen und festzuhalten. Darüber hinaus darf die Defence den Angreifer blocken. Die Regeln sehen jedoch einige Einschränkungen bezüglich Körperkontakt vor. So darf ein Spieler nicht mit der Faust geschlagen werden. Beim Blocken darf ein gegnerischer Spieler nicht mit den Ellbogen oder Unterarmen durch ein unnötiges Drehen getroffen werden. Er darf nie am Gesichtsschutz gezogen werden. Beinstellen, Treten oder Schlagen mit dem Knie ist verboten. Unerlaubtes oder unsportliches Verhalten wird geahndet, und zwar mit einem

Down- oder Raumverlust (oder beidem) oder sogar mit Disqualifikation.

Siehe Regel 12 (Seite 93).

KÖNNEN

Eine Mannschaft hat Spezialisten, die für die jeweiligen Positionen besonders befähigt sind. Insgesamt erfordert das Spiel Kraft, Intelligenz und Gewandtheit.

Die Angriffsmannschaft

Der Quarterback ist ein starker Werfer mit guter Spielübersicht, der den Angriff dirigiert. Er muß die Fähigkeit besitzen, die Lage schnell zu erfassen und die günstigste Spielvariante zu erkennen.

Das Angriffsspiel beginnt, wenn der *Center* den Ball in einem *Snap* zum *Quarterback* nach hinten gibt, der dann mit dem Ball losläuft oder ihn einem freien Receiver oder einem *Running Back* zuspielt. Die *Running Backs* sind entweder *Halfbacks* (flink, agil und behende genug, um *Tacklern*

auszuweichen) oder *Fullbacks* (kräftig genug, um trotz der Tackler vorzustürmen). *Wide Receivers* sind schnelle Spieler, die auch lange Pässe vom *Quarterback* fangen können. Der *Tight End* ist ein kräftig gebauter Spieler, der in der Lage ist, Gegenspieler zu blocken und gegebenenfalls mit dem Ball selbst zu laufen. Die *Tackles* sind die größten Spieler und sollen Gegenspieler fernhalten, um Lücken zu schaffen. Die *Guards* dienen als Verstär-

kung für die *Tackles*, die oft vor dem Ballträger laufen, um ihm eine Gasse durch die Verteidigung freizumachen.

Die Verteidigungsmannschaft

Die *Defensive Ends* sind groß und schnell; sie fangen Ballträger ab, die über die Flügel kommen. *Defensive Tackles* sind zähe, kräftige Spieler, die der Offense in der Mitte direkt gegenüberstehen. *Linebacker* müssen flexible Verteidiger sein, die einen bestimmten Teil des Spielfeldes abblocken oder den *Quarterback* abfangen und tackeln. *Cornerbacks* müssen vielseitig sein: Sie müssen die Kraft haben, um wirkungsvoll zu tackeln und die für das Rennen und Abfangen erforderliche Agilität besitzen. Die beiden *Safeties* stehen hinter den Verteidigern und sollen Pässe der Offense zu vorrückenden Spielern abfangen.

Tackle
Ein Verteidiger darf nur einen balltragenden Gegenspieler festhalten (tackeln).

Fortsetzung von Seite 85

auf dem Spielfeld zum toten Ball wurde, der vordere Teil des Balles befand. Der Ball darf beim Messen nicht gedreht werden.
Art.3. Gelingt es der *Offense* nicht, den Ball während einer Serie bis zu der zu erreichenden Linie zu bringen, übernimmt die Verteidigungsmannschaft die neue Serie und wird zur *Offense* an der Stelle,
(a) wo der Ball am Ende des 4. *Down*s zum toten Ball erklärt wurde;
(b) wo er wegen einer Kombinationsstrafe oder eines *Touchback* für das Verteidigungsteam plaziert wurde.
Abschnitt 2. Spielerposition beim *Snap*
Art.1. Die Angriffsmannschaft
(a) muß zum Zeitpunkt des *Snaps* 7 oder mehr Spieler auf ihrer Linie haben;
(b) alle anderen Spieler, die nicht auf der Linie sind, mit Ausnahme des den *Snap* annehmenden Spielers, müssen sich

beim *Snap* mindestens 1 y hinter ihr befinden.
Strafe: Bei Verletzung der Snapformation: 5 y zurück vom vorherigen *Spot*.
Art.2. Nach »Inkrafttreten« der neutralen Zone darf sich kein Spieler der beiden Mannschaften beim *Snap*:
(a) in der Zone befinden (*Encroachment*);
(b) in Abseitsstellung befinden.
Strafe: Bei *Encroachment*, Abseits oder Verletzung der neutralen Zone: 5 y vom vorherigen *Spot*. Die *Down*-Nr. und die zu erreichende Linie bleiben unverändert.
Art.3. Ein Angriffsspieler, der ins Spiel kommt und dabei eine für seine Position unerlaubte Nummer trägt, muß sich beim Schiedsrichter melden, der dies wiederum dem Kapitän der *Defense* meldet. Die Spielzeituhr darf nicht angehalten und der Ball darf nicht ins Spiel gebracht werden, bis der Referee seine normale Position einnimmt.
Strafen:

(a) 5 y wegen unerlaubten Auswechselns, falls ein Spieler in dieser Kategorie ins Spiel und/oder in den Huddle seines Teams kommt und seine Position beim Schiedsrichter erst vor dem *Snap* meldet;
(b) für das Nichtmelden einer meldepflichtigen Änderung im Berechtigungsstatus vor dem *Snap*: 5 y für unerlaubte Auswechslung.
Art.4. Beim *Snap* darf sich ein Center, ein Guard oder Tackle der *Offense* an beliebiger Stelle seiner Linie befinden, er darf jedoch nicht dahinter sein, es sei denn, er befindet sich mindestens 1 y dahinter und hat den Referee davon in Kenntnis gesetzt, daß er zu der Position eines berechtigten Receiver gewechselt hat.
Strafe: Für Center, Guard oder Tackle, der sich zum Zeitpunkt des *Snaps* nicht auf der Scrimmage-Linie befindet: 5 y zurück vom vorherigen *Spot*.
Art.5. Alle Offensivspieler müssen beim *Snap* in ihrer

Position verharren, dabei dürfen sie nicht:
(a) die Füße, Kopf oder Arme bewegen;
(b) mit dem Körper wackeln;
(c) sich direkt nach vorn bewegen; Ausnahme: nur der eine Spieler, und auch er darf dies nur, wenn er sich beim *Snap* parallel oder schräg zur oder direkt nach hinten von der Scrimmage-Linie bewegt.
Strafe: Für unerlaubtes Bewegen eines Spielers beim *Snap*: 5 y zurück vom vorherigen *Spot*. In Zweifelsfällen wird diese Strafe auferlegt.
Art.6. Nach einer Shift oder einem Huddle müssen alle Angreifer absolut zur Ruhe kommen. Sie müssen regungslos in ihrer Position verharren, wobei sich weder ihre Beine, Kopf oder Arme bewegen noch ihr Körper mindestens eine Sekunde lang vor dem *Snap* wackeln dürfen.
Strafe: Für unerlaubte Pause

➥ *Seite 88*

Fortsetzung von Seite 87

oder Bewegung nach dem Shift: 5 y vom vorherigen *Spot*. Im Zweifelsfall wird die Strafe verhängt.

Art.7. Beim *Snap* darf sich kein Spieler im Aus befinden.
Strafe: Für Aus beim *Snap*: 5 y zurück vom vorherigen *Spot*.

Abschnitt 3. Ins-Spiel-Bringen des Balles

Art.1. Liegen keine ausdrücklich anderslautenden Bestimmungen vor und ist ein *Free-Kick* nicht vorgeschrieben oder entscheidet die *Offense* sich nicht für einen solchen nach einem Fair Catch, muß sie den Ball mit einem *Snap* dort ins Spiel bringen, wo der vorangegangene *Down* endete.
Strafe wegen Nichtanwendung des *Snaps*, wenn er vorgeschrieben war: 5 y zurück.

Art.2. Bei einer Strafe wird der Ball so lange nicht wieder ins Spiel gebracht, bis die Strafe
(a) ausgeführt oder abgewiesen oder aufgehoben oder wahlweise annulliert oder nicht beachtet wurde.

Art.3. Der *Snap* darf von einem beliebigen Angriffsspieler ausgeführt werden, der sich auf der Linie befindet, die Ausführung muß jedoch den folgenden Bedingungen entsprechen:
(a) Der *Snap* beginnt damit, daß der Ball auf dem Boden liegt, seine lange Achse horizontal und im rechten Winkel zur Linie verläuft;
(b) dem Ball muß in einer schnellen und kontinuierlichen Bewegung einer oder beider Hände des *Snap*pers der Impuls verliehen werden. Während dieser Bewegung muß der Ball die Hände des *Snap*pers verlassen.
(c) Der *Snap*per darf nicht:
(1) seine Füße vom Beginn des *Snap*s, bis der Ball seine Hände verlassen hat, abrupt bewegen;
(2) schnelle Spiele zur neutralen Zone hin machen, bevor der Referee genügend Zeit gehabt hat, seine übliche Position einzunehmen. Der Ball gilt als tot. Keine Strafe, außer bei Mißachtung nach wiederholter Verwarnung (Spielverzögerung).
Strafe wegen unerlaubtem *Snap*: 5 y vom *Spot* des *Snap*s oder Fehlstarts aus.

Art.4. Kein Spieler, der die Position »fertig« eingenommen hat, darf ab Beginn der neutralen Zone bis zum *Snap* angreifen oder den Start eines Spielzuges simulieren (Fehlstart).
Strafe bei Fehlstart: 5 y zurück vom Ort des *Snap*s aus.
Art.5. Kein

Verteidigungsspieler darf die neutrale Zone vor dem *Snap* betreten oder den Ball berühren.
Strafe wegen Ballstörung vor oder während des *Snap*s: 5 y zurück vom Ort des *Snap*s aus.

Art.6. Der *Snap* muß an einen Spieler erfolgen, der beim *Snap* nicht an der Linie war, es sei denn, der *Snap*ball hat zunächst den Boden berührt. Das Spiel geht erst dann weiter, wie nach jedem anderen Rückwärtspaß, wenn der *Snap*ball
(a) den Boden berührt hat;
(b) von einem berechtigten Backfieldspieler berührt oder gefangen wird.
Strafe wegen *Snap* zu einem unberechtigten Spieler: 5 y zurück vom Ort des *Snap*s.

Art.7. Daraufhin wird der Ball an einem Ort zwischen den End- und Seitenlinien von einem Team ins Spiel gebracht (*Snap*), das zum Ballbesitz berechtigt ist, wenn
(a) sich ein loose Ball zwischen den Torlinien im Aus befindet;
(b) ein Ballträger zwischen den Torlinien im Aus ist;
(c) der Ball zum toten Ball in einer Seitenzone (dem Bereich zwischen einer *In-Bounds*-Line und der Seitenlinie) wird;
(d) der Ball wegen einer Strafe an die Stelle gelegt worden war;
(e) sich ein *Fair-Catch-Spot* in einer Seitenzone befindet.

Abschnitt 4. Toter Ball

Art.1. Ausgewählte Situationen, wenn ein Offizieller den Ball für tot und den *Down* für beendet erklärt,
(a) wenn ein Ballträger im Aus ist, »*down*« ruft oder zu Boden fällt und nicht versucht weiterzukommen;
(b) wenn ein

Quarterback während der letzten zwei Minuten einer Hälfte plötzlich am Boden hinter der Scrimmage-Linie auf ein Knie geht (oder den Eindruck erweckt, daß er auf ein Knie geht). Die Spieluhr wird im Verlauf dieser Aktion nicht angehalten,
(c) wenn ein Spieler erklärt, daß er *down* ist, indem er mit den Füßen nach vorn auf dem Boden rutscht. Der Ball wird zum toten Ball an der Stelle und in dem Augenblick, wo der Ballträger den Boden auf diese Weise berührt;
(g) wenn ein Vorwärtspaß (erlaubt oder unerlaubt) unvollständig ist;
(l) wenn ein *Touchdown, Touchback, Safety*, Feldtor oder *Try* gemacht wurde;
(m) wenn ein *Receiver* den Ball nach einem (gültigen oder ungültigen) *Fair-Catch*-Signal fängt, bevor er von einem Gegenspieler im Flug berührt wird;
(n) wenn ein Offizieller (auch irrtümlich) gepfiffen hat;
(o) wenn ein *Fourth-Down-Fumble* der *Offense* von einem beliebigen Spieler dieses Teams außer von dem den *Fumble* begehenden Spieler gesichert oder gefangen wird.

Art.2. Wenn ein *loose Ball* an beliebiger Stelle auf dem Spielfeld zum Ruhen kommt und kein Spieler versucht, ihn zu sichern, muß der verantwortliche Offizielle einen Augenblick warten und dann das Signal für einen toten Ball geben (Auszeit des Offiziellen). Etwaige erlaubte Kickbälle werden der annehmenden Mannschaft zugesprochen, alle anderen Bälle der Mannschaft, die zuletzt im Ballbesitz war. Wird der Ball dem Team hinter der Torlinie zugesprochen, wird dieser auf seine 1-y-Linie gelegt.

Art.3. Pfeift ein Offizieller versehentlich während eines Spiels, zählt der Ball sofort als tot.

Art.4. Liegt ein toter Ball vor, wird er daraufhin an dem vom Offiziellen festgelegten *Spot* ins

Aufwärmen

Ein unbegrenztes Auswechseln innerhalb der aus 45 Spielern bestehenden Mannschaft ist erlaubt, und Spieler sind im Verlauf des ganzen Spiels ständig dabei, sich hinter der Seitenlinie aufzuwärmen, damit sie jederzeit eingewechselt werden können.

Spiel gebracht. Das ist gewöhnlich die Stelle, an der sich der Ball zum Zeitpunkt des Pfiffs befunden hat, es kann jedoch auch ein anderer *Spot* sein, wenn der Schiedsrichter von einem anderen Offiziellen davon in Kenntnis gesetzt wird, daß der Ball an einem anderen *Spot* für tot hätte erklärt werden müssen oder wenn die Regeln etwas anderes vorschreiben.

Art. 5. Der Ball gilt nicht als tot wegen Berührung eines sich im *In-Bounds*-Bereich befindlichen Offiziellen oder wegen eines von einem Offiziellen gegebenen Signals, außer eines Pfiffes.

Abschnitt 5. Ballbesitz nach einem Aus

Art. 1. Geht der Ball bei einem erlaubten Tritt, außer bei einem *Free-Kick*, zwischen den Torlinien ins Aus, wird der Ball daraufhin von den *Receivern* am *In-Bounds-Spot* ins Spiel gebracht, es sei denn, es gibt einen Ort unerlaubter Berührung, der näher zur Torlinie der tretenden Mannschaft liegt.

Art. 2. Handelt es sich um einen Spielzug von einer Anspiellinie aus, wird der Ballbesitz der *Offense* nach einem Aus im *vierten Down* nach der zu erreichenden Linie bestimmt.

Art. 3. Gerät ein Ballträger zwischen den Torlinien ins Aus, wird der Ball daraufhin von seinem Team am *In-Bounds-Spot* ins Spiel gebracht.

Art. 4. Geht ein Vorwärtspaß ins Seitenaus, wird der Ball daraufhin von dem ballpassenden Team nach den Regeln für eine *Incompletion* (s. Regel 8 Art. 5) oder für unerlaubten Paß ins Spiel gebracht.

Art. 5. Geht ein Rückwärtspaß zwischen den Torlinien ins Aus, wird der Ball daraufhin von dem Team am *In-Bounds-Spot* ins Spiel gebracht, das zuletzt im Ballbesitz war.

Art. 6. Ein *Fumble* der *Offense* kann nicht zum Raumgewinn für dieses Team führen, wenn der Ball nicht im Spielfeld oder in der Endzone gesichert wird.

(a) Ein bei einem *Fumble* ins Aus geratener Ball gehört dieser Mannschaft an dem Punkt des *Fumble*.

(b) Ein bei einem *Fumble* auf dem Spielfeld rückwärts ins Aus geratener Ball gehört der *Offense* an dem Aus-*Spot*.

(c) Ein bei einem *Fumble* auf dem Spielfeld nach vorn in die gegnerische Endzone und über die Endlinie oder Seitenlinie geratener Ball wird der Verteidigungsmannschaft übergeben,

und es wird auf *Touchback* erkannt.

(d) Bei einem *Fumble* in der eigenen Endzone, bei dem der Ball nach vorn ins Spielfeld und ins Aus geht, wird auf *Safety* erkannt, vorausgesetzt, daß der Ball den Impuls, der ihn in die Endzone trug, von dieser Mannschaft bekommen hat. Wurde der Impuls von dem gegnerischen Team gegeben, gilt der Spielzug wie ein *Touchback*.

(e) Ein *Fumble* in der eigenen Endzone oder auf dem Spielfeld, bei dem der Ball in der Endzone ins Aus geht, gilt wie ein *Safety*, wenn der Ball den Impuls, der ihn in die Endzone brachte, von diesem Team bekommen hat. Wurde der Impuls von der gegnerischen Mannschaft verloren, wird der Spielzug wie ein *Touchback* behandelt.

Regel 8. Vorwärtspaß, Rückwärtspaß, *Fumble*
Abschnitt 1. Vorwärtspaß

Art. 1. Der *Offense* ist pro Spielzug ein Vorwärtspaß von der *Scrimmage Line* erlaubt, vorausgesetzt, der Ball geht vor dem Paß nicht über die Linie zurück.

(a) Jeder andere Vorwärtspaß gilt für beide Teams als unerlaubt und wird als Foul geahndet.

(b) Wird ein unerlaubter Paß abgefangen, kann der Ball weitergespielt und auf die Strafe verzichtet werden.

(c) Wird ein unerlaubter Paß von einem Angreifer gefangen, wird der Ball sofort zum toten Ball.

Art. 2. Ein Vorwärtspaß darf von einem berechtigten Spieler berührt oder gefangen werden. (Ein gepaßter Ball darf von jedem berechtigten Spieler jederzeit angetippt, mit der Hand geschlagen oder in beliebige Richtung abgelenkt werden.) Berechtigt sind

(a) Verteidiger,

(b) Angreifer auf beiden Seiten der Anspiellinie (außer *Center*, *Guard* oder *Tackle*),

(c) Angriffsspieler außer dem *Quarterback* in T-Formation, die sich (vorschriftsmäßig) mindestens 1 y hinter der Anspiellinie befinden.

Art. 3. Ein berechtigter *Receiver* verliert die Berechtigung, wenn er (vor oder während eines Passes) ins Aus gerät, und bleibt so lange unberechtigt, bis der Ball von einem berechtigten *Receiver* oder einem beliebigen Verteidigungsspieler berührt wird.

Art. 4. Ein Angreifer gilt als unberechtigt, wenn er:

(a) von vornherein unberechtigt war;

(b) seine Berechtigung dadurch verliert, daß er ins Aus gerät;

(c) dem Referee ggf. nicht anzeigt, daß er berechtigt ist oder

(d) ein *Quarterback* in T-Formation ist, der hinter dem *Center* steht, und

(1) einen *Hand-to-Hand*-Paß oder *Snap* von diesem annimmt, während er sich rückwärts bewegt,

(2) keinen *Hand-to-Hand*-Paß oder *Snap* von diesem annimmt und sich nicht, wie vorgeschrieben, 1 y hinter der Anspiellinie befindet, oder

(3) einen Vorwärtspaß (aus der Hand oder geworfen) von einem Mitspieler während eines Spielzuges aus dem *Scrimmage*-Versuch annimmt.

Art. 5. Jeder Vorwärtspaß (erlaubt oder unerlaubt) gilt als unvollständiger Paß und der Ball als tot, sobald der Ball den Boden berührt, ins Aus geht, eine Torstange eines der beiden Tore berührt oder von einem Angreifer gefangen wird, nachdem der Ball einen unberechtigten Angreifer berührt, bevor er jedoch einen berechtigten *Receiver* berührt. Als Foul gilt, wenn ein Vorwärtspaß (erlaubt oder unerlaubt):

(a) zuerst von einem unberechtigten Angreifer auf oder hinter der Anspiellinie berührt oder gefangen wird.

Strafe: *Down*verlust am vorherigen *Spot* (dieses Foul hebt ein Foul des Verteidigungsteams auf);

(b) zuerst von einem unberechtigten Angreifer jenseits der Anspiellinie berührt oder gefangen wird (einschl. von einem *Quarterback* in T-Formation).

Strafe: 10 y oder *Down*verlust vom vorherigen *Spot* (das Foul hebt ein Foul des Verteidigungsteams auf).

Art. 6. Ein erlaubter Vorwärtspaß von der Anspiellinie aus ist ein von der *Offense* gefangener Paß, wenn er

(a) von einem berechtigten Angreifer gefangen wird, bevor ein Mitspieler ihn berührt;

(b) von einem Angreifer gefangen wird, nachdem der Ball zuerst von einem berechtigten Spieler berührt wurde;

(c) von der Verteidigung abgefangen wird (die Verteidigungsmannschaft darf auch einen unerlaubten Vorwärtspaß abfangen und den Ball vorwärts tragen).

Im Mittelpunkt
Der Quarterback ist die Stütze der Mannschaft und ist in vielen Fällen ihr Starspieler.

Abschnitt 2. Unerlaubte Paßbehinderung/Unberechtigter Spieler in Angriffsrichtung

Art. 1. Jenseits der Anspiellinie darf es keine Behinderung beim Fangen eines Paß' geben, wenn der Vorwärtspaß von der Linie aus geworfen wurde. Das gilt auch, wenn der Ball die Linie nicht überquert.

Art. 2. Als Foul gilt, wenn ein unberechtigter Angreifer (einschl. ein *Quarterback* in T-Formation) vor einem erlaubten Vorwärtspaß

(a) die Anspiellinie überschreitet, nachdem er an der Anspiellinie den Körperkontakt mit einem Gegenspieler verloren hat;

(b) den Kontakt mit einem Gegenspieler in Angriffsrichtung nach dem ersten Ansturm verliert und dann weiter vorwärts oder seitwärts läuft;

(c) sich in Angriffsrichtung bewegt, ohne einen Gegenspieler an der Anspiellinie zu berühren.

Die o. g. Einschränkungen sind aufgehoben, wenn der Ball die Hand des Paßwerfers verläßt.

Art. 3. Für einen unberechtigten *Receiver* in Angriffsrichtung liegt kein Foul vor, wenn unberechtigte *Receiver*

(a) einen Gegner an der Anspiel-

➡ *Seite 90*

Fallenlassen

Fumble nennt man eine Situation, in der ein Spieler den Ball im Lauf fallenläßt (links). Bleibt der Ball im Spiel, kann er von jedem Spieler der beiden Seiten aufgenommen werden. Geht er ins Aus, wird das Spiel dort fortgesetzt, wo der Fumble stattgefunden hat.

Stopper

Linebacker sind der ultimative Teil der Verteidigungsmannschaft. Sie stehen unmittelbar hinter den Linemen und bilden die letzte Verteidigungslinie gegen die Angreifer. Kommt der Ballträger am Linebacker vorbei, hat er gewöhnlich freie Bahn zum Ziel.

TAKTIK

Grundsätzlich kann sich die *Offense*-Mannschaft entweder für einen Paßspielzug entscheiden, bei dem der *Quarterback* einen ungedeckten *Receiver* erspäht und den Ball zu diesem wirft, um sich der Verteidigung zu entziehen, oder für einen Laufspielzug, bei dem der Ballträger versucht, so weit wie möglich mit dem Ball zu laufen, bevor er getackelt wird. Vor jedem neuen Spielzug stellt sich das Team zu einem *Huddle* auf, bei dem der *Quarterback* die Anweisungen des Trainers für die nächste Aktion an seine Mitspieler weiterleitet. Oft wird ein »*Fake*« (Täuschungsmanöver) angewandt, bei dem der Verteidigungsmannschaft ein Spielzug vorgetäuscht wird, um Zeit für eine ganz andere Variante zu gewinnen. Außerdem obliegt es dem *Quarterback*, in der letzten Minute den Aktionsplan zu ändern, wenn er ahnt, daß das gegnerische Team die Absicht erkannt hat und seine Aufstellung entsprechend geändert hat. Dazu ruft er verschlüsselte Anweisungen.

Die Aufgabe der Verteidiger besteht dann darin, die Angriffsspielzüge zu unterbinden, indem sie den Ballträger tackeln oder Pässe abfangen, während sie die anderen Angreifer blocken, um sie daran zu hindern, den Ballträger zu unterstützen.

Fortsetzung von Seite 89

linie blocken und ihn in die Angriffsrichtung drängen und danach den Block lösen und auf der Stelle verharren; (b) hinter ihre Anspiellinie gedrängt werden; (c) sich seitwärts hinter ihrer Anspiellinie (vor oder nach dem Kontakt ihres einleitenden Angriffs) bewegen, vorausgesetzt, sie überschreiten ihre Anspiellinie nicht, bis der Ball die Hände des Paßwerfers verlassen hat; (d) beim Blocken eines Gegners ihre Anspiellinie legal überschritten haben (berechtigter Angriffsspieler A1 darf einen Paß zwischen ihnen und der Angriffslinie erfolgreich abschließen). …

Art. 5. Eine Paßbehinderung durch das Team liegt vor, dessen Spielerbewegung jenseits der Angriffslinie die Bewegung eines berechtigten Spielers oder seine Möglichkeit, den Ball während eines Vorwärtspasses zu fangen, eindeutig behindert. Wenn Spieler um eine günstige Position wetteifern, um den Ball anzunehmen, wird jegliche Berührung mit den Händen, Armen oder dem Körper als zufällig betrachtet, wenn sie nicht verboten ist.

Begrenzt oder behindert ein Spieler den Gegner physisch so, daß dies offensichtlich ist, und begrenzt oder behindert er damit wesentlich die Möglichkeit des Gegners, eine Position zu halten oder zu erreichen, um den Ball zu fangen, so gilt das als verbotenes Verhalten. Hat ein Spieler eine (günstige) Position erreicht, wird das nicht als verbotene Behinderung oder Einschränkung eines Gegners betrachtet, wenn alle seine Handlungen einen ehrlichen Versuch darstellen, zum Ball zu gelangen und ihn zu fangen.

Abschnitt 3. Fouls bei Pässen und Strafe

Art 1. Wirft ein Paßwerfer angesichts eines durch den Druck der Verteidiger drohenden Raumverlustes einen Vorwärtspaß, der keine realistischen Aussichten auf erfolgreichen Abschluß hat, wird eine Strafe wegen *Intentional Grounding* (Paßversuch ohne erkennbaren *Receiver*) ausgesprochen.

Strafe für *Intentional Grounding*: Downverlust und 10 y zurück vom vorherigen *Spot* aus oder – falls das Foul weiter als

Umgerissen
Ein Ballträger, der von einem Lineman zu Boden gebracht wird, spürt das eindeutig. Linemen sind die größten Spieler im Football: Sie sind oft 2 m groß und wiegen 125 kg oder mehr. Kollisionen wie diese sind der Grund dafür, daß das Tragen einer Körperschutzausrüstung unbedingt erforderlich ist.

Hände weg
Der oben abgebildete Angreifer mit dem Ball kann seine Gegner mit Händen und Armen abwehren. Seine Mitspieler können ihm dabei helfen, indem sie die Gegner blocken, sie dürfen jedoch nicht die Hände oder Arme benutzen. Nachdem der Ballträger 3 y jenseits der Anspiellinie ist, darf ein Verteidiger nur einen Tacklingversuch machen.

10 y von der Anspiellinie entfernt liegt oder – wenn es für die *Defense* günstiger ist – Downverlust am *Spot* des Fouls oder *Safety*, wenn sich der Paßwerfer beim Wurf in der eigenen Endzone befindet.

Art. 2. Wird von einem der beiden Teams in der Zeit zwischen dem *Snap* und dem Ende des Passes von der Anspiellinie gefoult, wird die Strafe vom vorherigen *Spot* aus geahndet.

Art. 3. Begeht die *Defense* vor Vollendung eines erlaubten Vorwärtspasses von der Anspiellinie ein persönliches Foul, hat die *Offense* die Wahl zwischen:
(a) der üblichen Strafe – 15 y vom früheren *Spot*;
(b) 15 y Strafe, abgemessen vom *Spot*, an dem der Ball tot wurde.

Art. 4. Begeht die *Offense* ein persönliches Foul, bevor ein erlaubter Vorwärtspaß von der Anspiellinie aus abgefangen wird, wird eine Strafe von 15 y zugunsten der *Defense* ausgesprochen.

Art. 5. Ein von der *Defense* zwischen dem Beginn des *Snaps* und dem Abschluß eines erlaubten Vorwärtspasses begangenes Foul wird durch einen unvollständigen Paß durch die *Offense* nicht aufgehoben.

Abschnitt 4. Rückwärtspaß und Fumble
Art. 1. Ein Ballträger kann den Ball jederzeit nach hinten zuspielen.
(a) Ein Angreifer darf einen Rückwärtspaß fangen oder ihn

sichern, nachdem der Ball den Boden berührt hat, und damit vorrücken.
(b) Ein Verteidiger darf einen Rückwärtspaß fangen oder ihn – nachdem der Ball den Boden berührt hat – erobern und damit vorrücken.

Art. 2. Jedem Spieler der beiden Teams ist es erlaubt, einen *Fumble* zu sichern oder zu fangen und damit vorzurücken, und zwar:
(a) bevor der Ball den Boden berührt hat;
(b) nachdem der Ball den Boden berührt hat.

Art. 3. Geht ein Rückwärtspaß zwischen den Torlinien ins Aus, wird der Ball daraufhin von dem Team am *In-Bounds-Spot* ins Spiel gebracht, das zuletzt im Ballbesitz war. Bis dahin gilt der Ball als tot.

Art. 4. Bei einem Foul beim Rückwärtspaß oder *Fumble* wird die Raumstrafe vom Ort des *Fumble* oder vom Ort des Rückwärtspaß gerechnet. Begeht die *Offense* ein Foul hinter dem *Fumble*- oder Rückwärtspaß-*Spot*, gilt als Ausgangsort der *Spot* des Fouls.

Regel 9. *Scrimmage-Kick*
Abschnitt 1. Kick aus dem *Scrimmage*
Art. 1. Das tretende Team hinter der *Scrimmage*-Linie darf:
(a) einen *Punt* machen;
(b) einen *Drop-Kick* machen;
(c) einen *Place-Kick* machen.
Strafe: Für einen *Punt, Drop-*

Kick oder *Place-Kick*, der nicht von der *Scrimmage*-Linie ausgeführt wurde: 10 y vom *Spot* des Kicks aus.

Art. 2. Bringen die *Receiver* einen gekickten Ball unter Kontrolle, dürfen sie vorrücken.

Art. 3. Nur die Endmänner dürfen als berechtigte *Receiver* auf der *Scrimmage*-Linie zum Zeitpunkt des *Snaps* die Linie überschreiten, bevor der Ball gekickt wird.
Strafe: 5 y vom vorherigen *Spot* für das Verlassen der Position vor dem Kick.

Art. 4. Kein Spieler des tretenden Teams darf den *Scrimmage-Kick* vor einem *Receiver* berühren.
Strafe bei unerlaubter Berührung eines *Scrimmage-Kicks*: Ballbesitzwechsel am *Spot* der unerlaubten Berührung oder des unerlaubten Besitzes. Auszeit der Offiziellen, wenn der Ball zum toten Ball erklärt wird. Dieses Foul wird nicht von einem Foul der *Receiver* während des *Downs* aufgehoben.

Art. 5. Kein Spieler des tretenden Teams, der im Aus gewesen ist, darf einen *Scrimmage-Kick* jenseits der Linie berühren oder sichern, bevor er von der Mannschaft B berührt wurde.
Strafe: 5 y vom vorherigen *Spot*.

Art. 6. Der Ball ist tot, wenn das kickende Team den von der Anspiellinie gekickten Ball sichert (es sei denn, der Ball wird auf oder hinter der Linie gesichert. Ausnahme: *Try-Kick*).
…

Art. 11. Nach Überqueren seiner Anspiellinie darf ein Spieler des tretenden Teams die Hände benutzen, um einen gegnerischen *Receiver* abzuwehren, zu schieben oder zur Seite zu ziehen, der versucht, ihn erlaubt oder unerlaubt zu behindern.

Art. 12. Wird ein *Scrimmage-Kick* von der Linie vom kickenden Team hinter der Linie gesichert, darf dieses Team vorrücken.

Art. 13. Überquert ein *Scrimmage-Kick* oder mißglückter Feldtor-Kick die Torlinie der *Receiver*, liegt ein *Touchback* vor. *(In den Regeln sind allerdings etliche Ausnahmen vorgesehen.)*

Art. 14. Berührt ein *Scrimmage-Kick* einen Pfosten oder die Querlatte des Tors der *Receiver*, bevor oder nachdem der Ball einen Spieler eines der beiden Teams berührt, liegt ein *Touchback* vor, es sei denn, es führt ausschließlich zu einem Feldtor.

Art. 15. Berührt ein *Scrimmage-Kick* einen Torpfosten oder die Querlatte der *Kicker* (unabhängig davon, von wo aus oder wie das geschieht), liegt ein *Safety* vor. Torpfosten gelten als Aus.

Art. 17. Bei einem Foul zwischen dem *Snap* und einem erlaubten *Scrimmage-Kick* erfolgt die Strafe vom vorherigen *Spot*. Begeht die *Offense* ein Foul in der eigenen Endzone, liegt ein *Safety* vor.

➡ **Seite 92**

Fortsetzung von Seite 91

Regel 10. Fair Catch
Abschnitt 1. Fair Catch

Art. 1. Ein *Fair-Catch*-Signal jenseits der Linie ist gültig, wenn ein Arm über dem Kopf ganz ausgestreckt und hin und her geschwenkt wird, während der Ball sich im Flug befindet.

Art. 2. Gibt ein *Receiver* ein (gültiges oder ungültiges) *Fair-Catch*-Signal während eines Kicks – außer bei einem Kick, wo der Ball die Linie nicht überquert –, ist der Ball tot, wenn er von einem *Receiver* gefangen wird. Hat der Fänger kein Signal gegeben, wird der Ball von den *Receivern* am *Spot* des Fanges ins Spiel gebracht.

Art. 3. Gibt ein Spieler ein (gültiges oder ungültiges) Signal für einen *Fair Catch*, darf er, bis der Ball einen Spieler berührt hat, weder blocken noch Körperkontakt mit einem der Kicker haben.

Art. 4. Kann ein *Receiver* den gekickten Ball im Flug erreichen, darf kein Spieler des kickenden Teams während eines Kicks
(a) weder den *Receiver*;
(b) den Ball noch
(c) den Laufweg des *Receivers* zum Ball
behindern.

Art. 5. Hat ein *Receiver* nach gültigem Signal einen *Fair Catch* gemacht, darf er vom Gegner weder getackelt noch geblockt werden; der Gegner muß einen Kontakt mit ihm vermeiden.

Art. 6. Wird auf *Fair Catch* für ein Team erkannt, muß der Kapitän wählen zwischen
(a) einem *Fair-Catch-Kick* (*Punt, Drop-Kick* oder *Place-Kick* ohne Ständer);
(b) einem *Snap*, um den Ball daraufhin ins Spiel zu bringen, (seine erste Wahl ist unwiderruflich).

Regel 11. Das Punkten
Abschnitt 1. Punktvergabe

Art. 1. Ein Spiel gewinnt das Team, das die höchste Punktzahl im Verlaufe des gesamten Spiels erzielt. Punkte werden wie folgt vergeben:
(a) *Touchdown:* 6 Punkte
(b) Feldtor: 3 Punkte
(c) *Safety:*   2 Punkte
(d) Erfolgreiches *Try* nach

Punkterfolg
Hier signalisiert der Referee einen Punkterfolg.

Touchdown: 1 oder 2 Punkte

Art. 2. Um bei den Spielen der *National Football League* einen Sieger zu ermitteln, wird bei Punktgleichstand das Sudden-Death-Verfahren angewandt.

Abschnitt 2. Der Touchdown

Art. 1. Ein *Touchdown* liegt vor
(a) wenn ein Ballträger aus dem Spielfeld zur gegnerischen Torlinie (gedachte senkrechte Ebene) läuft und der Ball diese berührt;
(b) wenn ein Spieler im *In-Bounds*-Bereich einen *loose Ball* an oder hinter der gegnerischen Torlinie sichert.

Abschnitt 3. Der *Try.*

Art. 1. Das Team, das ein *Touchdown* erzielt hat, bekommt einen Try, mit dem es 1 oder 2 Extrapunkte in einem *Down* gewinnen kann, wobei sich der *Spot* des *Snaps* sich
(a) an beliebiger Stelle zwischen den *In-Bounds*-Linien und
(b) 2 oder mehr y von der Torlinie der *Defense* befindet.
Bei diesem *Try*
(a) bekommt das Team für einen gelungenen *Try-Kick* 1 Punkt. Gelingt der *Try-Kick* nicht, wird der Ball tot, sobald es offensichtlich wird, daß der Versuch mißlungen ist;
(b) bekommt die *Offense* für einen erneuten *Touchdown* 2 Punkte. Wird ein erneuter *Touchdown* nicht erzielt, ist der *Try* nach Abschluß des Spielzuges oder nach Ballbesitzwechsel beendet;
(c) bekommt die *Offense* 1 Punkt, wenn der *Try* ohne Kick erfolgt und wenn eine Situation auftritt, die im normalen Spiel als *Safety* durch die *Defense* gelten würde.

Art. 2. Der Beginn des *Trys* wird vom Referee mit einem Pfiff signalisiert.

Art. 3. Der *Try*
(a) Begeht die *Offense* eine Spielhandlung oder ein Foul, das sonst gewöhnlich zu einem *Touchback* oder Downverlust führen würde, gilt der *Try* als mißglückt, und es gibt keine Wiederholung.
(b) Begeht die *Defense* eine Spielhandlung oder ein Foul, das

sonst gewöhnlich zu einem *Safety* führen würde, bekommt die *Offense* einen Punkt.
(c) Begeht die *Defense* ein Foul, wodurch der Versuch vereitelt wird, wird der *Try* wiederholt, und das gefoulte Team kann wählen, ob die Distanzstrafe beim nächsten *Try* oder beim darauffolgenden *Kick-off* verhängt wird.
(d) Begeht die *Defense* ein Foul und mißlingt dabei der *Try*, so kann das Angriffsteam die abzumessende Distanzstrafe akzeptieren oder die Distanzstrafe ablehnen, bevor der *Down* wiederholt wird.
(e) Alle von der *Defense* bei einem erfolgreichen *Try* begangenen Fouls führen zu einer Raumstrafe von dem folgenden *Kick-off* aus oder zur Wiederholung.
(f) Bei einem Fehlstart, *Encroachment* oder einem Verletzen der neutralen Zone, das bei einem gewöhnlichen *Scrimmage*-Spielzug zum toten Ball führt, wird bei einem *Try* auf die gleiche Art und Weise vorgegangen.

Art. 4. Werden bei einem *Try* Fouls gegen beide Teams signalisiert, wird der *Try* wiederholt.

Art. 5. Die *Defense* kann bei einem *Try* nicht punkten. Gelangt sie in Ballbesitz, ist der Ball sofort tot.

Art. 6. Das sich während eines *Trys* verteidigende Team wird nach dem *Try* das annehmende Team.

Abschnitt 4. Safety

Art. 1. Gelangt ein Ball durch die Einwirkung eines Teams hinter der eigenen Torlinie ins Aus, liegt ein *Safety* vor, wenn der Ball entweder
(a) tot ist in der Endzone und im Besitz des verursachenden Teams oder
(b) im Aus hinter der Torlinie ist.

Art. 2. Ein *Safety* liegt vor, wenn die *Offense* ein Foul begeht (wo auch immer) und die Stelle des *Encroachment* hinter ihrer eigenen Torlinie liegt.

Art. 3. Nach einem *Safety* wird der Ball mit einem *Free-Kick* (*Punt, Drop-Kick* oder *Place-Kick*) wieder ins Spiel gebracht.

Abschnitt 5. Feldtor

Art. 1. Erst wenn die folgenden Bedingungen erfüllt sind, wird

Gerade gepunktet.

ein Feldtor anerkannt:
(a) Der Schuß muß ein *Place-Kick* oder *Drop-Kick* sein, der von der *Offense* von der Anspiellinie oder vom *Fair-Catch-Spot* (bei *Fair-Catch-Kick*) erfolgt.
(b) Der Ball darf weder den Boden noch einen Spieler der *Offense* berühren, bevor er durch das Tor fliegt.
(c) Der ganze Ball muß das Tor passieren. Sollte der Wind oder andere Kräfte den Ball durch das Tor zurücktragen, muß der Ball vorher den Boden oder einen anderen Gegenstand berührt haben.

Art. 2. Bei allen mißlungenen Feldtorversuchen, bei denen der Ball von einem *Spot* getreten wird, der jenseits der 20-y-Linie liegt, wechselt der Ball-besitz an die *Defense* am *Spot* des Tritts. Bei allen mißlungenen Feldtorversuchen, bei denen der *Spot* des Tritts auf oder innerhalb der 20-y-Linie liegt, wechselt der Ballbesitz an die *Defense* an der 20-y-Linie.

Art. 3. Bei einem *Free-Kick* nach einem *Fair Catch* gelten sämtliche allgemeinen Regeln wie bei einem Feldtorversuch aus dem *Scrimmage.* Die Zeit läuft ab dem Tritt.

Art. 4. Es dürfen keine künstlichen Mittel bei der Ausführung eines Feldtores und/oder eines *Trys* nach einem *Touchdown*-Versuch zu Hilfe genommen werden.

Art. 5. Nach einem Feldtor wechselt der Ballbesitz zwischen Teams.

Abschnitt 6. *Touchback*

Gelangt der Ball durch die Einwirkung eines Teams ins Aus hinter der gegnerischen Torlinie, liegt ein *Touchback* vor:
(a) wenn der Ball zum toten Ball im Besitz des gegnerischen Teams in seiner Endzone wird;
(b) wenn der Ball durch den ihm durch einen *Scrimmage-Kick* verliehenen Schwung hinter der Torlinie ins Aus geht, es sei denn, der Erstberührungsspot des tretenden Teams liegt außerhalb der 20-y-Linie des empfangenden Teams, oder das empfangende Team kommt in Ballbesitz und rückt mit dem Ball ins Spielfeld vor, oder
(c) wenn ein erlaubter Schuß, der nicht ins Tor geht, die Torpfosten oder Querlatte der

empfangenden Mannschaft berührt.

Art. 2. Ein *Touchback* liegt vor:

(a) Wenn das tretende Team einen *Fair Catch* hinter der Torlinie des empfangenden Teams behindert;

(b) wenn das tretende Team einen *Scrimmage-Kick* hinter der Torlinie des empfangenden Teams zuerst berührt;

(c) wenn ein Spieler des tretenden Teams unerlaubt einen *Punt* innerhalb der 5-y-Linie des empfangenden Teams fängt und den Ball über die Torlinie der *Defense* trägt oder mit seinem Körper die Endzone berührt.

Art. 3. Liegt der Strafpunkt wegen eines Fouls durch die *Defense* hinter der Torlinie der *Defense*, wird die Raumstrafe von der Torlinie aus geahndet.

Art. 4. Nach einem *Touchback* führt das *Touchback*-Team den *Snap* von seiner 20-y-Linie aus (beliebiger Punkt zwischen den *In-Bounds*-Linien, vordere Ballspitze an dieser Linie).

Regel 12. Verhalten der Spieler
Abschnitt 1. Hand-, Arm-, Körpereinsatz

Art. 1. Kein *Offense*-Spieler darf

(a) dem Ballträger helfen außer dadurch, daß er seine Gegner individuell blockt;

(b) durch Festhalten behindern. Darunter ist der Einsatz von Händen oder Armen zum Festhalten eines Spielers mittels Umschlingen, in welchem Maße auch immer, zu verstehen;

(c) den Ballträger schieben oder ihn auf die Beine heben.

Art. 2. Außer dem Ballträger darf kein Angriffsspieler Gegner mit Händen oder Armen abwehren, um diese durch Festhalten mit den Händen oder Umschlingen mit dem Arm, in welchem Maße auch immer, beim Blocken zu behindern.

Art. 3. Kein Angriffsspieler darf sich mit dem Körper gegen einen Mitspieler werfen,

(a) um dadurch zu bewirken, daß dieser dem Ballträger hilft;

(b) um ihm bei einem Versuch zu helfen, einen Gegner zu behindern oder einen *loose Ball* zu sichern;

(c) um dadurch einen Gegner stolpern zu lassen;

(d) wobei er beim Rempeln, Fallen oder mit den Händen von hinten oberhalb der Gürtellinie auf den Rücken des Gegners einwirkt.

Art. 4. Außer einen Ballträger darf ein Verteidigungsspieler keinen Gegner tackeln oder festhalten. Ansonsten darf er bei einem Versuch, den Ballträger zu erreichen, die Hände, Arme oder den Körper nur dafür einsetzen, um sich gegen einen behindernden Gegner zu verteidigen oder zu schützen. Bei einem *Punt*, Feldtorversuch oder *Try*-Tritt-versuch darf ein *Defense*-Spieler (B1) einen *Offense*-Spieler nicht festhalten und ihn aus dem Weg ziehen, um es anderen *Defense*-Spielern zu ermöglichen, die Lücke zu schließen und dadurch einen Tritt zu blocken, es sei denn, der *Defense*-Spieler (B1) nähert sich dem tretenden Spieler.

Abschnitt 2. Persönliche Fouls

Art. 1. Allen Spielern ist es verboten,

(a) mit Fäusten zu schlagen;

(b) mit Füßen oder Knien zu treten;

(c) mit dem Absatz, Handrücken, -kante oder -gelenk, Unterarm, Ellbogen oder mit gefalteten Händen auf den Kopf, das Genick oder Gesicht einzuschlagen oder einzuprügeln.

Strafe für diese Fouls: 15 y Raumverlust. Wird eine dieser Handlungen von dem (den) Offiziellen als schwerwiegend beurteilt, kann der Regelverletzer disqualifiziert werden, vorausgesetzt, die ganze Handlung wird vom Offiziellen (von den Offiziellen) beobachtet.

Abschnitt 3. Unsportliches Verhalten

Art. 1. Unsportliches Verhalten ist verboten. Das gilt für jede Handlung, die die allgemeinen Prinzipien des sportlichen Verhaltens verletzt. Zu solchen Handlungen zählen u. a.:

(a) gegen Gegner, Mitspieler, Offizielle oder Vertreter der Liga gerichtete verletzende oder beleidigende Äußerungen, Gesten oder Drohungen;

(b) aufhetzende oder provokative Handlungen oder Äußerungen, die dazu geeignet sind, eine schlechte Atmosphäre zwischen den Teams zu schaffen;

(c) unnötiger Körperkontakt mit einem Offiziellen.

Strafe unter a), b) und c): 15 y Raumverlust vom darauffolgenden *Spot* oder von einem anderen *Spot*, der vom Referee nach Konsultation mit seinen Kollegen für angemessen gehalten wird.

Art. 2. Die *Defense*, wenn sie sich in der Nähe ihrer Torlinie befindet, darf keine aufeinanderfolgenden oder fortwährenden Fouls begehen, um ein Punkten zu verhindern (Halbdistanz-Strafen).

Strafe für fortwährende Fouls, um ein Punkten zu verhindern: Wird der Verstoß nach einer Verwarnung wiederholt, wird die Punktzahl, um die es geht, der *Offense* zugesprochen.

Art. 3. Ein Spieler oder Ersatzspieler darf das Spiel nicht auf eine Art und Weise behindern, die offensichtlich unfair ist. Strafe für eine offensichtlich unfaire Handlung: Wer gegen diese Regel verstößt, kann disqualifiziert werden. Nach Konsultation mit seinen Kollegen verhängt der Referee eine Distanzstrafe, die er für angemessen hält, ungeachtet anderer Strafen, die das Regelwerk vorsieht. Der Referee kann Punkte vergeben.

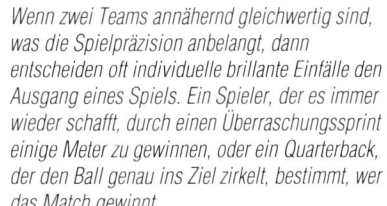

Wenn zwei Teams annähernd gleichwertig sind, was die Spielpräzision anbelangt, dann entscheiden oft individuelle brillante Einfälle den Ausgang eines Spiels. Ein Spieler, der es immer wieder schafft, durch einen Überraschungssprint einige Meter zu gewinnen, oder ein Quarterback, der den Ball genau ins Ziel zirkelt, bestimmt, wer das Match gewinnt.

Baseball

Baseball ist die Sommer-Volkssportart in den Vereinigten Staaten, obwohl es inzwischen auch in solchen fernen Ländern wie Japan, Australien und den Niederlanden zu einem beliebten Spiel geworden ist. Seine Wurzeln lassen sich in das 18. Jahrhundert zurückverfolgen, als »Rounders«, ein ähnlich geartetes Spiel, von englischen Einwanderern in die amerikanischen Kolonien eingeführt wurde.

Ein Läufer ist »aus«

① *Pitcher* (Werfer)
② Fänger (Catcher)
③ 1. Baseman
④ 2. Baseman
⑤ 3. Baseman
⑥ Shortstop (zwischen Malen)
⑦ Linksfeldspieler
⑧ Mittelfeldspieler
⑨ Rechtsfeldspieler

Ihnen steht die *Schlagmann-schaft* gegenüber, von der aber immer nur einer, der Schlagmann (Batter), im Spiel ist.

Das Spielfeld

Natur- oder Kunstrasen, das Spielfeld besteht aus dem Innenfeld (*Diamond*, 27 x 27 m) und dem Außenfeld. Das *Home-Base* (Heimmal) besteht aus einer fünfeckigen Platte aus weißem Gummi. Das 1., 2. und 3. Base sind aus quadratischen Segeltuchkissen (Seitenlänge 38 cm), die am Boden befestigt sind. Das Schlagmal ist eine rechteckige Platte aus weißfarbenem Gummi und mißt 61 x 15 cm. Der Abstand zwischen dem Wurfmal und dem Schlagmal beträgt 18,4 m.

3. Base
Coach-Box
Box für nächsten Schlagmann
Wurfmal
2. Base
18.45 m
Rasengrenzlinie, 29 m vom Wurfmal
27.45 m
Heim mal
1. Base
Seitenlinie
Zaun, 18 m vom Mal oder von der Seitenlinie

SPIELGEDANKE

Das Ziel ist, den Ball möglichst weit zu schlagen und darauf mindestens das erste Mal, und im günstigsten Falle alle 3 Male sowie das *Home-Base* zu berühren und damit einen *Run* (Lauf = 1 Punkt) zu schaffen. Die Teams wechseln einander beim Schlagen und Laufen ab, und zwar übernimmt das Feldteam (die passive Partei) die Ballschlagserie eines Durchgangs *(Inning)*, nachdem es 3 Spieler des ballschlagenden Teams »aus« gemacht hat.

Kleidung

Einheitlich für das gesamte Team. Auf dem Rücken des Trikots tragen alle Spieler

eine Nummer. Die Spielkleidung darf keine Knöpfe aus Glas oder aus glänzendem Metall aufweisen und auch keinerlei Muster haben, die die Form eines Balles andeuten könnten. Der Fänger darf einen Leder-Baseballhandschuh, der 1. Baseman einen Leder- oder Baseballhandschuh tragen. Alle anderen Feldspieler dürfen einen Lederhandschuh tragen. Der Handschuh des *Pitchers* darf nicht weiß oder grau sein. Der Fänger trägt einen Schutzhelm ebenso wie alle Spieler beim Schlagen.

Die Offiziellen

Ein oder mehrere Schiedsrichter. Bei zwei oder mehr Schiedsrichtern fungiert einer als Hauptschiedsrichter, die anderen als Schiedsrichter.

Das Ball-Schlagholz

Glatt, rund, aus Holz. Max. Länge 107 cm, max. Durchmesser 7 cm.

Der Ball

Kugelförmig, mit einem Kern aus Kork, Gummi oder ähnlichem Material, der Kern ist mit Garn umwickelt und von einer Pferde- oder Rindslederhülle umschlossen. Gewicht ca. 142 g, Umfang ca. 23 cm.

Der Fänger

Die Spieler

Zwei Teams zu je 9 Spielern. Die Spieler auf dem Feld (Fang- oder *Feldmannschaft*) nehmen folgende Positionen ein:

Beginn

Das Heimteam geht ins Feld, während das Gästeteam zuerst schlagen – und punkten – darf.

Wer gewinnt

Es gewinnt das Team, das die meisten Punkte erzielt. Einen *Run* (Lauf) bekommt das offensive Team jedesmal, wenn einer seiner Spieler nach dem Ballschlag die 3 Male erlaufen hat und zum *Home-Base* zurückgekehrt ist. Schlägt der Schlagmann den Ball weit genug, kann er einen *Home-Run* mit einem einzigen Ballschlag erreichen. Bei einem *Home-Run* mit einem einzigen Ballschlag können alle Spieler der offensiven Seite, die im Augenblick des Ballschlags auf den 3 Malen standen (auf einem Mal darf jeweils nur ein Spieler des offensiven Teams stehen), sowie der ballschlagende Spieler den Umlauf unter Berührung der jeweils vor ihnen liegenden Male schaffen und die maximale Punktzahl von 4 *Home-Runs* erzielen.

DIE WICHTIGSTEN REGELN

• Ein Spiel besteht aus 9 Durchgängen, es sei denn, es wird verlängert, um bei Gleichstand eine Entscheidung herbeizuführen. Das Spiel endet, wenn das auswärtige Team am Ende des 9. *Innings* in Führung ist. Das Spiel ist aber auch dann zu Ende, wenn das Heimteam den entscheidenden Punkt in seiner aktiven Hälfte des *Innings* gewinnt.

• Der Werfer muß den Ball so zum Fänger werfen, daß der Ball zwischen Knie- und knapp Schulterhöhe des Schlagmanns *(Strike Zone, s. auch »Kasten« S. 96)* über das Schlagmal fliegt. Man kann sie sich als ein senkrecht zur *Home-Plate* stehendes gedachtes »Fenster« vorstellen, dessen untere Kante in Kniehöhe des Schlagmanns liegt und das oben in Brusthöhe (genauer: in der Mitte zwischen Hosenbund und Schulterlinie) endet. Ein Ball, der dieses »Fenster« nicht trifft, wird *Ball* genannt. Nach vier *Balls* kann der Schlagmann zum ersten Base gehen *(Walk)*. Andererseits, trifft der *Pitcher* das Fenster, und der Schlagmann schlägt oder trifft den Ball nicht, so gilt das als ein *Strike* (verfehlter Schlag) des Schlagmanns. Nach 3 Fehlschlägen ist der Schlagmann »aus«.

• Ein Schlagmann kann auch »aus« sein, wenn der Ball gefangen wird, bevor er den Boden berührt, oder wenn er im Lauf von einem Feldspieler in Ballbesitz berührt wird *(Tagging)* oder dieser das erste Mal berührt, bevor der Läufer das Mal erreicht. Schlägt der Batter

einen gültigen Ball in den gültigen Spielfeldbereich zwischen den beiden das Spielfeld begrenzenden Linien (Linien zwischen *Home-Base* und 1. Base und *Home-Base* und 3. Base), kann er den Lauf zum 1. Mal und, wenn er genügend Zeit hat, zu weiteren Malen beginnen.

• Auch ein Läufer, der auf dem Umlauf ist, kann durch *Tagging* »aus« gemacht werden, indem ihn ein Feldspieler mit

einem Ball berührt oder indem es einem Feldspieler, der im Ballbesitz ist, gelingt, ein Mal vor ihm zu erreichen und mit dem Fuß zu berühren.

• Läufer dürfen nicht zu weit von der direkten Linie zwischen den Malen abweichen, nur um dem *Tagging* zu entgehen. Tun sie das, werden sie mit einem *Aus* belegt, es sei denn, sie tun es, um einen Feldspieler nicht beim Spiel zu behindern. Bei absichtlicher Behinderung wird der laufende Schlagmann mit *Aus* belegt. Behinderung seitens des Feldteams wird ähnlich bestraft.

• Das Mal kann immer nur von einem Läufer besetzt sein, und die Läufer dürfen beim Absolvieren des Umlaufs einander nicht überholen. Ein *Force play* liegt vor, wenn ein Ballschläger nach einem Ballschlag zum 1. Base läuft und den auf diesem Base stehenden Mitspieler

zwingt, zum 2. Base zu laufen (falls dort auch ein Mitspieler steht, ist dieser gezwungen, zum 3. Base zu laufen usw.).

• Meistens wirft der *Pitcher* den Ball als Schlagwurf, wobei er mit einem Fuß auf dem Wurfmal stehen muß, bis der *Pitch* ausgeführt ist. Übernimmt ein neuer *Pitcher*, darf er bis zu 8 Übungswürfe zum Fänger machen (das gleiche gilt am Anfang eines *Innings*).

• Ein *Balk* liegt vor, während sich ein Läufer auf einem Mal befindet, wenn der *Pitcher* eine unerlaubte Handlung begeht. Das kann z. B. eine Täuschung sein (der *Pitcher* täuscht einen

Pitch vor, tut dies aber dann nicht, *Pitchen* eines Balles, ohne sich dabei zum Fänger zu wenden, oder Fallenlassen des Balles, während man sein Mal berührt). Bei einem *Balk* darf jeder Läufer ein Base vorrücken.

FERTIGKEITEN UND TAKTIKEN

Ein gutes Auge und ein kräftiger Schwung zeichnen einen guten Batter aus. Aber auch das Urteilsvermögen ist wichtig. Da er nur wenige Chancen hat, den Ball zu schlagen, muß er in der Lage sein, blitzschnell zu entscheiden, ob er einen *Pitch*, der nach einem *Ball* aussieht, annimmt oder nicht. Schlägt er aber den Ball, muß er dessen Flugweite und -richtung genau bemessen, um das erste Mal sicher erreichen zu können. Er kann dem Ball durch gefühlvolles Antippen eine bestimmte Richtung geben (Stoppballschlag oder *Bunt*), in diesem Falle muß er extrem schnell das erste Mal erreichen. Schlägt er den Ball aber mit großer Kraft in die Höhe, muß er damit rechnen, daß der Ball aus der Luft gefangen wird, was ihm ein *Aus* einbringt. Auch für die Läufer ist es wichtig, die Ballposition richtig einzuschätzen.

Da die Läufer mit hoher Geschwindigkeit von einem Mal zum nächsten laufen, müssen Feldspieler die Fähigkeit besitzen, den Ball schnell unter Kontrolle zu bringen und ihn weiterzugeben, während die *Basemen* es sich nicht leisten können, einen Ball unsicher zu fangen, wo doch zwischen einem sicheren Fang und dem Erreichen des Mals durch einen Läufer nur Sekundenbruchteile liegen.

Man kann zu Recht behaupten, daß der *Pitcher* die schwierigste Rolle auf dem Feld hat. Bei einer Ballgeschwindigkeit, die oft um die 145 km/h liegt, braucht er sehr viel Intelligenz, Konzentration und Können, um eine Reihe von Würfen so zu absolvieren, um die Aufgabe des Schlägers so schwer wie möglich zu machen. Bei einem *fast ball* setzt der *Pitcher* – wie die Bezeichnung schon andeutet – allein auf die hohe Geschwindigkeit des Balles; ein Kurvenball dagegen dreht vom Schläger weg, und bei einem *Slider* wird dem Ball ebenfalls ein Effekt verliehen.

Großer Schwung

Im Baseball ist es schwierig, einen Ball zu treffen. Das Wichtigste für den Schläger ist ein gleichmäßiger, flacher Schwung

Strike Zone

Der vom Pitcher geworfene Ball muß für den Batter erreichbar sein, d.h., er muß durch die Strike Zone gehen.

DIE REGELN

Kurzfassung der offiziellen Regeln.

…

5.00 Ins-Spiel-Bringen des Balles

Live Ball

5.01 Der Schiedsrichter ruft »*Play*«, wenn die für den Spielbeginn festgelegte Zeit gekommen ist.

5.02 Der Ball ist im Spiel und bleibt es, bis er nach den Regeln oder auf den Ruf »*Time*« des Schiedsrichters hin (womit das Spiel unterbrochen wird) zum toten Ball wird. Während der *Dead-Ball*-Zeit darf kein Spieler »aus« gemacht werden, es dürfen keine Läufe von Base zu Base stattfinden und keine Punkte erzielt werden; ausgenommen ist das Vorrücken von Spielern um eine oder mehr *Bases* als Folge von Handlungen, die bereits stattgefunden hatten, als die *Live-Ball*-Zeit lief.

5.03 Der *Pitcher* wirft den Ball zum Schlagmann, der den Ball annehmen (schlagen) oder durchlassen kann.

5.04 Das Ziel der Angreifer ist es, den Schlagmann zum Läufer zu machen, der dann vorrücken kann.

5.05 Das Ziel der verteidigenden Mannschaft ist es, zu verhindern, daß Offensivspieler zu Läufern werden, und daß sie über die *Bases* vorrücken.

5.06 Wird ein Schlagmann zum Läufer und berührt er regelgerecht sämtliche Male, erzielt er einen *Run* für sein Team.

5.07 Werden 3 Spieler des Offensivteams »aus« gemacht, findet ein Rollenwechsel der beiden Teams statt.

5.08 Trifft ein *Pitch* unabsichtlich einen *Base Coach,* oder berührt ein *Pitch* des *Pitchers* oder eines anderen Spielers einen Schiedsrichter, bleibt der Ball *alive* und im Spiel. Behindert aber ein *Coach* einen *Pitch*, ist der Läufer »aus«.

5.09 Der Ball ist tot, und die Läufer rücken ein Base vor oder kehren zu ihren Bases zurück, ohne »aus« gemacht werden zu können,

(a) ein *Pitch* des *Pitchers* dem Schlagmann oder seine Kleidung berührt, während er sich in regelgerechter Schlagmann-Position befindet – auf den Bases davor stehende Läufer müssen vorrücken.

AUSGEWÄHLTE BASEBALL-BEGRIFFE

Balk: Der Pitcher begeht einen Regelverstoß, während sich ein Läufer auf einem Base befindet. Im Ergebnis darf jeder Läufer ein Base vorrücken.

Ball: Ball, der nicht durch die Strike Zone geht und somit nicht korrekt ist.

Batter: Schlagmann

Bunt: Stoppball mit dem Baseballschläger

Double Play: Der Feldmannschaft gelingt es, zwei Läufer auf einmal »aus« zu machen.

fair Ball: korrekt gespielter Ball

Fielding: Zuspiel unter den Feldspielern, auch des Catchers an einen Feldspieler, z. B. einen Baseman

Foul Tip: Ball springt vom Schläger des Batters ab und direkt in den Fanghandschuh des Fängers

Force Play: erzwungener Lauf zum nächsten Base, weil der Batter zum Läufer wurde

Infield-Fly-Ball: Schlägt der Batter den Ball hoch in die Luft, so daß ein Feldspieler den Ball fangen kann, so ist der Batter »aus« – Voraussetzung ist allerdings, daß das 1., das 2. oder alle Bases besetzt sind und noch keine 2 Outs erzielt wurden.

Pitcher: Werfer

Squeeze-Play: Der Schlagmann versucht, dem am 3. Base stehenden Läufer zum Punkten zu verhelfen, z.B. durch einen Bunt.

Strike: verfehlter Schlag des Batters

Steal: »Stehlen« eines Base. Der Läufer rückt zum nächsten Base vor, ohne daß der Batter geschlagen hat. Das ist zulässig, sobald der Pitcher den Ball im Handschuh hat und das Pitcher's Plate hat.

Strike Zone: gedachtes »Fenster« dicht am Batter, durch das der vom Pitcher geworfene Ball fliegen soll, damit der Batter eine reelle Chance hat, den Ball zu treffen

Tagging the Runner: Ein in Ballbesitz befindlicher Feldspieler berührt einen Läufer zwischen zwei Bases oder die vom Läufer angestrebte Base.

(b) der Mal-Schiedsrichter einen Fängerwurfball behindert – Läufer dürfen nicht vorrücken. *Anmerkung*: Die Behinderung wird außer acht gelassen, wenn der Fängerwurfball einen Läufer »aus« macht.

(c) ein *Balk* stattfindet – Läufer rücken vor; *(siehe Strafe 8.05)*

(d) ein ungültiger Ballschlag stattfindet – Läufer kehren zurück.

(e) ein Foulball nicht gefangen wird – Läufer kehren zurück. …

(f) ein korrekt gespielter *Ball* einen Läufer oder Schiedsrichter in *fair Territory* trifft, bevor er einen Innenfeldspieler einschließlich des Pitchers berührt hat oder der Ball einen Schiedsrichter berührt, bevor er über einen Innenfeldspieler (außer *Pitcher*) gegangen war. …

(g) ein *Pitchball* in der Gesichtsmaske oder in einem anderen Ausrüstungsteil des Schiedsrichters oder des Fängers hängenbleibt und aus dem Spiel bleibt – Läufer rücken ein Base vor.

(h) ein korrekt gespielter *Pitchball* einen Spieler berührt, der einen Punkt zu erzielen versucht – Läufer rücken vor.

5.10 Der Ball wird »tot«, wenn ein Richter »*Time*« (Auszeit) ruft. Der Hauptschiedsrichter soll »Time« rufen, wenn:

(a) es nach seinem Ermessen unmöglich ist, wegen des Wetters,

---

wegen Dunkelheit oder ähnlicher Bedingungen zu diesem Zeitpunkt weiterzuspielen;

(b) es für die Schiedsrichter wegen Lichtausfalls schwierig oder nicht möglich ist, das Spiel zu verfolgen;

(c) ein Spieler oder Schiedsrichter durch einen Unfall ausfällt;

(1) ein Läufer durch einen Unfall nicht in der Lage ist, zum nächsten Base, zu dem er zu gehen berechtigt ist, vorzurücken, wie etwa bei einem *Home-Run*, bei dem der Ball über den gegenüberliegenden Zaun aus dem Feld fliegt, oder bei Zusprache einer oder mehrerer Bases – in diesem Fall darf ein Ersatzläufer das Spiel fortführen;

(d) ein Manager Auszeit verlangt für eine Auswechslung oder für eine Besprechung mit einem seiner Spieler;

(e) der Schiedsrichter den Ball prüfen oder einen der beiden Manager sprechen will oder aus einem ähnlichen Grund;

…

(h) Bis auf die im Absatz (b) und (c) (1) dieser Regel genannten Fälle darf kein Schiedsrichter »*Time*« rufen, während das Spiel läuft.

5.11 Wenn nach einem toten Ball der *Pitcher* seine Position auf dem Wurfmal mit einem neuen oder demselben Ball einnimmt und der Malschiedsrichter »*Play*«

---

ruft, wird das Spiel wiederaufgenommen.

6. Der Schlagmann

6.01 Jeder Spieler der Offensivmannschaft kommt zum Ballschlagen in der gleichen Reihenfolge, wie sein Name auf der Liste erscheint.

6.02 (a) Der Schlagmann nimmt unverzüglich seine Position in der *Batter's Box* ein, wenn er an der Reihe zum Schlagen ist.

(b) Der Schlagmann darf seine Position in der Box nicht verlassen, nachdem der *Pitcher* seine *Set*-Position eingenommen hat oder zum Wurf ausholt.

Strafe: Jeden Wurf wertet der Schiedsrichter je nachdem als »*Ball*« oder »*Strike*.«

…

6.03 In vorschriftsmäßiger Stellung des Batters steht dieser mit beiden Füßen innerhalb der Schlägerbox.

Anmerkung: Die die Box definierenden Linien gehören zur Schlägerbox.

6.04 Die dem Schlagmann zum Schlagen erlaubte Zeit ist abgelaufen, wenn er »aus« gemacht wird oder zum Läufer wird.

6.05 Ein Schlagmann ist »aus«:

(a) wenn sein gültiger oder ungültiger *Fly-Ball* (außer *Foul Tip*) von einem Feldspieler gültig gefangen wird;

(b) wenn ein dritter *Strike* vom Fänger gefangen wird;

(c) wenn ein dritter *Strike* vom Fänger nicht gefangen wird, während das *1. Base* besetzt ist, bevor 2 Spieler »aus« sind;

(d) wenn er einen *Bunt* zum dritten *Strike* ins *foul Territory* macht;

(e) wenn ein Innenfeld-*Fly* erklärt wird;

(f) wenn er versucht, einen *3. Strike* zu erzielen, und dabei vom Ball berührt wird;

(g) wenn sein *fair* Ball ihn berührt, bevor er einen Feldspieler berührt;

(h) wenn er mit seinem Schläger den Ball zum zweiten Mal auf dem Spielfeld berührt hat, nachdem er den Ball geschlagen oder mit einem *Bunt* leicht angestoßen hat. Der Ball ist tot, und es dürfen keine Läufer vorrücken.

…

6.06 Der Schlagmann ist wegen unerlaubter Handlung »aus«, wenn,

(a) er einen Ball schlägt, während ein Fuß oder beide Füße ganz außerhalb des Schlagraumes auf dem Boden stehen;

(b) er von der einen Batter's Box in die andere wechselt, während der *Pitcher* in wurfbereiter

Position ist;

(c) er den Fänger beim *Fielding* oder Werfen zum Pitcher dadurch behindert, daß er aus der Schlägerbox tritt oder eine andere Bewegung macht, die das Spiel des Fängers auf der *Home-Base* stört.

Ausnahme: Der Schlagmann ist nicht »aus«, wenn ein Läufer bei einem Versuch, vorzurücken, mit einem Aus belegt wird, oder wenn ein Läufer, der einen Punkt zu erzielen versucht, mit einem Aus wegen Schlägerbehinderung belegt wird;

(d) wenn er einen Schläger benutzt oder zu benutzen versucht, der nach Meinung des Schiedsrichters derartig verändert wurde, daß der Distanzfaktor verbessert oder der Baseball in unüblicher Art und Weise beeinflußt werden könnte. Dazu zählen Baseballschläger, die gefüllt, flachkantig, genagelt, ausgehöhlt, gerillt oder mit einem Stoff wie Paraffin, Wachs usw. beschichtet sind. Es wird kein Vorrücken auf den Bases erlaubt, und etwaige im Spiel gemachte *Aus* bleiben gültig.

6.07 Schlagen außer der Reihe

(a) Auf einen Einspruch hin wird ein Schlagmann, der außer der Reihe schlägt, mit einem Aus belegt, und ein anderer Schlagmann wird eingewechselt, um die Schlagserie an seiner Stelle abzuschließen.

…

6.08 Der Schlagmann wird unter den folgenden Voraussetzungen zum Läufer und ist berechtigt, auf das 1. *Base* vorzurücken, ohne daß er dabei Gefahr läuft, »aus« gemacht zu werden (vorausgesetzt, er berührt das 1. *Base*): Wenn

(a) der Schiedsrichter vier »Balls« gerufen hat.

(b) er vom gepitchten Ball berührt wurde, den er nicht versucht hat zu schlagen, es sei denn, (1) der Ball befindet sich bei der Berührung in der *Strike*-Zone, oder (2) der Schlagmann macht keinen Versuch, die Ballberührung zu vermeiden. Befindet sich der Ball bei der Berührung in der *Strike*-Zone, wird »Strike« gerufen, unabhängig davon, ob der Schlagmann versuchte, eine Berührung zu vermeiden oder nicht. Ist der Ball bei der Berührung außerhalb der *Strike*-Zone, wird »Ball« gerufen, wenn er nicht versucht, die Berührung zu vermeiden.

Regelauslegung: Wird der Schlagmann von einem gepitchten Ball berührt, der ihn nicht berechtigt,

zum 1. *Base* vorzurücken, ist der Ball tot, und es darf kein Spieler vorrücken.

(c) ihn der Fänger oder ein etwaiger *Feldspieler* behindert. Findet nach der Behinderung ein Spielzug statt, kann der Manager des Offensivteams dem Schiedsrichter mitteilen, daß er auf die Behinderungsstrafe verzichtet und statt dessen das Spielzugergebnis wählt. Eine solche Wahl muß unverzüglich am Ende des jeweiligen Spielzuges erfolgen. Erreicht jedoch ein Schlagmann nach einem Schlag, *Error*, nach vier *Balls*, einem getroffenen Baseman oder aus anderen Gründen das 1. Base, so geht das Spiel ohne Berücksichtigung der Behinderung weiter.

…

6.09 Der Schlagmann wird unter den folgenden Voraussetzungen zum Läufer:

(a) Wenn er einen gültigen Ball schlägt.

(b) Wenn der 3. vom Schiedsrichter gerufene *Strike* nicht gefangen wird, vorausgesetzt, daß (1) das 1. *Base* nicht besetzt oder (2) das 1. Base bei 2 *Aus* besetzt ist.

(c) Wenn ein gültiger Ball einen Schiedsrichter oder Läufer im regelgerechten Bereich berührt, nachdem er einen *Feldspieler* (außer *Pitcher*) passiert hat oder nachdem er von einem *Feldspieler* (einschl. *Pitcher*) berührt wurde.

(d) Wenn ein *fair* Ball über den Zaun oder in die Zuschauertribüne 76 m oder weiter fliegt, und zwar von dem *Home-Base* aus gerechnet. Ein solcher Schlag berechtigt den Schlagmann zu einem *Home-Run*, nachdem er regelgerecht alle Male berührt hat. Ein *fair Fly-Ball*, der das Spielfeld in einer Entfernung von weniger als 76 m verläßt, berechtigt den Schlagmann nur, bis zum 2. *Base* vorzurücken.

(e) Wenn ein *fair* Ball nach Bo-

denberührung in die Zuschauertribüne, unter oder über den Zaun, unter oder über die Anzeigetafel, durch oder ins Gebüsch am Zaun geht, sind der Schlagmann und die Läufer berechtigt, zwei Bases vorzurücken.

…

(g) Wenn ein springender *fair* Ball von einem Feldspieler in die Zuschauertribüne, über oder unter den Zaun in erlaubtem oder unerlaubtem Bereich abprallt, sind der Schlagmann sowie alle Läufer berechtigt, 2 Bases vorzurücken.

(h) Wenn ein *fair Fly-Ball* vom *Feldspieler* in die Zuschauertribüne über oder unter den Zaun in einen ungültigen Bereich abgelenkt wird, ist der Schlagmann berechtigt, zum 2. *Base* vorzurücken; wird aber ein solcher Ball in die Zuschauertribüne oder über den Zaun in einen regelgerechten Bereich abgelenkt, ist der Schlagmann berechtigt, einen

Home-Run zu machen. Wird jedoch ein derartiger *fair Fly-Ball* an einem Punkt abgelenkt, der weniger als 76 m von der *Home-Plate* entfernt liegt, darf der Schlagmann nur 2 Bases vorrücken.

6.10 Eine Liga kann sich für die Regel *Designated Hitter* entscheiden.

(a) Bei Interligaspielen, in denen nur ein Verein nach der Regel *Designated Hitter* spielt, wird die Regel wie folgt angewandt:
1. Bei Pflichtspielen der *World Series* oder Freundschaftsspielen erfolgt die Anwendung bzw. Nichtanwendung der Regel so, wie das bei dem Heimteam üblich ist.
2. Bei Auswahlmannschaftsspielen wird die Regel nur dann angewandt, wenn sich beide Ligen einig sind.

(b) Die Regel sieht folgendes vor: Ein *Hitter* darf beim ersten *Pitcher* und allen weiteren bei jedem Spiel als *Designated Batter* eingesetzt werden, ohne daß dabei der Status des/der *Pitcher* im Spiel berührt wird. Ein *Designated Pitcher* muß vor dem Spiel bestimmt werden und in der Schlagreihenfolge aufgeführt werden, die dem Hauptschiedsrichter übergeben wird. Der ursprünglich in der Schlagreihenfolge aufgeführte *Designated Hitter* muß mindestens einmal einen Schlagdurchgang beginnen, es sei denn, das gegnerische Team wechselt den *Pitcher*. Ein Verein ist nicht verpflichtet, einen *Designated Hitter* für den *Pitcher* einzusetzen, tut er dies jedoch vor einem Spiel nicht, ist die Anwendung eines *Designated Hitters* bei diesem Spiel ausgeschlossen. Der *Designated Hitter* darf durch einen *Pinch Hitter* ersetzt werden. Ein Ersatzhitter wird dann zum *Designated Hitter*. Ein ausgewechselter *Designated Hitter* darf in keiner Funktion in das Spiel zurückkehren. Der *Designated Hitter* darf defensiv eingesetzt werden, wobei er in der gleichen Reihen-folge zum Schlagen kommt, aber der *Pitcher* muß dann anstelle des

➡ *Seite 98*

Erfolgversprechender Strike
Ein kräftiger Schlag ist die Voraussetzung, um den Ball weit über das Außenfeld hinaus zu schlagen, ohne ihn dabei zu hoch in die Luft zu schlagen (Fly-Ball) und einen Fang zu riskieren.

Rückwurf
*Ein gut aus dem Außenfeld zurückge-
worfener Ball ist das A und O. Der
Feldspieler muß in der Lage sein, den Ball
kräftig und genau ins Ziel zu befördern,
damit die Läufer nicht weiterlaufen
können. Gewöhnlich wirft er den Ball zu
einem Cut-off-Mann, der den Ball dann an
das Base wirft, wo ein Läufer abgestoppt
werden kann.*

Fortsetzung von Seite 97

ausgewechselten Verteidigungs-
spielers schlagen, es sei denn, es
wird mehr als einmal ausgewechselt. Dann muß der Manager ihre
Reihenfolge beim *Batten* festlegen. Für den *Designated Hitter*
darf ein Läufer eingesetzt werden,
der dann die Rolle des *Designated
Hitters* übernimmt. Ein *Designated Hitter* darf nicht als
Ersatzläufer fungieren, er ist in
der Schlagmann-Reihenfolge fest
»eingebettet«. Es dürfen keine
Auswechselungen vorgenommen
werden, bei denen die Reihenfolge des *Designated Hitters*
geändert wird.

7 Der Läufer
7.01 Ein Läufer erwirbt die Berechtigung auf ein unbesetztes
Base, wenn er es berührt, bevor
er »aus« ist. Er behält diese
Berechtigung, bis er »aus« gemacht wird oder bis er das *Base*
verlassen muß, um für einen
weiteren Läufer Platz zu machen,
der die Berechtigung erworben
hat, es zu besetzen.
7.02 Beim Vorrücken muß ein
Läufer die Male 1, 2 und 3 der
Reihe nach berühren. Muß er
zurücklaufen, so muß er die Male
in umgekehrter Reihenfolge
berühren, es sei denn, der Ball ist

nach Regel 5.09 tot. In diesem
Falle darf der Läufer direkt zu
seinem ursprünglichen *Base*
gehen.
7.03 Zwei Läufer dürfen nicht
gleichzeitig ein *Base* besetzen,
berühren jedoch zwei Läufer ein
Base, während der Ball *alive* ist,
ist bei Berührung der letzte der
beiden Läufer »aus«.
7.04 Jeder Läufer, außer der
Schlagmann, darf in den folgenden Fällen ein *Base* vorrücken,
ohne daß er dabei »aus« gemacht
werden darf:
(a) Bei einem *Balk*.
(b) Wenn der Schlagmann
vorrückt, ohne dabei »aus«
gemacht werden zu dürfen, ist
der Läufer gezwungen, sein Base
freizumachen, ebenso wenn der
Schlagmann einen gültigen Ball
schlägt, der einen anderen Läufer
oder den Schiedsrichter berührt,
bevor der Ball von einem Feldspieler berührt wird oder ihn
passiert, wenn der Läufer vorrücken muß.
(c) Wenn ein Feldspieler auf eine
Mannschaftsbank oder die
Tribüne oder über eine Absper-
rung ins Publikum fällt, wenn
sich Zuschauer auf dem Feld
befinden.
(d) Wenn er versucht, ein Base zu
»stehlen«, und der Schlagmann
vom Fänger oder einem belie-

bigen anderen Feldspieler gestört
wird.
Anmerkung: Ist ein Läufer berechtigt, zu einem Base vorzurücken, während ein Ball im Spiel
ist, ohne dabei »aus« gemacht
werden zu können, oder darf er
dies nach einer beliebigen anderen Regel tun, nach der der Ball
freigegeben wird, nachdem der
Läufer das ihm zustehende Base
erreicht, es aber nicht berührt,
bevor er versucht, zum nächsten
Base vorzurücken, dann verliert
er sein Recht vorzurücken, ohne
»aus« gemacht werden zu können. Er darf dann »aus« gemacht
werden, indem entweder er oder
das Base, das er hätte berühren
sollen, durch *Tagging* berührt
wird, bevor er zu dem Base zurückkehrt.
7.05 Jeder Läufer, einschließlich
des laufenden Schlagmannes, darf
unter den folgenden Bedingungen vorrücken, ohne daß er dabei
»aus« gemacht werden darf:
(a) Zum *Home-Base*, nachdem er
ein *Home-Run* erzielt hat, wenn
der gültige Ball in den Bereich
außerhalb des Spielfeldes fliegt
und wenn er alle Male regelgerecht berührt hat; oder wenn der
Ball, nach der Meinung des
Schiedsrichters, außerhalb des
Spielfeldes geflogen wäre, wenn
er nicht durch einen von einem

Feldspieler hochgeworfenen
Handschuh, eine Mütze oder
einen anderen Gegenstand
seiner Kleidung abgelenkt worden wäre.
(b) Drei Bases, wenn ein Feldspieler absichtlich einen gültigen
Ball mit seiner Mütze, seiner
Gesichtsmaske oder einem
beliebigen Teil seiner Spielkleidung berührt, sofern dieses Teil
nicht an seiner üblichen Stelle
am Körper ist. Der Ball ist im
Spiel, und der Schlagmann darf
auf eigenes Risiko zum *Home-
Base* vorrücken.
(c) Drei Bases, wenn ein Feldspieler seinen Handschuh absichtlich auf einen gültigen Ball
wirft und ihn berührt. Der Ball ist
im Spiel, und der Schlagmann
darf auf eigenes Risiko zum
Home-Base vorrücken.
(d) Zwei Bases, wenn ein Feldspieler absichtlich einen geworfenen Ball mit seiner Mütze,
seiner Gesichtsmaske oder mit
einem beliebigen anderen Teil
seiner Spielkleidung berührt,
sofern dieser Teil nicht an seiner
Stelle am Körper ist. Der Ball ist
im Spiel.
(e) Zwei Bases, wenn ein Feldspieler seinen Handschuh
absichtlich auf den geworfenen
Ball wirft und diesen trifft. Der
Ball ist im Spiel.

Run out
Die meisten Laufversuche werden durch
»run out« zum Scheitern gebracht. Das
geschieht, indem ein Feldspieler den Ball
so schnell zu einem Baseman wirft, daß
der Ball das Ziel vor dem Läufer erreicht.

Tagged out
Zuweilen werden Läufer
»aus« gemacht, indem ein
Feldspieler sie mit dem Ball
berührt (»Tagging«),
während sie zum nächsten
Base zu laufen versuchen.

(f) Zwei Bases, wenn ein korrekt gespielter Ball in die Tribüne außerhalb der Foullinien der 1. und 3. Bases springt oder dorthin abgelenkt wird;
oder wenn er durch oder unter einen Zaun, eine Anzeigetafel, ein Gebüsch oder Unkraut am Zaun oder an der Anzeigetafel oder darunter hindurchgeht, oder wenn er dort steckenbleibt.
(g) Zwei Bases, wenn sich keine Zuschauer auf dem Spielfeld befinden und ein geworfener Ball in die Zuschauertribüne, gegen die Mannschaftsbank (unabhängig davon, ob der Ball ins Feld zurückprallt oder nicht) oder über, unter oder durch einen Feldzaun oder auf den schrägen Teil der Abschirmung hinter dem *Backstop* fliegt, oder in den Drahtmaschen der Zuschauerabschirmung steckenbleibt. Der Ball ist tot. Ist ein so unkontrollierter Ball als erste Spielhandlung von einem Feldspieler geworfen worden, so wird der Schiedsrichter bei der Vergabe solcher Bases von der Position der Läufer zum Zeitpunkt des *Pitches* geleitet; in allen anderen Fällen wird die Schiedsrichterentscheidung von der Position der Läufer zum Zeitpunkt des unkontrollierten Wurfes bestimmt.
Regelauslegung: Sind alle

Läufer, einschließlich des laufenden Schlagmannes, mindestens ein Base vorgerückt, wenn der unkontrollierte Wurf bei der ersten Spielhandlung des Infielders erfolgte, werden die Bases von der Position gerechnet zugesprochen, die die Läufer zum Zeitpunkt des unkontrollierten Wurfes innehatten.
(h) Ein Base, wenn ein vom *Pitcher* zum Schlagmann oder zu einem Base geworfener Ball (um dort einen Läufer zu fangen) in die Zuschauertribüne oder die Mannschaftsbank oder über, unter oder durch einen Feldzaun oder den *Backstop* fliegt. Der Ball ist tot.
Regelauslegung: Wenn ein unkontrollierter *Pitch-* oder Paßball unmittelbar an dem Fänger vorbeigeht oder der Ball von ihm abprallt und direkt auf die Mannschaftsbank, in die Zuschauertribüne, über den Backstop oder an eine andere Stelle geht, wo der Ball tot ist, wird ein Base gegeben. Ebenso wird ein Base zugesprochen, wenn der in Kontakt mit dem Gummimal befindliche *Pitcher* den Ball zu einem Base wirft und der geworfene Ball direkt in die Zuschauertribüne oder in einen anderen Bereich fliegt, in dem der Ball tot ist.

Geht der Ball jedoch unmittelbar an einem Fänger oder einem Feldspieler vorbei, und bleibt er im Spielfeld und wird darauf auf die Mannschaftsbank, in die Zuschauertribüne oder in einen Bereich getreten oder abgelenkt, wo der Ball tot ist, so werden zwei Bases zugesprochen, und zwar von der Position, in der sich Läufer zum Zeitpunkt des *Pitches* oder Wurfes befanden.
(i) Ein Base, wenn der Schlagmann beim *Ball Four* oder *Strike Three* zum Läufer wird, wenn der Pitchball den Fänger passiert und in der Gesichtsmaske oder der Ausrüstung des Schiedsrichters steckenbleibt. Wird der Schlagmann bei einem unkontrollierten *Pitch*, der die Läufer berechtigt, ein Base vorzurücken, zu einem Läufer, so ist der laufende Schlagmann nur berechtigt, zum 1. Base vorzurücken.
7.06 Wird ein Spieler behindert, ruft oder signalisiert der Schiedsrichter »Behinderung«.
(a) Ist der Läufer, der behindert wird, an einem Spielzug beteiligt, oder wird der laufende Schlagmann behindert, bevor er das 1. Mal berührt, ist der Ball tot, und alle Läufer rücken, ohne dabei »aus« gemacht werden zu dürfen, zu dem jeweiligen Base vor, das sie nach Meinung des Schieds-

richters erreicht hätten, wenn es keine Behinderung gegeben hätte. Dem Läufer, der behindert wird, wird mindestens noch ein Base über das Base hinaus zugesprochen, das er als letztes vor der Behinderung regelgerecht berührt hatte. Etwaige vorherige Läufer, die wegen Vergabe von Bases als Strafe für Behinderung vorrücken müssen, dürfen beim Vorrücken nicht »aus« gemacht werden.
(b) Wenn während der Behinderung des Spielers kein Spielzug stattfindet, ist das Spiel fortzusetzen, bis keine weitere Handlung möglich ist. Der Schiedsrichter ruft dann »*Time*« und verhängt ggf. Strafen, die nach seiner Meinung die Behinderung annullieren.
7.07 Befindet sich ein Läufer auf dem dritten Base und ist im Begriff, durch *Squeeze Play* oder *Steal* einen Punkt zu erzielen, während der Fänger oder ein Feldspieler, ohne im Ballbesitz zu sein, sich vor oder auf das *Home-Base* stellt oder den Schlagmann oder seinen Baseballschläger berührt, wird der *Pitcher* für *Balk* bestraft, indem der Schlagmann das 1. Base zugesprochen bekommt. Der Ball ist tot.
7.08 Ein Läufer ist »aus«:

➡ *Seite 100*

Fortsetzung von Seite 99

(a) (1) Wenn er um mehr als 0,90 m von der direkten Linie zwischen den Bases abweicht, um einem *Tagging* auszuweichen, es sei denn, er will damit eine Behinderung mit einem Feldspieler vermeiden, der einen geschlagenen Ball wirft; oder (2) er verläßt die Baselinie, nachdem er das 1. Mal berührt hat, und es ist offensichtlich, daß er den Versuch, das nächste Mal zu berühren, aufgegeben hat. *Regelauslegung:* Wird ein Schlagmann bei einem nicht gefangenen 3. Strike zum Läufer, und begibt er sich in Richtung seiner Mannschaftsbank oder seiner Position, darf er jederzeit versuchen, das 1. Base zu erreichen, bevor er die Mannschaftsbank erreicht. Um ihn »aus« zu machen, muß die Defense ihn oder das 1. Mal berühren *(Tagging)*, bevor er dieses berührt.

(b) Wenn er absichtlich einen Feldspieler daran hindert, den Ball zu werfen, oder wenn er einen Feldspieler dabei behindert, einen geschlagenen Ball zu spielen.

(c) Wenn er mit einem gültigen Ball berührt wird, während er abseits des Mals steht. *Ausnahme:* Ein laufender Schlagmann kann nicht durch Berührung »aus« gemacht werden, wenn er über das Mal hinwegläuft oder hinausgeglitten ist und dann unverzüglich zum Mal zurückkehrt. *Regelauslegungung:* (1) Wird das Mal durch die Wucht eines Läufers aus seiner Verankerung gerissen, darf der Läufer nicht angegriffen werden, nachdem er das Mal sicher erreicht hat. *Regelauslegungung:* (2) Wird ein Mal im Spielverlauf von seinem Platz verschoben, so gilt die Berührung oder Besetzung des Mals durch jeden der darauffolgenden Läufer im gleichen Spielzug als regelgerecht, wenn der Schiedsrichter der Meinung ist, daß der Spieler die durch das Mal ursprünglich markierte Stelle berührt oder belegt.

(d) Wenn es ihm nicht gelingt, sein Mal zu berühren, bevor er oder sein Mal von einem Feldspieler berührt wurde, nachdem ein *fair* Ball oder ein Foulball gültig gefangen wurde. Er gilt nicht als »aus«, wenn er nach dem nächsten Erstpitch, Spielzug oder versuchten Spielzug sein Mal nicht wiederberührt hat.

(e) Wenn es ihm nicht gelingt, das nächste Mal zu erreichen, bevor er oder das Mal von einem

Feldspieler in Ballbesitz berührt wird, nachdem er dadurch zum Vorrücken gezwungen wurde, daß der Schlagmann zum Läufer wurde.

(f) Wenn er von einem gültigen Ball in einem gültigen Bereich berührt wird, bevor der Ball einen Innenfeldspieler berührt oder passiert hat. Der Ball ist tot, es darf kein Läufer Punkte erzielen, und es dürfen keine Läufer vorrücken, außer den Läufern, die zwangsweise vorrücken müssen. *Ausnahme:* Berührt der Läufer das Mal in dem Augenblick, wo er von einem *Infield-Fly-Ball* berührt wird, so ist er nicht »aus«, obwohl der Schlagmann »aus« ist. Berührt ein Läufer das Mal in dem Augenblick nicht, in dem er von einem *Infield-Fly-Ball* berührt wird, so sind er und der Schlagmann aus.

(g) Wenn er bei einem Spielzug einen Punkt zu erzielen versucht, bei dem der Schlagmann das Spiel am *Home-Base* behindert, bevor »zwei aus« sind. Bei »zwei aus« wird der Schlagmann für aus erklärt, und der Punkt wird nicht gegeben.

(h) Wenn er den vorangehenden Läufer überholt, bevor dieser »aus« ist.

(i) Wenn er, nachdem er das Base regelgerecht besetzt hat, die Bases in der falschen Reihenfolge abläuft, um die Verteidigung zu verwirren oder um das Spiel ins Lächerliche zu ziehen. Der Schiedsrichter ruft sofort »Time« und erklärt den Läufer für »aus«.

(j) Wenn er es versäumt, nach dem Überlaufen oder Übergleiten des Mals unverzüglich zum Mal zurückzukehren. Versucht er zum 2. Mal zu laufen, ist er bei Ballberührung »aus«. Wenn er sich nach dem Überlaufen oder Übergleiten des 1. Mals in Richtung der Mannschaftsbank oder seiner Position bewegt und nicht unverzüglich zum 1. Base zurückkehrt, ist er auf Einspruch hin »aus«, wenn er oder das Mal berührt wird.

(k) Wenn es ihm beim Laufen oder Gleiten zum *Home-Base* nicht gelingt, das *Home-Base*-Mal zu berühren, und er keinen Versuch macht, zum Base zurückzukehren, wenn ein Feldspieler den Ball in der Hand hält und, während er das *Home-Base*-Mal berührt, bei dem Schiedsrichter eine Entscheidung beantragt.

7.09 Als Behinderung durch den Schlagmann oder einen Läufer gilt:

(a) Wenn er nach einem 3. Strike den Fänger daran hindert, den Ball zu einem Feldspieler zu werfen.

(b) Wenn sein Baseballschläger nach einem gültigen Schlag den Ball zum zweitenmal in einem regelgerechten Bereich berührt. Der Ball ist tot, und es dürfen keine Läufer vorrücken. Wenn der laufende Schlagmann seinen Schläger fallen läßt, und der Ball dagegenrollt in einem regelgerechten Bereich, wobei nach Meinung des Schiedsrichters nicht die Absicht bestanden hat, den Balles umzulenken, so ist der Ball *alive* und im Spiel.

(c) Wenn er die Ballbahn auf irgendeine Weise absichtlich verändert.

(d) Wenn der Schlagmann den Feldspieler daran hindert, einen Spielzug auf dem *Home-Base* zu machen, bevor zwei *Aus* vorliegen und sich ein Läufer auf dem 3. Base befindet; der Läufer ist »aus«.

(e) Wenn ein oder mehr Offensivspieler um ein Base, zu dem ein Läufer vorrückt, herum stehen oder sich dort versammeln, um die Feldspieler zu verwirren, sie zu behindern oder um ihnen das Spiel zusätzlich zu erschweren. Ein solcher Läufer wird für »aus« erklärt wegen Behinderung durch seinen (seine) Mitspieler.

(f) Wenn ein Schlagmann oder Läufer, der gerade »aus« gemacht worden war, das darauffolgende Spiel, an dem der Läufer beteiligt ist, stört oder behindert. Der Läufer wird für »aus« erklärt.

(g) Wenn nach Meinung des Schiedsrichters ein Läufer absichtlich einen geschlagenen Ball oder einen Feldspieler stört, der gerade dabei ist, einen geschlagenen Ball einem Mannschaftskameraden zuzuspielen, mit der klaren Absicht, ein *Double Play* zu verhindern, ist der Ball tot. Der Schiedsrichter erklärt den Läufer für »aus« wegen Behinderung und den laufenden Schlagmann für »aus« wegen der Handlung seines Mannschaftskameraden. In keinem Fall dürfen Bases aufgrund solcher Handlungen erobert oder Punkte erzielt werden.

(h) Wenn nach Meinung des Schiedsrichters ein laufender Schlagmann in der Absicht, ein *Double Play* zu verhindern, absichtlich einen Feldspieler dabei behindert, einen geschlagenen Ball zu spielen, oder er selbst einen geschlagenen Ball stört, ist der Ball tot. Der Schiedsrichter erklärt den laufenden Schlagmann für »aus« wegen Behinderung und den Läufer, der am nächsten zum *Home-Base* vorgerückt ist, für »aus«, unabhängig davon, ob ein

Double Play möglich gewesen wäre oder nicht. In keinem Fall dürfen Bases durch solch eine Handlung besetzt werden:

(i) Wenn nach Meinung des Schiedsrichters der Base-Coach auf dem 1. oder 3. Base den Läufer berührt oder dem Läufer hilft, das 1. oder 3. Base zu verlassen oder zu ihm zurückzukehren.

(j) Wenn ein Läufer auf dem 3. Base steht und der Base-Coach seine Box verläßt und durch sein Verhalten einen Feldspieler dazu verleitet, den Ball zu werfen.

(k) Wenn er, während der Ball zwischen Feldspielern zugespielt wird, die zweite Hälfte der Strecke zwischen *Home-Base* und 1. Base läuft und dabei 0,90 m nach links oder rechts von der Foullinie abweicht und nach Meinung des Schiedsrichters den Feldspieler dabei behindert, den Ball zum 1. Base zu werfen oder einen geschlagenen Ball weiterzuleiten.

(l) Wenn er einem Feldspieler nicht ausweicht, der versucht, einen geschlagenen Ball zu fangen, oder wenn er absichtlich einen geworfenen Ball berührt, vorausgesetzt, es sind zwei oder mehr Feldspieler, die versuchen, einen geschlagenen Ball zu fangen, und der Läufer dabei einen oder mehrere von ihnen berührt, so entscheidet der Schiedsrichter, welcher dieser Feldspieler berechtigt ist, den Ball zu fangen; der Läufer wird nicht »aus« gegeben, wenn er einen anderen Feldspieler als diesen berührt.

(m) Wenn er vor einem Feldspieler von einem gültigen Ball berührt wird. Geht ein korrekt gespielter Ball unmittelbar an einem Feldspieler vorbei, und berührt er einen direkt hinter ihm stehenden Läufer, oder wird ein Läufer von einem Ball berührt, nachdem dieser Ball von einem Feldspieler abgeprallt ist, wird der Läufer nicht wegen Berührung mit einem geschlagenen Ball »aus« gegeben. Bei seiner Entscheidung muß der Schiedsrichter überzeugt sein, daß der Ball unmittelbar an einem Feldspieler vorbeigegangen ist und daß kein weiterer Innenfeldspieler die Möglichkeit gehabt hatte, den Ball zu spielen. Tritt der Läufer nach Meinung des Schiedsrichters einen solchen geschlagenen Ball, den der Infielder verfehlt hatte, absichtlich weiter, wird der Läufer wegen Behinderung »aus« gegeben. Strafe wegen Behinderung: Der Läufer ist »aus«, und der Ball ist tot.

7.10 Nach Einspruch wird ein Läufer für »aus« erklärt:
(a) Wenn er, nachdem ein Ball aus der Luft gefangen wurde, das ursprüngliche Base nicht erneut berührt, bevor er mit dem Ball oder das Base von einem Feldspieler in Ballbesitz durch *Tagging* berührt wurde.
(b) Wenn er beim Vorrücken oder Zurückgehen zu einem Base bei einem im Spiel befindlichen Ball jedes Mal nicht der Reihenfolge nach berührt, bevor er vom Feldspieler in Ballbesitz oder das verfehlte Base durch *Tagging* berührt wird.
Regelauslegung: (1) Ein Läufer darf nicht zurückkehren, um ein verfehltes Base zu berühren, nachdem der nachfolgende Läufer einen Punkt erzielt hat.
(2) Ein Läufer darf nicht zurückgehen, um ein verpaßtes Base zu berühren oder ein Base, das er verlassen hat, nachdem er zu einem weiteren Base vorgerückt war und es berührt hat.
(c) Wenn er berührt wird, nachdem er über das 1. Base gelaufen oder geglitten war und dann nicht unverzüglich zu diesem Base zurückgekehrt ist. Etwaige Einsprüche nach dieser Regel müssen vor dem nächsten *Pitch* oder dem nächsten Spielzug oder versuchten Spielzug eingelegt werden. Findet die Regelwidrigkeit während eines Spielzuges statt, der ein Halb-Inning beendet, muß der Einspruch eingelegt werden, bevor die verteidigende Mannschaft das Feld verläßt. Ein Einspruch kann nicht als ein Spielzug oder ein versuchter Spielzug ausgelegt werden. Aufeinanderfolgende Einsprüche dürfen nicht gegen einen Läufer auf demselben Base erhoben werden. Ist der erste Einspruch der Verteidigungsmannschaft ein Fehleinspruch, wird einem zweiten Einspruch gegen denselben Läufer auf demselben Base vom Schiedsrichter nicht stattgegeben. (Unter »Fehleinspruch« soll hier verstanden werden, daß die verteidigende Mannschaft den Ball bei dem Einspruch aus dem Spiel geworfen hat. Beispiel: Hat der *Pitcher* den Ball bei dem Einspruch zum 1. Base geworfen,

und der Ball flog in die Zuschauertribüne, wird einem zweiten Einspruch nicht stattgegeben.)
Bei Einspruch kann der Schiedsrichter gebeten werden, ein offensichtliches »*fourth out*« anzuerkennen. Erfolgt das 3. *Aus* in einem Spielzug, bei dem einem Einspruch für einen anderen Läufer stattgegeben wird, hat die Einspruchentscheidung Vorrang bei der Feststellung des *Aus*. Gibt es mehr als einen Einspruch in einem Spielzug, der ein Halb-Inning abschließt, kann die Verteidigungsmannschaft den für sie vorteilhafteren auswählen. Im Sinne dieser Regel hat die Verteidigungsmannschaft »das Feld verlassen«, wenn der *Pitcher* und sämtliche Infielder den gültigen Spielfeldbereich auf dem Weg zur Mannschaftsbank

Dieser Ball dürfte ins Outfield gehen

oder zum Klubhaus verlassen haben.
7.11 Die Spieler, Coaches oder etwaige Mitglieder des Offensivteams räumen den gesamten Raum (einschließlich beider Mannschaftsbänke), den ein Feldspieler für das Fangen eines geschlagenen oder geworfenen Balls benötigt.
Strafe: Wegen Behinderung wird der am Spielzug beteiligte Schlagmann oder Läufer für »aus« erklärt.
7.12 Bis 2 Läufer »aus« sind, bleibt der Status eines nachfolgenden Läufers dadurch unbe-

rührt, daß der vorangehende Läufer ein Mal nicht berührt oder erneut berührt hat. Wird der vorangehende Läufer auf Einspruch hin als dritter »aus«, können die ihm folgenden Läufer keine Punkte erzielen. Ist ein solches 3. Aus das Ergebnis eines *Force-Play*-Zugs, können weder die vorangehenden noch die nachfolgenden Läufer einen Punkt erzielen.

8. Der Pitcher
8.01 Regelgerechter *Pitch*. Es gibt zwei regelgerechte Wurfpositionen: die *Windup*-Position und die *Set*-Position, und beide dürfen jederzeit benutzt werden. *Pitcher* empfangen Zeichen vom Fänger, während sie auf dem Gummimal stehen.
Der Pitcher muß mit der gesam-

ten Fußfläche auf dem Gummi stehen. Ein *Pitcher* darf nicht werfen, wenn sich sein Fuß am Ende des Gummimals befindet und nur die Hälfte des Fußes das Gummimal berührt. Nach der Streckung muß der *Pitcher* (a) den Ball in beiden Händen vor seinem Körper halten und (b) zum vollständigen Bewegungsstillstand kommen. Die Schiedsrichter sollten genau darauf achten, daß dies befolgt wird. In ihren Bemühungen, Läufer auf den Bases zu halten, versuchen *Pitcher* immer wieder, die Regel zu umgehen, daher sollte der

Schiedsrichter sofort »*Balk*« rufen, wenn ein *Pitcher* nicht völlig still steht.
(c) Zu jedem Zeitpunkt während der vorbereitenden Bewegungen bis zu dem Augenblick, in dem die natürliche Ausholbewegung in einen Wurf übergeht, kann der *Pitcher* den Ball zu einem beliebigen Base werfen, vorausgesetzt, er macht einen Schritt direkt zu dem betreffenden Base hin, bevor er den Ball wirft.
(d) Macht der *Pitcher* einen ungültigen Wurf bei unbesetzten Bases, wird »Ball« gerufen, es sei denn, der Schlagmann erreicht nach einem Schlag, einem Fehler, 4 Balls, einem Battertreffer oder aus anderen Gründen das 1. Base.
(e) Nimmt der *Pitcher* den Standbein-Fuß von dem Wurfmal, indem er mit diesem Fuß rückwärtsschreitet, wird er zum Innenfeldspieler, und macht er dabei einen unkontrollierten Wurf, wird dieser wie ein unkontrollierter Wurf eines jeden anderen Innenfeldspielers gewertet.

8.02 Dem *Pitcher* ist es untersagt:
(a)(1) Seine Wurfhand in Kontakt mit seinem Mund oder seinen Lippen zu bringen. Ausnahme: Wenn sich beide Manager darauf einigen, kann der Schiedsrichter bei kaltem Wetter den *Pitchern* erlauben, vor Spielbeginn auf die Hand zu blasen.
Strafe: Bei Verletzung dieses Teils der Regel ruft der Schiedsrichter sofort »Ball«.
Erfolgt jedoch ein Wurf, und ein Schlagmann erreicht das 1. Base durch einen Schlag, einen Fehler, einen Schlagmanntreffer oder aus einem anderen Grund, und es wird kein Läufer »aus« gemacht, der mindestens um ein Base vorgerückt ist, wird das Spiel ohne Berücksichtigung der

Regelwidrigkeit fortgesetzt. Gegen einen Spieler, der wiederholt diese Regelwidrigkeit begeht, verhängt der Präsident der Liga eine Strafe.
(2) Irgendwelche Substanzen auf

➜ *Seite 102*

Fortsetzung von Seite 101

den Ball aufzutragen;
(3) auf den Ball, auf eine Hand oder auf einen Handschuh zu spucken;
(4) den Ball gegen den Handschuh, eine Person oder gegen Kleidung zu reiben;
(5) den Ball zu verformen;
(6) einen solcherart manipulierten Ball zu werfen. Der *Pitcher* darf den Ball natürlich mit den bloßen Händen reiben.
Strafe: Bei Verstößen gegen irgendeine Bestimmung der Regel 8.02(a) (2 bis 6) reagiert der Schiedsrichter folgendermaßen:
a) Er erklärt den Wurf zum »Ball«, verwarnt den *Pitcher* und veranlaßt eine Durchsage über die Lautsprechanlage zur Begründung der Entscheidung.
b) Verstößt derselbe *Pitcher* zum zweitenmal in demselben Spiel, wird er für das Spiel disqualifiziert.
c) Findet nach dem Verstoß ein Spielzug statt, kann der Manager der Offense dem Malschiedsrichter mitteilen, daß er das Spielzugergebnis der Bestrafung vorzieht. Eine Mitteilung muß unmittelbar nach dem Spielzug erfolgen. Erreicht der Schlagmann jedoch das 1. Base nach einem Schlag, einem Fehler, 4 »Balls«, einem Schlagmanntreffer oder aus einem anderen Grunde und wird kein anderer Läufer »aus« gemacht, bevor er mindestens ein Base vorrücken kann, wird das Spiel ohne Berücksichtigung des Verstoßes fortgesetzt.
d) Ungeachtet dessen, daß die Offense das Spielzugergebnis gewählt hat, wird der Verstoß zur Kenntnis genommen, und die Strafen nach (a) und (b) bleiben unberührt.
e) Nur dem Schiedsrichter obliegt es, zu beurteilen, ob gegen irgendeine Bestimmung dieser Regel verstoßen worden ist.
(b) Das Mitsichführen oder der Besitz irgendeiner Fremdsubstanz. Die Strafe nach Abschnitt (b) ist ein sofortiger Feldverweis.
(c) Absichtliche Spielverzögerung durch Werfen des Balles zu anderen Spielern als dem Fänger, wenn der Schlagmann auf seiner Position ist, außer bei einem Versuch, einen Läufer »aus« zu machen.
Strafe: Wird die Verzögerungshandlung nach einer Verwarnung des Schiedsrichters wiederholt, wird der *Pitcher* des Feldes verwiesen.
(d) Absichtliches Werfen auf den Schlagmann.

Liegt nach Meinung des Schiedsrichters ein solcher Verstoß vor, kann der Schiedsrichter eine der folgenden beiden Strafen wählen:
1. Feldverweis für den *Pitcher* oder für *Pitcher* und Manager;
2. Verwarnung des *Pitchers* und der Manager beider Teams dahingehend, daß der *Pitcher* (oder Ersatzspieler) und Manager bei Wiederholung sofort des Feldes verwiesen werden. Wenn es der Schiedsrichter für angebracht hält, können beide Teams offiziell vor dem Signal oder zu jeder beliebigen Zeit während des Spiels »verwarnt« werden.
8.03 Wenn ein *Pitcher* seine Position am Anfang eines jeden

Erd-Rutsch
Alle guten Spieler sind in der Lage, ihren Lauf zum Base mit einer Gleittechnik abzuschließen, mit der sie ins Mal gleiten.

Innings einnimmt, oder wenn er einen anderen *Pitcher* ablöst, stehen ihm nicht mehr als 8 Vorbereitungswürfe zu seinem Fänger zu; während dieser Zeit ist das Spiel unterbrochen. Nach eigenem Ermessen kann eine Liga die Anzahl der Würfe auf weniger als 8 begrenzen. Solche Vorbereitungswürfe dürfen pro Wurf nicht länger als 1 min dauern. Muß ein *Pitcher* wegen eines plötzlichen Notfalls eingewechselt werden, ohne daß er sich hätte aufwärmen können, gibt ihm der Hauptschiedsrichter so viele Würfe, wie er für nötig hält.
8.04 Sind die Bases unbesetzt, muß der *Pitcher* den Ball innerhalb von 20 Sek. nach Erhalt zum Schlagmann werfen. Bei jeder Spielverzögerung nach dieser Regel ruft der Schiedsrichter »Ball«. Die Absicht dieser Regel ist, unnötige Verzögerungen zu verhindern. Der Schiedsrichter muß darauf bestehen, daß der Ball rasch zum *Pitcher* zurückgeworfen wird und daß dieser seine Position am Mal prompt einnimmt. Offensichtliche Zeitverschwendung sollte sofort vom Schiedsrichter geahndet werden.
8.05 Befinden sich ein oder mehrere Läufer auf den Bases, so liegt in folgenden Fällen ein *Balk* vor:

(a) Der das Mal berührende *Pitcher* macht eine Bewegung, die normalerweise mit seinem Wurf in Verbindung gebracht wird, führt aber keinen Wurf aus.
(b) Der *Pitcher* fintiert einen Wurf zum 1. Base, führt ihn aber nicht aus.
(c) Während der *Pitcher* sein Mal berührt, wendet er sich nicht direkt in Richtung des Base, zu dem er wirft.
(d) Während der *Pitcher* sein Mal berührt, führt er einen wirklichen oder fintierten Wurf zu einem unbesetzten Base aus, außer bei einem gültigen Spielgang.
(e) Der *Pitcher* macht einen unerlaubten Wurf.
(f) Der *Pitcher* wirft den Ball

zum Schlagmann und steht dabei nicht mit dem Gesicht zu diesem.
(g) Der *Pitcher*, der das Wurfmal nicht berührt, macht eine Bewegung, die normalerweise mit seinem Wurf in Verbindung gebracht wird.
(h) Der *Pitcher* verzögert unnötigerweise das Spiel.
(i) Der *Pitcher* steht ohne Ball auf, über dem Wurfmal oder abseits von diesem und fintiert einen Wurf.
(j) Der *Pitcher* nimmt die regelgerechte Position ein und nimmt eine Hand vom Ball weg, es sei denn, dies geschieht bei einem Wurf zum Schlagmann oder zum Base.
(k) Der *Pitcher* läßt den Ball unabsichtlich oder absichtlich fallen, während er das Mal berührt.
(l) Während ein absichtliches Base nach »Balls« gegeben wird, wirft der *Pitcher*, während der Fänger nicht in seiner Box ist.
(m) Der *Pitcher* wirft aus der *Set*-Position, ohne vorher zu einem vollständigen Bewegungsstillstand gekommen zu sein.
Strafe: Der Ball ist tot, und jeder Läufer rückt ein Base vor, ohne »aus« gemacht werden zu dürfen, es sei denn, der Schlagmann erreicht das 1. Base nach einem Schlag, einem Fehler, »Balls«,

Schlagmanntreffer oder aus anderen Gründen, und alle anderen Läufer rücken mindestens ein Base vor, dabei geht das Spiel ohne Berücksichtigung des *Balks* weiter.
Regelauslegung: Begeht ein *Pitcher* ein *Balk* oder wirft er den Ball unkontrolliert zu einem Base oder zum *Home-Base*-Mal, können der oder die Läufer auf eigenes Risiko ein Base weiter als bis zu dem Base vorrücken, das sie zugesprochen bekommen.
Regelauslegung: Verfehlt ein Läufer das 1. Base, zu dem er vorrückt, und wird er auf einen Einspruch hin für »aus« erklärt, so ist er im Sinne dieser Regel ein Base vorgerückt.
8.06 Eine Profiliga sollte die folgende Regel, die die Besuche eines Trainers oder Managers bei seinem *Pitcher* regelt, übernehmen:
(a) Nach dieser Regel wird die Anzahl der Besuche, die ein Manager oder Trainer demselben *Pitcher* im Laufe eines *Innings* abstatten darf, begrenzt.
(b) Ein zweites Aufsuchen desselben *Werfers* in einem *Inning* führt zum automatischen Platzverweis.
(c) Dem Manager oder Coach ist es verboten, ein zweitesmal zum Wurfmal zu gehen, wenn derselbe Schlagmann am Schlagen ist; Ausnahme:
(d) Ist ein Ersatzschlagmann am Schlagen, darf der Manager oder Coach das Wurfmal ein zweitesmal aufsuchen, er muß aber den *Pitcher* wegschicken. Ein Aufsuchen des Mals gilt als abgeschlossen, wenn er den 18-ft-Kreis um das Wurfmal verläßt.

9. Der Schiedsrichter

Softball

Ursprünglich wurde Softball als eine Hallenvariante von Baseball eingeführt. 1996 wurde es bei den Olympischen Spielen vorgestellt. Der Ball ist größer, schwerer und weniger hart als beim Baseballspiel. Softball wird deshalb auf einem kleineren Feld gespielt. Es gibt 2 Spielvarianten: Fast-Pitch-Softball und Slow-Pitch-Softball. Im folgenden gehen wir auf das Fast-Pitch-Softball ein.

Das Softballteam

Die Positionen der Feldspieler haben Bezeichnungen, aber nur Werfer und Fänger müssen auf ihren Positionen stehen, wenn sie auf dem Feld sind (Feldspieler = Verteidigungsmannschaft).

Das Feld

Die Entfernung zwischen den Bases beträgt ca. 18 m, und der Radius zwischen dem *Home-Base* und dem Outfield-Zaun beträgt 68 m bei Männern und 61 m bei Frauen. Die Wurfentfernung vom Wurfmal zum *Home Base* beträgt 14 m für Männer und 12 m für Frauen. Der Wurfmalradius beträgt 2,40 m.

Freizeitbekleidung

Beim Slow-Pitch-Softball, das unter Amateuren beliebt ist, ist fast jede Kleidung möglich.

Das Schlagholz

Das Schlagholz ist in der Regel aus einer Aluminiumlegierung gefertigt (aber auch anderes Metall, Bambus, Glasfaserstoff und andere von der *International Softball Federation* zugelassene Werkstoffe dürfen benutzt werden). Nicht länger als 86 cm, Gewicht ca. 1 kg. Ein Sicherheitsgriff ist erforderlich wegen der kurzen Entfernungen und der Nähe der Innenfeldspieler.

Ball

Weiß, kugelförmig. Umfang 30 cm, Gewicht 184 g. Die Hülle muß flache Nähte und mindestens 88 Stiche aufweisen.

Feldskizze:
Zaun
Siehe Tabelle Feldabmessungen auf S.104
3. Base
Siehe Tabelle Feldabmessungen auf S.104
Wurfmal
2. Base
Schlägerbox
Heimmal
gleiche Länge wie die Seitenlänge des Innenfeldes
4,80 m
Heimmal
1. Base
Wurfweite, siehe Tabelle Feldabmessungen auf S. 104

Es geht auch einfach

Softball kann auf einem korrekt markierten Spielfeld gespielt werden, aber noch häufiger wird es auf irgendeiner Rasenfläche gespielt, auf der lediglich die vier Bases und das Wurfmal markiert sind.

Spieler

Neun Spieler pro Team.
Die Positionen sind:
Werfer (F1)
Fänger (F2)
1. Baseman (F3)
2. Baseman (F4)
3. Baseman (F5)
Shortstop (F6)
Linker *Fielder* (F7)
Center *Fielder* (F8)
Rechter *Fielder* (F9)

Starke Hand

Fielder müssen beweglich und schnell sein: sie müssen den Ball fangen und schnell und genau zum Baseman werfen können.

Zum nächsten Base

Ein Spieler darf von einem Base zum nächsten starten, sobald der Ball die Hand des Werfers verlassen hat.

Kleidung

Einheitlich in Farbe und Stil für das ganze Team. Alle Fänger müssen einen Gesichtsschutz, Halsschutz, Schutzhelm, Körperschutz und Schienbeinschützer tragen. Alle Spieler müssen beim Schlagen und Laufen Kopfschutz tragen. Schuhe dürfen mit Weich- oder Hartgummi-Querrippen bestückt sein.

Die Offiziellen

Ein Malschiedsrichter, der hinter dem Fänger steht und Werferbälle als »Balls« und »Strikes« bewertet, und ein Malschiedsrichter, der Malentscheidungen fällt.

SPIELGEDANKE

Die Teams wechseln sich beim Schlagen/Laufen und auf dem Feld ab. Die Schlagpartei schickt einen ihrer Spieler zum Ballschlagen. Trifft der Schlagmann (*Batter*) den Ball, läuft er die 3 Bases nacheinander ab und punktet mit einem *Run*, wenn er an dem *Home-Base* wieder ankommt. Das Feldteam muß drei der *Batter* »aus« machen, um den Durchgang zu beenden und selbst zum schlagenden Team zu werden.

Spielbeginn

Welches Teams beginnen darf, wird durch Los entschieden.

Wer gewinnt

Wenn ein Spieler an dem *Home-Base* wieder ankommt, nachdem er der Reihe nach das 1., 2. und 3. Mal berührt hat, bekommt sein Team einen *Run* angeschrieben, der einen Punkt zählt. Es gewinnt dasjenige Team, das am Ende die meisten *Runs* erzielt hat.

FELDABMESSUNGEN

Spielart	Liga	Bases	Werfen	Zäune
Erwachsene				
Fast-Pitch	w	18,29 m	12,20 m	60,96 m
	m	18,29 m	14 m	68,58 m – 76,20 m
Abgewandelt	w	18,29 m	12,20 m	60,96 m
	m	18,29 m	14 m	80,80 m
Slow-Pitch	w	19,81 m	14 m	76,20 m
	m	19,81 m	14 m	83,82 m
	gemischt	19,81 m	14 m	83,82 m
	super	19,81 m	14 m	91,44 m
Junioren				
Fast-Pitch	Mädchen bis 10	16,76 m	10,67 m	45,72 m – 53,34 m
	Jungen bis 10	16,76 m	10,67 m	45,72 m – 53,34 m
	Mädchen bis 12	18,29 m	10,67 m	53,34 m – 60,96 m
	Jungen bis 12	18,29 m	12,20 m	53,34 m – 60,96 m
	Mädchen bis 15	18,29 m	12,20 m	53,34 m – 60,96 m
	Jungen bis 15	18,29 m	14 m	53,34 m – 60,96 m
	Mädchen bis 19	18,29 m	12,20 m	60,96 m – 68,58 m
	Jungen bis 19	18,29 m	14 m	60,96 m – 68,58 m
Slow-Pitch	Mädchen bis 10	16,76 m	10,67 m	45,72 m – 53,34 m
	Jungen bis 10	16,76 m	10,67 m	45,72 m – 53,34 m
	Mädchen bis 12	18,29 m	12,20 m	53,34 m – 60,96 m
	Jungen bis 12	18,29 m	12,20 m	53,34 m – 60,96 m
	Mädchen bis 15	19,81 m	14 m	68,58 m – 76,20 m
	Jungen bis 15	18,29 m	14 m	76,20 m – 83,82 m
	Mädchen bis 19	19,81 m	14 m	68,58 m – 76,20 m
	Jungen bis 19	19,81 m	14 m	83,82 m – 91,44 m

DIE WICHTIGSTEN REGELN

• Ein Spiel besteht aus 7 Durchgängen.
• Der Werfer wendet den Unterhandwurf (einhändigen Schockwurf) an; Ausgangsstellung: beide Füße berühren das Gummimal, und der Ball wird mit beiden Händen vor dem Körper gehalten.

Beim Ausfallschritt muß der Pitcher mit dem Gummimal in Kontakt bleiben. Der Wurf ist korrekt, wenn der Ball in die Strike-Zone geworfen wird. Das ist der Raum über einem beliebigen Teil des Heimmals, der sich – wenn der *Batter* die natürliche Körperhaltung zum Schlagen einnimmt – von der Achselhöhle des *Batters* (als höchstem Punkt) bis zu dessen Knie (als tiefstem Punkt) erstreckt. Verfehlt der Ball die Strike-Zone, liegt ein Fehlwurf vor (der als »*Ball*« bezeichnet wird).
• Ein *Batter* bekommt drei Chancen, den Ball zu schlagen. In dem Augenblick, wo er einen gültigen Ball schlägt, wird er zu einem »Batter/Läufer«. Der Ball muß in gültigem Winkel zwischen dem 1. und dem 3. Base bleiben (gültiger Bereich). Der Ball darf das Spielfeld verlassen und bis zu den Infield-Zäunen fliegen, vorausgesetzt, er bleibt innerhalb dieses Winkels. Auch nach 4 *Balls* darf der *Batter* laufen.
• Die anderen *Läufer* auf dem Feld dürfen zum nächsten Base vorrücken, sobald der Ball die Hand des Werfers verlassen hat und solange er im Spiel ist. Wird der Ball gefangen, ungültig geschlagen oder liegt eine Behinderung durch eines der beiden Teams vor, müssen sie zu den Bases zurückkehren, die sie zuletzt regelgerecht besetzt hatten.
• Es gibt mehrere Methoden, den *Batter* »aus« zu machen. Er ist aus, wenn a) ein *Feldspieler* den Ball fängt, bevor er den Boden berührt *(Fly Ball)*; b) wenn der Ball vor ihm das Base erreicht, zu dem er läuft. (Während des Ballfangs muß der *Feldspieler* mindestens mit einem Fuß auf dem Mal stehen.)

Ein *Strike* liegt vor, wenn der

Ball in die Strike-Zone geht, der *Batter* jedoch keinen Versuch macht, ihn zu schlagen, oder er zwar versucht, ihn zu schlagen, aber nicht trifft. Dem Spieler sind 2 Strikes erlaubt, beim 3. Strike ist er aus. Das ist er auch, wenn er mit dem Ball berührt wird, bevor er das 1. Base berührt, und auch, wenn er zwischen zwei Bases mit dem Ball berührt wird.
• Ein *Läufer* wird für »aus« erklärt, wenn
– er mit dem in der Hand eines *Feldspielers* gehaltenen Ball außerhalb eines Mals berührt wird,
– er zu weit von der direkten Linie zwischen zwei Bases abweicht, um einer Ballberührung durch einen *Feldspieler* auszuweichen,
– er einen vorangehenden Läufer überholt,
– er von einem gültigen Ball getroffen wird oder
– der Ball den *Feldspieler* an dem vor ihm liegenden Base vor dem Läufer erreicht.

Ein Zwangsaus liegt vor, wenn ein Läufer, der von einem *Batter,* der zum Läufer geworden ist, zum Vorrücken gezwungen wird.
• Verschiedene Arten des unsportlichen Verhaltens werden mit einem Feldverweis geahndet.

FERTIGKEITEN

Die wichtigsten Fertigkeiten beim Softball sind Werfen, Fangen und Ballschlagen.

Die *Feldspieler* müssen besonders gute Fertigkeiten haben beim Fangen eines schweren, schnellen Balls mit einer Hand mit Handschuh, um dann den Ball schnell in die Wurfhand zu geben. Sie müssen darüber hinaus kräftig und genau werfen können, um den Ball genau zu dem Baseman zu werfen, der den Ball fangen muß, ohne das Mal zu verlassen.

Werfer: Der vom Werfer benutzte Unterhandwurf sieht leicht aus, es ist jedoch unerwartet schwierig, mit dieser Wurftechnik den Ball schnell und genau zu werfen. Daher sind gute Werfer hoch geschätzt. Ein guter Fast-Pitch-Werfer kann einen aufsteigenden oder fallenden Ball, einen

Effetball, einen Tempowechsler und einen geraden schnellen Ball werfen. Die Anwendung verschiedener Wurfarten erschwert es dem *Batter*, den Ball zu treffen.

Batter: Einen Softball gut zu schlagen ist mehr eine Sache des Timings als der Kraft. Gutes Schlagen bedeutet mehr, als den Ball einfach möglichst weit ins Outfield für einen *Home-Run* zu knallen; auch kurze, aber gut kontrollierte Schläge sind wichtig, um entscheidende Bases zu erobern.

Slow-Pitch-Softball

Bei dieser populären Freizeitsportart muß der Pitcher den Ball mit einem Unterhandwurf in einem Bogen von mindestens 1,83 m, aber höchstens 3,66 m Höhe werfen. Im Gegensatz zum *Fast-Pitch-Softball*, bei dem 3 *Outfielder* eingesetzt werden, gibt es bei dieser Softballart 4 *Outfielder*, die Entfernung zwischen den Bases beträgt 19,80 m, und der Ball wird für beide Geschlechter aus 15,24 m Entfernung geworfen. Hier liegt das Spielniveau normalerweise viel höher, da diese Variante als ein Spiel des Ballschlägers gilt, wohingegen das *Fast-Pitch*-Spiel vom Werfer beherrscht wird.

Freie Hand

Ungeachtet des Namens ist der Ball beim Softball alles andere als weich, und ein Handschuh ist fast unentbehrlich für einen Feldspieler. Ein rechtshändiger Feldspieler hat den Handschuh auf der linken Hand, damit er den Ball nach dem Fangen mit der rechten Hand werfen kann.

Volleyball

Aus einer bescheidenen Sportart, die 1895 entstand, zunächst als »Minonette« bekannt war und für diejenigen gedacht war, die nicht fit genug für Basketball waren, entwickelte sich eine Sportart, die heute weltweit beliebt ist. Sie kann in der Freizeit als Erholungssport, aber auch intensiv wettkampfmäßig betrieben werden.

Der Ball

Kugelförmig, Lederhülle um eine Blase aus Gummi oder ähnlichem Material. Umfang 65–67 cm, Gewicht 260–280 g, Luftdruck 0,30–0,325 kg/cm².

Das Netz

In aufgehängtem, gespanntem Zustand 9,5 m lang und 1 m breit. Höhe für Männer 2,43 m, für Frauen 2,24 m. Schwarzes Netz, Maschengröße 10 cm, mit weißem, 5 cm breitem Leinenstreifen am oberen Rand und zwei 5 cm breiten, 1 m langen Streifen an den Seiten. An jeder der äußeren Kanten der Seitenstreifen ist ein flexibler, senkrecht stehender 1,80 m langer Stab (»Antenne«) befestigt; sie markieren die Grenzen, innerhalb derer der Ball das Netz überqueren muß.

Pfosten

Zwei zylindrische, 2,55 m lange Pfosten in 0,50 m bis 1 m Abstand von den Seitenlinien, am Boden befestigt.

Offizielle

Ein erster Schiedsrichter, ein zweiter Schiedsrichter und vier (bei FIVB Turnieren) oder zwei Linienrichter.

Spielfeld

Verschiedene Beläge, internationale Turniere werden jedoch ausschließlich auf Holz- oder Kunststoffbelag ausgetragen. (Beachvolleyball ist heute eine eigenständige olympische Disziplin, bei der auf einem Sandspielfeld von 18 m x 9 m Größe gespielt wird.) Spielfeldmaße: 18 m x 9 m, eingefaßt von einer symmetrischen rechteckigen freien Fläche mit einer Mindestbreite von 3 m (bei höherklassigen Spielen breiter). Die lichte Höhe oberhalb der Spielfläche muß mindestens 7 m betragen. Im allgemeinen hat das Spielfeld in der Halle eine helle Farbe.

In zwei Hälften durch die Mittellinie aufgeteilt. Jede Spielfeldhälfte ist durch eine Angriffslinie in eine hintere Zone und eine Angriffszone aufgeteilt.

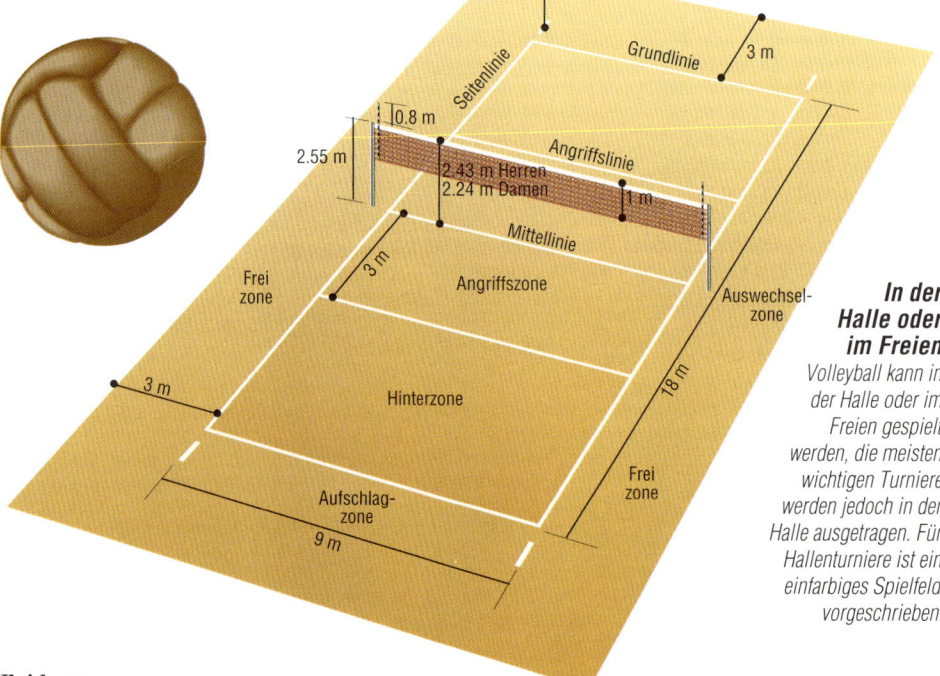

Grundlinie — 3 m
Seitenlinie
0,8 m
2,55 m
Angriffslinie
2,43 m Herren
2,24 m Damen
1 m
Mittellinie
Frei zone
3 m
Angriffszone
Auswechsel-zone
18 m
Hinterzone
3 m
Frei zone
Aufschlag-zone
9 m

In der Halle oder im Freien

Volleyball kann in der Halle oder im Freien gespielt werden, die meisten wichtigen Turniere werden jedoch in der Halle ausgetragen. Für Hallenturniere ist ein einfarbiges Spielfeld vorgeschrieben.

Kleidung

Trikot, Shorts und Schuhe, gleiche Farbe für das gesamte Team. Spieler tragen Nummern hinten und vorn auf dem Trikot (Nr. 1 bis 18).

Licht und Wärme

Ausreichendes Licht und Wärme müssen im Leistungssport gewährleistet sein. Auf dem Spielfeld darf die Temperatur 16°C nicht unterschreiten. Die Beleuchtung soll einen Wert zwischen 1 000 und 1500 Lux aufweisen.

Schuhwerk

Die meisten Spieler tragen leichtes, weiches Schuhwerk ohne Absätze. Spieler dürfen jedoch die Erlaubnis von den Offiziellen einholen, barfuß zu spielen.

Die Spieler

Zwei Mannschaften mit je 6 Stammspielern und bis zu 6 Auswechselspielern. (Beachvolleyball jeweils 2 Spieler.)

SPIELGEDANKE

Die beiden Teams versuchen, den Ball so über das Netz in die andere Spielfeldhälfte zu spielen, daß der Gegner ihn nicht regelgerecht zurückspielen kann. Jede Seite darf den Ball dreimal berühren. Spätestens beim 3. Schlag muß der Ball übers Netz gelangen. Die Spieler dürfen den Ball nicht fangen oder halten, und der Ball darf den Boden auf ihrer Seite nicht berühren.

Beginn

Um die Aufgabe oder Spielfeldhälfte wird gelost. Der Gewinner kann wählen zwischen Aufgabe, Annahme oder Spielfeldhälfte. Bei der Aufgabe müssen sich alle Spieler außer dem Aufgebenden auf ihren Positionen befinden: 3 Spieler in der ersten und 3 in der hinteren Reihe. Der aufgebende Spieler steht bei der Aufgabe hinter der Grundlinie. Er schlägt den Ball mit einer Hand oder einem Arm. Danach sind die Spieler nicht mehr an ihre Plätze in ihrer Hälfte gebunden.

Wer gewinnt

Bevor ein Team punkten kann, muß es das Aufgaberecht haben. Gelingt es dem gegnerischen Team nicht, den Ball zurückzuschlagen, oder begeht es einen Fehler, bekommt das aufgebende Team einen Punkt. Gewinnt das annehmende Team den Ballwechsel, bekommt es das Aufgaberecht und kann daraufhin punkten.

Den Satz gewinnt das Team, das zuerst 15 Punkte hat, wobei der Punktvorsprung mindestens 2 Punkte betragen muß. Beim Stand von 14 : 14 wird das Spiel so lange fortgesetzt, bis die Differenz 2 Punkte beträgt (erreichen jedoch beide Teams 16 Punkte, reicht ein weiterer Punkt für den Satzgewinn, das gilt allerdings nicht für den Entscheidungssatz).

Sieger ist, wer 3 von 5 Sätzen gewinnt. Ein ggf. notwendiger entscheidender 5. Satz wird als Tie-break gespielt, bei dem ein Punktgewinn unabhängig davon ist, welche Mannschaft das Aufgaberecht hat.

DIE WICHTIGSTEN REGELN

• Nach jedem Satz erfolgt ein Seitenwechsel. Die Spieler einer Mannschaft wechseln im Uhrzeigersinn zur jeweils nächsten Position. Erst wenn das aufgebende Team einen Ballwechsel verliert, wechselt das gegnerische Team um eine Position und darf nunmehr aufgeben.

• Der Ball darf mit jedem Teil des Körpers gespielt werden, wobei der Ball deutlich geschlagen, nicht geführt werden muß. Eine unabsichtliche Ballberührung zählt als Spielen des Balles, der gleiche Spieler darf den Ball nicht ein zweites Mal hintereinander schlagen, außer beim Blocken am Netz. Wird der Ball von zwei oder drei Mitspielern gleichzeitig berührt, so zählt das als zwei bzw. drei Schläge.

Sprungaufgabe
Der Spieler wirft den Ball mit der einen Hand hoch, springt und schlägt ihn mit der anderen über das Netz. Andere Aufgabenarten sind die Hakenaufgabe, bei der der Spieler mit der Seite zum Netz steht; die »Tennisaufgabe«, bei der der der Spieler mit dem Gesicht zum Netz steht (auch obere frontale Aufgabe genannt), und die untere frontale Aufgabe.

Aufgabe im Wechsel
Die Spieler einer Mannschaft machen die Aufgaben der Reihe nach. Sie wird immer vom rechten Grundspieler ausgeführt. Die Spieler rotieren im Uhrzeigersinn um jeweils eine Position.

④ ③ ② ⑥ ⑤ ①
Aufgebender

• Bei einem Fehler geht das Aufgaberecht an den Gegner über.

• Ein Spieler darf das Netz nicht berühren, wenn er den Ball zu spielen versucht, und auch nicht in die gegnerische Hälfte eindringen (von geringfügigen Ausnahmen abgesehen).

• Die Angriffsspieler dürfen den Ball in beliebiger Höhe schlagen (über das Netz spielen) und abblocken. Die Spieler der hinteren Reihe dürfen einen Angriffsschlag nur aus der eigenen hinteren Zone ausführen. Befinden sie sich in der Angriffszone, dürfen Angriffsschläge nur dann ausgeführt werden, wenn sich mindestens ein Teil des Balles unterhalb der Netzoberkante befindet. Sie dürfen den Ball nicht blocken.

FERTIGKEITEN

Die *Aufgabe* – der Auftakt zu einem Ballwechsel. Die elementarste Art ist die untere frontale Aufgabe. Erfahrene Spieler benutzen jedoch eine Aufgabe, die der Tennisaufgabe ähnlich ist, auf höherer Ebene wird die Sprungaufgabe angewandt.

Pritschen – die grundlegende Zuspieltechnik, bei der der Ball mit beiden Händen etwa in Stirnhöhe getroffen wird.

Baggern – wird mit gestreckten Armen und fixierten Händen ausgeführt. Der Ball wird mit den Unterarmen getroffen. Wird angewandt, um einen scharf geschlagenen Ball unter Kontrolle zu bringen oder um einen tiefliegenden Ball zu erreichen. Die Arme werden dabei kaum bewegt.

Schmettern (Angriffsschlag) – schnelles Schlagen des Balles nach unten, in die gegnerische Hälfte.

VOLLEYBALLREGELN

(Die Regeln sind z.T. gekürzt und zusammengefaßt.)

10 Spielerpositionen und Rotation

10.1 Positionen [bei Aufgabe]

10.1.1 Bei der Aufgabe müssen die Teams in 2 Reihen in ihren Spielfeldhälften stehen (gilt nicht für den aufgebenden Spieler).

10.1.2. Die 3 Spieler am Netz sind die Angriffsspieler und stehen auf den Positionen 4 (links), 3 (Mitte) und 2 (rechts). Die anderen 3 sind die Abwehrspieler und stehen auf den Positionen 5 (links), 6 (Mitte) und 1 (rechts). Jeder Abwehrspieler muß weiter von der Mittellinie entfernt stehen als die Angriffsspieler.

10.1.4 Sobald der Ball aufgegeben wurde, können die Spieler jede beliebige Position auf ihrer Spielfeldhälfte und in der Freizone einnehmen.

10.2 Rotation

Wenn das annehmende Team das Aufgaberecht gewonnen hat, müssen dessen Spieler um eine Position im Uhrzeigersinn weiterrücken (Spieler der Position 2 auf die Position 1 zur Aufgabe, Spieler 1 zur Position 6 usw.).

10.3 Positionsfehler

10.3.1 Es ist ein Fehler, wenn die Spieler im Augenblick der Aufgabe nicht auf ihrer Position sind.

10.3.2 Begeht der aufgebende Spieler im Augenblick der Aufgabe einen Aufgabefehler, hat dieser Fehler Vorrang vor einem etwaigen Positionsfehler und wird entsprechend geahndet. Wird die Aufgabe erst nach dem Aufgabeschlag für fehlerhaft erklärt, wird der Positionsfehler geahndet.

10.3.3 Ein Positionsfehler zieht folgende Konsequenzen nach sich:
– Aufgabeverlust;
– die Spieler müssen auf ihre richtigen Positionen zurückkehren.

10.4 Rotationsfehler

10.4.1 Als Fehler gilt, wenn die Aufgabenreihenfolge nicht eingehalten wird. Dies entspricht einem Positionsfehler; der Fehler muß korrigiert werden, und das den Fehler begehende Team wird nach Regel 10.3.3 bestraft.

10.4.2 Der Anschreiber sollte feststellen, wann genau der Fehler begangen wurde. Sämtliche Punkte, die das Team danach erzielte, sind zu streichen. Die Punktzahl des gegnerischen

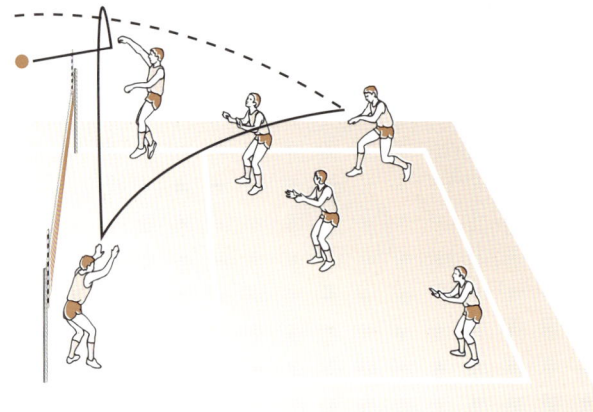

»Stellen« zum Angriffsschlag

Um den abschließenden Angriffsschlag vorzubereiten, wird meist die Drei-Schläge-Regel ausgenutzt. Nachdem der übers Netz geschlagene Ball mit Bagger angenommen wurde, pritscht der Zuspieler den Ball einem Angriffsspieler zu, der ihn übers Netz spielt.

Teams bleibt unverändert. Ist die Punktzahl, die erzielt wurde, während der Spieler nicht auf seiner Position war oder während außer der Reihe aufgegeben wurde, nicht festzustellen, ist Wechsel des Ballbesitzes die einzige Sanktion.

11 Spielerauswechslung

11.1 Definition

Eine Auswechslung ist ein Vorgang, bei dem der Schiedsrichter es gestattet, daß ein Spieler das Spielfeld verläßt, worauf ein anderer seine Position einnimmt.

11.2 Einschränkung von Auswechslungen

11.2.1 Ein Team darf pro Satz bis zu sechsmal – auch mehrere Spieler gleichzeitig – auswechseln.

11.2.2 Ein Stammspieler darf das Spiel verlassen und wieder hereinkommen, jedoch nur einmal pro Satz und nur auf seine frühere Position.

11.2.3 Ein Auswechselspieler darf nur einmal pro Satz für den Stammspieler eingewechselt werden und kann nur durch denselben Spieler ersetzt werden.

11.3 Ausnahmeauswechslung

Ein verletzter Spieler, der am Spiel nicht mehr teilnehmen kann, sollte regelgerecht ersetzt werden. Ist dies nicht möglich, ist das Team berechtigt, eine Ausnahmeauswechslung vorzunehmen, die nicht den Einschränkungen der Regel 11.2 unterliegt.

11.5 Unerlaubte Auswechslung

11.5.1 Eine Auswechslung ist nicht erlaubt, wenn sie die Einschränkungen der Regel 11.2 nicht berücksichtigt.

11.5.2 Macht ein Team eine unerlaubte Auswechslung, und das Spiel wird fortgesetzt, ist folgendermaßen zu verfahren:
– Der Fehler ist mit Aufgabever-

lust zu bestrafen.
– Die Auswechslung ist zu korrigieren.
– Die durch das den Fehler begehende Team erzielten Punkte sind zu streichen. Die Punktzahl des gegnerischen Teams bleibt gültig.

12 Spielzustände

12.1 Ball im Spiel

Das Ertönen des Pfiffs des 1. Schiedsrichters gibt die Aufgabe frei. Der Ball ist ab Aufgabeschlag im Spiel.

12.2 Ball aus dem Spiel

Der Ballwechsel ist beendet bei Ertönen des Schiedsrichterpfiffs. Wurde jedoch wegen eines Fehlers im Spiel gepfiffen, ist der Ball in dem Augenblick aus dem Spiel, in dem der Fehler begangen wurde.

12.3 Der Ball im »Feld«

Der Ball ist im Feld, wenn er den Boden des Spielfeldes einschließlich der Spielfeldbegrenzungslinien berührt (Regel 1.3.2).

12.4 Der Ball ist aus, wenn

a) der Teil des Balles, der den Boden berührt, vollständig außerhalb der Begrenzungslinien liegt,
b) er einen Gegenstand außerhalb des Spielfeldes, an der Decke oder eine Person außerhalb des Spiels berührt,
c) er die Antennen, Seile, Pfosten oder das Netz selbst außerhalb des Raumes zwischen den Antennen berührt,
d) er das Netz unterquert.

13 Spielfehler

13.1 Definition

13.1.1 Jede regelwidrige Spielaktion ist ein Spielfehler.

13.2 Konsequenzen eines Fehlers

13.2.1 Die Konsequenz eines Fehlers ist der Aufgabeverlust.

Die Gegner des den Fehler begehenden Teams erhalten das Aufgaberecht in den ersten 4 Sätzen oder im Entscheidungssatz.

13.2.2 Werden 2 oder mehr Fehler nacheinander begangen, zählt nur der erste.

13.2.3 Werden 2 oder mehr Fehler von den beiden Gegnern gleichzeitig begangen, so gilt das als ein Doppelfehler, und der Ballwechsel wird wiederholt.

14 Den Ball spielen

14.1 Erlaubte Ballberührungen pro Spielzug

14.1.1 Ein Team darf den Ball maximal dreimal spielen (außer Blocken, Regel 19.2.1), um ihn übers Netz zu bringen.

14.1.2 Es zählt nicht nur absichtliches Spielen des Balles, sondern auch unabsichtliche Ballberührungen.

14.1.3 Ein Spieler darf den Ball nicht zweimal hintereinander spielen (Ausnahmen: 19.2.2 und 14.4.3).

14.2 Gleichzeitige Berührung

14.2.1 Zwei oder drei Spieler dürfen den Ball gleichzeitig berühren.

14.2.2 Wird der Ball von 2 oder 3 Mitspielern gleichzeitig berührt, zählt das als 2 bzw. 3 Schläge (außer Blocken). Spielerkollisionen werden nicht als Fehler gewertet.

14.2.3 Bleibt der Ball im Spiel, nachdem ihn Spieler beider Seiten gleichzeitig über dem Netz berührt haben, stehen dem annehmenden Team 3 Ballberührungen zu. Geht der Ball ins Aus, wird der Fehler dem gegnerischen Team zugeschrieben. Kommt es bei gleichzeitigem Kontakt durch Spieler der beiden Teams zu einem »gehaltenen Ball«, so zählt das als ein Doppelfehler, und der Ballwechsel wird wiederholt.

14.3 Hilfestellung

Ein Spieler darf nicht – um den Ball zu erreichen – die Hilfestellung eines Mitspielers oder eines Gegenstandes in Anspruch nehmen. Ein Spieler, der im Begriff ist, einen Fehler zu begehen (das Netz zu berühren, die Mittellinie zu überqueren u. ä.), darf von einem Mitspieler zurückgehalten werden.

14.4 Spielen des Balles

14.4.1 Der Ball darf jede Körperpartie berühren.

14.4.2 Der Ball darf nicht gefangen oder geworfen, sondern muß geschlagen werden.

14.4.3 Der Ball darf verschiedene Körperstellen berühren, vorausgesetzt, das geschieht gleichzeitig.

Ausnahmen:

a) Beim Blocken sind aufeinanderfolgende Berührungen des Balles mit einem oder mehreren Blockspielern zulässig, vorausgesetzt, sie finden im Verlauf einer Aktion statt.

b) Beim ersten Schlag eines Teams (19.2) darf der Ball verschiedene Körperstellen nacheinander berühren, vorausgesetzt, das geschieht im Verlauf einer Aktion.

14.5 Ballschlagfehler

a) Vier Schläge: ein Team schlägt den Ball viermal, bevor dieser das Netz überquert (Regel 14.1.1).

b) Schlag mit Hilfestellung: ein Spieler nimmt die Hilfe eines Mitspielers oder eines Gegenstandes in Anspruch, um den Ball auf dem Spielfeld zu erreichen (Regel 14.3).

c) Ballhalten: Ein Spieler hält oder führt den Ball, statt ihn sauber zu schlagen (Regel 14.4.2).

d) Doppelberührung: ein Spieler schlägt den Ball zweimal hintereinander, oder der Ball berührt mehrere Körperstellen hintereinander (Regel 14.1.3, 14.4.3).

15 Ball am Netz

15.1 Ball geht über das Netz

15.1.1 Der in die gegnerische Hälfte geschlagene Ball muß das Netz im erlaubten Bereich überqueren. Der erlaubte Bereich ist jener Teil der senkrechten Netzebene, der wie folgt begrenzt ist:

– unten: durch die Netzoberkante

– an den Seiten: durch die Antennen und ihre gedachte Verlängerung

– oben: durch die Hallendecke.

15.1.2 Der Ball, der die Netzebene teilweise oder völlig außerhalb des erlaubten Bereichs in die Freizone hinein überquert (Regel 12), darf ins gegnerische Feld zurückgeschlagen werden, vorausgesetzt, daß

– der Spieler die gegnerische Spielfeldhälfte nicht berührt;

– der Ball, wenn er zurückgespielt wird, die Netzebene erneut außerhalb des erlaubten Bereichs auf derselben Seite überquert. Das gegnerische Team darf die Aktion nicht verhindern.

15.1.3 Der Ball ist aus, wenn er den Bereich unter dem Netz vollständig überschritten hat.

15.2 Ball in Netzberührung

Außer bei Aufgabe darf der Ball beim Überqueren des Netzes (Regel 15.1.1) dieses berühren.

15.3 Ball im Netz (außer Aufgabeball)

15.3.1 Ein ins Netz gespielter Ball darf unter Einhaltung der 3 Teamschläge unter Kontrolle gebracht werden.

15.3.2 Zerreißt der Ball die Netzmaschen oder reißt er das Netz nieder, wird der Ballwechsel gestrichen und wiederholt.

16 Spieler am Netz

16.1 Spielfläche

16.1.1 Jedes Team muß innerhalb seiner Spielfläche und seines Spielraumes spielen. Es ist jedoch erlaubt, den Ball aus dem Bereich außerhalb der Spielfläche zurückzuspielen.

16.2 Über das Netz reichen

16.2.1 Beim Blocken darf ein Spieler den Ball jenseits des Netzes berühren, vorausgesetzt, daß es dabei keine Behinderung des gegnerischen Teams vor oder während dessen Angriffsschlags gibt (Regel 19.3).

16.2.2 Ein Spieler darf nach einem Angriff die Hand über das Netz bewegen, vorausgesetzt, daß der Ballkontakt im eigenen Spielraum stattgefunden hat.

16.3 Eindringen unter dem Netz durch

16.3.1 Es ist erlaubt, in den gegnerischen Raum unter dem Netz einzudringen, vorausgesetzt, daß das gegnerische Spiel dadurch nicht gestört wird.

16.3.2 Eindringen in die gegnerische Spielfeldhälfte:

a) es ist erlaubt, die gegnerische Spielfeldhälfte mit dem Fuß (den Füßen) oder der Hand (den Händen) zu berühren, vorausgesetzt, ein Teil des (der) eindringenden Fußes (Füße) bleibt in Kontakt mit der Mittellinie oder passiert sie oberhalb nicht.

b) es ist verboten, die gegnerische Spielfeldhälfte mit irgendeinem anderen Körperteil zu berühren.

16.3.3 Ein Spieler darf die gegnerische Spielfeldhälfte betreten, nachdem der Ball aus dem Spiel ist (Regel 12.2). Ein Spieler darf in den gegnerischen »freien Raum« eindringen, sofern er keine Behinderung des gegnerischen Spiels verursacht.

16.4 Netzberührung

16.4.1 Netzberührung ist ein Fehler, außer wenn ein Spieler, der nicht versucht, den Ball zu spielen, versehentlich das Netz berührt.

16.4.2 Ein Spieler darf, nachdem er den Ball geschlagen hat, die Pfosten, die Seile oder einen beliebigen anderen Gegenstand außerhalb des Netzes in seiner gesamten Länge berühren, sofern dadurch keine Spielbehinderung entsteht.

16.4.3 Wird der Ball ins Netz gespielt und kommt es dadurch zur Netzberührung mit einem gegnerischen Spieler, liegt kein Fehler vor.

16.5 Spielerfehler am Netz

Ein Fehler liegt vor, wenn

a) ein Spieler vor oder während eines gegnerischen Angriffsschlags den Ball im gegnerischen Raum berührt (Regel 16.2.1).

b) ein Spieler unter dem Netz in den gegnerischen Raum eindringt und das gegnerische Spiel behindert (Regel 16.3.1).

c) ein Spieler in die gegnerische Spielfeldhälfte eindringt (Regel 16.3.2).

d) ein Spieler das Netz berührt (Regel 16.4.1).

17 Aufgabe

...

17.2 Netz bei Erstaufgabe

17.2.1 Die erste Aufgabe der Sätze 1 und 5 wird von dem Team ausgeführt, das das Aufgaberecht durch Los gewonnen hat (Regel 8.1).

17.2.2 Die anderen Sätze werden von dem Team mit einer Aufgabe begonnen, das im vorhergehenden Satz nicht als erstes Team aufgegeben hat.

17.3 Reihenfolge der Aufgabe

17.3.1 Das Team muß die auf der Liste des Stammteams angegebene Aufgabenreihenfolge einhalten.

17.3.2 Nach der ersten Aufgabe im Satz wird die Aufgabenreihenfolge folgendermaßen bestimmt:

a) Gewinnt das aufgebende Team den Ballwechsel, wird die Aufgabe von demselben Spieler ausgeführt, der zuvor aufgegeben hat.

b) Gewinnt das annehmende Team den Ballwechsel, bekommt es das Aufgaberecht und wechselt die Positionen. Der Spieler, der aus der vorderen Reihe rechts nach hinten in die rechte Position gerückt ist, führt die Aufgabe aus.

17.4 Aufgabeerlaubnis

Der erste Schiedsrichter erteilt die Aufgabeerlaubnis, nachdem er sich vergewissert hat, daß der aufgebende Spieler im Ballbesitz ist und daß die Teams bereit sind zu spielen.

17.5 Ausführung der Aufgabe

17.5.1 Im Augenblick des Aufgabeschlages oder des Abhebens bei einer Sprungaufgabe darf der Aufgebende weder das Spielfeld (einschließlich Grundlinie) noch den Boden außerhalb der Aufgabezone berühren. Nach dem Aufgabeschlag darf der Spieler außerhalb der Zone oder auf das Spielfeld treten oder landen.

17.5.2 Der Aufgebende muß den Ball binnen 5 Sek. nach dem Schiedsrichterpfiff schlagen.

17.5.3 Eine Aufgabe vor dem Schiedsrichterpfiff wird annulliert und muß wiederholt werden.

17.5.4 Der Ball wird mit einer Hand oder einem beliebigen Teil des Armes geschlagen, nachdem er hochgeworfen oder losgelassen wird und bevor er den Spielfeldboden berührt.

17.6 Aufgabeversuch

17.6.1 Berührt der Ball, nachdem er hochgeworfen oder losgelassen wurde, den Aufgebenden nicht, wird das als ein Aufgabeversuch gewertet.

17.6.2 Nach einem Aufgabeversuch muß der Schiedsrichter den Aufgabeversuch ohne Zeitverzögerung erneut erlauben, und der Aufgebende muß ihn in den nächsten 3 Sek. ausführen.

17.7 Sichtblock

Spieler des aufgebenden Teams dürfen die Sicht der gegnerischen Spieler auf den Aufgebenden und die Ballflugbahn nicht durch einen Sichtblock versperren.

17.7.1 Ein Spieler des aufgebenden Teams, der während der Aufgabe die Arme schwenkt, springt oder sich seitwärts bewegt usw., schafft einen Einzelsichtblock, wenn die Aufgabe über ihn erfolgt.

17.7.2 Ein Team schafft einen Gruppensichtblock, wenn der Aufgebende hinter zwei oder mehr Mitspielern versteckt ist und der Ball über sie hinweg aufgegeben wird.

17.8 Aufgabefehler

Die folgenden Fehler ziehen einen Aufgabewechsel nach sich, auch wenn die Gegner außerhalb ihrer Position stehen: Der Aufgebende

a) verletzt die Aufgabereihenfolge (Regel 17.3),

b) führt die Aufgabe nicht ordnungsgemäß aus (Regel 17.5),

c) verletzt die Regeln des Aufgabeversuchs (Regel 17.6)

17.9 Aufgabefehler nach Ballschlag

Nachdem der Ball korrekt geschlagen wurde, wird die Aufgabe zum Fehler (es sei denn, ein Spieler ist außerhalb seiner Position), wenn der Ball:

a) einen Spieler des aufgebenden Teams berührt oder die Netzebene nicht überquert,

b) das Netz berührt,

c) ins Aus geht,

d) über einen Einzel- oder Gruppensichtblock fliegt.

➡ *Seite 112*

Strandspiel?
Beachvolleyball ist nicht nur ein Spiel für Sonnenbadende, sondern ein beliebter Zuschauersport. Dieser Sportplatz befindet sich in Clearwater, Florida.

»Hand-Tennis«
Im Gegensatz zum Volleyball in der Halle hat Beachvolleyball nur zwei Spieler.

Tennisaufgabe
Eine Tennisaufgabe, bei der der Spieler frontal zum Netz steht, kann entweder aus dem Stand oder aus dem Gehen geschlagen werden. Der Ball wird mit offener, fester Hand und gestrecktem Arm geschlagen. Der Spieler nutzt den Schwung, der ihn vorwärts aufs Feld und ins Spiel trägt.

Hand gegen Hand
Hier hat Volleyball ausnahmsweise Zweikampfcharakter.

Aufgabevarianten
Die am häufigsten angewandten Aufgaben im Beachvolleyball sind die unteren und die Tennisaufgaben. Spieler versuchen dem Ball einen Effekt zu verleihen, um den Gegner zu täuschen.

Baggern

Beim Baggern werden die Hände eng aneinandergelegt und die Unterarme fast horizontal gehalten, um den Ball hochzuspielen.

Kurz vor der Annahme senkt der Spieler den Schwerpunkt und richtet sich dann wieder auf.

»Ausbaggern«

Das Baggern wird benutzt, um einen Aufgabeball oder einen Ball anzunehmen, der für normales Pritschen zu tief ist.

TAKTIK

Der normale Ablauf für einen Spielzug ist Baggern – Stellen – Schmettern. Die 3 Schläge, die einem Team zur Verfügung stehen, werden eingesetzt, um die Ballgeschwindigkeit nach der Aufgabe zu reduzieren, den Ball zu einem Angreifer zu passen und beim 3. Schlag übers Netz zu schlagen.

Plan B

Die besten Volleyballteams nutzen das Drei-Schläge-Spiel, um die gegnerische Mannschaft mit gut geplanten Kombinationen auszumanövrieren. Hier zeigt der Spieler eine Kombination an.

Ausholen zum Schlag

Als Abschluß der klassischen Drei-Schläge-Spielweise wird der Ball aus dem Sprung in die gegnerische Hälfte geschmettert.

GRAUZONE

Traditionell wurde sehr genau darauf geachtet, mit welchen Körperpartien der Ball geschlagen werden durfte. In den vergangenen Jahren wurden die Regeln so geändert, daß der Ball auch mit anderen Teilen des Körpers geschlagen werden kann, um das Spiel fließender und spannender für die Zuschauer zu gestalten. Die geänderten Regeln geben den Spielern größere Handlungsfreiheit im Spiel. Andererseits haben sie auch die Spieler und Trainer in zwei Gruppen gespalten: in solche, die die neuen Techniken annehmen, und solche, die den traditionellen Ansatz und die strikte Auslegung der Regeln vorziehen.

Fortsetzung von Seite 109

18 Angriffsschlag
18.1 Definition
18.1.1 Außer Aufgabe und Block werden alle Aktionen, die darauf gerichtet sind, den Ball zum Gegner zu schlagen, als Angriffsschläge betrachtet. Das Antippen ist bei einem Angriffsschlag erlaubt, wenn die Berührung sauber ist und die Hand den Ball nicht begleitet.
18.1.2 Ein Angriffsschlag ist abgeschlossen, wo der Ball die senkrechte Netzebene vollständig überquert hat oder von einem Gegner berührt wird.

18.2 Angriffsschlag der Angriffsreihe
Die Angriffsspieler dürfen den Angriffsschlag in beliebiger Höhe abschließen, vorausgesetzt, daß der Ballkontakt im eigenen Raum zustande kam (Ausnahme: Regel 18.4d).

18.3 Einschränkungen für den Angriffsschlag für Abwehrspieler
18.3.1 Ein Abwehrspieler darf einen Angriffsschlag in beliebiger Höhe von einer Stelle aus abschließen, die hinter der Angriffszone liegt. Beim Absprung darf der Fuß (Füße) des Spielers die Angriffslinie weder überquert noch berührt haben. Nach dem Schlag darf der Spieler in der Angriffszone landen.
18.3.2 Ein Abwehrspieler darf einen Angriffsschlag auch aus der Angriffszone abschließen, wenn ein Teil des Balles unter der Netzoberkante ist.

18.4 Angriffsschlagfehler
Ein Angriffsschlagfehler wird begangen, wenn
a) ein Spieler den Ball innerhalb des gegnerischen Spielraumes schlägt;
b) ein Spieler den Ball ins Aus schlägt (Regel 12.4);
c) ein Abwehrspieler einen Angriffsschlag aus der Angriffszone abschließt, wenn der ganze Ball im Augenblick des Schlages oberhalb der Netzoberkante ist ;
d) ein Spieler einen Angriffsschlag gegen einen Aufgabeball in dem Augenblick abschließt, wo sich der Ball in der Angriffszone und gänzlich oberhalb der Netzoberkante befindet.

19 Block
19.1 Definition
Blocken ist die Aktion der Spieler am Netz, bei der sie höher mit den Händen (Armen) als die Netzoberkante reichen, um einen von der gegnerischen Mannschaft kommenden Ball aufzuhalten.

19.1.1 Blockversuch
Ein Blockversuch ist die Blockaktion ohne Ballberührung.
19.1.2 Abgeschlossener Block
Ein Block ist abgeschlossen, wenn der Ball vom Blockspieler berührt wird. Nur Angriffsspieler dürfen einen Block abschließen.
19.1.3 Gruppenblock
Ein Gruppenblock wird von 2 oder 3 Spielern, die eng nebeneinander stehen, ausgeführt.

19.2 Block und Anzahl der erlaubten Ballberührungen
Eine Blockberührung zählt nicht bei den erlaubten Ballberührungen pro Team (Regel 14.1.1).
19.2.1 Nach einem Blockkontakt stehen der Mannschaft 3 Schläge zu.
19.2.2 Der erste Schlag nach dem Block darf von einem beliebigen Spieler, darunter auch dem, der den Ball beim Blocken berührt hat, ausgeführt werden.

19.3 Blocken innerhalb des gegnerischen Raumes
Beim Blocken darf der Spieler mit den Händen und Armen auf die andere Netzseite reichen, vorausgesetzt, die Aktion behindert das gegnerische Spiel nicht. Es ist also nicht erlaubt, den Ball jenseits des Netzes zu berühren, bevor der Gegner den Angriffsschlag abgeschlossen hat.

19.4 Blockkontakt
19.4.1 Aufeinanderfolgende Berührungen (schnell und kontinuierlich) sind nur bei einem oder mehreren Blockspielern erlaubt, vorausgesetzt, die Berührungen finden im Verlauf einer Aktion statt.
19.4.2 Diese Kontakte sind mit einem beliebigen Körperteil erlaubt.

19.5 Blockfehler
a) Der Blockspieler berührt den Ball im gegnerischen Raum entweder vor oder gleichzeitig mit der gegnerischen Aktion.
b) Ein Spieler der zweiten Reihe schließt einen Block ab oder beteiligt sich an einem Blockabschluß .
c) Ein Spieler blockt den Ball im gegnerischen Bereich von einer Stelle auswärts der Antenne.
d) Ein Spieler blockt die gegnerische Aufgabe.
e) Der Ball geht vom Block ins Aus.

20 Reguläre Spielunterbrechungen
20.1 Kategorien
Reguläre Spielunterbrechungen sind solche für Auszeiten und Spielerauswechslungen.

20.2 Anzahl regulärer Unterbrechungen
Jedem Team stehen maximal 2 Auszeiten und 6 Spielerauswechslungen pro Satz zu.

20.3 Beantragen regulärer Unterbrechungen
Unterbrechungen dürfen nur vom Trainer oder vom Spielführer beantragt werden, wenn der Ball aus dem Spiel ist und vor dem Aufgabepfiff, und zwar durch ein entsprechendes Handzeichen.

Das Beantragen einer Auswechslung vor dem Satzbeginn ist erlaubt und sollte als eine reguläre Spielunterbrechung im betreffenden Satz eingetragen werden.

20.4 Unterbrechungsreihenfolge
Für beide Teams dürfen eine oder zwei Auszeiten und ein Antrag auf Spielerauswechslung hintereinander folgen, ohne daß das Spiel dazwischen aufgenommen werden muß. Ein Team darf nicht Spielerauswechslungen hintereinander beantragen, ohne daß dazwischen das Spiel aufgenommen wurde. Es dürfen jedoch 2 oder mehr Spieler während einer Spielunterbrechung ausgewechselt werden.

20.5 Auszeit
20.5.1 Eine Auszeit dauert 30 Sekunden.
20.5.2 Während der Auszeit müssen die Spieler das Spielfeld verlassen.

20.6 Spielerauswechslung
20.6.3 Zum Zeitpunkt der Beantragung muß (müssen) der (die) Spieler bereit sein, das Feld zu betreten und in der Nähe des Trainers stehen (Regel 6.3.3). Ist das nicht der Fall, wird der Auswechslung nicht stattgegeben, und das Team wird wegen Zeitverzögerung bestraft (Regel 21.2).
20.6.4 Auswechslungen müssen in der Auswechslungszone erfolgen.

20.7 Regelwidrige Anträge
Es ist regelwidrig, eine Unterbrechung zu beantragen:
a) während eines Ballwechsels oder während oder nach dem Aufgabepfiff (Regel 20.3);
b) durch ein nicht dazu befugtes Mannschaftsmitglied;
c) für Spielerauswechslung, bevor das Spiel nach der vorhergehenden Auswechslung durch dasselbe Team aufgenommen wurde (Regel 20.4);
d) nachdem die erlaubte Anzahl der Auszeiten oder Spielerauswechslungen erschöpft worden ist (Regel 20.2).

Ein regelwidriger Antrag, durch den das Spiel nicht verzögert wird, wird straffrei abgelehnt, es sei denn, er wird im selben Satz wiederholt (Regel 21.1.d).

21 Spielverzögerung
21.1 Verzögerungsarten
Jede Handlung eines Teams, die die Wiederaufnahme eines Spiels verzögert, ist eine Verzögerung; dazu zählt:
a) Verzögerung einer Auswechslung;
b) Verlängerung anderer Unterbrechungen nach der Anweisung, das Spiel wieder aufzunehmen;
c) Antrag auf unerlaubte Auswechslung (Regel 11.2);
d) Wiederholung eines unerlaubten Antrags im selben Satz (Regel 20.7);
e) Spielverzögerung durch einen Spieler im Spiel.

21.2. Sanktionen
21.2.1 Die erste Verzögerung im Satz zieht eine Verwarnung nach sich. Diese Verwarnung ist eine Teamsanktion.
21.2.2 Die zweite und jede weitere Verzögerung ist ein Fehler und zieht Aufgabeverlust nach sich.

22 Außerordentliche Spielunterbrechungen
22.1 Verletzung
22.1.1 Kommt es zu einer ernsten Verletzung, während der Ball im Spiel ist, muß der Schiedsrichter das Spiel sofort unterbrechen. Der Ballwechsel wird wiederholt.
22.1.2 Kann ein verletzter Spieler nicht regelgerecht oder als Ausnahmefall ausgewechselt werden (Regel 11.3), bekommt der Spieler 3 Minuten zur Wiederherstellung, jedoch nicht öfter als einmal in einem Match. Erholt sich der Spieler nicht, wird das Team für unvollständig erklärt.

22.2. Äußere Behinderung
Tritt irgendeine äußere Behinderung während des Spiels ein, muß das Spiel beendet werden, und der Ballwechsel wird wiederholt.

22.3 Längere Unterbrechungen
Wird das Match durch unvorhergesehene Umstände unterbrochen, wird vom ersten Schiedsrichter, Veranstalter und ggf. vom Kontrollkomitee entschieden, welche Maßnahmen zu treffen sind, um wieder normale Bedingungen herzustellen.
22.3.1 Sollte es eine oder mehrere Unterbrechungen geben, die insgesamt nicht länger als 4 h andauern, dann gilt folgendes:
a) Falls das Match auf demselben Spielfeld wieder aufgenommen wird, wird der unterbrochene Satz bei demselben Spielstand und mit denselben Spielern und Positionen normal fortgesetzt.
Der in den bereits gespielten Sätzen erreichte Spielstand bleibt bestehen.

b) Wird das Match auf einem anderen Spielfeld fortgesetzt, wird der unterbrochene Satz gestrichen und mit denselben Stammmannschaften neu gespielt. Der in den bereits gespielten Sätzen erreichte Spielstand bleibt bestehen.

22.3.2 Sollte eine oder mehrere Unterbrechungen eintreten, die insgesamt länger als 4 h dauern, wird das gesamte Match neu gespielt.

23 Pausen und Seitenwechsel
23.1 Pausen
Alle Pausen zwischen den Sätzen, einschließlich der zwischen dem 4. und 5. Satz, dauern jeweils 3 Minuten. In dieser Zeit erfolgen der Seitenwechsel und die Eintragung der Stammspieler in die Spielberichtsblätter.

23.2 Seitenwechsel
23.2.1 Nach jedem Satz wechseln die Teams die Spielfeldseiten, außer bei dem Entscheidungssatz (Regel 8.1.2). Die anderen Teammitglieder wechseln die Bänke.
23.2.2 Erreicht ein Team im Entscheidungssatz 8 Punkte, wechseln die Teams zügig die Seiten, und die Spieler nehmen die gleichen Positionen wieder ein. Erfolgt der Wechsel nicht zum richtigen Zeitpunkt, wird er nachgeholt, sobald der Fehler erkannt ist. Der Spielstand beim Seitenwechsel bleibt unverändert.

24 Fehlverhalten
Unkorrektes Verhalten eines Spielers gegenüber Offiziellen, Gegnern, Mitspielern oder Zuschauern wird entsprechend

dem Schweregrad des Verstoßes in 4 Kategorien klassifiziert.
24.1 Kategorien
24.1.1 Unsportliches Verhalten: Streiten, Drohen usw.
24.1.2 Grobes Verhalten: Benehmen, das nicht in Einklang mit guten Manieren oder moralischen Prinzipien steht, verächtlichmachende Äußerungen.
24.1.3 Aggressives Verhalten: beleidigende Ausdrücke oder Gesten.
24.1.4 Aggression: tätlicher oder versuchter Angriff.

24.2 Sanktionen
Die entsprechend dem Grad des inkorrekten Verhaltens nach dem Ermessen des ersten Schiedsrichters zu verhängenden Sanktionen sind:
24.2.1 Ermahnung wegen Fehlverhaltens:
Für unsportliches Verhalten wird keine Strafe verhängt, jedoch:
a) das betreffende Mannschaftsmitglied wird gegen eine Wiederholung im gleichen Match verwarnt.
b) die Verwarnung wird ins Spielprotokoll eingetragen
c) Wiederholtes unsportliches Verhalten wird mit Aufgabeverlust geahndet.
24.2.2 Strafe wegen Fehlverhaltens: grobes Verhalten; das Team wird mit einem Aufgabeverlust bestraft, die Strafe wird in das Spielprotokoll eingetragen.
24.2.3 Verweis: wiederholtes grobes Verhalten wird mit einem

Verweis belegt. Das betreffende Mannschaftsmitglied muß das Spielfeld, die Bank und den Aufwärmbereich für den Rest des Satzes verlassen. Ein 2. Verweis gegen dasselbe Mannschaftsmitglied gilt als Disqualifikation.
24.2.4 Disqualifikation: wegen aggressiven Verhaltens und Aggression muß der Spieler (oder jedes andere Teammitglied) das Spiel-

feld, die Teambank und den Aufwärmbereich für den Rest des Spiels verlassen.
24.3 Sanktionsskala
Bei wiederholtem Fehlverhalten durch dieselbe Person im selben Satz werden die in der unten dargestellten Sanktionsskala angegebenen Strafen progressiv angewandt. Für eine Disqualifikation ist eine Vorstrafe wegen aggressiven Verhaltens nicht erforderlich.

24.4 Fehlverhalten vor und zwischen Sätzen
Etwaiges Fehlverhalten vor und zwischen Sätzen wird nach der Regel 24.2 geahndet, die Sanktionen gelten für den folgenden Satz.

Sanktionsskala für Fehlverhalten

Kategorien	Mal	Sanktion	Karte danach	Konsequenzen
1. Unsportl. Verhalten	erstes Mal	Ermahnung	gelb	Vorbeugung, keine Strafe
	zweites Mal	Strafe	rot	Aufgabeverlust
	drittes Mal	Verweis	beide gleichzeitig	Verweis von Spielfeld, Aufwärmbereich und Teambank für den Rest des Satzes
2. Grobes Verhalten	erstes Mal	Strafe	beide gleichzeitig	Aufgabeverlust
	zweites Mal	Verweis	beide gleichzeitig	Verweis von Spielfeld, Aufwärmbereich und Teambank für den Rest des Satzes
3. Aggress. Verhalten	erstes Mal	Disqualifikation	beide getrennt	Verweis von Spielfeld, Aufwärmbereich und Teambank für den Rest des Satzes
4. Aggression				

Tennis

Entstanden aus dem alten Hallenspiel Real-Tennis, ist der eigentliche Name des Spiels Rasentennis. Inzwischen ist das Turnier in Wimbledon das einzige große Turnier der Welt, bei dem noch immer auf Rasen gespielt wird.

Das Schiedsgericht

Ein Schiedsrichter, ein Oberschiedsrichter und mehrere Hilfsrichter. *Siehe Regel 29 (Seite 124).*

Das Spielfeld

Rechteck von 23,77 m Länge und 8,23 m Breite für Einzel, 23,77 m Länge und 10,97 m Breite für Doppel. In der Mitte durch ein Netz in zwei Hälften geteilt, und jede Spielfeldhälfte durch Linien in Aufschlagfeld und Grundfeld eingeteilt. Die Oberfläche kann aus Rasen, Sand, Kunststoff, Holz oder Beton bestehen.

Aufschläger

Mittelmarke

Aufschlagfeld

Aufschlagmittellinie 6,40 m

Aufschlaglinie

Seitenlinie Einzel

Seitenlinie Doppel

Netzrichter

Schiedsrichter/Stuhlrichter

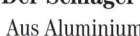

Rückschläger

Grundlinie

Die Spieler

Je einer beim Einzel, je zwei beim Doppel. Männer oder Frauen oder gemischt.

Kleidung

Hemd und kurze Hosen oder Rock. Die Kleidung ist normalerweise weiß, obwohl auch farbige Kleidung erlaubt ist. Die Schuhe sollten möglichst leicht und rutschfest sein.

Der Schläger

Aus Aluminium, Graphit oder einer Mischung aus verschiedenen Materialien, unterschiedliches Gewicht, mit einer einfachen Bespannung mit Saiten, die ein gleichmäßiges Muster bilden. Der Rahmen darf in Spielen nach der Wettspielordnung die Gesamtlänge von 73,66 cm nicht überschreiten. Maximale Gesamtbreite 31,75 cm.

Sandplatz

Das Netz

Das Netz, aufgehängt an einem Seil oder Metallkabel an den Spitzen der beiden Pfosten, die sich 0,914 m außerhalb der jeweiligen Seitenlinie befinden, teilt das Spielfeld in zwei Hälften. Die Netzoberkante muß sich in der Mitte 0,914 m über dem Boden befinden.

Der Ball

Gelb oder weiß, mit einer textilen Hülle. Zwischen 6,350 cm und 6,668 cm im Durchmesser und zwischen 56,7 g und 58,5 g an Gewicht. Wenn man einen Ball aus einer Höhe von 254 cm fallen läßt, muß er anschließend 135 bis 147 cm hochspringen.

Ganz in Weiß ist out

Tennis wurde bisher streng ganz in Weiß gespielt – kurze Hosen und Hemd für Männer, und Rock und Bluse für Frauen. Seit einigen Jahren wird jedoch von einem größeren Farbenspektrum Gebrauch gemacht.

SPIELGEDANKE

Die Spieler schlagen den Ball abwechselnd möglichst so über das Netz in das Spielfeld des Gegners, daß es diesem nicht gelingt, den Ball den Regeln entsprechend zurückzuschlagen.

Spielbeginn

Der Gewinner des Losentscheids darf wählen zwischen der Spielfeldseite und dem Recht auf den ersten Aufschlag. Beim ersten Aufschlag steht der Spieler hinter der Grundlinie seines Spielfelds auf der rechten Seite. Der Ball muß zum Aufschlag hochgeworfen werden. Er muß dann im rechten Aufschlagfeld des Rückschlägers auftreffen. Der Aufschläger hat zwei Versuche, einen gültigen Aufschlag auszuführen; nach dem zweiten ungültigen Aufschlag ist der Punkt verloren (»Doppelfehler«).

Wer gewinnt

Die Spieler müssen Punkte, Spiele und schließlich Sätze gewinnen, um ein Match zu gewinnen. Die Zählweise in einem Spiel lautet: »15«, »30«, »40«, Spielgewinn. Bei einem Spielstand von 40 für beide wird ein »Einstand« (»deuce«) angesagt. Jeder der beiden Spieler muß nun versuchen, zwei zusätzliche Punkte hintereinander zu erzielen, um gewinnen zu können. Wenn der erste Punkt erzielt wird, sagt der Schiedsrichter »Vorteil (oder Advantage) ... »(Name des Schlägers, je nachdem, welcher Spieler den Punkt erzielt hat); wenn dieser Spieler jedoch nicht noch einen zweiten Punkt erzielen kann, geht der Spielstand wieder auf »Einstand« zurück.

Der Spieler, der zuerst sechs Spiele gewonnen hat, gewinnt einen Satz. Wenn jedoch der Spielstand fünf Spiele für jede Seite ist, wird der Spieler Sieger, der zuerst zwei zusätzliche Spiele gewinnt. Ein Match hat die Höchstzahl von fünf Sätzen für Männer und drei für Frauen.

DIE WICHTIGSTEN REGELN

• Der Ball darf im Spielfeld eines Spielers nur einmal aufschlagen, dann muß er zurückgeschlagen werden. Nach einem Aufschlag muß er einmal aufschlagen, während er im Verlauf eines mehrmaligen Ballwechsels überhaupt nicht aufzuschlagen braucht, z. B. wenn ihn ein Spieler als Flugball zurückspielt.

• Wenn der Ball nach einem Aufschlag das Netz streift, bevor er im Spielfeld des Rückschlägers auftrifft, ist dies »Net«. In diesem Fall wird nochmals um den Punkt gespielt.

Hochgeschwindigkeits-Aufschlag

Neue Schläger aus leichtem, strapazierfähigem Material haben Tennis noch schneller gemacht. Bei Aufschlägen von Männern erreicht der Ball am Netz eine Geschwindigkeit von über 210 km/h. Bei Aufschlägen von Frauen sind Geschwindigkeiten von über 177 km/h gemessen worden.

• Es wird ohne Unterbrechungen gespielt. Innerhalb eines Spiels hat stets ein und derselbe Spieler Aufschlag. Dann wechselt das Aufschlagrecht; die Spielfeldseiten werden am Ende des ersten, dritten und jedes folgenden ungeraden Spiels eines Satzes gewechselt. *Siehe Regel 16 (Seite 117)*. Nach dem dritten Satz (bei Männern) oder dem zweiten Satz (bei Frauen) in professionellen Spielen wird den Spielern eine zehnminütige Pause erlaubt. *Siehe Regel 30: Ununterbrochenes Spiel und Unterbrechungen (Seite 120)*.

• Um überlange Sätze zu vermeiden, kann ein Satz durch einen Tie-Break entschieden werden. Dabei gewinnt der Spieler, der nach einem Stand von 6 : 6 zuerst sieben Punkte erreicht, das Spiel (und den Satz). Der Spieler, der das Aufschlagrecht hat, schlägt zuerst auf, danach wechselt der Aufschlag nach jedem zweiten Punkt, der erreicht wird.

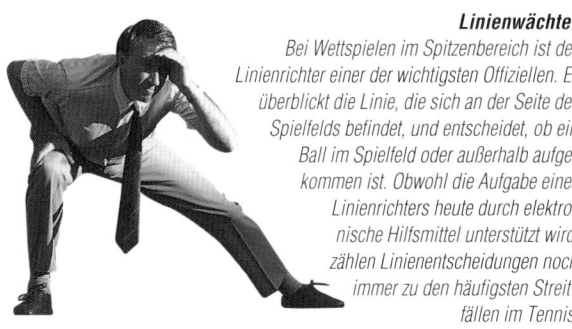

Linienwächter
Bei Wettspielen im Spitzenbereich ist der Linienrichter einer der wichtigsten Offiziellen. Er überblickt die Linie, die sich an der Seite des Spielfelds befindet, und entscheidet, ob ein Ball im Spielfeld oder außerhalb aufgekommen ist. Obwohl die Aufgabe eines Linienrichters heute durch elektronische Hilfsmittel unterstützt wird, zählen Linienentscheidungen noch immer zu den häufigsten Streitfällen im Tennis.

TENNISREGELN

Das Einzel

1. Das Spielfeld

Das Spielfeld ist ein Rechteck von 23,77 m Länge und 8,23 m Breite. Es wird in der Mitte von einem Netz, das an einem Seil oder Metallkabel von höchstens 0,80 cm Durchmesser aufgehängt ist, in zwei Hälften geteilt. Das Seil oder Kabel ist an zwei Pfosten befestigt oder darüberhinweg geführt. Die Netzpfosten stehen auf beiden Seiten 0,914 m außerhalb des Spielfeldes. Sie müssen so hoch sein, daß sich die Oberkante des Seils oder Metallkabels in einer Höhe von 1,07 m über dem Boden befindet. Wird auf einem für Einzel und Doppel eingerichteten Platz (siehe Regel 34) mit einem Netz für Doppel ein Einzel gespielt,

muß das Netz von zwei Pfosten, »Einzelstützen« genannt, auf eine Höhe von 1,07 m angehoben werden.

Das Netz muß vollständig gespannt werden, damit es den Zwischenraum zwischen den beiden Netzpfosten ausfüllt. Die Maschen des Netzes müssen so eng sein, daß ein Ball nicht hindurch kann. Das Netz ist in der Mitte des Spielfeldes 0,914 m hoch. Es wird dort von einem höchstens 5 cm breiten Gurt straff niedergehalten. Dieser muß vollkommen weiß sein. Seil oder Metallkabel sowie oberer Teil des Netzes müssen von einem weißen Band eingefaßt sein. Auf Netz, Netzhaltern, Netzeinfassung und Einzelstützen darf keine Werbung angebracht sein. Alle Linien müssen von gleicher Farbe sein. Wenn sich an den Rückseiten des Platzes Werbung oder irgendwelche Gegenstände

befinden, dürfen diese weder weiße noch gelbe Farbe aufweisen. Eine helle Farbe darf nur verwendet werden, wenn dies die Orientierung der Spieler nicht beeinträchtigt. Gleiches gilt für Werbung auf den Stühlen der an den Rückseiten des Platzes sitzenden Linienrichter.

Anmerkung 1: Beim Davis-Cup oder bei anderen offiziellen Meisterschaften der Internationalen Tennisföderation muß der Auslauf hinter jeder Grundlinie mindestens 6,40 m und an den Seiten mindestens 3,66 m betragen. Die Stühle der Linienrichter dürfen am hinteren Rand oder an den Seiten des Auslaufs stehen, sofern sie nicht mehr als 0,914 m in diesen Bereich hineinragen.

Anmerkung 2: Bei den Stadionplätzen in der Weltgruppe des Davis-Cups und dem Hauptfeld des Federation-Cups sollte der Auslauf hinter jeder Grundlinie mindestens 8,23 m und an den Seiten mindestens 4,57 m betragen.

Anmerkung 3: Auf Klub- oder Freizeitplätzen sollte der Auslauf hinter jeder Grundlinie mindestens 5,50 m und an den Seiten mindestens 3,05 m betragen.

…

3. Der Ball

Die äußere, textile Hülle des Balles muß gleichförmig und die

Farbe Weiß oder Gelb sein. Soweit Nähte vorhanden sind, dürfen diese keine Stiche aufweisen. Der Durchmesser des Balles muß mehr als 6,350 cm, aber weniger als 6,668 cm betragen, und sein Gewicht muß zwischen 56,7 g und 58,5 g betragen. Der Ball muß eine Sprunghöhe von mehr als 135 cm, aber weniger als 147 cm erreichen, wenn er aus einer Höhe von 254 cm auf eine betonierte Unterlage fallen gelassen wird. Bei einem Druck von 8,165 kg muß die Verformung des Balls mehr als 0,559 cm, aber weniger als 0,737 cm nach innen sowie bei Entlastung die Rückverformung mehr als 0,800 cm und weniger als 1,080 cm betragen. Für Spiele in einer Höhe über 1219 m ü.d.M. sind zwei weitere Ballarten zugelassen: Die erste Ballart weicht von der vorstehend beschriebenen nur insofern ab, als die Sprunghöhe mehr als 121,92 cm und weniger als 134,62 cm betragen und der Druck im Ball größer sein muß als der herrschende Luftdruck. Diese Ballart ist allgemein unter der Bezeichnung »Druckball« bekannt. Die zweite Ballart unterscheidet sich von der oben beschriebenen insofern, als die Sprunghöhe mehr als 135 m, aber weniger als 147 cm betragen und der Druck im Ball etwa dem herrschenden Luftdruck

Tennis in der Halle

entsprechen muß. Solche Bälle müssen vor den Spielen mindestens 60 Tage lang in der Höhe der entsprechenden Veranstaltung den örtlichen klimatischen Verhältnissen angepaßt werden. Diese Ballart wird üblicherweise als »Nulldruck-Ball« oder »druckloser Ball« bezeichnet.

4. Schläger
Schläger, die der nachstehenden Beschreibung nicht entsprechen, sind zum Spiel nach den Tennisregeln nicht zugelassen:
(a) Die Schlagfläche des Schlägers muß flach sein und aus einem Muster sich kreuzender Saiten bestehen, die an einem Rahmen befestigt und an ihren Kreuzungspunkten abwechselnd verflochten oder verbunden sind. Das Besaitungsmuster muß völlig gleichmäßig sein; es darf besonders in der Mitte nicht weniger dicht sein als in irgendeinem anderen Bereich. Die Saiten dürfen keine an ihnen befestigten Gegenstände oder hervorstehenden Teile aufweisen, mit Ausnahme solcher, die ausschließlich dazu dienen, Verschleiß oder Schwingungen einzuschränken oder zu verhindern, und die in bezug auf Größe und Anordnung diesem Zweck angemessen sind.
(b) Der Rahmen des Schlägers darf in professionellen Spielen einschließlich des Griffs eine Gesamtlänge von 73,66 cm nicht überschreiten – gültig seit 1.1.1997. Der Rahmen des Schlägers darf in nicht-professionellen Spielen einschließlich des Griffs eine Gesamtlänge von 73,66 cm nicht überschreiten – verbindlich ab 1.1.2000. Er darf eine Gesamtbreite von 31,75 cm nicht überschreiten. Die Bespannungsfläche aus Saiten darf nicht die Gesamtlänge von 39,37 cm und die Gesamtbreite von 29,21 cm überschreiten.
(c) Der Rahmen einschließlich des Griffs darf keine an ihm befestigten Gegenstände oder Vorrichtungen aufweisen mit Ausnahme solcher, die ausschließlich dazu dienen, Verschleiß oder Schwingungen einzuschränken oder zu verhindern oder das Gewicht zu verteilen. Alle derartigen Gegenstände und Vorrichtungen müssen in bezug auf Größe und Anordnung diesem Zweck angemessen sein.
(d) Rahmen, Griff und Saiten dürfen keine Vorrichtungen aufweisen, die es ermöglichen, während des Ballwechsels die Form des Schlägers wesentlich

zu verändern oder die Gewichtsverteilung in der Richtung der Längsachse des Schlägers zu verändern, was eine Beeinflussung der Schwungkraft zur Folge hätte.

5. Aufschläger und Rückschläger
Die Spieler stellen sich zu beiden Seiten des Netzes auf. Der Spieler, der als erster den Ball schlägt, wird Aufschläger, der andere Rückschläger genannt.

6. Wahl von Aufschlag und Seite
Es wird durch Los entschieden, wer die Wahl der Seite oder des Rechts, im ersten Spiel Aufschläger oder Rückschläger zu sein, hat.
Der Losgewinner kann wählen oder von seinem Gegner verlangen zu wählen:
a) das Recht, Aufschläger oder Rückschläger zu sein – der Gegner hat dann die Seite zu wählen; oder
b) die Seite – der Gegner hat sich dann zu entscheiden, ob er Aufschläger oder Rückschläger sein will.

7. Aufschlag
Der Aufschlag wird auf folgende Weise ausgeführt: Der Aufschläger steht mit beiden Füßen hinter der Grundlinie, und zwar zwischen den gedachten Verlängerungen von Mittelmarke und Seitenlinie. Der Aufschläger wirft den Ball mit der Hand in beliebiger Richtung in die Luft und schlägt ihn mit seinem Schläger, bevor der Ball den Boden berührt. Der Aufschlag gilt in dem Augenblick als erfolgt, in dem der Schläger den Ball trifft. Ein Spieler, der nur einen Arm benutzen kann, darf den Ball mit dem Schläger in die Luft werfen.

8. Fußfehler
Während des Aufschlags darf der Aufschläger:
a) seine Stellung weder durch Gehen noch durch Laufen verändern; unbedeutende Bewegungen der Füße, die sich nicht wesentlich auf die ursprüng-

liche vom Aufschläger eingenommene Stellung auswirken, gelten nicht als »Veränderung seiner Stellung durch Gehen oder durch Laufen«;
b) nicht den Boden mit einem Fuß irgendwo anders berühren als hinter der Grundlinie zwischen den gedachten Verlängerungen von Mittelmarke und Seitenlinie.

9. Ausführung des Aufschlages
a) Bei den Aufschlägen steht der Aufschläger abwechselnd hinter der rechten und hinter der linken Hälfte seines Spielfelds, in jedem Spiel von rechts beginnend. Wenn der Aufschlag

von der falschen Hälfte des Spielfeldes erfolgte und dies nicht bemerkt wurde, bleiben alle aus solch falschem Aufschlag oder solchen falschen Aufschlägen herrührenden Spielergebnisse bestehen. Der falsche Standort ist aber sofort nach Feststellung des Irrtums zu berichtigen.
b) Der aufgeschlagene Ball muß das Netz überqueren und das diagonal gegenüberliegende Aufschlagfeld oder eine der Linien, die dieses Feld begrenzen, treffen, bevor der Rückschläger den Ball zurückschlägt.

➡ *Seite 120*

Der aktuelle Rückschlag
Der Spieler, der den Aufschlag zu parieren hat, steht dem Aufschläger diagonal gegenüber. Bei Wettspielen im Spitzenbereich steht der Rückschläger normalerweise sehr weit im hinteren Teil des Spielfelds oder sogar außerhalb. Nur von so weit hinten hat der Spieler genügend Zeit, einen harten ersten Aufschlag zu erreichen. Diese Spielerin setzt für den Rückschlag die beidhändige Rückhand ein. Der beidhändige Griff erfreut sich besonders bei Spielerinnen wachsender Beliebtheit.

FERTIGKEITEN

Tennis erfordert gute Beweglichkeit und Ballbeherrschung sowie strategisches Denken. Die Spieler müssen außerdem in der Lage sein, kraftvolle Schläge mit hoher Präzision zu verbinden.

Der *Service* (Aufschlag*)* ist ein Schlag von überragender Wichtigkeit, den es möglichst perfekt auszuführen gilt. Da der Aufschläger die alleinige Kontrolle über den Ball ausübt, ist dies eine Möglichkeit, Punkte zu erzielen und schnell die Oberhand zu gewinnen. Ein starker Spieler kann den Ball hart in die Ecken des Spielfelds des Rückschlägers aufschlagen, so daß er nicht zurückgeschlagen werden kann (»As«).

Vorhand- und Rückhand-Drive (Treibschlag) sind wesentliche *Grundschläge*, die normalerweise in der Nähe der Grundlinie ausgeführt werden und bei denen der Ball das ganze Spielfeld überquert. Die Spieler drehen sich seitlich zum Netz und schwingen den Schläger weit in Schlagrichtung durch, um Kraft und Schwung in den Schlag zu legen.

Der *Volley* (Flugball) ist ein aggressiver Schlag. Der Ball wird gespielt, bevor er auf dem Spielfeld auftreffen kann. Ein gut plazierter Flugball läßt dem Gegner wenig Zeit zum Rückschlag, vor allem, wenn der Ball auf eine unkontrollierte Stelle in der Netznähe gespielt wird.

Der *Smash* (Schmetterball*)* eignet sich ebenfalls gut zum Punktemachen, der Bewegungsablauf ähnelt dem des Aufschlags.

Das Hinzufügen eines »Spins« (Eigenrotation des Balles) ist recht schwierig.
Der Spin wird erzeugt, indem der Spieler den Ball mit vorgekipptem (Topspin-Schläge) oder rückgekipptem Schläger (Slice) trifft. Durch den Spin kann das Verhalten des Balls in der Luft und beim Auftreffen unberechenbar gemacht werden. Ein Topspin läßt den Ball viel flacher springen, als angenommen, während ein Slice die Flugbahn des Balls verändern kann.

Vorhand-Drive

Unten: Tim Henman bereitet sich auf einen Vorhand-Drive vor.

Der wuchtige erste Aufschlag

Der Tennisaufschlag ist ein Überkopf-Schmetterschlag mit anspruchsvollem Bewegungsablauf. Er wird nicht nur mit dem Arm, sondern mit dem ganzen Körper ausgeführt. Um den Ball von Null auf die Geschwindigkeit einer Kanonenkugel zu beschleunigen, muß der Spieler den Schlägerkopf maximal beschleunigen. Diese Bewegung beginnt in den Fußgelenken und setzt sich aufwärtssteigend schnell im Körper fort, wenn sich der Aufschläger dreht, um möglichst viel Wucht auf den Ball zu übertragen.

Luftkampf
Rückhand spielend im
Sprung, ist John
McEnroe allemal in der
Lage, den Ball seines
Gegners zu parieren.

Rückhandschlag
Die Rückhand wird
aufwärts vor dem Körper
geschlagen und ist nor-
malerweise viel schwächer
als die Vorhand. Ein ge-
schickter Spieler kann
jedoch den Mangel an
Schärfe durch genauestes
Plazieren und geschickte
Täuschung bei den Schlä-
gen ausgleichen.

Bodenkontrolle
Links: Der Vorhand-Volley ist
ein Angriffsschlag, der vom
vorderen Teil des Spielfeldes
mit kurzem, kräftigem Schlag
gespielt wird.

Fortsezung von Seite 117

10. Aufschlagfehler

Es ist ein Aufschlagfehler:
(a) wenn der Aufschläger gegen eine der Regeln 7, 8 oder 9 (b) verstößt;
(b) wenn er beim Versuch, den Ball zu schlagen, diesen verfehlt;
(c) wenn der aufgeschlagene Ball, bevor er den Boden trifft, eine der ständigen Einrichtungen (mit Ausnahme des Netzes, des Netzhalters oder der Netzeinfassung) berührt.

11. Zweiter Aufschlag

Nach einem Aufschlagfehler (beim ersten Aufschlag) hat der Aufschläger das Recht auf einen zweiten Aufschlag. Dieser ist von derselben Hälfte seines Spielfelds auszuführen, von der auch der fehlerhafte Aufschlag erfolgte. Dies gilt nicht, wenn der erste Aufschlag von der falschen Hälfte aus erfolgt ist. In diesem Fall hat der Aufschläger nach Regel 9 das Recht auf einen einzigen Aufschlag von der anderen Spielfeldhälfte.

12. Spielbereitschaft

Der Aufschläger darf erst aufschlagen, wenn der Rückschläger spielbereit ist. Der Rückschläger gilt als spielbereit, wenn er sich anschickt, den aufgeschlagenen Ball zurückzuschlagen. Gibt der Rückschläger jedoch zu erkennen, daß er nicht spielbereit ist, kann er einen Aufschlagfehler nicht geltend machen, wenn der aufgeschlagene Ball nicht in das geforderte Aufschlagfeld geht.

13. Wiederholungen

In allen Fällen, in denen nach den Regeln auf Wiederholung zu entscheiden ist oder in denen wegen einer Unterbrechung des Spiels eine Wiederholung anzuordnen ist, gilt:
(a) Betrifft die Entscheidung lediglich einen Aufschlag, so ist nur dieser Aufschlag zu wiederholen.
(b) Betrifft die Entscheidung einen anderen Sachverhalt, so ist nochmals um den Punkt zu spielen.

14. Wiederholung des Aufschlags

Der Aufschlag ist zu wiederholen:

Linienentscheidung

Links: Mary Pierce beugt sich zurück – Auftakt zu einem kraftvollen Aufschlag. Sie achtet dabei darauf, nicht die Grundlinie zu übertreten, um keinen Fußfehler zu begehen.

a) wenn der aufgeschlagene Ball das Netz, den Netzhalter oder die Netzeinfassung berührt, der Aufschlag ansonsten jedoch gut ist,

oder wenn der aufgeschlagene Ball nach Berühren des Netzes, des Netzhalters oder der Netzeinfassung den Rückschläger trifft oder irgend etwas, was dieser hält oder an sich trägt, bevor der Ball den Boden berührt;

b) wenn ein Aufschlag ausgeführt oder ein Aufschlagfehler begangen wird, obgleich der Rückschläger nicht spielbereit war (siehe Regel 12).

Im Fall einer Wiederholung zählt der betreffende Aufschlag nicht. Der Aufschläger schlägt nochmals auf. Durch eine Wiederholung des Aufschlags wird jedoch ein vorangegangener Aufschlagfehler nicht aufgehoben.

15. Wechsel des Aufschlagrechts

Nach Beendigung des ersten Spieles wird der Rückschläger zum Aufschläger und der Aufschläger zum Rückschläger und so fort, abwechselnd für alle folgenden Spiele eines Matches. Schlägt ein Spieler auf, ohne an der Reihe zu sein, so hat, wenn der Irrtum festgestellt wird, der Spieler aufzuschlagen, der mit dem Aufschlag an der Reihe gewesen wäre. Alle vor der Feststellung des Irrtums erzielten Punkte bleiben gültig. Ein Aufschlagfehler, der vor der Feststellung eines solchen Irrtums erfolgte, zählt nicht. Ist ein Spiel bereits beendet, bevor der Irrtum entdeckt wurde, bleibt es bei der geänderten Reihenfolge beim Aufschlag.

16. Wechsel der Spielfeldseiten

Die Spieler wechseln in jedem Satz nach dem ersten, dritten und jedem folgenden ungeraden Spiel eines Satzes sowie am Ende eines Satzes die Seiten des Spielfeldes. Ist aber die Summe der Spiele in einem solchen Satz eine gerade Zahl, sind die Seiten erst nach dem ersten Spiel des nächsten Satzes zu wechseln. Falls hierbei ein Fehler gemacht und die richtige Reihenfolge nicht eingehalten wird, müssen die Spieler die richtige Aufstellung sofort nach Entdeckung des Irrtums einnehmen, die ursprüngliche Reihenfolge aber fortsetzen.

17. Ball im Spiel

Ein Ball ist im Spiel, sobald der Aufschlag ausgeführt ist. Falls

nicht auf Aufschlagfehler oder Wiederholung des Aufschlags entschieden wird, bleibt der Ball im Spiel, bis der Punkt entschieden ist.

18. Punktgewinn für den Aufschläger

Der Aufschläger gewinnt den Punkt:

a) wenn der aufgeschlagene Ball, sofern der Aufschlag nicht nach Regel 14 zu wiederholen ist, den Rückschläger oder irgend etwas, was dieser hält oder an sich trägt, berührt, bevor der Ball aufspringt;

b) wenn der Rückschläger den Punkt auf andere Weise nach Regel 20 verliert.

19. Punktgewinn für den Rückschläger

Der Rückschläger gewinnt den Punkt:

a) wenn der Aufschläger zwei aufeinanderfolgende Aufschlagfehler macht;

b) wenn der Aufschläger den Punkt auf andere Weise nach Regel 20 verliert.

20. Punktverlust

Ein Spieler verliert den Punkt, wenn

a) er den im Spiel befindlichen Ball nicht direkt über das Netz zurückschlägt (ausgenommen die Fälle nach Regel 24 (a) oder (c)), bevor dieser den Boden ein zweitesmal berührt; oder

b) er den im Spiel befindlichen Ball so zurückschlägt, daß dieser den Boden, eine ständige Einrichtung oder einen anderen Gegenstand außerhalb der Linien trifft, die das Spielfeld seines Gegners begrenzen; oder

c) er den Ball als Flugball annimmt und dabei einen fehlerhaften Rückschlag macht, wenngleich er außerhalb des Spielfelds steht; oder

d) er beim Spielen des Balls diesen absichtlich auf seinem Schläger trägt oder mit seinem Schläger auffängt oder ihn mit seinem Schläger absichtlich mehr als einmal berührt; oder

e) er selbst, sein Schläger (gleich, ob er ihn in der Hand hält oder nicht) oder irgend etwas, was er hält oder an sich trägt, das Netz, die Netzpfosten, die Einzelstützen, das Seil oder Metallkabel, den Netzhalter, die Netzeinfassung oder das Spielfeld seines Gegners berührt, solange der Ball im Spiel ist; oder

f) er den Ball als Flugball annimmt, bevor dieser das Netz überflogen hat; oder

g) der im Spiel befindliche Ball ihn selbst oder irgend etwas, was er hält oder an sich trägt, berührt, mit Ausnahme des Schlägers in seiner Hand oder in seinen Händen; oder

h) er seinen Schläger nach dem Ball wirft und den Ball trifft; oder

i) er während des Spielens um einen Punkt absichtlich und erheblich die Form seines Schlägers verändert.

21. Behinderung durch den Gegner

Wenn ein Spieler in einer Weise handelt, daß er dadurch den Gegner an der Ausführung eines Schlages hindert, verliert er den Punkt, wenn dies absichtlich geschieht. Der Punkt wird wiederholt, wenn dies unabsichtlich geschieht.

22. Linienball

Fällt der Ball auf eine Linie, so gilt er als in das von dieser Linie begrenzte Spielfeld gefallen.

23. Ball berührt ständige Einrichtung

Berührt der im Spiel befindliche Ball eine ständige Einrichtung, (ausgenommen Netz, Netzpfosten, Einzelstützen, Seil oder Metallkabel, Netzhalter oder Netzeinfassung), nachdem er den Boden berührt hat, erhält der Spieler, der den Ball geschlagen hat, den Punkt. Berührt der im Spiel befindliche Ball eine ständige Einrichtung, bevor der Ball den Boden berührt hat, gewinnt sein Gegner den Punkt.

24. Guter Rückschlag
Der Rückschlag ist gut:

a) wenn der Ball das Netz, die Netzpfosten, die Einzelstützen, das Seil oder Metallkabel, den Netzhalter oder die Netzeinfassung zwar berührt, diese jedoch überquert und im Spielfeld den Boden berührt; oder

b) wenn der aufgeschlagene oder zurückgeschlagene Ball im richtigen Spielfeld auftrifft, dann aber über das Netz zurückspringt oder zurückgeweht wird, und der Spieler, der an der Reihe ist zu schlagen, über das Netz reicht und den Ball spielt, vorausgesetzt, daß er dabei nicht gegen Regel 20 (e) verstößt; oder

c) wenn der Ball außerhalb der Netzpfosten bzw. der Einzelstützen zurückgeschlagen wird, gleich, ob über oder unter der Höhe der Netzoberkante, auch wenn der Ball die Netzpfosten bzw. die Einzelstützen berührt, vorausgesetzt, daß er im richtigen Spielfeld den Boden berührt; oder

d) wenn der Schläger eines Spielers über das Netz reicht, nachdem dieser den Ball zurückgeschlagen hat, vorausgesetzt, daß der Ball das Netz überquert hat, bevor er gespielt wird, und daß es auch sonst ein regelgerechter Rückschlag ist; oder

➡ *Seite 124*

Aufschlag und Volley
Auf schnellen Plätzen kann ein starker Aufschläger schnell zum Netz vorstoßen, um von dort einen Volley zu spielen – und dadurch den Gegner sofort unter Druck zu setzen.

TAKTIK

Unter den Top-Spielern gibt es zwei verschiedene Spielertypen. Den *Aufschlag- und Volley-spieler* findet man vorwiegend auf schnellen Plätzen (zum Beispiel auf Rasen). Er beginnt immer mit einem kraftvollen Aufschlag und folgt dem Ball schnell in Richtung Netz, um den schwachen Rückschlag seines Gegners abzufangen und in Form eines Volley oder Smash zurückzuschlagen.

WIE IST ZU ENTSCHEIDEN?

Frage: Wenn dem Aufschläger nach einem Aufschlag der Schläger aus der Hand fällt und das Netz berührt, bevor der Ball auftrifft, ist das ein Fehler, oder verliert der Spieler den Punkt?
Antwort: Nach Regel 20 e) verliert er den Punkt. Sein Schläger berührte das Netz, solange der Ball noch im Spiel war.

Grundlinienspieler kommen auf langsamen Plätzen besser zurecht. Ihre Taktik ist es, fast immer vom hinteren Bereich ihres Spielfeldes aus zu spielen. Sie spielen hinhaltend, bis sie einen Treffer erzielen können oder ihr Gegner einen Fehler macht.

Vorhand-Slice
Ein Spieler kann enorme Kraft auf den Ball übertragen, wenn er den Ball voll mit dem Schlägerkopf trifft, viele gewonnene Schläge sind aber auf ein Unterschneiden des Balls zurückzuführen, wodurch dieser einen Drall erhält. Dieser Spieler (oben) hat seinem Vorhand-Return einen kleinen Backspin gegeben, indem er den Ball unterschnitt. Ein Backspin läßt den Ball etwas höher fliegen, so daß der Schlag etwas niedriger gezielt werden muß als bei einem geraden Treibschlag.

Topspin
Jeremy Bates (rechts) ist im Begriff, den Ball mit einem Topspin zurückzuschlagen. Er »zieht« den stark vorgekippten Schläger oben über den Ball, worauf dieser einen Vorwärtsdrall erhält, schnell fliegt und nach dem Auftreffen sehr flach bleibt.

Schneller Return
Links: Steffi Graf jagt über den Platz, um den Ball mit der vollen Seite des Schlägers zu schlagen und ihn als einen schnellen Vorhand-Return zurückzuspielen.

Fortsetzung von Seite 117

e) wenn es einem Spieler gelingt, den aufgeschlagenen oder im Spiel befindlichen Ball zurückzuschlagen, nachdem dieser einen im Spielfeld liegenden Ball getroffen hat.

25. Behinderung eines Spielers

Wird ein Spieler durch irgend etwas, auf das er keinen Einfluß hat, mit Ausnahme einer ständigen Einrichtung des Spielfelds oder eines Falls nach Regel 21, bei der Ausführung eines Schlages behindert, so ist auf Wiederholung zu entscheiden.

26. Gewinn eines Spieles

Gewinnt ein Spieler seinen ersten Punkt, so zählt dies für ihn 15; gewinnt er seinen zweiten Punkt, so zählt dies für ihn 30; gewinnt er seinen dritten Punkt, so zählt dies für ihn 40; gewinnt er seinen vierten Punkt, so hat er ein »Spiel« gewonnen mit folgender Ausnahme: Wenn beide Spieler drei Punkte gewonnen haben, wird der Spielstand »Einstand« (»deuce«) genannt; und der nächste von einem Spieler gewonnene Punkt zählt »Vorteil« (»advantage«) für diesen Spieler. Gewinnt derselbe Spieler den nächsten Punkt, gewinnt er das Spiel; gewinnt der andere Spieler den nächsten Punkt, wird der Spielstand wieder »Einstand« genannt und so weiter, bis einer der Spieler die auf »Einstand« aufeinanderfolgenden beiden Punkte gewinnt. Er hat dann das Spiel gewonnen.

27. Gewinn eines Satzes

a) Ein Spieler (oder die Spieler), der zuerst sechs Spiele gewonnen hat, hat einen »Satz« gewonnen, wenn er einen Vorteil von mindestens zwei Spielen gegenüber seinem Gegner hat, – falls erforderlich, wird ein Satz so lange fortgesetzt, bis dieser Vorteil erreicht ist.

b) Anstelle des Vorteilssatz-Systems nach Absatz (a) dieser Regel kann wahlweise das Tie-Break-System angewendet werden, sofern dies vor Beginn des Wettspiels bekanntgegeben wird. In diesem Fall gelten die folgenden Bestimmungen: Wenn im Satz der Spielstand von 6 Spielen für beide erreicht wird, ist ein Tie-Break zu spielen. Dies gilt nicht im dritten bzw. fünften Satz eines Drei-Satz- bzw. Fünf-Satz-Matches. Sofern nichts anderes bestimmt und vor Beginn des Wettspiels bekanntgegeben wird, sind diese Sätze als normaler Vorteilssatz zu spielen.

Für ein **Tie-Break-Spiel** gilt folgendes:

Im Einzel

1. Der Spieler, der zuerst sieben Punkte erreicht hat, gewinnt das Spiel und damit den Satz, vorausgesetzt, er hat einen Vorsprung von mindestens zwei Punkten. Kommt es zu einem Spielstand von 6 Punkten für beide, wird das Spiel fortgesetzt, bis dieser Zwei-Punkte-Vorsprung erreicht ist. Im Tie-Break-Spiel werden die Punkte fortlaufend numerisch gezählt.
2. Der Spieler, der an der Reihe ist aufzuschlagen, ist Aufschläger für den ersten Punkt. Sein Gegner ist Aufschläger für den zweiten und den dritten Punkt, und danach schlägt jeder Spieler abwechselnd jeweils für zwei Punkte hintereinander auf, bis über den Gewinn von Spiel und Satz entschieden ist.

3. Der Aufschlag für den ersten Punkt erfolgt von rechts. Danach wird im Wechsel von links und von rechts aufgeschlagen. Wenn von der falschen Spielfeldhälfte aufgeschlagen wurde, gelten die Bestimmungen von Regel 9.
4. Nach je sechs Punkten sowie nach Beendigung des Tie-Break-Spiels wechseln die Spieler die Seiten.

…

Im Doppel

Für ein Doppel gilt sinngemäß die Verfahrensweise des Einzel. Der Spieler, der an der Reihe ist aufzuschlagen, ist Aufschläger für den ersten Punkt. Danach ist jeder Spieler in derselben Reihenfolge wie in den vorangegangenen Spielen dieses Satzes abwechselnd Aufschläger für je zwei Punkte, bis über den Gewinn von Spiel und Satz entschieden ist.

Wechsel des Aufschlags

Der Spieler (bzw. im Doppel das Spielerpaar), der an der Reihe war, im Tie-Break als erster aufzuschlagen, ist im ersten Spiel des folgenden Satzes Rückschläger.

28. Höchstzahl der Sätze

In einem Wettspiel darf die Zahl der Sätze höchstens fünf, bei den Damen höchstens drei, betragen.

29. Oberschiedsrichter, Schiedsrichter, Hilfsrichter

In Wettspielen ist, die Entscheidung des Schiedsrichter endgültig. Wenn ein Oberschiedsrichter ernannt ist, kann bei ihm in Regelfragen gegen die Entscheidung des Schiedsrichters Berufung eingelegt werden. In diesen Fällen ist die Entscheidung des Oberschiedsrichters endgültig. In Wettspielen, für die Hilfsrichter (Linienrichter, Netzrichter, Fußfehlerrichter) zur Unterstützung des Schiedsrichters eingesetzt sind, sind deren Entscheidungen in Sachfragen endgültig. Der Schiedsrichter ist aber berechtigt, die Entscheidung eines Hilfsrichters aufzuheben oder eine Wiederholung anzuordnen, wenn seiner Meinung nach eine eindeutige Fehlentscheidung getroffen wurde. Wenn ein Hilfsrichter nicht in der Lage ist, eine Entscheidung zu treffen, hat er dies dem Schiedsrichter unverzüglich anzuzeigen, der dann zu entscheiden hat. Falls der Schiedsrichter nicht in der Lage ist, in einer Sachfrage eine Entscheidung zu treffen, muß er eine Wiederholung anordnen. Bei Spielen um den Davis-Cup und bei anderen Mannschaftswettbewerben, bei denen sich ein Oberschiedsrichter auf dem Platz befindet, kann jede Entscheidung vom Oberschiedsrichter korrigiert werden. Dieser kann auch den Schiedsrichter anweisen, auf Wiederholung zu entscheiden. Der Oberschiedsrichter kann nach seinem Ermessen ein Wettspiel jederzeit wegen Dunkelheit, des Zustandes des Platzes oder der Witterung unterbrechen. Bei jeder Unterbrechung bleiben der Spielstand und die Aufstellung auf dem Platz so gültig, wie sie vor der Unterbrechung waren, sofern nicht der Oberschiedsrichter und die Spieler übereinstimmend etwas anderes vereinbaren.

Schmetterschlag
Agassi springt nach oben, um maximale Kraft für diesen Überkopf-Drive zu entfalten.

30. Ununterbrochenes Spiel und Unterbrechungen

Es muß vom ersten Aufschlag bis zur Beendigung des Wettspiels ohne Unterbrechungen gespielt werden. Es gelten folgende Bestimmungen:

a) Wenn der erste Aufschlag ein Aufschlagfehler ist, muß der zweite Aufschlag vom Aufschläger ohne Verzögerung ausgeführt werden.

Der Rückschläger muß sich einem angemessenen Tempo des Aufschlägers anpassen und zum Rückschlag bereit sein, wenn der Aufschläger bereit ist aufzuschlagen. Werden die Seiten gewechselt, muß der Aufschlag zum ersten Punkt des nächsten Spiels spätestens 1 : 30 Minute nach dem Zeitpunkt erfolgt sein, zu dem der Ball am Ende des Spiels nicht mehr im Spiel war.

b) Das Spiel darf niemals unterbrochen, verzögert oder gestört werden, um einen Spieler Atem schöpfen oder sich ausruhen oder erholen zu lassen. Bei einer Verletzung durch Unfall kann der Schiedsrichter jedoch eine einmalige Unterbrechung von 3 Minuten wegen einer solchen Verletzung gewähren.

c) Wenn die Kleidung, das Schuhwerk oder die Ausrüstung (mit Ausnahme des Schlägers) eines Spielers durch Umstände, auf die er keinen Einfluß hat, derartig in Unordnung geraten, daß es für ihn unmöglich oder unzumutbar ist, weiterzuspielen, kann der Schiedsrichter das Spiel unterbrechen, damit der mangelhafte Zustand behoben wird.

d) Der Schiedsrichter kann das Spiel jederzeit unterbrechen oder verschieben, wenn dies nach seinem Ermessen erforderlich und angebracht ist.

e) Nach Beendigung des dritten Satzes – wenn Spielerinnen beteiligt sind, des zweiten Satzes – kann jeder Spieler eine Pause von längstens 10 Minuten beanspruchen, und in Ländern, die zwischen 15 Grad nördlicher Breite und 15 Grad südlicher Breite liegen, darf diese Pause bis zu 45 Minuten dauern. Des weiteren ist der Schiedsrichter berechtigt, die Dauer der Spielunterbrechung nach eigenem Ermessen festzulegen, wenn diese durch Umstände erforderlich wird, auf die die Spieler keinen Einfluß haben.

f) Ein Turnierveranstalter ist berechtigt, festzulegen, wie lange sich die Spieler vor Beginn des Wettspiels einspielen dürfen. Die Einspielzeit darf jedoch fünf Minuten nicht überschreiten. Sie muß vor Beginn der Veranstaltung bekanntgegeben werden.

…

h) Bei Verstößen gegen den Grundsatz, daß das Spiel nicht unterbrochen werden darf, kann der Schiedsrichter den Schuldigen nach eindeutiger Verwarnung disqualifizieren.

31. Beratung

In einem Mannschaftswettkampf darf ein Spieler während eines Wettspiels von seinem Mannschaftsführer beraten werden, wenn dieser auf dem Platz sitzt. Die Beratung ist nur während der Pause beim Seitenwechsel nach Beendigung eines Spiels, jedoch nicht beim Seitenwechsel in einem Tie-Break-Spiel zulässig.

In allen anderen Wettspielen darf ein Spieler nicht beraten werden. Die Vorschriften dieser Regel sind genau einzuhalten. Ein dagegen verstoßender Spieler kann nach eindeutiger Verwarnung disqualifiziert werden.

…

32. Wechsel der Bälle

Es kann angeordnet werden, daß nach einer vorher festgelegten Zahl von Spielen die Bälle auszuwechseln sind. Wenn der Wechsel der Bälle nicht in der korrekten Reihenfolge vorgenommen worden ist, wird der Fehler dann korrigiert, wenn der Spieler (oder beim Doppel das Spielerpaar) wieder Aufschlag hat, der mit neuen Bällen hätte aufschlagen sollen. Danach sind die Bälle wieder so zu wechseln, daß zwischen den Wechseln die ursprünglich festgelegte Zahl von Spielen liegt.

DAS DOPPELSPIEL

33. Das Doppel

Die vorstehenden Regeln für das Einzel gelten auch für das Doppel, sofern nicht in den nachstehenden Regeln etwas anderes bestimmt wird.

34. Doppelspielfeld

Die Breite des Spielfeldes beim Doppel beträgt 10,97 m, d. h. 1,37 m mehr auf jeder Seite als für das Einzel, und die Teile der Seitenlinien für das Einzel zwischen den beiden Aufschlaglinien werden »Aufschlagseitenlinien« genannt. Ansonsten entspricht das Spielfeld für das Doppel dem des Einzel, wie es in Regel 1 beschrieben ist; die zwischen Grundlinie und Aufschlaglinie liegenden Teile der Seitenlinien für das Einzel können jedoch beiderseits des Netzes weggelassen werden.

35. Reihenfolge beim Aufschlag

Vor Beginn eines jeden Satzes wird die Reihenfolge beim Aufschlag folgendermaßen festgelegt:

Das Paar, das im ersten Spiel eines Satzes Aufschlag hat, muß entscheiden, welcher der beiden Spieler in diesem Spiel aufschlägt. Das gegnerische Paar hat dasselbe für das zweite Spiel zu tun. Der Partner des Spielers, der im ersten Spiel aufgeschlagen hat, schlägt im dritten Spiel auf. Der Partner des Spielers, der im zweiten Spiel aufgeschlagen hat, schlägt im vierten Spiel auf. In allen folgenden Spielen eines Satzes ist diese Reihenfolge einzuhalten.

36. Reihenfolge beim Rückschlag

Vor Beginn eines jeden Satzes wird die Reihenfolge, den Aufschlagball zu returnieren, folgendermaßen festgelegt:

Das Paar, das im ersten Spiel den Aufschlag anzunehmen hat, entscheidet, welcher der beiden Spieler den Aufschlag zum ersten Punkt annimmt. Dieser Spieler schlägt auch weiterhin in diesem Satz in jedem ungeraden Spiel den Aufschlag zum ersten Punkt zurück. Das gegnerische Paar entscheidet ebenso, welcher der beiden Spieler im zweiten Spiel den Aufschlag für den ersten Punkt annimmt. Dieser Spieler nimmt auch weiterhin im Verlauf dieses Satzes in jedem geraden Spiel den Aufschlag für den ersten Punkt an. Die beiden Spieler eines Doppelpaares nehmen während eines Spiels abwechselnd den Aufschlag an.

37. Falsche Reihenfolge beim Aufschlag

Wenn ein Spieler eines Doppelpaares aufschlägt, der nicht an der Reihe ist, muß sofort nach Feststellen des Irrtums sein Partner, der eigentlich hätte aufschlagen sollen, den Aufschlag machen. Alle vor dieser Feststellung erzielten Punkte werden gewertet. Ein vorausgegangener Aufschlagfehler wird angerechnet. Wird der Irrtum erst nach Beendigung eines Spieles festgestellt, wird die geänderte Reihenfolge beim Aufschlag beibehalten.

38. Falsche Reihenfolge beim Rückschlag

Wird während eines Spieles die Reihenfolge beim Annehmen des Aufschlags von den Annehmenden geändert, so bleibt es bei dieser veränderten Reihenfolge bis zum Ende des Spiels, in dem der Irrtum entdeckt wurde. Die beiden Spieler müssen aber im nächsten Spiel, in dem sie Annehmende sind, für diesen Satz die ursprüngliche Reihenfolge wieder aufnehmen.

39. Aufschlagfehler, Punktgewinn durch Aufschlag

Ein Aufschlagfehler liegt vor in den Fällen nach Regel 10 oder, wenn der aufgeschlagene Ball den Partner des Aufschlägers oder irgend etwas, was dieser hält oder an sich trägt, berührt. Wenn aber der aufgeschlagene Ball, bevor er den Boden trifft, den Partner des Annehmenden oder irgend etwas, was dieser hält oder an sich trägt, berührt, gewinnt der Aufschläger den Punkt, sofern der Aufschlag nicht nach Regel 14 (a) zu wiederholen ist.

40. Abwechselndes Schlagen des Balles

Der Ball wird abwechselnd von den gegnerischen Paaren zurückgeschlagen, gleich, von welchem der beiden Spieler eines Paares. Wenn ein Spieler in Verletzung dieser Regel den im Spiel befindlichen Ball mit seinem Schläger berührt, gewinnen die Gegner den Punkt.

Anmerkung: Sofern in den Regeln nicht ausdrücklich etwas anderes bestimmt ist, gelten diese Regeln sowohl für Spieler als auch für Spielerinnen.

(Diese Regeln sind mit Zustimmung der Internationalen Tennisföderation abgedruckt.)

Badminton

Das Spiel, das sowohl Ausdauer als auch strategisches Denken erfordert, entwickelte sich aus einem Kinderspiel, das man in England *battledore and shuttlecock* nannte. Die ursprünglichen Badmintonregeln wurden 1877 von britischen Offizieren in Indien aufgestellt.

Das Spielfeld

Das Spielfeld ist durch ein Netz in der Mitte in zwei Hälften geteilt. Gewöhnlich ist es durch die Linien derart markiert, daß sowohl Einzel- als auch Doppelspiele ausgetragen werden können, obwohl es auch Spielfelder gibt, die nur für das Einzel ausgelegt sind.

Das Netz

Vorzugsweise an 2 Pfosten aufgehängt, die jeweils 1,55 m hoch sind (über Spielflächen-oberkante) und auf den Seiten-linien für Doppel stehen. Das eigentliche Netz muß dunkel-farben sein und aus 15 bis 20 mm großen Maschen bestehen. Oben muß es mit einem 75 mm breiten weißen Band eingefaßt sein. Es muß vom Boden gemessen in der Mitte eine Höhe von 1,524 m und über den Doppelseiten-linien 1,55 m aufweisen.

Die Linien sind 40 mm breit, wegen ihrer guten Sichtbar-keit sind die Farben Weiß oder Gelb am besten geeignet.

5.18 m 17 ft

46 cm 1ft 6 ins

Rechtes Aufschlagfeld

Linkes Aufschlagfeld

Seitenlinie für das Einzel

Seitenlinie für das Doppel

76 cm 2 ft 6 in

1.524 m 5 ft

1.98 m 6 ft 6 in

1.55 m 5 ft 1 in

Vordere Aufschlaglinie

3.96 m 13 ft

Linkes Aufschlagfeld

Mittellinie

Rechtes Aufschlagfeld

13.40 m 44 ft

76 cm 2 ft 6 in

Hintere Aufschlaglinie für das Doppel

Hintere Aufschlaglinie für das Einzel

6.10 m 20 ft

Die Offiziellen

Ein erster und bei einigen Spielen ein zweiter Schiedsrichter.

Kleidung

Dafür gibt es keine strengen Vorschriften. Für einen Mann sind Shorts und ein leichtes Hemd praktisch, Frauen können nach Wunsch statt Shorts einen Rock tragen.

Der Federball

Es kann ein Ball mit natürlichen Federn oder

Federball
In den oberen Spiel-klassen werden Federbälle mit 16 Federn benutzt: am besten sind Gänsefedern.

in der neueren Ausführung mit Kunststoffedern benutzt werden. Beide müssen eine abge-rundete Ballspitze mit einem Durchmesser von 25–28 mm und ein Gewicht von 4,74–5,50 g haben. Die Ballgeschwindigkeit hängt vom Gewicht ab (es werden Ausführungen für verschie-dene Geschwindigkeiten her-gestellt).

Den Federball prüfen

Es empfiehlt sich, den Ball gelegent-lich auf seinen Spielzustand zu prüfen. Dazu hält man den Ball über der Grundlinie und schlägt ihn mit einem Unterhandschlag schräg nach oben zur anderen Grundlinie hin. Ist der Ball in Ordnung, wird er nicht näher als 530 mm und nicht weiter als 990 mm von der gegenüber-liegenden Grundlinie landen.

Hallenanlagen

Badminton wird meistens in öffentlichen und Schulsport-hallen gespielt. Hallen müssen eine lichte Höhe von mindestens 7m und im Idealfall über 10m haben. Traditionell wird auf elastischem Holz-fußboden (z.B. Ahornholz) gespielt, aber in den letzten Jahren hat Kunstrasen an Popularität gewonnen.

Maximum 230 mm (9 in)

Maximum 680 mm (27 in)

Der Schläger

Gesamtlänge einschließlich Griff: max. 680 mm.
Bespannungsfläche: flach mit einheitlichem Saitenmuster.
Rahmen: aus Graphit oder Aluminium.
Schläger mit natürlichen Darm-saiten besitzen die besten Eigenschaften.

SPIELGEDANKE

Das Einzel

Zwei Spieler kämpfen um das Aufschlagrecht, um dann punkten zu können. Gewinnt der Aufschläger einen Ballwechsel, bekommt er einen Punkt. Verliert der Aufschläger den Ballwechsel, geht das Aufschlagrecht ohne Punktvergabe an den Gegner über. Macht derselbe Spieler einen weiteren Fehler, bekommt der Gegner einen Punkt.

Spielstart

Der Gewinner des Münzwurfs kann die Spielfeldseite oder den Ballaufschlag (Innenseite) bzw. die Aufschlagannahme (Außenseite) wählen. Der erste Aufschlag ist ein Unterhandschlag aus dem rechten Aufschlagfeld zum Aufschlagempfänger, der auf dem diagonal gegenüberliegenden Feld steht.

Wer gewinnt

Punkte machen kann nur die sogenannte Innenseite, also die aufschlagende Seite. Ein Match geht über 2 Gewinnsätze. Ein Match ist von dem Spieler gewonnen worden, der zuerst 15 Punkte erreicht. Im Dameneinzel gewinnt die Spielerin, die zuerst 11 Punkte erzielt.

DIE WICHTIGSTEN REGELN

Die Spieler wechseln die Seiten nach dem ersten Satz und dann noch einmal, bevor sie das 3. Spiel beginnen.

• Es gibt eine ganze Reihe von Fehlern, die jeweils einen Aufschlagverlust oder einen Punkt für die Innenseite nach sich ziehen. Verfehlt ein Spieler den Federball gänzlich, so wird das natürlich als ein Fehler gewertet. Aber auch wenn sich der Ball im Netz verfängt, außerhalb des Spielfeldes landet oder auch nur die Kleidung eines Spielers streift, wird der Schiedsrichter einen Fehler anzeigen.

• Beim Aufschlag müssen sowohl der Aufschläger als auch sein Gegner mit einem Teil beider Füße auf dem Spielfeld stehen. Ferner muß der Federball beim Aufschlag unterhalb der Gürtellinie des Aufschlägers sein, und der Schlägerkopf muß im Augenblick des Aufschlags unterhalb der Hand sein, die den Schläger hält.

Langer Aufschlag
Der Federball fliegt hoch über das Netz, und der Gegner wird gezwungen, weit nach hinten zu gehen, was seine Ausgangssituation für den Angriff verschlechtert.

Kurzer Aufschlag
Da der Federball im Flug sehr schnell an Geschwindigkeit verliert, ist der kurze Aufschlag, bei dem der Federball unmittelbar hinter dem Netz plaziert wird, ein probates Angriffsmittel.

FERTIGKEITEN

Ein erfolgreicher Spieler muß äußerst fit und reaktionsschnell sein, um die blitzartigen Ballwechsel zu meistern. Obwohl Schlägerbeherrschung überaus wichtig ist, spielen Koordination, Schnelligkeit und Beinarbeit ebenfalls eine große Rolle. Denn sie versetzen den Spieler erst in die Lage, sein Schlagvermögen überall auf dem Spielfeld jederzeit einsetzen zu können.

Der Griff

Da der Schläger leicht ist, sollte er fest, aber nicht verkrampft gehalten werden. Der Universalgriff, der so aussieht, als würde man dem Schläger die Hand geben, und bei dem sich der Schlägerkopf senkrecht zum

Rückenbrecher
Mit dem Rückhandschlag soll der Federball scharf und schnell dicht an den Seitenlinien entlanggeschlagen werden.

Boden befindet, ermöglicht Flexibilität und kraftvolle, aber auch gefühlvolle Schläge. Weitere Varianten für spezifische Schläge sind der Rückhandgriff und der Power-Griff.

Schläge

Mit *Vorhand- und Rückhand-Drives* wird der Federball – meistens aus dem Mittel- oder Rückfeld – flach und tief über das Netz geschlagen. Es handelt sich dabei um schnelle Angriffsschläge, die Kontrolle und Kraft erfordern. Die Füße des Spielers müssen fest auf dem Boden stehen, und der Schlag wird mit einer Schleifenbewegung durchgezogen.

Der *Smash* ist ein aggressiver Überkopfschlag, der, zum richtigen Zeitpunkt eingesetzt, dem Gegner Probleme bereiten kann; er wird auch oft zum Punkten benutzt. Er fliegt steil und schnell abwärts und läßt dem Gegner kaum Zeit zum Reagieren, so daß er den Ball nur schwach retourniert oder ganz und gar verfehlt.

Netzschläge. Man versucht, mit einer leichten Handgelenkbewegung den Federball durch Antippen kurz über das Netz zu bringen, so daß der überraschte Gegner nicht genug Zeit hat, den Ball zu erreichen.

TAKTIK

Wie in jedem Spiel ist auch hier das Ziel, unterschiedlichste Schläge möglichst so aneinanderzureihen, daß jeder für den Gegenspieler überraschend ist. Dieser wird dadurch ermüdet und seine Verteidigung geschwächt, bis man einen Angriffsschlag führen kann, mit dem der Ballwechsel beendet und ein Punkt gewonnen werden kann.

Im Doppel werden entsprechend den Stärken und Schwächen der Partner noch komplexere Taktiken angewandt. Gewöhnlich wird der stärkere der beiden das mittlere und hintere Feld abdecken, während der andere Partner am Netz spielt. In gemischten Doppeln nimmt die Frau stets die Netzposition ein.

GRAUZONE

FRAGE: Da die Linien Teil der Spielfläche sind, würde ein Spieler, der auf der Linie steht, einen Fehler begehen?

ANTWORT: Ja, das könnte passieren. Ein Federball, der auf einer Linie landet, ist immer im Feld, ein Aufschläger oder sein Gegner dagegen steht bereits im »Aus«, wenn er eine Linie auch nur berührt.

*Aufschlags-
haltung*

DIE REGELN

(Die Regeln sind z.T. gekürzt
wiedergegeben.)

9. Punktwertung

9.1 Gespielt wird auf zwei Gewinnsätze (Best of three), es sei
denn, es wurde etwas anderes
vereinbart.

9.2 Nur die Innenseite (die aufschlagende Seite) kann Punkte
erzielen.

9.3 Das Doppel und das Herren-
einzel werden bis zu 15 Punkten
gespielt, Gewinner ist, wer zuerst
15 Punkte erreicht; Ausnahme:
Regel 9.6.

9.4 Beim Dameneinzel gewinnt
die Spielerin, die zuerst
11 Punkte erreicht; Ausnahme-
regelung Regel 9.6.

9.5.1 Wenn der Satz 13 : 13 oder
14 : 14 lautet (beim Dameneinzel
9 : 9 oder 10 : 10), darf die Seite,
die zuerst 13 oder 14 (bzw. 9 oder
10) erreicht hat, den Satz verlängern (Regel 9.6).

9.5.2 Diese Wahl ist nur dann
möglich, wenn die Punktzahl zum
erstenmal erreicht wird, und
muß vor dem nächsten Aufschlag
getroffen werden.

9.5.3 Die betreffende Seite (Regel
9.5.1) hat die Möglichkeit, bei
14 : 14 (10 : 10 beim Dameneinzel) zu verlängern.

9.6 Nachdem der Satz gesetzt ist,
heißt das Ergebnis »Gleichstand«,
und die Seite, die die gesetzte
Punktzahl (Regel 9.6.1 bis 9.6.4)
zuerst erreicht, ist Gewinner.

9.6.1 Bei 13 : 13 kann auf 5 Punkte
gesetzt werden.

9.6.2 Bei 14 : 14 kann auf 3 Punkte
gesetzt werden.

9.6.3 Bei 9 : 9 kann auf 3 Punkte
gesetzt werden.

9.6.4 Bei 10 : 10 kann auf 2 Punkte
gesetzt werden.

9.7 Die Seite, die einen Satz

gewinnt, hat im nächsten Satz
das Aufschlagrecht.

10. Seitenwechsel

10.1 Spieler wechseln die Seiten:

10.1.1 Am Ende des ersten
Satzes;

10.1.2 Vor Anfang des dritten Satz
(falls zutreffend); und

10.1.3 Im 3. Satz oder, bei einem
Ein-Satz-Match, beim ersten
Erreichen von
 – 6 Punkten in einem 11-
 Punkte-Satz;
 – 8 Punkten in einem 15-
 Punkte-Satz.

10.2 Wenn die Spieler es
versäumen, die Seiten
nach Regel 10.1 zu wechseln,
holen sie das nach, sobald der
Fehler erkannt wird, und der
Spielstand bleibt unverändert.

11. Aufschlag

11.1 Bei einem korrekten
Aufschlag gilt:

11.1.1 Keine der beiden Seiten
darf den Aufschlag übermäßig
verzögern.

11.1.2 Der Aufschläger und der
Aufschlagempfänger stehen in
diagonal gegenüberliegenden
Aufschlagfeldern, ohne die Be-
grenzungslinien zu berühren; ein
Teil jedes Fußes muß bewegungs-
los den Boden berühren, bis der
Aufschlag ausgeführt worden ist
(Regel 11.4).

11.1.3 Der Schläger berührt zuerst das Basisteil des Federballs,
der sich in diesem Augenblick
vollständig unterhalb der Gürtellinie des Aufschlägers befindet.

11.1.4 Der Schlägerschaft ist
beim Aufschlag nach unten
geneigt, und zwar so, daß der
gesamte Schlägerkopf deutlich
unterhalb der Aufschlaghand des
Aufschlagspielers liegt.

11.1.6 Der Federball muß
aufwärts fliegen, um das Netz zu
überqueren, so daß er, wenn er
nicht abgefangen wird, im Aufschlagfeld des Gegners landet.

11.2 Nachdem die Spieler ihre
Positionen eingenommen haben,
beginnt der Aufschlag ab der
ersten Bewegung des Schläger-
kopfes nach vorn.

11.3 Der Aufschläger darf nicht
spielen, bevor der Empfänger
bereit ist.

11.4 Der Aufschlag ist ausgeführt,
wenn der Federball nach dem
Beginn (Regel 11.2) vom
Schläger des Aufschlägers
getroffen wird oder der Federball
auf dem Boden landet.

11.5 Beim Doppel dürfen die
Spieler beliebige Positionen
einnehmen, die die Sicht zum
gegnerischen Aufschläger oder
Aufschlagempfänger nicht
behindern.

12. Einzel

12.1 Aufgeschlagen und retourniert wird der Federball von den
Spielern in ihren jeweils rechten
Aufschlagfeldern, wenn der
Aufschläger nicht gepunktet hat
oder wenn er eine gerade Punktzahl in dem Satz erreicht hat.

12.2 Aufgeschlagen und retourniert wird der Federball von den
Spielern in ihren jeweils linken
Aufschlagfeldern, wenn der Aufschläger nicht gepunktet hat oder
wenn er eine ungerade Punktzahl
in dem Satz erreicht hat.

12.3 Ist ein Satzende gesetzt,
wird die vom Aufschläger in
diesem Satz erreichte Gesamtzahl der Punkte zur Grundlage
genommen, um die Regeln 12.1
und 12.2 anzuwenden.

12.4 Der Federball wird von der
Innenseite und der Außenseite so
lange abwechselnd geschlagen,
bis ein Fehler gemacht wird oder
der Federball nicht mehr im
Spiel ist.

12.5.1 Macht die Außenseite
einen Fehler oder ist der Federball nicht mehr im Spiel, weil er
den Boden innerhalb des Spielfeldes der Außenseite berührt
hat, bekommt die Innenseite
einen Punkt. Darauf schlägt der
Aufschläger aus dem anderen
Aufschlagfeld.

12.5.2 Macht die Innenseite
einen Fehler oder ist der Federball nicht mehr im Spiel, weil er
den Boden innerhalb des Spielfeldes der Innenseite berührt
hat, verliert die Innenseite das
Aufschlagrecht, und der Gegenspieler wird zur Innenseite,
wobei keiner der beiden einen
Punkt gewinnt.

13. Doppel

13.1 Am Spielanfang und
jedesmal, wenn eine Seite das
Aufschlagrecht erobert, wird der
Aufschlag im rechten
Aufschlagfeld ausgeführt.

13.2 Nur der Aufschlagempfänger
darf den Federball retournieren:
sollte der Federball von seinem
Partner berührt oder geschlagen
werden, bekommt die Innenseite
einen Punkt.

13.3.1 Nachdem der Federball
retourniert worden ist, kann er
von jedem der beiden Spieler der
Innenseite und danach der
Außenseite geschlagen werden
und so weiter, bis der Federball
nicht mehr im Spiel ist.

13.3.2 Nachdem der Aufschlag
retourniert worden ist, kann ihn
ein Spieler von jeder beliebigen
Stelle auf seiner Seite des Netzes
schlagen.

13.4.1 siehe Regel 12.5.1

13.4.2 siehe Regel 12.5.2

13.5.1 Der Spieler, der beim
Spielanfang aufschlägt, tut dies
und empfängt den Federball im
rechten Aufschlagfeld, wenn
seine Seite in dem Spiel nicht
gepunktet oder wenn sie eine
gerade Punktzahl bekommen hat,
anderenfalls im linken Aufschlagfeld.

13.5.2 Der Spieler, der beim
Spielanfang den Aufschlag empfängt, empfängt und serviert im
rechten Aufschlagfeld, wenn seine
Seite im Spiel nicht gepunktet
oder wenn sie eine gerade Punktzahl bekommen hat, anderenfalls
im linken Aufschlagfeld.

13.5.3 Das umgekehrte Muster
gilt für die Partner.

13.5.4 Ist ein Satz durch Setzen
verlängert, so wird die von einer
Seite in dem Spiel erreichte
Gesamtpunktzahl für die Anwendung der Regeln 13.5.1 bis 13.5.3
genommen.

13.6 Der Aufschlag bei allen Auf-
schlagfolgen, außer denen nach
Regel 14 und 16, wird abwechselnd aus dem rechten und
linken Aufschlagfeld ausgeführt.

13.7 Das Aufschlagrecht wechselt
fortlaufend vom ersten Aufschläger in jedem Spiel zum ersten
Rückschläger in jenem Spiel, und
danach fortlaufend von diesem
Spieler zu seinem Partner, von
diesem zu einem der Gegenspieler und danach zu dessen Partner
und so weiter.

13.8 Kein Spieler darf außer der
Reihe aufschlagen, annehmen
oder zwei aufeinanderfolgende
Aufschläge in demselben Spiel
annehmen, außer nach Regel 14
und 16.

13.9 Jeder der beiden Spieler der
gewinnenden Seite darf im nächsten Spiel zuerst aufschlagen,
und jeder der beiden Spieler der
verlierenden Seite darf annehmen.

14. Aufschlagfeldfehler

14.1 Ein Aufschlagfeldfehler liegt
vor, wenn ein Spieler:

14.1.1 außer der Reihe aufgeschlagen hat;

14.1.2 aus dem verkehrten Aufschlagfeld aufgeschlagen hat,
oder

14.1.3 im verkehrten Aufschlagfeld stehend, bereit war, den Aufschlag zu empfangen, und der
Aufschlag wurde ausgeführt.

14.2 Nach einem Aufschlagfeldfehler:

14.2.1 Wenn der Fehler vor dem
nächsten Aufschlag festgestellt
wird, wird eine Wiederholung
angeordnet, es sei denn, nur eine
Seite hat einen Fehler gemacht
und den Ballwechsel verloren; in
diesem Falle wird der Fehler

nicht berichtigt.

14.2.2 Wenn der Fehler vor dem nächsten Aufschlag nicht erkannt wird, wird er nicht berichtigt.

14.3 Bei Wiederholung wegen eines Aufschlagfehlers wird der Ballwechsel wiederholt und der Fehler berichtigt.

14.4 Soll ein Aufschlagfeldfehler nicht wiederholt werden, wird das Spiel ohne Aufschlagfeldwechsel fortgesetzt (und, falls dies zutrifft, ohne Aufschlagfolgewechsel).

15. Fehler

Ein Fehler liegt vor:

15.1 Wenn ein Aufschlag unkorrekt ist (Regel 11.l).

15.2 Wenn der Aufschläger beim Aufschlagversuch den Federball verfehlt.

15.3 Wenn sich der Federball beim Aufschlag im Netz verfängt und oben hängenbleibt oder wenn er sich beim Aufschlag im Netz verfängt, nachdem er das Netz überquert hat.

15.4 Wenn der Federball im Spiel:

15.4.1 außerhalb der Begrenzungslinien landet;

15.4.2 durch das Netz geht oder unter dem Netz durchgeht;

15.4.3 das Netz nicht überquert;

15.4.4 das Dach, die Decke oder die Seitenwände berührt;

15.4.5 den Körper oder Kleidung des Spielers berührt oder

15.4.6 irgendeinen anderen Gegenstand oder eine Person außerhalb der unmittelbaren Umgebung des Spielfeldes berührt;

15.5 Wenn der erste Kontakt mit dem Federball im Spiel nicht auf der Schlägerseite des Netzes ist. (Der schlagende Spieler darf jedoch im Verlauf eines Schlages dem Federball mit seinem Schläger über das Netz folgen).

15.6 Wenn ein Spieler, während der Federball im Spiel ist, folgendes macht:

15.6.1 das Netz oder seine Halterungen mit dem Schläger, dem Körper oder der Kleidung berührt;

15.6.2 in das Spielfeld des Gegners mit dem Schläger oder dem Körper eindringt, gleichgültig, in welchem Maße, es sei denn, es ist nach Regel 15.5 erlaubt; oder

15.6.3 in das Spielfeld des Gegners unten durch das Netz mit dem Schläger oder Körper, so daß der Gegner behindert oder abgelenkt wird;

15.6.4 einen Gegner behindert, d. h. den Gegner daran hindert oder davon ablenkt, einen erlaubten Schlag zu machen;

15.6.4 einen Gegner behindert, d. h. daran hindert, einen erlaubten Schlag zu machen, bei dem der Schläger dem Federball über das Netz gefolgt ist.

15.7 Wenn ein Spieler im Spiel absichtlich einen Gegner durch Schreien, Gestik o. ä. ablenkt.

15.8 Wenn im Spiel der Federball:

15.8.1 aufgefangen, auf dem Schläger gehalten und dann geworfen wird;

15.8.2 vom selben Spieler zweimal hintereinander geschlagen wird;

15.8.3 von einem Spieler und unmittelbar danach von dessen Partner geschlagen wird; oder

15.8.4 den Schläger eines Spielers berührt und dann weiter zum hinteren Teil des Spielfeldes des Spielers fliegt.

15.9 Wenn ein Spieler wiederholt oder andauernd gegen die Regel 18 verstößt.

16. Wiederholungen

Eine Wiederholung wird vom Schiedsrichter oder von einem Spieler (wenn kein Schiedsrichter präsent ist) angezeigt.

16.1 Eine Wiederholung kann für ein beliebiges unvorhergesehenes Ereignis gegeben werden.

16.2 Eine Wiederholung wird gegeben, wenn sich ein Ball im Netz verfängt und oben oder auf der anderen Seite hängenbleibt, nachdem er das Netz überquert hat. Ausnahme: beim Aufschlag;

16.3 beim Aufschlag der Aufschläger und der Aufschlagempfänger gleichzeitig einen Fehler machen;

16.4 der Aufschläger serviert, bevor der Empfänger bereit ist;

16.5 der Federball im Spiel entzwei geht;

16.6 dem Linienrichter die Sicht versperrt wird und der Schiedsrichter keine Entscheidung fällen kann;

16.7 Bei einer Wiederholung gilt der Ballwechsel seit dem letzten Aufschlag als ungültig, und der Aufschlag wird, außer wenn die Regel 14 in Kraft tritt, von dem Spieler wiederholt, der ihn zuletzt ausgeführt hat.

17. Federball nicht im Spiel

Ein Federball ist nicht im Spiel, wenn:

17.1 er das Netz berührt und daran hängenbleibt;

17.2 er das Netz oder den Pfosten berührt und auf die Spielfläche auf der Seite des Aufschlägers zu fallen beginnt;

17.3 er die Spielfeldfläche berührt; oder

17.4 ein Fehler oder eine Wiederholung vorliegt.

18. Kontinuierliches Spiel, Fehlverhalten, Strafen

18.1 Das Spiel muß, außer nach den Regeln 18.2 und 18.3, kontinuierlich vom ersten Aufschlag bis Matchende ablaufen.

18.2 Eine Pause von nicht länger als 5 min zwischen dem 2. und 3. Satz ist bei allen Spielen in den folgenden Fällen erlaubt:

18.2.1 im internationalen Wettbewerb;

18.2.2 bei von der International Badminton Federation (IBF) sanktionierten Spielen; und

18.2.3 bei allen anderen Spielen.

18.3 Der Schiedsrichter darf das Spiel so lange unterbrechen, wie es nach seinem Ermessen erforderlich ist, falls dies durch Umstände, die nicht in der Gewalt der Spieler liegen, notwendig wird. Wird das Spiel unterbrochen, bleibt der Spielstand bestehen, und das Spiel kann von diesem Punkt an fortgesetzt werden.

18.4 Unter keinen Umständen darf das Spiel unterbrochen werden, um es einem Spieler zu ermöglichen, sich zu erholen oder Anweisungen zu empfangen oder beraten zu werden.

18.5.1 Außer während der nach den Regeln 18.2 und 18.3 erlaubten Pausen darf kein Spieler bei einem Match beraten werden.

18.5.2 Außer während der nach Regel 18.2 erlaubten Pause darf kein Spieler das Spielfeld ohne Genehmigung des Schiedsrichters verlassen.

18.6 Jede Spielunterbrechung liegt allein im Ermessen des Schiedsrichters.

18.7 Ein Spieler darf nicht:

18.7.1 eine Unterbrechung absichtlich verursachen;

18.7.2 die Ballgeschwindigkeit absichtlich beeinflussen;

18.7.3 sich ungebührlich benehmen; oder

18.7.4 sich eines Fehlverhaltens schuldig machen, das nicht an einer anderen Stelle der Regeln für Badminton beschrieben wird.

18.8 Verletzungen der Regeln 18.4, 18.5 oder 18.7 werden vom Schiedsrichter wie folgt geahndet:

18.8.1 Verwarnung der schuldigen Seite;

18.8.2 Abzug eines Strafpunktes gegen die betreffende Seite, die bereits verwarnt worden war; oder

18.8.3 in Fällen grober Verletzung oder wiederholter Verletzungen: Abzug eines Strafpunktes gegen die betreffende Seite und sofortige Anzeige beim ersten Schiedsrichter, der befugt ist, eine Disqualifikation auszusprechen.

18.9 In Fällen, wo kein erster Schiedsrichter ernannt wurde, ist der Offizielle befugt, eine Disqualifikation auszusprechen.

Aus Raumgründen können der Anhang 1 bis 5 und die *Recommendations to Court Officials* nicht mit aufgeführt werden. Dies sowie das vollständige Badminton-Regelwerk sind zu erhalten von der IBF.

Ausfallschritt

Badminton ist ein Spiel, das Schnelligkeit beim Lauf nach dem vom Gegner geschlagenen Federball erfordert, oft über das ganze Spielfeld; oft endet solch ein Sprint mit einem weiten Ausfallschritt.

Squash

Squash – gleichermaßen ein Konditionstest und ein Geschicklichkeits- und Strategiespiel – ist eine intensive und physisch anspruchsvolle Sportart. Es entstand als »Squash rackets« und wurde erstmalig an der Harrow-School in England im 19. Jahrhundert gespielt.

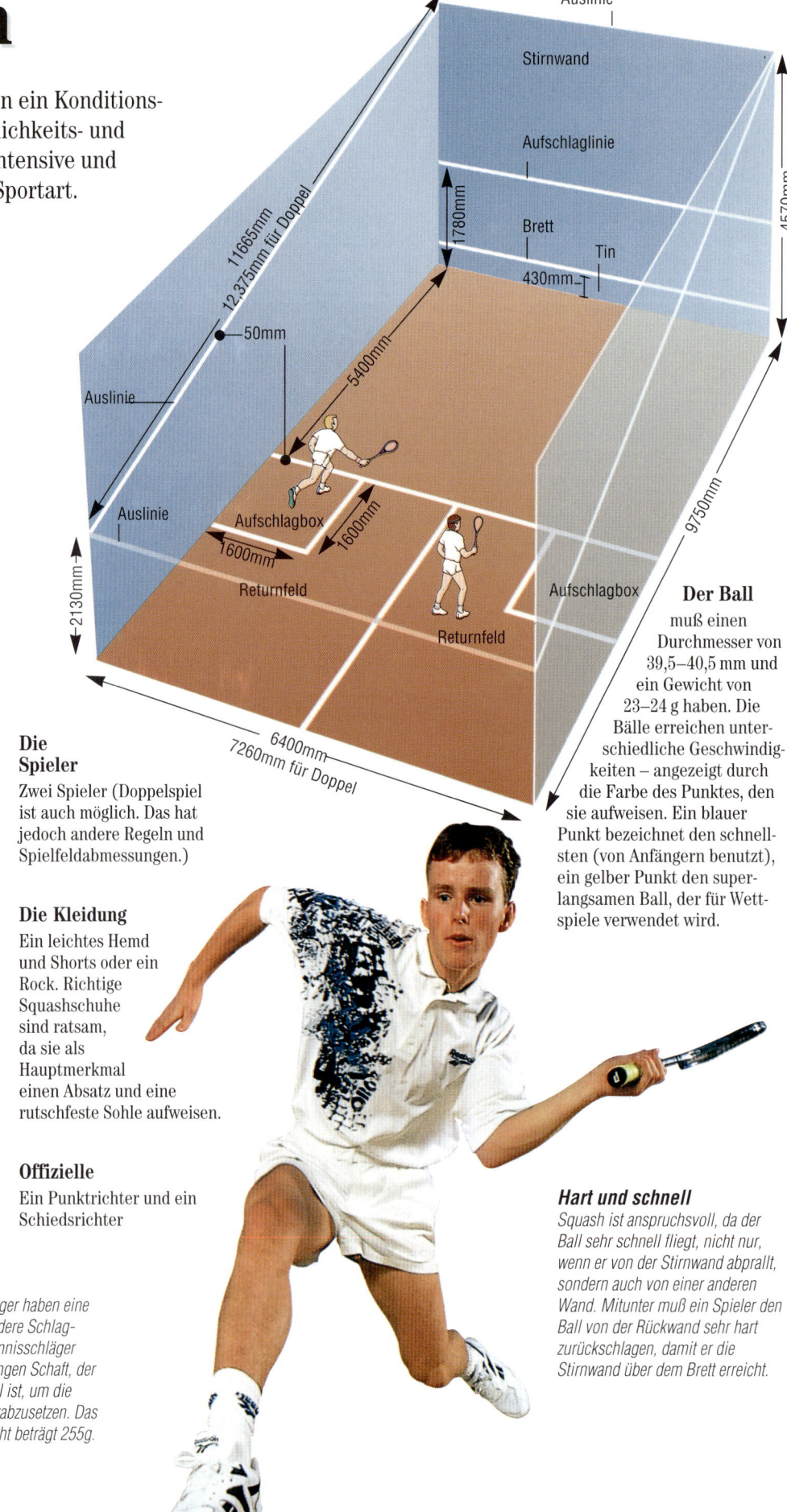

Auslinie
Stirnwand
Aufschlaglinie
Brett
Tin
4570mm
11665mm für Doppel
12375mm für Doppel
1780mm
50mm
5400mm
430mm
9750mm
2130mm
Auslinie
Auslinie
Aufschlagbox
1600mm
1600mm
1600mm
Returnfeld
Aufschlagbox
Returnfeld
6400mm
7260mm für Doppel

Das Spielfeld

Ein rechteckiger Raum mit ebenem Boden und vier vertikalen Wänden. Das Glas-Perspex-Feld, eine Neuerung, die für vom Fernsehen übertragene Spiele entwickelt wurde, verschafft dem Zuschauer Einblick, verhindert jedoch, daß die Spieler nach draußen sehen können.

Die Schläger

Vorzugsweise aus Graphit hergestellt, mit zwei Schichten Saiten, die zu einem gleichmäßigen Muster verwebt sind. Die Saiten können aus Darm, Nylon oder einem Ersatzmaterial bestehen.

Die Spieler

Zwei Spieler (Doppelspiel ist auch möglich. Das hat jedoch andere Regeln und Spielfeldabmessungen.)

Die Kleidung

Ein leichtes Hemd und Shorts oder ein Rock. Richtige Squashschuhe sind ratsam, da sie als Hauptmerkmal einen Absatz und eine rutschfeste Sohle aufweisen.

Offizielle

Ein Punktrichter und ein Schiedsrichter

Der Ball

muß einen Durchmesser von 39,5–40,5 mm und ein Gewicht von 23–24 g haben. Die Bälle erreichen unterschiedliche Geschwindigkeiten – angezeigt durch die Farbe des Punktes, den sie aufweisen. Ein blauer Punkt bezeichnet den schnellsten (von Anfängern benutzt), ein gelber Punkt den superlangsamen Ball, der für Wettspiele verwendet wird.

Schläger

Squashschläger haben eine kleinere, rundere Schlagfläche als Tennisschläger und einen langen Schaft, der mitunter hohl ist, um die Vibration herabzusetzen. Das Höchstgewicht beträgt 255g.

Hart und schnell

Squash ist anspruchsvoll, da der Ball sehr schnell fliegt, nicht nur, wenn er von der Stirnwand abprallt, sondern auch von einer anderen Wand. Mitunter muß ein Spieler den Ball von der Rückwand sehr hart zurückschlagen, damit er die Stirnwand über dem Brett erreicht.

SPIEL-GEDANKE

Zwei Spieler schlagen im Wechsel den Ball so gegen die Stirnwand, daß der zurückprallende Ball vom anderen Spieler nicht mehr erreicht oder korrekt gespielt werden kann.

Spielbeginn

Bevor das Spiel beginnt, haben die Spieler fünf Minuten, um den Ball warm zu spielen. Dadurch kann sich die Luft im Ball ausdehnen, und der Ball erhält ein besseres Aufprallverhalten. Durch Drehen eines Schlägers am Boden wird ermittelt, wer den ersten Aufschlag hat. (Bei jedem Satz macht jeweils der Gewinner des vorhergehenden Spiels zuerst den Aufschlag). Der Aufschläger entscheidet sich für eine der beiden Aufschlagboxen; er wechselt die Boxen mit jedem Punktgewinn, bis der Aufschlag verloren ist.

Wer gewinnt

Ein Spiel geht über drei Gewinnsätze und maximal fünf Sätze. Der Spieler, der zuerst neun Punkte erzielt hat, gewinnt den Satz. Doch bei 8:8 kann der Rückschläger entscheiden, ob der Satz mit 9 oder mit 10 Punkten beendet sein soll. Punkte können nur vom Aufschläger erzielt werden. Wenn er den Ballwechsel verliert, geht der Aufschlag an den Gegner über.

DIE WICHTIGSTEN REGELN

Der Ball muß stets die Stirnwand über dem Brett treffen. Er kann das zuvor über eine andere Wand oder andere Wände tun, jedoch bevor er auf dem Boden aufschlägt oder einen Spieler berührt.

Ein Spieler darf den Ball nur einmal aufschlagen lassen, bevor er zurückgeschlagen wird.

Viele Squash-Regeln entspringen der Tatsache, daß das Spiel in einem eng begrenzten Raum stattfindet. Wenn der Return eines Spielers direkt auf die Stirnwand steuert, jedoch vom Gegner blockiert wird, so gewinnt der Schläger den Ballwechsel. Nach Möglichkeit müssen die Spieler ihrem Gegner direkten Zugang zum Ball ermöglichen und die Möglichkeit, ihn an die Stirnwand zu schlagen.

Wird ein Spieler behindert oder befürchtet er, einen Gegner zu verletzen, so ist eine Wiederholung des Ballwechsels (Let) mit dem Wort »Let, bitte« zu fordern, und zwar vor dem (unterlassenen) Schlag. Wird ein Let gewährt, so beginnt ein neuer Ballwechsel.

Griffhaltung

Die verbreitetste Griffhaltung ist der »Shake-Hands«-Griff. Der Gedanke ist, dem eigenen Schläger die »Hand zu geben«, wobei der Schlägergriff so zwischen Daumen und Zeigefinger erfaßt wird, daß diese ein V bilden, wobei der Zeigefinger von den anderen drei Fingern etwas abgespreizt ist.

Jansher Khan, Weltmeister Ende der späten 80er Jahre

Aufschlag

Der Aufschlag beim Squash ist relativ verhalten im Vergleich zum Tennisaufschlag. Entscheidend ist die Präzision, durch die ein Gegner in arge Bedrängnis gebracht werden kann. Ein guter Aufschlag macht den Spieler stark.

Die Schuhe müssen guten Halt geben, damit Fuß- und Knöchelverletzungen vermieden werden. Die Gummisohlen sollen eine gute Haftung gewährleisten, ohne auf dem Boden Abrieb zu hinterlassen.

REGELN
• • • • • • •

...

4. Der Aufschlag

4.1 Das Spiel beginnt mit einem Aufschlag. Durch schnelles Drehen des Schlägers wird ausgelost, wer zuerst aufschlagen darf. Der Aufschläger darf so lange Aufschläge machen, bis er einen Ballwechsel verliert. Danach wird der Gegner zum Aufschläger. Zu Beginn des zweiten und jedes folgenden Satzes schlägt der Gewinner des vorhergehenden Satzes auf.

4.2 Zu Beginn jedes Satzes und jeder Runde kann der Aufschläger die Aufschlagbox wählen, von der er aufschlagen will, und schlägt danach abwechselnd von den Aufschlagboxen auf, solange er an der Reihe ist. Endet jedoch ein Ballwechsel mit einem Let, so kann der Aufschläger wiederum von der gleichen Aufschlagbox aus aufschlagen.

4.3 Beim Aufschlagen läßt der Spieler den Ball aus einer Hand oder vom Schläger fallen oder wirft ihn hoch, bevor er ihn schlägt. Versucht der Schläger nicht, den Ball zu schlagen, nachdem er ihn fallen gelassen oder geworfen hat, so ist der Ball nochmals für diesen Aufschlag fallen zu lassen oder zu werfen.

4.4 Ein Aufschlag ist gültig, wenn er nicht zum Verlust des Aufschlagsrecht führt. Der Aufschläger verliert das Aufschlagsrecht, wenn:

4.4.1 der Ball, nachdem er für den Aufschlag fallen gelassen oder geworfen wurde, eine Wand, den Boden, die Decke oder einen anderen Gegenstand oder Gegenstände, die an den Wänden oder der Decke hängen, berührt, bevor er aufschlägt – als »Fehler« bezeichnet;

4.4.2 der Aufschläger beim Schlagen des Balls nicht mit einem Teil des Fußes den Boden innerhalb der Aufschlagbox berührt, ohne daß dabei ein Teil des Fußes die Boxlinie berührt (dieser Fuß kann teilweise über diese Linie hinausragen, vorausgesetzt, er berührt sie nicht) – als »Fußfehler« bezeichnet;

4.4.3 der Aufschläger einen oder mehrere Versuche unternimmt, den Ball zu schlagen, es ihm jedoch nicht gelingt – als »Doppel« bezeichnet;

4.4.4 der Ball nicht richtig geschlagen wird – als »Doppel« bezeichnet;

4.4.5 der Ballaufschlag verloren geht – als »Aus« bezeichnet;

4.4.6 der Ball, bevor er auf die Stirnwand aufschlägt, gegen eine andere Spielfeldwand schlägt – als »Fehler« bezeichnet;

4.4.7 der Ball auf den Boden oder auf oder unterhalb der Aufschlaglinie aufschlägt – über dem Brett als »Fehler« bezeichnet, auf dem Boden und auf bzw. unter dem Brett als »tief« bezeichnet

4.4.8 der erste Aufschlag des Balls – wenn ihn nicht der Rückschläger als Flugball annimmt – auf oder außerhalb der Quer- oder der Mittellinie des Spielfeldviertels gegenüber der Aufschlagbox erfolgt – als »Fehler« bezeichnet;

4.5 Der Aufschläger darf erst aufschlagen, wenn der Punktrichter den Spielstand angesagt hat.

5. Der Ballwechsel
Siehe S.131

6. Gültiger Schlag

6.1 Ein Schlag ist gültig, wenn der Ball, bevor er mehr als einmal auf dem Boden aufschlägt, von dem Spieler korrekt an die Stirnwand über dem Brett – entweder direkt oder über eine oder mehrere Seitenwände und/oder die Rückwand – regelgerecht zurückgeschlagen wurde, ohne erst den Boden oder einen Teil des Körpers des Rückschlägers oder der Kleidung oder den Schläger, Körper oder die Kleidung des Gegners zu berühren, vorausgesetzt, daß der Ball nicht ausgeschlagen wird.

6.2 Ein Rückschlag ist nicht gültig, wenn der Ball das Brett berührt, bevor oder nachdem er die Stirnwand getroffen hat oder bevor er auf den Boden aufschlägt, oder wenn sich der Schläger zu dem Zeitpunkt, da der Ball geschlagen wird, nicht in der Hand des Spielers befindet.

Volles Volley
Beim Squash wird der Ball gewöhnlich volley oder halbvolley geschlagen. Angestrebt wird, den Ball knapp über das Brett zu schlagen, so daß der Gegner keine Zeit hat, den Ball volley zu nehmen.

7. Kontinuität des Spiels

Nach dem ersten Aufschlag sollte das Spiel möglichst ohne Unterbrechung zu Ende gespielt werden. Ausnahmen:

7.1 das Spiel kann jederzeit für eine vom Schiedsrichter festzulegende Zeit unterbrochen werden aufgrund schlechter Lichtverhältnisse oder anderer Umstände, die nicht vom Spieler beeinflußt werden können. Der Spielstand bleibt bestehen. Ist ein anderes Spielfeld verfügbar, so kann das Spiel dorthin verlegt werden, wenn beide Spieler einverstanden sind oder vom Schiedsrichter angewiesen wird.

Wenn das Spiel für einen Tag unterbrochen wird, bleibt der Spielstand bestehen, es sei denn, beide Spieler kommen überein, das Spiel erneut zu beginnen.

7.2 Zwischen dem Abschluß des Einspielens und dem Beginn des ersten Satzes sowie zwischen allen Sätzen ist eine Pause von 90 Sekunden zuzulassen. In diesen Pausen können die Spieler das Spielfeld verlassen, müssen jedoch vor Ablauf der 90-Sekunden-Pause spielbereit sein.

Im gegenseitigen Einvernehmen können die Spieler das Spiel vor Ablauf der 90-Sekunden-Pause beginnen oder wiederaufnehmen.

7.3 Zeigt ein Spieler dem Schiedsrichter an, daß ein Wechsel der Ausrüstung, Kleidung oder des Schuhwerkes notwendig ist, kann dieser ihm dafür eine Zeit zuzubilligen, die 90 Sekunden nicht übersteigt.

7.4 Wenn von der genehmigten 90-Sekunden-Pause noch 15 Sekunden verbleiben, ruft der Schiedsrichter »15 Sekunden«, um dem Spieler mitzuteilen, daß er für die Wiederaufnahme des Spiels bereit zu sein hat. Nach Ablauf dieser Pause ruft der Schiedsrichter »Zeit«.

...

7.7 Der Schiedsrichter wendet die Bestimmungen von Regel 17 auf einen Spieler an, der nach Meinung des Schiedsrichters das Spiel übermäßig verzögert. Eine solche Verzögerung kann verursacht werden durch:

7.7.1 eine ungebührlich lange Vorbereitung auf einen Aufschlag oder die Annahme eines Aufschlags;

7.7.2 eine längere Diskussion mit dem Schiedsrichter;

7.7.3 eine Verzögerung bei der Rückkehr zum Spielfeld nach dem Verlassen gemäß den Bedingungen von Regel 7.2, 7.3 bzw. 15.1

7.8 Fällt ein anderer Gegenstand als der Schläger eines Spielers auf den Boden des Spielfeldes, wenn ein Ballwechsel im Gange ist, ist folgendermaßen zu verfahren:

7.8.1 Der Schiedsrichter hat, wenn er den Gegenstand bemerkt, das Spiel sofort zu unterbrechen;

7.8.2 Ein Spieler, der einen heruntergefallenen Gegenstand bemerkt, kann das Spiel einstellen und um ein Let bitten.

7.8.3 Fällt der Gegenstand von einem Spieler, so verliert der Spieler den Ballwechsel, es sei denn, Regel 7.8.5 findet Anwen-

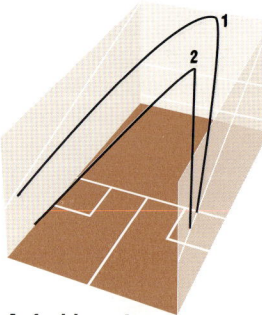

Aufschlagarten
Beim Squash wird der Ball häufig mit einem harten, flachen Aufschlag oder einem Lob aufgeschlagen. Beim Lob (1) wird der Ball hoch in die Mitte der Stirnwand geschlagen, von wo er weit in das Spielfeld fliegt und an die Seitenwand, knapp unter der Auslinie, schlägt; der harte, flache Aufschlag (2) soll den Ball in das Dreieck zwischen Wand und Boden zurückprallen lassen.

dung oder die Ursache ist ein Zusammenstoß mit dem Gegner. In letzterem Fall ist ein Let zulässig, außer wenn Einspruch wegen Behinderung eingelegt wird. Dann wendet der Schiedsrichter die Bestimmungen von Regel 12 an.

7.8.4 Fällt der Gegenstand von einer anderen Quelle als dem Spieler, so ist ein Let zulässig, außer wenn Regel 7.8.5 Anwendung findet.

7.8.5 Hat ein Spieler bereits einen eindeutig punktbringenden Rückschlag ausgeführt, wenn der Gegenstand auf den Boden des Spielfeldes fällt, so gewinnt der Spieler den Ballwechsel.

7.9 Läßt ein Spieler einen Schläger fallen, so gestattet der Schiedsrichter, den Ballwechsel fortzusetzen, es sei denn, Regel 12, 13.1.1, 13.1.3 bzw. 17 finden Anwendung.

8. Ballwechsel

Ein Spieler gewinnt einen Ballwechsel:

8.1 gemäß Regel 4.4, wenn der Spieler der Rückschläger ist;

8.2 wenn dem Gegner kein gültiger Rückschlag des Balls gelingt, es sei denn, ein Let wird gewährt oder dem Gegner wird ein Ballgewinn zugesprochen;

8.3 wenn der Ball den Gegner (einschließlich etwas, das er trägt) ohne Behinderung berührt und der Gegner nicht der Schläger ist, es sei denn, Regel 9 und 10 sehen es anders vor. Bei Behinderung gelten die Bestimmungen von Regel 12. In allen Fällen hat der Schiedsrichter entsprechend zu entscheiden.

8.4 wenn dem Spieler vom Schiedsrichter, wie es die Regeln vorschreiben, ein Ballgewinn zugesprochen wird.

9. Treffen eines Gegners mit dem Ball

Trifft der Ball einen Gegner (einschließlich etwas, das er trägt), bevor er die Stirnwand erreicht, so befindet sich der Ball nicht mehr im Spiel. Aber dabei ist die Vorteilsauslegung zugunsten des Getroffenen zu beachten.

10. Wiederholte Versuche, den Ball zu treffen

Verfehlt der Schläger bei einem Schlag den Ball, so können weitere Versuche, ihn zu schlagen, unternommen werden. Berührt der Ball, nachdem er verfehlt wurde, den Gegner (einschließlich etwas, das er trägt), so ist folgendermaßen zu verfahren:

10.1 wenn der Spieler ansonsten einen gültigen Schlag gemacht

hätte, ist ein Let zu gewähren oder

10.2 wenn der Spieler keinen gültigen Schlag gemacht hätte, verliert er den Ballwechsel.

11. Einspruch

Der Verlierer bei einem Ballwechsel kann gegen eine Entscheidung des Punktrichters, die diesen Ballwechsel beeinträchtigt, Einspruch erheben.

Der Einspruch beim Schiedsrichter sollte gemäß Regel 11 mit den Worten »Einspruch bitte« eingeleitet werden. Das Spiel wird dann unterbrochen, bis der Schiedsrichter die Entscheidung getroffen hat.

Wird einem Einspruch gemäß Regel 11 nicht stattgegeben, so bleibt die Entscheidung des Punktrichters bestehen. Ist der Schiedsrichter unsicher, wird ein Let gewährt.

11.1 Einspruch gegen den Aufschlag

Ruft der Punktrichter »Fehler«, »Fußfehler«, »Doppel«, »Tief« oder »Aus« für den Aufschlag, so kann der Rückschläger Einspruch erheben, entweder sofort oder nach Abschluß des Ballwechsels, wenn der Rückschläger gespielt oder versucht hat, den Ball zu spielen. War nach Meinung des Schiedsrichters der Aufschlag nicht gültig, so stoppt er sofort das Spiel und gewährt dem Rückschläger das Aufschlagsrecht.

11.2 Einspruch gegen das Spiel, außer dem Aufschlag

11.2.1 Ruft der Punktrichter nach dem Rückschlag eines Spielers »Doppel« oder »Aus«, so kann der Spieler Einspruch erheben. Wird dem Einspruch stattgegeben, so gestattet der Schiedsrichter ein Let, außer wenn:
– der Ruf des Punktrichters den punktbringenden Rückschlag des Spielers unterbrochen hat – dann gewährt der Schiedsrichter dem Spieler den Ballgewinn;
– der Ruf des Punktrichters einen punktbringenden Schlag des Gegners unterbrochen oder verhindert hat – dann gewährt der Schiedsrichter dem Gegner den Ballgewinn.

11.2.2 Versäumt der Punktrichter, nach dem Rückschlag eines Spielers »Doppel«, »Tief« oder »Aus« zu rufen, so kann der Gegner entweder sofort oder nach Beendigung des Ballwechsels Einspruch erheben, wenn der Gegner gespielt hat oder versucht

➡ *Seite 136*

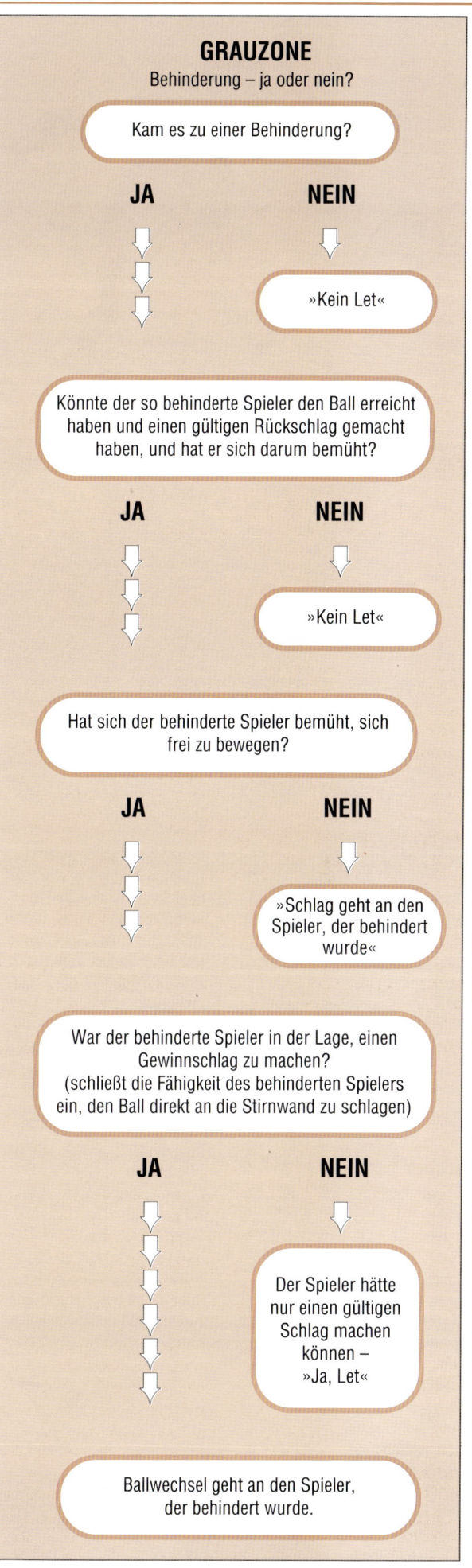

Vorhand

Der grundlegende Schlag beim Squash ist der Vorhand-Drive, der eine gute Kontrolle ermöglicht und ziemlich hart sein kann. Er wird gewöhnlich angewendet, um einen langen Schlag in die hintere Ecke zu spielen. Der Ball soll parallel zur Wand über die gesamte Länge des Spielfeldes in die hintere Ecke gespielt werden. Wichtig: der Schlägerkopf darf nicht zu weit geschwungen werden.

Rückhand

Der Rückhand-Drive ist ebenfalls ein kräftiger Treibschlag, der jedoch den Ball über das gesamte Spielfeld befördern soll und gute Kontrolle und Sorgfalt erfordert, wenn der Schlägerkopf nicht mitgerissen werden und einen Gegner gefährden soll. Der Rückhand-Drive ist auch wichtig, um den Ball aus den wirklich engen Ecken an der Rückhandseite des Spielfeldes herauszuholen.

FERTIGKEITEN

Der gekonnte Umgang mit dem Schläger muß mit einem hohen Maß an Fitneß einhergehen. Ein Spieler durchläuft das Feld bei einem Ballwechsel mehrmals, meist in hoher Geschwindigkeit. Ein sehr geschickter Spieler ist auch in der Lage, ein ständig sich änderndes, unvorhersehbares Tempo anzuschlagen, um den Gegner zu bezwingen.

Schläge

Für die Präzision und Kontrolle ist ein guter, sicherer Griff notwendig, er muß jedoch auch Flexibilität des Handgelenks zulassen. Der *Vorhand-Drive* kann von jeder Stelle des Feldes gespielt werden. Es ist leicht zu steuern und kann recht kräftig sein. Mit dem *Rückhand-Drive* nimmt man Bälle von der anderen Seite des Feldes. Zwischen den Schlägen ist es das beste, mit dem Schläger vor dem Körper zu warten, bereit zu Rückhand- oder Vorhandschlägen.

Beim *Volley* wird der Ball reaktionsschnell geschlagen, noch bevor er den Boden berührt. Ein Volley ist meist sehr schwer zu retournieren. Der *Drop* ist ein weiterer Punkte bringender Schlag, insbesondere wenn der Gegner auf einen harten Schuß eingestellt war und deshalb auf dem »T« (Schnittpunkt von Quer- und Mittellinie) verharrte. Der Ball wird nahe dem Brett gespielt oder entlang der Seitenwand und ist meist nicht zu erreichen. *Boast*-Schläge erinnern an Billardstöße: Der Ball wird an eine Seitenwand gespielt, so daß er von dort an die Stirnwand und den Boden oder die gegenüberliegende Seitenwand und dann auf den Boden geht.

Der Smash

Der *Smash*, ein harter Überkopfvolley, wird häufig angewendet, um hohe »überschnittene« Lobs (über den Gegner hinweg gespielte Bälle) zu entschärfen. Dabei soll der Ball vor und oberhalb der Schulter gespielt werden.

Blockierter Volley

Beim Squash ist häufig keine Zeit, voll auszuholen. Daher müssen Squashspieler häufig einen blockierten Volley spielen.

1 *Der Schlag beginnt, indem man mit dem Schläger weit nach hinten ausholt und dabei auch den Oberkörper nach hinten neigt – der Ellbogen ist vorn.*

TAKTIK

Da Squash anstrengend ist, versuchen beide Spieler, Energie zu sparen, indem sie das Spielfeld vom T aus beherrschen. Dieser zentrale Standort garantiert kürzestmögliche Laufwege und ermöglicht dem Spieler Schläge, die der Gegner nur schwer erreichen kann und die ihn somit allmählich ermüden.

»Boasting«

Der Boast ist ein Schlag, bei dem der Ball zunächst die Seitenwand berührt, bevor er die Stirnwand trifft. Ein »Tickle boast« ist einer der wirksamsten: ein gefühlvoller Schlag in der Nähe der Stirnwand, er bringt den Ball flach in den vorderen Teil des Spielfeldes. Der Spieler tarnt häufig diesen Ball, indem er zu einem Drive ansetzt und dann den Schwung nach unten abbremst, sein Handgelenk dreht und den Ball in die Ecke zirkelt.

2 Der Arm mit dem Schläger schwingt dann vor zur Armstreckung, um eine maximale Hebelwirkung zu erzielen, und der Schlägerkopf wird kräftig beschleunigt, um den Ball im höchsten Punkt zu treffen.

3 Wie bei allen Squashschlägen ist auch der Ausschwung wichtig. Während der Spieler dem Ball in der Ausholphase die Schulter desjenigen Armes zuwenden soll, der nicht den Schläger hält, sollte der Ausschwung nicht weiter als bis in eine Rumpfhaltung frontal zur Schlagrichtung führen.

Fortsetzung von Seite 129

hat, den Ball zu schlagen. War nach Meinung des Schiedsrichters der Rückschlag nicht gültig, so stoppt der Schiedsrichter sofort das Spiel und gewährt dem Gegner den Ballgewinn.

12. Behinderung

12.1 Der Spieler, der mit dem Spiel an der Reihe ist, hat Anspruch auf Störfreiheit seitens des Gegners.

12.2 Um eine Behinderung zu vermeiden, muß sich der Gegner bemühen, dem Spieler zu gewähren:

12.2.1 ungehinderten direkten Zugang zum Ball

12.2.2 eine gute Sicht des Balls

12.2.3 die Freiheit, den Ball zu schlagen

12.2.4 die Freiheit, den Ball direkt an eine beliebige Stelle der Stirnwand zu schlagen.

12.3 Eine Behinderung liegt vor, wenn der Gegner eine der Forderungen von Regel 12.2 nicht erfüllt, unabhängig davon, ob er sich darum bemüht.

12.4 Ein Spieler, der einer möglichen Behinderung ausgesetzt ist, hat die Wahl, das Spiel fortzusetzen oder es zu unterbrechen.

12.4.1 Die korrekte Form des Einspruchs, mit dem ein Spieler um ein Let oder einen Ballgewinn nachsucht, erfolgt mit den Worten »Let bitte«.

12.4.2 Ein Einspruch kann nur vom Spieler (der Person, die mit dem Spiel an der Reihe ist) erfolgen. Der Einspruch hat entweder sofort zu erfolgen, wenn die Behinderung auftritt, oder unverzüglich, wenn der Spieler das Spiel nach der Behinderung eindeutig nicht fortsetzt.

12.5 Der Schiedsrichter entscheidet über den Einspruch und gibt die Entscheidung mit den Worten bekannt: »kein Let«, »Ja, Let« oder »Ballgewinn für … (Name des betreffenden Spielers)«. Bei der Einschätzung der Lage ist die einzige relevante Meinung die des Schiedsrichters,

seine Entscheidung ist endgültig.

12.6 Der Schiedsrichter gewährt kein Let und der Spieler verliert den Ballwechsel, wenn:

12.6.1 keine Behinderung vorlag;

12.6.2 eine Behinderung vorlag, aber keiner der Spieler einen gültigen Schlag erzielt hätte oder der Spieler sich nicht bemüht hat, den Ball zu spielen;

12.6.3 der Spieler die Behinderung eindeutig akzeptiert und weitergespielt hat;

12.6.4 der Spieler die Behinderung durch Laufen nach dem Ball herbeigeführt hat.

12.7 Der Schiedsrichter gewährt ein Let, wenn eine Behinderung vorlag, die der Gegner zu vermeiden sich bemüht hat, und der Spieler einen gültigen Schlag erzielt hätte.

12.8 Der Schiedsrichter spricht dem Spieler den Ballgewinn zu, wenn:

12.8.1 eine Behinderung vorlag, die zu vermeiden der Gegner sich nicht bemüht hat, und der Spieler einen gültigen Schlag erzielt hätte;

12.8.2 eine Behinderung vorlag, die zu vermeiden der Gegner sich nicht bemüht hat, und der Spieler einen punktebringenden Schlag erzielt hätte;

12.8.3 der Spieler es unterlassen hat, den Ball zu schlagen, der, wenn er ihn getroffen hätte, den Gegner beim direkten Flug an die Stirnwand oder eine Seitenwand getroffen hätte, jedoch in letzterem Fall ein punktebringender Schlag gewesen wäre.

12.9 Der Schiedsrichter ist auch ermächtigt, ein Let gemäß Regel 12.7 oder einen Ballgewinn gemäß Regel 12.8 zuzusprechen, ohne daß ein Einspruch erfolgte, und gegebenenfalls dazu das Spiel zu unterbrechen.

12.10 Die Bestimmungen von Regel 17 »Verhalten auf dem Spielfeld« können bei Behinderungssituationen angewendet werden. Der Schiedsrichter verhängt bei der Unterbrechung des Spiels – wenn es nicht bereits unterbrochen wurde – eine

entsprechende Strafe, wenn:

12.10.1 der Spieler den Gegner oder umgekehrt unnötig körperlich berührt hat;

12.10.2 der Spieler den Gegner durch ein übermäßiges Schwingen des Schlägers gefährdet hat.

13. Lets

Außer den gemäß anderer Regeln gewährten Lets können oder sind Lets in bestimmten anderen Fällen zu gewähren. Alle Bitten um ein Let sollten mit den Worten »Let bitte« eingeleitet werden.

13.1 Ein Let kann gewährt werden:

13.1.1 wenn der Ball beim Spiel einen auf dem Boden liegenden Gegenstand berührt;

13.1.2 wenn es der Schläger unterläßt, den Ball aufgrund der begründeten Befürchtung, den Gegner zu verletzen, zu schlagen;

13.1.3 wenn nach Meinung des Schiedsrichters einer der Spieler durch ein Ereignis auf dem Spielfeld oder außerhalb des Spielfeldes abgelenkt wird;

13.1.4 wenn nach Meinung des Schiedsrichters eine Veränderung der Spielfeldbedingungen das Ergebnis des Ballwechsels beeinträchtigt hat.

13.2 Ein Let ist zu gewähren:

13.2.1 wenn der Rückschläger nicht bereit ist, den Aufschlag zu retournieren;

13.2.2 wenn der Ball während des Spiels beschädigt wird;

13.2.3 wenn der Schiedsrichter gebeten wird, über einen Einspruch zu entscheiden und dazu nicht in der Lage ist;

13.2.4 wenn ein ansonsten gültiger Schlag getätigt wurde, aber der Ball entweder auf einem Teil der Spielfläche des Spielfeldes stecken bleibt, wodurch verhindert wird, daß er mehr als einmal auf den Boden schlägt oder der Ball beim ersten Aufschlag ins Aus geht.

13.3 Bittet der Schläger um ein Let gemäß Regel 13.1 (1 bis 4), muß er, damit ihm ein Let gewährt wird, in der Lage gewesen

sein, einen gültigen Schlag auszuführen. Für die Bitte des Nichtschlägers gemäß Regel 13.1.1, 13.1. 3 und 13.1.4 ist diese Voraussetzung nicht erforderlich.

13.4 Ein Let ist gemäß Regel 13.1.2 und 13.2.1 nicht zu gewähren, wenn der Spieler zu spielen versucht oder spielt, ihm das jedoch nach Regel 13.1.1., 13.1.3, 13.1.4., 13.2.2, 13.2.3 und 13.2.4 nicht gestattet ist.

13.5 Die Anforderungen an eine Bitte um ein Let (Regel 13) sind:

13.5.1 Der Bitte des Spielers um die Gewährung eines Lets ist stattzugeben gemäß Regel 13.1.2 (nur Schläger), 13.1.3, 13.2.1 (nur Schläger) und 13.2.3.

13.5.2 Für eine Bitte des Spielers oder ein Eingreifen des Schiedsrichters ohne Bitte gelten die Regeln 13.1.1, 13.1.4, 13.2.2 und 13.2.4.

14. Der Ball

14.1 Jederzeit kann – sofern der Ball gerade nicht im Spiel ist – im gegenseitigen Einvernehmen der Spieler oder auf die Bitte eines der Spieler im Ermessen des Schiedsrichters ein anderer Ball genommen werden.

14.2 Geht ein Ball während des Spiels entzwei, so ist er sofort durch einen anderen Ball zu ersetzen.

14.3 Wenn ein Ball beschädigt ist, was jedoch nicht gleich festgestellt wurde, so ist ein Let für den Ballwechsel, bei dem der Ball beschädigt wurde, zulässig, wenn der Aufschläger vor dem nächsten Aufschlag darum bittet oder wenn der Rückschläger vor dem Versuch, diesen Aufschlag zu retournieren, darum bittet.

14.4 Die Bestimmungen von Regel 14.3 gelten nicht für den abschließenden Ballwechsel eines Satzes. In diesem Fall ist die Bitte unmittelbar nach dem Ballwechsel vorzutragen.

14.5 Wenn ein Spieler während eines Ballwechsels das Spiel mit dem Hinweis unterbricht, daß der Ball beschädigt ist, nur um dann festzustellen, daß das nicht der Fall ist, verliert er den Ballwechsel.

14.6 Zwischen den Sätzen bleibt der Ball im Spielfeld, es sei denn, der Schiedsrichter gestattet, daß er entfernt werden kann.

15. Einspielen

15.1 Unmittelbar vor Beginn des Spiels ist den beiden Spielern zu gestatten, zusammen auf dem Spielfeld fünf Minuten lang den für das Spiel benutzte Ball einzuspielen.

Situationen, in denen ein Let gewährt wird

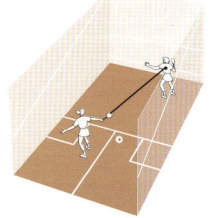

1. Wenn der Ball den Gegner träfe, wenn er die Stirnwand getroffen hätte.

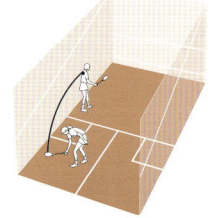

2. Wenn der Spieler den Ball nicht schlagen kann, ohne Gefahr zu laufen, seinen Gegner zu treffen.

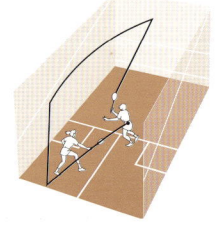

3. Wenn der Ball ungewollt den Gegner trifft.

Nach zweieinhalb Minuten Einspielens ruft der Schiedsrichter »Halbzeit« und sorgt dafür, daß die Spieler die Seiten wechseln, es sei denn, sie vereinbaren gegenseitig etwas anderes. Der Schiedsrichter teilt auch mit, wenn die Einspielzeit vorbei ist, mit dem Ruf »Zeit«.

15.2 Wurde ein Ball gemäß Regel 14 ausgewechselt oder wird das Spiel mit erheblicher Verzögerung wiederaufgenommen, so gestattet der Schiedsrichter das Einspielen des Balls, bis sein Spielzustand erreicht ist. Das Spiel wird dann auf Anweisung des Schiedsrichters oder im gegenseitigen Einvernehmen der Spieler – je nachdem, was früher erfolgt – wiederaufgenommen.

15.3 Der Ball kann von einem der Spieler zwischen dem Abschluß des fünfminütigen Einspielens und dem Beginn des Spiels, zwischen den Sätzen und wenn der Gegner seine Ausrüstung wechselt, warmgespielt werden.

16. Verletzung

16.1 Im Falle einer Verletzung eines Spielers entscheidet der Schiedsrichter über die Kategorie der Verletzung:

16.1.1 selbstverschuldet (wenn die Verletzung des Spielers nicht vom Gegner beigebracht wurde);

16.1.2 eingetreten (wenn die Verletzung versehentlich zugefügt oder versehentlich vom Gegner verursacht wurde),

16.1.3 durch den Gegner zugefügt (wenn die Verletzung durch das gefährliche Spiel des Gegners verursacht wurde, wenn nicht gar absichtlich oder durch eine gefährliche Handlung).

16.2 Für eine selbstverschuldete Verletzung gibt der Schiedsrichter dem verletzten Spieler drei Minuten, sich von der Verletzung zu erholen. Diese Zeit kann im Ermessen des Schiedsrichters nur verlängert werden, wenn die Verletzung mit erkennbaren Blutungen verbunden ist. Der Schiedsrichter ruft nach Ablauf der drei Minuten und nach Ablauf zusätzlich zugebilligter Zeit »Zeit«. Ist der verletzte Spieler nicht zum Spielfeld zurückgekehrt, wenn »Zeit« gerufen wurde, so spricht der Schiedsrichter dem Gegner das Spiel zu.

Benötigt der Spieler außer der ihm vom Schiedsrichter genehmigten Gesamtzeit zusätzliche Zeit für die Wiederherstellung, so fordert der Schiedsrichter den verletzten Spieler auf, das Spiel wiederaufzunehmen oder einen Satz abzugeben.

16.3 Bei einer eingetretenen Verletzung (Regel 16.1.2) gewährt der Schiedsrichter dem verletzten Spieler eine Stunde zur Wiederherstellung oder zusätzliche Zeit, wie sie der Zeitplan des Wettkampfes vorsieht. Der verletzte Spieler muß nach Ablauf dieser Zeit das Spiel wiederaufnehmen oder das Spiel abgeben. Wird das Spiel wiederaufgenommen, bleibt die Punktzahl beim Abbruch des Ballwechsels, bei dem die Verletzung eintrat, bestehen, außer wenn das Spiel an einem anderen Tag wiederaufgenommen wird. Dann kann das Spiel erneut beginnen, falls beide Spieler einverstanden sind.

16.4 Bei einer vom Gegner zugefügten Verletzung (Regel 16.1.3) verhängt der Schiedsrichter eine der Regel 17 entsprechende Strafe. Außer, wenn der verletzte Spieler Zeit für die Wiederherstellung in Anspruch nimmt, wird dem verletzten Spieler das Spiel zugesprochen.

16.5 Ungeachtet der Kategorie der Verletzung oder Krankheit oder körperlichen Beeinträchtigung nimmt der Spieler das Spiel nicht wieder auf, wenn Blutungen zu erkennen sind bzw. Kleidungsstücke mit Blut getränkt sind.

16.6 Ein verletzter Spieler, dem Zeit für die Wiederherstellung gewährt wurde, kann das Spiel vor Ablauf dieser Zeit wiederaufnehmen, vorausgesetzt, der Gegner ist auch dazu bereit.

16.7 Nimmt ein Spieler das Spiel wieder auf, nachdem die Blutung behandelt wurde, und diese Wunde beginnt erneut zu bluten, so hat der Schiedsrichter das unter der Kategorie selbstverschuldete Verletzung zu behandeln, und die Bestimmungen von Regel 16.2 finden Anwendung.

16.8 Nimmt ein Spieler das Spiel wieder auf, nachdem die Blutung, die aus einer selbstverschuldeten Verletzung resultierte, behandelt wurde, und diese Wunde beginnt erneut zu bluten, so hat der Schiedsrichter den Spieler aufzufordern, das Spiel oder einen Satz abzugeben, die zur Verfügung stehende Pause zu akzeptieren und dann das Spiel entweder wiederaufzunehmen oder abzugeben.

16.9 Wenn ein Spieler eine Verletzung meldet, der Schiedsrichter aber nicht überzeugt ist, daß eine Verletzung vorliegt, so fordert der Schiedsrichter den Spieler auf, das Spiel wiederaufzunehmen oder einen Satz abzugeben, die zur Verfügung

gestellte Pause zu akzeptieren und dann entweder das Spiel wiederaufzunehmen oder abzugeben.

17. Verhalten auf dem Spielfeld

Ist der Schiedsrichter der Meinung, daß das Verhalten eines Spielers auf dem Spielfeld für den Gegner, einen Offiziellen oder Zuschauer einschüchternd oder beleidigend sei oder in irgendeiner Weise das Spiel in Verruf bringen könnte, so ist der Spieler zu bestrafen.

Vergehen, die gemäß dieser Regel behandelt werden sollten, schließen hör- und sichtbare Obszönitäten, verbale und körperliche Übergriffe auf den Punktrichter oder den Schiedsrichter und Streit mit ihnen, Mißbrauch des Schlägers, Balls oder Spielfeldes sowie das Üben außerhalb der Satzpausen ein. Weitere Vergehen beziehen sich auf unnötigen körperlichen Kontakt und übermäßiges Schwingen des Schlägers, unfaires Einspielen, zu späte Rückkehr auf das Spielfeld, gefährliches Spiel oder Handlungen und Zeitverschwendung.

Für solche und andere Verfehlungen, die nach Meinung des Schiedsrichters die Anwendung dieser Regel rechtfertigen, ist eine der folgenden Strafbestimmungen anzuwenden:
– Verwarnung durch den Schiedsrichter
– Schlagabgabe an den Gegner
– Satzabgabe an den Gegner
– Spielabgabe an den Gegner.

…

Diese Regeln werden mit Genehmigung der World Squash Federation nachgedruckt.

Hoher Ball
Hohe Bälle sind im allgemeinen ein Geschenk für den Gegner, da sie ihm gestatten, den Ball flach und hart nach unten zum Brett, in die gewünschte Richtung, zu schmettern.

Tischtennis

Dadurch, daß Tischtennis so einfach zu spielen ist und wenig Platz beansprucht, ist es zu einer der meistgespielten Sportarten der Welt geworden. Seine Beliebtheit als vergnüglicher Zeitvertreib täuscht jedoch darüber hinweg, daß Spitzenspieler über ein geradezu artistisches Können verfügen.

1.525m

2.74m

76cm

Der Tisch
Der rechteckige Tisch hat eine matte, dunkelfarbige Spielfläche, seine Oberfläche muß so beschaffen sein, daß ein der Norm entsprechender Ball, der aus einer Höhe von 30 cm auf den Tisch fallen gelassen wird, an allen Stellen ca. 23 cm hochspringt. Das Spielfeld wird von einem Netz (s. »Das Netz«) in zwei gleiche Hälften geteilt.

Die Offiziellen
Ein Schiedsrichter und ein Hilfsschiedsrichter.

Spieler
Zwei beim Einzel, vier beim Doppel.

Kleidung
Ein kurzärmliges Hemd und Shorts oder Rock. Die Hauptfarbe muß sich deutlich von der Ballfarbe abheben und sich von der Hemdfarbe der gegnerischen Spieler unterscheiden.

Aufschlag
Ein Ballwechsel beginnt mit Aufschlag durch den aufschlagenden Spieler: Er wirft den Ball aus dem Handteller mindestens 16 cm hoch und schlägt ihn dann, wenn er fällt, mit dem Schläger.

Das Netz
Das Netz ist an einer Schnur aufgehängt, die zwischen zwei 15,25 cm hohen Pfosten gespannt ist; jeder ist mit einer Schraubzwinge am Tisch befestigt. Der untere Rand des Netzes muß möglichst dicht an die Spielfläche anschließen. Die Netzoberkante muß 15,25 cm oberhalb der Spielfläche liegen.

Der Schläger
Größe, Gewicht und Form eines Schlägers sind nicht vorgeschrieben. Das Blatt ist flach und gleichmäßig dick, es besteht zu 85 % aus Naturholz und hat auf der (den) Schlagseite/seiten einen Belag aus Noppen- oder Sandwichgummi. Die Noppen können nach innen oder außen gekehrt sein.

SPIELGEDANKE

Im Einzel spielen die Spieler den Ball abwechselnd, und zwar nachdem der Ball von der Spielfeldhälfte des Rückschlägers hochgesprungen ist. Nach dem Schlag muß der Ball über das Netz oder daran vorbei gehen und auf der gegnerischen Spielfeldhälfte landen. Wer einen Ballwechsel gewinnt, erzielt einen Punkt. Im Doppel gilt eine fest vorgeschriebene Schlagreihenfolge. Nur einer der beiden gegnerischen Spieler darf den Aufschlag annehmen. Wird der Ball zurückgeschlagen, muß er vom Partner des aufschlagenden Spielers geschlagen werden, danach vom Partner des rückschlagenden Doppels usw. Diese Reihenfolge muß über den gesamten Ballwechsel eingehalten werden.

Spielbeginn

Die Spieler dürfen sich vor einem Match bis zu 2 Minuten lang am Tisch einspielen. Die Seitenwahl und das Aufschlag- oder Rückschlagrecht werden durch Los entschieden. Der Aufschläger muß den Ball so schlagen, daß er zuerst seine Spielfeldhälfte und dann die seines Gegners berührt. Nach jeweils fünf Aufschlägen geht das Aufgaberecht auf die gegnerische Seite über.

Wer gewinnt

Die Partei, die zuerst 21 Punkte erzielt, gewinnt das Spiel. Bei einem Spielstand von 20 : 20 gewinnt, wer zuerst 2 Punkte mehr hat als der Gegner. In dieser Situation erfolgt nach jedem Punkt Aufschlagwechsel. Matchsieger ist, wer 2 von 3 Sätzen oder 3 von 5 Sätzen gewinnt.

Ausgangsstellung

Ein Tischtennisspieler muß eine gute Bereitschaftsstellung haben, aus der er schnell jeden Punkt im Bereich des Tisches erreichen kann. Die Füße stehen dabei etwa schulterbreit, die Knie sind leicht gebeugt, der Körper etwas nach vorn geneigt, so daß sich das Kinn über den Knien befindet. Der angewinkelte Spielarm befindet sich vor dem Körper.

DIE WICHTIGSTEN REGELN

Beim Aufschlag muß der Ball aus dem Handteller (ohne Fingerberührung) mindestens 16 cm hoch in die Luft geworfen werden. Der Ball darf erst dann geschlagen werden, wenn er den höchsten Punkt seiner Flugbahn überschritten hat. Dabei muß er sich hinter der Grundlinie des Aufschlägers befinden, jedoch nicht weiter von ihr entfernt als der Punkt am Körper – außer Arm, Kopf oder Bein –, der am weitesten von seiner Grundlinie entfernt ist. Eine weiße Linie, in Längsrichtung über die Tischmitte gezogen, teilt die beiden Spielfeldhälften jeweils in zwei gleiche Flächen für das Doppel. Der Aufschlag wird von der rechten Hälfte ausgeführt und muß auf der rechten Tischseite des Gegners aufkommen. Die Aufschlagfolge ist die gleiche wie die Rückschlagfolge, d. h., sie wechselt vom ersten Aufschläger zum ersten Rückschläger und danach zum Partner des ersten Rückschlägers. Im Einzel wie im Doppel findet nach jedem Satz ein Wechsel der Tischseiten statt. Im letzten Satz werden die Tischseiten gewechselt, sobald eine Partei (Spieler/Mannschaft) 10 Punkte erzielt hat.

Wenn in einem Spiel nach 15 Minuten keiner der Gegner mindestens 19 Punkte erzielt hat, wird die Wechselmethode angewandt. Dabei findet nach jedem Punkt ein Aufschlagwechsel statt. Erzielt der Rückschläger in einem Ballwechsel 13 vorschriftsmäßige Rückschläge hintereinander, bekommt er einen Punkt.

TISCHTENNISREGELN

(Obwohl das männliche Personalpronomen angewandt wird, gilt es für beide Geschlechter.)

(Die Regeln werden im folgenden leicht gekürzt wiedergegeben.)

2.5.Definitionen
(Auszug)
• Ein *Ballwechsel* ist die Zeit, in der der Ball im Spiel ist.
• Der *Ball ist im Spiel* von dem letzten Augenblick an, wo er auf dem Handteller der freien Hand ruht, bevor er zur Aufgabe hochgeworfen wird, bis zu dem Moment, da der Ballwechsel mit einem Punkt endet oder auf eine Wiederholung entschieden wird.
• Ein Ballwechsel, dessen Ergebnis nicht gewertet wird, ist ein *Let* (Wiederholung).
• Den Ball *schlagen*: Der Spieler berührt im Spiel den Ball mit dem Schläger, den er in der Hand hält, oder mit der Schlägerhand unterhalb des Handgelenks.
• Den Ball *ablenken*: Der Spieler oder das, was er anhat oder trägt, berührt den Ball, bevor dieser seine Spielfläche oder Grundlinie überquert hat, ohne diese berührt zu haben, nachdem der Ball zuletzt von seinem Gegner geschlagen wurde.
• Der *Aufschläger* ist der Spieler, der den Ball in einem Ballwechsel als erster aufschlagen soll.
• Der *Rückschläger* ist der Spieler, der den Ball in einem Ballwechsel als zweiter schlagen soll.
• Die *Grundlinie* (Endlinie an jedem Tischende) verlängert sich unbegrenzt in beide Richtungen.

2.6 Vorschriftsmäßiger Aufschlag
2.6.1. Zu Beginn eines Aufschlags ruht der Ball frei auf dem flachen, offenen Handteller der freien Hand des Aufschlägers, und zwar hinter der Grundlinie und oberhalb der Spielfeldebene.
2.6.2 Darauf wirft der Aufschläger den Ball mindestens 16 cm annähernd senkrecht nach oben,

ohne ihm dabei einen Effet zu verleihen, und schlägt ihn, ohne daß er von etwas anderem vorher berührt wird.
2.6.3 Der Aufschläger schlägt den fallenden Ball so, daß er zuerst seine Spielfeldhälfte und danach die des Rückschlagenden berührt; im Doppel soll der Ball zuerst die rechte Hälfte der Spielfläche der aufschlagenden Mannschaft und dann die rechte Hälfte der Spielfläche der rückschlagenden Mannschaft berühren.
2.6.4 Ball und Schläger sollen sich vom letzten Augenblick an, wo der Ball vor dem Hochwurf ruhig lag, bis er geschlagen wird, oberhalb der Spielflächenebene befinden.
2.6.5 Wenn der Ball geschlagen wird, muß er sich hinter der Grundlinie des Aufschlägers befinden, jedoch nicht weiter davon entfernt als der Körperteil, der am weitesten von seiner Grundlinie entfernt ist – außer Arm, Kopf oder Bein.
2.6.6 Der Spieler hat so aufzuschlagen, daß der Schiedsrichter oder Hilfsschiedsrichter sehen kann, daß er die Bedingungen eines vorschriftsmäßigen Aufschlags erfüllt.
2.6.6.1 Zweifelt der Schiedsrichter an der Vorschriftsmäßigkeit eines Aufschlags, ist jedoch weder er noch sein Hilfsschiedsrichter sicher, daß der Aufschlag unvorschriftsmäßig ist, kann er beim ersten Mal den Aufschläger verwarnen, ohne dies als Fehler zu bewerten.
2.6.6.2 Bei jedem folgenden zweifelhaften Aufschlag desselben Spielers in demselben Match, sei es aus demselben oder einem anderen Grund, wird nicht mehr zu seinen Gunsten entschieden, sondern der Punkt geht an den Rückschläger.
2.6.6.3 Verstößt der Aufschläger jedoch deutlich gegen die Aufschlagregel, wird keine Verwarnung ausgesprochen, sondern der Rückschläger bekommt einen Punkt zugesprochen, gleich, ob beim ersten oder wiederholten Mal.

2.6.7 Wenn der Schiedsrichter vor Spielbeginn davon in Kenntnis gesetzt wird, daß eine Befolgung der Regel aufgrund einer Körperbehinderung nicht möglich ist, kann er ausnahmsweise die Bedingungen für einen vorschriftsmäßigen Aufschlag lockern.

2.7 Vorschriftsmäßiger Rückschlag
siehe Seite 139

2.8 Spielreihenfolge
siehe *Spielgedanke* (Seite 139)

2.9 Let (Wiederholung)
2.9.1 Der Aufschlag wird wiederholt,
2.9.1.1 wenn der Aufschlagball beim Überqueren der Netzgarnitur diese berührt oder der Ball vom Rückschläger oder seinem Partner abgelenkt wird, vorausgesetzt, der Aufschlag ist sonst vorschriftsmäßig;
2.9.1.2 wenn der Aufschlag erfolgt, bevor der Rückschläger oder sein Partner spielbereit ist, vorausgesetzt, daß weder der Rückschläger noch sein Partner den Ball zurückzuschlagen versucht;
2.9.1.3 wenn der Versuch, einen vorschriftsmäßigen Aufschlag oder Rückschlag auszuführen oder auf eine andere Art und Weise die Regeln zu befolgen, durch eine Störung vereitelt wird, die der Spieler nicht beeinflussen kann;
2.9.1.4 wenn das Spiel vom Schiedsrichter oder Oberschiedsrichter zwecks Berichtigung eines Irrtums unterbrochen wird;
2.9.1.5 wenn beim Doppel ein Spieler den Aufschlag oder Rückschlag außer der Reihe ausführt.
2.9.2 Das Spiel kann unterbrochen werden,
2.9.2.1 um einen Fehler bei der Reihenfolge des Aufschlags, Rückschlags oder beim Seitenwechsel zu korrigieren;
2.9.2.2 um die Wechselmethode in Kraft treten zu lassen;
2.9.2.4 wegen einer Störung der Spielbedingungen, die das Ballwechselergebnis beeinflussen könnte.

2.10 Ein Punkt
2.10.1 Sofern ein Ballwechsel nicht wiederholt wird, bekommt ein Spieler einen Punkt,
2.10.1.1 wenn es seinem Gegner nicht gelingt, einen vorschriftsmäßigen Anschlag auszuführen;
2.10.1.2 wenn es seinem Gegner nicht gelingt, einen vorschriftsmäßigen Rückschlag auszuführen;

2.10.1.3 wenn der Ball, nachdem der Spieler einen vorschriftsmäßigen Aufschlag oder Rückschlag ausgeführt hat, einen anderen Gegenstand als die Netzgarnitur berührt, bevor er vom Gegner geschlagen wird;
2.10.1.4 wenn der Ball, nachdem sein Gegner ihn geschlagen hat, seine Grundlinie überquert, ohne seine Spielfläche berührt zu haben;
2.10.1.5 wenn sein Gegner den Ball ablenkt;
2.10.1.6 wenn sein Gegner den Ball zweimal hintereinander schlägt;
2.10.1.7 wenn sein Gegner den Ball mit einer Seite des Schlägers schlägt, dessen Oberfläche nicht den Bestimmungen von 2.4.3 entspricht;
2.10.1.8 wenn sein Gegner oder irgend etwas, was er anhat oder trägt, die Spielfläche bewegt;
2.10.1.9 wenn sein Gegner oder irgend etwas, was er anhat oder trägt, die Netzgarnitur berührt;
2.10.1.10 wenn die freie Hand seines Gegners die Spielfläche berührt;
2.10.1.11 wenn im Doppel ein Gegner den Ball außer der Reihe schlägt;
2.10.1.12 wenn nach der Wechselmethode er oder er und sein Partner im Doppel 13 vorschriftsmäßige Rückschläge (einschließlich Rückschlag des Aufschlags) hintereinander macht bzw. machen.

2.12 Ein Match
siehe *Wer gewinnt* (Seite 139)

2.13 Wahl der Spielfeldseite, des Aufschlags oder des Rückschlags
2.13.1 Die Seitenwahl und das Recht des Aufschlags oder Rückschlags werden durch Los entschieden, und der Losgewinner kann eins der drei wählen.
…
2.13.3 Nach jeweils fünf erzielten Punkten wird die rückschlagende Seite zur aufschlagenden und umgekehrt; dieser Wechsel wird bis zum Spielende fortgesetzt, es sei denn, beide Seiten erzielen je 20 Punkte oder die Wechselmethode tritt in Kraft; in diesem Falle bleibt die Reihenfolge unverändert, der Aufschlagwechsel findet jedoch nach jedem erzielten Punkt statt.
2.13.4 In jedem Satz eines Doppel-Matches macht das Paar, das das Recht des ersten Aufschlags hat, unter sich aus, wer von den beiden den ersten Aufschlag ausführt, und die rückschlagende Seite macht unter sich aus,

wer von den beiden den ersten Aufschlag annimmt; in den darauffolgenden Spielen im Match wird der erste Aufschlagende gewählt, der erste Rückschläger ist der Spieler, der im vorherigen Spiel zu ihm aufgeschlagen hat.

2.13.5 Im Doppel wird bei jedem Aufschlagwechsel der vorhergehende Rückschläger zum Aufschläger und der Partner des vorhergehenden Aufschlägers zum Rückschläger.

2.13.6 Die Partei (Spieler oder das Paar), die den ersten Aufschlag in einem Spiel hatte, soll im nächsten Matchspiel den ersten Rückschlag haben; und im letztmöglichen Satz eines Doppels muß das Paar, das den Rückschlag bekommen wird, seine Rückschlagreihenfolge ändern, sobald eins der beiden Paare zehn Punkte erreicht.

2.1.3.7 Die Partei (Spieler oder das Paar), die auf der einen Spielfeldseite begonnen hat, beginnt beim nächsten Matchspiel auf der anderen Seite, und im letztmöglichen Satz eines Matches wechseln die Spieler oder Paare die Seiten, sobald eins der beiden Paare zehn Punkte erreicht.

2.14 Verkehrte Spielfeldseite, verkehrter Aufschlag oder Rückschlag

2.14.1 Sobald bemerkt wird, daß ein Spieler außer der Reihe aufschlägt oder annimmt, wird das Spiel vom Schiedsrichter unterbrochen und dann in richtiger Reihenfolge fortgesetzt, ausgehend von der Reihenfolge, die zu Matchbeginn festgelegt wurde, wobei der Spielstand des Zeitpunktes gilt, als die Spieler zuletzt in der richtigen Reihenfolge spielten. Beim Doppel gilt der Spielstand des Zeitpunktes, als das Paar aufschlug, das den ersten Aufschlag hatte und als die von ihm ge-

wählte Reihenfolge noch eingehalten wurde, bevor der Fehler bemerkt wurde.

2.14.2 Wenn die Spieler die Seiten nicht regelgerecht gewechselt haben, wird das Spiel vom Schiedsrichter unterbrochen, sobald der Fehler entdeckt ist, und das Spiel wird an den Tischseiten sowie bei dem Spielstand wiederaufgenommen, die vor Eintreten des Fehlers gültig gewesen wären.

2.15 Die Wechselmethode

2.15.1 Die Wechselmethode tritt in Kraft, wenn ein Spiel nach 15 Minuten nicht beendet ist, es sei denn, beide Spieler oder Paare haben mindestens 19 Punkte erreicht, oder auf Wunsch der beiden Spieler oder Paare auch zu einem beliebigen anderen Zeitpunkt.

2.15.1.1 Ist der Ball bei Erreichen der Zeitgrenze im Spiel, wird das Spiel vom Schiedsrichter unterbrochen und mit einem Aufschlag des Spielers wiederaufgenommen, der den Aufschlag ausgeführt hatte, als das Spiel unterbrochen wurde.

2.15.1.2 Ist der Ball nicht im Spiel, wenn die Zeit abgelaufen ist, wird das Spiel mit einem Aufschlag des Spielers fortgesetzt, der in dem Ballwechsel unmittelbar davor der Rückschlagende war.

2.15.2 Nach der Spielunterbrechung und anschließenden Wiederaufnahme schlägt jeder Spieler der Reihe nach bis Spielende auf, wobei nach jedem erzielten Punkt der Aufschlag gewechselt wird, und sollte der annehmende Spieler oder das annehmende Paar 13 vorschriftsmäßige Rückschläge erzielen, bekommt der Rückschläger einen Punkt.

[Nachdruck mit Genehmigung der *International Table Tennis Federation.*]

Um dem Ball einen Unterschnitt zu verleihen, wird der Schläger kräftig schräg von oben unter den Ball gezogen; wobei er den Ball eher streift.

Um dem Ball einen Oberschnitt zu verleihen, wird der Schläger schräg von unten nach oben geführt.

FÄHIGKEITEN UND TAKTIKEN

Gute Antizipations- und Reaktionsfähigkeiten, Ausdauer und koordinative Fähigkeiten sind wichtige Spielvoraussetzungen.

Es werden zwei grundsätzliche Schlägerhaltungen angewandt. Der erste ähnelt der *Shake-Hands*-Schlägerhaltung (Hammergriff), die auch bei verschiedenen anderen Rückschlagspielen angewandt wird. Der andere ist der *Penholdergriff*, bei dem der Schläger dicht am Blatt gehalten wird – ähnlich, wie man einen Bleistift

hält. Da stets nur eine Schlägerseite benutzt wird, erlaubt diese Schlägerhaltung ein viel schnelleres Einstellen auf die jeweilige Spielsituation. Die Annahme komplizierter Rückhandschläge kann sich jedoch bei diesem Griff als schwierig erweisen. Eine wesentliche Fähigkeit ist, dem Ball einen Effet zu verleihen. Angriffsspieler benutzen den *Oberschnitt* (auch *Topspin* genannt), um einen schwachen Rückschlag vom Gegner zu erzwingen. Mit dieser Technik wird bewirkt, daß der Ball nach Tischkontakt flach nach vorn schnellt. Ein mit Unterschnitt geschlagener Ball fällt in seinem Flug über den Tisch gegen Ende plötzlich ab. Beide Schnittarten erreicht man durch Schrägstellen des Schlägers, wobei der Ball eher gestreift als geschlagen wird.

Spieler versuchen oft, ihren Gegner zu verwirren, indem sie den Schläger in der Hand wirbeln, bevor sie ihn zurückschlagen.

GRAUZONE

Die Aufschlagregel erfährt häufige Änderungen, um für ein faires Gleichgewicht zwischen dem Aufschläger und dem Rückschläger zu sorgen. Allzu gern wird der Ball versteckt, damit der Rückschläger die Rotationsrichtung nicht vorwegnehmen kann. Manche Spieler haben den Ball hinter dem Rücken geschlagen, bis dies verboten wurde.

Wird dieser Aufschläger den Schläger unter dem Ball »durchziehen«, um ihm einen Unterschnitt zu verleihen?

Boxen

Die 1867 von John Douglas Marquess of Queensberry veröffentlichten Regeln schufen die Grundlagen für das moderne Boxen, und zwar sowohl für den Profi- als auch für den Amateurboxsport, wobei die Regeln für den Amateurboxsport, der hier behandelt wird, viel strenger und mehr auf Sicherheit bedacht sind. Die Kämpfer müssen Kopfschutz tragen.

4.90m (16 ft) – 6.10 m (20 ft)

4.90m (16 ft) – 6.10 m (20 ft)

Der Boxring

Ein Quadrat mit einer Seitenlänge von min. 4,90 m, max. 6,10 m und mit vier Eckpfählen. Der Ringboden ist mit einem elastischen Material ausgelegt. Drei Seile sind in 40 cm, 80 cm und 130 cm Höhe straff zwischen den Pfosten gespannt. In den letzten Jahren setzt sich mehr und mehr ein Ring mit vier Seilen durch.

Quadratischer Ring
Die Boxer kämpfen auf einer kleinen eingefriedeten quadratischen Fläche, die kurioserweise als Ring bezeichnet wird.

Die Offiziellen

Ein Ringrichter (im Ring), fünf Punktrichter und ein Zeitnehmer.

Kleidung

Leichte Stiefel oder Schuhe, Boxhandschuhe, Socken, Shorts und ein ärmelloses Trikot. Bei Wettkämpfen der oberen Leistungsklassen muß das Hemd je nach der Farbe der Ecke rot oder blau sein. Unter den Handschuhen dürfen nur weiche chirurgische Bandagen getragen werden. Üblich bei Amateuren sind 8-Unzen-Handschuhe (227 g). Auch 6-Unzen- und 10-Unzen-Handschuhe werden je nach Land und Gewichtsklasse benutzt.

Gesundheitsgefährdende oder unangenehm wirkende Materialien dürfen nicht getragen werden. Bärte sind nicht gestattet, und langes Haar muß immer durch den Kopfschutz bedeckt sein.

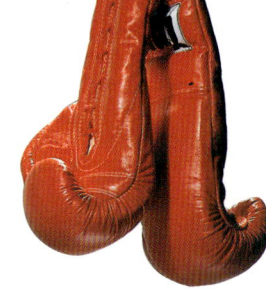

Boxhandschuhe

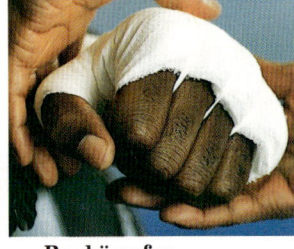

Boxkämpfer

Zwei Kämpfer. Jeder Boxer darf zwei Sekundanten haben. (Nur einer darf den Ring betreten.) Die Sekundanten betreuten den Boxer, entfernen vor jeder Runde Handtücher, Eimer u. ä. vom Ring und dürfen die Meldung ihres Boxers zurückziehen oder das Handtuch in den Ring werfen (Zeichen der Aufgabe), wenn sie der Meinung sind, daß ihr Schützling nicht mehr in der Lage ist, den Kampf weiterzuführen.

Körperschutz

Obwohl der Boxsport durch massiven Körperkontakt gekennzeichnet ist, tragen Boxer überraschend wenig Körperschutz: Er beschränkt sich auf Handschuhe, Kopfschutz und Zahnschutz.

GRUNDGEDANKE

Die beiden Wettkämpfer erzielen Punkte, indem sie den Gegner mit der vorgeschriebenen Schlagfläche der Handschuhe (Knöchelpartie) an der erlaubten Körperfläche treffen Vorderseite des Kopfes und des Rumpfes oberhalb der Gürtellinie.

Kampfbeginn

Zu Beginn des Kampfes müssen alle außer dem Ringrichter und den beiden Boxern den Ring verlassen. Die Gegner begrüßen sich mit einem Handschlag und warten in ihren Ecken, bis der Zeitnehmer die Runde ausruft und durch Gong- oder Glockenschlag das Signal zum Kampfbeginn gibt.

Wer gewinnt

Die deutlichste Möglichkeit, den Kampf zu gewinnen, ist der K. o., obwohl dieser im Amateurboxen seltener als im Profiboxen vorkommt. Ansonsten wird ein Kampf nach Punkten entschieden. Heutzutage wird bei allen Wettkämpfen der A.I.B.A. (Association Internationale de Boxe Amateur) die elektronische Trefferwertung angewandt. Per Tastendruck geben Punktrichter gültige Treffer in einen Computer ein, das endgültige Ergebnis wird automatisch ermittelt. Den Kampf gewinnt, wer die meisten gültigen Treffer erzielt hat; dabei zählen für das Endergebnis solche Treffer, deren Eingabe durch mindestens drei der fünf Punktrichter gleichzeitig erfolgt. Wird ein Boxer disqualifiziert oder vom Ringrichter als kampf- oder verteidigungsunfähig erklärt, gewinnt sein Gegner.

Am Ende des Kampfes hebt der Ringrichter die Hand des Siegers.

DIE WICHTIGSTEN REGELN

Ein Kampf umfaßt fünf Runden von je zwei Minuten mit einer Minute Pause dazwischen. (Bei einigen internationalen Wettkämpfen sind es drei oder vier Runden von je drei Minuten oder sechs Runden von je zwei Minuten.)

• Schlägt ein Boxer seinen Gegner zu Boden (Niederschlag), wird er vom Ringrichter in eine Ecke geschickt; er muß dort so lange verbleiben, bis der Ringrichter laut zehn Sekunden abgezählt hat. Dabei zeigt der Ringrichter dem am Boden liegenden Boxer die Zahl der abgezählten Sekunden mit den Fingern an. Nimmt der Boxer nach zehn Sekunden und dem Kommando »Boxen« den Kampf nicht wieder auf, wird ein K. o. erklärt.

• Ein Boxer darf nicht unter die Gürtellinie, auf den Nacken oder die Nieren schlagen. Er darf den Gegner nicht mit offenem Handschuh schlagen oder dann, wenn sein Gegner am Boden liegt oder sich gerade erhebt. Wenn der Ringrichter eine Umklammerung mit dem Kommando »Break« löst, müssen beide Boxer einen Schritt zurücktreten, bevor sie den Kampf fortsetzen. Eine Verletzung einer dieser Regeln zieht eine Ermahnung nach sich. Der dritte Regelverstoß führt zur Disqualifikation.

FERTIGKEITEN

Voraussetzung sind gutes Reaktionsvermögen, Schnelligkeit, Konzentrationsfähigkeit und die Fähigkeit, sich in jeder Runde zwei Minuten lang in einem Kampf Mann gegen Mann voll einsetzen zu können. Im Training lernen Boxer, durch gezielte Treffer auf die erlaubte Trefferfläche des Gegners möglichst viele Punkte zu erzielen und gleichzeitig durch Ausweich- und Meidbewegungen sowie durch Deckungsarbeit Treffer zu vermeiden.

Eine *Gerade* ist ein Schlag in der Horizontalen, ein *Haken* ist ein starker Schlag mit gebeugtem Arm, gewöhnlich zum Kopf. Bei einer *Kombination* werden mehrere dieser Techniken in verschiedener Reihenfolge eingesetzt.

Gerade zum Kinn

Die Gerade zum Kopf ist die am häufigsten im Boxen benutzte Angriffstechnik – ein kurzer, kräftiger Schlag, der oft gegen das Kinn, einen der Schwachpunkte eines Boxers, gerichtet ist. Hier ist ein »Rechtsausleger« zu sehen, bei dem der rechte Fuß vorn steht und der rechte Arm vor dem linken »arbeitet«.

Der »Champ«

Im Profiboxen gibt es keinen einheitlichen internationalen Verband, und es kann u.U. vier »Weltmeister« in einer Gewichtsklasse nebeneinander geben. Die beiden abgebildeten Boxer sind Profis – daher kein Kopfschutz.

DIE REGELN

(Die Regeln sind z.T. gekürzt und zusammengefaßt.)

Regel VII: Auslosen und Freilose

A. Das Auslosen findet nach der ärztlichen Untersuchung und dem Wiegen statt. Das Wiegen muß in Anwesenheit des offiziellen Vertreters der betreffenden Mannschaft stattfinden. Es sollte nach Möglichkeit gewährleistet sein, daß kein Wettkämpfer in demselben Wettkampf zweimal startet, bevor alle anderen Wettkämpfer mindestens einmal geboxt haben. In besonderen Situationen hat das Exekutivkomitee der A. I. B. A. das Recht, von dieser Regel abzuweichen. Zuerst werden die Boxer ausgelost, die in der ersten Wettkampfrunde kämpfen, und danach diejenigen, die das Freilos gezogen haben. Es darf jedoch keinem Boxer ein Welt- oder Europameistertitel oder eine olympische Medaille zugesprochen werden, ohne daß er geboxt hat.

B. Freilose. Bei Wettkämpfen, in denen mehr als vier Wettkämpfer starten, ist für die erste Wettkampfrunde eine ausreichende Anzahl von Freilosen zu ziehen, so daß die Anzahl der Kämpfer in der zweiten Wettkampfrunde auf 4, 8, 16 oder 32 reduziert wird. Wettkämpfer, die in der ersten Wettkampfrunde ein Freilos ziehen, starten als erste in der zweiten Wettkampfrunde. Keinem Boxer soll eine Medaille zugesprochen werden, der nicht mindestens einmal geboxt hat.

C. Wettkampfreihenfolge. Bei Welt- und Europameisterschaften sollte die Reihenfolge der Kämpfe möglichst nach Gewichtsklassen ausgetragen werden.

Regel XVI: Entscheidungen

A. Entscheidungsarten:
1. Sieg durch Punktwertung. Der Boxer, der am Ende die Entscheidung nach Punkten durch Mehrheitsentscheid der Punktrichter gewinnt, wird zum Sieger erklärt. Werden beide Boxer verletzt oder werden sie beide gleichzeitig K. o. geschlagen und können den Wettkampf nicht fortsetzen, zählen die Punktrichter die Punkte zusammen, die die Boxer bis zum Abbruch erzielt haben; der Boxer, der nach Punkten bis zum Abbruch geführt hat, wird zum Sieger erklärt.

2. Sieg durch Aufgabe des Kampfes. Gibt ein Boxer freiwillig wegen Verletzung oder aus anderen Gründen auf, oder nimmt er den Kampf nicht sofort nach Beendigung der Pause zwischen den Runden wieder auf, wird sein Gegner zum Sieger erklärt.

3. Sieg durch Kampfabbruch:
a. Sportliche Unterlegenheit. Der Terminus **RSC** *(referee stops contest)* bezeichnet

Sieg
Die meisten Boxkämpfe werden nach Punkten entschieden – für regelgerechte Treffer vergeben die Kampfrichter Hilfspunkte. Nur selten enden Kämpfe mit einem K.o.

den Abbruch eines Kampfes wegen sportlicher Unterlegenheit eines Boxers. Ist ein Boxer nach Meinung des Ringrichters sportlich unterlegen oder muß er übermäßig Schläge hinnehmen, ist der Kampf abzubrechen und sein Gegner zum Sieger erklärt. Der Ringrichter hat das Recht, diese Entscheidung zu treffen; er kann dazu den Arzt konsultieren und muß dann dessen Rat befolgen. Es wird darüber hinaus empfohlen, daß der Ringrichter auch den anderen Kämpfer untersucht, bevor er die Entscheidung trifft. Der Ringarzt hat das Recht, den Kampf zu unterbrechen, wenn er der Meinung ist, daß der Kampf aus medizinischen Gründen nicht fortgesetzt werden darf. Zuerst

muß er den Kampfgerichtsobmann über seine Entscheidung informieren, und dieser teilt daraufhin dem Ringrichter mit, daß der Kampf zu unterbrechen ist. Die Unterbrechung des Kampfes durch den Ringrichter, damit der Boxer auf seine Kampffähigkeit untersucht werden kann, darf nicht länger als eine Minute dauern.

b. Verletzung. Ist ein Boxer nach Meinung des Ringrichters nicht in der Lage, den Kampf wegen einer Verletzung fortzusetzen, die durch erlaubte Schläge oder andere körperliche Handlungen zugefügt wurde, ist der Kampf abzubrechen und der Gegner zum Sieger zu erklären.

4. Sieg durch Disqualifikation. Wird ein Boxer disqualifiziert, wird sein Gegner zum Sieger erklärt. Werden beide Boxer disqualifiziert, so wird eine entsprechende Entscheidung bekanntgegeben.

5. Sieg durch K.o. (Knock out). Geht ein Boxer zu Boden und ist nicht in der Lage, den Kampf innerhalb von zehn Sekunden wieder aufzunehmen, wird der Gegner zum Sieger durch K. o. erklärt.

6. Abbruch ohne Entscheidung. Ein Kampf kann wegen eines gravierenden Vorfalls, der außerhalb des Verantwortungsbereichs der Boxer oder der Kontrolle des Ringrichters liegt – wie etwa Schäden am Ring, Beleuchtungsausfall, außerordentliche Wetterbedingungen –, innerhalb der festgelegten Frist vom Ringrichter abgebrochen werden. In einem solchen Fall wird ein »Abbruch ohne Entscheidung« bekanntgegeben; bei Meisterschaften wird vom Kampfgericht entschieden, wie weiter zu verfahren ist.

7. Sieg durch Nichterscheinen. Erscheint ein Boxer in vorschriftsmäßiger Kleidung zum Boxen, während sein Gegner – nachdem sein Name über die öffentliche Lautsprechanlage ausgerufen worden, der Gongschlag erfolgt ist und höchstens drei Minuten vergangen sind – nicht anwesend ist, wird der erstgenannte Boxer vom Ringrichter zum Sieger durch Nichterscheinen erklärt. Er weist die Punktrichter an, einen entsprechenden Vermerk in ihren Protokollen zu machen, sammelt diese ein und fordert den Boxer auf, in die Ringmitte zu kommen. Nach Bekanntgabe der Entscheidung hebt er den Arm des Siegers.

8. Unentschieden. Zwei Vereine oder Länder können sich bei

Freundschaftstreffen auf ein Unentschieden einigen, wenn die Mehrheit der Punktrichter die Begegnung gleich bewertet hatte. Desgleichen kann bei Begegnungen zweier Vereine oder Länder eine Verletzung in der ersten Runde zu einem Unentschieden führen.

9. Vorfälle im Ring außerhalb der Kontrolle des Schieds- richters.

a) Sollte ein Ereignis eintreten, wonach der Kampf nicht innerhalb einer Minute nach Ertönen des Gongs zur ersten oder zweiten Runde fortgesetzt werden kann (z. B. Stromausfall), wird der Kampf unter- brochen, und die Boxer kämpfen dann in der letzten Wettkampf- runde desselben Wettbewerbs.

b) Tritt das Ereignis in der dritten Runde des Kampfes ein, wird der Kampf abgebrochen, und die Punktrichter werden aufgefordert zu entscheiden, welcher Boxer den Kampf gewonnen hat.

c) Tritt das Ereignis während der letzten drei Kämpfe einer Wettkampfrunde des Wettkampf- programms ein, werden die Boxer aufgefordert, im ersten Kampf der nächsten Wettkampf- runde zu boxen. Die Boxer wer- den vor dem Kampf erneut gewo- gen und medizinisch untersucht.

Regel XVII: Punktwertung
Siehe »Wer gewinnt« (Seite 143)

Regel XVIII: Regelverstöße
A. Ermahnungen, Verwarnungen, Disqualifikationen. Ein Wett- kämpfer, der die Anweisungen des Ringrichters nicht befolgt, gegen die Boxregeln verstößt, sich unsportlich verhält oder Fouls begeht, kann nach dem Ermessen des Ringrichters ermahnt, verwarnt oder ohne Verwarnung disqualifiziert werden. Ein Boxer kann vom Ringrichter ohne Kampfunter- brechung jederzeit *ermahnt* werden, wenn dadurch keine Gefährdung entsteht. Beabsich- tigt er, einen Boxer zu *verwar- nen*, muß er den Kampf unter- brechen und den Verstoß an- zeigen. Darauf deutet er auf den Boxer und auf jeden der fünf Punktrichter. Ein Ringrichter kann einen Boxer nicht ermah- nen, nachdem er ihn bereits für einen bestimmten Verstoß, wie

etwa Klammern, verwarnt hat. Eine dritte Ermahnung für die gleiche Art von Foul zieht auto- matisch eine Verwarnung nach sich. In einem Wettkampf darf ein Boxer maximal dreimal ver- warnt werden. Die dritte Verwarnung bedeutet automa- tisch die Disqualifikation.

B. Arten von Fouls
1. Schlagen unterhalb der Gürtellinie,

Ausgezählt
Sobald der Boxer am Boden liegt oder sich außerhalb der Seile befin- det, zählt der Ringrichter die Sekun- den. Ist der Boxer bei »zehn« nicht wieder auf den Beinen, ist der Kampf durch K.o.-Sieg beendet.

Halten, Beinstellen, Treten und Stoßen mit dem Fuß oder Knie.
2. Stoßen oder Schlagen mit Kopf, Schulter, Unterarm, Ellbogen, Würgen des Gegners, Drücken des Kopfes nach hinten über die Seile.
3. Schlagen mit offenem Hand- schuh, mit der Innenseite des Handschuhs, mit dem Hand- gelenk oder der Handkante.
4. Jeder Schlag, der auf dem Rücken landet, insbesondere Schläge auf das Genick, den Hinterkopf oder in die Nieren- gegend.
5. Schleuderschwinger.
6. Festhalten am Seil beim Angriff oder sonstige unfaire Benutzung der Seile.
7. Aufstützen auf den Gegner, Ringen und Schleudern in der Umklammerung.
8. Angreifen des zu Boden gegan- genen Gegners oder eines Geg- ners, der im Begriff ist aufzu- stehen.
9. Halten.
10. Halten und Schlagen oder Ziehen und Schlagen.
11. Festhalten oder Einklem- men des gegnerischen Armes oder Kopfes oder Stecken des Armes unter den Arm des Gegners.
12. Abducken unterhalb der Gürtellinie des Gegners auf eine Art und Weise, die den Gegner gefährdet.

13. Völlig passives Abwehrverhal- ten mit Doppeldeckung und ab- sichtliches Zu-Boden-Gehen, um einem Schlag auszuweichen.
14. Aggressive oder beleidigende Bemerkungen während des Kampfes.
15. Geht ein Boxer nach dem Kommando »Break« nicht einen Schritt zurück.
16. Versuche, auf den Gegner einzuschlagen, unmittelbar nachdem der Ringrichter das Kommando »Break« gegeben hat, und zwar noch bevor die Boxer einen Schritt zurückge- treten sind.
17. Angreifen des Ringrichters oder aggres- sives Verhalten diesem gegen- über zu irgend- einem Zeitpunkt.
18. Ausspuk- ken des Mund- schutzes.
19. Gestreckte Haltung des vor- genommenen Armes, mit der Absicht, die Sicht des Gegners zu versperren.
C. Sekundanten. Der Kämpfer hat für Fehlverhalten seiner Sekundanten einzustehen und kann wegen ihres Verhaltens durch den Ringrichter verwarnt und im Wiederholungsfall auch sofort disqualifiziert werden.
D. Konsultation der Punktrichter durch den Ringrichter. Hat der Ringrichter irgendwelche Gründe, anzunehmen, daß ein Foul begangen worden ist, das er selbst nicht gesehen hat, kann er die Punktrichter konsultieren.

Regel XIX: Zu Boden
A. Definition. Ein Boxer ist »zu Boden«,
1. wenn er als Folge eines oder mehrerer Schläge den Boden mit irgendeinem anderen Teil seines Körpers als seinen Füßen be- rührt, oder
2. wenn er als Folge eines oder mehrerer Schläge hilflos in den Seilen hängt, oder
3. wenn er sich außerhalb oder teilweise außerhalb der Seile befindet, oder
4. wenn er nach einem harten Schlag zwar nicht zu Boden gegangen ist und nicht in den Seilen hängt, jedoch benommen und – nach Meinung des Ring- richters – nicht in der Lage ist, den Kampf fortzusetzen.
B. Das Zählen. Bei einem Nieder- schlag beginnt der Ringrichter sofort die Sekunden zu zählen. Ist der Boxer zu Boden gegan- gen, zählt der Ringrichter laut von »1« bis »10« mit Intervallen

von einer Sekunde zwischen den Zahlen, dabei zeigt er mit den Fingern die Zahl der abgelaufe- nen Sekunden an, damit der niedergeschlagene Boxer die gezählte Sekundenanzahl erken- nen kann. Zwischen dem Augen- blick, wo der Boxer zu Boden gegangen ist, und dem Ruf »1« muß eine Sekunde vergangen sein. Geht der Gegner auf Auffor- derung des Ringrichters nicht in die neutrale Ecke, unterbricht dieser das Zählen, bis der Boxer seiner Aufforderung Folge gelei- stet hat. Der Zählvorgang wird mit der Zahl erneut aufgenom- men, bei der er unterbrochen wurde.
C. Pflichten des Gegners. Ist ein Boxer zu Boden gegangen, muß sein Gegner sofort in die vom Ringrichter angezeigte neutrale Ecke gehen. Er darf den Kampf erst dann fortsetzen, wenn der niedergeschlagene Gegner auf- gestanden ist und der Ringrich- ter das Kommando »Box« ge- geben hat.
D. Anzählen bis »8« ist Pflicht. Ist ein Boxer als Folge eines Schlages zu Boden gegangen, darf der Kampf nicht fortgesetzt werden, bis der Ringrichter »8« gezählt hat, auch wenn der Boxer bereit ist, den Kampf schon davor fortzusetzen.
E. Der Knockout. Hat der Ring- richter die Zahl »10« ausge- sprochen und dann das Wort »out«, ist der Kampf beendet und wird als Sieg durch K. o. gewertet. (Die Absätze F – J dieser Regel enthalten weitere Regelungen über »zu Boden«.)

GRAUZONE

FRAGE: Kann ein Arzt einen Kampf aus ärztlichen Gründen beenden?

ANTWORT: Nein. Nach einer 1994 erlassenen Neurege- lung ist der Arzt nach Regel XVI A 3b berechtigt, die Unterbrechung des Kampfes aus ärztlichen Gründen zu beantragen. Von einigen wird diese Regel dahingehend ge- deutet, daß der Arzt das Recht hat, den Kampf abzu- brechen. Es ist jedoch so, daß er den Kampfgerichtsob- mann anrufen muß, der dann den Ringrichter anweist, den Kampf abzubrechen – er selbst kann das jedoch nicht machen.

Karate

Im Japanischen bedeutet Karate soviel wie »leere Hand«, es ist eine waffenlose Selbstverteidigung, deren Anfänge sich bis in das 16. Jahrhundert auf die Insel Okinawa zurückverfolgen lassen. Da es den Bewohnern Okinawas von den Herrschern verboten war, Waffen zu tragen, entwickelten sie insgeheim eine Kampfkunst, die auf der Kraft und Geschicklichkeit ihrer Hände und Füße beruhte. Zweikampfübungen im Karate heißen Kumite, während eine Kata eine überlieferte Abfolge von Bewegungen und Techniken gegen einen gedachten Gegner ist. Das Sportkarate hat sich aus der alten Kampfkunst Karate, die keine Wettkämpfe kennt, entwickelt. Ein Karateturnier kann Kumite- und/ oder Katawettkämpfe umfassen. Es gibt mehrere Karate-Stilrichtungen und internationale Organisationen.

Kampffläche

(siehe Grafik) Jeweils 1,50 m vom Kampfflächenmittelpunkt entfernt, markieren zwei Linien die Startplätze der Kämpfer. Eine quadratische Fläche, die auch andersfarbig sein kann, ist innerhalb der Kampffläche eingezeichnet. Ihr Rand signalisiert den Kämpfern die Nähe der Kampfflächengrenze.

1 m
Wettkämpfer
3 m
2 m
Wettkämpfer
Hauptkampfrichter
Wettkampffläche 8m x 8 m

Die Sicherheitszone außerhalb der Kampffläche muß 10 m breit sein

Wettkämpfer

Zwei Wettkämpfer. Es können Mannschafts- und Einzelwettkämpfe ausgetragen werden. Jede Mannschaft muß aus einer ungeraden Zahl von Teilnehmern bestehen. Wettbewerbe werden nach Gewichtsklassen unterteilt; die einzelnen Kämpfe werden zwischen Gegnerpaaren in den jeweiligen Gewichtsklassen ausgetragen. Außerdem gibt es eine »offene Kategorie«.

Karate-Kids
Karate ist besonders nach dem Film Karate-Kid unter Kindern beliebt geworden.

Kleidung

Weißer Gi, bestehend aus einer Jacke, die mindestens bis zur Hüfte reicht, und einer Hose, die mindestens zwei Drittel des Schienbeins bedeckt. Der eine Wettkämpfer trägt einen roten, der andere einen weißen Gürtel. Handschützer und Zahnschutz sind Pflicht, ein Kopfschutz sowie weiche Schienbeinschützer können ebenfalls getragen werden. Harte Schienbein-/Spannschützer sind nicht erlaubt. Um Verletzungen zu vermeiden, müssen die Fingernägel kurz geschnitten sein, und die Kämpfer dürfen keine Brillen oder anderen Gegenstände tragen, die gefährlich sein könnten. Der Leistungsstand wird durch die Gürtelfarbe des Kämpfers gekennzeichnet. Schwarz bezeichnet den höchsten Rang (Dan). Es gibt 10 Dan-Grade.

Seitwärtsfußstoß
Eine der kräftigsten Karatetechniken ist der Yoko-geri. Hier wird er als Angriffstechnik benutzt. Er kann gestreckt oder »geschnappt« getreten werden.

Die Offiziellen

Ein Hauptkampfrichter (Shushin), zwei Seitenkampfrichter (Fukushin) und ein Obmann (Kanasa). Um die Durchführung der Kämpfe zu erleichtern, werden Zeitnehmer, Ansager und Listenführer eingesetzt.

GRUNDGEDANKE

Zwei Wettkämpfer versuchen, volle Punkte oder Halbpunkte zu erzielen, indem sie bestimmte Körperpartien des Gegners angreifen und Techniken anbringen. Der Körperkontakt ist stets gebremst, und bestimmte Körperpartien dürfen nicht angegriffen werden.

Kampfbeginn

Die beiden Gegner nehmen ihre Positionen auf der Matte ein und verbeugen sich. Ihre Füße müssen die Startlinien berühren. Mit den Worten *»Shobu sanbon hajime!«* eröffnet der Hauptkampfrichter den Kampf.

Wer gewinnt

Die Kämpfer erzielen volle Punkte *(Ippon)* oder Halbpunkte *(Waza-ari)*. Ein Halbpunkt wird für eine Technik vergeben, die nicht überzeugend oder nicht sauber angebracht wird. Den Kampf gewinnt der Wettkämpfer, der als erster einen *Sanbon* (drei Punkte – egal, ob sie sich aus drei *Ippon* oder sechs *Waza-ari* zusammensetzen) erreicht. Ein Kämpfer kann auch siegen, wenn sein Gegner mit einem *Hansoku* (für ein Foul) oder einem *Shikkaku* (Disqualifikation) oder mit *Kiken* (der Gegner ist abwesend, gibt auf oder wird zurückgezogen) belegt wird.

GRAUZONE

Im Karate ist die Wertung von der subjektiven Meinung der Hauptkampfrichter über den Kampfablauf abhängig. Sie müssen eine sachkundige Bewertung einer Technik unter Berücksichtigung der folgenden Kriterien vornehmen:
• Wäre die Technik in einem echten Kampf wirksam gewesen?
• Wenn ja, wurde sie rechtzeitig angebracht?
• Wenn zwei Gegner eine Technik scheinbar fast gleichzeitig angebracht haben, wer von den beiden war erster und damit der Punktgewinner?
• So gesehen, hängt die Bewertung in großem Maße von der persönlichen Interpretation des Geschehens durch den Richter ab.

DIE WICHTIGSTEN REGELN

• Die Kampfdauer für Männer beträgt drei, für Frauen und Junioren zwei Minuten. Ein Klingelsignal ertönt 30 Sek. vor Kampfende.
• Nach jedem Punkt ruft der Hauptkampfrichter *»Yame!«*, und die Zeit wird angehalten.

Mit Handzeichen signalisiert der Hauptkampfrichter die zu vergebende Punktwertung, und der Kampf wird nach dem Ruf *»Tsukete hajime!«* erneut aufgenommen.
• Aus Gründen der Sicherheit dürfen Wettkämpfer nur bestimmte Zielbereiche am Körper angreifen. Dazu zählt der Kopf, das Gesicht, der Hals, der Bauch, Brust, Rücken (ausgenommen Schultern) und die Seiten. Nicht angegriffen werden dürfen die Kehle, die Leiste und der Spann. Darüber hinaus ist es nicht erlaubt, Techniken mit übermäßig viel Kraft anzubringen, das gilt insbesondere für Angriffe zum Kopf und Hals. Alle Techniken sind mit äußerster Beherrschung auszuführen. *Siehe Artikel 8, Unerlaubtes Verhalten*
• Die Wertung bezieht sich auf die Qualität einer Technik. Ein Schlag muß in einer guten Form ausgeführt werden. Er muß mit einer korrekten Haltung, mit gutem Timing und aus der richtigen Entfernung erfolgen. Hauptkampfrichter berücksichtigen bei der Bewertung diese und andere Aspekte. *Siehe Artikel 6, Wertungen.*

• Strafpunkte können für regelwidriges Verhalten gegeben werden.

FERTIGKEITEN UND TAKTIK

Jahre harter Arbeit und Selbstdisziplin sind erforderlich, um den schwarzen Gürtel zu erlangen. Schnelligkeit, Technik und Kraft sind die Hauptbestandteile der Karatekampfkunst. Der Anfänger muß sich zuerst die Grundtechniken Schlagen, Stoßen, Treten und Blocken aneignen. Der nächste Schritt ist, verschiedene Kombinationen dieser Grundtechniken zu erlernen.

Eine gute Kondition ist entscheidend, aber Aufwärm- und Dehnübungen vor jeder Karateübung sind sehr wichtig. Auch bestimmte Atemtechniken sind ein wichtiger Bestandteil eines Karateangriffs.

Der Schlüssel zum Erfolg im Wettkampf ist eine gut abgestimmte Beherrschung der Tritt- und Stoßtechniken, ein ausgeprägtes Gefühl für das Timing, Konzentration sowie die Fähigkeit, den Gegner immer wieder zu überraschen.

Im Brennpunkt

Karate ist eine sehr kunstvolle Disziplin und wird in drei klar abgegrenzten Formen – Kata, Kumite und Kihon – geübt. Es umfaßt bestimmte Bewegungsabläufe, die immer wieder mit dem Bestreben wiederholt werden, absolute Perfektion zu erlangen. Bei allen Übungen ist eine Reihe verschiedener Elemente unerläßlich: »Kime« – Augenblick höchster Konzentration und physischer Anspannung; »Kokyu« – Atemtechnik; und »Zanshin« – an Meditation grenzender Zustand totaler Wachsamkeit.

KUMITE-KARATE-REGELN
●●●●●●●

(Gekürzte und zusammengefaßte Regeln des Sportkarate)

Artikel 6: Wertungen

6.1 Der Kampf ist entschieden, wenn einer der Wettkämpfer 3 Ippon, 6 Waza-ari oder eine Kombination von beiden erreicht hat, durch eine Entscheidung oder durch einen Hansoku, Shikkaku oder Kiken, mit dem ein Kämpfer belegt wird.

6.2 Ein Ippon entspricht zwei Waza-ari.

6.3 Ein Ippon wird auf der folgenden Grundlage gegeben:

6.3.1 Eine wertbare Technik zählt als Ippon, wenn sie den folgenden Kriterien genügt und an einem gültigen Körperbereich angebracht wird.

6.3.1.1 Gute Form.

6.3.1.2 Korrekte Haltung.

6.3.1.3 Kraftvolle Anwendung.

6.3.1.4 Zanshin (vollendeter Abschluß).

6.3.1.5 Korrektes Timing.

6.3.1.6 Richtige Distanz.

6.4. Ein Ippon kann gegeben werden, auch wenn seine Ausführung nach einem der o. g. Kriterien mangelhaft ist, aber eine der folgenden Bedingungen erfüllt:

6.4.1 Jodan-Fußstöße oder andere technisch schwierige Techniken.

6.4.2 Ablenken eines Angriffs und Anbringen einer Technik zum Rücken des Gegners.

6.4.3 Beinfeger oder Würfe, gefolgt von einer wertbaren Technik.

6.4.4 Ausführung einer Kombinationstechnik, deren einzelne Bestandteile für sich wertbar sind.

6.4.5 Erfolgreiche Treffer genau in dem Augenblick, in dem der Gegner angreift.

6.5 Ein Waza-ari wird für eine Technik gegeben, die mit einer wertbaren Technik fast vergleichbar ist.

6.6 Ein Sieg über einen Gegner, der einen Hansoku oder Shikkaku bekommen hat, hat den Wert von Sanbon (3 volle Punkte oder Ippon). Sollte ein Kämpfer abwesend sein, aufgeben oder wird seine Meldung zurückgezogen, wird der Sieg dem Gegner durch Kiken (Sanbon oder 3 Punkte) zugesprochen.

6.7 Angriffe müssen sich auf folgende Körperteile beschränken:

6.7.1 Kopf.

6.7.2 Gesicht.

6.7.3 Hals.

6.7.4 Bauch.

6.7.5 Brust.

6.7.6 Rücken (ausgenommen Schultern).

6.7.7 Seite.

6.8 Eine wertbare Technik, die in dem Augenblick angebracht wird, wenn das Signal zur Beendigung des Kampfes ertönt, ist gültig. Ein Angriff, der nach einem Kommando zur Kampfunterbrechung oder nach dem Ende der Kampfzeit erfolgt, wird nicht gewertet und kann eine Bestrafung nach sich ziehen.

6.9 Keine Technik, auch wenn sie technisch korrekt ist, wird gewertet, falls sich die beiden Wettkämpfer außerhalb der Kampffläche befinden. Sollte jedoch einer der Kämpfer eine wertbare Technik anbringen, während er sich noch innerhalb der Kampffläche befindet und bevor der Hauptkampfrichter »Yame« ruft, so wird die Technik gewertet.

6.10 Von beiden Kämpfern gegenseitig angebrachte Techniken werden nicht gewertet.

Artikel 7: Entscheidungskriterien

7.1 Hat kein Kämpfer Sanbon oder wird kein Kiken, Hansoku oder Shikkaku während eines Kampfes ausgesprochen, wird eine Entscheidung aufgrund folgender Kriterien getroffen:

7.1.1 Ob Ippon oder Waza-ari vergeben worden sind.

7.1.2 Von den Kämpfern an den Tag gelegte Haltung, Kampfgeist und Kraft.

7.1.3 Überlegenheit der Taktik und der Techniken.

7.2 Im Einzel ist die folgende Verfahrensweise anzuwenden, wenn beide Kämpfer die gleiche Punktzahl haben:

7.2.1 Sollten beide Wettkämpfer am Ende eines Kampfes keine Punkte erzielt haben, wird der Sieger durch *Hantei* (Mehrheitsentscheid) erklärt.

7.2.2 Sollten beide Wettkämpfer am Ende eines Kampfes die gleiche Punktzahl haben, wird der Sieg durch *Hantei* gegeben.

7.2.3 Hat am Ende des Kampfes keiner der beiden Kämpfer eine Überlegenheit erzielt, so liegt ein Unentschieden vor *(Hikiwake)*, und es ist eine Verlängerung *(Encho-sen)* anzusagen.

7.2.4 Strafen oder Verwarnungen, die während des Hauptkampfes ausgesprochen worden sind, werden in die Verlängerung übernommen.

7.3 Im Mannschaftswettbewerb gewinnt die Mannschaft mit den meisten Einzelsiegen.

7.4 Haben zwei Mannschaften die gleiche Anzahl von Siegen, gewinnt die Mannschaft, deren Wettkämpfer die meisten Punkte erzielt haben, wobei sowohl die gewonnenen als auch die verlorenen Kämpfe berücksichtigt werden.

7.5 Haben zwei Mannschaften die gleiche Anzahl von Siegen und Punkten erzielt, muß ein Entscheidungskampf zwischen Vertretern der beiden Mannschaften stattfinden. Sollte es im Entscheidungskampf ein Unentschieden geben, findet eine Verlängerung (Encho-sen) statt. Der erste Wettkämpfer, der einen Ippon oder einen Waza-ari erzielt, wird zum Sieger erklärt.

7.6 Sollte im Einzel nach einem Kampf keine Entscheidung fallen, so muß eine Verlängerung (Encho-sen) stattfinden. Endet auch die Verlängerung mit einem Unentschieden, wird der Mehrheitsentscheid des Kampfgerichts durch den Hauptkampfrichter bekanntgegeben.

Artikel 8: Unerlaubtes Verhalten

8.1 Folgendes ist verboten:

8.1.1 Angriffe zur Kehle.

8.1.2 Techniken, die für die betreffenden für Angriffe zulässigen Körperteile übermäßig heftig sind. Alle Techniken müssen kontrolliert angewendet werden. Angriffe zum Kopf, Gesicht oder Hals, die eine sichtbare Verletzung verursachen, müssen bestraft werden, wenn sie nicht vom Verletzten selbst verursacht wurden.

8.1.3 Angriffe auf die Leistengegend, auf die Gelenke oder auf den Spann.

8.1.4 Angriffe auf das Gesicht mit offenen Handtechniken (*Teisho* oder *Nukite*).

8.1.5 Gefährliche Würfe, die die Möglichkeit eines sicheren Falls des Gegners ausschließen oder beeinträchtigen.

8.1.6 Techniken, die nicht zur Sicherheit des Gegners unter Kontrolle gehalten werden können.

8.1.7 Direkte Angriffe auf Arme oder Beine.

8.1.8 Wiederholtes Verlassen der Kampffläche *(Jogai)* oder Bewegungen, durch die zu viel Zeit vergeudet wird. Als Jogai gilt, wenn der Kämpfer den Bereich außerhalb der Kampffläche mit dem ganzen Körper oder mit Teilen seines Körpers berührt. Ausgenommen sind Situationen, bei denen ein Kämpfer von seinem Gegner aus der Kampffläche geschoben oder geworfen wird.

8.1.9 Klammern, Schieben oder Ergreifen des Gegners ohne unmittelbare Anwendung einer Technik.

8.1.10 *Mubobi* ist ein Begriff, der die Situation beschreibt, in der ein Kämpfer oder beide ohne Rücksicht auf die eigene Sicherheit oder auf die der beiden Kämpfer handeln.

8.1.11 Das Vortäuschen einer Verletzung, um einen Vorteil zu erlangen.

8.1.12 Jedes unhöfliche Verhalten seitens eines Mitglieds einer offiziellen Delegation kann eine Disqualifikation des gegen die Regel Verstoßenden oder der gesamten Mannschaft vom Turnier nach sich ziehen.

Artikel 9: Strafen

Die Bemessung der Strafe erfolgt nach der folgenden Skala.

9.1 *Atenai Yoni* (Verwarnung): kann für einen geringen beabsichtigten oder ersten begangenen geringen Verstoß verhängt werden.

9.2 *Keikoku*: Bei dieser Strafe wird zur Punktzahl des Gegners ein Waza-ari hinzugerechnet. Keikoku wird gegenüber Wettkämpfern für geringe Verstöße ausgesprochen, die in dem Kampf bereits verwarnt worden sind, oder für solche, die einen Hansoku-chui nicht verdienen.

9.3 *Hansoku-chui*: Bei dieser Strafe wird zur Punktzahl des Gegners ein Ippon hinzugerechnet. Gewöhnlich wird ein Hansoku-chui für einen Verstoß ausgesprochen, für den ein Keikoku in demselben Kampf bereits erteilt worden ist.

9.4 *Hansoku*: wird für einen sehr ernsten Verstoß auferlegt. Als Folge wird das Punktergebnis des Gegners auf Sanbon erhöht. Hansoku wird auch in den Fällen ausgesprochen, wenn das Punktergebnis des Gegners durch die Zahl der Hansoku-chui und Keikoku auf Sanbon erhöht wird.

9.5 *Shikkaku*: Disqualifikation vom Turnier, Wettbewerb oder Kampf. Die Punktzahl des Gegners wird auf Sanbon erhöht. Das Maß des Shikkaku wird nach Rücksprache mit dem Kampfrichterreferenten festgelegt. Ein Shikkaku kann auferlegt werden, wenn ein Wettkämpfer eine Handlung begeht, die Ruf und Ehre des Karate schädigt und wenn die Meinung besteht, daß Turnierregeln durch andere Handlungen verletzt worden sind.

Artikel 10: Verletzungen und Unfälle im Wettkampf

10.1 *Kiken* oder Kampfaufgabe wird ausgesprochen, wenn ein Kämpfer oder mehrere nicht in der Lage sind, den Kampf fortzusetzen, den Wettkampf verlassen oder sich auf den Befehl des Hauptkampfrichters hin zurückziehen. Der Grund für das Verlassen des Wettkampfes kann eine Verletzung sein, die nicht auf die Handlung des Gegners zurückzuführen ist.

10.2 Wenn sich zwei Wettkämpfer gegenseitig zur gleichen Zeit verletzen oder unter vorausgegangenen Verletzungen leiden und durch den Turnierarzt für kampfunfähig erklärt werden, wird der Sieg dem Kämpfer mit den meisten Punkten zuerkannt.

10.3 Ein durch den Turnierarzt für kampfunfähig erklärter Wettkämpfer kann an dem Wettbewerb nicht mehr teilnehmen.

10.4 Ein verletzter Kämpfer, der einen Kampf durch Disqualifikation infolge einer Verletzung gewinnt, darf in dem Wettbewerb ohne Zustimmung des Arztes nicht erneut starten. Ist er verletzt, kann er einen zweiten Kampf durch Disqualifikation gewinnen, muß jedoch sofort aus dem weiteren Kumite-Wettbewerb im Turnier zurückgezogen werden.

10.5 Ist ein Wettkämpfer verletzt, muß der Hauptkampfrichter sofort den Kampf unterbrechen und einen Arzt rufen. Der Arzt ist lediglich bevollmächtigt, die Verletzung zu diagnostizieren und zu behandeln.

10.6 Ein Wettkämpfer, der hinfällt oder niedergeworfen oder -geschlagen wird und der sich innerhalb von zehn Sekunden nicht vollständig wieder erheben kann, wird für kampfunfähig erklärt und automatisch aus dem Turnier zurückgezogen.

Artikel 11: Protest
11.1 Niemand darf gegenüber dem Kampfgericht Protest gegen eine Entscheidung einlegen.

11.2 Scheint eine kampfrichterliche Vorgehensweise gegen diese Regeln zu verstoßen, darf nur der offizielle Vertreter einen Protest einlegen.

11.3 Der Protest ist schriftlich sofort nach dem Kampf einzureichen, auf den sich der Protest bezieht. Die einzige Ausnahme ist, wenn der Protest einen Formfehler betrifft. Solche Fehler sind sofort nach ihrer Feststellung dem Obmann zu melden.

11.4 Der Protest ist bei einem Vertreter des Kampfrichterreferents einzulegen. Zu gegebener Zeit überprüft der Kampfrichterreferent die Umstände, die zu der angezweifelten Entscheidung geführt haben. Nach Berücksichtigung aller vorliegenden Fakten setzt er einen Bericht auf; der Kampfrichterreferent ist

bevollmächtigt, die erforderlichen Maßnahmen zu ergreifen.

11.5 Etwaige Proteste, die die Anwendung der Regeln betreffen, müssen entsprechend der vom World Committee vorgeschriebenen Verfahrensweise für Beschwerden in schriftlicher Form auf einem vorschriftsmäßigen Formular eingereicht werden, das vom offiziellen Vertreter der Mannschaft oder des/der Wettkämpfer(s) zu unterschreiben ist.

11.6 Die beschwerdeführende Partei muß eine vom World Committee festgelegte Summe beim Schatzmeister hinterlegen, für die eine Quittung in zweifacher Ausfertigung ausgehändigt wird. Der Protest mit einer Kopie der Quittung ist beim Vorsitzenden des Kampfrichterreferenten einzureichen.

Artikel 12: Befugnisse und Pflichten des Kampfrichterreferenten, der Obmänner, Hauptkampfrichter, Seitenkampfrichter und Schiedsrichter
Bezieht sich auf die Offiziellen.

Artikel 13: Beginn, Unterbrechung und Beendigung des Kampfes
13.1 Die Worte und Gesten, die der Hauptkampfrichter und die Seitenkampfrichter im Kampfverlauf gebrauchen sollen, werden in Anhang 1 und 2 des Regelwerks erläutert.

13.2 Der Hauptkampfrichter und die Seitenrichter nehmen ihre vorgeschriebenen Positionen ein, und nach der gegenseitigen Verbeugung der Kämpfer verkündet der Hauptkampfrichter »Shobu sanbon hajime!«; damit beginnt der Kampf.

13.3 Der Hauptkampfrichter unterbricht den Kampf mit »Yame«, wenn er eine Technik sieht, die als wertbar angesehen wird.

13.4 Der Hauptkampfrichter weist die Kämpfer an, ihre Ausgangspositionen wieder einzunehmen.

13.4.1 Der Hauptkampfrichter kehrt auf seine Position zurück, und die Seitenrichter geben ihre Meinung durch eine Geste bekannt.

13.4.2 Der Hauptkampfrichter gibt die Wertung bekannt, vergibt Waza-ari oder Ippon und ergänzt die Angabe mit der vorgeschriebenen Geste.

13.4.3 Daraufhin ruft der Hauptkampfrichter »Tsuzukete hajime!«, und der Kampf wird fortgesetzt.

13.5 Wenn ein Kämpfer in einem Kampf Sanbon erzielt hat, befiehlt der Hauptkampfrichter den Kämpfern mit dem Ruf »Yame!«, sich an ihre Ausgangspositionen zu begeben, und begibt sich an die seinige. Der Gewinner wird bekanntgegeben, indem der Hauptkampfrichter eine Hand an der Seite hebt, an der der Gewinner steht, und sagt »Shiro (aka) no kachi«. Das ist der Zeitpunkt, an dem der Kampf endet.

13.6 Ist die Zeit abgelaufen und die Bewertung unentschieden, ruft der Hauptkampfrichter »Yame« und kehrt zu seinem Standort zurück.

13.6.2 Der Hauptkampfrichter ruft »Hantei«, und die Seitenrichter geben nach seinem Pfiff ihre Meinung bekannt.

13.6.3 Ein Mehrheitsentscheid wird getroffen. Bei Hantei haben die Seitenrichter und der Kampfrichter je eine Stimme.

13.7 Der Hauptkampfrichter verkündet die Entscheidung und gibt den Sieger bekannt, oder er erklärt den Kampf für unentschieden (»Hikiwake«).

13.8 Bei einem unentschiedenen Einzelkampf verkündet der Kampfrichter »Encho-sen« und startet die Verlängerung mit dem Kommando »Shobu hajime!«.

13.9 In den folgenden Situationen unterbricht der Hauptkampfrichter mit »Yame!« vorübergehend den Kampf, der später wiederaufgenommen wird:

13.9.1 Wenn sich beide oder einer der Wettkämpfer außerhalb der Kampffläche befinden (oder wenn der Kampfrichter Jogai anzeigt). Der Kampfrichter befiehlt den

Kämpfern, zu ihren Ausgangspositionen zurückzukehren.

13.9.2 Wenn der Kampfrichter einen Kämpfer auffordert, seinen Gi zu ordnen.

13.9.3 Wenn der Kampfrichter merkt, daß ein Kämpfer im Begriff ist, einen Verstoß gegen die Regeln zu begehen oder wenn ihm ein Seitenrichter ein diesbezügliches Zeichen gibt.

13.9.4 Wenn der Kampfrichter merkt, daß ein Kämpfer gegen die Regeln verstoßen hat oder wenn ihm ein Seitenrichter ein diesbezügliches Zeichen gibt.

13.9.5 Wenn der Kampfrichter der Meinung ist, daß ein Kämpfer oder beide den Kampf wegen Verletzungen, Krankheit oder aus anderen Gründen nicht fortsetzen können. Nach Rücksprache mit dem Turnierarzt entscheidet der Kampfrichter, ob der Kampf fortgesetzt werden soll.

13.9.6 Wenn ein Kämpfer den Gegner festhält und nicht sofort eine wertbare Technik ausführt, werden die Kämpfer vom Kampfrichter getrennt.

13.9.7 Wenn ein Wettkämpfer oder beide fallen oder geworfen werden und danach keine wertbaren Techniken folgen.

Achtung vor dem Gegner
Beim Karate besteht das Ziel darin, die Verteidigung des Gegners mit einem Stoß oder Tritt zu durchbrechen, den Angriff jedoch kurz vor der Berührung abzubremsen.

Judo

Judo entwickelte sich aus einer alten japanischen waffenlosen Kampfkunst, dem Jiu-Jitsu. Es ist eine Sportart, bei der der Kämpfer durch Brechen des Gleichgewichts, Ausnutzung von Hebelwirkungen und durch richtiges Timing den Gegner in seiner Bewegungsfreiheit einschränkt oder zu Boden wirft.

Eine Kampfmannschaft. Beim Judo beteiligen sich alle sechs Mannschaftsmitglieder an den Kämpfen.

Wettkampffläche

Die Seitenlänge der quadratischen Wettkampffläche muß mindestens 16 m betragen. Sie muß mit einer Tatami (Reisstrohmatte) oder ähnlichem geeignetem Material bedeckt sein, das gewöhnlich eine grüne Farbe aufweist. Die Wettkampffläche besteht aus der Kampf- und der Sicherheitszone (auch Gefahrenzone genannt). Die Warnzone umgibt die quadratische Innenfläche, weist eine rote Farbe auf und ist etwa 1 m breit. Die quadratische Kampffläche muß eine Seitenlänge von nicht weniger als 8 m und nicht mehr als 10 m aufweisen. Die Sicherheitszone, von der die Warnzone umrandet ist, muß 3 m breit sein. Ein roter und ein weißer Streifen, die sich 4 m voneinander entfernt in der Mitte der Innenkampffläche befinden, markieren die Startpositionen der beiden Kämpfer. Der Hauptkampfrichter steht so, daß sich die rote Markierung zu seiner rechten und die weiße zu seiner linken Seite befindet. Die Kampffläche ist von einer freien, mindestens 50 cm breiten Zone, der Warnzone, umrandet.

Die Kämpfer

Zwei Kämpfer stehen sich in einem Wettkampf gegenüber.

14–16 m

Start-linien

4 m

Warn-zone 1 m

Kampffläche 8–10 m

Die Offiziellen

Im allgemeinen wird der Wettkampf von einem Hauptkampfrichter und zwei Seitenkampfrichtern (sie sitzen in gegenüberliegenden Ecken auf der Kampffläche) geleitet; sie werden von Anschreibern und Zeitnehmern unterstützt.

Kampfbeginn

Der Kampf beginnt, nachdem der Hauptkampfrichter »Hajime« gerufen hat.

Kleidung

Die Kämpfer müssen *Judogi* (Judoanzüge) tragen, die aus Baumwolle oder ähnlichem Material gefertigt sind. Die *Judogi* müssen in gutem Zustand und weiß oder fast weiß sein. Die Jacke muß lang genug sein, um die Oberschenkel zu bedecken, und mindestens bis zu den Fäusten reichen, wenn die Arme nach unten gestreckt sind. Die Hose muß lang genug sein, um die Beine und bei maximaler Länge die Knöchel zu bedecken, mindestens aber bis 5 cm oberhalb der Knöchel reichen. Ein starker, 4–5 cm breiter Gürtel, der lang genug sein muß, um zweimal um die Taille zu reichen, muß über der Jacke in Taillenhöhe getragen und zu einem doppelten Knoten gebunden werden, der fest genug sein muß, um die Jacke etwas zu straffen.

Ausrüstung

Für die Austragung eines Wettkampfes sind erforderlich: zwei Stühle für die Seitenkampfrichter, jeder Stuhl mit einer roten und einer weißen Flagge versehen, zwei Anzeigetafeln, eine Uhr zum Messen der Wettkampfzeit und zwei zur Zeitnahme bei einer *Festhalte*; Zeitnehmerflaggen – eine gelbe zur Beendigung des Wettkampfs, eine blaue zur Anzeige einer *Festhalte*.

Auf der Matte

Ein Ziel im Judo ist, den Gegner so zu werfen, daß er auf der Matte zu liegen kommt.

GRUNDGEDANKE

Beginn

Die Kämpfer stehen einander zugewandt auf der Kampffläche, und zwar jeweils an ihrer Marke, deren Farbe der ihres Gürtels entspricht. Sie verbeugen sich und gehen einen Schritt nach vorn. Auf den Ruf des Hauptkampfrichters »*Hajime*« (Fangt an!) beginnt der Kampf.

Kampfdauer

Die Kampfdauer bei Weltmeisterschaften und bei Olympischen Spielen beträgt fünf Minuten für Männer und vier für Frauen. Nach Ablauf der für den Kampf vorgesehenen Zeit ertönt ein Gong o. ä. Zwischen den Kämpfen können sich die Teilnehmer 10 Minuten ausruhen.

Wer gewinnt

Den Kampf gewinnt derjenige Teilnehmer, der eine Wertung von 1 *Ippon* erzielt. Erreicht kein Kämpfer einen *Ippon*, gewinnt derjenige, der die meisten Punkte bekommen hat.

Punktwertung

Bis auf *Waza-ari* sind Punkte nicht kumulativ. Ein *Ippon* entspricht 10 Punkten, und wer ihn erreicht, ist Sieger. Ein *Waza-ari* ist 7 Punkte wert, und für zwei *Waza-ari* bekommt der Kämpfer einen *Ippon*. Ein *Yuko* ist 5, ein *Koka* 3 Punkte wert.

DIE WICHTIGSTEN REGELN

• Ein *Ippon* wird zugesprochen
a) wenn ein Kämpfer seinen Gegner schnell und kraftvoll kontrolliert und weitgehend korrekt wirft, und zwar so, daß dieser hauptsächlich auf den Rücken fällt;
b) wenn ein Kämpfer seinen Gegner mit einer *Festhalte* so immobilisiert, daß dieser 30 Sekunden lang nach Verkündung der *Festhalte* nicht in der Lage ist, sich zu befreien;
c) wenn ein Kämpfer mit der Hand oder dem Fuß auf den Boden klopft oder »*Maitta*« (ich gebe auf) sagt; das geschieht gewöhnlich bei einem Würgegriff *(Shime-waza)* oder einer Hebeltechnik *(Kansetsu-waza)*;
d) wenn die Wirkung einer Würgegriff- oder Gelenkhebeltechnik hinreichend deutlich zu erkennen ist;
e) wenn ein Kämpfer zwei *Waza-ari* in einem Kampf erzielt, wird ihm ein *Ippon* zugesprochen (er wird als *Waza-ari Awasete Ippon* bezeichnet).

• Ein *Waza-ari* wird zugesprochen:
a) wenn ein Kämpfer den Gegner kontrolliert wirft, der Technik jedoch eins der für einen *Ippon* geforderten Elemente teilweise fehlen;
b) wenn ein Kämpfer den Gegner mit einer *Festhalte* mindestens 25, aber weniger als 30 Sekunden hält, ohne daß sich dieser zu befreien vermag.
• Ein *Yuko* wird zugesprochen:
a) wenn ein Kämpfer den Gegner kontrolliert wirft, der Technik jedoch zwei der drei für einen *Ippon* geforderten Elemente teilweise fehlen;
b) wenn ein Kämpfer den Gegner mit einer *Festhalte* mindestens 20, aber weniger als 25 Sekunden hält, ohne daß sich dieser zu befreien vermag.
• Ein *Koka* wird zugesprochen:
a) wenn ein Kämpfer den Gegner schnell und kraftvoll sowie kontrolliert wirft, so daß er auf den Schenkeln oder dem Gesäß landet;
b) wenn ein Kämpfer den Gegner mit einer *Festhalte* 10, aber weniger als 20 Sekunden hält, ohne daß sich dieser zu befreien vermag.

hängt, werden seinem Gegner Punkte zugesprochen.
Shido wird gegen einen Teilnehmer verhängt, wenn er einen geringfügigen Regelverstoß begangen hat. Dazu zählen u.a.:
– eine Handlung, die dazu dient, den Eindruck eines Angriffs vorzutäuschen, bei der jedoch deutlich zu erkennen ist, daß keine Absicht bestand, einen Angriff auszuführen (vorgetäuschter Angriff).
– eine Hand, ein Arm, Fuß oder ein Bein werden direkt zum Gesicht des Gegners gebracht.

Strafen

Ähnlich wie Punkte sind Strafen nicht kumulativ; wird jedoch eine Strafe verhängt, erlischt die vorherige Strafe automatisch. Ist ein Teilnehmer bereits bestraft worden, so muß eine etwaige weitere Strafe höher als die bereits ausgesprochene sein. Wird gegen einen Kämpfer eine Strafe ver-

Wird ein Kämpfer mit *Shido* bestraft, wird dem Gegner ein *Koka* zugesprochen.
Chui wird gegen einen Teilnehmer verhängt, der einen ernsten Verstoß begeht oder der bereits mit *Shido* bestraft wurde und einen weiteren geringfügigen Verstoß begeht. Ernste Verstöße sind u. a.:

– das Stoßen des Gegners mit dem Knie oder Fuß gegen seine Hand oder seinen Arm, um ihn zu zwingen, den Griff zu lösen;
– das Zurückbiegen eines oder mehrerer Finger des Gegners, um sich von seinem Griff zu befreien. Wird ein Teilnehmer mit *Chui* bestraft, wird dem anderen Teilnehmer ein *Yoko* gegeben.
Keikoku wird gegen einen Teilnehmer verhängt, der einen ernsten Verstoß begeht (oder der einen geringfügigen oder ernsten Regelverstoß begeht, nachdem gegen ihn bereits *Chui* verhängt worden ist). Grobe Verstöße sind u. a.:
– Handlungen, die den Gegner gefährden oder verletzen könnten oder die gegen den Geist des Judo verstoßen.
– das Nichtbefolgen der Anweisungen des Hauptschiedsrichters. Wird ein Teilnehmer mit *Keikoku* bestraft, wird seinem Gegner ein *Waza-ari* zugesprochen.
Hansoku Make wird gegen einen Teilnehmer verhängt, der einen sehr groben Verstoß begeht (oder der einen Verstoß – unabhängig vom Schweregrad – begeht, nachdem er mit *Keikoku* bestraft worden ist). Sehr grobe Verstöße sind u. a.:
– absichtliches Nachhinten-Fallen, wenn sich der Gegner an seinen Rücken klammert und wenn einer der Teilnehmer die Bewegung des anderen unter Kontrolle hat,
– das Tragen eines harten oder metallenen Gegenstands (egal, ob verdeckt oder nicht). Wird ein Teilnehmer mit *Hansoku Make* bestraft, wird seinem Gegner ein *Ippon* zugesprochen.

Den Gegner korrekt zu werfen ist das höchste Ziel in einem Judokampf.

FERTIGKEITEN

Die vier wichtigsten Gruppen von Kampftechniken im Judo sind
– *Nage-Waza*: Wurftechniken
– *Osaekomi-Waza*: Festhaltegriffe (Immobilisation)
– *Kansetsu-Waza*: Gelenkhebeltechniken
– *Shime-Waza*: Würgetechniken

Fechten

Der Ursprung des Fechtens liegt in den Schwertkampftechniken, die im Zweikampf angewandt wurden. Während der Renaissance herrschte in Europa der kraftvolle italienische Fechtstil vor, bei dem als Waffe das Rapier benutzt wurde. Der Degen wurde in Frankreich im 18. Jahrhundert erfunden und führte zu einem beherrschteren Fechtstil. Die meisten modernen Fechtregeln und viele technische Termini sind französischen Ursprungs. Es gibt – entsprechend der Waffe – das Florett-, das Degen- und Säbelfechten.

Die Offiziellen

Wettkämpfe werden von einem Obmann geleitet, der die Einhaltung der Regeln überwacht und Punkte für Treffer vergibt.

Der Obmann wird von zwei Bodenrichtern unterstützt; bei Wettkämpfen mit Waffen ohne elektrische Trefferanzeige werden vier Bodenrichter eingesetzt.

Bei gefährlicher Kampfweise, regelwidrigem Verhalten oder Verlassen der Fechtbahn verläßt, ist der Obmann berechtigt, einen Wettkampf abzubrechen.

Fechtbahn
Die Fechter kämpfen auf einer eng begrenzten Fechtbahn, die auch als Planche bezeichnet wird.

14 m · *2 m* · *3 m* · *2 m* · *2 m*

Mittellinie
Startlinie
Beginn der 2-m-Signalfläche
Die letzten 2 m der Kampfbahn
Endlinie
Kampfbahn-verlängerung

Die Planche

Die Fechtbahn wird gewöhnlich als Planche bezeichnet. Sie ist 14 m lang und 1,5-2 m breit. In Wettkämpfen, bei denen eine elektrische Trefferanzeige benutzt wird, ist die Fechtbahn mit einem Metallgeflecht überzogen.

Florett

20 cm max.
18 cm max.
110 cm max.
15 cm lange Isolierung beim elektrischen Florett

Teilnehmer, Wettkampfarten

Zwei Gegner. Ein Wettkampf wird als Gefecht bezeichnet. Im Einzelwettkampf werden die Ergebnisse addiert, und Gewinner ist, wer die meisten Gefechte gewonnen hat.

Im Mannschaftswettbewerb wird die Gesamtheit der Gefechte zwischen zwei Mannschaften als ein Turniergefecht bezeichnet. Der Gewinner eines Mannschaftswettkampfes wird aufgrund der Summe der Turniersiege ermittelt.

Wettkämpfe werden getrennt nach Waffenart, Geschlecht der Teilnehmer, ihrem Alter sowie als Einzel- und Mannschaftswettkämpfe ausgetragen.

Bei direkten Ausscheidungen scheiden die Teilnehmer nach der ersten Niederlage aus, es sei denn, es ist eine Trostrunde vorgesehen.

Punktwertung
Der Degen ist eine alte Duellierwaffe. Er unterliegt keiner der Beschränkungen, die für das Florett und den Säbel gelten.

Ausrüstung

Die drei Waffenarten, die zum Einsatz kommen, sind Florett, Degen und Säbel. Die Klingen bei allen drei Waffen sind biegsam und aus gehärtetem Stahl, die Spitze ist mit einem Aufsatz versehen und abgestumpft. Es gibt verschiedene Formen des Griffs, darunter den italienischen, der mit einer Parierstange und Handgelenksschlaufe, und den französischen, der etwas gebogen und mit einem Knauf am Ende versehen ist.

Die meisten Anfänger benutzen das Florett, da es leicht und flexibel ist. Der Degen ist dem Florett ähnlich, er hat jedoch eine größere Glocke und ist schwerer und steifer. Die Konstruktion des Säbels, der als Hieb- und Stichwaffe eingesetzt wird, beruht auf dem Kavalleriesäbel.

Der Fechter trägt eine Maske aus dünnem Drahtgeflecht, eine Jacke und darüber eine Metallweste zur elektrischen Trefferanzeige. Frauen tragen einen Brustschutz aus Metall oder einem anderen biegefesten Material. Die Waffenhand ist durch den Fechthandschuh geschützt. Die Jacke muß in weißer oder heller Farbe gehalten sein und den Hosengürtel überlappen. Die Hose muß unter dem Knie bzw. dem Fußgelenk zugeknöpft sein.

Um die Treffer möglichst genau anzuzeigen, kommen bei offiziellen Wettkämpfen Waffen mit Elektromeldern zum Einsatz. Die Waffen sind verdrahtet, und wenn die Klingenspitze mit dem Nippel die Metallweste des Gegners berührt, schließt sich der Stromkreis, der über das Körperkabel verläuft. Ein Treffer wird durch die elektrische Anzeigeanlage registriert und jenseits der Seitenlinien durch ein Lichtsignal angezeigt. Die entsprechende Punktwertung wird vom Obmann gegeben.

Da Fechten potentiell gefährlich ist, müssen die Teilnehmer die Verantwortung für die eigene Sicherheit und für die des Gegners tragen. Waffen und Schutzkleidung müssen den Vorschriften entsprechen. Vor dem Wett-bewerb werden die Waffen und die Kleidung einer Kontrolle auf Sicherheit unterzogen, und es wird geprüft, ob die elektrische Ausrüstung die Berührungen richtig meldet.

GRUNDGEDANKE

Die Fechttaktik stützt sich auf bestimmte Stellungen und Fortbewegungen. Abwehr- und Angriffsbewegungen erfolgen aus der Fechtstellung, bei der die Knie leicht gebeugt sind, der hintere Arm angehoben und gewinkelt und der waffenführende Arm teilweise zum Gegner hin gestreckt ist. Der Ausfall ist die Grundangriffstechnik: Strecken des bewaffneten Arms, Ausfallschritt nach vorn und kräftiger Abdruck mit dem Standbein.

Mit Parieren wehrt der Fechter einen Angriff ab. Beim Florett- und Degenfechten gibt es acht verschiedene Hauptparaden, die je nachdem, welche Blöße abzudecken ist, angewandt werden. Sie werden mit den lateinischen Zahlen 1 bis 8 benannt: Prim, Sekond, Terz, Quart, Quint, Sixt, Septime, Oktave. Beim Säbelfechten gibt es nur fünf Paraden. Die

Riposte ist ein Stoß, der vom Parierenden sofort nach einem Angriff ausgeführt wird. Wird die Riposte pariert, folgt die Konterriposte.

Wer gewinnt

Punkte werden erzielt, indem gültige Trefferflächen am Körper des Gegners mit der Klingenspitze berührt werden. Im Gegensatz zum Degenfechten, bei dem der gesamte Körper gültige Trefffläche ist, zählen beim Florettfechten nur die Treffer, die zum Rumpf gehen. Beim Säbelfechten zählen alle korrekten Bemühungen oberhalb der Hüften.

Florett: Oberkörper ohne Arme und Beine
Degen: der gesamte Körper
Säbel: Oberkörper einschließlich Arme und Kopf
Bei Wettkämpfen ohne elektrische Trefferanzeige muß die Klingenspitze klar und deutlich das Ziel erreichen, um als Treffer zu zählen.

Die effektive Kampfzeit in einem Gang beträgt höchstens 6 min (Damenflorett 5 min), wobei jedes Gefecht auf 5 Treffer geht.

DIE WICHTIGSTEN REGELN

• Die Teilnehmer fechten auf eigene Verantwortung, vorausgesetzt, sie befolgen die Grundregeln des Fechtens.
• Alle Gefechte müssen den Charakter einer höflichen und freimütigen Begegnung wahren. Alle regelwidrigen Handlungen (Sturzangriffe mit Rempeln, ordnungswidriges Fechten, Hinfallen, regelwidrige Bewegungen auf der Kampfbahn, Stöße, die übermäßig kräftig oder im Fall ausgeführt werden) sind streng verboten.
• Vor Beginn eines Gefechts grüßen beide Fechter den Gegner, die Zuschauer und den Obmann. Der Gruß wird ausgeführt, indem der Fechter die Glocke zum Kinn hebt. Befolgt

ein Fechter diese Regel nicht, bekommt er eine rote Karte vom Obmann. Nachdem der letzte Treffer erzielt wurde, ist das Gefecht erst beendet, wenn die beiden Fechter einander, das Publikum und den Obmann gegrüßt haben.
• Beim Florett ist es nicht erlaubt, die Schulter der unbewaffneten Hand vor die Schulter der bewaffneten Hand zu schieben.
• Ein Fechter, egal ob er auf der Kampfbahn ist oder nicht, muß seine Maske anbehalten, bis der Obmann *halt* ruft.
• Körperkontakt zwischen den

Fechtern (*corps à corps* genannt), auch wenn dies ohne Brutalität oder Gewalt geschieht, ist nicht erlaubt.
• Es ist nicht erlaubt, dem Gegner während eines Gefechts den Rücken zu kehren.

FERTIGKEITEN

Gefordert werden Konzentration, Aufmerksamkeit, Bewegungspräzision und Antizipation.

Wichtig ist die *Doigté*-Technik: Darunter versteht man, die Waffe mit Daumen und Zeigefinger so zu führen, daß die Klingenspitze bei Bedarf auf kürzestem Weg und in kürzester Zeit ins Ziel geführt werden kann.

Verbunden damit ist das *sentiment du fer* (Klingengefühl). Ein erfahrener Fechter empfindet die Waffe wie eine Verlängerung des eigenen Körpers.

TAKTIK

Einem Fechter stehen eine Reihe von Angriffstechniken zur Verfügung, mit denen er die Abwehr des Gegners durchdringen kann. Schon mit einem schnellen Klingenstoß oder -hieb kann das Ziel getroffen werden. Komplizierter ist ein Kombinationsangriff, bei dem mehrere vorbereitende Bewegungen einen Angriff fingieren, die den Gegner zwingen können, sich gegen eine Finte zu wehren, damit man in die auf diese Weise sich ergebende Blöße stoßen kann. Ein Gegner kann auch von einem Sturzangriff überrascht werden. Andererseits kann ein sich verteidigender Kämpfer den Gegner damit überraschen, daß er selbst einen Angriff ohne Ausfall ausführt.

Siegtreffer

Es gewinnt der Fechter, der als erster 5 Treffer oder die meisten Treffer innerhalb von 6 min erzielt. Beim Florett- und Degenfechten zählen Treffer mit der Spitze, beim Säbelfechten auch Hiebe mit der Kante.

Taekwon-do

Taekwon-do wurde Mitte des 20. Jahrhunderts von dem koreanischen Großmeister General Choi Hong-Hi und seinen Mitarbeitern aus rund 2000 Jahre alten koreanischen Kampfkunststilen entwickelt. Es zählt zu den Budosportarten. Auch der Begriff Taekwon-do wurde 1955 von Choi Hong-Hi geprägt, der ihn aus Tae (Stoßen, Springen, Schlagen), Kwon (Faust) und Do (Weg) zusammensetzte. Die beiden internationalen Föderationen World Taekwon-do Federation (WTF) und International Taekwon-Do Federation (ITF) vertreten unterschiedliche Formen des Taekwon-do, das 1988 in der mehr karateähnlichen WTF-Version in Seoul olympische Demonstrationssportart war. Im Jahr 2000 wird es in Sydney erstmals im olympischen Programm sein.

Ohne Waffen gewappnet
Ausgefeilte Vorbereitungsstellungen sorgen für gute Abwehrmöglichkeiten und bereiten den nächsten Angriff vor

Innenhandkantenschlag, Ellbogenstoß.

Tritte
Die Taekwon-do-Tritttechniken sind ungewöhnlich kraftvoll und beeindruckend. Nicht selten werden sie in Verbindung mit hohen Sprüngen eingesetzt. Sie kommen zur Anwendung, wenn der Gegner außerhalb der Armreichweite ist.
• Prinzip: Führe den Tritt kraftvoll aus, die Hüften werden in den Tritt hineingedreht und -geschoben, um dem Tritt mehr Wucht zu verleihen. Dabei muß das Bein beim Auftreffen des Fußes völlig gestreckt sein, um die volle Kraft zu entwickeln.

Wettkampfstätte
Gekämpft wird auf einer 9 x 9 m großen Fläche.

Wettkampfkleidung
Taekwon-do-Anzug, Jacke und lange Hose aus Baumwolle, als Schmuck Leistungsgürtel (weiß bis schwarz), um die Hüften gebunden.

Die Gürtelfarben
Die Farbe des Gürtels zeigt die Einstufung seines Trägers an. Einen neuen, höheren Gürtel erwirbt man in der Gürtelprüfung.

- 10. Kup – weiß
- 9. Kup – weiß mit gelbem Streifen
- 8. Kup – gelb
- 7. Kup – gelb mit grünem Streifen
- 6. Kup – grün
- 5. Kup – grün mit blauem Streifen
- 4. Kup – blau
- 3. Kup – blau mit rotem Streifen
- 2. Kup – rot
- 1. Kup – rot mit schwarzem Streifen
- 1.–9. Dan – schwarz

TECHNIKEN

Die Stellungen
Sowohl wirksame Angriffsaktionen als auch sichere Verteidigungshandlungen setzen ein gutes Gleichgewicht und die richtige Körperhaltung voraus. Wie in allen Budosportarten kommt deshalb der jeweils günstigsten Stellung größte Bedeutung zu. Unterschieden werden: Bereitschaftsstellung, Reitstellung, Kampfstellung (rückwärts), Vorwärtsstellung, Einbeinstand, Rückfußstellung.

Die Waffen
Taekwon-do ist eine waffenlose Kampfkunst. Gekämpft wird mit den natürlichen Waffen Faust, Faustrücken, Faustboden, Handkante, Innenhandkante, Fingerspitzen (Flachhand), Faustknöchel, Handballen, Ellbogen, innerer Unterarm, äußerer Unterarm, Knie, Fußballen, untere Ferse, Fußaußenkante, Fußinnenkante, Fußrist, Fersenrückseite

Die Handtechniken
Im Unterschied etwa zum Boxen stehen im Taekwon-do eine Vielzahl differenzierter Faust- und Handtechniken zur Verfügung: Gleichstoß (Rückfaustschlag), Drehstoß, Umgekehrter Fauststoß, Handballenstoß, Flachhandstich, Handkantenschlag,

Artistische Beweglichkeit
*Fußtechniken zur »oberen Stufe«
erfordern viel Training*

Einige Trittarten

Vorwärtstritt, Schiebetritt, Spanntritt, Fußstoß (seitwärts), Fußballenstoß (seitwärts), Fußstoß (rückwärts), Kreistritt, Gegenkreistritt, Hakentritt, Drehtritt, Fußschlag, Fußstoß (seitwärts im Sprung), Fußtritt (vorwärts im Sprung)

Die Verteidigung

Prinzip: Kraft mit Kraft zu begegnen, gibt keinen Sinn. Die Kunst, gegnerischen Stößen und Tritten auszuweichen, spielt eine große Rolle. Zuweilen bleibt nur, einen Angriff mit einem Block oder einer Parade umzulenken.

Verhaltensideale

• *Sei höflich* – gegenüber Lehrern, Älteren sowie den Mitschülern.
• *Sei ehrlich* – unterscheide zwischen Recht und Unrecht.

• *Sei beharrlich* – strebe nach der nächsten Stufe und nach neuen Techniken.
• *Sei selbstbeherrscht* – denn Unbeherrschtheit bei der Anwendung von Techniken kann gefährlich sein. Lebe, arbeite und trainiere innerhalb der Möglichkeiten
• *Sei mutig* – zeichne dich durch einen unbezwingbaren Geist aus, auch wenn die Aussichten auf Erfolg angesichts überwältigender Gegnerschaft gering sind.

Wettkampfhygiene

Dazu gehören: glattgebügelter Anzug, saubere Hände und Füße, kurzgeschnittene Finger- und Fußnägel, Verzicht auf das Tragen von Ringen oder Halsketten, langes Haar kurzgebunden.

Wettkampf

• Mit Händen und Füßen werden Hiebe, Tritte und Schläge auf Oberkörper und Kopf des Gegners geführt. Bauch und Brust des Wettkämpfers sind in der WTF-Variante des Taekwondo mit Polstern, der Kopf ist mit einem Helm geschützt, während das ITF-Taekwon-do lediglich Fuß- und Faustschutz kennt.
• Der Mattenleiter und die vier Kampfrichter bewerten Treffer sowie Angriffs- und Abwehrtechniken mit Punkten. Sieger ist der, der am Ende des 3 x 2 Minuten dauernden Wettkampfes, mit jeweils einminütiger Pause, über die meisten Punkte verfügt.
• In der ITF-Version des Taekwondo sind auch Bruchtestwettbewebe (Spezialbruchtest, Kraftbruchtest) vorgesehen, bei denen die Wettkämpfer 2 bis 2,5 cm starke Holzbretter (aus Fichte) mit einer Hand oder mit einem Fuß durchschlagen müssen.
• Die Kämpfe werden in Gewichtsklassen ausgetragen. Männer und Frauen treten getrennt voneinander an.
• In der WTF werden Vollkontakt-Wettkämpfe (ohne Hand- und Fußschutz, aber mit Schutzweste) ausgetragen, während die ITF den Semikontakt- und den Halbkontakt-Wettkampf (mit Hand- und Fußschutz, wattiertem Körperschutz,

Unterarm- und Schienbeinschützern, Leistenschutz, speziellem Brustschutz für weibliche Wettkämpfer) pflegt.

Regeln

Vollkontakt-Wettkämpfe

• Jeder Tritt oder Stoß, der als Treffer am Kopf vorn oder seitlich am Oberkörper landet, zählt einen Punkt.
• Kein Treffer ist ein Tritt oder Stoß auf die Arme.
• Einen Punkt gibt es für eine gekonnte Technik zur Abwehr eines Angriffes oder für einen Angriff, bei dem man den Gegner zu Boden schlägt.
• Bei jeder Punktvergabe wird der Kampf unterbrochen und der Punkt von den Richtern notiert.
• Einen Strafpunkt gibt es bei untersagten Handlungen, bei Angriffen mit dem Knie oder bei Festhalten des Gegners.
• Bei einem Unentschieden gilt derjenige als Sieger, der die meisten Punkte durch Tritte erzielt hat.

Halbkontakt-(Semikontakt)Wettkämpfe

Stöße und Tritte werden angesetzt, in der Ausführung aber nur angedeutet.

Trefferwertung:

Fußtechniken im Sprung zur »oberen Stufe« (z.B. Kopf) werden besonders hoch bewertet. Ähnliches gilt für Treffer im Sprung zu hohen Zielen. Beispiele:
• Handtechnik zur mittleren Stufe   1 Punkt
• Fußtechnik zur mittleren Stufe im Stand   1 Punkt
• Handtechnik zur oberen Stufe im Sprung   2 Punkte
• Fußtechnik zur oberen Stufe im Stand   2 Punkte
• Fußtechnik zur oberen Stufe im Sprung   3 Punkte

Negative Wertungen:

Dazu gehören Verwarnungen und direkte Minuspunkte
Bei jeder Wertung – sei sie positiv oder negativ – wird der Kampf unterbrochen. Die Punkte werden sofort angezeigt. Es gibt kein Unentschieden

Leichtkontakt-Wettkämpfe

Erlaubt sind Berührungskontakte. Der Kampf wird nur dann unterbrochen, wenn gegen die Kampfregeln verstoßen wurde. Verwarnungen und Minuspunkte werden mittels Wertungstafeln angezeigt. Es gibt kein Unentschieden.

Bruchtest

• Es kommt darauf an, die Energie der ganzen Tritt- oder Stoßkraft auf einen bestimmten Punkt des Brettes zu konzentrieren.
• Ziele genau auf den Punkt, den du treffen willst, denke ausschließlich daran, was du gleich tun wirst. Jetzt schlage zu, präzise, schnell und kraftvoll! Straffe den Körper beim Schlag auf den Zielpunkt.

Treffen, ohne zu verletzen
Die Stöße, Schläge und Tritte werden vor dem Ziel abgebremst

Darts

Das Bogenschießen und das Darts sind ähnlich verwandt wie das Tennis und das Tischtennis. Bereits um die Jahrtausendwende sollen sich angelsächsische Bogenschützen in den Kampfpausen die Zeit vertrieben haben, in dem sie ihre Pfeile zerbrachen und mit deren Spitzen auf Weinfaßböden warfen. Beim American Darts hat das Board anfängerfreundlichere Maße, und inzwischen setzt sich das Electronic Darts, bei dem vor allem die Regfistrierung der Treffer und die Zählweise elektronisch erfolgen, mehr und mehr durch.

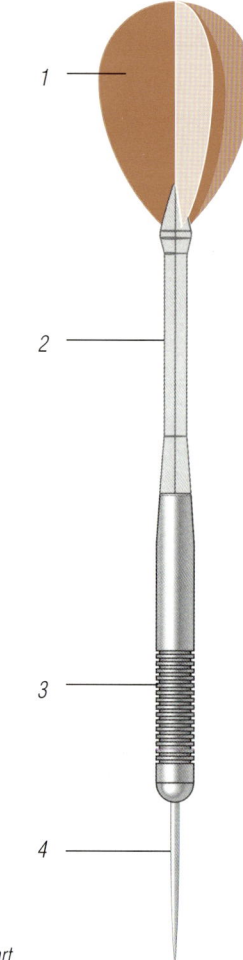

Dart

Das Spiel

Das Dartboard (Version: London Board) besteht aus Segmenten und Feldern mit unterschiedlicher Wertigkeit, auf die mit Pfeilen geworfen wird. Beim wettkampfmäßig betriebenen Darts wird eine Ausgangspunktzahl (zumeist 501) durch Treffen der Felder und Segmente abgetragen. Dazu muß der Spieler mit dem letzten Wurf exakt den Wert Null erreichen.

Die Dart-Anlage

Das Board wird an einer Wand so montiert, daß sich das Zentrum (Bullseye) 173 cm über dem Boden befindet und das Feld mit der Zahl 20 genau nach oben (Norden) zeigt. Auf dem Boden wird in 237 cm Entfernung vom Lotpunkt unter der Scheibe eine Leiste (aus einem Holz- oder Aluminium-Vierkant, 61 cm lang, 38 bis 50 mm hoch) montiert.
Der Abstand des Bullseye zur nächsten seitlichen Wand beträgt mindestens 90 cm. Die Bullseyes zweier Boards müssen mindestens 180 cm voneinander entfernt sein.

Das Dart-Board

• Das London Board (Typ Bristle) ist in zwanzig tortenstückähnliche Felder unterteilt, die ihrerseits aus Singlesegmenten (geworfene Zahl zählt einfach), Double- (geworfene Zahl zählt doppelt) und Treblesegmenten (geworfene Zahl zählt dreifach) bestehen.
Die kreisrunde Mitte ist der Bull, dessen äußerer Ring als Out-Bull oder Single-Bull und dessen Zentrum als Double Bull oder Bullseye bezeichnet werden.
Die einzelnen Segmente sind farbig markiert,wodurch ihre unterschiedliche Wertigkeit verdeutlicht wird. In einem Feld sind die Double- und Treblesegmente von gleicher Farbe (rot oder grün), die Singlesegmente sind schwarz oder weiß.
Treble: dreifach zählend;
Double: doppelt zählend;
Single: einfach zählend.
Die Treble- und Doublesegmente sind 8 mm breit, das Bullseye mißt 12,7 mm im Durchmesser und der gesamte Bull 31 mm. Das Originalboard besteht aus afrikanischem Sisal oder aus Hanfborsten. Es ist etwa 40 mm dick und an der Rückseite mit einer stabilen Preßspanplatte verstärkt.

Der Dart

1 – Stabilisator (Flight)
2 – Schaft (Shaft)
3 – Dartkörper (Barrel)
4 – Spitze (Point)
Die meisten Dartkörper sind aus einer rostbeständigen und bruchfesten Legierung (zum Beispiel Wolfram) gefertigt. Der Griff ist gerändelt, die Spitze besteht aus rostfreiem Stahl und ist auswechselbar. Die maximale Länge eines Darts beträgt 30,5 cm und das maximale Gewicht 50 g. Ein geworfener Dart kann eine maximalen Geschwindigkeit von 64 km/h erreichen.

Bekleidung

Es gibt keine offiziellen Auflagen, indes sollte man sich für öffentliche Aufftritte angemessen kleiden.

Verbote

Verboten sind den Spielern Werbung für Drogen aller Art, der Gebrauch von Schimpfworten sowie das Tragen von elektronischen Unterhaltungsgeräten. In den Spielhallen sind des weiteren Rauchen, Alkoholgenuß und illegale Glückspiele untersagt.

Wettkampfregeln

Wurf

• Die Darts müssen mit einer Hand und nacheinander geworfen werden.
• Ein Wurf besteht aus 3 Darts, es sei denn, ein Leg, Set oder Match kann mit weniger Darts beendet werden.
Leg, Set, Match
Leg – Spiel, z.B. eine 501-Runde

Double-Ring

Treble-Ring

Bullseye

Single Bull

*Ein Dartboard
(Version London Board)*

Set – Satz, bestehend aus mehreren Legs

Match – Partie, bestehend aus mehreren Sets

• Während des Wurfs darf der Spieler die Standleiste nicht betreten. Ein Dart muß losgeworfen werden, solange beide Füße hinter der Standleiste sich befinden.

• Wünscht ein Spieler einen Dart von einer Position aus zu werfen, die sich neben der Standleiste befindet, muß er sich hinter eine imaginär Linie stellen, die sich auf gleicher Höhe mit der Rückseite der Standleiste befinden muß.

• Ein Dart, der aus dem Board fällt oder abprallt, darf nicht mehr geworfen werden.

• Solange ein Spieler sich im Wurfbereich befindet, darf sein Gegner keine wurfbereite Haltung einnehmen.

Beginn des Spiels

• Bei allen Wettkämpfen wird, wenn nicht ausdrücklich anders angegeben, »straight in« und »double out« gespielt. »Straight in« besagt, daß mit dem ersten Wurf mit dem Scoren (dem Abtragen der vorgegebenen Punktzahl) begonnen werden kann.

»Double out« bedeutet, daß das Spiel nur mit einem Double-Wurf beendet werden kann.

Wer beginnt?

• Der Spieler (das Team), der (das) das Match beginnt, wird durch Münzwurf oder eine andere Losmöglichkeit ermittelt. Die Auslosung erfolgt unmittelbar vor Beginn des Matches.

• Der Gewinner der Auslosung beginnt das erste Leg und das erste Set sowie alle folgenden Legs und Sets in dem

betreffenden Match mit ungeraden Zahlen (1, 3, 5 ...)

• Der Verlierer des Münzwurfes beginnt alle Legs und Sets mit geraden Zahlen (2, 4, 6 ...)

Knifflige Fälle beim Punkten (Scoren)

• Die Punkte werden nur dann gezählt, wenn der Dart innerhalb des äußeren Rings steckenbleibt oder wenn er das Board dort mit der Spitze getroffen hat und die Punkte vom Schiedsrichter aufgerufen wurden.

• Die Punkte zählen für dasjenige durch den Draht begrenzte Segment, in das der Dart mit seiner Spitze zuerst eindringt.

• Jede Punktzahl und jede Subtraktion müssen vom Schiedsrichter, Schreiber und Spieler geprüft werden. Dies muß vor dem nächsten Wurf geschehen.

Beendigung des Spiels

• Hat ein Spieler in einem Leg, Set oder Match 50 Punkte Rest, so zählt das Bullseye als Doppel 25, obwohl das Bullseye normalerweise 50 Punkte zählt.

• Es gilt die Bust-Regel: Punktet ein Spieler mehr, als er Rest hat, ist der Wurf ungültig.

• Der Ruf des Schiedsrichters »Game Shot« beendet Leg, Set oder Match. Erst jetzt

dürfen die Darts aus dem Board gezogen werden.

• Sieger eines Legs, Sets oder Matchs ist der Spieler oder das Team, der (das) als erste(r) die Punktzahl durch Treffen des benötigten Doppels exakt auf Null reduziert.

• Wirft ein Spieler, nachdem er das zum Abschließen benötigte Doppel schon getroffen hat, irrtümlich noch einen Dart nach, zählen diese Punkte nicht.

Korrekturen am Board

Jeder Spieler oder Mannschaftsführer hat das Recht, darum zu bitten, ein Board auszuwechseln oder die Position des Boards zu korrigieren. Voraussetzung ist das Einverständnis des Gegners. Sollte eine Einigung nicht erzielt werden, kann der Schiedsrichter angerufen werden. Das kann jedoch nur vor einem Match geschehen.

Übungswürfe

• Jeder Spieler hat das Recht, vor Beginn des Matches an seinem jeweiligen Board maximal sechs Übungsdarts zu werfen.

• An Boards, die nicht ausdrücklich als Übungsboards gekennzeichnet wurden, sind nach Beginn des Wettkampfes Übungswürfe nicht mehr gestattet.

Verhalten im Wettkampf

• Im Spielbereich dürfen sich nur der Schiedsrichter, die Schreiber sowie die Spieler aufhalten.

• Der Gegner eines Spielers muß sich während dessen Wurf mindestens 61 cm hinter diesem aufhalten.

• Während des Matches müssen sich alle Spieler ruhig verhalten. Nur der werfende Spieler darf Fragen an den Schiedsrichter stellen. Zwischenrufe von anderen Spielern, Zuschauern und Offiziellen sind zu unterlassen.

• Nach Beendigung eines Legs, Sets oder Matches sind Beanstandungen bezüglich des Punktestandes oder der Subtraktion zulässig.

• Bei Teamwettkämpfen muß die Reihenfolge der Spieler vor Beginn des Matches festgelegt und notiert werden.

• Verstößt ein Spieler gegen die Regeln, wird er in Gegenwart seines Teamcaptains oder Teammanagers vom Schiedsrichter verwarnt. Nach der Verwarnung zählen alle Punkte nicht, die bei einem weiteren Verstoß erzielt werden.

• Proteste müssen sofort an den Schiedsrichter oder das Wettkampfgericht gerichtet werden. Nach Beendigung eines Legs, Sets oder Matches sind Proteste nicht mehr zulässig.

• Tritt bei einem Spieler während eines Matches ein Schaden an seinem Sportgerät auf, oder muß der Spieler während des Matches den Spielbereich wegen außergewöhnlicher Umstände verlassen, muß ihm dies durch den Schiedsrichter für maximal fünf Minuten gewährt werden.

Konzentriert
Der Darter steht
nicht frontal zum
Board, sondern
seitlich

Billard

D er Begriff Billard setzt sich aus dem französischen bille (Ball, Kugel) und dem englischen yard (Stock, Rute) zusammen. Vorläufer des Billardspiels sind Rasenspiele mit Schlegeln und Kegeln. Im Inventarverzeichnis der Fürstin Charlotte d'Albert aus dem Jahre 1514 ist ein Billard aufgeführt. 1707 wurde im »Englischen Kaffeehaus« von Berlin der erste öffentliche Billardsaal eröffnet. Im Laufe der Geschichte haben sich verschiedene Varianten des Billard herausgebildet. Die wichtigsten sind

–Karambolage-Billard
– Pool-Billard
– Snooker.

Sie unterscheiden sich nicht nur im Spielgedanken, sondern auch in den Maßen und Eigenschaften der wichtigsten Spielgeräte bzw. Utensilien, wie Billardtisch

KARAMBOLAGE-BILLARD

Spielgedanke

Ziel einer Spielhandlung ist die Karambolage, das Treffen beider Spielbälle durch den Stoßball. Der Spieler bleibt so lange am Stoß, wie ihm aufeinanderfolgende Karambolagen gelingen. Verfehlt er, so kommt der Gegner zum Stoß. Eine Stoßfolge wird als Aufnahme bezeichnet. Das Verhältnis Points zu Aufnahmen ergibt den Durchschnitt. Ziel des Spiels ist es, durch möglichst lange Serien die jeweils vorgeschriebene Anzahl von Points zuerst zu erreichen.

Ausrüstung

Spielfläche ist das Billard, ein rechteckiges, tischähnliches Gerät, dessen Seiten in einem Verhältnis von 1:2 stehen. Auf einem stabilen sechs- oder vierbeinigem Untergestell ruht eine mindestens 3,5 cm dicke Schieferplatte, die mit einem grünen Spezialtuch (feines Kammgarn) straff bespannt ist. Gummibanden fassen die Spielfläche ein. Das Billard ist etwa 80 cm hoch. Die international verbindlichen Maße für seine Spielfläche betragen 2,845 m x 1,4225 m, eine kleinere Variante mißt 2,10 m x 1,05 m.

Die Bälle

Zum Spiel gehören ein roter Ball und zwei weiße Bälle aus Elfenbein oder aus Kunstharz, deren Durchmesser einheitlich 61 bis 61,5 mm beträgt. Einer der beiden weißen Bälle ist zur Unterscheidung mit einem schwarzen Punkt gekennzeichnet (man kann statt dessen aber auch mit einem gelben Ball spielt).

Das Queue

Der Billardstock (französisch queue) wiegt zwischen 470 bis 540 g. Er ist 1,38 bis 1,44 m lang, das Griffende hat einen Durchmesser von 31 bis 33 mm, der Schwerpunkt liegt ungefähr 42 cm vom unteren, dicken Ende entfernt. Am oberen, dünnen Ende mit 10 bis 12 mm Durchmesser befindet sich das Stoßleder. Das Leder ist auf einem Elfenbeinaufsatz, dem Piston, aufgeleimt.

Kleidung

Schwarze Spielweste, weißes, am Hals offenes Sporthemd mit langen, am Handgelenk anliegenden Ärmeln, hellgraue Hose.

Spielbeginn

Vor dem Beginn lost der Schiedsrichter die weißen Bälle aus. Der ausgeloste Ball ist für die Dauer der Partie der Stoßball des betreffenden Spielers, die beiden anderen sind für ihn die Spielbälle.

Um zu klären, wer die Partie beginnt, werden die beiden weißen Bälle (oder der weiße und der gelbe) auf die beiden Aufsetzpunkte an der Grundlinie gestellt. Beide Spieler stoßen nun – möglichst gleichzeitig – ihren Ball gegen die Kopfbande mit dem Ziel, daß ihr Ball so dicht wie möglich an der gegenüberliegenden Bande (Fußbande) zur Ruhe kommt. Wer der Fußbande am nächsten kommt, hat das Recht auf die Wahl, die Partie entweder selbst zu eröffnen oder dieses Recht seinem Gegner zuzusprechen.

Spielarten

Freie Partie

Es ist die verbreitete

Spielfläche im Karambolage-Billard ist das Billard

Grundform des Karambolage-Billard. Die Besonderheit besteht in den mit Kreide gezogenen Eckenabstrichen (Längsseite 71 cm, Breitseite 36 cm). In ihnen darf der Spieler nur eine Karambolage herbeiführen. Dann muß einer der beiden Spielbälle aus dem markierten Dreieck getrieben werden. Gelingt das nicht, kommt der Gegner zum Stoß.

Einband-Karambol

Der Spielball muß vor der Karambolage mindestens einmal eine Bande berührt haben. Dabei ist es egal, ob erst die Bande und dann die beiden Zielbälle gespielt werden oder erst ein Zielball, dann die Bande und dann der zweite Zielball gespielt wird.

Dreiband-Karambol

Der Spielball muß vor der Karambolage mindestens drei Banden berühren. Die Reihenfolge ist egal. Man kann auch mit Vorbande spielen, das heißt dreimal gegen eine Bande, dann gegen die beiden Zielbälle.

Cadre

Die Spielfläche ist in unterschiedliche kleinere Felder, rechtwinklige und quadratische, unterteilt, um die Karambolagemöglichkeiten durch zusätzliche Auflagen zu erschweren. Die Partien können als Einstoß- oder Zweistoßcadre gespielt werden. Die zusätzlichen Linien (Abstriche) können 47 (35) cm oder 71 (52) cm von den Banden entfernt sein, woraus sich die unterschiedlichen Cadre-Varianten erklären. Die Zahlen in Klammern geben die Werte für das kleine Billard an.
Cadre 47 (35)
((Spielfläche s. Abb.))
Es gibt zwei Formen:
1. Für das Zweistoßcadre oder Cadre 47/2 (35/2) sind zwei Karambolagen pro Feld möglich.
2. Beim Einstoßcadre oder Cadre 47/1 (35/1) muß einer der beiden Spielbälle bereits nach seinem Eintritt in eines der neun Felder aus diesem herausgetrieben werden. Es ist nur eine Karambolage pro Feld erlaubt.
Cadre 71 (52)
Auch hier gibt es die zwei Formen. Für Einstoß- und Zweistoßcadre werden die Regeln aus der Freien Partie herangezogen: Die Regeln für die vier Ecken gelten analog für die sechs Felder des Cadre 71 wie für die neun Feldes des Cadre 47 (35).

TECHNIK

Zum Gelingen einer Carambolage gehören das Einschätzen der Spielfigur (des Dessins), richtige Körper- und Handhaltung sowie entsprechende Queue-Führung und Stoßweise. Körper-und Handhaltung: standfest mit leicht gespreizten Beinen, Oberkörper nach vorn geneigt, der Kopf befindet sich über dem Queue. Extremsituationen erfordern eine Ausfallstellung mit gebeugtem Knie des vorderen Beines.
Um dem Queue eine guten Halt zu geben, wird sein vorderer Teil mit einer Hand gestützt (Bock).
Rhythmisches Vor- und Zurück-Schwingen soll den flachen Stoß mit dem Queue vorbereiten. Dabei sind nur Ellbogen und Handgelenk in Aktion. Der Abstoß erfolgt erst, wenn der Spieler fest von der Richtigkeit aller Vorbereitungen überzeugt ist. Nach dem Abstoß bleibt der ganze Körper noch einige Sekunden regungslos, die Augen kontrollieren den Lauf der Bälle. Steilstöße erfordern eine spezielle Technik und Herangehensweise.

Taktik

Bei der Freien Partie sucht man die Bälle an der Bande zum Aufbau einer Bandenserie zu vereinigen. Beim Cadre sind es die Linien, wo eine Serie erreicht werden soll. Besonders an den Schnittstellen der Cadrelinien (Kreuze) gibt es vielfältige Möglichkeiten zum Aufbau einer Serie.

Vom Tisch springende Bälle
Der Spieler verliert einen Punkt und ist nicht mehr an der Reihe, wenn sein Spielball vom Tisch springt. Der Spielball wird dann auf die obere Markierung gesetzt oder, wenn diese besetzt ist, auf die untere Markierung. Sind beide besetzt, muß man den Spielball auf die mittlere Markierung setzen. Wenn der rote Ball vom Tisch springt, wird er auf die untere Markierungs zurückgesetzt. Jeder Punkt, der gemacht wird,

bevor einer der beiden Zielbälle vom Tisch springt, zählt, und der Spieler darf fortfahren.
Springen auf die Bande
Der Spielball bleibt im Spiel, wenn er auf die Bande springt und von dort auf den Tisch zurückrollt. Bleibt er jedoch auf der Bande liegen, wird er wie ein vom Tisch gesprungener Ball gewertet.

Press-Bälle

Stehen zwei Bälle press zueinander oder einer press mit der Bande, bleiben sie im Spiel. Der den Spielball berührende Ball darf jedoch nicht weggestoßen werden. Wird er das, zählt es als Fehlstoß. Der Spielball muß in einem solchen Fall entweder über die Bande zu den anderen Bällen gestoßen werden oder aber über den freistehenden zu dem vorher press stehenden.

Regelverstöße

Sie führen zum Verlust eines Punktes, und der Spieler ist nicht mehr an der Reihe. Regelverstöße sind:
– Ausführung eines Stoßes, während ein Ball noch in Bewegung ist.
– Berühren des Spielballs während der Stoßvorbereitung.
– Schubball. Das Queue bleibt noch in Berührung mit dem Spielball, nachdem der Spielball einen Zielball getroffen hat.
– Doppelstoß. Die Queuespitze berührt den Spielball zweimal zum Abstoß.

Kopfbande

Billardmittelpunkt

Grundlinie

Fußbande

Die Spielfläche

1 Stellung des Anstoßballes (Ball 1)
2 Stellung des gegnerischen Balles (Ball 3)
3 Stellung des roten Balles
4 Mittelpunkt der Spielfläche
5 kann ebenfalls als Stellung für den Anstoßball gewählt werden
6 u. 7 Aufsetzpunkte für den Bandenentscheid

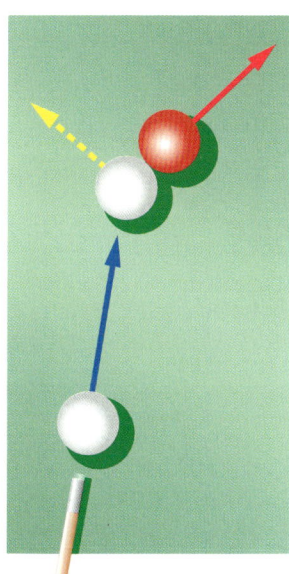

Der Stoßball trifft Ball 2 halbvoll. Beide trennen sich unter einem Winkel von 90°, wobei die Bahn von Ball 1 stärker von der Stoßrichtung abweicht als die von Ball 2

– Falscher Spielball. Wird der falsche Spielball gespielt, spielt der Gegner in dieser Position weiter.
– Fehlende Bodenberührung; wenn bei einem Stoß nicht mindestens ein Fuß den Boden berührt.
Fehlstöße sind keine Regelwidrigkeiten.

Fünfkampf

Dieser besteht aus den Spielarten Freie Partie, Cadre 47/1, Einband, Cadre 71/2 und Dreiband.

POOLBILLARD

Spielgedanke

Es treten zwei Spieler gegeneinander an oder zwei Paare oder zwei Mannschaften. Auf dem Tisch befinden sich ein gemeinsamer weißer Spielball und 15 Zielbälle (einheitliches Gewicht zwischen 162 und 170 g). Letztere sind fortlaufend, von 1 bis 15, numeriert. Um einen Punkt zu erzielen, muß man mittels des Queue mindestens einen Zielball in einem Loch versenken. Der Spieler sagt vorher an, welche Nummer er in welches Loch (Tasche) bringen möchte. Zu Beginn des Spiels werden die Zielbälle aufgestellt. Dazu benutzt man einen dreieckigen Holzrahmen (Triangel), in den die Bälle in einer vorbestimmten Reihenfolge gelegt werden. Ball Nr. 15 liegt immer an der dem Spieler zugewandten Spitze. Beim ersten Stoß hat der Spieler die Wahl, entweder einen bestimmten Ball in ein bestimmtes Loch (Tasche) zu spielen oder so in den Pulk der 15 Bälle hineinzuschießen, daß sein Spielball und zwei beliebige Zielbälle an eine Bande gehen. Eine der beiden Möglichkeiten muß er schaffen. Gelingt ihm das nicht, werden ihm zwei Punkte abgezogen. Seine Gegner kann dann bestimmen, ob er noch einmal mit neu aufgebauten Bällen anfangen muß oder ob er Platz machen muß für die andere Mannschaft. Macht er weiter, und es geht wieder fehl, kostet das wieder zwei Punkte.

Der Tisch

Eine bis zu 5 cm dicke Schieferplatte mit den Maßen 1,06 x 2,12 m bis 1,525 x 3,05 m (Länge stets gleich der doppelten Breite). Sie ist mit grünem Filztuch bespannt und hat sechs Löcher (Taschen), vier davon in den Ecken der Bande und jeweils eines in der Mitte jeder Längsseite.

Der Poolbillard-Tisch vor dem Eröffnungsstoß

Spiele

8-Ball: Spiel auf Volle (Nummern 1 bis 7) oder Halbe (Nummern 9 bis 15) mit der schwarzen 8
9-Ball: Spiel nach der Reihenfolge der Nummern
14/1: Alle Kugeln sind gleichwertig, je versenkte Kugel ein Punkt.

Wichtigste Regeln

Wer öffnet die Partie?
Jeder Spieler legt eine Kugel in seine Hälfte des Kopffeldes. Beide spielen; möglichst gleichzeitig; so in die Richtung der gegenüberliegenden Fußbande, daß die Kugel nach dem Abprallen von der Bande in die gleiche Spielhälfte zurückrollt und möglichst nahe an der Kopfbande liegenbleibt. Wessen Kugel am nächsten der Kopfbande zum Stillstand kommt, der hat die Entscheidung: Er kann 1. selbst die Partie eröffnen oder 2. damit seinen Gegner beauftragen.
Das Ausspielen der Eröffnung ist automatisch verloren, wenn die Kugel
– in die Spielhälfte des Gegners läuft;
– die Fußbande nicht berührt;
– versenkt wird;

Fußbande

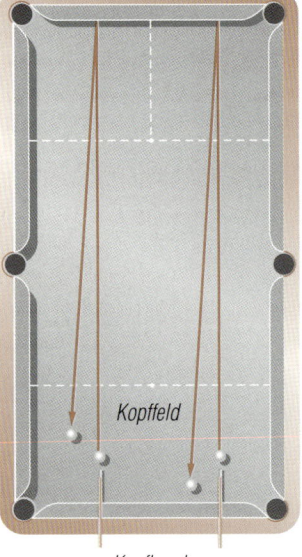
Kopffeld

Kopfbande

Durch Ausspielen wird geklärt, wer die Partie eröffnet

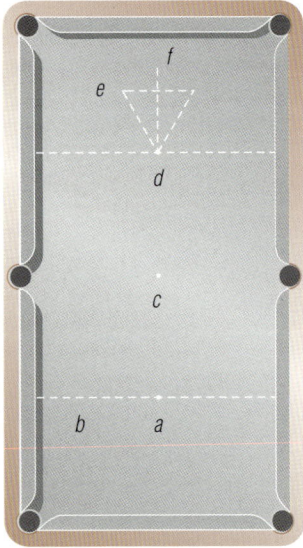

So sollte der Tisch markiert sein
a Kopfpunkt
b Kopflinie
c Mittelpunkt
d Fußpunkt
e Dreiecksumriß
f Längslinie

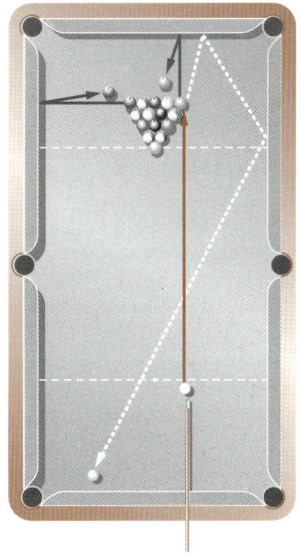

Safe-Anstoß beim 14/1:
Zwei farbige Kugeln laufen die Bande
an und danach zurück in den Pulk.
Die Weiße rollt an die Kopfbande
Links: Treffpunkt der Kugel für
nebenstehenden Safe-Anstoß

Offensivanstoß: Der Eckball wird
über die Bande in das Eckloch
versenkt
Rechts: Treffpunkt der Kugel für
nebenstehenden Offensivanstoß

Treffpunkt der Weißen für einen
Stoppball

Treffpunkt der Weißen für einen
Nachläufer

Treffpunkt der Weißen für einen
Rückzieher

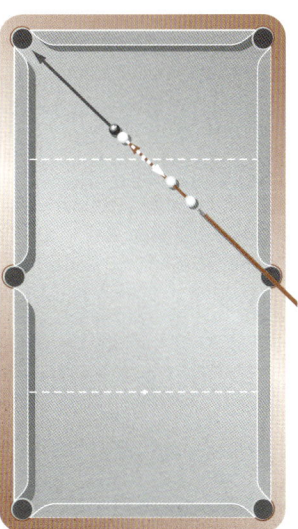

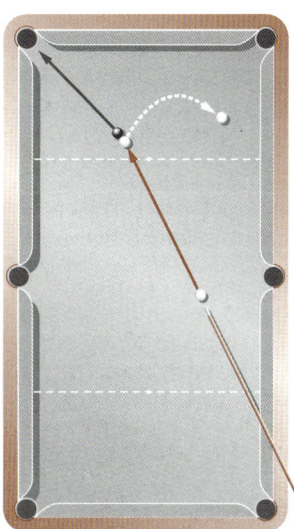

Rückzieher: gerader Ball; die
Weiße bewegt sich nach der
Karambolage gerade-rückwärts

Rückzieher: schräger Ball; die Weiße
macht nach der Karambolage einen
Bogen

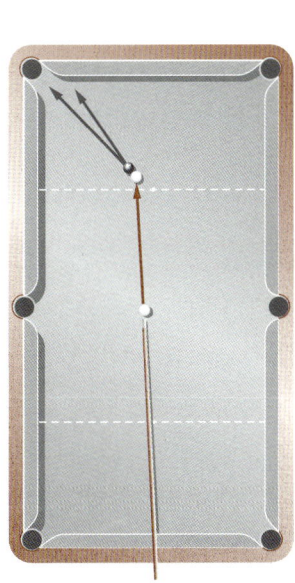

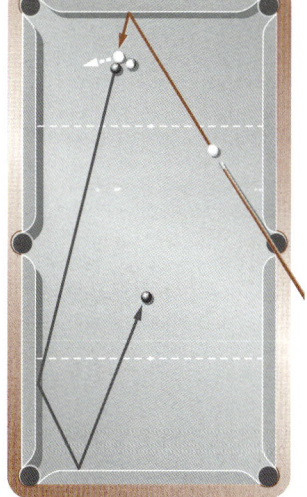

Rückzieher verändert den Weg der
Objektkugel: dünne Linie: ohne
Rückwärtseffet; dicke Linie: mit
Rückwärtseffet

Lösung für einen Problemfall: die zu
spielende graue Kugel liegt hinter
der dunklen Kugel versteckt

– vom Tisch springt;
– in einem Eckloch (Tasche) hinter der Kopfbande liegen bleibt;
– die Fußbande mehr als einmal berührt.

Eröffnung der Partie

Nachdem der Triangel von den 15 Zielkugeln entfernt wurde, legt der Eröffnende den weißen Spielball an einer beliebigen Stelle des Kopffeldes auf, um sie dann in den Pulk zu schießen. Der Stoß ist gelungen, wenn
– vier (oder mehr) Zielbälle an die Bande gespielt werden oder
– ein Zielball in ein Loch (Tasche) versenkt wird.
Sofern das ohne Regelverstoß gelungen ist, setzt der Spieler die Partie fort.

Ablauf einer Partie

Nach erfolgreichem Eröffnungsstoß spielt er die weiße Kugel so gegen einen Zielball, daß dieser in einem der sechs Löcher (Taschen) versenkt wird. Das berechtigt ihn, das Spiel fortzusetzen, bis er entsprechend den Spielregeln alle Kugeln versenkt hat oder ihm ein Fehler (Foul) unterläuft.

Korrekter Stoß

Die weiße Kugel muß gegen eine korrekte farbige Kugel gespielt werden. Danach muß eine farbige Kugel versenkt werden (Ausnahme: Safe – hier muß die weiße oder ein farbige Kugel an eine Bande laufen). Werden bei einem korrekten Stoß noch weitere Kugeln versenkt, so werden diese nach den Regeln gezählt. Der Spieler bleibt an der Aufnahme.

Fehler und Foul

Als Fehler gilt, wenn es einem Spieler nicht gelingt, eine Kugel mit einem korrekten Stoß in ein Loch (Tasche) zu versenken. Es sei denn, er hatte mit der Ansage »Sicherheit« (oder »Safe«) diese Absicht ausgeschlossen. Wird trotz dieser Ansage eine Kugel versenkt, gilt dies als Fehler. Nach einem Fehler ist die Aufnahme beendet.

Als **Foul** werden folgende Regelverstöße (Auswahl) bezeichnet:
– Beim Stoß hatte kein Fuß des Spielers Bodenberührung.
– Der Spieler stößt, obwohl sich noch eine Kugel (oder mehrere) bewegt.
– Es werden Kugeln mit dem Körper, der Kleidung oder anderem berührt.
– Die weiße Kugel berührt nicht als erste Kugel die vorgeschriebene farbige Kugel.

– Nach einer Karambolage wurde weder eine farbige Kugel versenkt, noch läuft irgendeine Kugel die Bande an.
– Die weiße Kugel muß aus dem Kopffeld gespielt werden und berührt dabei eine   farbige Kugel.
– Das Queue berührt die weiße Kugel beim Stoß mehr als einmal oder hat noch   Kontakt mit ihr, während oder nachdem eine farbige Kugel getroffen wurde.
– Die weiße Kugel wird mit der Pomeranze (dem Queue-Leder) geschoben.
–Die weiße Kugel wird absichtlich unterhalb der Mitte angespielt, um sie springen zu lassen

Sonderfall: Kein Foul liegt vor, wenn von einer press liegenden Kugel weggespielt wird.
Wie wird in diesem Fall weitergespielt?
Trifft die weiße Kugel als erstes eine Kugel, die press an einer Bande liegt, muß zur Vermeidung eines Fouls eine der folgenden Bedingungen erfüllt werden:
– Eine Kugel wird versenkt.
– Die press liegende Kugel berührt eine andere Bande.
– Eine andere Kugel berührt eine Bande, mit der sie noch keinen Kontakt hatte.
Ein Foul wäre es, wenn die weiße Kugel press mit einer farbigen liegt und bei dem erlaubten Stoß eine dritte Kugel in Bewegung gerät.

3-Foul-Strafe

Macht ein Spieler in drei aufeinanderfolgenden Stößen drei Fouls, erhält er die 3-Foul-Strafe:
9-Ball: Verlust des Spieles
14/1: Abzug von 15 Punkten, Neuaufbau aller 15 Kugeln.
Aber: Jeder korrekte Stoß hebt ein Foul auf.
Der Spieler, der bestraft wurde, muß einen neuen Eröffnungsstoß wie zu Beginn des Spieles ausführen.
Achtung! Hat ein Spieler zwei Fouls, muß er vom Schiedsrichter oder Gegner darauf hingewiesen werden, sonst zählt das nächste Foul nicht.
Jedes Foul darf auch absichtlich (aus taktischen Gründen) gespielt werden.

Versenkter weißer Ball

Hat ein Spieler nach dem Eröffnungsstoß die weiße Kugel versenkt (14/1, 8-Ball), wird ein Minuspunkt vergeben, und der Gegner hat das Recht, anschließend die weiße Kugel beliebig im Kopffeld zu plazieren. Beim nachfolgenden Stoß darf keine

Kugel im Kopffeld direkt angespielt werden. Die weiße Kugel muß aus dem Kopffeld hinausgespielt werden, ehe sie in dieses zurückkehren darf.

Sicherheitsspiel

Ein Sicherheitsstoß muß vorher angesagt werden. Es ist ein Stoß, der nicht auf das Versenken einer Kugel abzielt. Werden trotzdem Kugeln versenkt, werden diese wieder aufgebaut.

Unsportlichkeit

Jedes Verhalten, das eine wissentliche Umgehung der Regeln darstellt, gilt als unsportlich und wird mit dem Verlust des Spiels (9-Ball, 8-Ball) oder 15 Punkten Abzug (14/1) bestraft. Eine Wiederholung zieht die Disqualifikation nach sich.

Schiedsrichter

Entscheidungen eines Schiedsrichters sind bindend. Ein Spieler kann vor dem nächsten Stoß Protest dagegen einlegen. Die dem folgende Entscheidungen sind endgültig.

8-Ball
Allgemeines
8-Ball ist ein Ansagespiel. Der Spieler, der als erster auf korrekte Art und Weise die Kugeln seiner Gruppe (Volle oder Halbe) und dann die »8« versenkt, gewinnt das Spiel. Offensichtlich gemeinte Kugeln und Löcher (Taschen) müssen nicht angesagt werden. Auch beim Eröffnungsstoß muß nichts angesagt werden.

Spielbeginn
• Beim Aufbau müssen die Kugeln wie folgt liegen: Die »8« in der Mitte des Dreiecks, die vorderste Kugel auf dem Fußpunkt, an den hinteren Ecken je eine Volle und eine Halbe.
• Der Eröffnungsstoß ist korrekt, wenn der Spieler
– eine farbige Kugel versenkt oder mindestens vier farbige Kugeln eine Bande anlaufen. Gelingt das nicht, ist das ein Foul. Der Gegner kann dann
– die Position übernehmen und weiterspielen oder
– die Kugeln neu aufbauen und selbst anstoßen oder
– den Gegner noch einmal anstoßen lassen.
• Wenn bei einem korrekten Eröffnungsstoß die Weiße fällt, bleiben versenkte Kugeln in den Taschen (Ausnahme: »8«). Der Gegner setzt nun das Spiel aus dem Kopffeld fort.
• Fällt die »8« beim Eröffnungsstoß, kann der Spieler entweder die »8« aufsetzen lassen und

weiterspielen oder alle Kugeln neu aufbauen. Fallen die »8« und die Weiße, hat der Gegner die Wahlmöglichkeit.
• Der Tisch ist unmittelbar nach dem Eröffnungsstoß immer offen.
Danach ist es erlaubt, Kombinationen Volle – Halbe zu spielen. Es kann die »8« als erste Kugel angespielt werden. Dabei versenkte Kugeln bleiben in den Taschen – die Farbgruppe wird dabei nicht bestimmt, der Spieler gibt die Aufnahme ab.

Das Spiel
• Wer welche Kugeln spielt, dann bestimmt, wenn eine angesagte Kugel nach dem Eröffnungsstoß korrekt versenkt wird.
• Solange ein Spieler korrekt Kugeln seiner Gruppe versenkt, bleibt er an der Aufnahme. Hat er alle Kugeln seiner Gruppe versenkt, kann er auf die »8« spielen.
Alle Kugeln, die mit »Sicherheit« oder Foul versenkt werden oder in das falsche Loch (Tasche) fallen, werden nicht wieder aufgebaut.
• Farbige Kugeln, die vom Tisch springen, werden auf dem Fußpunkt wieder aufgesetzt.
• Nach einem Foul (außer nach dem Eröffnungsstoß) hat der Gegner »Ball in Hand« und kann die Weiße auf dem gesamten Tisch aufsetzen.
• Das Spiel ist gewonnen, wenn alle Kugeln der eigenen Gruppe versenkt wurden und anschließend mit einem korrekten eigenen Stoß auch die »8«.
• Das Spiel ist verloren, wenn
– die »8« mit einem Foul versenkt wird,
– mit der letzten Farbigen die »8« versenkt wird,
– die »8« vom Tisch springt,
– die »8« in ein nicht angesagtes Loch (Tasche) fällt,
– die »8« vorzeitig versenkt wird.

9-Ball
Die wichtigsten Regeln
Allgemeines
Beim 9-Ball wird mit den Kugeln 1 bis 9 gespielt. Es muß nichts angesagt werden. Jeweils die Kugel mit der niedrigsten Zahl muß zuerst angespielt, es muß aber nicht in dieser Reihenfolge versenkt werden. Kugeln, die versenkt wurden oder vom Tisch springen, werden nicht wieder aufgebaut. Nach einem Foul hat der Gegner »Ball in Hand«, das heißt, er kann die Weiße beliebig auf dem gesamten Tisch aufsetzen.

Spielbeginn

• Die Kugeln werden in der Form eines Rhombus aufgebaut: die »1« an der Spitze, die »9« in der Mitte, die anderen beliebig. Der Anstoß erfolgt aus dem Kopffeld.

• Bei einem korrekten Eröffnungsstoß muß zuerst die »1« getroffen und eine Kugel versenkt werden, oder vier Farbige müssen eine Bande anlaufen.

• Fällt die »9« beim Anstoß, ohne daß ein Foul begangen wurde, ist das Spiel gewonnen.

• Fällt die Weiße beim Anstoß in ein Loch (Tasche) oder vom Tisch oder lag kein korrekter Eröffnungsstoß vor, ist das ein Foul. Der Gegner hat »ball in hand«.

Das Spiel

• Push Out: Bei diesem Stoß, der die Weiße in eine bessere Position bringen soll, muß diese keine Farbige oder Bande berühren. Nur nach einem korrekten Eröffnungsstoß ist ein Push Out möglich. Es muß vor dem Stoß angesagt werden. Nach einem korrekten Push Out kann der Gegner entweder aus dieser Position weiterspielen oder den

Stoß an den Spieler zurückgeben, der das Push Out gespielt hat.

• Ein Spieler bleibt so lange am Tisch, bis er verschießt, ein Foul begeht oder die »9« korrekt versenkt und damit das Spiel gewinnt.

• Ein Foul liegt vor, wenn nicht die Kugel mit der niedrigsten Zahl zuerst getroffen wird, nach der Karambolage keine Kugel eine Bande anläuft oder eine Kugel vom Tisch springt.

• Drei aufeinanderfolgende Fouls bedeuten den Verlust des Spiels. Jeder korrekte Stoß hebt ein Foul auf. Zwischen dem zweiten und dritten Foul muß eine Warnung erfolgen.

14/1-Endlos
Die wichtigsten Regeln

Allgemeines

14/1 verlangt, daß vor dem Versenken Kugel und Loch (Tasche) angesagt werden. Für jede korrekt versenkte Kugel erhält der Spieler einen Punkt. Der Spieler, der als erster die vorgegebene Punktzahl erreicht, gewinnt das Spiel.

Spielbeginn

• Im Dreieck wird die vorderste Kugel auf den Fußpunkt, die »1« rechts und die »5« links an die Ecke gelegt. Alle anderen Kugeln können beliebig plaziert sein, alle Kugeln sollen sich berühren.

• Beim Eröffnungsstoß muß entweder
– eine angesagte Kugel in ein Loch (Tasche) gespielt werden, oder
– die Weiße und zwei farbige Kugeln müssen eine Bande berühren.
Gelingt dies nicht, ist das ein Eröffnungsfoul; der Spieler erhält zwei Punkte Abzug. Der Gegner kann 1. entweder weiterspielen oder 2. das Dreieck neu aufbauen und den ersten Spieler noch einmal anstoßen lassen, bis der Eröffnungsstoß korrekt ist.

• Ist der Eröffnungsstoß korrekt, aber die Weiße fällt, gibt es einen Punkt Abzug (dieses Foul zählt zur 3-Foul-Strafe). Der Gegner muß aus dem Kopffeld spielen.

Das Spiel

• Nach Ansage von Kugel und Loch (Tasche) kann jede Kugel versenkt werden. Zusätzlich versenkte Kugeln zählen. Begeht der Spieler ein Foul, wird die versenkte Kugel auf dem Fußpunkt (oder nächsten freien Platz auf der Längslinie) wieder aufgesetzt. Sie zählt nicht; für das Foul wird ein Punkt abgezogen. Der Gegner muß aus dem Kopffeld spielen.

• Sind 14 Kugeln korrekt versenkt worden, werden diese wie zu Anfang aufgebaut, der Fußpunkt bleibt jedoch frei. Mit dem Versenken der 15., liegengebliebenen Kugel kann versucht werden, den Pulk zu trennen. Es kann aber auch jede andere beliebige Kugel angespielt werden.

• Sicherheitsspiel ist erlaubt. Mit einem korrekten Sicherheitsstoß versenkte Kugeln werden wieder aufgebaut, aber nicht gewertet. Das gleiche gilt für Kugeln, die in das falsche Loch (Tasche) fallen.

Zum Aufsetzen der Kugeln wird ein Holzrahmen (Triangel) benutzt

Snooker-Tisch vor Spielbeginn

SNOOKER

Snooker (das Wort bedeutet »üble Lage« oder »in der Patsche sitzen«) ist die populärste Variante des Billardsports in den Ländern des britischen Commonwealth. Der Snookertisch hat sich parallel zum französischen Karambolage-Tisch vor rund 500 Jahren entwickelt. Das moderne Snooker-Spiel erfanden englische Offiziere um 1800, indem sie zusätzlich zu den beiden weißen Kugeln und der einen roten immer mehr Kugeln einführten.

Das Material

Der Snookertisch ist 1,825 x 3,65 m groß (Breite : Länge = 2:1) und etwa 15 cm höher als ein Pooltisch (95 cm vom Fußboden zur Bandenoberkante). Gespielt wird mit 22 Kugeln), deren Durchmesser (englische 50 mm, amerikanische 53 mm) kleiner ist als der der Pool-Kugeln (61 bis 61,5 mm). Die Banden des Snookertisches sind, den Kugeln angepaßt, niedriger als beim Pool, ebenso sind die Löcher (Taschen) kleiner.

Das Snookertuch ist ein gewebtes Tuch, in das winzige Fasern gesteckt sind wodurch die Oberfläche einem Rasen ähnelt. Alle Fasern zeigen in die gleiche Richtung (Strich) – immer von der Kopfbande in Richtung Fußbande.
Da der Strich beim Snooker besonders ausgeprägt ist, bedeutet es auf neuem Tuch einen Unterschied, ob man mit oder gegen den Strich spielt. Läuft die Kugel langsam gegen den Strich, wird sie leicht in Richtung Strich abgelenkt, obwohl der Tisch gerade steht. Ein gutes Kammgarntuch ermöglicht dem Spieler, über große Entfernungen extreme Effets zu spielen.
Das Snooker-Queue hat mit 9,5 bis 10 mm eine dünnere Spitze als das Pool-Queue.

Regeln

Allgemeines

Die Kugeln

Gespielt wird mit 22 Kugeln: 15 rote Kugeln, 1 schwarze Kugel, 1 rosa-(pink-)farbene Kugel, 1 blaue, 1 braune, 1 gelbe, 1 grüne und 1 weiße Kugel. Die Weiße ist die

Stoßkugel (cueball), die anderen Kugeln werden unterschieden in Rote und Farbige.

Definitionen

Kugel vom Tisch: Eine Kugel, die vom Tisch fällt, gilt als »aus dem Spiel«. Sie wird mit Ausnahme der Roten wieder auf dem Tisch aufgebaut.
Kugel on: Eine Kugel ist »on«, wenn sie vom Spieler nach den Regeln angespielt werden kann.
Spieler on: Ein Spieler ist »on« in bezug auf eine Kugel, wenn er diese nach den Regeln spielen kann.
Snookered: Ein Spieler ist »snookered« in bezug auf eine Kugel, wenn er diese nicht direkt in gerader Linie anspielen kann. Wenn eine Kugel durch mehrere andere Kugeln versteckt ist, gilt diejenige Kugel als »snookering«, die am nächsten zur Weißen liegt. Er muß seinen Stoß in jedem Fall versuchen, wird jedoch bestraft, wenn er die »On«-Kugel verfehlt oder irgendeine andere zuerst trifft.

Kugelaufbau:

Die 15 Roten werden zwischen der Pinkfarbenen und der Schwarzen so im Dreieck auf-

gebaut, daß die Kugel an der Spitze ganz dich an der Pinkfarbenen liegt, ohne diese zu berühren. Die Schwarze liegt auf dem Billard-Punkt (32 cm von der Fußbande entfernt), die Blaue kommt auf den Mittelpunkt, die Grüne links und die Gelbe rechts auf die Ecken des »D« (Halbkreis in Richtung Kopfbande), parallel zur nahen Kopfbande.

Grundregeln

Äußere Einflüsse: Wird eine Kugel von einem Nichtspieler oder durch sonstige Einflüsse bewegt, legt sie der Schiedsrichter nach eigenem Ermessen auf den ursprünglichen Punkt zurück; in extremen Fällen kann das ganze Spiel wiederholt werden.
Gegner: Der Gegner soll in angemessenem Abstand Platz nehmen oder ruhig stehen. Sollte er den Raum verlassen müssen, darf er einen Stellvertreter für die Wahrnehmung seiner Rechte benennen.
Spielbeginn: Das Spiel gilt als begonnen, wenn die Weiße im »D« ausgesetzt und von dem beginnenden Spieler mit der Queuespitze angestoßen wurde.

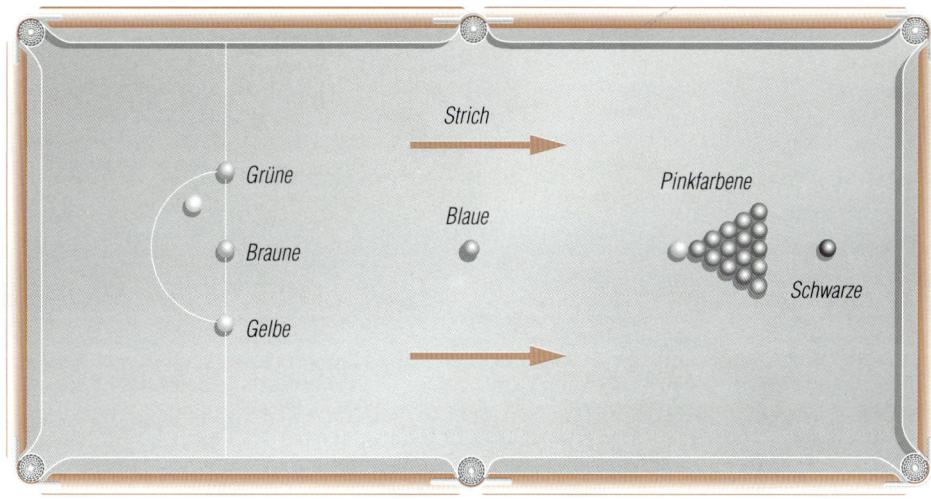

Snooker-Tisch und Strichrichtung

Grüne

Braune

Gelbe

Strich

Blaue

Pinkfarbene

Schwarze

• Abmessen mit einer Kugel aus einem Loch (Tasche) zur Beurteilung der Spielsituation. Strafe: 7 Punkte.
• Spielen, bevor alle Kugeln in Ruhelage sind. Strafe: 7 Punkte.
• Bei »Ball in Hand« nicht regelgerechtes Spielen der Weißen. Strafe: wie bei Spielen ohne Bodenkontakt.
• Touchieren. Strafe: Wert der touchierten Kugel oder der »Kugel on«; höhere Punktzahl wird angerechnet.
• Durchstoß. Strafe: Wert der »Kugel on«, einer angespielten oder versenkten Kugel; höhere Punktzahl wird angerechnet.
• Springen der Weißen über eine Kugel. Strafe: wie bei Durchstoß.
• Spielen außer der Reihe. Strafe: wie bei Durchstoß.

Ausnahmen

»Miss«: Trifft ein Spieler keine Kugel (»Miss«), kann der Schiedsrichter ihn auffordern, den Stoß noch einmal auszuführen. Trifft er in der Wiederholung korrekt, bekommt er die entsprechenden Punkte und darf das Spiel fortsetzen. War der Miss jedoch nach Ansicht des Schiedsrichters beabsichtigt, wird der Spieler bestraft. Eröffnungsfehler: Trifft ein Spieler bei der Eröffnung keine Rote, kann der Schiedsrichter eine Wiederholung verlangen. Absichtliche Regelverstöße: Dem Spieler wird das Spiel aberkannt. Er verliert entweden alle erreichten Punkte, oder die auf dem Tisch verbleibenden restlichen Kugelwerte werden zusammengezählt und dem Spieler abgezogen (Rote = 8 Punkte); höhere Punktzahl wird angerechnet.

Das Spielende

• Sieht der Spieler, der zurückliegt, daß er den Vorsprung des Gegners nicht mehr aufholen kann, darf er aufgeben. Das Spiel (oder »Frame«) wird vom Schiedsrichter für beendet erklärt.
• Liegt nur noch die Schwarze auf dem Tisch, endet das Spiel mit der nächsten Wertung. Gewonnen hat der Spieler mit der höheren Punktzahl.
• Gibt es durch die letzte Wertung ein Unentschieden, wird die Schwarze auf ihren Punkt aufgesetzt, und die Spieler losen um den ersten Entscheidungsstoß aus dem »D« (»Ball in der Hand«). Die nächste Wertung beendet das Spiel.

Der Schiedsrichter: Der Schiedsrichter entscheidet allein über faires oder unfaires Spiel. Er darf zu seiner eigenen Meinungsbildung in Zweifelsfällen Aussagen von Zeugen heranziehen.

Spielverlust: Ein Spieler verliert das Spiel, wenn er sich nach Aufforderung durch den Schiedsrichter weigert, 1.das Spiel aufzunehmen, 2. sich willentlich oder wiederholt unfair verhält. Ein Spieler kann mit einer Sperre für künftige Veranstaltungen belegt werden. Durchstoß: Ein Stoß gilt als Durchstoß, wenn die Weiße mehrfach berührt wird oder die Queuespitze an der Weißen verbleibt, nachdem diese in Bewegung gesetzt wurde. Durchstöße sind regelwidrig. Sprungstöße: Regelwidrig sind Stöße, bei denen die Weiße über eine Kugel springt.

Das Spiel

Zu Beginn eines Turniers wird festgelegt, wie viele Durchgänge (»Frames«) ein Spiel zwischen Teilnehmer A (einzelner Spieler, Paar oder Gruppe) und Teilnehmer B hat. Bei großen Turnieren sind es 17. Wer neunmal gewonnen hat, erreicht die nächste Runde.
Die Spieler müssen durch das Los oder eine andere vereinbarte Weise bestimmen, welcher Spieler beginnt. Der Beginnende hat »Ball in Hand«. Er spielt mit der Weißen aus dem »D«, wenn ihr Mittelpunkt die Linie nicht überschreitet. Solange noch Rote auf dem Tisch liegen, muß zu Beginn jeder Aufnahme zuerst eine Rote angespielt werden. Bringt der Spieler dabei eine Rote in ein Loch (Tasche),

erhält er einen Punkt. Er hat nun das Recht, einmal auf eine Farbige zu spielen. Es werden immer abwechselnd eine Rote und eine Farbige gespielt. Bekommt ein Spieler nach den Regeln keinen Pluspunkt, wechselt die Aufnahme an den Gegner.
• Die Roten bleiben nach dem Versenken in einem der Löcher (Taschen), die Farbigen werden sofort wieder herausgeholt und aufgestellt. Das erfolgt so lange, bis die letzte Rote vom Tisch ist. Nach ihr darf noch eine beliebige Farbige gespielt werden. Dann müssen die Farbigen in aufsteigender Reihenfolge (ihrer Punktzahl) gespielt werden, zuerst die Gelbe – bis zu der Schwarzen als letzter Kugel.
• Wird die Weiße vom Tisch oder in ein Loch (Tasche) gespielt, beginnt der Gegner mit »Ball in Hand« seine Aufnahme aus dem »D«.
• Nach einem Foul, bei dem die Weiße nicht vom Tisch oder in ein Loch (Tasche) fiel, wird vom Ruhepunkt direkt weitergespielt.
• Sobald alle Roten (Wert jeweils 1 Punkt) aus dem Spiel sind, werden die Farbigen in der Reihenfolge ihres Wertes (Gelbe 2, Grüne 3, Braune 4, Blaue 5, Rosafarbene 6, Schwarze 7) versenkt.
• Solange noch Rote im Spiel sind, muß der Spieler auf Anfrage des Schiedsrichters die Kugel benennen, die er spielen will.
• Mit Ausnahme von 2 (oder mehr) Roten dürfen mit einem Stoße nie zwei Kugeln gleichzeitig gespielt werden.

Fouls

• Die Weiße fällt in das Loch (Tasche). Strafe: Wert der »Kugel on« oder Wert der zuerst getroffenen Kugel (höherer Wert wird angerechnet, mindestens 4 Punkte).
• Die Weiße berührt zuerst eine »Kugel nicht on«. Strafe: Wert der berührten Kugel oder Wert der »Kugel on«; höherer Wert wird angerechnet.
• Die Weiße berührt keine Kugel. Strafe: Wert der »Kugel on« (mindestens 4 Punkte).
• Snookern des Gegners durch die angesagte Kugel nach einem Foul (außer Pink und Schwarz im Spiel). Strafe: Wert der »Kugel on«.
• Die Weiße berührt oder versenkt 2 Kugeln mit einem Stoß (außer 2 Rote oder die »Kugel on« und die angesagte Kugel). Strafe: der höhere Wert von beiden Kugeln.
• Bewegen einer »press« an der Weißen liegenden Kugel. Strafe: Wert der »Kugel on« oder der bewegten Kugel; höhere Punktzahl wird angerechnet.
• Eine Kugel fällt vom Tisch. Strafe: Wert der »Kugel on« oder der vom Tisch gefallenen (höhere Punktzahl).
• Versenken einer »Kugel nicht on«. Strafe: Wert der »Kugel on« oder der versenkten Kugel (höhere Punktzahl).
• Spielen einer anderen Kugel als der Weißen. Strafe: 7 Punkte.
• Spielen von 2 Roten in Folge. Strafe: 7 Punkte.
• Spielen ohne Bodenkontakt. Strafe: Wert der »Kugel on«, der gespielten Kugel, einer versenkten Kugel oder einer Kugel, die nicht korrekt aufgesetzt ist (höhere Punktzahl).

Golf

Das Golfspiel stammt aus Schottland, wo es im Mittelalter entstand, wahrscheinlich auf den grasbewachsenen Dünen an der schottischen Ostküste. 1457 versuchte James II. von Schottland, seinen Untertanen das Spiel zu verbieten, da er der Meinung war, daß sie durch das Spiel das Bogenschießen – eine kriegerische Fertigkeit, die für die Verteidigung des Königreichs wichtig war – vernachlässigten. Heutzutage können Menschen verschiedenster Könnensstufen ganz legal und dank dem Handicapsystem fair sich an dem Spiel erfreuen.

Die Mannschaften

Die Regeln erlauben ein hohes Maß an Flexibilität – Spieler können einzeln, mit einem Partner gegen zwei andere Spieler oder zu mehreren in einer Gruppe spielen.

Die Offiziellen

Im Verlauf eines Spiels wird die Anzahl der Schläge von einem Zähler in eine Zählkarte eingetragen. Strittige Fragen in einem Wettspiel werden auf der Grundlage der geltenden Regeln durch einen Schiedsrichter entschieden.

Ryder Cup
– eine hohe Auszeichnung im Mannschaftswettspiel Europa: USA.

Die Elemente eines Lochs
Jedes Loch besteht aus dem Abschlagplatz, der Spielbahn, dem Rough (Rauh), den Hindernissen und dem Grün.

Grün

Spielbahn

Bunker

Rough

Abschlagplatz

Das Loch

Es muß einen Durchmesser von mindestens 108 mm und eine Tiefe von 100 mm aufweisen.

Das Tee

Ein Tee (so heißt der Abschlag) kann aus Kunststoff oder Holz sein. Für den ersten Schlag zum jeweiligen Loch wird der Ball auf das entsprechende Tee gelegt.

Der Ball

Er darf nicht mehr als 45,93 g wiegen, und sein Durchmesser darf nicht kleiner als 42,67 mm sein. Bälle können aus verschiedenen Werkstoffen gefertigt sein: Es gibt Bälle aus Hartgummi, aber auch dreischichtige Bälle, die einen flüssigen Kern, einen gewickelten Mittelteil und eine Hülle besitzen.

Der Golfplatz

Normalerweise hat ein Golfplatz 18 Löcher, obwohl es auch kurze Plätze mit 9 Löchern gibt. Zu jedem Loch führt eine mit kurzem Gras bewachsene Bahn, an deren Ausgangspunkt der Abschlag liegt. Am Ende der Bahn befindet sich das Grün, eine kurzgemähte, gepflegte Rasenfläche, auf der der Ball einzulochen ist. Die umgebende Landschaft mit Bäumen, ungemähtem Gras, Wasserläufen und Sandbunkern bietet Hindernisse, die hohe Ansprüche an das Können der Spieler stellt.

Golfplätze können unterschiedlich lang sein: etwa 5030 bis 6400 m. Die Länge der einzelnen Löcher und die Abfolge von langen und kürzeren Löchern ist ebenfalls unterschiedlich. Das Loch selbst wird mit einer Fahne markiert.

Mekka des Golfspiels
Augusta National – Heimstätte des US-Masters-Turniers

Auf dem Grün
Greg Norman, genannt der »Große Weiße Hai«, war für seine Abschläge bekannt. So gelang es ihm häufig, den Ball schon mit dem ersten Schlag auf das Grün zu bringen. Aber er ging – wie jeder gute Spieler – mit äußerster Sorgfalt bei der Wahl seines Schlägers vor wie auch bei der Vorbereitung eines Putts.

Golftasche

Die Golftasche benutzt man für das Tragen von Schlägern, Bällen und Zubehör, wie etwa Ballreiniger, Handtuch, Wasserflasche und einen Imbiß. Golftaschen kann man auf der Schulter tagen oder einem Caddie anvertrauen, was den Transport auf dem Golfplatz erleichtert.

Schläger

Spieler führen einen Satz Schläger mit sich, wobei jeder für eine bestimmt Schlagart gut ist. Es gibt zwei Schlägerarten: Holzschläger und Eisenschläger. Auch wenn die meisten heute aus Metall sind, hält man an dieser Unterscheidung fest. Die Grundkonstruktion hat sich wenig verändert, obwohl die Hersteller über ein Jahrhundert lang mit verschiedenen Konstruktionen und Werkstoffen experimentiert haben: Holzarten wie Dattelpflaume und Hickory wurden durch andere Werkstoffe, z. B. Stahl ,ersetzt, aber auch Graphit, Bor und Titan werden heute verwendet.

Im allgemeinen werden Holzschläger für Kraft- und Eisenschläger für Präzisionsschläge benutzt. Jeder Schläger zeichnet sich durch einen spezifischen Winkel *(Loft)* zwischen Schlagfläche und Sohle aus. Je nach der gewünschten Flugbahn kommen die einzelnen Schläger zum Einsatz. Die Holzschläger werden mit den Nummern 1 (der *Driver*) bis 9 bezeichnet, während die Eisenschläger gewöhnlich die Nummern 1 bis 10 tragen. Der Winkel der Schlagfläche nimmt mit abnehmender Länge der Flugbahn zu. Der Sand Wedge weist einen extrem starken *Loft* auf; er dient dazu, den Ball aus dem Bunker zu schlagen. Putter dagegen werden für Präzisionsschläge auf dem Grün benutzt.

Holzschläger

Eisenschläger

Schlägerarten
Holzschläger sind für weite Treibschläge, Eisenschläger für kürzere Präzisionsschläge konstruiert.

Kleidung

Es wird erwartet, daß korrekte Kleidung getragen wird; in vielen Klubs z. B. werden Jeans und T-Shirts nicht geduldet. Der Spieler darf an seiner dominanten Hand einen Handschuh tragen, um einen sicheren Griff am Schläger zu gewährleisten.

Ausrüstungskauf

Golf kann zu einem teueren Hobby werden. Es ist daher ratsam, fürs erste nur ein Minimum an Ausrüstung zu kaufen, bevor man sich entschließt, die Sportart ernsthaft zu betreiben.

Ein vollständiger Satz Schläger ist für den Anfang nicht erforderlich –

geeignete Schläger können auch aus zweiter Hand gekauft werden. Surlyn-Bälle reichen für den Anfang. Ein gutes Paar Schuhe mit Naturoberleder ist jedoch schon zu einem frühen Zeitpunkt zu empfehlen. Golfklubs bestehen nicht selten darauf, daß man Golfschuhe und nicht Turnschuhe oder anderes Schuhwerk trägt.

SPIELGEDANKE

Jedes Loch beginnt am Abschlag. Der Spieler schlägt den Ball mit einem passenden Schläger, um den Ball möglichst bis aufs Grün zu befördern. Ist ihm das gelungen, versucht er den

Guter Treibschlag
John Daly, der für seine guten Schläge bekannt ist, demon-striert hier unmittelbar vor dem Abschwung exzellenten Stand und ausgezeichnete Körperhaltung, die für einen kräftigen Treibschlag Voraussetzung sind.

Ball einzulochen. Ein mit einem Schlag gespieltes Loch (»Ace« oder »Hole-in-One«) ist eine große Seltenheit.

Wer gewinnt

Es gibt zwei Arten des Golfspiels: Zählspiel und Lochspiel. Beim *Zählspiel* wird das Spielergebnis aufgrund der Gesamtzahl der Schläge über die 18 Löcher einer Runde berechnet. Beim *Lochspiel* gilt die Anzahl der Löcher, die der Spieler *gewonnen* hat, als Spielergebnis; ein Spieler gewinnt ein Loch, indem er den Ball mit weniger Schlägen als seine Gegenspieler einlocht.

Die Zählkarte gibt die Entfernung pro Loch sowie das *Par* (die Anzahl der Schläge, die ein guter Spieler ohne Handicap für das Loch braucht) an. In einem Handicapwettspiel wird das Spielergebnis nach dem Handicap des jeweiligen Spielers berechnet; der Spieler mit der niedrigsten Punktzahl gewinnt.

Das Handicap eines Spielers wird anhand einer Anzahl von Zählkarten von dem Klub berechnet, dessen Mitglied er ist. Ein guter Spieler hat ein niedrigeres Handicap als einer, der nicht so leistungsstark ist. Das Handicap wird vom Spielergebnis abgezogen.

DIE WICHTIGSTEN REGELN

• Golf hat seine eigene Etikette, einen Verhaltenskodex, der auf korrektem Verhalten, Ehrlichkeit und Rücksicht auf die Mitspieler beruht.

• Der Spieler sollte um sich und hinter sich schauen, bevor er abschlägt, um sicher zu sein, daß niemand durch den Abschlag gefährdet wird.

• Hat ein Spieler die Aufgabe, die Zählkarte zu führen, was bei Spielen »just for fun« oft vorkommt, ist es Ehrensache, die Zählkarte ehrlich und genau zu führen.

• Mitspieler dürfen den gerade schlagenden Golfspieler nicht durch Sprechen oder andere Geräusche oder Bewegungen stören.

GOLFREGELN
• • • • • • • • • • •

(Die Golfregeln sind im folgenden teilweise gekürzt wiedergegeben)

Regel 1. Das Spiel

1–2. Beeinflussung des Balls
Kein Spieler oder Caddie darf in irgendeiner Weise auf die Lage oder die Bewegung des Balls Einfluß nehmen, es sei denn in Übereinstimmung mit den Regeln.

1–3. Übereinkunft über Nichtanwendung von Regeln
Spieler dürfen nicht verabreden, irgendeine Regel nicht anzuwenden oder irgendeine Strafe nicht zu verhängen.

1–4. Nicht durch Regeln erfaßte Einzelheiten
Wird irgendeine strittige Einzelheit nicht durch die Regeln erfaßt, so ist nach dem Prinzip der Gerechtigkeit zu entscheiden.

Regel 2. Lochspiel

2–1. Gewinner des Lochs; Zählweise
(Siehe S. 167, Wer gewinnt)

2–2. Halbiertes Loch
Ein Loch ist halbiert, wenn beide Parteien mit der gleichen Schlagzahl einlochen.

2–3. Gewinner im Lochspiel
Ein Lochspiel (sofern nicht von der Spielleitung anderweitig bestimmt, aus einer festgesetzten Runde bestehend) gewinnt diejenige Partei, die mit mehr Löchern führt, als noch zu spielen sind. Zwecks Entscheidung bei Gleichstand darf die Spielleitung eine festgesetzte Runde verlängern, und zwar um so viele Löcher, wie erforderlich, bis das Lochspiel gewonnen ist.

2–4. Nächsten Schlag oder Loch oder Lochspiel schenken
Ist der Ball des Gegners zur Ruhe gekommen oder gilt er nach Regel 16–2. als zur Ruhe gekommen, so darf der Spieler dem Gegner den nächsten Schlag als eingelocht schenken. Jede Partei darf den Ball entfernen. Ein Spieler darf ein Loch oder Lochspiel jederzeit vor Abschluß von Loch oder Lochspiel verschenken. Das Schenken von Schlag, Loch oder Lochspiel darf weder zurückgewiesen noch widerrufen werden.

2–5. Beanstandungen
Kommen im Lochspiel zwischen den Spielern Zweifel auf oder kommt es zu Streit, und kein Vertreter der Spielleitung ist binnen angemessener Frist erreichbar, so müssen die Spieler das Spiel ohne Verzug fortsetzen. Eine Beanstandung wird von der Spielleitung nur berücksichtigt, wenn sie vorgebracht wurde, bevor irgendeiner der beteiligten Spieler am nächsten Abschlag abschlägt bzw. alle an dem Lochspiel beteiligten Spieler das Grün verlassen. Letzeres gilt, falls es sich um das letzte Loch des Lochspiels handelt.
…

2–6. Grundstrafe
Die Strafe für einen Verstoß gegen eine Regel im Lochspiel ist Lochverlust, sofern nichts andereres vorgesehen ist.

Regel 3. Zählspiel

3–1. Gewinner
Gewinner ist derjenige, der für die Runde(n) die wenigsten Schläge benötigt.

3–2. Nicht eingelocht
Locht ein Spieler an irgendeinem Loch nicht ein und korrigiert diesen Fehler nicht, bevor er einen Schlag vom nächsten Abschlag spielt bzw. – sofern es sich um das letzte Loch der Runde handelt – das Grün verläßt, so wird er disqualifiziert.

3–3. Zweifel über Spielweise
a) Verfahren
Im Zählspiel darf ein Spieler, der beim Spielen eines Lochs Zweifel hat, welches seine Rechte sind oder wie er zu spielen hat, straffrei einen weiteren Ball spielen. Nach Eintreten der Lage, die Anlaß zu dem Zweifel gibt, sollte der Spieler vor jeder weiteren Handlung seinem Zähler oder einem Mitspieler ankündigen, daß er nach dieser Regel verfahren will und welcher Ball, sofern es die Regeln gestatten, gelten soll. Der Spieler muß, bevor er seine Zählkarte einreicht, der Spielleitung den Sachverhalt melden, sofern nicht die Schlagzahl mit beiden Bällen gleich war; versäumt er dies, wird er disqualifiziert.

b) Schlagzahl für das Loch
Ist nach den Regeln die Spielweise zulässig, für die sich der Spieler entschieden hatte, so gilt die Schlagzahl mit dem betreffenden Ball als seine Schlagzahl für das Loch.

3–4. Regelverweigerung
Weigert sich im Zählspiel ein Spieler, eine Regel anzuwenden, die die Rechte eines anderen Spielers berührt, so wird er disqualifiziert.

3–5. Grundstrafe
Sofern nichts andereres vorgesehen, wird ein Verstoß gegen eine Regel im Zählspiel mit zwei Schlägen bestraft.

Regel 4. Schläger

(Siehe auch S. 167 Schläger)

4–1. Wenn der Schläger wegen Beschädigung im Verlauf des normalen Spiels unter die Regel 4–1 fällt, kann der Spieler:

(I) den beschädigten Schläger weiter benutzen, aber nur für die restliche Dauer der festgelegten Runde, in der die Beschädigung eingetreten ist; oder

(II) die Beschädigung ohne übermäßige Zeitverzögerung beheben.

4–2. Veränderte Spieleigenschaften
Während einer Runde dürfen die Spieleigenschaften eines Schlägers nicht absichtlich verändert werden.

4–3. Fremdstoff
Kein Fremdstoff darf an der Schlagfläche angebracht werden, um die Bewegung des Balls zu beeinflussen.

4–4. Höchstzahl von 14 Schlägern
(Siehe Schläger, S. 167)

Regel 5. Der Ball

5-1. Allgemeines
(Siehe Der Ball, S. 166)

5–2. Fremdstoff
Kein Fremdstoff darf an einem Ball angebracht werden, um seine Spieleigenschaften zu verändern.

5–3. Ball spielunbrauchbar
Der Ball ist spielunbrauchbar, wenn er sichtbar eingekerbt, zerschlagen oder verformt ist.

Regel 6. Verantwortlichkeit des Spielers

6–1.
Der Spieler ist selbst dafür verantwortlich, daß ihm die Ausschreibung bekannt ist, nach welcher das Wettspiel ausgetragen wird

6–2. Vorgabe
a) Lochspiel
Vor Antritt eines Lochspiels in einem Wettspiel mit Vorgabe sollten die Spieler gegenseitig ihre Vorgaben feststellen. Beginnt ein Spieler das Lochspiel, nachdem er eine zu hohe Vorgabe angegeben hat, und würde sich dies auf die Anzahl der zu gewährenden oder in Anspruch zu nehmenden Vorgabeschläge auswirken, so wird er disqualifiziert.

b) Zählspiel
Bei jeder Runde eines Wettspiels mit Vorgabe (Handicap) muß sich der Spieler vergewissern, daß seine Vorgabe auf seiner Zählkarte eingetragen ist, bevor sie der Spielleitung eingereicht wird.

6–3. Abspielzeit und Spielergruppen
a) Abspielzeit
Der Spieler muß zu der von der Spielleitung angesetzten Zeit abspielen.

b) Spielergruppen
Im Zählspiel muß ein Spieler während der gesamten Runde in der Gruppe bleiben, der er von der Spielleitung zugeteilt wurde.

6–4. Caddie
Der Spieler darf zu einem bestimmten Zeitpunkt nur einen Caddie haben.

6–5. Ball
Der Spieler ist dafür verantwortlich, daß er den richtigen Ball spielt. Jeder Spieler sollte seinen Ball kennzeichnen.

6–6. Schlagzahlen im Zählspiel
a) Schlagzahlen aufschreiben
Nach jedem Loch soll der Zähler mit dem Spieler die Schlagzahl vergleichen und aufschreiben. Bei Abschluß der Runde unterschreibt der Zähler die Zählkarte und händigt sie dem Spieler aus.

b) Zählkarte unterschreiben und einreichen
Nach Abschluß der Runde soll der Spieler die Schlagzahl für jedes Loch nachprüfen und alle strittigen Einzelheiten mit der Spielleitung klären. Er muß die Unterschrift des Zählers einholen, die Zählkarte gegenzeichnen und sie so bald wie möglich der Spielleitung einreichen.

c) Änderung der Zählkarte
Nachdem der Spieler die Zählkarte der Spielleitung eingereicht hat, darf auf ihr nichts mehr geändert werden.

d) Falsche Schlagzahl
Der Spieler ist dafür verantwortlich, daß die für jedes Loch auf seiner Zählkarte aufgeschriebene Schlagzahl richtig ist. Reicht er für irgendein Loch eine niedrigere Schlagzahl ein, als tatsächlich gespielt wurde, so wird er disqualifiziert.

6–7. Unangemessene Verzögerung; langsames Spiel
Der Spieler hat ohne unangemessene Verzögerung und in Übereinstimmung mit den von der Spielleitung für das Spieltempo erlassenen Richtlinien zu spielen.

6–8. Spielunterbrechung
a) Erlaubt
Der Spieler darf das Spiel nicht unterbrechen, es sei denn,

(I) die Spielleitung hat das Spiel ausgesetzt;

(II) er erkennt eine akute Blitzgefahr;

(III) er benötigt eine Entscheidung der Spielleitung über eine zweifelhafte oder strittige Einzelheit; oder

(IV) aus einem anderen zwingenden Grund, z. B. plötzlichem Unwohlsein.

Regel 7

behandelt Üben während oder nach den Spielrunden.

Regel 8. Belehrung; Spiellinie angeben

8–1. Belehrung

Während einer Runde darf ein Spieler niemandem im Wettspiel Belehrung erteilen, ausgenommen seinem Partner. Ein Spieler darf während einer Runde nur seinen Partner oder dessen sowie seinen Caddie um Belehrung bitten.

8–2. Spiellinie angeben

Die Spiellinie ist die vom Spieler gewünschte Richtung, die der Ball nach dem Schlag einschlagen soll, wobei eine angemessene Abweichung zu berücksichtigen ist.

a) Außerhalb des Grüns

Außer auf dem Grün darf sich ein Spieler die Spiellinie von jedermann angeben lassen, doch darf der Spieler niemanden auf der Linie oder nahe bei dieser oder auf einer Verlängerung der Linie über das Loch hinaus postieren, während der Schlag gespielt wird.

b) Auf dem Grün

Befindet sich der Ball des Spielers auf dem Grün, so dürfen der Spieler, sein Partner oder beider Caddies vor dem Schlag – nicht aber, während der Schlag gespielt wird – eine Puttlinie angeben. Das Grün darf dabei nicht berührt werden.

Regel 9. Auskunft über Schlagzahl

9–1. Allgemeines

Die Anzahl der Schläge, die ein Spieler gespielt hat, schließt alle Strafschläge, die er sich zugezogen hat, ein.

9–2. Lochspiel

Ein Spieler, der sich eine Strafe zugezogen hat, muß seinen Gegner sobald wie möglich davon in Kenntnis setzen.

Wenn ein Spieler ein Loch spielt, hat sein Gegner Anspruch darauf, von ihm den aktuellen Stand der Schlagzahl zu erfahren.

Wenn der Spieler beim Spielen eines Lochs eine falsche Auskunft über den Stand der Schlagzahl gibt, so zieht er sich keine Strafe zu, wenn er den Fehler berichtigt, bevor sein Gegner den nächsten Schlag gespielt hat. Versäumt der Spieler diese Berichtigung, so wird er mit Ballverlust bestraft.

9–3. Zählspiel

Ein Spieler, der sich eine Strafe zugezogen hat, sollte seinen Zähler so bald wie möglich davon in Kenntnis setzen.

Regel l0. Spielfolge

10–1. Lochspiel

a) Abschlag

Von der Partei, die berechtigt ist, einen Abschlag zu machen, sagt man, sie »habe die Ehre«.

Am ersten Abschlag ergibt sich die Ehre einer Partei aus der Aufstellung. Liegt keine Aufstellung vor, so sollte um die Ehre gelost werden.

b) Außerhalb des Abschlags

Sind die Bälle im Spiel, so muß der weiter vom Loch entfernte Ball zuerst gespielt werden. Sind die Bälle gleich weit vom Loch entfernt, so sollte gelost werden, welcher Ball zuerst gespielt wird.

c) Spielen außer Reihenfolge

Spielt ein Spieler, obwohl sein Gegner hätte spielen müssen, so darf der Gegner unverzüglich verlangen, daß der Spieler diesen Schlag annulliert und in richtiger Reihenfolge straffrei einen Ball spielt, und zwar so nahe wie möglich der Stelle, von welcher der ursprüngliche Ball gespielt worden ist.

10–2. Zählspiel

a) Abschlag

Der Spieler, der berechtigt ist, als erster den Abschlag auszuführen, hat – wie man sagt – die Ehre. Das Verfahren zur Bestimmung der Ehre – s. Regel 10–1 (a).

b) Außerhalb des Abschlags

Siehe 10–1 (b)

c) Spielen außer Reihenfolge

Spielt ein Spieler außer der Reihenfolge, so zieht er sich keine Strafe zu, und der Ball muß gespielt werden, wie er liegt. Stellt jedoch die Spielleitung fest, daß Spieler eine Absprache getroffen haben, in Abweichung von den Punkten 2.a) und b) dieser Regel zu spielen, um einem von ihnen einen Vorteil zu verschaffen, so werden sie disqualifiziert.

10–3. Provisorischer oder zweiter Ball vom Abschlag

Einen provisorischen oder einen zweiten Ball vom Abschlag sollte ein Spieler erst dann schlagen, wenn sein Gegner oder Mitspieler den ersten Schlag gespielt hat. Spielt ein Spieler einen provisorischen oder einen zweiten Ball außer der Reihenfolge, so gelten die Punkte 1.c) und 2.c) dieser Regel.

10–4. Ball beim Nachmessen bewegt

Wird ein Ball beim Nachmessen bewegt in der Absicht, festzustellen, welcher Ball weiter vom Loch entfernt ist, so wird dies nicht bestraft; der Ball muß zurückgelegt werden.

Regel 11. Abschlag

11–1. Aufsetzen

Beim Aufsetzen darf der Ball auf den Boden, auf eine vom Spieler auf dem Boden geschaffene Unebenheit oder auf ein Tee auf Sand oder etwas anderes gelegt werden, damit er etwas erhöht

liegt. Es ist erlaubt, außerhalb des Abschlags zu stehen, um einen Ball innerhalb des Abschlags zu spielen.

11–2. Abschlagsmarkierungen

Bevor ein Spieler seinen ersten Schlag vom Abschlag des zu spielenden Lochs spielt, gelten die Abschlagsmarkierungen als befestigt.

11–3. Ball fällt vom Tee

Fällt ein Ball, der nicht im Spiel ist, vom Tee, oder wird er vom Spieler beim Ansprechen (Einnehmen der Position und Aufsetzen des Schlägers) vom Tee gestoßen, so darf er straffrei wieder aufgesetzt werden. Wurde jedoch dabei ein Schlag nach dem Ball ausgeführt, so zählt dieser Schlag, egal ob sich der Ball bewegt oder nicht. Eine Strafe wird nicht verhängt.

11–4. Spielen von außerhalb des Abschlags

a) Lochspiel

Spielt ein Spieler zu Beginn eines Lochs einen Ball von außerhalb des Abschlags, so darf der Gegner unverzüglich verlangen, daß der Spieler den Schlag annulliert und einen Ball von innerhalb des Abschlags spielt. Eine Strafe wird nicht verhängt.

b) Zählspiel

Spielt ein Spieler zu Beginn eines Lochs einen Ball von außerhalb des Abschlags, so zieht er sich eine Strafe von zwei Schlägen zu und muß dann einen Ball von innerhalb des Abschlags spielen. Spielt dieser Spieler einen Schlag vom nächsten Abschlag, ohne zuvor seinen Fehler korrigiert zu haben bzw. ohne zuvor die Absicht zur Behebung anzukündigen, so wird er disqualifiziert. Ebenso wird verfahren, wenn er das Grün verläßt, sofern es sich um das letzte Loch der Runde handelt. Schläge, die ein Spieler von außerhalb des Abschlags gespielt hat, werden nicht auf seine Schlagzahl angerechnet.

11–5. Spielen von falschem Abschlag

Es gelten die Bestimmungen nach Regel 1 1–4.

Regel 12. Ball suchen und identifizieren

12–1. Ball suchen; Ball sehen

Ein Spieler, der seinen Ball sucht, darf überall auf dem Platz langes Gras oder dergleichen berühren bzw. biegen, jedoch nur soweit erforderlichen, um den Ball finden zu können. Voraussetzung ist, daß dadurch die Lage des Balls, der Raum seines beabsichtigten Schwungs oder seine Spiellinie nicht verbessert werden. Ist ein Ball in einem Hindernis mit losen

hinderlichen Naturstoffen oder Sand bedeckt, darf der Spieler so viel davon entfernen, daß er einen Teil des Balls sehen kann. Wird der Ball hierbei bewegt, so ist das straffrei. Der Ball muß zurückgelegt und ggf. wieder bedeckt werden.

Wird ein Ball in einer Pfütze vermutet, auf einem Wegebaustück oder in einem Loch, einem Maulwurfhügel oder ähnlichem und wird er beim Suchen versehentlich bewegt, so ist das straffrei: Der Ball muß zurückgelegt werden, sofern sich der Spieler nicht für das Verfahren nach Regel 25–1.b) entscheidet. Wird vermutet, daß der Ball in einem Wasserhindernis liegt, so darf der Spieler mit einem Schläger oder sonstwie danach tasten. Wird der Ball dabei bewegt, so ist das straffrei. Der Ball muß zurückgelegt werden, sofern sich der Spieler nicht für das Verfahren nach Regel 26–1. entscheidet.

12–2. Ball identifizieren

Außer in einem Hindernis darf der Spieler straffrei einen Ball, den er für seinen eigenen hält, zur Identifizierung aufnehmen und in dem zu diesem Zweck erforderlichen Maß reinigen. Erweist sich der Ball als Ball des Spielers, so muß er ihn zurücklegen. Bevor der Spieler den Ball aufnimmt, muß er diese Absicht seinem Gegner im Lochspiel bzw. seinem Zähler oder einem Mitspieler im Zählspiel kundtun und die Lage des Balls kennzeichnen. Dann muß er Gegner, Zähler oder Mitspieler Gelegenheit geben, zu beobachten, wie der Ball aufgenommen und zurückgelegt wird.

13–1. Ball spielen, wie er liegt

Der Ball muß gespielt werden, wie er liegt, sofern die Regeln nichts anderes vorsehen.

13–2. Lage, Raum des beabsichtigten Schwungs oder Spiellinie verbessern

Sofern in den Regeln nicht anders vorgesehen, darf der Spieler Ort oder Lage seines Balls, den Raum seines beabsichtigten Schwungs, seine Spiellinie sowie eine angemessene Verlängerung dieser Linie über das Loch hinaus oder die Fläche zum Fallenlassen oder Hinlegen eines Balls nicht verbessern oder verbessern lassen, außer es kommt dazu beim fairen Einnehmen der Standposition, beim Spielen eines Schlags oder beim Ausholen zum Schlag, auf dem Abschlag bei der Schaffung oder Beseitigung von Bodenunebenheiten oder nach Regel

➡ *Seite 172*

TAKTIK

Kommen Sie rechtzeitig zum Golfplatz, damit Sie Zeit haben, sich aufzuwärmen und den Abschlag und Schwung zu üben. Die Taktik wird dem jeweiligen Golfplatz angepaßt, dabei kommt es darauf an, den richtigen Schläger für den jeweiligen Schlag auszuwählen und die Faktoren Kraft, Präzision und *Loft* abzustimmen. Nehmen Sie eine Flasche Wasser und einen Imbiß mit, um bei Kräften zu bleiben – denn eine Golfrunde kann lange dauern.

Übung macht den Meister
Spieler aller Leistungsstufen üben regelmäßig und nehmen Unterricht. (Unten, Mitte und rechts) David Leadbetter, ein Golflehrer, zeigt, wie man's macht.

FERTIGKEITEN

Auf dem Weg zu einem guten Golfer spielt die Entwicklung eines guten Schwungs eine Schlüsselrolle. Die Ausführung eines Schwungs hängt davon ab, wie der Spieler den Ball anspricht (seine Körperhaltung bis zum Schlag), außerdem von seiner Konzentrationsfähigkeit und seinem Griff. Beim Schwung sollte der Spieler den Kopf ruhig und die Augen auf den Ball gerichtet halten. Der Schwung wird hauptsächlich von den Armen erzeugt und nicht von den Handgelenken.

Die andere entscheidende Fähigkeit ist die korrekte Ausführung des Puttschlags. Der Spieler muß seine Hände genau kontrollieren können, um den Ball mit Gefühl genau ins Loch zu befördern.

Rohe Kraft ist dabei nicht ausschlaggebend und kann sich sogar nachteilig auswirken. Übungen zur Stärkung der Handgelenke, Beine und der Bauchmuskulatur sind jedoch von Vorteil. Rückenkräftigungsgymnastik ist unbedingt zu empfehlen.

Putter

Putter in verschiedensten Formen und Gewichtsklassen für verschiedene Greens sind im Handel erhältlich. Für langsame Greens wählt man einen schwereren Putter.

Der Putting-Griff
Die Daumen überlappen sich und zeigen zum Schlägerkopf)

Putting-Position
Um einen sauberen Putting-Schlag zu führen, muß der Golfspieler eine völlig stabile Lage einnehmen, bei der die Knie etwas gebeugt, aber entspannt sind und das Körpergewicht stabil auf den Füßen ruht.

Der Schwung (1)
Die Vervollkommnung des Schwungs ist eine Sache, die alle Golfspieler fast schon zwanghaft beschäftigt, und viele üben stundenlang daran. Einer der Schlüssel zum Erfolg ist die richtige Standposition. Das Ziel besteht darin, die Arme, den Oberkörper und den Schläger so zu schwingen, daß der Ball vom Schlägerkopf mit maximaler Geschwindigkeit getroffen wird. Der Schlag beginnt damit, daß der Spieler den Ball mit der Schlagfläche des Schlägers anspricht, indem er ihn gegen den Ball ausrichtet (1). Darauf macht er einen halben Rückschwung, um sich auf den Schlag vorzubereiten. Dann beginnt der eigentlich Schwung damit, daß der Golfspieler den Schläger nach hinten bis hinter den Kopf schwingt und gleich darauf nach vorn, um den Ball zu schlagen, wobei der ganze Bewegungsablauf fließend verläuft (2) – s. Abbildungen und

1

2

GRAUZONE

Regel 26–1, Ball im Wasserhindernis

Nach dieser Regel gilt ein Ball im (Wasser-)Hindernis erst dann als verloren, wenn schlüssige Gründe für die Annahme vorliegen, daß der Ball sich darin befindet. Im Spiel kann es unter Umständen schwierig sein, sich darüber zu einigen, was unter schlüssigen Gründen zu verstehen ist. Die 1997 gefällten Entscheidungen zu den Golfregeln verschafften mehr Klarheit über diese Frage.

Der in der Regel 26–1 enthaltene Ausdruck »schlüssige Gründe« ist absichtlich so weit gefaßt, daß in jedem konkreten Fall genügend Raum für eine vernünftige Entscheidung möglich ist. So soll der Spieler nicht davon ausgehen, der Ball sei im Wasser, nur weil er glaubt, daß er sich dort befindet. Vielmehr müssen die Fakten überwiegend dafür sprechen. Liegt ein Wasserhindernis beispielsweise mitten auf der Spielbahn, ist es kaum wahrscheinlich, daß der Ball im Rauh verlorengegangen ist. In diesem Falle, wo es kein tiefes Rauh um das Hindernis herum gibt, sprechen die Umstände dafür, daß die Wahrscheinlichkeit höher ist, daß sich der Ball im Wasserhindernis befindet. Die Tatsache allein, daß beobachtet wurde, wie der Ball aufs Wasser klatschte, ist nicht unbedingt ein schlüssiger Grund dafür, daß er im Wasser ist, denn aufklatschende Bälle springen manchmal wieder hoch und fliegen weiter, aus dem Hindernis heraus…

Pitch- und Chipschläge

Außer Drive- und Puttschlägen gibt es noch eine Reihe weiterer Schlagarten. Befindet sich der Ball beispielsweise im Umkreis von 50 m vom Grün, muß man ihn so schlagen, daß er auf dem Grün landet, und zwar so, daß das Rollen nach dem Aufschlag auf ein Minimum reduziert ist. Dafür benutzt der Spieler den Pitchschlag, den er mit einem Pitching-Wedge ausführt und bei dem er den Ball mäßig steil nach oben schlägt, etwa wie mit einem Schockwurf. Ist der Ball nicht weiter als 3 m vom Grün entfernt, kann der Spieler einen Chipschlag mit einem Wedge benutzen, um den Ball aus höherem Gras so zu heben, daß er auf dem Grün landet.

Der Schwung (2)

Beim Schlagen des Balles verlagert der Spieler das Gewicht auf seinen linken Fuß und entspannt die Hüften (3). Damit das Gleichgewicht bei dieser Bewegungsfolge völlig erhalten bleibt (4), schwingen der Schäger und der Oberkörper dabei frei durch. Der Schläger wird vollständig am Körper vorbei geschwungen, so daß er sich am Ende des Schwungs hinter dem Rücken des Spielers befindet.
Das Ziel dabei ist, den gesamten Schwung vom Augenblick des Ansprechens, über Rückschwung, Abschwung bis zum Durchschwung als einen durchgehenden, kontinuierlichen Bewegungsablauf zu gestalten.

3

4

Fortsetzung von Seite 169

16–1.a) oder beim Ausbessern nach Regel 16–1.c) Der Schläger darf nur leicht aufgesetzt und nicht auf den Boden gedrückt werden.

13–3. Standplatz herstellen

Ein Spieler ist berechtigt, die Füße fest aufzusetzen, wenn er seine Standposition bezieht, darf sich aber keinen Standplatz herstellen.

13–4. Ball im Hindernis

Sofern nicht in den Regeln anders vorgesehen, darf der Spieler, bevor er einen Ball schlägt, der sich in einem Hindernis befindet, nicht
a) die Beschaffenheit des Hindernisses oder eines gleichartigen Hindernisses prüfen,
b) den Boden im Hindernis oder das Wasser im Wasserhindernis mit einem Schläger oder sonstwie berühren,
c) lose hinderliche Naturstoffe berühren oder bewegen, die im Hindernis liegen oder es berühren.

Ausnahmen:
1. Vorausgesetzt, daß nichts zum Prüfen der Beschaffenheit des Hindernisses oder zum Verbessern der Lage des Balls geschieht, ist es dem Spieler gestattet,
(a) den Boden bzw. Grund in irgendeinem Hindernis oder Wasser in einem Wasserhindernis zu berühren infolge eines Sturzes oder zum Vermeiden eines Sturzes, beim Fortbewegen eines Hemmnisses, beim Nachmessen oder beim Erlangen oder Aufnehmen eines Balls nach einer Regel oder wenn er
(b) seine Schläger in einem Hindernis ablegt.
2. Nach dem Spielen des Schlags darf der Spieler oder sein Caddie, ohne Anordnung des Spielers, jederzeit Sand oder Erdreich im Hindernis einebnen.

Regel 14. Der Schlag nach dem Ball

Definition
Schlag ist die Vorwärtsbewegung des Schlägers, ausgeführt in der tatsächlichen Absicht, den Ball zu treffen und ihn zu bewegen. Bricht der Spieler seine Ausholbewegung jedoch ab, bevor der Schlägerkopf den Ball erreicht, so gilt dies nicht als Schlag.

14–1. Ehrlich nach dem Ball schlagen

Nach dem Ball muß ehrlich mit dem Schlägerkopf geschlagen werden, und es darf nicht gestoßen, gekratzt oder gelöffelt werden.

14–2. Unterstützung

Beim Spielen eines Schlags darf ein Spieler weder körperliche Unterstützung noch Schutz vor Naturkräften annehmen.

14–3. Künstliche Hilfsmittel und ungebräuchliche Ausrüstung

Sofern nicht in den Regeln anders vorgesehen, darf der Spieler während einer Runde keinerlei künstliche Hilfsmittel oder unübliche Ausrüstung benutzen,
a) die ihm bei einem Schlag oder bei seinem Spiel von Nutzen sein könnte; oder
b) zum Abschätzen oder Messen von Entfernungen oder Umständen, die sein Spiel beeinflussen könnten; oder
c) die ihm beim Halten des Schlägers von Nutzen sein könnten.

Ausnahmen:
(I) Tragen einfacher Handschuhe;
(II) Benutzung von Harz, Puder und Trocknungs- oder Befeuchtungsmitteln;
(III) Anbringen von Klebstreifen oder Gaze am Griff;
(IV) Umwickeln des Griffs mit einem Hand- oder Taschentuch.

14–4. Ball öfter als einmal treffen

Trifft ein Spieler im Verlauf eines Schlags den Ball mit seinem Schläger öfter als einmal, so muß er den Schlag zählen und einen Strafschlag hinzuzählen. Er muß sich also zwei Schläge anrechnen.

14–5. Spielen eines Balls in Bewegung

Ein Spieler darf nicht spielen, solange sich sein Ball bewegt.

Ausnahmen:
Der Ball fällt vom Tee (11–3).
Der Ball wird öfter als einmal getroffen (14–4).
Der Ball bewegt sich im Wasser (14–6).
Beginnt sich der Ball erst zu bewegen, nachdem der Spieler den Schlag oder das Ausholen zum Schlag begonnen hat, so hat er sich nach dieser Regel keine Strafe für Spielen eines Balls in Bewegung zugezogen, ist aber nicht befreit von Strafe, die er sich zugezogen hat nach den Regeln:
Ball in Ruhe durch Spieler bewegt – Regel 18–2.a,
Ball in Ruhe bewegt sich nach Ansprechen – Regel 18–2.b)
Ball in Ruhe bewegt sich nach Berühren loser hinderlicher Naturstoffe – Regel 18–2.c)
(Ball absichtlich von Spieler, Partner oder Caddie abgelenkt oder aufgehalten – s. Regel 1–2.).

14–6. Ball bewegt sich im Wasser

Bewegt sich ein Ball in einem Wasserhindernis im Wasser, so darf der Spieler straffrei einen Schlag spielen, aber seinen Schlag nicht verzögern, damit Wind oder Strömung die Position des Balls verbessern könnten. Ein Ball, der sich in einem Wasserhindernis im Wasser bewegt, darf aufgenommen werden, wenn der Spieler sich entscheidet, nach Regel 26 zu verfahren.

Regel 15. Falscher Ball; eingesetzter anderer Ball

Erklärung
Falscher Ball ist jeder Ball des Spielers außer:
a) Ball im Spiel,
b) provisorischer Ball oder
c) nach Regel 3–3. oder Regel 20–7.b) im Zählspiel gespielter zweiter Ball.

15-l. Allgemeines

Ein Spieler muß den Ball einlochen, den er vom Abschlag gespielt hat, sofern ihm nicht eine Regel gestattet, einen anderen Ball einzusetzen. Ersetzt ein Spieler unerlaubt den Ball im Spiel, so ist dieser Ball nicht falscher Ball; er wird Ball im Spiel, und wenn der Fehler nicht nach Regel 20–6. korrigiert wird, zieht sich der Spieler eine Strafe zu.

15–2. Lochspiel

Spielt ein Spieler, außer in einem Hindernis, einen Schlag mit einem falschen Ball, so ist die Strafe Lochverlust.

15–3. Zählspiel

Spielt ein Spieler einen Schlag oder Schläge mit einem falschen Ball, so ist die Strafe zwei Schläge, es sei denn, Schlag bzw. Schläge seien gespielt worden, solange der betreffende Ball in einem Hindernis war, was straffrei ist. Der Spieler muß seinen Fehler durch Spielen des richtigen Balls beheben. Ist dies nicht geschehen, bevor er einen Schlag vom nächsten Abschlag spielt, bzw. versäumt er, sofern es sich um das letzte Loch der Runde handelt, die Absicht zur Behebung seines Fehlers anzukündigen, bevor er das Grün verläßt, so wird er disqualifiziert. Schläge eines Spielers mit einem falschen Ball werden nicht zu seiner Schlagzahl hinzugerechnet. Gehört der falsche Ball einem anderen Spieler, so muß der Besitzer einen Ball dort hinlegen, wo der falsche Ball zum erstenmal gespielt worden war.

Regel 16. Das Grün

Puttlinie ist die Linie, welche nach der Absicht des Spielers sein Ball nach einem auf dem Grün gespielten Schlag nehmen soll. Außer im Sinne von Regel 16–1.e) umfaßt die Puttlinie einen angemessenen Abstand beiderseits der beabsichtigten Linie.

16-l. Allgemeines

a) Puttlinie berühren
Die Puttlinie darf nicht berührt werden, außer
(I) daß der Spieler Sand und loses Erdreich auf dem Grün sowie andere lose hinderliche Naturstoffe bewegen darf, indem er sie aufsammelt oder mit der Hand oder einem Schläger beiseite fegt, ohne dabei irgend etwas niederzudrücken;
(II) daß der Spieler beim Ansprechen des Balls den Schläger vor den Ball stellen darf, ohne dabei irgend etwas niederzudrücken;
(III) beim Nachmessen – Regel 10–4.;
(IV) beim Aufnehmen des Balls – Regel 16–1.b);
(V) beim Eindrücken eines Ballmarkers;
(VI) beim Ausbessern von Einschlaglöchern von Bällen auf dem Grün – Regel 16–1.c); und
(VII) beim Aus-dem-Weg-Räumen beweglicher Hemmnisse – Regel 24–1.

b) Ball aufnehmen
Ein Ball auf dem Grün darf aufgenommen und auf Wunsch gereinigt werden. Ein so aufgenommener Ball muß an die Stelle zurückgelegt werden, von der er aufgenommen worden war.

c) Ausbessern von Einschlaglöchern von Bällen und sonstigen Schäden
Ob sein Ball auf dem Grün liegt oder nicht – der Spieler darf einen Schaden auf dem Grün, der durch Einschlag eines Balls hervorgerufen worden ist, ausbessern. Wird der Ball bei einer solchen Ausbesserung bewegt, so wird er straffrei zurückgelegt. Irgendein sonstiger Schaden auf dem Grün darf nicht ausgebessert werden, sofern dies dem Spieler beim nachfolgenden Spielen des Lochs von Nutzen sein könnte.

d) Prüfen der Oberfläche
Beim Spielen eines Lochs darf der Spieler die Oberfläche des Grüns nicht dadurch prüfen, daß er einen Ball rollen läßt oder die Oberfläche aufrauht bzw. aufkratzt.

e) Über oder auf Puttlinie stehen
Der Spieler darf auf dem Grün keinen Schlag aus einer Position spielen, bei der er beiderseits der Puttlinie einschließlich der Verlängerung dieser Linie hinter dem Ball steht oder diese Linie einschließlich dieser Verlängerung mit einem der Füße berührt.

f) Position von Caddie oder Partner
Während ein Spieler einen Schlag auf dem Grün spielt, darf nicht dulden, daß sich sein Caddie, sein Partner oder der Caddie seines Partners auf der Puttlinie oder dicht an deren Verlängerung hinter dem Ball postieren.

g) Schlag spielen, solange anderer Ball in Bewegung

Der Spieler darf keinen Schlag spielen, solange ein anderer Ball nach einem auf dem Grün gespielten Schlag in Bewegung ist, es sei denn, der betreffende Spieler hätte nach der Spielfolge zuerst spielen müssen, in diesem Fall bleibt sein Verhalten straffrei.

16–2. Ball ragt über Lochrand

Ragt der Ball über den Lochrand ins Loch hinein, so steht dem Spieler die Zeit zu, das Loch ohne vermeidbare Verzögerung zu erreichen, sowie weitere zehn Sekunden zu, um festzustellen, ob sich der Ball in Ruhe befindet. Ist der Ball bis dahin nicht in das Loch gefallen, so gilt er als in Ruhe befindlich. Fällt der Ball anschließend in das Loch, so gilt er als vom Spieler mit dem letzten Schlag eingelocht, und er muß seiner Schlagzahl für das Loch einen Strafschlag hinzurechnen; sonstige Strafe kommt nach dieser Regel nicht hinzu.

Regel 17. Der Flaggenstock

17–1. Flaggenstock gehalten, entfernt oder hochgehalten

Vor und während dem Schlag darf der Spieler den Flaggenstock halten lassen, entfernen lassen oder zum Anzeigen der Lage des Lochs hochhalten lassen. Dies darf nur auf Ermächtigung des Spielers geschehen, die dieser vor dem Spielen seines Schlags erteilt haben muß.

17–2. Halten ohne Ermächtigung

a) Lochspiel

Im Lochspiel dürfen ein Gegner oder sein Caddie den Flaggenstock nicht ohne vorherige Zustimmung des Spielers halten, entfernen oder hochhalten, während der Spieler einen Schlag spielt oder sein Ball in Bewegung ist.

b) Zählspiel

Wenn im Zählspiel ohne vorherige Zustimmung des Spielers ein Mitspieler oder dessen Caddie den Flaggenstock hält, entfernt oder hochhält, während der Spieler einen Schlag spielt oder sein Ball in Bewegung ist, so ist der Mitpieler wegen Verstoßes gegen diese Regel zu bestrafen. Trifft in einem solchen Fall der Ball des Spielers den Flaggenstock, die bedienende Person oder irgend etwas, das sie mit sich führt, so zieht sich der Spieler keine Strafe zu, und der Ball muß gespielt werden, wie er liegt. War der Schlag jedoch vom Grün aus gespielt worden, so muß er annulliert, der Ball zurückgelegt und der Schlag wiederholt werden.

17–3. Ball trifft Flaggenstock oder die ihn haltende Person

Der Ball des Spielers darf nicht treffen

a) den Flaggenstock, während er von dem Spieler, seinem Partner oder einem ihrer Caddies oder einer anderen Person mit vorheriger Zustimmung des Spielers gehalten oder entfernt oder hochgehalten wird; oder

b) den Caddie des Spielers, seinen Partner oder dessen Caddie, während sie den Flaggenstock bedienen, oder eine andere Person, die mit vorheriger Zustimmung des Spielers den Flaggenstock bedient, oder irgend etwas, das irgendeine dieser Personen mit sich führt; oder

c) den nicht gehaltenen Flaggenstock im Loch, sofern der Ball vom Grün aus gespielt worden war.

17–4. Ball kommt am Flaggenstock zur Ruhe

Ruht der Ball an dem im Loch stehenden Flaggenstock, so dürfen der Spieler oder jemand anders, den er dazu ermächtigt hat, den Flaggenstock bewegen oder entfernen. Fällt dabei der Ball in das Loch, so gilt er als vom Spieler mit seinem letzten Schlag eingelocht; andernfalls muß der Ball, wenn er bewegt worden ist, straffrei am Lochrand hingelegt werden.

Regel 18. Ball in Ruhe bewegt

Ein Ball gilt als bewegt, wenn er seine Lage verläßt und anderswo zur Ruhe kommt. Nicht zum Spiel gehörig ist alles, was nicht zur Partei des Spielers gehört, einschließlich eines Platzrichters, eines Zählers, eines Beobachters und eines Vorcaddies. Jedoch gehören Wind und Wasser zum Spiel.

18–1. Durch nicht zum Spiel Gehöriges

Wird ein Ball in Ruhe durch etwas bewegt, das nicht zum Spiel gehört, so zieht sich der Spieler keine Strafe zu. Der Ball muß vor dem nächsten Schlag des Spielers zurückgelegt werden.

18–2. Durch Spieler, Partner, Caddie oder Ausrüstung

a) Allgemeines

Ist der Ball eines Spielers im Spiel und

(I) der Spieler, sein Partner oder einer ihrer Caddies nehmen ihn auf oder bewegen ihn, berühren ihn absichtlich (außer mit einem Schläger beim Ansprechen) oder verursachen die Ballbewegung, ausgenommen regelkonforme Fälle, oder

(II) Ausrüstung des Spielers oder seines Partners verursacht eine Ballbewegung,

so zieht sich der Spieler einen Strafschlag zu. Der Ball muß zurückgelegt werden, es sei denn, die Bewegung des Balls tritt ein, nachdem der Spieler seinen Schwung begonnen hat, und er bricht den Schwung nicht ab.

b) Ball bewegt sich nach Ansprechen

Bewegt sich der Ball im Spiel eines Spielers, nachdem er ihn angesprochen hat (ausgenommen infolge eines Schlags), so gilt der Ball als vom Spieler bewegt, und er zieht sich einen Strafschlag zu.

c) Ball bewegt sich nach Berühren loser hinderlicher Naturstoffe

Bewegt sich im Gelände der Ball, nachdem der Spieler, sein Partner oder einer ihrer Caddies irgendwelche losen hinderlichen Naturstoffe berührt haben, die innerhalb einer Schlägerlänge vom Ball liegen, und bevor der Spieler den Ball angesprochen hat, so gilt der Ball als vom Spieler bewegt, und er zieht sich einen Strafschlag zu. Bewegen sich auf dem Grün der Ball oder der Ballmarker beim Entfernen irgendwelcher losen hinderlichen Naturstoffe, so müssen Ball oder Ballmarker zurückgelegt werden. Dies ist straffrei, sofern das Bewegen von Ball oder Ballmarker unmittelbar auf das Entfernen der losen hinderlichen Naturstoffe zurückzuführen ist.

18–3. Durch Gegner, Caddie oder Ausrüstung im Lochspiel

a) Beim Suchen

Wird der Ball eines Spielers, während nach ihm gesucht wird, durch einen Gegner, dessen Caddie oder dessen Ausrüstung bewegt, so ist das straffrei. Der Spieler muß den Ball zurücklegen.

b) Außer beim Suchen

Wird der Ball, außer während nach ihm gesucht wird, durch einen Gegner, dessen Caddie oder dessen Ausrüstung berührt oder bewegt, es sei denn, andere Regeln lassen dies zu, so zieht sich der Gegner einen Strafschlag zu, und der Spieler muß den Ball zurücklegen.

18–4. Durch Mitspieler, Caddie oder Ausrüstung im Zählspiel

Wird der Ball eines Spielers durch einen Mitspieler, dessen Caddie oder dessen Ausrüstung bewegt, so ist das straffrei. Der Spieler muß seinen Ball zurücklegen.

18–5. Durch anderen Ball

Wird ein in Ruhe befindlicher Ball im Spiel durch einen anderen Ball bewegt, der infolge eines vorangegangenen Schlages noch in Bewegung ist, so muß der bewegte Ball zurückgelegt werden.

Regel 19. Ball in Bewegung abgelenkt oder aufgehalten

19–1. Durch nicht zum Spiel Gehöriges

Wird ein Ball in Bewegung zufällig durch etwas abgelenkt oder aufgehalten, das nicht zum Spiel gehört, so gilt dies als Spielzufall, ist straffrei, und der Ball muß gespielt werden, wie er liegt – ausgenommen:

a) Kommt ein Ball, der in Bewegung war infolge eines nicht auf dem Grün gespielten Schlages, in oder auf nicht zum Spiel Gehörigem zur Ruhe, das sich bewegt oder lebt, so muß der Spieler so nahe wie möglich der Stelle, wo sich das nicht zum Spiel Gehörige befand, als der Ball darin oder darauf zur Ruhe kam, den Ball im Gelände oder Hindernis fallenlassen, auf dem Grün ablegen, und

b) wird ein Ball, der in Bewegung war infolge eines auf dem Grün gespielten Schlages, durch nicht zum Spiel Gehöriges abgelenkt oder aufgehalten, das sich bewegt oder lebt, ausgenommen einen Wurm oder ein Insekt, oder kommt darin oder darauf zur Ruhe, so muß der Schlag für ungültig erklärt, der Ball zurückgelegt und der Schlag wiederholt werden.

19–2. Durch Spieler, Partner, Caddie oder Ausrüstung

a) Lochspiel

Wird der Ball eines Spielers versehentlich von ihm, seinem Partner, ihren Caddies oder durch ihre Ausrüstungen abgelenkt oder aufgehalten, so ist die Strafe für den Spieler Lochverlust.

b) Zählspiel

Wird der Ball eines Spielers versehentlich von ihm, seinem Partner, ihren Caddies oder durch ihre Ausrüstungen abgelenkt oder aufgehalten, so zieht sich der Spieler eine Strafe von zwei Schlägen zu.

19–3. Durch Gegner, Caddie oder Ausrüstung im Lochspiel

Wird der Ball eines Spielers von einem Gegner, dessen Caddie oder durch dessen Ausrüstung versehentlich abgelenkt oder aufgehalten, so ist das straffrei. Der Spieler darf den Ball spielen, wie er liegt. Er darf aber auch, bevor eine Partei einen weiteren Schlag spielt, den Schlag für ungültig erklären und einen Ball straffrei so nahe wie möglich der Stelle spielen, von welcher der

➡ *Seite 174*

Fortsetzung von Seite 173

ursprüngliche Ball zuletzt gespielt worden war.

19–4. Durch Mitspieler, Caddie oder Ausrüstung im Zählspiel
Siehe Regel 19–l …

19–5. Durch anderen Ball
a) In Ruhe
Wird der nach einem Schlag in Bewegung befindliche Ball eines Spielers durch einen in Ruhe befindlichen Ball im Spiel abgelenkt oder aufgehalten, so muß der Spieler seinen Ball spielen, wie er liegt. Im *Lochspiel* ist der Fall straffrei. Im *Zählspiel* ist dies dann straffrei, wenn nicht beide Bälle vor dem Schlag auf dem Grün gelegen hatten. Falls das der Fall war, zieht sich der Spieler eine Strafe von zwei Schlägen zu.

b) In Bewegung
Wird der nach einem Schlag in Bewegung befindliche Ball eines Spielers durch einen anderen nach einem Schlag in Bewegung befindlichen Ball abgelenkt oder aufgehalten, so muß der Spieler seinen Ball spielen, wie er liegt. Der Fall ist dann straffrei, wenn der Spieler nicht gegen Regel 16–1.g) verstoßen hatte.

Regel 20. Aufnehmen, Fallenlassen und Hinlegen; Spielen von falschem Ort

20–1. Aufnehmen
Ein Ball, der nach den Regeln aufzunehmen ist, darf vom Spieler, seinem Partner oder einer vom Spieler ermächtigten anderen Person aufgenommen werden. Für irgendeinen Regelverstoß ist dabei in jedem dieser Fälle der Spieler verantwortlich. Ist der aufzunehmende Ball anschließend gemäß einer Regel zurückzulegen, so muß seine Lage zuvor gekennzeichnet werden. Werden ein Ball oder der Ballmarker beim Aufnehmen des Balls gemäß einer Regel oder beim Kennzeichnen seiner Lage versehentlich bewegt, so muß der Ball bzw. der Ballmarker zurückgelegt werden. Dies ist straffrei, sofern das Bewegen von Ball oder Ballmarker unmittelbar auf den Vorgang des Kennzeichnens der Lage oder des Aufnehmens des Balls zurückzuführen ist.

20–2. Fallenlassen und erneutes Fallenlassen
a) Von wem und wie
Ein Ball, der nach den Regeln fallenzulassen ist, muß vom Spieler selbst fallengelassen werden. Der Spieler muß aufrecht stehen, mit ausgestrecktem Arm den Ball in Schulterhöhe halten und ihn fallenlassen. Berührt der Ball den Spieler, seinen Partner, einen

ihrer Caddies oder ihre Ausrüstung, bevor oder nachdem er auf einen Teil des Platzes auftrifft, so muß der Ball – straffrei – erneut fallengelassen werden.

b) Wo fallenlassen
Soll ein Ball so nahe wie möglich einer bestimmten Stelle fallengelassen werden, so darf er nicht näher am Loch fallengelassen werden, als die bestimmte Stelle gelegen ist. Falls die Stelle dem Spieler nicht genau bekannt ist, muß sie geschätzt werden. Ein Ball muß beim erstmaligen Fallenlassen dort auf einem Teil des Platzes auftreffen, wo er nach der anzuwendenden Regel fallenzulassen ist. Wird er nicht so fallengelassen, gelten Regel 20–6. und 20–7.

c) Wann erneut fallenlassen
Ein fallengelassener Ball muß straffrei erneut fallengelassen werden, wenn er
(I) in ein Hindernis rollt;
(II) aus einem Hindernis hinausrollt;
(III) auf ein Grün rollt;
(IV) ins Aus rollt;
(V) in eine Lage rollt, wo eine Behinderung durch die Gegebenheit vorliegt, von welcher nach Regel 24–2. (unbewegliches Hemmnis) oder 25–1. (ungewöhnliche Bodenverhältnisse) Erleichterung in Anspruch genommen worden war, oder in das Balleinschlagloch zurückrollt, aus welchem er nach Regel 25–2. (eingebetteter Ball) aufgenommen worden war;
(VI) weiter als zwei Schlägerlängen von der Stelle wegrollt und zur Ruhe kommt, wo er zum erstenmal auf einen Teil des Platzes auftraf;
(VII) näher zum Loch rollt und zur Ruhe kommt, als seine ursprüngliche bzw. geschätzte Lage (s. Regel 20–2.b) war, sofern dies nicht gemäß einer anderen Regel gestattet ist; oder
(VIII) näher zum Loch rollt und zur Ruhe kommt, als der Punkt gelegen war, wo der ursprüngliche Ball zuletzt die Grenze der Fläche bzw. des Hindernisses (25–1.c I und II) oder des Wasserhindernisses (26–1.b) bzw. seitlichen überschritten hat (26–1.c). Ist ein nach dieser Regel erneut fallenzulassender oder hinzulegender Ball nicht sogleich wieder zu erlangen, so darf ein anderer Ball eingesetzt werden.

20–3. Hinlegen und Zurücklegen
a) Von wem und wo
Ist ein Ball entsprechend den Regeln hinzulegen, so muß der Spieler oder sein Partner dies tun. Ist ein Ball zurückzulegen, so

müssen ihn der Spieler, sein Partner oder die Person, welche ihn aufgenommen oder bewegt hatte, an der Stelle hinlegen, wo er aufgenommen oder bewegt worden war. Für einen Regelverstoß ist dabei in jedem dieser Fälle der Spieler verantwortlich. Werden ein Ball oder der Ballmarker beim Hinlegen oder Zurücklegen des Balls versehentlich bewegt, so müssen der Ball bzw. der Ballmarker zurückgelegt werden. Dies ist straffrei, sofern das Bewegen von Ball oder Ballmarker unmittelbar auf dieses Hinlegen oder Zurücklegen des Balls oder Fortbewegen des Ballmarkers zurückzuführen ist.

b) Art der Lage eines hin- oder zurückzulegenden Balls verändert
Ist die ursprüngliche Art der Lage eines hin- oder zurückzulegenden Balls verändert worden, ist folgendermaßen zu verfahren:
(I) Wenn es nicht in einem Hindernis ist, muß der Ball in die nächste der ursprünglichen Lage möglichst ähnliche Lage, nicht weiter als eine Schlägerlänge entfernt, nicht näher zum Loch und nicht in einem Hindernis, hingelegt werden;
(II) Wenn es in einem Wasserhindernis ist, muß der Ball gemäß obiger Ziffer (I) hingelegt werden, und zwar in dem Wasserhindernis;
(III) Wenn es in einem Bunker ist, muß der ursprüngliche Platz so gut wie möglich getroffen und der Ball dort hingelegt werden.

c) Stelle nicht feststellbar
Ist es nicht möglich, die Stelle zu ermitteln, wo der Ball hinzulegen oder zurückzulegen ist, ist folgendermaßen zu verfahren:
(I) Im Gelände muß der Ball so nahe wie möglich dem Ort, wo er gelegen hatte, aber nicht in einem Hindernis oder auf einem Grün, fallengelassen werden.
(II) In einem Hindernis muß der Ball so nahe wie möglich dem Ort, wo er gelegen hatte, in dem Hindernis fallengelassen werden.
(III) Auf dem Grün muß der Ball so nahe wie möglich dem Ort, wo er gelegen hatte, aber nicht in einem Hindernis, hingelegt werden.

d) Ball kommt nicht an Stelle zur Ruhe
Kommt ein Ball, der hingelegt worden ist, nicht an der Stelle zur Ruhe, wo er hingelegt wurde, so muß er – straffrei – zurückgelegt werden. Bleibt er abermals nicht liegen,
(I) außer in einem Hindernis, so muß er an der nächsten Stelle, wo er beim Hinlegen in Ruhe bleibt,

aber nicht näher zum Loch oder in einem Hindernis, hingelegt werden;
(II) in einem Hindernis, so muß er an der nächsten Stelle in dem Hindernis, wo er beim Hinlegen in Ruhe bleibt, aber nicht näher zum Loch und in dem Hindernis, hingelegt werden. Kommt ein hingelegter Ball an der Stelle zur Ruhe, wo er hingelegt wurde, und bewegt sich anschließend, so ist dies straffrei, und der Ball muß gespielt werden, wie er liegt, es sei denn, eine andere Regel findet Anwendung.

20–4. Fallengelassener oder hingelegter Ball im Spiel
War der Ball des Spielers im Spiel aufgenommen worden, so ist er wieder im Spiel, sobald er fallengelassen oder hingelegt worden ist. Ein Ball, der den Ball im Spiel ersetzt, wird Ball im Spiel, sobald er fallengelassen oder hingelegt wurde.

20–5. Nächsten Schlag von der Stelle des vorhergegangenen spielen
Der Spieler muß folgendermaßen verfahren: Ist der Schlag vom Abschlag zu spielen, so soll der zu spielende Ball von irgendeiner Stelle innerhalb des Abschlags gespielt und darf dort auch aufgesetzt werden. Ist der Schlag in Gelände oder einem Hindernis zu spielen, so muß der Ball fallengelassen werden. Ist der Schlag auf dem Grün zu spielen, so muß der Ball hingelegt werden.

20–6. Unkorrekt ersetzten, fallengelassenen oder hingelegten Ball aufnehmen
Ein unkorrekt ersetzter sowie ein an falschem Ort oder sonstwie nicht in Übereinstimmung mit den Regeln fallengelassener oder hingelegter Ball darf straffrei aufgenommen werden, und der Spieler muß anschließend vorschriftsmäßig verfahren.

20–7. Von falschem Ort spielen
Ball von außerhalb des Abschlags oder von falschem Abschlag gespielt, s. Regel 1 1–4. und -5.

a) Lochspiel
Spielt ein Spieler einen Schlag mit einem Ball, der an einem falschen Ort fallengelassen oder hingelegt worden ist, so ist die Strafe Lochverlust.

b) Zählspiel
Spielt ein Spieler einen Schlag mit einem Ball im Spiel, der (I) an falschem Ort fallengelassen oder hingelegt oder (II) bewegt und nicht zurückgelegt worden ist, obwohl die Regeln das Zurücklegen vorschreiben, so ist er, vorausgesetzt es hat sich nicht um einen schwerwiegenden Verstoß gehandelt, mit der jeweils vorge-

schriebenen Strafe zu belegen und muß das Loch mit dem Ball zu Ende spielen. Wird sich ein Spieler, nachdem er von falschem Ort gespielt hat, dieser Tatsache bewußt und nimmt an, es könne sich um einen schwerwiegenden Verstoß handeln, so darf er erklären – vorausgesetzt er hat noch keinen Schlag vom nächsten Abschlag gespielt bzw., sofern es sich um das letzte Loch der Runde handelt, das Grün noch nicht verlassen –, er werde das Loch mit einem zweiten, in Übereinstimmung mit den Regeln fallengelassenen oder hingelegten Ball zu Ende spielen. Bevor der Spieler seine Zählkarte einreicht; muß er den Sachverhalt der Spielleitung melden. Versäumt er dies, wird er disqualifiziert. Die Spielleitung muß feststellen, ob es sich um einen schwerwiegenden Verstoß gehandelt hat. Ist dies der Fall, so gilt die Schlagzahl mit dem zweiten Ball, und der Spieler muß zwei Strafschläge seiner Schlagzahl mit dem zweiten Ball hinzurechnen. Bei einem schwerwiegenden Verstoß, den der Spieler nicht in der oben dargelegten Weise korrigiert hat, wird er disqualifiziert.

Regel 21. Ball reinigen

Ein auf dem Grün nach Regel 16–1.b) aufgenommener Ball darf gereinigt werden. Anderswo darf ein Ball gereinigt werden, wenn er aufgenommen worden ist, außer er wurde aufgenommen,
a) um zu entscheiden, ob er spielunbrauchbar ist (Regel 5–3.);
b) zur Identifizierung (Regel 12–2.), wobei er jedoch nur in dem zur Identifizierung erforderlichen Ausmaß gereinigt werden darf;
c) wegen Behinderung oder Unterstützung des Spiels (Regel 22). Reinigt ein Spieler seinen Ball beim Spielen eines Lochs unter anderen Umständen, als nach dieser Regel vorgesehen, zieht er sich eine Strafe wegen Verstoßes gegen Regel 20–3a zu, es wird jedoch keine zusätzliche Strafe nach Regel 21 verhängt.

Regel 22. Ball behindert oder unterstützt Spiel

Jeder Spieler darf
a) seinen Ball aufnehmen, wenn er der Ansicht ist, dieser könne einen anderen Spieler unterstützen, oder
b) einen anderen Ball aufnehmen lassen, wenn er der Ansicht ist, der Ball könne sein eigenes Spiel behindern oder das Spiel eines anderen Spielers unterstützen. Das darf jedoch nicht geschehen, während ein anderer Ball in

Bewegung ist. Im *Zählspiel* darf ein Spieler, der zum Aufnehmen seines Balls aufgefordert wird, statt dessen zuerst spielen. Ein nach dieser Regel aufgenommener Ball muß zurückgelegt werden.

Regel 23. Lose hinderliche Naturstoffe

Erklärung
Lose hinderliche Naturstoffe sind natürliche Gegenstände wie Steine, Blätter, Zweige, Äste und dergleichen, auch Kot, Würmer und Insekten sowie Aufgeworfenes und Haufen von ihnen, sofern die betreffenden Dinge weder befestigt noch angewachsen noch fest eingebettet sind und auch nicht am Ball haften. Auf dem Grün, und nur dort, sind auch Sand und loses Erdreich lose hinderliche Naturstoffe. Schnee und natürliches Eis, ausgenommen Reif, sind zeitweiliges Wasser oder lose hinderliche Naturstoffe nach Wahl des Spielers. Tau und Reif sind keine losen hinderlichen Naturstoffe.

23-l. Erleichterung
Außer in dem Fall, daß sowohl der lose hinderliche Naturstoff als auch der Ball im selben Hindernis liegen oder es berühren, darf ein loser hinderlicher Naturstoff straffrei fortbewegt werden. Bewegt sich dabei der Ball: s. Regel 18–2.c).
Solange ein Ball in Bewegung ist, darf ein loser hinderlicher Naturstoff, der die Bewegung des Balls beeinflussen könnte, nicht fortbewegt werden.

Regel 24. Hemmnisse

Definition: Ein Hemmnis ist alles Künstliche, eingeschlossen die künstlich angelegten Oberflächen und Begrenzungen von Straßen und Wegen sowie künstliches Eis, ausgenommen jedoch
a) Gegenstände zum Bezeichnen des Aus, wie Mauern, Zäune, Pfosten und Geländer;
b) jeglicher im Aus befindliche Teil eines unbeweglichen künstlichen Gegenstands; und
c) jegliche von der Spielleitung zum Bestandteil des Platzes erklärte Sache.

24–1. Bewegliches Hemmnis
Von einem beweglichen Hemmnis darf ein Spieler folgendermaßen Erleichterung in Anspruch nehmen:
a) Liegt der Ball nicht in oder auf dem Hemmnis, so darf das Hemmnis fortbewegt werden. Bewegt sich der Ball, so muß er zurückgelegt werden, was straffrei ist.
b) Liegt der Ball in oder auf dem Hemmnis, so darf dcr Ball

straffrei aufgenommen und das Hemmnis fortbewegt werden. Der Ball muß so nahe wie möglich dem Punkt unmittelbar unter der Stelle, wo er in oder auf dem Hemmnis lag, aber nicht näher zum Loch, fallengelassen werden (in Gelände oder einem Hindernis) bzw. hingelegt werden (auf dem Grün). Solange ein Ball in Bewegung ist, darf ein Hemmnis, welches die Bewegung des Balls beeinflussen könnte, ausgenommen ein gehaltener Flaggenstock oder Ausrüstung von Spielern, nicht fortbewegt werden.

24–2. Unbewegliches Hemmnis
a) Behinderung
Behinderung durch ein unbewegliches Hemmnis liegt vor, wenn ein Ball darin oder darauf oder so dicht dabei liegt, daß die Standposition des Spielers oder der Raum seines beabsichtigten Schwungs durch das Hemmnis behindert sind. Liegt der Ball des Spielers auf dem Grün, so ist Behinderung auch dann gegeben, wenn sich ein unbewegliches Hemmnis auf seiner Puttlinie erstreckt. In anderen Fällen ist ein derartiges Im-Wege-Sein auf der Spiellinie an sich noch keine Behinderung nach dieser Regel.

b) Erleichterung
Außer wenn der Ball in einem Wasserhindernis ist, darf ein Spieler Entlastung von einer Behinderung durch ein unbewegliches Hemmnis folgendermaßen straffrei in Anspruch nehmen:
(I) Im Gelände: Liegt der Ball im Gelände, so muß der dem Ball nächstgelegene Punkt auf dem Platz festgestellt werden, der (ohne daß das Hemmnis überunter- oder durchquert werden müßte) (a) nicht näher zum Loch liegt, (b) die besagte Behinderung ausschließt und (c) sich nicht in einem Hindernis oder auf einem Grün befindet. Der Spieler muß den Ball aufnehmen und ihn innerhalb einer Schlägerlänge von dem so festgestellten Punkt auf einem Teil des Platzes fallenlassen, welcher die Voraussetzungen nach (a), (b) und (c) erfüllt.
(II) Im Bunker: Ist der Ball in einem Bunker, so muß ihn der Spieler in Übereinstimmung mit (I) aufnehmen und – im Bunker – fallenlassen.
(III) Auf dem Grün: Liegt der Ball auf dem Grün, so muß ihn der Spieler aufnehmen und an die nächstgelegene Stelle legen, wo die Behinderung nicht besteht, jedoch nicht näher zum Loch und nicht in einem Hindernis.
c) Ball verloren
Liegen berechtigte Anzeichen

dafür vor, daß ein Ball in einem unbeweglichen Hemmnis verloren gegangen ist, so darf der Spieler, ausgenommen in einem Wasserhindernis, straffrei einen anderen Ball einsetzen und nach dem in Regel 24–2.b) vorgeschriebenen Verfahren vorgehen.

Regel 25. Ungewöhnliche Bodenverhältnisse und falsches Grün

Zeitweiliges Wasser ist jede vorübergehende Wasseransammlung auf dem Platz außerhalb eines Wasserhindernisses, die sichtbar zutage tritt, bevor oder nachdem der Spieler seine Standposition bezieht. Tau und Reif sind nicht zeitweiliges Wasser.

25–1. Zeitweiliges Wasser, behindernde Bodenverhältnisse
a) Behinderung
Behinderung durch zeitweiliges Wasser, Boden in Ausbesserung oder ein Loch, Aufwurf oder die Laufspur eines Tiers, eines Reptils oder eines Vogels liegt vor, wenn ein Ball unter solchen Umständen liegt oder dergleichen berührt oder wenn dadurch die Standposition des Spielers auf dem Platz behindert oder der Raum für seinen beabsichtigten Schwung eingeschränkt wird. Liegt der Ball des Spielers auf dem Grün, liegt eine Behinderung auch dann vor, wenn sich eine solche Gegebenheit auf seine Puttlinie erstreckt.
Liegt Behinderung vor, so darf der Spieler den Ball spielen, wie er liegt, oder Erleichterung nach b) in Anspruch nehmen.

b) Erleichterung
Entscheidet sich der Spieler für Erleichterung, so muß er folgendermaßen verfahren:
(I) Im Gelände: Liegt der Ball im Gelände, so muß der dem Ball nächstgelegene Punkt auf dem Platz festgestellt werden, der (a) nicht näher zum Loch liegt, (b) die Behinderung durch die störende Gegebenheit ausschließt und (c) sich nicht in einem Hindernis oder auf einem Grün befindet. Der Spieler muß den Ball aufnehmen und ihn – straffrei – innerhalb einer Schlägerlänge von dem so festgestellten Punkt auf einem Teil des Platzes fallenlassen, welcher die Voraussetzungen nach (a), (b) und (c) erfüllt.
(II) Im Hindernis: Ist der Ball in einem Hindernis, so muß der Spieler den Ball aufnehmen und ihn fallenlassen entweder
(a) straffrei in dem Hindernis so nahe wie möglich der Stelle, wo der Ball lag, aber nicht näher zum

➡ *Seite 176*

Fortsetzung von Seite 175

Loch und auf einen Teil des Platzes, der die nach den Umständen größte erzielbare Erleichterung von der Behinderung bietet; oder (b) mit einem Strafschlag außerhalb des Hindernisses. Dabei muß der Punkt, auf dem der Ball lag, auf gerader Linie zwischen dem Loch und der Stelle liegen, auf der der Ball fallengelassen wird; und zwar ohne Beschränkung, wie weit hinter dem Hindernis der Ball fallengelassen werden darf.

Ausnahme: Ist ein Ball in einem Wasserhindernis, so muß ihn der Spieler spielen, wie er liegt, oder nach der Regel 26–1. verfahren.

(III) Auf dem Grün: Liegt der Ball auf dem Grün, so muß ihn der Spieler aufnehmen und straffrei in diejenige der vorherigen nächste Lage hinlegen, welche die größte nach den Umständen erzielbare Erleichterung von der Behinderung bietet, jedoch nicht näher zum Loch und nicht in einem Hindernis.

c) Ball verloren unter Umständen, die in Regel 25-I. beschrieben werden

Es ist eine Tatsachenentscheidung, ob ein in entsprechender Richtung geschlagener Ball unter den Umständen nach Regel 25–1. verloren ist. Um den Ball als unter den betreffenden Umständen verloren zu behandeln, müssen berechtigte Anzeichen dafür vorliegen. Fehlt es an solchen Anzeichen, so muß der Ball als nach Regel 27 verloren behandelt werden.

(I) Außerhalb eines Hindernisses: Ist ein Ball außerhalb eines Hindernisses unter einer Bedingung gemäß Regel 25-l. verloren, so darf der Spieler Erleichterung in Anspruch nehmen wie folgt: Es muß der von der Stelle, wo der Ball zuletzt die Grenze der betreffenden Fläche überschritten hat, nächstgelegene Punkt auf dem Platz festgestellt werden, der (a) nicht näher zum Loch liegt als der Punkt, wo der Ball zuletzt die Grenze überschritten hat, (b) die betreffende Behinderung ausschließt und (c) sich nicht in einem Hindernis oder auf einem Grün befindet. Der Spieler muß einen Ball innerhalb einer Schlägerlänge von dem so festgestellten Punkt auf einen Teil des Platzes fallenlassen, welcher die Voraussetzungen nach (a), (b) und (c) erfüllt. Eine Strafe wird nicht verhängt.

(II) Im Hindernis: Ist ein Ball in einem Hindernis unter einer Gegebenheit nach Regel 25-l. verlorengegangen, so darf der Spieler einen Ball fallenlassen entweder

(a) straffrei – in dem Hindernis so nahe wie möglich dem Punkt, wo der ursprüngliche Ball zuletzt die Grenze der betreffenden Fläche überquert hat, aber nicht näher zum Loch und auf einen Teil des Platzes, der die größte nach den Umständen erzielbare Erleichterung von der Behinderung bietet; oder

(b) mit einem Strafschlag – außerhalb des Hindernisses, wobei der Punkt, wo der ursprüngliche Ball zuletzt die Grenze des Hindernisses gekreuzt hat, auf gerader Linie zwischen dem Loch und der Stelle liegen muß, wo der Ball fallengelassen wird, und zwar ohne Beschränkung, wie weit hinter dem Hindernis der Ball fallengelassen werden darf.

Ausnahme: Ist der Ball in einem Wasserhindernis, muß ihn der Spieler spielen, wie er liegt, oder nach der Regel 26–1 verfahren.

25–2. Eingebetteter Ball

Ein im Gelände auf irgendeiner kurzgemähten Fläche in sein eigenes Einschlagloch im Boden eingebetteter Ball darf aufgenommen, gereinigt und straffrei so nahe wie möglich der Stelle, wo er lag, aber nicht näher zum Loch, fallengelassen werden. Der fallengelassene Ball muß zunächst auf einen Platz des Geländes auftreffen.

25–3. Falsches Grün

Ein Spieler darf keinen Ball spielen, der auf einem zu anderen Grün als dem des zu spielenden Lochs liegt. Der Ball muß aufgenommen werden, und der Spieler muß wie folgt verfahren: Es muß der dem Ort, wo der Ball liegt, nächstgelegene Punkt ermittelt werden, der sich (a) nicht näher zum Loch und (b) nicht in einem Hindernis oder auf einem Grün befindet. Der Spieler muß den Ball aufnehmen und innerhalb einer Schlägerlänge vom dem so festgestellten Punkt, welcher die Voraussetzungen nach (a) und (b) erfüllt, auf einen Teil des Platzes fallenlassen, und zwar straffrei. Der so aufgenommene Ball darf gereinigt werden.

Regel 26. Wasserhindernisse

Wasserhindernisse (außer seitlich gelegene Wasserhindernisse) sollten durch gelbe Pfosten oder Linien gekennzeichnet werden. Ein seitlich gelegenes Wasserhindernis ist ein Wasserhindernis bzw. derjenige Teil davon, an dem es aufgrund seiner Lage nicht möglich oder praktikabel ist, einen Ball in Übereinstimmung mit Regel 26–1.b) *hinter* dem Wasserhindernis fallenzulassen. Seitliche Wasserhindernisse sollten durch rote Pfosten oder Linien bezeichnet werden.

26–1. Ball im Wasserhindernis

Es ist eine Tatsachenentscheidung, ob ein in Richtung auf ein Wasserhindernis geschlagener und verlorengegangener Ball innerhalb oder außerhalb des Hindernisses verlorengegangen ist. Um einen Ball als in dem Hindernis verlorengegangen zu behandeln, müssen berechtigte Anhaltspunkte dafür vorliegen. Fehlt es an solchen Anhaltpunkten, so muß der Ball unter Anwendung von Regel 27 als verloren behandelt werden. Ist ein Ball in einem Wasserhindernis oder ist er darin verlorengegangen (gleichviel, ob der Ball in Wasser liegt oder nicht), so darf der Spieler mit einem Strafschlag

a) einen Ball so nahe wie möglich der Stelle spielen, wo der ursprüngliche Ball zuletzt gespielt wurde (s. Regel 20–5.); oder

b) einen Ball in beliebiger Entfernung *hinter* dem Wasserhindernis fallenlassen, wobei der Punkt, wo der ursprüngliche Ball zuletzt die Grenze des Wasserhindernisses überquert hat, auf gerader Linie zwischen dem Loch und der Stelle, wo der Ball fallengelassen wird, liegen muß; oder

c) als zusätzliche Wahlmöglichkeiten nur für den Fall, daß der Ball zuletzt die Grenze eines seitlichen Wasserhindernisses überquert hat: außerhalb des Wasserhindernisses einen Ball fallenlassen, und zwar innerhalb zweier Schlägerlängen von dem Punkt und nicht näher zum Loch als (I) der Punkt, wo der ursprüngliche Ball zuletzt die Grenze des Wasserhindernisses überquert hat, oder (II) an einem an der gegenüberliegenden Grenze des Wasserhindernisses gleich weit vom Loch entfernten Punkt.

26–2. Ball im Wasserhindernis gespielt

a) Ball kommt in dem Hindernis zur Ruhe

Kommt ein innerhalb eines Wasserhindernisses gespielter Ball nach einem Schlag in demselben Hindernis zur Ruhe, so darf der Spieler

(I) nach Regel 26-l. verfahren; oder

(II) mit einem Strafschlag einen Ball so nahe wie möglich der Stelle spielen, wo der letzte Schlag außerhalb des Hindernisses gespielt wurde (s. Regel 20–5.). Verfährt der Spieler nach Regel 26–1.a), so hat er die Wahl, den fallengelassenen Ball nicht zu spielen. Entscheidet er sich so, darf er

(a) nach Regel 26–1.b) verfahren, wobei er den darin vorgeschriebenen Strafschlag noch hinzurechnen muß; oder

(b) nach Regel 26–1.c) verfahren, sofern anwendbar, wobei er den darin vorgeschriebenen Strafschlag noch hinzurechnen muß; oder

(c) einen weiteren Strafschlag hinzurechnen und einen Ball so nahe wie möglich der Stelle spielen, wo der letzte Schlag außerhalb des Hindernisses gespielt wurde (s. Regel 20–5.).

b) Ball außerhalb des Hindernisses verloren oder unspielbar oder Ball »aus«

Ist ein innerhalb eines Wasserhindernisses gespielter Ball außerhalb des Hindernisses verlorengegangen oder für unspielbar erklärt oder ist er »aus«, so darf der Spieler, nachdem er die Strafe von einem Schlag nach Regel 27–1. oder 28a) auf sich genommen hat,

(I) einen Ball so nahe wie möglich derjenigen Stelle in dem Hindernis spielen, wo der ursprüngliche Ball zuletzt gespielt wurde (s. Regel 20–5.); oder

(II) nach Regel 26–1.b) oder, sofern anwendbar, Regel 26–1.c) verfahren, wobei er den darin vorgeschriebenen Strafschlag noch hinzurechnen und als Bezugspunkt denjenigen Punkt nehmen muß, wo der ursprüngliche Ball zuletzt die Grenze des Hindernisses überquert hatte, bevor er darin zur Ruhe kam; oder

(III) einen weiteren Strafschlag hinzurechnen und einen Ball so nahe wie möglich der Stelle spielen, wo der letzte Schlag außerhalb des Hindernisses gespielt wurde (s. Regel 20–5.)

Regel 27. Ball verloren oder »aus«; provisorischer Ball

Ist der ursprüngliche Ball in einem unbeweglichen Hemmnis verlorengegangen (Regel 24–2.) oder befindet sich in einer von Regel 25–1. erfaßten Gegebenheit (zeitweiliges Wasser, behindernde Bodenverhältnisse), so darf der Spieler nach der dafür zutreffenden anwendbaren Regel verfahren. Ist der ursprüngliche Ball in einem Wasserhindernis verlorengegangen, muß der Spieler nach Regel 26 verfahren.

Erläuterung: Ein Ball ist verloren, wenn

a) er binnen fünf Minuten, nachdem die Partei des Spielers oder deren Caddies die Suche danach begonnen haben, nicht gefunden ist; oder

b) der Spieler einen anderen Ball gemäß den Regeln ins Spiel gebracht hat, selbst wenn er nicht nach dem ursprünglichen Ball gesucht zu haben; oder

c) der Spieler von dem Ort, wo sich der ursprüngliche Ball vermutlich befindet, oder von einem Punkt, der näher zum Loch liegt als dieser Ort, einen Schlag mit einem provisorischen Ball gespielt hat, wodurch der provisorische Ball zum Ball im Spiel wird.

27–1. Ball verloren oder »aus«
Ist ein Ball außerhalb eines Wasserhindernisses verlorengegangen oder ist er »aus«, so muß der Spieler mit einem Strafschlag einen Ball so nahe wie möglich der Stelle spielen, wo der ursprüngliche Ball zuletzt gespielt wurde (s. Regel 20–5.).

27–2. Provisorischer Ball
a) Verfahren
Kann ein Ball außerhalb eines Wasserhindernisses verlorengegangen oder kann er »aus« sein, so darf der Spieler, um Zeit zu sparen, so nahe wie möglich der Stelle, wo der ursprüngliche Ball gespielt worden ist, einen provisorischen Ball spielen (s. Regel 20–5.). Der Spieler muß seinen Gegner im *Lochspiel* bzw. seinen Zähler oder einen Mitspieler im *Zählspiel* unterrichten, daß er einen provisorischen Ball zu spielen beabsichtigt, und muß ihn spielen, bevor er oder sein Partner darangehen, um den ursprünglichen Ball zu suchen. Versäumt er dies und spielt einen anderen Ball, so ist ein solcher Ball kein provisorischer Ball und wird unter Hinzurechnung der Strafe von einem Schlag und Verlust der Distanz (Regel 27-l.) zum Ball im Spiel, wohingegen der ursprüngliche Ball als verloren gilt.

b) Provisorischer Ball wird Ball im Spiel
Der Spieler darf einen provisorischen Ball spielen, bis er den Ort erreicht, wo sich der ursprüngliche Ball mutmaßlich befindet. Spielt er mit dem provisorischen Ball einen Schlag von dem Ort, wo sich der ursprüngliche Ball vermutlich befindet, oder von einem Punkt, der näher zum Loch liegt als dieser Ort, so gilt der ursprüngliche Ball als verloren, und der provisorische Ball wird unter Hinzurechnung der Strafe von einem Schlag und Verlust der Distanz (Regel 27-1.) zum Ball im Spiel.

c) Provisorischen Ball aufgeben
Ist der ursprüngliche Ball weder außerhalb eines Wasserhindernisses verlorengegangen noch »aus«, so muß der Spieler den provisorischen Ball aufgeben und das Spiel mit dem ursprünglichen Ball fortsetzen. Versäumt er dies, so gelten alle mit dem provisorischen Ball gespielten weiteren Schläge als Spielen eines falschen Balls, und es ist nach Regel 15 zu verfahren.

Regel 28. Ball unspielbar
Der Spieler darf seinen Ball an jedem Ort auf dem Platz für unspielbar erklären, außer der Ball ist in einem Wasserhindernis. Ob der Ball unspielbar ist, entscheidet einzig und allein der Spieler. Erachtet der Spieler seinen Ball für unspielbar, so muß er – bei Strafe von einem Schlag
a) einen Ball so nahe wie möglich der Stelle spielen, wo der ursprüngliche Ball zuletzt gespielt wurde (s. Regel 20–5.); oder
b) einen Ball innerhalb zweier Schlägerlängen von der Stelle, wo der Ball liegt, aber nicht näher zum Loch, fallenlassen; oder
c) einen Ball in beliebiger Entfernung hinter dem Punkt fallenlassen, wo der Ball liegt, wobei dieser Punkt auf gerader Linie zwischen dem Loch und der Stelle, wo der Ball fallengelassen wird, liegen muß. Ist der unspielbare Ball in einem Bunker, so darf der Spieler nach a), b) oder c) dieser Regel verfahren. Verfährt er nach b) oder c), so muß ein Ball in dem Bunker fallengelassen werden.

Regel 29. Dreier und Vierer
Erklärungen
Dreier: ein Wettkampf, in dem einer gegen zwei, aber jede Partei nur einen Ball spielt.
Vierer: ein Wettkampf, in dem zwei gegen zwei spielen, aber jede Partei nur einen Ball spielt.

29–1. Allgemeines
In einem Dreier oder Vierer müssen die Partner während jeder Runde abwechselnd von den Abschlägen abschlagen und beim Spielen jedes Lochs abwechselnd schlagen. Strafschläge berühren die Spielfolge nicht.

29–2. Lochspiel
Spielt ein Spieler, wenn sein Partner hätte spielen müssen, so ist die Strafe für seine Partei Lochverlust.

29–3. Zählspiel
Spielen die Partner einen oder mehrere Schläge in falscher Reihenfolge, so müssen diese Schläge annulliert werden; die Partei zieht sich eine Strafe von zwei Schlägen zu. Die Partei muß ihren Fehler berichtigen, indem sie einen Ball in richtiger Reihenfolge so nahe wie möglich der Stelle spielt, wo sie zum erstenmal in falscher Reihenfolge gespielt hat (s. Regel 20–5.). Spielt die Partei einen Schlag vom nächsten Abschlag, ohne zuvor ihren Fehler zu korrigieren, bzw. verläßt sie, sofern es sich um das letzte Loch der Runde handelt, das Grün, ohne zuvor ihre Absicht zur Berichtigung des Fehlers anzukündigen, so wird die Partei disqualifiziert.

Regel 30. Dreiball, Bestball- und Vierball-Lochspiel
. . .

Regel 34. Entscheidung in strittigen Fällen
34–1. Beanstandungen und Strafen
a) Lochspiel
Ist eine Beanstandung nach Regel 2–5. bei der Spielleitung eingereicht worden, so sollte eine Entscheidung so frühzeitig wie möglich gefällt werden, damit der Spielstand gegebenenfalls berichtigt werden kann. Ist eine Beanstandung nicht rechtzeitig nach Regel 2–5. eingereicht worden, so darf sie nicht berücksichtigt werden, sofern sie nicht auf Tatsachen beruht, die dem beanstandenden Spieler zuvor unbekannt gewesen sind oder wenn dem beanstandenden Spieler von einem Gegner eine falsche Auskunft (Regeln 6–2.a und 9) erteilt worden war. In keinem Fall wird eine Beanstandung nach der offiziellen Bekanntgabe des Lochspiel-Ergebnisses berücksichtigt, es sei denn, der Gegner hätte nach Überzeugung der Spielleitung die falsche Auskunft wissentlich gegeben. Keiner zeitlichen Beschränkung unterliegt die Verhängung einer Disqualifikation wegen Verstoßes gegen Regel 1–3.

b) Zählspiel
Von den nachstehend genannten Ausnahmen abgesehen, darf im Zählspiel keine Strafe aufgehoben, abgeändert oder verhängt werden, nachdem das Wettspiel beendet ist. Ein Wettspiel gilt als beendet, wenn das Ergebnis offiziell bekanntgegeben wurde – bei Zählspielqualifikation mit nachfolgendem Lochspiel, wenn der Spieler in seinem ersten Lochspiel abgeschlagen hat. Ausnahmen: Eine Disqualifikation muß auch nach Beendigung des Wettspiels verhängt werden, wenn ein Spieler
(I) gegen Regel 1–3. (Übereinkunft über Nichtanwendung von Regeln) verstoßen hat; oder
(II) eine Zählkarte einreiche, auf der er eine Vorgabe eingetragen war, von der er vor Beendigung des Wettspiels wußte, daß sie höher war als die ihm zustehende, und dies die Anzahl der ihm eingeräumten Vorgabeschläge berührte (Regel 6–2.b); oder
(III) für irgendein Loch eine niedrigere als die tatsächlich benötigte Zahl von Schlägen (Regel 6–6.d) einreichte aus irgendeinem anderen Grund als deswegen, weil eine Strafe nicht mitgerechnet war, der er sich nicht bewußt gewesen ist; oder
(IV) vor Beendigung des Wettspiels wußte, daß er gegen eine Regel verstoßen hatte, die mit Disqualifikation geahndet wird.

34–2. Entscheidung des Platzrichters
Wurde von der Spielleitung ein Platzrichter bestimmt, sind seine Entscheidungen endgültig.

34–3. Entscheidung der Spielleitung
Ist kein Platzrichter zur Stelle, so müssen die Spieler jeden strittigen Fall bzw. Zweifel in bezug auf die Regeln der Spielleitung vortragen. Deren Entscheidung ist endgültig. War der strittige Fall bzw. Zweifel durch die Spielleitung nicht dem Deutschen Golf Verband vorgetragen worden, so haben der oder die Spieler das Recht, eine bestätigte Sachdarstellung durch die Vereinsgeschäftsstelle beim Deutschen Golf Verband vorzutragen, um eine Stellungnahme bezüglich der Richtigkeit der getroffenen Entscheidung zu erhalten. Der Bescheid wird der Geschäftsstelle des bzw. dem betroffenen Verein zugeleitet. War nicht nach den Golfregeln gespielt worden, so trifft der Deutsche Golf Verband keine Entscheidung.

Pétanque

Durch Ernest Pitiot, den Erfinder des Pétanque, erfuhr das Spiel Boule eine Umgestaltung, die es Menschen mit und ohne Körperbehinderung ermöglichte, chancengleich an Wettkämpfen teilzunehmen. Auf diese Weise konnte er, nachdem sein Freund Jules Le Noir eine Körperbehinderung erlitten hatte, weiterhin mit diesem ihrem gemeinsamen Lieblingssport nachgehen.

Die Kugeln im Pétanque werden Boules genannt.

Spielfeld

Das Spiel kann auf beliebigem Boden ausgetragen werden; bei internationalen Vergleichen wird jedoch eine abgegrenzte Bahn (15 m x 4 m) gefordert. Bei anderen Wettkämpfen können die Abmessungen auf bis zu 15 x 3 m verringert werden.

Spieler

3 gegen 3 (Triplette), 2 gegen 2 (Doublette) oder einer gegen einen (Tête à Tête). Beim Triplette benutzt jeder Spieler 2, beim Doublette und Tête à Tête 3 Wettkampfkugeln.

Gerät

Mit dem Bandmaß wird festgestellt, welche Kugel näher an der Zielkugel liegt. Ein Tastzirkel ermöglicht noch höhere Meßgenauigkeit. Spieler, die Schwierigkeiten haben, sich zu bücken, um die Kugel aufzuheben, können einen starken Magneten benutzen, der an einer Schnur hängt.

Die Wettkampfkugel

Eine Stahlkugel mit einem Durchmesser von 7,05–8 cm und einem Gewicht von 650–800 g. Die Kugel darf nicht beschwert, abgeschmirgelt oder auf andere Weise verändert werden.

Die Zielkugel (Cochonnet)

Die Zielkugel (auch »Schweinchen« oder »Sau« genannt) ist aus Holz und von beliebiger Farbe. Durchmesser 25–35 mm. Die Wettkampfkugeln und die Zielkugel dürfen während des Spiels nicht ausgewechselt werden, es sei denn, sie sind beschädigt.

Spielfeld
Pétanque kann praktisch auf jedem Boden gespielt werden, meistens wird es jedoch auf Sandboden, Lehmboden u.ä. ausgetragen, auf dem mit Hilfe eines großen Zirkels (»Baguette«) die Linien leicht gezogen werden können.

Der Werfer kann die Kugel entweder werfen oder über den Boden rollen.

SPIELGEDANKE

Die Zielkugel wird aus dem Wurfkreis mehrere Meter weit geworfen, und die beiden Mannschaften versuchen dann, ihre Wettkampfkugeln (»Kugeln«) durch Werfen oder Rollen möglichst nahe an die Zielkugel zu befördern. Nachdem die erste Kugel von einem Spieler der beginnenden Mannschaft (Team I) geworfen wurde, spielt Mannschaft II, bis mindestens eine ihrer Kugeln näher am Cochonnet liegt als die Kugel der Mannschaft I. Gelingt ihr das, bevor sie alle Kugeln gespielt hat, ist Mannschaft I wieder an der Reihe und spielt, bis sie entweder erfolgreich ist oder alle ihre Kugeln geworfen hat. Diese Reihenfolge wird eingehalten, bis alle Kugeln auf beiden Seiten geworfen worden sind. Der Sieger des ersten Durchgangs (Aufnahme) beginnt die nächste Aufnahme.

Offizielle

Ein Schiedsrichter.

Beginn

Es wird ausgelost, welche Mannschaft das Terrain wählen und die Zielkugel zuerst werfen darf. Die Mannschaft, die beginnt, wählt den Startpunkt und zieht einen Abwurfkreis von 35–50 cm Durchmesser. Er muß mindestens 1 m von allen Hindernissen und der Spielfeldabgrenzung entfernt sein. Die Zielkugel wird dann von einem in diesem Kreis stehenden Spieler geworfen. Wirft ein Spieler aus dem Rollstuhl, muß dieser so stehen, daß sich der Kreis in der Mitte zwischen den Rädern des Rollstuhls befindet.

Wer gewinnt

Die Mannschaft, die eine Kugel oder mehrere näher an der Zielkugel hat als die Gegenmannschaft, gewinnt die Aufnahme und bekommt einen Punkt für jede besser plazierte Wettkampfkugel. Das Spiel ist zu Ende, sobald eine Mannschaft 13 Punkte erreicht hat.

DIE WICHTIGSTEN REGELN

• Die Kugeln dürfen nicht beschwert, abgeschmirgelt, angefeuchtet oder sonstwie verändert werden. Ein Verstoß gegen diese Regel zieht schwere Strafen nach sich, die bis zum Ausschluß aus dem Wettkampfsport für eine längere Zeit reichen können.

• Wird die Zielkugel bewegt, geht das Spiel weiter, vorausgesetzt, sie überquert nicht eine vorher vereinbarte Begrenzungslinie und ist vom Wurfkreis aus noch zu sehen. Ist sie außerhalb der Begrenzungslinie oder nicht mehr zu sehen, gilt sie als »tot«. In einem solchen Fall wird die Aufnahme wiederholt. Gerät die Zielkugel jedoch ins Aus, nachdem eine Mannschaft alle ihre Kugeln geworfen hat, während die andere noch welche hat, bekommt diese Mannschaft einen Punkt pro Kugel, die sie noch nicht geworfen hat.

• Nachdem die Zielkugel geworfen wurde, haben die Spieler maximal 1 Minute, in der sie ihre Wett-

kampfkugel spielen müssen. Beide Füße müssen sich im Kreis befinden, bis die Kugel den Boden berührt hat. Kein anderer Körperteil darf den Boden außerhalb des Wurfkreises berühren, und alle Würfe müssen aus dem gleichen Kreis für die ganze Aufnahme gemacht werden. Zuschauer und Mitspieler müssen sich absolut still verhalten, wenn ein Spieler sich auf einen Wurf vorbereitet und ihn ausführt.

FERTIGKEITEN UND TAKTIKEN

Mannschaftsmitglieder spezialisieren sich oft als Schießer *(Tireurs)* oder als Leger *(Pointeurs)*, aber Einzelspieler

sollten beides gut beherrschen. Das Ziel des Tireurs ist es, die gegnerische Wettkampfkugel wegzuschießen. Der erfolgreichste Schuß ist ein *Carreau*, bei dem die Kugel eine gegnerische Kugel wegstößt und deren Stelle einnimmt. Das Ziel des Pointeurs ist es, seine Kugel so nahe wie möglich an der Zielkugel zu plazieren.

Die Wahl der Kugel kann auch die Spielweise eines Spielers beeinflussen. Ein *Pointeur* kann eine geriffelte Kugel wählen, um der Kugel eine bessere Bodenhaftung zu geben. Ein Tireur kann eine weichere Kugel vorziehen, um den Rückprall zu verringern, der beim Zusammenprall entsteht.

Wurftechnik

Die drei wichtigsten Schuß- bzw. Wurftechniken beim Pétanque sind der »Point«, bei dem die Kugel so geworfen wird, daß sie rollt und nahe am »Schweinchen« zur Ruhe kommt; dann die »Boule portée«, eine im Bogen geworfene Kugel, und mit einem »Tir« versucht man, ein bestimmtes Ziel zu treffen. Dieser Spieler (Abb.) will eine »Boule portée« werfen.

DIE PÉTANQUE-REGELN

...

Regel 7

Folgende Bedingungen muß eine geworfene *Zielkugel* erfüllen, um als regelgerecht zu gelten:

1) Die Entfernung zwischen ihr und dem nächsten Punkt des Abwurfkreises muß betragen:
– für Junioren und Senioren zwischen minimal 6 m und maximal 10 m.

2) Der Abstand aller Hindernisse zum jeweils nächsten Punkt auf der Kreislinie muß mindestens 1 m betragen, der Abstand zwischen der Spielfeldbegrenzung und dem nächsten Punkt auf der Kreiskante 1 m.

3) Der Abstand zwischen der Zielkugel und allen Hindernissen sowie zwischen der Zielkugel und der Grenze zu einem verbotenem Gelände (im folgenden »Spielfeldbegrenzung« genannt) muß mindestens 1 m betragen.

4) Die Zielkugel muß sichtbar sein für einen Spieler, der aufrecht und mit beiden Füßen vollständig im Kreis steht. In Streitfällen entscheidet der Schiedsrichter, seine Entscheidung ist endgültig. Bei der nächsten Aufnahme wird die Zielkugel aus dem Kreis geworfen, der um den Punkt gezogen wird, auf dem sie in der vorhergehenden Aufnahme lag, außer wenn

(a) der Abstand zwischen einem Hindernis und dem Kreis oder der Spielfeldbegrenzung weniger als 1 m beträgt. In diesem Fall zieht der Spieler einen Kreis in einem gültigen Bereich, der so nahe wie möglich an Hindernis und an der Spielfeldbegrenzung liegt.

(b) die Zielkugel nicht so geworfen wurde, daß alle vorschriftsmäßigen Abstände eingehalten werden. In diesem Fall geht der Spieler bis zur vorhergehenden Spiellinie zurück, bis er die Zielkugel innerhalb der vorgeschriebenen Wurfweite werfen kann. Das darf nur geschehen, wenn es nicht möglich ist, die Zielkugel in irgendeine Richtung über die maximale zulässige Weite zu werfen. Wenn es einer Mannschaft nicht gelingt, die Zielkugel nach drei aufeinanderfolgenden Würfen korrekt zu werfen, wird sie der Gegenmannschaft übergeben, die dann ebenfalls drei Versuche hat und die den Wurfkreis, wie bereits beschrieben, zurückverlegen darf. In jedem Falle spielt diejenige Mannschaft die erste Wettkampfkugel, die das Wurfrecht für die Zielkugel nach den ersten drei Versuchen verloren hatte.

Regel 8

Wird eine geworfene Zielkugel von dem Schiedsrichter, einem Spieler, einem Zuschauer, einem Tier oder irgendeinem sich bewegenden Gegenstand angehalten, ist der Wurf ungültig und muß wiederholt werden, ohne daß der Wiederholungswurf als einer der drei Würfe zählt, die einem Spieler oder einer Mannschaft zustehen. Nach dem Zielkugel- und dem ersten Wettkampfkugelwurf ist der Gegenspieler immer noch berechtigt, die Gültigkeit der Lage der Zielkugel zu beanstanden. Ist der Einspruch gültig, wird sowohl der Zielkugel- als auch der Wettkampfkugelwurf wiederholt. Nachdem auch der Gegenspieler eine Wettkampfkugel geworfen hat, gilt die Zielkugelplazierung als regelgerecht, und ein Einspruch kann danach nicht mehr akzeptiert werden.

Regel 9

Die Zielkugel gilt als tot, wenn

(1) sie sich nach dem Wurf nicht innerhalb der in Regel 7 definierten Grenzen befindet.

(2) sie während einer Aufnahme so bewegt wird, daß sie außerhalb der Spielfeldbegrenzung gerät, auch wenn sie danach auf das Spielfeld zurückkehrt. Eine Zielkugel, die sich auf der Begrenzungslinie befindet, ist immer noch im Spiel. Schwimmt eine Zielkugel frei in einer Pfütze, gilt die Pfützenfläche als im Aus befindlich.

(3) sie noch auf dem Spielfeld ist, sich bewegt, aber vom Kreis aus – nach der Definition in Regel 7 – nicht sichtbar ist.

(4) sie so verschoben wird, daß sie weiter als 20 m oder weniger als 3 m vom Wurfkreis entfernt liegt.

(5) die verschobene Zielkugel nach maximal 5 min Suchzeit nicht gefunden werden kann.

Regel 10

Es ist den Spielern streng verboten, irgendwelche Hindernisse auf dem Spielfeld innerhalb der Spielfeldbegrenzungen zu entfernen, zu verlegen oder zu ebnen. Der Spieler darf jedoch den Boden prüfen, indem er mit einer seiner Wettkampfkugeln den Boden abklopft, bevor er die Zielkugel wirft. Darüber hinaus darf der Spieler oder einer seiner Partner vor seinem Wurf das Einschlagloch auffüllen, das die letzte Wettkampfkugel hinterlassen hat.

Eine Verletzung dieser Regeln zieht folgende Strafen nach sich:

(1) Verwarnung,

(2) Disqualifikation der Kugel, die geworfen wurde oder wird,

(3) Disqualifikation der schuldigen Mannschaft,

(4) Disqualifikation beider Mannschaften bei Mittäterschaft.

Regel 11

Wird die Zielkugel während einer Aufnahme von einem Blatt, einem Stück Papier o. ä. verdeckt, werden solche Gegenstände beseitigt. Bewegt sich die ruhende Zielkugel durch den Wind oder aufgrund des Gefälles, wird sie auf ihre ursprüngliche Stelle zurückgelegt, vorausgesetzt, ihre Position wurde vorher markiert. Das gleiche gilt, wenn die Zielkugel versehentlich vom Schiedsrichter, einem Spieler oder Zuschauer oder durch eine Ziel- oder Wettkampfkugel aus einem anderen Spiel, durch ein Tier oder irgendeinen sich bewegenden Gegenstand verschoben wird.

Regel 12

Gerät eine Zielkugel auf ein anderes Spielfeld, auf dem gerade gespielt wird – gleichgültig, ob eine Spielfeldbegrenzung besteht oder nicht –, ist die Zielkugel gültig vorbehaltlich Regel 9. Die Spieler, die die Zielkugel benutzen, sollen warten, bis die Spieler, die an dem anderen Spiel beteiligt sind, ihre Aufnahme beendet haben, bevor sie ihr eigenes abschließen.

Regel 13

Wird eine Zielkugel während einer Aufnahme zur toten Zielkugel, kann einer der drei Fälle gelten:

(a) Haben beide Mannschaften Wettkampfkugeln übrig, die sie noch nicht gespielt haben, ist die Aufnahme ungültig.

(b) hat nur eine Mannschaft Wettkampfkugeln übrig, bekommt diese Mannschaft so viele Punkte gutgeschrieben, wie sie Wettkampfkugeln hat.

(c) hat keine Mannschaft Wettkampfkugeln, die sie noch nicht gespielt hat, ist die Aufnahme ungültig.

Regel 14

1) Wird die Zielkugel getroffen und von einem Zuschauer oder dem Schiedsrichter angehalten, bleibt sie liegen, wo sie anhält.

2) Wird die Zielkugel getroffen und von einem Spieler angehalten, hat sein Gegner die Wahl,

(a) sie in ihrer neuen Lage zu belassen;

(b) sie zurück auf ihre ursprüngliche Stelle zu legen;

(c) sie an eine andere Stelle zu legen, und zwar auf der gedach-

ten Linie zwischen ihrer ursprünglichen Position und dem Punkt, auf dem sie ruht.

Absatz (b) und (c) können nur zur Anwendung kommen, wenn die Position der Zielkugel vorher markiert worden war. Ist das nicht der Fall, bleibt die Zielkugel dort, wo sie ist. Überquert die Zielkugel die Spielfeldbegrenzung, nachdem sie getroffen wurde, kommt aber auf gültigem Bereich zur Ruhe, zählt sie als tot, und es gelten die Bestimmungen der Regel 12.

Regel 15

Wenn die Zielkugel im Verlauf einer Aufnahme die Spielfeldbegrenzung überschreitet, wird die nächste Aufnahme von dem Punkt aus gestartet, von dem sie verschoben wurde *(siehe Regel 7)*, vorausgesetzt,

(a) ein Kreis kann um sie gezogen werden, der 1 m von jedem Hindernis und von der Spielfeldbegrenzung entfernt ist.

(b) die Zielkugel kann über jede vorschriftsmäßige Entfernung geworfen werden.

Wettkampfkugeln

Regel 16

Die erste Wettkampfkugel in einer Aufnahme wird von einem Spieler der Mannschaft geworfen, die die Auslosung oder die letzte Aufnahme gewonnen hat, bei der gepunktet wurde. Der Spieler darf keine Gegenstände benutzen, die ihm beim Werfen einer Wettkampfkugel behilflich sind, oder eine Linie auf dem Boden ziehen, um den Auftreffpunkt zu markieren oder anzuzeigen. Wenn er die letzte Wettkampfkugel spielt, darf er in der anderen Hand keine Wettkampfkugel halten.

Es ist nicht erlaubt, die Wettkampfkugeln oder die Zielkugel anzufeuchten. Geht die erste Wettkampfkugel ins Aus, ist der Gegner am Wurf, geht auch dessen Kugel ins Aus, spielt sein Gegner usw., bis eine Kugel im Spielfeldbereich landet. Sind nach dem Schießen oder Plazieren keine Wettkampfkugeln mehr im Spiel, gelten die in Regel 29 festgelegten Bestimmungen.

Regel 17

Während der Zeit, die der Spieler zur Verfügung hat, eine Wettkampfkugel zu werfen, müssen die anderen Spieler völlige Stille bewahren. Die Gegner dürfen sich nicht bewegen, gestikulieren oder irgend etwas machen, was den Werfenden stören könnte.

Nur seine Mitspieler dürfen sich zwischen dem Kreis und der Zielkugel aufhalten. Die Gegenspieler müssen mindestens 2 m jenseits der Zielkugel oder hinter dem Spieler stehen; in beiden Fällen müssen sie sich seitlich der Spiellinie der jeweiligen Aufnahme aufhalten.

Regel 18
Nachdem eine Wettkampfkugel geworfen wurde, darf sie nicht erneut geworfen werden, es sei denn, der Wurf muß wiederholt werden. Keiner darf während eines Spiels Übungswürfe machen. Sind die Spielbahnen von den Veranstaltern markiert worden, muß die Zielkugel innerhalb der jeweiligen Bahn geworfen werden. Spiel- und Zielkugeln, die während einer Aufnahme die *Spielbahnmarkierung* überschreiten, sind gültig (außer nach den Regeln 9 und 19). Ungeachtet dessen wird die nächste Aufnahme auf der ursprünglich markierten Spielbahn gespielt.

Regel 19
Eine Wettkampfkugel, die die *Spielfeldbegrenzung* vollständig überquert, ist aus. Befindet sich die Wettkampfkugel auf der Begrenzungslinie, ist sie gültig. Sie gilt erst dann als tot, wenn sie die Linie völlig überquert hat. Rollt die Kugel daraufhin aufgrund eines Gefälles oder durch einen Rückprall von irgendeinem Gegenstand auf das Spielfeld zurück, wird sie sofort aus dem Spiel genommen. Alles, was von ihr bewegt wurde, nachdem sie auf das Spielfeld zurückgerollt ist, ist auf die ursprüngliche Stelle zu legen (falls sie vorher markiert worden war). Eine ins Aus gegangene Wettkampfkugel muß sofort aus dem Spiel genommen werden; sollte das nicht geschehen, gilt sie als im Spiel, sobald die nächste Wettkampfkugel gespielt worden ist.

Regel 20
Wird eine Wettkampfkugel von einem Zuschauer oder dem Schiedsrichter angehalten, bleibt sie dort, wo sie zur Ruhe kommt. Eine Kugel, die von einem Mitspieler angehalten wird, ist ungültig. Eine plazierte oder geschossene Kugel, die von einem Gegenspieler angehalten wird, kann nach Wahl des Spielers erneut gespielt oder belassen werden. Wird eine geschossene oder getroffene Kugel von einem Spieler angehalten, hat der Gegenspieler die Wahl,

(a) sie dort zu belassen, wo sie angehalten wurde;
(b) sie auf die gedachte Verlängerung der Linie zu legen, die zwischen ihrer ursprünglichen Position, auf der sie (Wettkampfkugel oder Zielkugel) getroffen wurde, und der Stelle gezogen wird, an der sie gefunden wurde; das darf jedoch nur innerhalb der Spielfeldbegrenzung geschehen und nur, wenn ihre Position vorher markiert wurde. Ein Spieler, der absichtlich eine sich bewegende Wettkampfkugel anhält, wird zusammen mit seiner Mannschaft sofort für das laufende Spiel disqualifiziert.

Regel 21
Nachdem die Zielkugel geworfen wurde, hat jeder Spieler maximal eine Minute Zeit, in der er die Wettkampfkugel spielen muß. Die Zeit zählt ab dem Augenblick, wo die vorherige Ziel- oder Wettkampfkugel zur Ruhe kommt, oder – falls der Abstand abgemessen werden muß – ab dem Augenblick, wo man zu einem Ergebnis gelangt ist. Diese Regel gilt auch für den Zielkugelwurf nach jeder Aufnahme.

Regel 22
Wird eine ruhende Kugel durch den Wind, aufgrund von Gefälle o. ä. verschoben, ist sie auf ihre ursprüngliche Position zurückzulegen. Das gilt auch für eine Wettkampfkugel, die versehentlich durch einen Spieler, Schiedsrichter, durch ein Tier oder einen sich bewegenden Gegenstand verschoben worden ist. Um Streitigkeiten zu vermeiden, sollten die Positionen der Wettkampf- und der Zielkugeln markiert werden.

Regel 23
Ein Spieler, der eine Wettkampfkugel spielt, die einem anderen gehört, wird verwarnt. Dennoch ist die gespielte Wettkampfkugel gültig, sie muß jedoch sofort nach der Messung (falls erforderlich) ausgewechselt werden. Sollte sich das im Verlauf eines Spiels wiederholen, wird die Wettkampfkugel des Spielers disqualifiziert, und alles, was durch sie bewegt wurde, wird auf die ursprüngliche Stelle zurückgelegt. Vor dem Wurf muß der Spieler alle Spuren von Schlamm oder anderen Verschmutzungen von der Wettkampfkugel entfernen. Bei Verstößen gegen diese Regel gelten die Bestimmungen der Regel 10. Spieler dürfen vor Beendigung der Aufnahme die gespielten Wettkampfkugeln nicht aufheben.

Regel 24
Alle regelwidrig geworfenen Wettkampfkugeln sind tot, und alles, was durch sie verschoben wurde, ist auf den ursprünglichen Platz zurückzulegen. Das gleiche gilt für eine Wettkampfkugel, die aus einem anderen Kreis geworfen wurde als demjenigen, aus dem die Zielkugel geworfen wurde. Der Gegner kann jedoch, wenn es für ihn vorteilhafter ist, die aus einem anderen Kreis geworfene Kugel als gültig gelten lassen. In diesem Fall wird alles, was durch die Kugel verschoben wurde, auf der neuen Position belassen. Die Mannschaft muß vor dem Werfen der Zielkugel alle etwaigen Wurfkreise löschen, die sich in der Nähe des neuen Kreises befinden.

Punktwertung und Messungen

Regel 25
Um einen Punkt zu messen, ist es erlaubt, zeitweilig Wettkampfkugeln und alle etwaigen Gegenstände zu entfernen, die zwischen der Zielkugel und einer zu messenden Wettkampfkugel liegen, vorausgesetzt, daß die Stelle vorher markiert wurde. Ist es nicht möglich, die Gegenstände zu entfernen, wird die Messung mit einem Zirkel vorgenommen.

Regel 26
Die Punktmessung wird von demjenigen Spieler vorgenommen, der die letzte Wettkampfkugel gespielt hat, oder von einem seiner Mitspieler. Die Gegner haben danach noch das Recht, den Punkt erneut zu messen. Der Schiedsrichter kann angerufen werden, zu jedem Zeitpunkt einer Aufnahme ungeachtet der Lage der Wettkampfkugeln über einen Sachverhalt zu entscheiden; seine Entscheidung ist endgültig.

Regel 27
Am Ende einer Aufnahme sind alle Wettkampfkugeln ungültig, die aufgehoben wurden, bevor ihre Position markiert und Einigkeit über das Ergebnis erzielt worden ist. Dagegen können keine Einsprüche erhoben werden.

Regel 28
Falls die Ziel- oder eine Wettkampfkugel beim Messen von einem Spieler verschoben wird, verliert seine/ihre Mannschaft einen Punkt. Wird während des Messens die Ziel- oder eine der Wettkampfkugeln durch den Schiedsrichter verschoben, so bleibt die bei dieser Messung

ermittelte Punktwertung erhalten, auch wenn sich bei einer möglichen wiederholten Messung eine andere Punktwertung ergeben sollte.

Regel 29
Sind zwei Wettkampfkugeln zweier gegnerischer Mannschaften gleich weit von der Zielkugel entfernt oder berühren beide die Zielkugel, wird die Aufnahme für ungültig erklärt, wenn es keine Wettkampfkugeln mehr gibt; die Zielkugel wird von der Mannschaft geworfen, die die letzte Aufnahme oder die Auslosung gewonnen hat. Hat nur noch eine Mannschaft Wettkampfkugeln übrig, so spielt sie diese aus und erzielt so viele Punkte, wie sie Kugeln legt, die näher an der Zielkugel liegen als die nächste gegnerische Kugel. Haben beide Mannschaften noch Wettkampfkugeln übrig, spielt die Mannschaft erneut, die die letzte Kugel gespielt hat, danach spielt die andere Mannschaft, und so weiter, bis eine Kugel den Punkt gewinnt. Hat nur eine Mannschaft Kugeln übrig, spielt sie diese wie im obigen Absatz festgelegt. Bleiben nach einer Aufnahme keine Kugeln innerhalb der Spielfeldbegrenzung, wird die Aufnahme für ungültig erklärt.

Regel 30
Vor dem Messen sind an der Ziel- oder einer Wettkampfkugel haftende Fremdkörper zu entfernen.

Regel 31
Etwaige Einsprüche sind beim Schiedsrichter zu melden. Einsprüche, die erhoben werden, nachdem man sich über das Spielergebnis geeinigt hat, können nicht berücksichtigt werden. Jede Mannschaft ist dafür verantwortlich, die gegnerische Mannschaft zu überprüfen (Zulassungen, Klassifikation, Spielbahn, Kugeln usw.).

Die gekürzte Fassung der Regeln wurde mit Genehmigung der *British Pétanque Association* abgedruckt.

Schwimmen

Als älteste bildliche Darstellung des Schwimmens gelten die Felszeichnungen in der Libyschen Wüste aus dem 4. Jahrtausend v.Ch. Aus ihnen wird geschlußfolgert, daß das Schwimmen mit Beinschlag und wechselseitigem Armeinsatz, also eine dem Kraulschwimmen ähnliche Art der Fortbewegung im Wasser, die älteste Schwimmart ist. In der Antike galt das Schwimmenkönnen als ein Bestandteil der Allgemeinbildung, wie auch die Redewendung »Er kann weder schwimmen noch lesen« belegt. Im 19. Jahrhundert entstanden in England die ersten Schwimmvereine der Welt.

Fünft- bis Achtschnellste auf Bahn 2, 7, 1 und 8.

Der Start

Außer beim Rückenschwimmen stellen sich die Teilnehmer beim Ruf oder Pfiff des Schiedsrichters auf die Startblöcke. Beim Kommando des Starters »Auf die Plätze« oder »Take your marks« nehmen sie die Startstellung ein. Befinden sich alle Teilnehmer in ruhiger Startstellung, gibt der Starter das Zeichen zum Start. Das Startsignal kann ein Startschuß, ein Signal durch Pfeife oder Horn sein, aber auch einfach nur das Kommando »Los«. Nach dem Start ist ein anschließender Tauchzug gestattet.

wechselseitig auf- und abwärts bewegen. Der Schwimmer atmet auf einer Seite ein, und zwar in dem Wellental, das durch seinen Kopf erzeugt wird, während der gleichseitige Arm durch das Wasser gezogen wird. Ausgeatmet wird ins Wasser.

Beim **Wenden** und beim **Zielanschlag** muß der Schwimmer das Beckenende mit einem beliebigen Teil seines Körpers berühren.

Rückenschwimmen

Die Teilnehmer müssen während des gesamten Wettbewerbs in der Rückenlage schwimmen. Die Armarbeit

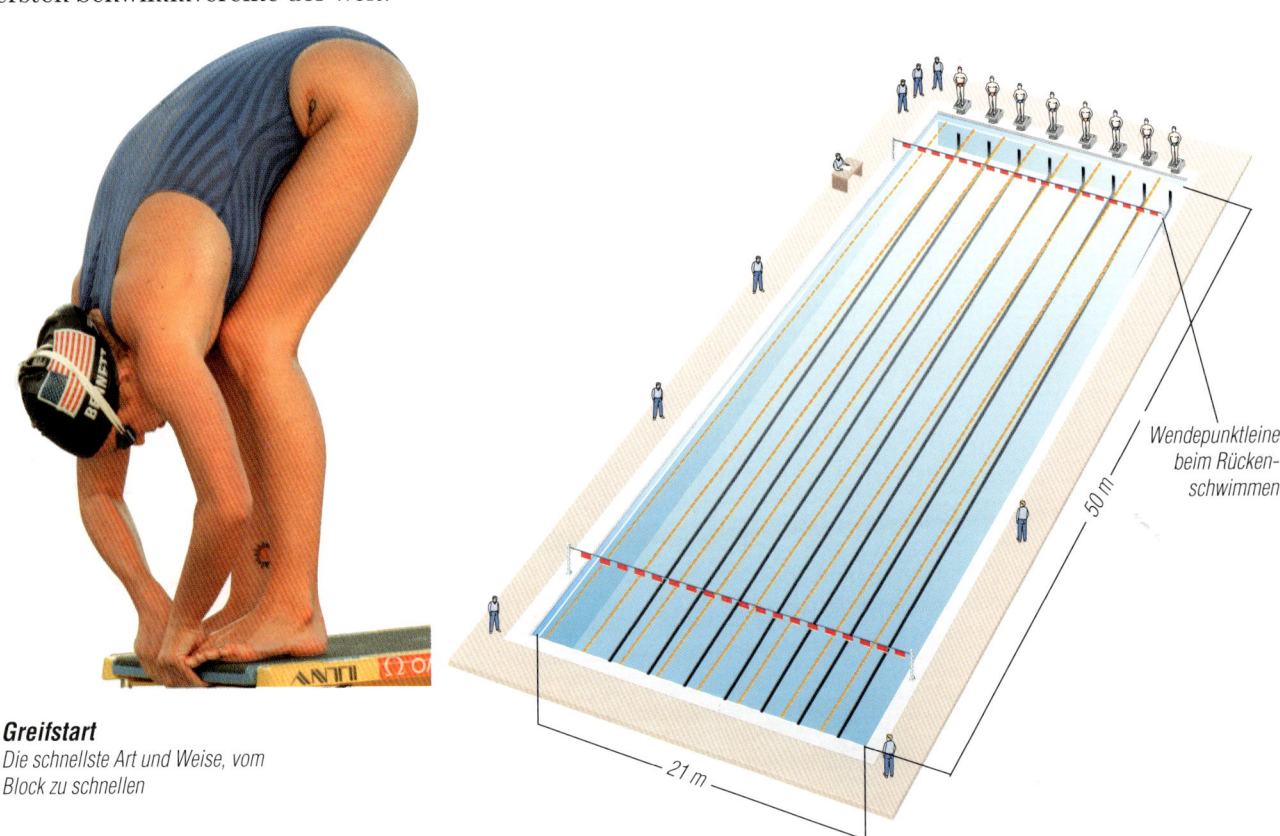

Greifstart
Die schnellste Art und Weise, vom Block zu schnellen

Wendepunktleine beim Rückenschwimmen

50 m

21 m

Wettbewerbe

Es finden Wettkämpfe statt in den Disziplinen Freistil, Brustschwimmen, Rückenschwimmen, Schmetterlingsschwimmen und Lagenschwimmen.

Austragung der Wettbewerbe

Seit 1924 werden die olympischen Schwimmwettbewerbe grundsätzlich nur noch in 50-m-Becken ausgetragen. In allen Wettbewerben finden Vorläufe statt. Die zeitschnellsten acht Teilnehmer der Vorläufe erreichen den A-Endlauf, die Teilnehmer auf den Plätzen 9 bis 16 bestreiten das B-Finale. Bei Startverzicht rückt der/die Nächstbeste aus den Vorläufen nach.

In den Staffeln finden keine B-Finales statt. Indes können die vier Teilnehmer einer Staffel zwischen Vor- und Endlauf ausgetauscht werden. Bei der Preisverleihung werden alle im Vor- und im Endlauf eingesetzten Teilnehmer geehrt.

Bahnverteilung

Die Bahnen für die Vorläufe werden nach den gemeldeten bisherigen Bestzeiten vergeben. Die Bahnverteilung für die Endläufe ergibt sich aus den im Vorlauf erreichten Zeiten: Der/die Schnellste schwimmt auf Bahn 4, der/die Zweitschnellste auf Bahn 5, der/die Drittschnellste auf Bahn 3, der/die Viertschnellste auf Bahn 6 und diesem Prinzip folgend der/die

Die Tauchphase muß 15 m nach dem Start beendet sein. In einem Lauf ist ein Fehlstart erlaubt. Beim zweiten Fehlstart wird das Rennen nicht mehr zurückgepfiffen und findet statt. Der Verursacher des Fehlstarts wird im Nachhinein disqualifiziert.

Freistil

Den Teilnehmern an einem Freistilwettbewerb ist die Wahl der Schwimmart freigestellt. Da das Kraulschwimmen die schnellste Schwimmart ist, wird von den Teilnehmen aber nahezu ausnahmslos diese Technik gewählt. Ihr Hauptmerkmal ist die wechselseitige Armführung von vorn nach hinten, während sich die Füße

erfolgt wechselseitig. Die Schwimmer dürfen eine Roll-(Salto)-Wende machen. Aber jeder Schwimmer, der wendet, bevor er mit einem Körperteil das Beckenende berührt hat, wird disqualifiziert. Ein Schwimmer wird auch dann disqualifiziert, wenn er sich aus der Rückenlage dreht und sich dabei mit vortreibenden Schwimmbewegungen der Wende oder dem Ziel nähert.

Schmetterlingsschwimmen

Bei dieser Schwimmart, die sich aus dem Brustschwimmen entwickelt hat und international erst seit 1953 als eigenständige Schwimmart geführt wird, werden die Arme gleichzeitig nach vorn gebracht, tauchen

gleichzeitig vor den Schultern ins Wasser und werden unter Wasser nach hinten gezogen. Keine andere Armbewegung ist erlaubt. Die Schultern müssen immer parallel zur Wasseroberfläche sein. Die Beine müssen synchron arbeiten. Durchgesetzt hat sich die Delphinbeinbewegung, bei der Rumpf und die geschlossenen Beine eine wellenförmige Bewegung vollführen. Aber auch die weniger effektive Brust-Beinbewegung ist zulässig.

Brustschwimmen

Der Körper muß sich immer parallel zur Wasseroberfläche befinden. Die Hände müssen zusammen von der Brust aus nach vorn geschoben werden, um dann auf oder unter der Wasseroberfläche nach hinten gebracht zu werden. Bei der Beinarbeit müssen die Füße bei der entgegengesetzt zur Schwimmrichtung ausgeführten Bewegung nach außen gestellt sein. Ein Delphinschlag ist nicht gestattet. Bei der Wende und beim Zielanschlag muß die Wand mit beiden Händen gleichzeitig in der gleichen Höhe berührt werden, entweder in Wasserhöhe oder ober- oder unterhalb der Wasseroberfläche.

Lagenschwimmen

Bei den Einzelwettbewerben schwimmen die Teilnehmer die Wettkampfstrecke in der Weise, daß sie die vier gleich langen Teilabschnitte (50 m oder 100 m) in jeweils einer anderen Schwimmarten zurücklegen. Die Reihenfolge ist: Schmetterling, Rücken, Brust, Freistil. Bei den Staffelwettbewerben schwimmt jedes der vier Staffelmitglieder seine Teilstrecke in einer anderen Schwimmart. Reihenfolge: Rücken, Brust, Schmetterling, Freistil.

Disqualifikation

Zur Disqualifikation führen insbesondere folgende Regelverstöße: das Behindern eines anderen Schwimmers (einschließlich Verlassens der Bahn), unangemessenes Benehmen einschließlich Gebrauch von Schimpfworten, die Mißachtung offizieller Anordnungen, Laufen auf dem Beckenboden, Beenden des Wettkampfes in einer anderen Bahn als beim Start. Ins-Wasser-Gehen, während noch ein Wettkampf ausgetragen wird. Die Verwendung von Hilfsmitteln zur Leistungsverbesserung, wie zum Beispiel Flossen. Eine Disqualifikation erfolgt auch bei zu frühem Staffelwechsel, wenn ein Wechselnder sich vom Block löst, ehe sein Mannschaftskamerad an der Beckenwand angeschlagen hat.

Fehlstart

Bei einem Fehlstart werden alle Schwimmer durch ein Doppel-

signal und Herablassen einer Leine ins Wasser zurückgerufen. Ein Fehlstart ist zulässig, bei manchen Wettkampfformen auch keiner. Danach verwarnt der Starter alle Teilnehmer. Kommt es zu einem weiteren Fehlstart, wird der verursachende Schwimmer – egal, ob er bisher einen Fehlstart verursacht hat oder nicht – nach dem Rennen disqualifiziert.

Das Becken

Es gibt traditionell sowohl Becken mit einer Länge von 50 m als auch von 25 m. Das Becken ist durch Korkleinen in acht Bahnen geteilt, diese sind von rechts nach links von eins bis acht numeriert. Für internationale Wettbewerbe anerkannt sind Becken mit acht Bahnen von 2,50 m Breite und einer Beckentiefe von 1,80 m bis 2,50 m. Die Oberkante der Startblöcke befindet sich 75 cm über der

Schmetterling oder Delphin?
Einem Delphin gleich ziehen die Schmetterlingsschwimmer durch das Wasser

Wasseroberfläche. Die Griffe für den Start der Rückenschwimmer befinden sich in einer Höhe von 45 cm.

Die Kleidung

Die Schwimmkleidung soll »dem allgemeinen Anstand entsprechen« und nicht durchsichtig sein. Einzig der Schiedsrichter entscheidet darüber, ob eine Schwimmkleidung diesen Reglementierungen entspricht oder nicht.

Das Kampfgericht

Es soll aus einem Schiedsrichter, einem Starter, Zielrichtern, zwei Schwimmrichtern und Wenderichtern bestehen. Wenn keine elektronische Zeitmessung verwendet wird, sind mindestens zwei, vorzugsweise drei Zeitnehmer pro Bahn im Einsatz. Außerdem fungieren noch zusätzliche Zeitnehmer. Der Schiedsrichter ist der Wettkampfleiter und achtet darauf, daß die Regeln eingehalten werden, er kontrolliert die Bahnen und entscheidet bei Meinungsverschiedenheiten zwischen den Funktionären oder Teilnehmern. Der Starter hat die Übersicht über die Teilnehmer bis zum Wettkampfbeginn. Er muß auch darauf achten, daß jeder Teilnehmer in seiner Bahn schwimmt. Nur er und der Schiedsrichter entscheiden, ob ein Start gültig ist.

Brillenträger
Spezialbrillen schützen vor dem Chlorwasser

SYNCHRONSCHWIMMEN

Um die Jahrhundertwende entwickelte sich in England das »Wasserballett«, das in den 20er Jahren von der US-Wasserspringerin Katherine Curtis weiterentwickelt wurde. In den Anfangsjahren wegen der strengen Bekleidungsvorschriften noch eine Männerdomäne, wird es heute vor allem von Frauen ausgeübt. 1934, während der Weltausstellung in Chicago, wurde von einem Radioreporter der Begriff »synchronized swimming« geprägt. Auch heute betreiben Männer diese Sportart, sie sind aber bei internationalen Vergleichen nicht startberechtigt. Im folgenden werden – nicht völlig korrekt – die Aktiven nur als Synchronschwimmerinnen bezeichnet.

Das Becken

Es muß mindestens 12 m x 12 m messen und dort mindestens 2,50 m tief sein. Diese Fläche kann in der Achse um 8 m verlängert werden – Mindesttiefe 1,70 m. Eine Musikübertragungsanlage wird durch Unterwasserlautsprecher ergänzt.

Die Wettbewerbe

Ausgetragen werden folgende Wettbewerbe:
– Solo
– Duett
– Gruppe (4 bis 8 Teilnehmer). Die Teilnehmerinnen müssen je nach Alter und nach Art des Wettbewerbes eine Pflicht oder eine Technische Kür (mit vorgeschriebenen Pflichtelementen) sowie die Freie Kür vortragen.

Die Kleidung

Für die Pflicht sind eine weiße Schwimmkappe und ein dunkler Schwimmanzug Vorschrift. Bei der Kür hingegen darf beliebige einteilige Schwimmkleidung getragen werden. Bikinis sind also untersagt. Sie muß »dem üblichen moralischen Anstand« entsprechen und darf nicht durchsichtig sein.

Die Offiziellen

Bei der Technischen Kür und der Freien Kür sind das
– 1 Schiedsrichter,
– 5 oder 7 Wertungsrichter zu beiden Längsseiten des Beckens,
– 2 Zeitnehmer,
– 1 Ansager,
– 1 Protokollführer,
– 2 Schreiber,
– 1 Tontechniker.

Der Schiedsrichter gibt den Schwimmerinnen das Zeichen zum Anfangen und den Wertungsrichtern das zum Zeigen der Noten.

Pflicht

Das Figurenschwimmen (Pflicht) gehört nur noch zum Teil zum Programm internationaler Wettkämpfe. Zahlreiche Verbände fordern es im Kinder- und Jugendbereich, um einen Anreiz für die systematische Technikschulung im Nachwuchstraining zu schaffen.
Jede Teilnehmerin führt ihre Übung vor jeder Jurybank aus.
Bewertung der Pflicht:
Die Bewertung der im Regelwerk genannten 196 Pflichtfiguren (1. Gruppe Ballettbein, 2. Gruppe Delphin, 3. Gruppe Contra-Delphin, 4. Gruppe Salti, 5. Gruppe Diverse), die sämtlich mit einem bestimmten Schwierigkeitsgrad versehen sind, erfolgt danach, ob sie hoch, kontrolliert und in gleichbleibendem Tempo ausgeführt wurden. Jeder Teil der Übung muß klar ersichtlich sein. Die Wertungsrichter vergeben Noten von 0 bis 10 Punkten, die höchste und die niedrigste werden gestrichen, und der aus den verbleibenden Noten errechnete Mittelwert wird mit dem Schwierigkeitsgrad der jeweiligen Übung multipliziert.
Strafpunkte:
Je 2 Punkte Abzug gibt es für folgende Verstöße:
– Die Schwimmerin zeigt eine andere als die vorgeschriebene Übung,
– die Schwimmerin bricht die Übung ab und will diese wiederholen.

Technische Kür

In diesem Teil des Wettbewerbs haben die Teilnehmerinnen zwischen 1:50 und 3:00 Minuten Zeit, um Elemente aus den fünf Gruppen der Pflicht zusammen mit verbindenden Elementen zu zeigen.

Freie Kür

In freier, möglichst origineller Interpretation sollen hier ebenfalls Elemente aus allen fünf Gruppen der Pflicht vorgetragen werden. Die Kür muß zwischen 2:15 und 4:45 Minuten lang sein. Diese Zeitvorgabe schließt maximal 0:10 min für »Landbewegung« (»deckwork«) ein. Eine Toleranzzeit von ± 15 Sekunden soll die leichten Tempounterschiede berücksichtigen, die verschiedene Abspielgeräte in bezug auf die einstudierte Musik bewirken können.

Bewertung der Küren (Freie und Technische Kür):
Es werden Punkte vergeben für
– den *technischen Wert* einer Übung (Ausführung, Synchronität und Schwierigkeit) und
– den *künstlerischen Eindruck* (Choreographie, Musikinterpretation, Präsentation).
Der Höchstwert beträgt 10 Punkte, die Bewertung wird auf Zehntelpunkte genau vorgenommen. Die höchste und die niedrigste Note werden gestrichen. Der *technische Wert* wird mit dem Faktor 6 multipliziert, der *künstlerische Eindruck* mit dem Faktor 4. Das Gesamtergebnis ergibt sich aus der Addition der beiden Teilergebnisse.
Strafpunkte bei der Kür:
Je 1/2 Punkt Abzug gibt es für
– jedes fehlende Element der Technischen Kür sowie
– jede fehlende Schwimmerin, bezogen auf die geforderte Anzahl von 8.
Je 1 Punkt Abzug gibt es für
– Überschreitung der 10-Sekunden-Begrenzung für »Bewegung an Land«,
– Abweichen von der vorgeschriebenen Kür-Zeit.
Je 2 Punkte Abzug gibt es
– für absichtliches Berühren des Beckenbodens, sei es zur Unterstützung der Ausführung einer Figur oder als Hilfestellung für eine andere Teilnehmerin,
– wenn eine Schwimmerin/Mannschaft die Bewegung am Beckenrand abbricht und neu beginnt.

Disqualifikation

Verlassen Teilnehmerinnen während der Vorführung das Wasser, werden sie disqualifiziert, es sei denn, es führten Umstände dazu, auf die sie keinen Einfluß haben.

WASSERSPRINGEN

Als Pioniere des Wettkampfsports Wasserspringen gelten im Turmspringen die Schweden und im Kunstspringen vom Brett die Deutschen. Alte bildliche Überlieferungen lassen erkennen, daß ein Sprung von Uferfelsen oder Riffen ins Wasser schon in sehr frühen Zeiten der menschlichen Geschichte geübt wurde. Mit dem Bau von Badeanstalten entstanden neue Bedingungen für den Wettkampfsport. Unterschieden werden Sprünge von einer festen Plattform (10 m, 7,50 m oder 5 m hoch – *Turmspringen*) und von einem federnden Brett (3 m und 1 m Höhe – *Kunstspringen*).

Die Sprünge

Sprunggruppe 1:
Vorwärtssprünge (vorlings-vorwärts)
Sprunggruppe 2:
Rückwärtssprünge (rücklings-rückwärts)
Sprunggruppe 3:
Auerbachsprünge (vorlings-rückwärts)
Sprunggruppe 4:
Delphinsprünge (rücklings-vorwärts)
Sprunggruppe 5:
Schraubensprünge
Sprunggruppe 6:
Handstandsprünge (nur vom Turm)

Die Sprungtabelle

In ihr sind alle zulässigen Wettkampfsprünge mit ihrem Schwierigkeitsgrad aufgeführt. Derzeit sind in der Tabelle mehr als 90 Sprünge mit über 350 Varianten erfaßt. Die Schwierigkeiten reichen von 1,2 (Kopfsprung vorwärts gehockt) bis 3,6 (Eineinhalbfacher Salto rückwärts mit viereinhalbfacher Schraube).

Anforderungen an die Ausführung

Flugphase:
Gestreckt – kein Abwinkeln in Knien und Hüften, Beine geschlossen
Gehechtet – Körper in der Hüfte abgewinkelt, Beine in den Knien gestreckt, Zehen gestreckt
Gehockt – Körper so eng wie möglich versammelt, die geschlossenen Knie an der Brust, Zehen gestreckt
Eintauchen:
Der Körper sollte senkrecht und gestreckt bis zu den Zehen ins Wasser eintauchen. Beim Eintauchen mit dem Kopf müssen auch die Arme über dem Kopf gestreckt, eng zusammenliegend und in einer Linie mit dem Körper sein. Beim Eintauchen mit den Füßen müssen die gestreckten Arme eng am Körper anliegen.

Schraubensprünge

Die Schraube darf nicht bereits vom Absprung weg begonnen werden. Bei gehechteten Schraubensprüngen muß die Schraube dem Hecht folgen. Bei Saltosprüngen mit Schraube darf die Schraube zu jedem Zeitpunkt ausgeführt werden. Die Schraube muß innerhalb 90° der angesagten Position erfolgen, ansonsten kann der Sprung nicht gewertet werden.

Die Wertung

Das Ergebnis eines Sprunges ergibt sich aus den Wertungen der 7 Sprungrichter, die Noten von 0 bis 10 (Höchstwert), auf halbe Punkte genau, vergeben, wobei die höchste und die niedrigste Wertung gestrichen werden.

Die Punktwerte bedeuten:

0	=	völlig mißlungen
0,5 – 2	=	unbefriedigend
2,5 – 4,5	=	mangelhaft
5 – 6	=	befriedigend
6,5 – 8	=	gut
8,5 – 10	=	sehr gut

Die verbleibenden fünf Noten werden addiert und mit dem Schwierigkeitsgrad des angezeigten und tatsächlich ausgeführten Sprunges multipliziert. Dieser Wert ist noch mit dem Faktor 0,6 zu multiplizieren, um den Endwert mit den Wertungen einer Fünfer-Jury vergleichbar zu machen. Das Gesamtergebnis aller Sprünge ergibt sich aus der Summe der Einzelergebnisse.

Keine Wertung

Wird ein anderer Sprung als der von dem Teilnehmer eingeschriebene und durch den Sprecher angekündigte ausgeführt, ist der Sprung ungültig und wird nicht gewertet. Wird ein Sprung in einer anderen Haltung (gestreckt, gehechtet oder gehockt) ausgeführt, als eingeschrieben und angekündigt, gilt er als unbefriedigend und kann mit höchstens 2 Punkten bewertet werden.

Der Wettkampf

Seit 1994 besteht der Wettkampf aus drei Teilbereichen:
1. Vorkampf für alle Teilnehmer,
2. Semifinale der besten 18,
3. Finale der besten 12.
Vorkampf (Brett und Turm):
6 Kürsprünge (Männer)/
5 Kürsprünge (Frauen)
Semifinale (Brett): 5 Pflicht-,
6 Kürsprünge (Männer)/

5 Pflicht-, 5 Kürsprünge (Frauen);(Turm): 4 Pflicht-, 6 Kürsprünge (Männer)/4 Pflicht-, 5 Kürsprünge (Frauen)
Finale: die Anzahl Kürsprünge des Semifinales
Die Summe aller Noten aus dem Semifinale und dem Finale ergibt das Gesamtergebnis.

Im Finale geht der/die Beste des Semifinales als letzte(r) an den Start. Die Sprünge müssen vorher dem Kampfgericht eingereicht, können aber noch 1 Stunde vor Wettkampfbeginn korrigiert werden.

Die Grundstellungen

Die Teilnehmer dürfen aus einer Rückwärts-, Vorwärts- oder Handstandstellung springen. Der Absprung vorwärts darf entweder aus dem Stand oder mit Anlauf ausgeführt werden. Beim Anlauf werden Punkte abgezogen, wenn

– der Springer das Gleichgewicht nicht hält,
– der Springer den Beginn wiederholen muß,
– der Springer nach dem Absprung das Brettende berührt,
– wenn bei der Vorbereitung eines Absprungs rückwärts beide Füße vom Brett gehoben werden.

Bücksalto
Gehechtete Drehung um die Körperbreitenachse

Der Sprungturm
Hier mit zwei Bretthöhen und drei Plattformen

Schraube
Gestreckte Drehung um die Körperlängsachse

Segeln

D er Typ des schnellen und wendigen Segelschiffs
wurde in den Niederlanden Anfang des 16. Jahrhunderts unter dem Namen »jaght schip« entwickelt. Die Gründung des »Cork Water Club of the
Harbour of Cork« in Irland im Jahr 1720 gilt als die
Geburtsstunde des Segelsports. 1851 stiftete Englands Königin Victoria den »Hundred Guineas Cup«
für eine der ersten Hochseeregatten, die über
60 Meilen um die Isle of Wight führte. Sie wurde von
dem Schoner »America« klar für
die USA gewonnen.

*Zwei Varianten des olympischen
Trapezkurses*

Olympische Kurse

Jede Segelregatta beginnt an
einer durch zwei Bojen oder
Schiffe gebildeten Startlinie
und führt um mehrere Bojen,
sogenannte Bahnmarken, die
in einer festgelegten Reihenfolge auf einer festgelegten
Seite passiert werden müssen,
bis zu einer Ziellinie. Für die
olympischen Segelregatten hat
der internationale Segler-Verband ISAF für alle Klassen
einen Trapezkurs festgelegt,
dessen Länge entsprechend der
Windstärke so eingerichtet
wird, daß die Boote den Kurs in
etwa einer Stunde absegeln.
Der Trapezkurs ist gegenüber
den früheren Dreieckskursen
eine Neuerung, die es ermöglicht, zwei Startgruppen auf
derselben Bahn segeln zu lassen,
ohne daß die beiden Gruppen
sich gegenseitig behindern und
der geplante Zeitablauf in Frage
gestellt wird. Er besteht im
wesentlichen aus zwei Strecken
gegen den Wind, bei denen die
Boote ihre Fähigkeit zu kreuzen

zeigen
müssen, und zwei
Strecken direkt vor dem Wind,
die vor allem taktisches Können
und perfekte Bootsbeherrschung
verlangen. Der letzte Kurs ins
Ziel ist ein Halbwindkurs, auf
dem die Boote ihre größte Geschwindigkeit entwickeln, so
daß der für die Medien besonders interessante Zieldurchgang
äußerst dynamisches und
attraktives Segeln bietet.

Bootsklassen und Anzahl der Boote

Die Bootsklassen bei Olympischen Spielen werden von der
ISAF in Abstimmung mit dem
IOC jeweils vier Jahre vorher
festgelegt. Dabei wird darauf
geachtet, daß weit verbreitete
Bootsklassen aufgenommen
werden. Die Zahl der zugelassenen Boote pro Klasse wird
ebenfalls zu diesem Zeitpunkt
festgelegt und richtet sich nach

den Möglichkeiten des Veranstalters sowie dem internationalen Renommee der entsprechenden Klasse. Dabei gilt Segeln als
ein Mannschaftssport, bei dem
in jeder Bootsklasse, auch den
Einhandbooten, nur ein Boot
pro Nation zugelassen wird.
Bei den Regatten werden mehrere Bahnen auf einem Küstenrevier ausgelegt und je zwei der
elf olympischen Klassen gemeinsam auf einer Bahn gestartet.

Startprozedur

Die Startsignale werden von
einem Boot der Wettfahrtleitung
mittels
Flaggen
und akustischen Signalen (Schüssen
oder Hupsignalen)
gegeben. Das erste
Signal ist das Ankündigungssignal. Fünf
Minuten darauf erfolgt das Vorbereitungssignal und weitere
fünf Minuten später das Startsignal, das es den Booten erlaubt, die gedachte Linie
zwischen dem Boot der Wettfahrtleitung und einer Boje in
Richtung auf die nächste Bahnmarke gegen den Wind zu überqueren. Überquert ein Boot die
Linie zu früh, muß es außen um
die Boje oder das Boot der Wettfahrtleitung herum umkehren
und erneut starten, oder es wird
ausgeschlossen.

Vorfahrtsregeln

Beim Segeln in der Wettfahrt
sind alle Boote gehalten, fair
und aufmerksam zu segeln und
Berührungen zwischen Booten
sowie zwischen Booten und
Bahnmarken zu vermeiden. Die
Wegerechtregeln bestehen im
wesentlichen aus drei prinzipiell

geltenden Vorfahrtsregeln und
einigen einschränkenden und
ergänzenden Zusatzregeln.
Generelle Vorfahrtsregeln:
Begegnen sich zwei Boote, so
gilt folgendes:
1. Haben zwei Boote den Wind
von verschiedener Seite, muß
dasjenige Boot ausweichen, das
den Wind von der Backbordseite
hat.
2. Segeln zwei Boote mit Wind
von der gleichen Seite nebeneinander, so muß das weiter
in Luv befindliche Boot ausweichen.
3. Segeln zwei Boote mit Wind
von der gleichen Seite hintereinander, so muß das hintere
Boot dem vorderen
Boot ausweichen.
Zusatzregeln
• Wird ein zuvor
ausweichpflichtiges Boot durch
Änderung der

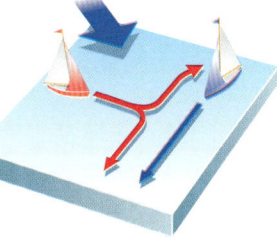

*1. Das rechte Boot hat den Wind von
Steuerbord und damit Vorfahrt*

*2. Das weiter luvseitige Boot muß
hier ausweichen*

*3. Das vordere Boot bleibt auf
seinem Kurs*

gegenseitigen Lage Wegerechtboot, so muß es dem nun ausweichpflichtigen Boot die Möglichkeit zum sachgerechten Ausweichen geben.

• Wendet ein Boot, so muß es ab dem Zeitpunkt, wo es durch den Wind geht, bis es wieder am Wind segelt, anderen Booten ausweichen, die nicht wenden. (Ein Boot wendet, wenn es mit dem Bug durch den Wind dreht, so daß es danach den Wind von der anderen Bootsseite bekommt).

• Ein Wegerechtboot darf seinen Kurs nur so ändern, daß das ausweichpflichtige Boot darauf noch sachgerecht reagieren kann.

Zusätzliche Einschränkungen des Vorfahrtsrechts

Sie gelten an Bahnmarken und an Hindernissen, wie Zuschauerbooten, Funktionsbooten oder anderen Booten mit Wegerecht, und dienen dem Zweck, daß alle Boote an diesen Engstellen der Wettfahrt ausreichend Platz haben, um ohne Probleme und ohne Berührung durchzukommen:

• Hat sich ein Boot auf zwei Bootslängen einer Bahnmarke oder einem Hindernis genähert, muß es einem Boot, das neben ihm auf der Hindernis- bzw Bahnmarkenseite ist, so viel Platz machen, daß dieses Boot ebenfalls auf derselben Seite sicher passieren kann.

• Hat sich ein Boot auf zwei Bootslängen einer Bahnmarke oder einem Hindernis genähert, darf ein dahinter liegendes Boot dieses Boot beim Passieren in keiner Weise behindern. Diese beiden Regeln haben, wenn man *mit Wind von hinten* auf eine Bahnmarke oder ein Hindernis zufährt, Vorrang vor allen drei Vorfahrtsregeln. *Kreuzt* man *gegen den Wind* auf eine Bahnmarke oder ein Hindernis zu, haben diese Regeln nur Vorrang, wenn die Boote den Wind von der gleichen Seite haben, nicht aber, wenn sie den Wind von entgegengesetzter Seite haben. Bei Wind von entgegengesetzten Seiten hat das Boot mit Wind von Steuerbord an der Luvbahnmarke prinzipiell Vorfahrt, und das andere Boot muß auch beim Wenden diese Vorfahrt uneingeschränkt beachten.

• Ein Boot kann von einem in Luv oder klar achteraus segelndem Boot mit Wind von der gleichen Seite durch Zuruf eine Wende verlangen, wenn es auf ein Hindernis zufährt und aus Sicherheitsgründen selbst eine Wende machen muß.

Diese Regeln, die gedacht sind, die Sicherheit zu gewährleisten und Klarheit bei der Begegnung von Booten zu schaffen, führen natürlich auch zu speziellem taktischen Verhalten, das ganz entscheidend für Sieg und Niederlage in einer Wettfahrt ist. Um dieses taktische Verhalten an bestimmten Stellen nicht ausufern zu lassen, wurden noch einige kleine Regeln ergänzend eingeführt.

• Wenn ein Boot auf der Leeseite ein anderes knapp überholt, darf es nicht seinen Kurs nach Luv ändern und so das Luvboot auf einen völlig vom Ziel weg führenden Kurs zwingen. Andererseits darf das Luvboot nicht nach Lee abfallen, wenn ein Boot in Lee, wo es durch den Windschatten des Luvboots gestört wird, überholen will.

• Auch beim Runden der Bahnmarke ist das innen liegende Boot an der Leebahnmarke verpflichtet, so bald wie möglich den schnellsten Kurs zur nächsten Bahnmarke einzunehmen, und darf nicht ein anderes Boot durch Weiterfahren eines vom Ziel wegführenden Kurses zu großen Umwegen zwingen.

• Gekenterte Boote oder Boote, die Hilfe leisten, dürfen nicht

behindert werden. Boote, die gerade eine Strafe ausführen, dürfen nicht verfolgt werden, um sie am Ausführen der Strafe zu hindern. Andererseits müssen Boote zum Ausführen einer Strafe zunächst von den anderen Booten wegfahren, bevor sie ihre Strafdrehung durchführen.

Strafen und Proteste

Ein Boot, das ein anderes Boot regelwidrig behindert hat, kann durch Segeln zweier vollständiger Kreise in der gleichen Richtung die Disqualifikation vermeiden, ebenso kann es bei der Berührung einer Bahnmarke durch Segeln eines vollständigen Kreises diesen Fehler wieder gutmachen. Anderenfalls kann ein anderer Teilnehmer oder die Wettfahrtleitung oder das Schiedsgericht gegen dieses Boot einen Protest einlegen. Bei schwerwiegenden Verstößen kann das Schiedsgericht die Disqualifikation für mehrere Wettfahrten oder für die gesamte Serie aussprechen.

Das Protestverfahren im Segelsport ist verhältnismäßig aufwendig – in voller Absicht, da es für die Wettfahrtleitung und das Schiedsgericht nicht möglich ist, sämtliche Boote während der Wettfahrt zu begleiten und so Regelverstöße direkt auf dem Wasser zu ahnden.

Match-Race

Die Form der sofortigen schiedsrichterlichen Entscheidung auf dem Wasser (direct judging) wird beim Match-Race angewandt, bei dem nur zwei Boote gegeneinander segeln. Das Match-Race, das beim America's-Cup und in der olympischen Soling-Klasse im Finale ausgetragen wird, findet auf einem sehr einfachen Kurs mit nur zwei Bahnmarken, einer in Luv und einer in Lee, statt. Zwei

Länderzeichen

GBR signalisiert: das Boot ist aus Großbritannien

Schiedsrichter fahren auf leichten Schlauchbooten in Sicht- und Hörweite mit und entscheiden durch Flaggenzeichen und Trillerpfeife Regelverstöße sofort. Im Gegensatz zu anderen Sportarten müssen im Segeln die Teilnehmer aber durch Flaggenzeichen die Schiedsrichter zu einer Entscheidung erst auffordern. Ein Regelverstoß, den der Gegner nicht als solchen anprangert, bleibt also unbestraft.

Punktsystem und Wertung

Jede Regatta besteht aus mehreren Wettfahrten. Für jede erhält das Boot eine Punktzahl, die seiner Plazierung im Ziel entspricht. Der Erste bekommt einen Punkt, der Zweite zwei, der Dritte drei usw. Bei Aufgabe oder Disqualifikation erhält man einen Punkt mehr, als Teilnehmer gemeldet sind. Die Punkte aus den einzelnen Wettfahrten werden addiert, wobei meist die schlechteste Punktzahl gestrichen werden darf, bei sehr vielen Wettfahrten manchmal die zwei schlechtesten Punktzahlen. Das Boot mit der niedrigsten Punktzahl hat gewonnen. Bei Punktgleichheit entscheidet zunächst das beste Einzelergebnis, dann das zweitbeste usw. Besteht auch dann noch Gleichheit, entscheidet die letzte gemeinsam gewertete Wettfahrt.

Die Boote und Boards

Es gibt Kielboote, Dinghis, Katamarane und Surfbretter. Maße, Form, Gewicht, Schwimmfähigkeit und Ausrüstung der einzelnen Klassen werden durch Normen festgelegt. Für jedes Boot muß ein offizielles Zertifikat – der Meßbrief – vorliegen, das bestätigt, daß es den Klassenvorschriften entspricht. Es gibt nationale und international anerkannte Klassen, aber sie gehören alle einer der beiden folgenden Arten an:

1. Einheitsklasse

a) Alle Boote müssen gleich sein. Zulässig ist nur, was in den Klassenvorschriften ausdrücklich erlaubt ist. Beispiele: 470er, 420er, Laser, Optimist-Dinghy, Teeny.
b) In der Einheitsklassen gibt es einige Bootsklassen, denen innerhalb der festgelegten Toleranzen gewisse Unterschiede erlaubt sind, die allerdings beträchtlich sein können. Beispiele: Drachen, Finn-Dinghy, Flying-Dutchman (FD), Starboot.

2. Konstruktionsklasse

Hier sind nur die Grenzmaße und Verhältnisse der Maße untereinander festgelegt, aber keine detaillierten Abmessungen. Bestimmte Maße, wie Gesamtlänge, Tiefgang, Segelfläche, sind in einer mathematischen Formel (Ausgleichsformel) festgelegt. Das Ergebnis darf ein gesetztes Limit nicht überschreiten. Beispiele: H-Jolle, Jollenkreuzer, »M'R«-Klassen, America's Cup-Klasse. Zulässig bei IMS-Hochseeyachten ist alles, was nicht in den Klassenvorschriften ausdrücklich verboten ist.

Verboten ist

• das Ausscheiden oder Freisetzen von Stoffen, zum Beispiel Polymeren, aus Behältern, die den Reibungswiderstand des Bootskörpers zum Wasser beeinflussen können;
• jegliche Vorrichtung, wie z.B. ein Trapez oder ein Auslegersitz, zur Gewichtsverlagerung eines Besatzungsmitgliedes, wenn es die Regel für die Bootsklasse nicht eigens erlaubt;
• es Besatzungsmitgliedern, sich mit ihrem Körper außerhalb der Seereling zu legen; ausgenommen sind unabdingbare Manöver;
• die Benutzung zusätzlicher

Kleidung oder Ausrüstung eines Besatzungsmitgliedes zur Erhöhung seines Gewichts. Es ist nur erlaubt, wenn die Regel darauf hinweist und es ermöglicht.

Die Ausrüstung

Zur Ausrüstung eines Bootes

Finndinghy –
die kleine Jolle ist ein Einmannboot

Flying Dutchman –
diese Jolle wird mit zwei Mann gesegelt

gehören eine Schwimmweste pro Crewmitglied, Protestflagge, spezielle Erkennungszeichen auf den Segeln (Länder- und Klassenzeichen) und andere in den Klassenvorschriften, Sicherheitsrichtlinien oder Segelanweisungen festgelegte Ausrüstungsstücke.

Hochseesegeln

Hochseesegeln wird mit seetüchtigen Kielyachten auf Strecken in Küstennähe und auf der hohen See ausgetragen. Die Yachten sind in verschiedene Klassen eingeteilt. Die Länge einer Regatta kann von einigen wenigen Stunden bis zu acht Monate dauernden Rennen rund um den Erdball reichen. Der internationale Verband für diesen Sportbereich ist das Offshore Racing Council (ORC).

Das Yacht-Rating

Heute gilt das International Measurement System (IMS). Die ehemalige allgemeine Einteilung

der Yachtklassen nach der Größe wird nicht mehr angewandt; gleiches gilt für das bis 1995 bestehende Vergütungssystem IOR. Jede Yacht hat ein Rating, das ermittelt wird, indem man die Maße der Yacht (Länge, Breite, Tiefgang, Verdrängung, Segelfläche u.a.) mittels einer Formel umrechnet, um ihr Geschwindigkeitspotential zu ermitteln. Hierzu werden Messungen des Bootsrumpfes an Land und Freibord, Stabilitätsmessungen, Rigg usw. im Wasser durchgeführt. Die Ratings werden in Sekunden pro zu segelnder Seemeile ausgedrückt, und nach deren Wert wird die entsprechende Klasse zugeteilt. Rating-Zertifikate sind bootsbezogen. Sie müssen jährlich und nach Besitzerwechsel erneuert werden.

Es gibt auch die Möglichkeit, das Potential einer Yacht ohne Vermessung statistisch zu ermitteln. Bei diesem »Yardstickverfahren« ist das »Rating« die »Yardstickzahl«. Ein Meßbrief oder Rating Certificate ist hier nicht nötig.

Die Yachtklassen

Die Yachten werden nach ihrer Geschwindigkeit (Maßeinheit, Rating) in Gruppen eingeteilt. Damit soll Chancengleichheit der Yachten einer Gruppe – vor allem im Hinblick auf verschiedene Wetterbedingungen – gewährleistet werden. Die Grenzen für die jeweiligen Gruppen werden vom Veranstalter in Absprache mit dem nationalen Verband festgelegt.

Nautische Maße:	**Seemännische Begriffe**
1 Seemeile (sm) = 1852 m	Luv – die dem Wind zugewandte Seite
1 Knoten (kn) = 1,852 km/h	Lee – die dem Wind abgewandte Seite
	Steuerbordseite – rechte Bootsseite
	Backbordseite – linke Bootsseite

Tornado –
ein Katamaran, zwei Rümpfe, zwei Mann Besatzung

Soling –
Kielboot mit drei Mann Besatzung und Spinnaker

Rennkategorien

Der jeweilige Veranstalter legt die Kategorien je nach Fahrgebiet der Regatta fest.
Für diese Kategorien gelten die Sicherheitsrichtlinien des ORC, nach denen die teilnehmenden Yachten ausgerüstet sein müssen.

Kategorie 0. Trans-Ocean-Regatten, bei denen es erforderlich ist, daß Yachten für längere Zeiträume völlig auf sich selbst gestellt in der Lage sein müssen, ernste Notsituationen anzutreffen, ohne Hilfe von außen erwarten zu können.
Kategorie 1: Langstreckenfahrten fern von Küsten, bei denen Yachten völlig auf sich allein gestellt für längere Zeiträume in der Lage sein müssen, schweren Stürmen standzuhalten und darauf vorbereitet sein müssen, ernste Notsituationen anzutreffen, ohne Hilfe von außen erwarten zu können.
Kategorie 2: Fahrten von längerer Dauer entlang oder nicht weit entfernt von Küstenlinien oder in großen, ungeschützten Buchten oder Seen, wo ein hohes Maß an Unabhängigkeit der Yachten verlangt wird.
Kategorie 3: Fahrten über offenes Wasser, das größtenteils relativ geschützt oder nahe der Küstenlinie ist, einschließlich Fahrten für kleine Yachten
Kategorie 4: Kurze Fahrten in Ufernähe in relativ warmen oder geschützten Gewässern, die normalerweise bei Tageslicht durchgeführt werden.

Die Eigner-Verantwortung

Die Sicherheit von Boot und Mannschaft liegt einzig und allein in der Verantwortung des Eigentümers/Besitzers. »Jedes Boot entscheidet in eigener Verantwortung, ob es startet oder nicht und ob es die Wettfahrt fortsetzt.« (Wettfahrtregeln der International Sailing Federation (ISAF).

Inspektion

Jede Yacht darf jederzeit überprüft werden. Wenn sie offiziellen Anforderungen nicht genügt, kann ihre Meldung zurückgewiesen und sie darf auch disqualifiziert oder mit anderen Strafen belegt werden.

Grundnormen

Der Bootsrumpf und die Ausrüstung seetüchtiger Rennyachten müssen bestimmten Grundnormen entsprechen, die in den Sicherheitsrichtlinien des ORC festgelegt sind.

Die wichtigsten technischen Daten

Olympische Klassen

470er (Zweihand-Jolle)
Länge: 4,70 m
Segelfläche: 12,70 qm

49er (Zweihand-Jolle mit Auslegern)
Länge: 4,99 m
Segelfläche: 21,2 qm
Gennaker: 38 qm

Europe (Einhand-Gleitjolle)
Länge: 3,35 m
Segelfläche: 7 qm

Finn-Dinghy
(Einhand-Jolle)
Länge: 4,50 m
Segelfläche: 10 qm

Laser (Einhand-Jolle)
Länge: 4,23 m
Segelfläche: 7,06 qm

Mistral (Surfbrett)
Länge: 3,72 m
Segelflächen: 7,4, 6,6, 5,9 qm

Soling (Dreihand-Kielboot)
Länge: 8,15 m
Segelfläche: 21,70 qm

Starboot (Zweihand-Kielboot)
Länge: 6,92 m
Segelfläche: 27,92 qm

Tornado (Zweihand-Katamaran)
Länge: 6,10 m
Segelfläche: 21,80 qm

Jugendmeisterschaftsklassen

420er (Zweihand-Jolle)
Länge: 4,20 m
Segelfläche: 10,25 qm

Pirat (Zweihand-Jolle)
Länge: 5,00 m
Segelfläche: 10 qm

Jüngstenmeisterschaftsklassen

Optimist-Dinghy (Opti)
(Einhand-Jolle)
Länge: 2,30 m
Segelfläche: 3,50 qm

Teeny (Zweihand-Jolle)
Länge: 3,15 m
Segelfläche: 6,6 qm

Ausrüstung

Die gesamte vorgeschriebene Ausrüstung muß gut funktionieren, schnell zugänglich sein sowie nach Art, Größe und Kapazität geeignet und angemessen für den beabsichtigten Gebrauch und die Größe der Yacht sein. Das betrifft u.a.:
1. Bordeinrichtungen wie Plicht und Seereling
2. Unterkunft (Kojen), Kombüse und Trinkwasservorrat
3. Navigationsinstrumente (Kompaß, Ersatzkompaß, Karten, Funkpeiler) Logbuch und Positionslaternen
4. allgemeine Ausrüstungsgegenstände wie Feuerlöscher, Lenzpumpen, Anker, Material für Erste Hilfe, Bordapotheke, Nebelhörner, Radarreflektoren, Treibstoff-Absperrventile
5. Sicherheitsausrüstung wie Schwimmwesten, Heuler, Sicherheitsgurte, Rettungsfloß, Rettungsbojen, Notsignale, Schleppleinen, rote Not- und weiße Leuchtraketen
6. Notausrüstung wie Ersatzpositionslichter, Sturmsegel, Notsteuerausrüstung, Werkzeuge und Ersatzteile, Ersatz-Segelnummern und Seenotsender.

Elektronische Hilfsgeräte

Generell sind alle elektronischen Hilfsgeräte zugelassen. Üblich sind vor allem:
– Geschwindigkeitsmesser und Log
– Windgeschwindigkeits- und Richtungsanzeiger
– Funkempfänger, Funkpeiler, GPS-(= Satelliten-Navigations-) Geräte
– Funkgerät (vorgeschrieben für Positionsmeldungen)
– Radargeräte, Wetterempfänger usw.
Näheres regeln die Sicherheitsrichtlinien des ORC.

Verboten

für alle Rennyachten mit Ausnahme der Einhand-Transatlantic- oder Rund-um-die Welt segelnden Boote sind:
1. automatische oder Windflügel-Vorrichtungen zum Steuern
2. Motor- oder Elektropumpen (außer zum Laden von Batterien, für Lenzpumpen oder als Antrieb zum Ankerlichten, Segelsetzen oder Trimmen
3. jeglicher bewegliche Ballast unter oder über Deck

Bekannte Großregatten

Admiral's Cup: Eine Hochsee-Regattaserie für jeweils 3 Yachten aus jedem Land. Sie wird alle 2 Jahre, und zwar in ungeraden Jahren, vor Cowes/Isle of Wight (Großbritannien) ausgetragen.
America's Cup: Prominenteste und älteste Hochseeregatta. Der Austragungsort wird vom jeweils letzten Gewinner der Regatta festgelegt.
Trans-Atlantik-Regatta: Von den Bermudas oder USA über den Atlantik nach verschiedensten Häfen Europas.
Bermuda-Race: Von Rhode Island über 635 Seemeilen zu den Bermudas. Es wird alle 2 Jahre ausgetragen.
Fastnet-Race: Ursprünglich ein Teilwettbewerb des Admiral's Cup, europäisches Hochseerennen über 600 Seemeilen von Portsmouth an die Südwestspitze Irlands um den Fastnet-Felsen und zurück über die Scilly-Inseln nach Plymouth.
Rund Skagen: Alle 2 Jahre von Helgoland um Skagen/Dänemark nach Kiel, 520 Seemeilen

Maste und Bootstyp

Schoner: Segelschiff mit mindestens zwei Masten, der größere ist hinten
• Gaffelschoner – Segel trapezförmig (oben schmaler als unten, die obere Kante ist an einem Rundholz, der Gaffel, befestigt, das mit dem vorderen Ende am Mast befestigt ist)
• Rahschoner – Segel rechtwinklig, an einem waagerechten Rundholz (Rah) aufgehängt, das mit seiner Mitte vor dem Mast befestigt ist
Bark: Mindestens 3 Masten, davon 2 mit Rahsegeln; der achtere Mast ist gaffelgetakelt
Vollschiff: Mindestens drei Masten mit Rahsegeln Ein Zweimast-Vollschiff getakeltes Schiff nur mit Rahen heißt **Brigg**.
Bei mehr Masten als der Mindestzahl wird immer der Schiffstyp mit angegeben (z.B. »Dreimast-Schoner«, »Viermast-Bark«)
Begriffe:
• bei Schiffen mit 3 Masten: Fock- (oder Vormast), Großmast und Besanmast
• bei Schiffen mit 4 Masten: Fock-, Groß-, Kreuz-, Besan-Mast

WINDSURFEN

Die Ureinwohner Südamerikas verwendeten auf dem Amazonas als erste ein Boot ohne Ruderanlage. Gelenkt wurde dieses floßähnliche Boot durch Neigen des Mastes, für die sich ändernden Bedingungen gab es in einem Lochbrett unterschiedliche Einstichstellen. Dadurch ließ sich das Segel sowohl nach Luv wie nach Lee als auch nach vorn oder nach hinten versetzen. Nicht bekannt ist, ob das Segel durch einen Gabelbaum oder zusätzlich durch eine Großschot (Seil) gespannt wurde.
Wegbereiter des Windsurfingsports wurden die beiden Amerikaner Hoyle Schweitzer und Jimmy Drake, die vor der kalifornischen Küste auf einem Board über die Wellen glitten. Da oft dann, wenn es keine Wellen gab, starker Wind herrschte, kam den beiden die Idee, die nutzlos am Ufer liegenden Surfboards mittels Windkraft auch ohne Wellen vorwärts zu treiben. Schweitzer stellte 1969 seinen Original-Windsurfer vor. Es bestand aus einem Surfboard, einem Dreiecksegel, das an einem Mast befestigt und durch einen Gabelbaum gespannt war.

Die Wettkampfarten

1. Kursrennen/Race
2. Slalom
3. Wellenreiten/Waveriding
4. Speedsurfen

Kursrennen/Race

Gefahren wird auf einem M-, Dreiecks- oder Trapezkurs. Der Start beginnt mit den Vorankündigungen »Noch sechs Minuten«, »Noch drei Minuten« und dem eigentlichen Startkommando »Los«. Es wird gemeinsam über eine 100 bis 200 m breite imaginäre Startlinie gefahren, die sich zwischen 2 Festpunkten, Bojen oder Booten, befindet. Wer die Startlinie zu früh überquert, muß zurück und neu starten. Tut er das nicht, wird er wegen Frühstarts disqualifiziert.

Das Brett

Es gibt »One-Design«-Rennen (wie bei Olympischen Spielen), in denen nur mit Brettern eines Herstellers gefahren werden darf, oder es werden Brettkategorien (z.B. Serienboards) oder maximale Segelgrößen (z.B. 7,5 qm) vorgegeben.

Die Wertung

Der erste Platz eines Rennens wird mit 1 Punkt gewertet, der 2. mit 2, der 3. mit 3, usw. Bei Wettbewerben mit mehreren Durchgängen ist der Surfer mit der niedrigsten Gesamtpunktzahl nach Abzug des schlechtesten Resultates der Sieger.

Slalom

Dieser Wettbewerb wird im Ausscheidungsverfahren (K.-o.-System) durchgeführt, in den Vorläufen starten bis 10 Surfer zur gleichen Zeit. Die erste Hälfte beim Zieleinlauf erreicht die nächste Runde.

Die Strecke

Je nach den Verhältnissen sind zwei Typen von Slalomstrecken üblich. Bei sehr starker Brandung werden nur zwei Markierungen (Bojen) gesetzt, eine ufernahe und eine draußen bei den Wellen. Dieser Achterkurs muß zweimal durchfahren werden.
Bei der zweiten Strecke, einer Abwind-Variation im flachen Wasser, werden 6 Markierungen (Bojen) einmal umfahren.

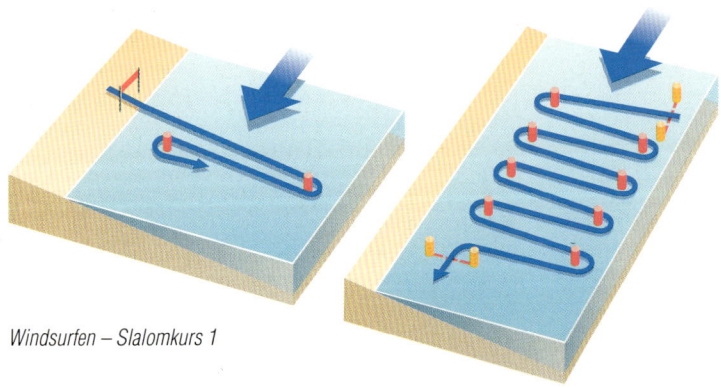

Windsurfen – Slalomkurs 1

Windsurfen – Slalomkurs 2

Der Start

• Entweder mit »Le Mans«-Start: alle Surfer stehen in einer Reihe am Strand und laufen auf das Startkommando zu ihren Surfboards,

• oder mit Startaufstellung bereits im Wasser und Überqueren der imaginären Startlinie zwischen den 2 Festpunkten (Bojen, Boote).

Das Brett

Speziell wendige und kleinere Slalomausführungen

Die Proteste

Bei Kollisionen und Verletzungen des Wegerechts sind Proteste zulässig, die nach jedem Lauf sofort von der Jury verhandelt werden.

Waveriding

Der Wettbewerb wird »Mann gegen Mann« oder »Frau gegen Frau« ausgetragen, bei denen der jeweils durch drei Wertungsrichter ermittelte Bessere einer Fahrt die nächste Runde erreicht. Jeder Teilnehmer zeigt 1. Sprünge, 2. Wenden und 3. Surfen auf den Wellen. In jeder Kategorie werden Schwierigkeit, Innovation und Variabilität bewerten.

Es gibt keine verbindlichen Regeln für Mindest- und Maximalhöhen der Wellen. Es ist ein Windminimum von 12 Knoten festgelegt. Eine Fahrt dauert zwischen 5 und 6 Minuten.

Windsurfer auf Halbwindkurs

Radsport

Leonardo da Vinci brachte um 1495 seine Idee von einem Fahrrad mit Pedalen und Kettenantrieb in einer Skizze zu Papier. Doch erst im 17. Jahrhundert wurden fahrradähnliche Laufmaschinen tatsächlich gebaut – noch sehr schwer und nicht lenkbar. Am 12. Juni 1817 schließlich stellte der Deutsche Carl Freiherr Drais von Suerbronn seine »Draisine« vor, als er mit einem Laufrad, das sogar über einen Lenker verfügte, die Strecke von Mannheim nach Schwetzingen zurücklegte. Den entscheidenden Schritt vom Lauf- zum Fahrrad vollführte der Schotte Kirkpatrick McMillan, der 1834 das Vorderrad seines Fahrgeräts mit einer Tretkurbel versah. Auf der Weltausstellung 1867 in Paris stellten Pierre und Ernest Michaux, Vater und Sohn, dann ihre »Michauline« vor. Sie hatte einen schmiedeeisernen Rahmen und war das erste serienmäßig hergestellte Fahrrad. Das erste Bahnrennen fand 1868 in England statt. Am 7. November 1869 wurde das erste Straßenrennen, das über 123 km von Paris nach Rouen führte, ausgetragen.

BAHNRADSPORT

Die Wettkämpfe im Bahnradsport werden auf einer **Rundbahn** ausgetragen. Freiluftbahnen haben einen Belag aus Beton, Asphalt oder Kunststoff, in der Halle besteht der Belag aus Holz. Die Länge der Bahnen mit ihren stark überhöhten Kurven ist unterschiedlich, sie variiert zwischen 200 m und 500 m.

Wettbewerbe

Zeitfahren
Männer: 1000 m
Frauen: 500 m
Der Sportler fährt allein gegen die Uhr. Die Zeit wird auf die Tausendstelsekunde genau gestoppt. Gestartet wird aus dem Stand.
Die Zeitfahrspezialisten benutzen extrem leichte Räder, tragen besonders glatte Kleidung, die dem Fahrtwind nur geringen Widerstand bietet, und tragen aerodynamisch geformte Sturzhelme. Auch die Position der Fahrer auf dem Rad zielt auf möglichst geringen Luftwiderstand ab.

Sprint
Zwei Fahrer (in Vorläufen auch mehr) kämpfen gegeneinander über eine Distanz von 1000 m. In den Vorläufen erreicht der Sieger eines Laufes die nächste Runde, die Unterlegenen können in den Hoffnungsläufen ihre Chance nutzen. Ab dem Achtelfinale kämpfen jeweils zwei Fahrer in mindestens zwei Läufen um den Einzug in die nächste Runde. Sieger ist, wer zwei Läufe gegen denselben Konkurrenten gewonnen hat. Durch Los wird entschieden, welcher Fahrer im ersten Lauf die Führung zu übernehmen hat. Im zweiten Lauf muß dann der andere Fahrer in der ersten Runde führen. Ab der zweiten Runde sind das Überholen, Stehversuche und andere taktische Manöver erlaubt, die alle dem Ziel dienen, sich in eine möglichst günstige Position für den Schlußspurt zu bringen.
Es gibt Wettbewerbe für Männer und für Frauen, für Männer auch im Tandemfahren.

Superleichtes Zeitfahr-Rad in Monocoquebauweise. Die Raumfahrtindustrie stand Pate

Einzelzeitfahren
Den Lenker haben sich die Radsportler vom Triathlon abgeschaut

Verfolgungsfahren

Jeweils zwei Athleten bzw. Vierermannschaften messen die Kräfte. Gestartet wird in gleichem Abstand voneinander, und zwar auf den gegenüberliegenden Geraden der Bahn. Wird der Gegner vorzeitig eingeholt, ist das Rennen damit bereits gewonnen. Meist geht das Rennen aber über die volle Distanz, dann entscheidet die bessere Zeit. Ausschlaggebend für die Zeitnahme ist der dritte Mann jeder Mannschaft.

Bei Meisterschaften ist ein Auswechseln innerhalb der Mannschaft von Rennen zu Rennen möglich. Auch dieser fünfte Fahrer wird bei Erfolg der Mannschaft mit einer Medaille geehrt. Einzelverfolgungsrennen gibt es für Männer (4000 m) und Frauen (3000 m), Mannschaftsverfolgungsrennen nur für Männer (4000 m).

Punktefahren

Ein Fahrerfeld fährt über eine bestimmte – oder auch unbekannte – Distanz, in bestimmten Runden wird um Punkte gespurtet. Es gewinnt der Fahrer mit den meisten Punkten aus den vorher festgelegten Wertungsspurts.
Punktevergabe:
1. Platz   5 Punkte
2. Platz   3 Punkte
3. Platz   2 Punkte
4. Platz   1 Punkt
In der 50. und in der letzten Runde zählen die Punkte doppelt. Rundengewinn geht vor Punktgewinn.
Die Rennen der Männer führen über 40 km, die der Frauen über 24 km.

Zweiermannschaftsfahren

Von den beiden Fahrern, die jeweils eine Mannschaft bilden, ist immer einer im Rennen, der

Frankreichs Sprinter-As Fred Magne

andere erholt sich. In bestimmten Runden werden Wertungsspurts um Punkte gefahren. Außerdem gibt es Prämienspurts um Geld- und Sachpreise. Noch begehrter für das Gesamtergebnis sind Rundengewinne. In der Gesamtabrechnung geht Rundengewinn vor Punktgewinn. Eine besonders populäre Variante des Zweiermannschaftsfahrens sind die Sechstagerennen.

Steherrennen

Ein Rennfahrer und ein Motorradfahrer (auch Schrittmacher oder Steher genannt, weil er auf dem Motorrad mehr steht als sitzt) bilden eine Team. Der Fahrer nutzt den Windschatten des Stehers und fährt mit dem Vorderrad an einer Rolle, die hinten am Motorrad befestigt ist. Steherrennen gehen über mindestens 10 km.

Die Bahnräder

Sie wiegen rund 6 kg, haben eine starre Nabe und verfügen weder über eine Schaltung noch über Bremsen. Übergroße Räder, Gänge, Bremsen und Flügelschrauben sind verboten. Das Rad darf nur aus Rahmen, Rädern, Kettensatz, Pedalen mit Zehenhalter und Befestigungsriemen bestehen.

Punktefahren
Eine kräftezehrende Disziplin: trotz fortschreitender Ermüdung muß immer wieder gespurtet werden.

Die Schrittmachermaschinen

Sie haben Motore mit 500 bis 1000 m³ cm Hubraum.
Die Rolle ist 60 cm breit, hat einen Durchmesser von 35 mm und befindet sich 35 cm über dem Boden.
Eine Besonderheit der Rennmaschinen für Steherrennen ist, daß das Vorderrad kleiner ist als das hintere Rad.

KEIRIN

Heimat dieser spezifischen Art von Sprinterrennen ist Japan. Eine Besonderheit des Keirin ist, daß – ähnlich wie bei Pferderennen – in etlichen Ländern das Abschließen von Wetten dazugehört. In Deutschland ist das allerdings nicht erlaubt.

Ablauf

Sechs bis acht Sprinter umkreisen einige Runden lang die Bahn. Das geschieht – um Tempo aufzunehmen – hinter Schrittmachermaschinen. Wenn die Gruppe eine Geschwindigkeit von 35 km/h erreicht hat, trennen sich die Schrittmacher von den Radsprintern, und es beginnt ein Kampf um die günstigsten Position.

Klassisches Straßenrennrad

Fahren im Pulk *erfordert Präzision und spendet Windschatten*

Die zu fahrende Distanz ist den Fahrern nicht bekannt und hängt auch von der Größe der Bahn ab. Erst mit dem Einläuten der letzten Runde ist die Frage nach dem Ende der Jagd beantwortet. Im Finalspurt erweist sich, wer die Besten dieses Rennens sind. Die ersten drei erreichen die nächste Runde.

Material

Gefahren wird auf den üblichen Maschinen der Bahnsprinter. Die Schrittmacher benutzen Derny-Motorräder.

STRASSENRENNEN

Straßenrennen können von einem Ort zum anderen führen oder aber auf einem Rundkurs ausgetragen werden, der mehrmals zu durchfahren ist und bei dem Start und Ziel zusammenfallen. Männer und Frauen tragen ihre Rennen getrennt aus. Die Fahrer dürfen einander Schrittmacherdienste leisten und Ersatzräder, Getränke und Verpflegung annehmen, aber ansonsten keine fremde Hilfe empfangen. Stoßen und Behindern ist verboten. Straßenrennen unterliegen der Straßenverkehrsordnung des jeweiligen Landes, in dem sie stattfinden. An allen längeren Rennstrecken gibt es Kontrollpunkte, an denen die Fahrer mit Erfrischungen und Verpflegung versorgt werden. Das Kreuzen der Fahrbahn im Zielspurtbereich mit dem Ziel, das Überholtwerden zu verhindern, ist regelwidrig und führt zur Distanzierung (s. a. unter »Strafen«)

Etappenrennen

Führt ein Straßenrennen über eine sehr lange lange Distanz, wird die Strecke in mehreren Tagesetappen zurückgelegt. Der jeweils Gesamtbeste trägt das Gelbe Trikot (oder auch ein Trikot anderer Farbe), der Punktbeste der Etappenplazie-rungen das Grüne Trikot. Die Addition aller Zeiten ergibt die Endzeit. Für die besten Plazie-rungen bei den Zielankünften der Tagesetappen können Zeitgutschriften gegeben werden.

Kriterien

Ein Rundstreckenrennen wird Kriterium genannt, Kriterien werden zumeist in Städten auf einem Straßenrundkurs ausgefahren. Eine Runde ist zwischen 800 m und 1500 m lang. Alle fünf bis zehn Runden erhalten die augenblicklich Ersten Punkte, die erspurtet werden. Gelingt einem Fahrer (oder mehreren Fahrern) ein Rundengewinn, zählt dieser prinzipiell mehr als alle Punktgewinne. Die Gesamtlänge eines Kriteriums kann zwischen 50 km und 100 km variieren.

Einzelzeitfahren

Eine festgelegte Strecke muß in möglichst geringer Zeit durchfahren werden.
Gestartet wird in Abständen von einer Minute (es sind auch andere Zeitabstände möglich) von einer Rampe. Es ist immer ein Fahren ohne direkten Vergleich mit Konkurrenten. Schrittmacherdienste durch Begleitfahrzeuge, Mannschaftskameraden oder Konkurrenten sind nicht erlaubt. Es dürfen Spezialräder benutzt werden.

Mannschaftszeitfahren

Vier Sportler bilden eine Mannschaft. Zu fahren ist eine Strecke von 100 km bei den Männern und 50 km bei den Frauen. Ausschlaggebend für die Fahrzeit einer Mannschaft ist der dritte ins Ziel kommende Fahrer, seine Zeit wird gestoppt. Eine Mannschaft darf die Strecke nicht im Windschatten von Begleitfahrzeugen oder konkurrierenden Mannschaften fahren. Die Teams gehen in Abständen von 5 Minuten auf die Strecke, die eben sein soll und frei vom fließenden Straßenverkehr.

Es können Spezialräder zum Einsatz kommen.
Eine eingeholte Mannschaft bleibt in der Wertung und wird mit ihrer Zeit, die im Ziel gestoppt wurde, im Endklassement geführt.

Straßenrennräder

Die Straßenrennmaschinen unterliegen keiner Reglementierung, sie dürfen allerdings nicht verkleidet und nicht überdimensioniert sein und müssen ausschließlich mit Muskelkraft bewegt werden. Sie sind etwa 2 kg schwerer als Bahnräder. Straßenräder haben an beiden Laufrädern Felgenbremsen und sind mit einer Gangschaltung mit 10 bis 18 Übersetzungen ausgestattet. Die Reifen wiegen 175 bis 360 g.

Doping

Ausdrücklich in der aktuellen Dopingliste verbotene Mittel zur künstlichen Leistungssteigerung einschließlich Aufputschmittel sind verboten. Ihre Anwendung, auch im Rahmen einer ärztlichen Behandlung, zieht die sofortige Disqualifikation nach sich.

Strafen

Regelverstöße können je nach Schwere mit Verwarnung, Geldstrafe oder Disqualifikation geahndet werden. Eine besondere Form der Bestrafung für Regelverstöße beim Zielspurt ist die Distanzierung, das heißt, der betreffende Fahrer wird ans Ende der Fahrergruppe zurückgestuft, mit der er ins Ziel kam.
Die Höchststrafe ist der Lizenzentzug.

Start

Ein Rennen wird durch Senken einer Flagge oder Abgeben eines Platzpatronenschusses gestartet.

Absteigen

Steigt ein Fahrer vom Rad, so kann er es tragen, schieben oder rollen, darf aber keine fremde Hilfe in Anspruch nehmen.

Verpflegung

Essen und trinken während des Rennens ist erlaubt. Die Fahrer führen im allgemeinen Trinkflaschen – sie sind am Rahmen befestigt – und Verpflegung mit sich. Essen und Trinken dürfen auch von Verpflegungsstationen aus zugereicht werden.

Ziel

Das Ziel ist eine Linie, die überfahren werden muß und an der die Zeit gestoppt wird. Das Ziel gilt als überfahren, wenn der Reifen des Vorderrades die (gedachte) Ziellinie erreicht hat.

Einspruch

Ist der Ausgang eines Straßenrennens zweifelhaft oder umstritten (z.B. wegen Behinderung eines Konkurrenten durch Verlassen der Fahrlinie beim Zielspurt oder wegen Tätlichkeiten), gilt die Entscheidung des Streckenchefs.

Entwicklung

Seit den Olympischen Sommerspielen 1984 in Los Angeles gab es – besonders beim Material – einen enormen technischen Fortschritt.
Forschungsergebnisse aus anderen Bereichen – unter anderem auch aus der Weltraumforschung – wurden für die Leistungssteigerung genutzt, so entwickelte man aerodynamisch geformte Helme, besonders windschlüpfrige Trikots, »Bullhorn«-Lenker, Laufräder ohne Speichen mit heliumgefüllten Schläuchen, ultraleichte Zubehörteile und Rahmen aus Kohlefaser.

Bei den Olympischen Sommerspielen 1992 in Barcelona präsentierte der Brite Christopher Boardman, Sieger in der Einzelverfolgung auf der Bahn, ein Zweirad mit Monocoque-Rahmen aus Kohlefaser sowie Zubehörteilen aus Titan und Aluminium, das im Formel-1-Automobilwerk von Lotus entwickelt und gebaut worden war.

Die Kleidung

Die Teilnehmer müssen vom Hals bis oberhalb des Knies bekleidet sein. Bei Bahnwettbewerben muß ein Helm getragen werden, bei Straßenrennen ist das Helmtragen nicht zur Pflicht erklärt, genauso wie Socken oder Handschuhe nicht vorgeschrieben sind. Schutzbrillen dürfen nicht aus splitterndem Glas sein.

MOUNTAIN-BIKE

In Nordkalifornien entstand Mitte der siebziger Jahre in den Bergen von Marin County bei San Francisco eine neue Form des Radsports, das Mountain-Biking. Eine Gruppe von Fans des Mount Tam gründete den Velo-Club Tamalpais. Sie entwickelten einen neuer Fahrradtyp, »The Repack«. 1981 ging ein von Mike Sinyard entwickeltes Spezial-Bergrad erstmals in die Serienproduktion. Die erste nationale Wettkampfserie fand sechs Jahre später in den USA statt.

1996 war eine der Mountain-Bike-Disziplinen, **Cross-Country**, in Atlanta olympischer Wettbewerb. Es führte über eine Strecke von rund 60 km über Stock und Stein, hatte Aufstiege und Abfahrten mit Höhenunterschieden von insgesamt mehr als 300 m. Die Rennen, für Männer und Frauen getrennt ausgetragen, begannen mit einem Massenstart. Die Frauen fuhren eine Runde weniger als die Männer.

Als zweite Disziplin gibt es das **Downhill,** ein Abfahrtsrennen zwischen 3 und 5 km Länge, für Männer und Frauen über die gleiche Distanz ausgeschrieben.

RADBALL

Beim Radball sitzen (oder stehen) die Spieler auf Fahrrädern. Jede Mannschaft – bestehend aus zwei Spielern – strebt danach, den Ball öfter als der Gegner in dessen Tor zu befördern. Gespielt wird es seit Anfang des 20. Jahrhunderts. Die damals verwendeten Räder entsprachen dem normalen Straßenrad, allerdings mit einer Besonderheit:

Kettenblatt und Zahnkranz hatten die gleiche Anzahl von Zähnen. Der verwendete Lederball war damals etwa 750 g schwer und hatte etwa 15 cm Durchmesser. In den zwanziger Jahren wurden die Regeln vervollkommnet und die Spiele in Säle und Hallen verlegt.

Die Sportgeräte

Der **Ball** ist 500 bis 600 g schwer und mißt 16 bis 18 cm im Durchmesser.

Das **Rad** hat eine geringe Übersetzung (Starrlauf 24 x 21) und keine Bremse. Der Lenker ist nach oben gebogen.

Das Spielfeld

Es befindet sich in einer Halle und ist 9 bis 11 m breit und 12 bis 14 m lang. Hinter den Toren ist es von einem 1 m breiten Rand eingefaßt, der zum Anfahren und Wenden dient. Die *Tore* sind 2 m breit und 2 m hoch. Um das Spielfeld läuft eine 30 cm hohe Einfassung (Bande), die dafür sorgen soll, daß der Ball im Spiel gehalten werden kann. Vor dem Tor ist der *Strafraum* markiert – ein Kreis mit einem Radius von 2 m, gezogen um den Mittelpunkt des Tores.

Das Spiel

Ein Spiel dauert 2 x 7 Minuten mit einem Seitenwechsel nach der Halbzeit. Der Ball wird überwiegend mit dem Vorderrad gespielt, aber auch das Hinterrad wird eingesetzt. Kopfbälle sind erlaubt. Wenn der Fahrer mit einem Körperteil den Boden berührt oder wenn er absteigt, ist er vorübergehend nicht mehr spielberechtigt. Er muß dann seine eigene Torußenlinie überfahren und darf erst dann wieder ins Spiel eingreifen. Auch mit dem Körper darf der Ball gespielt werden. Im Augenblick der Ballberührung müssen jedoch beide Hände am Lenker und beide Füße auf den Pedalen sein. Einzige Ausnahme: Der verteidigende Spieler darf im eigenen Strafraum zur Abwehr des Balles beide Hände zu Hilfe nehmen.

Bei Regelwidrigkeit gibt es einen Freistoß, geschieht sie im Strafraum, wird sie mit einem Viermeterball geahndet.

RADPOLO

Eine Variante des Radballs ist das Radpolo. Es wird nur von Frauen gespielt.

Die Filzkugel hat einen Durchmesser von 9,5 bis 10,5 cm. Sie wird nicht mit den Rädern, sondern mit einem Polostock geschlagen, der eine Länge von maximal 100 cm hat. An seinem unteren Ende befindet sich der Hammer, ein etwa 15 cm langer Holzklotz. Es ist den Spielern erlaubt, sich während des Spiels auf die Stöcke zu stützen. Ebenfalls erlaubt ist es, einen Ball aus dem gegnerischen Strafraum mit dem Stock herauszuholen, der Strafraum darf dabei aber nicht befahren werden.

Die Spielzeit beträgt 2 x 7 Minuten mit Seitenwechsel nach der Halbzeitpause.

Mit Hightec über Stock und Stein

Das Mountainbiking ist die einzige Radsportdisziplin, bei der Stoßdämpfer üblich geworden sind.

Alpiner Skisport

Die ersten alpinen Wettbewerbe wurden nicht in den Alpen, sondern um 1870 in Telemark, Norwegen, ausgetragen. Den ersten Slalom, bei dem jedoch nur Stilnoten vergeben wurden, steckte im Jahre 1905 der Österreicher Matthias Zdarsky ab. Bis das erste Slalomrennen stattfand, vergingen dann noch etliche Jahre. Der Engländer Arnold Lunn richtete es 1922 in Mürren, Schweiz, aus. Das Wort Slalom ist norwegischen Ursprungs.

Streckenbeschaffenheit

Der Schnee muß so glatt und fest wie möglich sein. Um Unfälle zu vermeiden, müssen besonders gefährliche Stellen mit wetterfester Polsterung oder Netzen abgesichert werden.

Zwischen Start und Ziel muß eine direkte Sprechverbindung bestehen.

Start

Der Startbereich ist nur für Teilnehmer und Funktionäre zugänglich. Für Trainer, Mannschaftsführer und andere Betreuer muß ein eigener, abgegrenzter Bereich zur Verfügung stehen, wo diese sich ohne Beeinträchtigung durch das Publikum aufhalten können. Ebenso muß ein abgegrenzter Wartebereich für die Teilnehmer eingerichtet sein. Gestartet wird von einer Startrampe. Beim Losfahren durchbricht der Teilnehmer eine Startschranke und löst so den Beginn der Zeitnahme aus.

Nach der Aufforderung zur Startaufstellung werden die Stöcke vor die Startlinie gestellt.

Jedes andere Anschieben oder Abstoßen beim Start als mit Hilfe der eigenen Skistöcke ist unzulässig.

Der Zeitpunkt »10 Sekunden vor dem Start« wird den Teilnehmern angesagt, und außer beim Slalom werden ihnen die letzten fünf Sekunden vorgezählt oder durch andere Lautsignale angezeigt. Wer mehr als drei Sekunden nach seinem Startsignal losfährt, dessen Zeit wird so genommen, als sei er drei Sekunden nach der offiziellen Startzeit gestartet.

Der Startbefehl kann lauten: Go!, Partez!, Los!.

Ein Wettkämpfer, der sich nicht zur Zeit am Start befindet, wird disqualifiziert. Der Startrichter kann jedoch eine Verspätung entschuldigen, sofern diese seiner Meinung nach auf höhere Gewalt zurückzuführen ist. Keine Fälle von »höherer Gewalt« sind individuelle Materialfehler oder persönliche Indispositionen.

Generell gilt: Beim Start mit festgelegten Startzeiten hat der Wettkämpfer auf das Startsignal hin abzufahren. Die Startzeit ist gültig, sofern sie innerhalb der Grenzen laut FIS-Regel liegt: 5 Sekunden vor und 5 Sekunden nach der festgesetzten Startzeit. Jeder Wettkämpfer, der nicht innerhalb dieser Zeitspanne startet, wird disqualifiziert.

Ziel

Der Zieleinlauf bei einer Abfahrt und einem Super-G muß mindestens 15 Meter breit sein, beim Spezialslalom und beim Riesenslalom mindestens 10 Meter. Die Ziellinie wird durch zwei Stangen oder vertikale Stoffbänder markiert, welche durch ein Band mit der Bezeichnung »Ziel« verbunden sind. Die Ziellinie ist mit einer geeigneten Farbe zu markieren. Die Ziellinie muß mindestens auf einem Ski überquert werden oder bei einem Sturz in

Schnell wie ein Auto
Helm ist Pflicht beim Abfahrtslauf

unmittelbarer Zielnähe mit beiden Füßen.

Zeitmessung

Sie erfolgt elektronisch und auf die Hundertstelsekunde genau. Die Startschranke muß so beschaffen sein, daß kein Start ohne Öffnen der Schranke möglich ist. Die Endzeit wird festgehalten, wenn der Läufer die markierte Ziellinie mit irgendeinem Teil des Körpers oder der Ausrüstung überquert.

Startverbot

Die Jury hat die Möglichkeit, nach Beobachtungen beim Training »gefährdeten Läufern« ein Startverbot zu erteilen, wenn sie fahrtechnisch nicht über die Voraussetzungen zur Meisterung der Strecke verfügen.

Wiederholung

Die Wiederholung eines Laufes kann von einem Teilnehmer bei Behinderungen, Hindernissen auf der Strecke, Fehlen eines Tores oder falscher Zeit verlangt werden. Gewertet wird bei einer Wiederholung auf jeden Fall die Zeit des wiederholten Laufes, selbst wenn sie schlechter ist als die erste.

Disqualifikation

Ein Teilnehmer wird disqualifiziert, unter anderem wenn er
– auf einer für Wettkämpfer gesperrten Strecke trainiert, die Strecke verändert oder den Weisungen der Jury über die Durchführung des Trainings und des Wettbewerbs zuwiderhandelt,
– seine offizielle Startnummer im Training bei

der Besichtigung, in der Abfahrt, im Super-G oder im Wettbewerb nicht trägt oder diese in unerlaubter Weise abändert,
– die Strecke nicht auf Ski zurücklegt,
– das Ziel nicht mit mindestens einem Ski erreicht.
– während des Wettbewerbs in irgendeiner Form fremde Hilfe annimmt,
– eines der Tore nicht mit beiden Skispitzen und beiden Füßen passiert hat.
– zu Unrecht einen Wiederholungslauf verlangt und sich sein Gesuch nach Wiederholung des Wettbewerbs als unbegründet erweist,
– im Zielraum die Ski nach Ankunft abschnallt, bevor er die rote Linie überquert hat.

Ausrüstung

Sämtliche neue Entwicklungen auf dem Gebiet der Wettkampfausrüstung sind grundsätzlich durch die FIS bis zum 1. Mai eines Jahres für die nachfolgende Saison zu genehmigen. Für Abfahrt, Riesenslalom und Super-G bei internationalen Meisterschaften, Cupwettbewerben und Olympischen Winterspielen müssen die Wettkampfanzüge plombiert sein. Bei Abfahrt und Super-G besteht Sturzhelm-Pflicht! Die benutzten Skier müssen eine Skibremse aufweisen.

Tore

• Die Tore müssen von oben nach unten numeriert und die Nummern an der Außenstange befestigt werden. Starttor und Zieltor werden nicht mitgezählt.
• Niemand – außer der Jury – ist berechtigt, auf einer gesperrten Strecke Tore, Flaggen, Markierungen und anderes

Die alpinen Pisten
a   Abfahrtslauf
b   Super-G
c   Riesenslalom
d   Spezialslalom

Höhenunterschiede

Abfahrt:	Herren 800 bis 1100 m,		Damen 400 bis 800 m
Super-G:	Herren 500 bis 650 m,		Damen 400 bis 600 m
Riesenslalom:	Herren 250 bis 450 m,		Damen 250 bis 400 m
Spezialslalom:	Herren 180 bis 220 m,		Damen 140 bis 200 m

sowie das Pistenrelief (Sprünge, Wellen und ähnliches) zu verändern.
• Begeht ein Wettkämpfer einen Torfehler, ist er nicht mehr berechtigt, die weiteren Tore zu durchfahren.
• Die FIS-Regel besagt: Ein Tor ist korrekt durchfahren, wenn beide Skispitzen und beide Füße des Wettkämpfers die Torlinie überfahren haben. Verliert ein Wettkämpfer unverschuldet, das heißt nicht durch Einfädeln an der Torstange, einen Ski, müssen die Spitze des verbliebenen Ski und beide Füße die Torlinie passiert haben.

Lichtschranke als Startlinie

Streckenführung
Kontrolltore für Abfahrt und Super-G

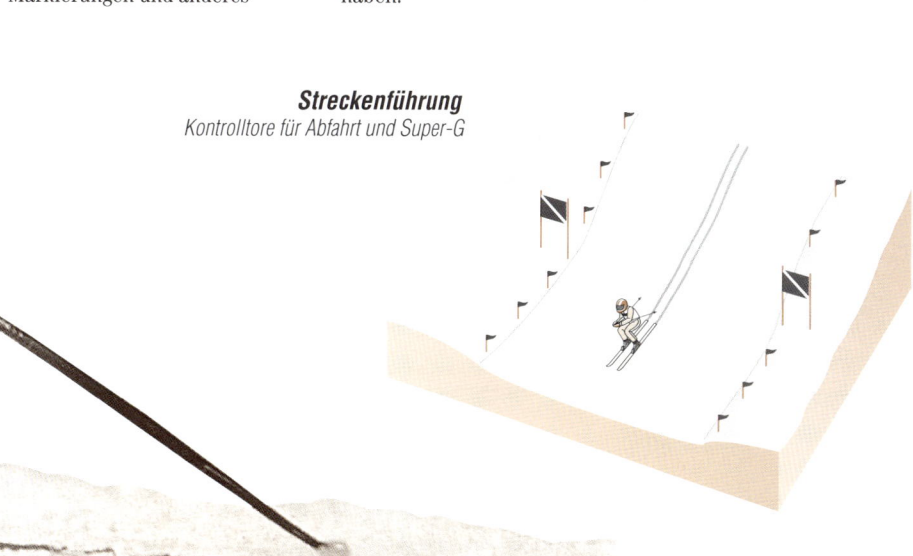

• Der Torrichter entscheidet nur dann auf Fehlverhalten, wenn er zweifelsfrei überzeugt ist, daß ein Torfehler vorliegt. Im Falle eines Protestes muß er klar und eindeutig erklären können, wie der Fehler begangen worden ist. Wenn ein Torrichter Zweifel hegt, kann er beim unmittelbar benachbarten Torrichter Erkundigungen einholen. Er kann sogar über ein Mitglied der Jury veranlassen, daß der Wettbewerb kurz unterbrochen wird, um Spuren auf der Strecke zu prüfen.

Stangenarten

Alle verwendeten Stangen werden als Slalomstangen bezeichnet, es gibt feste Stangen und Kippstangen.
Feste Stangen sind runde, gleichförmige Stangen von mindestens 20 mm bis maximal 32 mm Dicke ohne Kippelement. Sie müssen so lang sein, daß sie gesteckt mindestens etwa 1,80 m aus dem Schnee herausragen. Sie sollen aus nicht splitterndem Material hergestellt sein. Kippstangen (Gelenkstangen) sind mit einem Kippelement in Höhe der Schneeoberkante ausgerüstet.

Behinderungen

Aufgrund von störenden äußeren Einflüssen kann ein Teilnehmer eine Wiederholung seines Rennens beantragen. Dazu zählen
– Versperren der Strecke durch einen Funktionär, einen Zuschauer, ein Tier oder ein

sonstiges Hindernis, aber auch durch einen gestürzten Teilnehmer oder dessen Ausrüstungsgegenstände,
– Aktionen des Unfalldienstes,
– Fehlen eines Tores, das durch vorhergehende Teilnehmer umgestürzt und nicht schnell genug wieder aufgestellt wurde,
– Nichtfunktionieren der Zeitmessung.

ABFAHRTSLAUF

Der Reiz dieser alpinen Disziplin bestand schon in der Anfangszeit darin, in kürzester Zeit aus der felsigen Gipfelregion bis ins Tal in der Waldzone abzufahren. Abfahrtswettbewerbe werden in *einem* Lauf ausgetragen.

Material

Benutzt werden spezielle Abfahrtsski – sie sind breiter und länger als Slalomski –, hauteng Skianzüge sowie ein Sturzhelm (Pflicht).

Strecke

Die speziell hergerichtete Strecke soll mindestens 40 m breit sein, auf ihr sind acht Meter breite Pflichttore abgesteckt. Sie muß so beschaffen sein, daß sie auch ohne Einsatz der Skistöcke gleitend befahren werden kann, und darf keine konvexen Kurven und keine scharfen, harten Ränder oder Felsüberhänge aufweisen. Eine Abfahrtsstrecke darf auch

keine Abschnitte enthalten, in denen auf vollen Sonnenschein abrupt Schatten folgt.

Tore

Ein Pflichttor besteht aus vier Slalomstangen mit rechteckigen Flaggen auf jeder Seite; die Flaggen sind farbig, damit sie bereits aus der Ferne leicht zu erkennen sind. Die Tore sind von oben nach unten fortlaufend numeriert. Entlang der Strecke können an den Seiten Richtungsfähnchen gesteckt sein: rote Fähnchen entlang der linken Seite, grüne entlang der rechten.

Wettkampf

Vor dem Rennen durchfahren (mindestens) drei Vorläufer, die keine Wettkampfteilnehmer sind, die Strecke in Renngeschwindigkeit, um eine Fahrlinie zu markieren und den Stand der Tore zu überprüfen. Die erreichte Bestzeit soll nicht unter zwei Minuten (Herren) bzw. 100 Sekunden (Damen) betragen. Die Teilnehmer – sie wurden zuvor in Leistungsgruppen

eingeteilt – starten in festen Abständen (mindestens 40 Sekunden).

SPEZIALSLALOM

Der Spezialslalom oder Torlauf ist die kurvenreichste Disziplin im alpinen Skisport. Eine durch Tore festgelegte Strecke ist in kürzester Zeit zu durchfahren. Ein Wettbewerb wird in zwei Läufen auf zwei verschiedenen Pisten ausgetragen.

Strecke

Eine Slalompiste weist 45 bis 75 Tore (Damen: 45 bis 65, Herren: 55 bis 75) auf. Ein Slalomtor besteht aus zwei runden, nicht splitternden, gleichfarbigen (rot oder blau im Wechsel) Kippstangen, die 1,80 m aus dem Schnee

Gefährlich schnell
Geringste Geschwindigkeitsverluste in den Kurven durch Fahren auf der Kante

herausragen. Es ist zwischen 4 und 6 Meter breit.

Durchfahren der Tore

Die Sportler dürfen die Stangen berühren und mit ihrem Körper aus dem Weg schieben, müssen alle Tore (die gedachte Linie zwischen den beiden Torstangen) aber mit beiden Ski einwandfrei passieren. Die Fahrer drücken die Kippstangen mit der Außenhand – beim Linksschwung mit der rechten Hand, beim Rechtsschwung mit der linken Hand – oder auch mit dem Knie weg.

Wertungsmodus

Die Zeiten aus beiden Läufen werden addiert, anhand der Gesamtzeit wird die Plazierung ermittelt.
Im zweiten Lauf starten die besten 15 in der umgekehrten Reihenfolge ihrer Plazierung im ersten Lauf.

müssen mehr als zehn Meter voneinander entfernt gesteckt und sollen vier bis acht Meter breit sein. Es werden auch sogenannte blinde Tore gesteckt, die sowohl von rechts als auch von links durchfahren werden dürfen. Wenn möglich, sollte die Riesenslalomstrecke die gesamte Breite eines Hangs nutzen. Zum Abstecken der Piste werden normale Slalomstangen verwendet. Das untere Ende muß mindestens einen Meter über dem Schnee sein. Die Tore sind abwechselnd rot und blau.

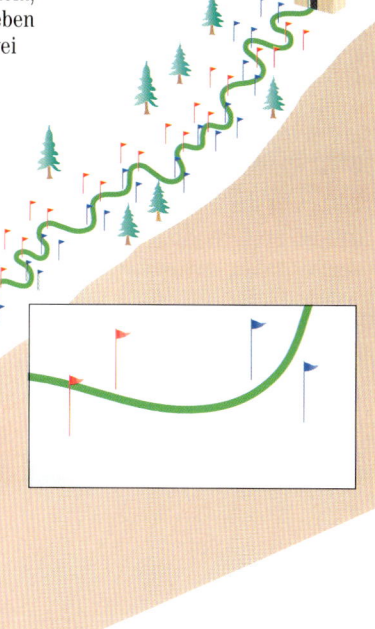

Spezialslalomkurs

Material

Slalomfahrer benutzen speziell verstärkte Handschuhe, gepolsterte Kleidung und meist einen Kopfschutz, der Stirn, Nase und Kinn vor Verletzungen durch zurückprallende Kippstangen bewahrt.

RIESENSLALOM

Der Unterschied zum Spezialslalom besteht in der längeren Strecke und in der geringeren Anzahl der Tore (Damen und Herren jeweils 30).
Gestartet wird in festen Intervallen von mindestens 40 Sekunden.
Ausgetragen werden zwei Läufe auf verschiedenen Pisten und die Zeiten addiert. Die Gesamtzeit entscheidet über die Plazierung.

Die Strecke

Sie muß mindestens 30 Meter breit und soll am besten in hügeligem und welligem Gelände gelegen sein. Die Tore

SUPER-G

Der Super-G, dieser Begriff ist abgeleitet vom englischen Super Giant Slalom, stellt eine abfahrtsnahe Variante des Riesenslaloms dar. Der Schwierigkeitsgrad und die Abmessungen der Strecke liegen zwischen denen der Abfahrt und des Riesenslaloms.
Der Super-G wird in einem Lauf entschieden.

Strecke

Gefordert sind mindestens 35 Tore für die Herren und 30 bei den Damen. Offene Tore müssen 6 bis 8 m (innerer Abstand von Stange zu Stange), vertikale (blinde) Tore 8 bis 12 m breit sein. Der Mindestabstand zweier Tore soll 25 m betragen.
Eine Super-G-Strecke soll eine Mischung von langen und mittleren Schwüngen fordern. Jedem Teilnehmer soll es möglich sein, seine eigene optimale Ideallinie zu fahren.

ALPINE KOMBINATION

Man kann die Alpine Kombination (Kandahar) als einen alpinen Mehrkampf, bestehend aus Abfahrtslauf und Slalom, bezeichnen. Sie wird in eben dieser Reihenfolge an zwei aufeinanderfolgenden Tagen

ausgetragen. Die erreichten Zeiten werden addiert und ergeben das Klassement.
Bei internationalen Meisterschaften oder Olympischen Winterspielen werden zur Ermittlung des Kombinationssiegers eine spezielle Abfahrt und zwei spezielle Slalomläufe ausgefahren. Auch hier werden die Zeiten aus allen Durchgängen addiert. Die Strecken sind nicht so anspruchsvoll wie in den Spezialwettbewerben.

Es gibt aber auch die Dreierkombination (Abfahrt, Slalom, Riesenslalom), und auch eine Viererkombination (hier kommt noch der Super-G dazu) ist möglich.
Die FIS, der internationale Skiverband, kann laut Statut und Regelwerk sogar Kombinationen mit einer anderen Sportart, etwa Ski – Schwimmen, Ski –Wasserski, Ski – Segeln, genehmigen.

PARALLELWETTBEWERBE

Auf zwei möglichst identischen und nebeneinander gelegenen Kursen, einem blauen und einem roten, starten zwei Teilnehmer gleichzeitig zu diesem Zweikampf

auf Skiern. Solcherart Wettbewerbe werden im Riesenslalom und im Spezialslalom ausgetragen. Um Chancengleichheit zu gewährleisten, tauschen die beiden Wettkämpfer nach dem ersten Durchgang die Kurse. Das Finale eines Wettbewerbs wird mit höchstens 32 Wettkämpfern durchgeführt. Dazu werden 16 Zweiergruppen gebildet, die besten acht erreichen das Viertelfinale, die besten vier von diesen das Halbfinale und die wiederum zwei Besten das Finale. Die Verlierer der beiden Halbfinals ermitteln in einem Durchgang den Drittplazierten.
Vor dem ersten Rennen besichtigen alle Wettkämpfer die beiden Kurse von oben nach unten mit angeschnallten Ski.

GESCHWINDIGKEITS-FAHREN

Auf einer extrem steilen, von jeglichen Hindernissen (Erdbuckel, Kurven) befreiten, geraden Strecke durchfahren die Teilnehmer eine 100 Meter lange Meßstrecke und ermitteln ihren Schnellsten. Die Zeitmessung erfolgt elektronisch. Angesetzt sind zwei Läufe, das bessere Ergebnis geht in die Wertung ein. Ermittelt wird die Durchschnittsgeschwindigkeit vom Start bis zum Ziel.

Freestyle

Mitte der 20er Jahre wollte der deutsche Eislaufexperte Dr. Fritz Reuel mit der Eislauftechnik das Skifahren revolutionieren. Er entwickelte den Schwung auf dem Innenski, Einbeintricks und den Walzer, fand aber bei den Funktionären keine Anerkennung. In den USA wurde das Trickskifahren dann entdeckt. 1988 war Freestyle neue olympische Demonstrationssportart.

Die Schanzenanlage

Anfahrt: 20–25° geneigt
Schanzenanlage: auf 20–25 m langem Plateau
Höhe einer Einfachschanze: 1,80 m
Höhe einer Zweifachschanze: ca. 2,80 m
Höhe einer Dreifachschanze: ca. 3,20 m
Landehügel: 36–39° geneigt, um die Gefahr von schweren Stürzen zu minimieren

Freestyle Ski, einst auch Trickski genannt, besteht aus drei Disziplinen:
– Acro (Ballett),
– Moguls (Buckelpiste) und
– Aerials (Springen).

ACRO (SKIBALLETT)

Eine zusammenhängende Folge von Sprüngen, Drehungen, (Stock-) Saltos und verbindenden Elementen soll eine harmonische Darbietung ergeben. Die Sprünge unterscheiden sich in der Absprungart und der Landeposition (parallel oder gekreuzt). Stocksaltos können bei verschiedenen Stockhaltungen mit oder ohne Schraubendrehung ausgeführt werden. In einer Kür von 1½ Minuten Dauer sind auf einer 160 m langen und 35 m breiten planen Piste (mit 12 bis 15 Grad Gefälle) zu frei wählbarer Musik originale Figuren mit einer persönlichen Note zu demonstrieren.

Die Kampfrichter bewerten die technische Ausführung (50 %) und die Choreographie (50 %). Jeder Athlet hat einen Lauf. Die besten acht bestreiten das Finale.

Die Länge der **Skistöcke** darf die Körpergröße nicht überschreiten. Die **Ski** müssen eine Mindestlänge haben. Damen: 1,30 m, Herren 1,40 m. Sind Damen kleiner als 1,60 m gewachsen oder Herren kleiner als 1,70 m, so sind ihnen etwas kürzere Ski (Damen 1,20 m und Herren 1,30 m) erlaubt.

MOGULS (BUCKELPISTE)

Auf der Buckelpiste geht es um möglichst perfekte Skitechnik im Wettlauf mit der Zeit. Außerdem werden zwei aufrechte Sprünge gefordert. Die Plazierung ergibt sich aus der Summe der Punkte für die Technik (50 %), die Sprünge (25 %) und die benötigte Zeit (25 %).
Mindestlänge der Ski: 1,80 m bei den Damen und 1,90 bei den Herren

Skitechnik: Der Fahrer soll, der Buckelpiste angepaßt, möglichst rhythmisch und schnell in paralleler Beinhaltung geschnittene Schwünge fahren.
Sprünge: Zwei Sprünge aus verschiedenen Gruppen. Es gibt 5 Gruppen von Sprüngen: 1. Stread Eagle, Kosak, Zudnik, 2. Daffy, 3. Back Scratcher, Mule Kick, 4. Twister, 5. Helikopter.
Die Sprung-Punkte ergeben sich aus der Ausführung der beiden Sprünge (Technik, Höhe, Weite), multipliziert mit den Koeffizienten für den Schwierigkeitsgrad der Sprünge.
Zeit: Um die Fahrzeit bewerten zu können, wird eine Richtzeit benötigt. Dazu werden je vier Damen und Herren ausgewählt. Sie fahren unmittelbar vor dem eigentlichen Start die Piste möglichst wie im Wettkampf hinab und werden von den Kampfrichtern bewertet. Der/die Fahrer(in) mit der ermittelten höchsten Punktzahl wird zum Zeitsetzer des Wettkampfes. Mit Hilfe einer Formel errechnet man auf der Grundlage der Richtzeit die Zeit-Punkte der Wettkämpfer.

Wettkampf

Single-Wettbewerb (olympische Disziplin): Die besten 12 Damen und 12 Herren (12 im Weltcup, 16 bei Olympischen Winterspielen und Weltmeisterschaften) des Vorlaufs sind für das Finale qualifiziert. Dort starten sie in umgekehrter Reihenfolge. Der Sieger des Finallaufs ist der Sieger des Wettkampfes.
Parallel-Wettkampf (nicht olympisch): Zwei Fahrer starten im direkten Vergleich gegeneinander. Die Kampfrichter ermitteln den jeweils besseren. Dieser kommt eine Runde weiter. Der Sieger muß sich im K.-o.-System durchsetzen.

AERIALS (SPRINGEN)

Der Kanadier Lloyd Langlois gilt als der Wegbereiter des modernen akrobatischen Springens. 1986 zeigte er nach mehrjährigem Training den ersten Dreifachsalto mit drei Schrauben. Bevor im Schnee gesprungen wird, muß am Trampolin und auf Wasser-Schanzen trainiert werden. Dort gezeigte Sprünge sind die Voraussetzung, um die Lizenz für Sprünge im Schnee zu erhalten.
Es gibt Vorwärtssalti, Rückwärtssalti und aufrechte Sprünge. Im Wettkampf werden gegenwärtig jedoch nur Rückwärtssalti in allen Varianten (lay=gestreckt, tack=gehockt und full=geschraubt) gesprungen. Zwei verschiedene Sprünge werden von insgesamt sieben Kampfrichtern nach Absprung, Weite und Höhe, Ausführung in der Luft und Landung bewertet. Höhe und Weite gehen mit 20 %, Stil und Präzision der Bewegung mit 50 % und die Landung mit 30 % in die Gesamtnote ein. Unmittelbar vor dem Wettkampf muß der Athlet aus Sicherheitsgründen beide Sprünge den Kampfrichtern vorführen. Maximal dürfen pro Sprung drei Saltodrehungen ausgeführt werden. Gegenwärtig werden im Weltcup bei den Herren Dreifachsalti mit bis zu vier Schrauben gesprungen. Damen springen inzwischen zwei verschiedene Dreifachsalti mit bis zu drei Schrauben.

Die Buckelpiste

Länge: 200–270 m
Breite: 15–25 m (Single)
Breite der vier zu durchfahrenden Tore: 8–12 m
Hangneigung: durchschnittlich zwischen 24° und 32°

Snowboard

Die Geburtsstunde des Snowboards dürfte ins Jahr 1929 fallen. Damals unternahm der Amerikaners Jack Burtchett mit einem länglichen Stück Holz, das mit einer Halteleine versehen war, die ersten Rutschversuche im Schnee. 1965 nahm sein Landsmann Sherman Poppen einen einzelnen Wasserski, befestigte auf diesem an der Schaufel eine Halteleine und rutsche so im Schnee zu Tal. Daraus entstand das Ur-Snowboard, das den Namen Snurfer erhielt. 1983 fanden in den USA Weltmeisterschaften, allerdings mit ausschließlich amerikanischen Teilnehmern, statt. Heute gibt es zwei Weltverbände, von denen jeder sein Regelwerk hat. Kurioserweise war die nach Mitgliedern weitaus größere Föderation, die ISF, beim ersten olympischen Auftritt der Snowboarder in Nagano 1998 nicht dabei. Den Vorzug hatte die mächtige Skisportföderation FIS erhalten, die unter ihrem Dach auch eine Snowboarding-Sparte aufweist.

Das Sportgerät

Ein Snowboard ist ein speziell entwickeltes Surfbrett, welches für alle Schneearten geeignet ist. Die Bindungen sind in schrägem Winkel zur Längsachse montiert. Sie müssen direkt auf dem Board fixiert sein. Die Distanz zwischen Lauffläche des Snowboards und der Standfläche des Bindungssystems darf maximal fünf Zentimeter betragen.
Länge: Die meisten Bretter sind zwischen 140 und 180 Zentimeter lang, Bretter für Kinder ausgenommen. Als Faustregel gilt: je kürzer das Brett, desto leichter dreht es. Längere Boards geben mehr Laufruhe, mehr Führung und Auftrieb, was insbesondere in ungewalztem Gelände wichtig ist.
Breite: Unterschieden wird die Schaufelbreite und die Heckbreite. Die Breite im Schaufel- und Heckbereich beträgt meist zwischen 26 und 32 Zentimeter. Schmaler als 18 Zentimeter darf ein Board, das bei Rennen eingesetzt wird, an keiner Stelle sein.
Bindung: Die Bindungen dürfen sich im Falle eines Sturzes nicht öffnen, damit das führerlose Gerät nicht Zuschauer gefährden kann. Auch wenn sich nur eine Bindung öffnen würde, wäre das gefährlich – für den Snowboarder selbst.

ALPINE DISZIPLINEN

Parallelslalom (Duel)

Auf einem breiten, steilen Hang (Höhenunterschied 80 bis 150 m) werden nebeneinander zwei möglichst identische Kurse gesteckt. Aus Kippstangen mit dreieckigen Fahnen werden die 20 bis 35 Tore gebildet, die im Abstand von 7 bis 12 Metern stehen. Der Wettbewerb wird nach dem K.-o.-System ausgetragen und ist in zwei Qualifikationsrennen und das Finale gegliedert. Zunächst findet der Wettkampf der Frauen statt, dann der der Männer statt. Die Zeiten der beiden Läufe werden addiert, und der Sieger erreicht die nächste Runde.

Riesenslalom (GS)

Die Strecke, auf der bis zu 20 Tore gesteckt sind, soll einen Höhenunterschied von 150 bis 300 Metern haben. Die Tore bestehen jeweils aus einer weichen Kurzstange auf der Innenseite und einer normalen Kippstange auf der Außenseite, beide Stangen sind mit einer Dreieckflagge verbunden.
Die acht schnellsten Frauen und die 16 schnellsten Männer des ersten Laufes qualifizieren sich für den zweiten Durchgang, der auf einem neu gesetzten Kurs gefahren wird. Gestartet wird nunmehr in der umgekehrten Reihenfolge der Plazierung aus dem ersten Lauf. Das Klassement ergibt sich aus der Addition der Zeiten beider Läufe.

Super-G

Für dieses besonders schnelle Rennen besteht Helmpflicht. Die Rennstrecke muß einen Höhenunterschied von 300 bis 500 Metern aufweisen. Gefahren wird durch Richtungstore, die die Fahrlinie vorgeben. Es wird nur ein Lauf ausgetragen. Sieger ist der Zeitschnellste.

FREESTYLE-DISZIPLINEN

Halfpipe

Die Halfpipe ist eine »liegende« Halbröhre aus Schnee, die den Anlagen der Skateboarder nachempfunden ist. Es geht darum, mit Kreativität, Mut, Sprungkraft und Tricks die Punktrichter zu überzeugen. Auf der Fahrt von Wand zu Wand (Wall) wird Schwung geholt, und nach dem Absprung am oberen Rand (Coping) der Röhre folgt dann der akrobatische Sprung mit sauberer Landung in der Pipe.

Sprünge

Man unterscheidet bei den Sprüngen Straight Airs (Absprung – halbe Drehung – Landung vorwärts), Spin Tricks (Drehungen um mehr als 180 Grad) mit Vorwärts- oder Rückwärtslandungen (Fakie) und Saltos (Flips). Während des Sprungs gibt es nahezu unendlich viele Gestaltungsmöglichkeiten.

Kampfgericht

Vier Wertungsrichter (Judges) beurteilen und bewerten die Kür in der Halfpipe. Der Judge für Amplitude beurteilt die Höhe der gezeigten Sprünge. Der Judge für Rotation beurteilt die Ausführung der Spin Tricks und Flips nach Schwierigkeitsgrad und Haltung. Der Judge für Transition beobachtet die Aktionen in den Walls, achtet auf Absprung, Landung, Stürze oder In-den-Schnee-Fassen. Der Judge für Motion benotet die Fahrt auf der Kante im Bereich der Flat und den Gesamteindruck. Alle vier Judges vergeben Noten von 0 bis 10. Die Addition der Einzelnoten ergibt die Gesamtnote (maximal 40 Punkte).

Halfpipe

Nordischer Skisport

Das norwegische Wort Ski (gesprochen Schi) bedeutet ursprünglich soviel wie Scheit. Steinzeichnungen lassen vermuten, daß die Vorläufer unserer Ski 4000 bis 5000 Jahre alt sind.

LANGLAUF

Es gibt Wettbewerbe in den Disziplinen Klassische Technik und Freie Technik.

Klassische Technik

Es ist die bedeutend ältere Art und Weise skizulaufen. Hier ist die grundlegende Technik der Diagonalschritt. Die klassische Technik schließt laut FIS-Regel die Doppelstocktechnik, die Grätenschritt-Technik ohne Gleitphase, Abfahrtstechniken und Richtungsänderungen ein. Einfache oder doppelte Schlittschuhschritte sind nicht erlaubt. Gelaufen wird in Spuren.

Freie Technik

Die schnellere Art, sich fortzubewegen, ist dagegen jene im Schlittschuhschritt (Skating-Technik). Die Disziplin Freie Technik erlaubt aber auch ein Laufen in der klassischen Form. Für den Wettkampf wird eine gewalzte Strecke hergerichtet.

Ein »Klassiker« mit Diagonalschritt in der Spur

teile ermöglichen. Der Wettkämpfer muß in seiner Spur bleiben, außer er überholt einen anderen Wettkämpfer. Die letzten 200 m einer Strecke müssen mindestens dreispurig und ohne scharfe Biegungen sein. Auf den letzten 100 m bis 150 m muß ein Wettkämpfer die Spur oder Piste nicht mehr freigeben. Der Beginn dieser Zone wird mit einer farbigen Linie markiert.

Start

Die klassische Variante ist der *Einzelstart*, bei dem die Wettkämpfer in 30-Sekunden-Abständen ins Rennen geschickt werden. Bei den Staffeln erfolgt dagegen ein *Massenstart*. Der **Jagdstart** wird beim Verfolgungsrennen (Jagdrennen) praktiziert. Das ist ein zweigeteilter Wettbewerb: auf einen Lauf in der klassischen Technik folgt ein weiterer Lauf in freier

Zeitmessung

Üblich ist die elektronische Zeitmessung, aber auch eine Handzeitnahme ist möglich. Die elektronische Zeitmessung wird immer durch Handzeitnahme ergänzt. Beim Start müssen sich beide Füße eines Teilnehmers hinter der Startlinie befinden. Die Endzeit wird gemessen, wenn der vordere Fuß die Linie zwischen den Zielpfosten passiert, bei elektronischer Zeitmessung wird die Zeit genommen, die dem Moment der Kontaktunterbrechung (Lichtschranke in 25 cm Höhe) entspricht.

forderung, die Spur oder Piste freizugeben, nicht nachkommt,
• er während des Rennens nicht die ihm ausgehändigte ausgeloste Startnummer trägt ,
• er Teile der Strecke mit unmarkierten Ski (Ausnahme: Ski- oder Bindungsbruch in Staffel- oder Verfolgungswettkämpfen) oder ohne Ski an den Füßen zurücklegt,
• bei der Staffel der Wechsel außerhalb der markierten Wechselzone (30 m lang) vorgenommen wird und auch die Wiederholung(en) nach Aufforderung nicht korrekt ausgeführt wird (werden).

Staffeln

Offizielle Wettkampfdisziplinen:
Frauen: 4x5 km
Männer und Junioren: 4x10 km.
• Je zwei Sportler einer Mannschaft laufen in der klassischen und in der freien Technik.
• Wechsel: Er erfolgt innerhalb der Wechselzone (30 m) durch Handschlag des ankommenden Läufers auf irgendein Körperteil des nächsten Wettkämpfers.

Ausrüstung

Dazu gehören die schmalen, leichten Ski mit den Bindungen, die Stöcke, die Schuhe und die Bekleidung. Die Parameter sind durch ein spezielles Reglement festgelegt, und jeder Wett-

Internationale Wettkämpfe

Strecken bei *Olympischen Winterspielen* und *Weltmeisterschaften*: (in Klammern die Technik):
Herren: 30 km (K), 10 km (K), 15 km (F), 4 x 10 km (2 K, 2 F), 50 km (F)
Damen: 15 km (K), 5 km (K), 10 km (F), 4 x 5 km (2 K, 2 F), 30 km (F)
Hinweis: Für die zwei längeren Strecken werden die Techniken jedes zweite Jahr gewechselt.

Spuren

Bei der klassischen Technik wird in Spuren gelaufen. Diese müssen so präpariert werden, daß sie die Kontrolle der Ski und ihr Gleiten ohne seitlichen Bremseffekt durch Bindungs-

Technik. Mit dem Jagdstart werden die Wettkämpfer in das zweite der beiden Rennen geschickt: Sie starten in der Reihenfolge der Ergebnisse vom Vortag, und zwar mit den dort ermittelten Zeitabständen. Wer als erster ins Ziel kommt, ist der Gesamtsieger.

Frühstart

Bei Handzeitnahme wird zurückgerufen, bei elektronischer Zeitnahme wird ein bis zu drei Sekunden verfrühtes oder verspätetes Starten toleriert, bei noch früherem Starten erfolgen ein Rückruf und ein Neustart außerhalb des elektrischen Startbereiches.

Skimarkierung

Vor allen Rennen werden beide Ski mit einer Markierung versehen. Bei Einzelwettkämpfen dürfen Stöcke, aber keine Ski ausgewechselt werden. Bei Staffelwettkämpfen und beim Verfolgungswettkampf darf bei Skibruch oder Bindungsschaden ein Ski ausgewechselt werden.

Disqualifikation

Ein Teilnehmer wird disqualifiziert, wenn
• er sich bei Rennen in klassischer Technik unzulässige Vorteile verschafft, indem er
• die freie Technik anwendet,
• nicht konsequent der markierten Strecke folgt,
• Überholmanöver der Konkurrenten behindert und der Auf-

kämpfer ist für die von ihm verwendete Ausrüstung verantwortlich.
Beide Ski müssen gleich gebaut und gleich lang sein. Die beiden Stöcke müssen nicht nur gleich lang, sondern auch von konstanter Länge (kein Teleskopstock) sein. Fremdenergie (z.B. durch Federn) ist nicht zulässig.
Sämtliche Neuentwicklungen müssen durch die FIS genehmigt und dazu bis spätestens 1. Mai eines jeden Jahres für die nachfolgende Saison angemeldet werden. Um Chancengleichheit zu gewährleisten, muß ein Hersteller sein neues Produkt allen Mitgliedsverbänden zum Erwerb anbieten.

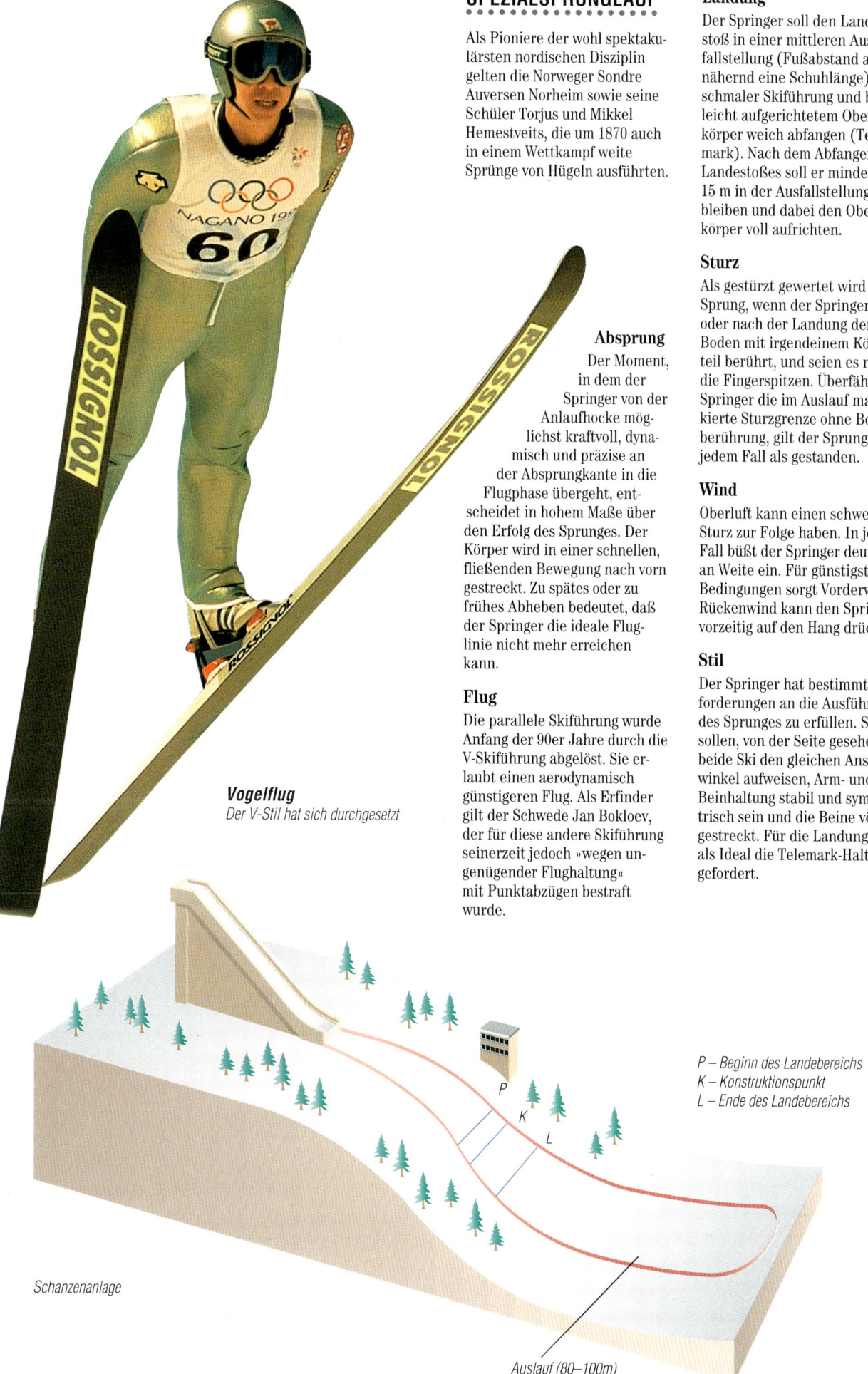

SPEZIALSPRUNGLAUF

Als Pioniere der wohl spektakulärsten nordischen Disziplin gelten die Norweger Sondre Auversen Norheim sowie seine Schüler Torjus und Mikkel Hemestveits, die um 1870 auch in einem Wettkampf weite Sprünge von Hügeln ausführten.

Vogelflug
Der V-Stil hat sich durchgesetzt

Absprung
Der Moment, in dem der Springer von der Anlaufhocke möglichst kraftvoll, dynamisch und präzise an der Absprungkante in die Flugphase übergeht, entscheidet in hohem Maße über den Erfolg des Sprunges. Der Körper wird in einer schnellen, fließenden Bewegung nach vorn gestreckt. Zu spätes oder zu frühes Abheben bedeutet, daß der Springer die ideale Fluglinie nicht mehr erreichen kann.

Flug
Die parallele Skiführung wurde Anfang der 90er Jahre durch die V-Skiführung abgelöst. Sie erlaubt einen aerodynamisch günstigeren Flug. Als Erfinder gilt der Schwede Jan Bokloev, der für diese andere Skiführung seinerzeit jedoch »wegen ungenügender Flughaltung« mit Punktabzügen bestraft wurde.

Landung
Der Springer soll den Landestoß in einer mittleren Ausfallstellung (Fußabstand annähernd eine Schuhlänge) bei schmaler Skiführung und bei leicht aufgerichtetem Oberkörper weich abfangen (Telemark). Nach dem Abfangen des Landestoßes soll er mindestens 15 m in der Ausfallstellung verbleiben und dabei den Oberkörper voll aufrichten.

Sturz
Als gestürzt gewertet wird ein Sprung, wenn der Springer bei oder nach der Landung den Boden mit irgendeinem Körperteil berührt, und seien es nur die Fingerspitzen. Überfährt der Springer die im Auslauf markierte Sturzgrenze ohne Bodenberührung, gilt der Sprung in jedem Fall als gestanden.

Wind
Oberluft kann einen schweren Sturz zur Folge haben. In jedem Fall büßt der Springer deutlich an Weite ein. Für günstigste Bedingungen sorgt Vorderwind. Rückenwind kann den Springer vorzeitig auf den Hang drücken.

Stil
Der Springer hat bestimmte Anforderungen an die Ausführung des Sprunges zu erfüllen. So sollen, von der Seite gesehen, beide Ski den gleichen Anstellwinkel aufweisen, Arm- und Beinhaltung stabil und symmetrisch sein und die Beine völlig gestreckt. Für die Landung ist als Ideal die Telemark-Haltung gefordert.

P – Beginn des Landebereichs
K – Konstruktionspunkt
L – Ende des Landebereichs

Schanzenanlage

Auslauf (80–100m)

Sprungweite

Die Entfernung von der Schanzentischkante bis zur Landestelle des Springers auf der Aufsprungbahn (das ist die Stelle, an der die Füße aufkommen, bei Telemarklandung gilt der Punkt zwischen den Füßen) stellt die Sprungweite dar. Die Landung gilt als erfolgt, wenn bei einer normalen Landung beide Ski mit voller Fläche aufgesetzt haben.

Bei nicht normalen Landungen – ein Ski aufgesetzt, der andere noch in der Luft – gilt als Zeitpunkt der Landung, wenn der erste Ski mit voller Fläche aufgesetzt hat.

Bei Sturz gilt als Landestelle diejenige, wo der Springer mit einem Körperteil zuerst die Aufsprungbahn berührt.

Weitenmessung

Bei der **manuellen Methode** steht mindestens alle drei Meter auf dem Landehang ein Weitenmesser. Bei der **elektronischen Messung** sind zwei Videokameras im Einsatz. Für den Fall, daß sie ausfallen, stehen alle 10 Meter Weitenmesser.

Die gesprungenen Weiten werden mit einer Genauigkeit von einem halben Meter gemessen. Auf dem Aufsprunghang sind alle 5 m Querlinien markiert.

Einzelwettbewerbe

Die 50 besten Springer der Qualifikation erreichen den eigentlichen Wettkampf, die 30 besten den Finaldurchgang. In diesem springt der 30. als erster, der Erste des ersten Durchgangs als letzter. Gewonnen hat der Springer mit der besten Note aus beiden Durchgängen.
Ausnahme:
Ein Springer, der im ersten Wertungsdurchgang mindestens 90 Prozent der Höchstweite des Durchganges erzielte, dabei aber stürzte, darf ebenfalls am Finaldurchgang teilnehmen.

Wiederholung eines Sprunges

Wenn ein Springer durch den Irrtum eines Funktionärs, durch Hineinlaufen eines Zuschauers oder Tieres oder durch höhere Gewalt während der Ausführung seines Sprunges (Anfahrt, Flug und Landung) behindert wird, soll er sich an die Jury wenden – sie kann die Wiederholung seines Wettkampfsprunges erlauben.

K.-o.-System

Eine Sonderform sind Wettkämpfe nach dem K.-o.-System.

Zunächst werden in der Qualifikation die 50 besten Springer ermittelt, sie bestreiten den eigentlichen Wettkampf. Beim K.-o.-System werden Springerpaare zusammengestellt. Der 25. und 26. der Qualifikation springen nacheinander als erste, das letzte Paar bilden, nacheinander springend, der 1. und der 50. Die 25 jeweiligen Sieger und die fünf besten Verlierer erreichen das Finale.

Mannschaftswettbewerb

Vier Springer, die jeweils zweimal über den Bakken müssen, bilden eine Mannschaft. Gesprungen wird in vier Gruppen mit jeweils einem Springer aus den teilnehmenden Mannschaften. Alle acht Noten kommen in die Mannschaftswertung.

Material

Ski. Länge: Körperhöhe plus 80 cm, maximale Breite: 11,5 cm, Mindestgewicht: bei 250 cm Länge 2,5 kg pro Ski
In der Praxis wird hinsichtlich der günstigsten Länge der Ski nach folgender Formel verfahren: Körpergröße plus 80 cm.
Bindung: Der Sprungschuh ist per Schwenkhebel auf einem Drehteller verankert. Die Aluminumplatte verteilt die Zugkräfte auf eine größere Fläche. Ein Zugband an der Ferse ermöglicht es dem Springer, die ideale Flugposition einzunehmen.
Anzüge: Dicke des Materials: maximal 8 mm , es muß eine bestimmte Luftdurchlässigkeit gewährleisten.
Der Wettkampfanzug wird vor jedem Wettkampf überprüft und plombiert. Das Tragen eines Sturzhelmes ist Pflicht, nicht jedoch das von Schneebrillen.

Anlagen

Gesprungen wird, je nach Altersklasse, auf Anlagen mit festgesetzten K-Punkt-Weiten. Der Punkt K (Konstruktion) bezeichnet den Anfang des Radius und wird von der Jury bei der Entscheidung berücksichtigt, wann Sprünge gefährlich weit sind. Bei Erreichen oder Überspringen von 95 Prozent dieser schanzenspezifischen Weite entscheidet die Jury, ob die Anlauflänge reduziert werden muß, um die Sicherheit der nachfolgenden Springer nicht zu gefährden.

Bewertung

Für jeden der beiden Wertungssprünge erhält der Sportler eine Note, die sich aus der Weiten- und der Haltungsnote zusammensetzt.
Ausgangsbasis für die Weitennote ist der Punkt K, für dessen Erreichen 60 Punkte gutgeschrieben werden, für größere oder geringere Weiten werden – in Abhängigkeit von der Größenordnung einer Schanze – Punkte abgezogen oder hinzugezählt.
Beispiele:
K-Pkt: 60 – 69 m → 2,4 Punkte/m
K-Pkt: 145 – 185 m → 1,2 Punkte/m.

Die fünf Sprungrichter können jeder für die Haltung des Springers beim Absprung, im Flug und bei der Landung maximal 20 Punkte vergeben. Nur die drei mittleren der fünf Noten werden addiert und der Weitennote hinzugefügt. Im Idealfall beträgt die Höchstnote 60 Punkte.

Skiflug-Wettkämpfe

Skiflugschanzen dürfen nur mit ausdrücklicher Erlaubnis des FIS-Vorstandes benutzt werden. Der Neubau oder Umbau einer Flugschanze darf nur auf der Grundlage von Plänen erfolgen, die von der FIS genehmigt wurden und bei denen u.a. folgende *Grenzwerte* eingehalten werden:
– K-Punkt-Weite: max. 185 m;
– projektierte Abfluggeschwindigkeit: max. 30 m/s

Schanzenrekorde

Rekorde werden vom Veranstalter bei gleicher Anlauflänge aller Teilnehmer in dem jeweiligen Durchgang registriert.

Wertung

An den beiden Wettkampftagen werden analog dem Skispringen jeweils ein Probedurchgang und zwei Wertungsdurchgänge durchgeführt. Können nur zwei reguläre Durchgänge absolviert werden, zählt der erste als Probe- und der zweite als Wertungsdurchgang. Bei nur einem regulären Durchgang entfällt für diesen Veranstaltungstag die Tageswertung.

Weltmeister

Jeder Verband kann für eine Weltmeisterschaft fünf Wettkämpfer melden, zum eigentlichen Wettkampf sind nur vier zugelassen.
Der Sieger wird durch Addition der Tagesnoten ermittelt. Es ist unter Umständen möglich, daß der Skiflug-Weltmeister durch einen einzigen in die Wertung gelangten Flug ermittelt wird.

NORDISCHE KOMBINATION

Sie gilt als die Königsdisziplin im nordischen Skisport, denn die Athleten müssen in zwei so unterschiedlichen Disziplinen wie dem *Sprunglauf* und einem *Langlauf* hohes Können nachweisen. Die Nordische Kombination wird im Normalfall an zwei Tagen ausgetragen, bei extremer Witterung besteht die Möglichkeit, sie an einem Tag abzuschließen.

Gundersen-Methode

Die nicht einfache Frage, bei welchem Wertungsmodus auch die Zuschauer unmittelbar – ohne aufwendige Punktberechnungen – erkennen können, wer den Wettkampf gewonnen hat, wer Zweiter geworden ist usw., wird mit der Gundersen-Methode (Erfinder war 1970 der Norweger Gunde Gundersen) in über-zeugender Weise beantwortet: Der Beste des Springens geht als erster an den Langlaufstart, und die Nächstbesten werden mit den entsprechenden Zeitrückständen auf die Strecke geschickt.

Erster Tag: Das Kombinationsspringen

Es werden zwei Sprünge von der Normalschanze (K 75, Ausnahme K 90) gefordert. Die Bewertung erfolgt wie bei den Spezialisten.
Bei internationalen Meisterschaften starten die Nordisch-Kombinierten in vier Gruppen. Jedes Land darf für jede Gruppe einen Teilnehmer benennen. Der Titelverteidiger ist ohnehin startberechtigt und kann außerhalb des Kontingents seines Landes starten.

Zweiter Tag: 15-km-Langlauf

Nach der Gundersenmethode starten die Aktiven zum Langlauf in der freien Technik. Die Reihenfolge, in der die Sportler im Ziel eintreffen, ist gleichbedeutend mit dem Endstand in der Nordischen Kombination.

Der Jagdstart

Um einen exakten Startablauf zu gewährleisten, muß mindestens eine große digitale Startuhr bereitstehen und für jede Startpiste eine Tafel mit den Startnummern und Startzeiten zwischen Uhr und Startlinie aufgestellt sein. Sie zeigt an, wieviel Zeit dem Athleten bis zum Start verbleibt. Ist die Wartezeit abgelaufen, schickt ein Starthelfer den Athleten mit einer Anschubhilfe auf die Strecke.

Mannschaftswettbewerb

Eine Mannschaft besteht aus vier Sportlern. Nach dem Sprunglauf von der Schanze gleicher Größe wie im Einzelwettbewerb (es kommen alle acht Sprünge in die Wertung) gibt es am 2. Tag einen 4x5-km-Staffellauf nach der Gundersen-Methode.

Berechnung der Noten

Die **Sprungnote** setzt sich wie im Spezialsprunglauf aus *Weitennote* und *Haltungsnote* zusammen. Näheres siehe Spezialsprunglauf.
Die beim Teil **Langlauf** erzielten Zeiten müssen ebenfalls in **Punkte** umgerechnet werden. Je nach Streckenlänge gibt es für die Langlaufzeiten unterschiedliche *Umrechnungen: Beispiele:*

20 km:	1 min = 7 P.
4 x 5 km:	1 min = 9 P.
15 km:	1 min = 10 P.
3 x 5 km:	1 min = 13 P.

Sprint-Wettkampf (Einzel)

Er besteht aus einem Wertungsdurchgang im Springen und einem 7,5-km-Langlauf auf einer Strecke mit mehreren Schleifen (wie 3 x 2,5 km). Es wird die Gundersen-Methode angewendet.

Team-Sprintwettkampf

Ein Team besteht aus zwei Wettkämpfern. Jeder führt zwei Wertungssprünge aus. Beim zweiten Teil des Wettkampfes, dem 15-km-Lauf, wechseln sich die Mitglieder eines Teams rundenweise ab. Nach Abschluß der zweiten Runde scheidet das letzte Team aus, nach weiterer zwei Runden das nunmehr letzte Team usw., bis noch sieben Teams im Rennen sind.

BIATHLON

Beim Biathlon müssen die Athleten zwei äußerst gegensätzliche Anforderungen miteinander verbinden: schnelles Skilaufen und treffsicheres Schießen.
Die Biathleten werden oft Skijäger genannt – eine Bezeichnung, die darauf hinweist, daß diese attraktive Wintersportart sich aus der Jagd auf Skiern entwickelt hat:

Wettkampfarten

Für Männer und für Frauen sind ausgeschrieben: Einzel-, Sprint-, Staffel-, Mannschafts- und Verfolgungswettkampf.

Einzelwettkampf

Die Männer laufen 20 km, die Frauen 15 km. In 30-Sekunden- oder 1-Minuten-Abständen werden die Wettkämpfer gestartet, das Kleinkalibergewehr (mindestens 3,5 kg schwer) und 20 Schuß Munition tragen sie mit sich. Der Wettkämpfer hat vier Schießübungen mit je fünf Schuß in verschiedenen Anschlagarten zu absolvieren, und zwar in der Reihenfolge: liegend – stehend – liegend – stehend freihändig.
Für jedes nicht getroffene Ziel wird dem Wettkämpfer eine Minute Zeitzuschlag angerechnet.

Sprintwettkampf

Mit Sprint bezeichnet man bei den Frauen den 7,5-km-Lauf und bei den Männern den 10-km-Lauf. Der Start erfolgt, wie unter »Einzelwettkampf« beschrieben, allerdings führen die Wettkämpfer nur zehn Schuß Munition mit sich. Die erste Schießübung erfolgt im Anschlag liegend freihändig nach etwa 3 km (Frauen 2,5 km), die zweite und letzte Schießübung, diesmal im Anschlag stehend freihändig, nach etwa 7 km (Frauen 5 km). Für jedes nicht getroffene Ziel muß der Wettkämpfer eine Handicaprunde (150 m) direkt neben der Schießanlage laufen, wofür er etwa 25 bis 30 Sekunden braucht.

Staffelwettkampf

(4x7,5-km-Staffel)
Jeder Wettkämpfer hat zwei Schießübungen (liegend freihändig bei 2,5 km, stehend freihändig bei 6 km) zu absolvieren. Die Startläufer gehen gleichzeitig ins Rennen. Für eine Schießübung stehen jedem Wettkämpfer acht Schuß Munition zur Verfügung. Trifft er mit fünf Schuß nicht alle fünf Ziele, kann er die bereitliegenden drei Reservepatronen benutzen. Bleiben immer noch Ziele nicht getroffen, muß er für jedes eine Strafrunden laufen.

Besonderheit

Nach dem Zieleinlauf der ersten 5 Staffeln werden jene Staffeln, die noch nicht geschossen haben, an der roten Linie am Schießstandeinlauf gestoppt und in der Reihenfolge des Eintreffens am Schießstand in der Ergebnisliste plaziert mit Angabe der Zeiten und Schieß-

ergebnisse der ersten drei Staffelläufer.

Mannschaftswettkampf

Vier Wettkämpfer gehören zu einer Mannschaft, die *geschlossen* (Männer 10 km, Frauen 7,5 km) unter ähnlichen Anforderungen wie beim Sprintwettkampf zu laufen hat. Die Mannschaft hat zwei Schießübungen zu absolvieren, wobei jeweils zwei Mannschaftsmitglieder (rote und grüne Startnummer) fünf Schüsse im liegenden Anschlag und fünf Schüsse im stehenden Anschlag (gelbe und blaue Startnummer) abgeben müssen.
Die Mannschaften starten in Abständen von einer Minute. Eine Mannschaft darf von einer anderen nur in geschlossener Formation überholt werden. Den Schießstand muß eine Mannschaft ebenfalls geschlossen anlaufen.
Gelingt es den jeweiligen zwei Schützen nicht, alle Ziele zu treffen, müssen beide gemeinsam die fällige(n) Strafrunde(n) laufen. Das Ziel muß die Mannschaft vollständig und geschlossen, das heißt innerhalb von 15 Sekunden, erreichen. Ansonsten erhält sie eine Minute Zeitzuschlag.

Verfolgungswettkampf

Er besteht aus zwei Teilen. Zunächst wird der bekannte Sprintwettkampf ausgetragen. Zum zweiten Teil geht der führende Wettkämpfer als erster auf die 12,5-km-Strecke (Frauen 10 km), die anderen folgen ihm mit dem Zeitrückstand, den die Ergebnisliste des ersten Wettkampfes ausweist. Die Reihenfolge der Anschlagarten weicht von der bei den übrigen Wettbewerben ab: liegend – liegend – stehend – stehend. Dabei sind jeweils fünf Schuß auf fünf Ziele abzugeben. Für jedes nicht getroffene Ziel muß eine Strafrunde von 150 m gelaufen werden.

Strecken

Sie sollten natürlich verlaufen, möglichst abwechslungsreich sein und durch welliges Gelände führen. Die Strecke muß deutlich ausgeflaggt sein.

Streckenpräparierung

Alle Bäume und Baumstümpfe auf der ausgewählten Piste werden vor dem ersten Schneefall in Bodenhöhe abgeschnitten. Am Tag des Wettkampfes müssen mindestens zehn Mitglieder des Pistenkommandos die Strecke abfahren, um sich

zu vergewissern, daß die Strecke nachts nicht durch Witterungseinflüsse gefährlich geworden ist.

Schießstand

Jeder Wettkämpfer kann sich seine Schießbahn selbst aussuchen. Geschossen wird auf eine Distanz von 50 m auf Klappscheiben. Beim liegenden Anschlag hat das Ziel einen Durch-messer von 45 mm, beim stehenden Anschlag von 115 mm. Jeder Schuß muß einzeln aus einem Magazin nachgeladen werden.
Es gibt keine Zeitbegrenzung für die Schießaufgaben, die besten Schützen treffen ihre fünf Scheiben in 15 Sekunden und weniger.

Sportgeräte

Nur ein Paar Skier und ein Gewehr – alles unmittelbar vor dem Wettkampf markiert – sind zusammen mit den Stöcken zulässig. Wird ein Ski (oder die Schuhbindung) während des Wettkampfes beschädigt, darf ein Ski ausgetauscht werden, ebenso beide Stöcke.

Das Gewehr

Es dürfen alle nichtautomatischen Waffen bis zu einem Kaliber von 5,6 mm verwendet werden. Erlaubt sind nur kreisförmige (offene) Visiere. Der Abzugsdruck muß mindestens 500 Gramm betragen. Auf der Piste darf das Gewehr nicht geladen sein. Bei Defekt darf vom Schießstandchef eine Ersatzwaffe ausgehändigt werden.

Strafen

Schwere Verstöße, wie Abkürzen während des Wettkampfes, Verwenden anderer Hilfen als Ski oder Stöcke, Verändern des Abzugsdrucks des Gewehres, ziehen die Disqualifikation nach sich. Zwei Minuten Zeitstrafe gibt es für Laufen mit geladenem Gewehr auf der Piste ebenso wie für jeden nicht abgegebenen Schuß.

Eishockey

Eishockey gilt als die schnellste Sportart der Welt, erreicht doch der Puck Geschwindigkeiten bis zu 160 km/h (knapp 45 m/s). Die Spieler tragen Schutzausrüstung, die ihnen Schutz gegen den fliegenden Puck, bei Kollisionen mit anderen Spielern oder mit der Bande und bei Stürzen auf dem Eis bietet.

Das Spielfeld

Es mißt 61 m x 26 m, die Ecken sind als Teilkreis mit einem Radius von 8,50 m abgerundet. Das Spielfeld ist umgeben von einer Bande aus Holz oder Plexiglas, deren Höhe – von der Eisoberkante gemessen – 1–1,20 m beträgt.
Das Spielfeld ist durch eine rote Mittellinie in zwei Hälften und durch zwei blaue Linien in drei Zonen aufgeteilt.

3,40 m
Torkreis
Bully-Kreis
18,26 m
3,35 m
17,66 m
Mittel-kreis
A
1,50 m
A
A
6 m
0,90 m
56–61 m

Die Anspielpunkte sind mit einem A gekennzeichnet.
26–30 m

Spielfeldzonen

Ein Eishockeyspielfeld ist in drei Zonen aufgeteilt: die Verteidigungszone vor dem eigenen Tor; die Angriffszone vor dem Tor der gegnerischen Mannschaft; und die neutrale Zone dazwischen. Der Rahmen des Tores ist rot, so daß sich das Tor deutlich von der weißen Eisfläche abhebt.

1,22 m
1,83 m

Sicherheitsglas

Der Puck ist hart und erreicht sehr hohe Geschwindigkeiten, daher sind Zuschauer bei Eishockeyspielen durch einen Plexiglasaufsatz der Banden abgeschirmt.

Die Stöcke

sind aus Holz oder einem anderen zugelassenen Material. Die Länge des Schaftes darf, außen gemessen, 1,60 m nicht überschreiten, und die Stockschaufel darf maximal 32 cm lang sein. Der Torhüterstock ist größer. Seine maximale Breite beträgt 9–11cm am Knie des Stockes und die Länge der Schaufel maximal 39 cm.

Der Puck

Er ist 2,5 cm hoch und mißt 7,5 cm im Durchmesser; er wiegt 156–170 g und ist aus vulkanisiertem Gummi oder anderem zugelassenem Material. Er wird während des Spieles in gefrorenem Zustand gehalten.

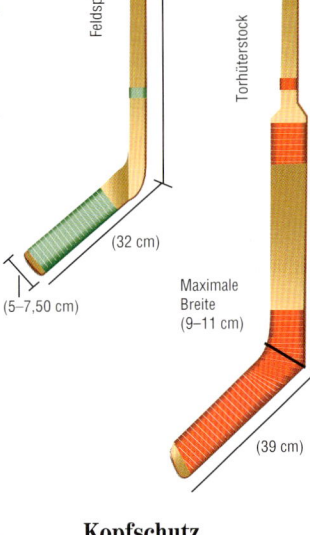

(1,60 m)
Feldspielerstock
(32 cm)
(5–7,50 cm)
Torhüterstock
(1,60 m)
Maximale Breite (9–11 cm)
(39 cm)

Kopfschutz

Da der Puck Geschwindigkeiten eines Rennwagens erreichen kann, ist der Kopfschutz lebenswichtig. Daher tragen alle Spieler Kopfschutz, und Spieler, die nach 1974 geboren wurden, müssen zusätzlich ein Plexiglasvisier tragen.

Die Tore

Sie stehen 3,40 m vor der jeweiligen Endbande in der Mitte der roten Torlinie (5 cm breit), die über die ganze Breite des Spielfeldes verläuft und an den Banden senkrecht hochgezogen ist. Der Abstand zwischen den roten Torpfosten, die durch eine rote Querlatte verbunden sind, beträgt 1,80 m, die Höhe 1,20 m. An den Torrahmen ist ein weißes Nylonnetz angebracht.

Die Spielkleidung

Sie muß für die ganze Mannschaft einheitlich sein. Pullover, kurze Hose, Kniestrümpfe und Schlittschuhe. Auf dem Pullover trägt jeder Spieler seine Nummer und seinen Zunamen. Alle Spieler müssen einen Schutzhelm tragen. Die gesamte Schutzausrüstung, mit Ausnahme der Handschuhe und der Beinschützer des Torhüters, muß unter der Spielkleidung getragen werden.

Die Schlittschuhkufen

Sie sind 42 mm breit – also breiter als für Eisschnellauf und -kunstlauf. Sie sind aber kürzer.

Die Offiziellen

Ein Schiedsrichter, zwei Linienrichter, Strafzeitnehmer, offizieller Anschreiber und zwei Torschiedsrichter.

Einwurf

Das Spiel beginnt mit Bully am Mittelkreis, wobei der Schiedsrichter den Puck nach unten zwischen zwei Spieler wirft.

Seite an Seite

Eishockey ist ein robustes Spiel; es ist den Spielern jedoch nicht erlaubt, einen Gegner mit mehreren Schritten Anlauf zu »checken« oder ihn zu rempeln, womit man im allgemeinen das Rennen oder Springen gegen einen Gegner oder ähnliches bezeichnet.

Die Spieler

Auf der Eisfläche befinden sich zwei Mannschaften mit je sechs Spielern.
Eine Mannschaft hat maximal 18 Spieler, den Torhüter nicht gerechnet.

Spielerpositionen

1 Torhüter	4 Mittelstürmer
2 rechter Verteidiger	5 Rechtsaußen
3 linker Verteidiger	6 Linksaußen

SPIELGEDANKE

Die beiden Mannschaften versuchen, den Puck in das gegnerische Tor zu schießen. Die Spieler benutzen ihre Stöcke, um mit dem Puck über die Eisfläche zu dribbeln, oder um ihn den anderen Spielern zuzuspielen. Er darf auch mit dem Schlittschuh gespielt werden, aber nicht, um ein Tor zu schießen.
Siehe Regel 70.

Spielbeginn

Die Heimmannschaft wählt das Tor, das sie zum Beginn des Spieles verteidigen möchte, und das Spiel beginnt mit dem Bully am Mittelkreis. Zwei Spieler (je einer aus den beiden Mannschaften) stehen sich gegenüber mit dem Gesicht zum gegnerischen Tor. (Alle anderen Spieler bleiben außerhalb des Mittelkreises, bis der Puck im Spiel ist.) Der Schiedsrichter oder ein Linienrichter wirft den Puck zwischen die beiden auf das Eis, die versuchen, den Puck unter ihre Kontrolle zu bringen.

Anspielpunkte

Bullys finden statt in der Spielfeldmitte, an einem der Anspielpunkten in einer der Endzonen oder am Ort eines Regelverstoßes.

EISHOCKEYREGELN

Diese Regeln sind gekürzt und zusammengefaßt.

…

Abschnitt IV – Strafen

Regel 25–33B

Strafen werden in effektiver Spielzeit bemessen und wie folgt eingeteilt:

1. Kleine Strafe – der gegen die Regeln verstoßende Spieler (ausgenommen der Torhüter) muß das Eis für zwei Minuten verlassen. Während dieser Zeit darf er nicht durch einen Ersatzmann ersetzt werden.

2. Kleine Bankstrafe – wie oben, kann jedoch von einem beliebigen Spieler der gegen die Regeln verstoßenden Mannschaft außer dem Torhüter abgesessen werden.

3. Große Strafe – wie oben, der Spieler wird jedoch für 5 Minuten des Feldes verwiesen. Bei der dritten großen Strafe wird der Spieler für den Rest der Spielzeit des Feldes verwiesen.

4. Disziplinarstrafe – der Spieler (ausgenommen der Torhüter) wird für 10 Minuten des Feldes verwiesen, darf jedoch durch einen Ersatzmann ersetzt werden.

5. Matchstrafe – Ausschluß für den Rest der Spielzeit. Nach 5 Minuten darf er ersetzt werden.

6. Strafschuß (Penalty) – Ein Spieler läuft vom Anspielpunkt in der Mitte des Spielfeldes auf das gegnerische Tor zu und führt dabei den Puck. Ihm steht ein Schußversuch zu. Nur der gegnerische Torhüter darf das Tor verteidigen. Alle anderen Spieler müssen sich an die Seiten des Spielfeldes zurückziehen.

Verursacht der Torhüter eine kleine, eine große oder eine Disziplinarstrafe, wird die Strafe von einem anderen Spieler verbüßt. Werden gegen ihn jedoch drei große Strafen in einem Spiel, eine Spieldauer-Disziplinarstrafe oder eine Matchstrafe verhängt, wird er gegen einen Ersatzmann ausgewechselt.

…

Abschnitt VI – Spielregeln

Regel 41 Beschimpfung von Offiziellen und andere Disziplinlosigkeiten

a) Eine Disziplinarstrafe wird gegen einen Spieler verhängt für unanständige oder beleidigende Äußerungen gegenüber einer beliebigen Person oder wenn er den Puck absichtlich aus der Reichweite des Schiedsrichters schlägt, der diesen gerade an sich nehmen will, oder wenn er absichtlich irgendeinen Ausrüstungsgegenstand aus dem Spielfeld herauswirft.

b) Eine kleine Strafe wird gegen einen Spieler verhängt, der Entscheidungen eines Offiziellen während des Spiels in Frage stellt oder sie anficht. Sollte der Spieler weiterhin solche Entscheidungen in Frage stellen und sie anfechten, wird ihm eine Disziplinarstrafe auferlegt; hört er damit nicht auf, wird ihm eine Spieldauer-Disziplinarstrafe auferlegt.

Regel 42 Inordnungbringen der Ausrüstung oder der Kleidung

a) Das Spiel soll durch das Inordnungbringen von Kleidungsstücken, Ausrüstungsgegenständen, Schuhen, Schlittschuhen oder Stöcken weder unterbrochen noch verzögert werden. Bei Verletzung dieser Regel wird eine kleine Strafe verhängt.

Regel 43 Verletzungsversuch

a) Eine Matchstrafe ist jedem Spieler aufzuerlegen, der absichtlich versucht, in irgendeiner Weise einen Gegner zu verletzen. Ein Ersatzmann kann nach fünf Minuten für den bestraften Spieler eingewechselt werden.

b) Eine Spieldauer-Disziplinarstrafe ist jedem Spieler aufzuerlegen, der absichtlich versucht, einen Offiziellen, Manager oder Trainer zu verletzen.

Regel 44 Check gegen die Bande

a) Dem Schiedsrichter steht es frei, jedem Spieler, der einen Gegner derart checkt, daß dieser heftig gegen die Bande geworfen wird, entsprechend der Heftigkeit des Aufpralls an der Bande eine kleine oder große Strafe aufzuerlegen.

b) Wird gemäß dieser Regel eine große Strafe wegen eines Fouls verhängt, bei dem ein Gegner am Gesicht oder Kopf verletzt wird, muß der Spieler automatisch zusätzlich eine schwere Disziplinarstrafe erhalten.

Regel 45 Gebrochener Stock

a) Ein Spieler ohne Stock kann am Spiel teilnehmen. Nach Stockbruch muß der betreffende Spieler den gebrochenen Stock fallen lassen. Für die Verletzung dieser Regel wird eine kleine Strafe verhängt.

b) Ein Torhüter kann das Spiel mit einem zerbrochenen Stock fortsetzen, bis das Spiel unterbrochen wird oder er auf

regelgerechte Weise mit einem Stock versehen wird.

c) Einem Spieler, der seinen Stock verloren oder gebrochen hat, darf keinen Stock von irgendeiner Stelle zugeworfen werden, er kann jedoch einen Stock von seiner Spielerbank oder von einem Mitspieler auf dem Eis erhalten. Für die Verletzung dieser Regel muß eine kleine Strafe verhängt werden.

Regel 46 Stockendenstoß

a) Eine doppelte kleine Strafe ist einem Spieler aufzuerlegen, der versucht, einen Gegner mit dem Stockende zu stoßen.

b) Eine große Strafe und eine Spieldauer-Disziplinarstrafe ist einem Spieler aufzuerlegen, der einen Gegner mit dem Stockende stößt.

c) Eine Matchstrafe ist einem Spieler aufzuerlegen, der einen Spieler mit einem Stockendenstoß verletzt.

Regel 47 Unkorrekter Körperangriff

Unter unkorrektem Körperangriff wird verstanden, daß ein Spieler mit mehr als zwei Schritten Anlauf einen Gegner heftig auf irgendeine Art und Weise checkt. Als unkorrekter Körperangriff kann ein Check gegen die Bande oder in das Toraus oder auf offenem Eis gelten.

a) Eine kleine oder große Strafe ist einem Spieler aufzuerlegen, der in einen Gegner hineinrennt, -springt oder ihn rempelt.

Regel 48 Check von hinten

Unter einem Check von hinten ist ein Check zu verstehen, bei dem der angegriffene Spieler nicht in der Lage ist, sich zu schützen, da er sich des Angriffs nicht bewußt ist und bei dem der Kontakt an der Rückseite des Körpers erfolgt.

a) Ein Spieler, der einen Gegner, der nicht in der Lage ist, sich zu schützen, mit dem Stock checkt, stößt oder von hinten rempelt, ist mit einer großen Strafe und einer Spieldauer-Disziplinarstrafe zu belegen. Diese Strafe gilt für die gesamte Spielfläche.

Regel 49 Clipping

Unter Clipping ist das Sich-Werfen vor die Knie oder Unterschenkel des Gegners aus irgendeiner Richtung zu verstehen.

a) Ein Clipping-Check oder ein Senken des Körpers auf eine Höhe, aus der ein Clipping-Check auf die Knie oder darunter ausgeführt werden kann, ist nicht erlaubt.

Regel 50 Stockcheck

Anmerkung: Unter einem Stockcheck ist ein Check zu verstehen, bei dem der Stock mit beiden gestreckten Händen gehalten wird.

a) Es steht dem Schiedsrichter frei, eine kleine oder große Strafe zu verhängen.

Wird eine große Strafe wegen eines Stockchecks verhängt, ist dem Spieler automatisch zusätzlich eine Spieldauer-Disziplinarstrafe aufzuerlegen.

Regel 51 Spielverzögerung

a) Eine kleine Strafe ist gegen jeden Spieler oder Torhüter auszusprechen, der einen Puck aus dem Spielfeld schießt.

b)Verzögert ein Spieler (einschließlich Torhüter) das Spiel, indem er absichtlich das Tor verschiebt, wird das mit einer kleinen Strafe geahndet.

Regel 52 Absichtliche Verletzung eines Gegners

a) Eine Matchstrafe ist gegen einen Spieler auszusprechen, der einen Gegner absichtlich auf irgendeine Art und Weise verletzt.

Regel 53 Gebrauch der Ellbogen

Unter einem Ellbogencheck ist ein Einsatz der Ellbogen zu verstehen, der zu einer Verletzung führen kann, aber nicht führen muß.

a) Es steht dem Schiedsrichter frei, eine kleine oder große Strafe gegen jeden Spieler zu verhängen, der einen Gegner mit dem Ellbogen foult.

b) Wenn eine große Strafe nach dieser Regel für ein Foul verhängt wird, das zu einer Verletzung am Gesicht oder Kopf eines Gegners führt, so wird zusätzlich eine Spieldauer-Disziplinarstrafe ausgesprochen.

…

Regel 55 Fallen auf den Puck

a) Eine kleine Strafe muß einem Spieler, außer dem Torhüter, auferlegt werden, der absichtlich auf den Puck fällt oder den Puck unter seinen Körper zieht.

Regel 56 Tätlichkeiten

Zur Beurteilung, ob ein Spieler einen Streit angefangen hat, wird eine bzw. werden einige der folgenden Handlungen oder Verhaltensweisen als Kriterien herangezogen: die zurückgelegte Entfernung; wer die Handschuhe zuerst ausgezogen hat; wer als erster zugeschlagen hat; drohendes Verhalten; verbale Hetze oder Drohungen; Revanche für ein früheres Vorkommnis im Spiel.

a) Eine große Strafe ist gegen einen Spieler auszusprechen, der zu Tätlichkeiten greift. Es steht dem Schiedsrichter frei, jeden Spieler, der an Tätlichkeiten beteiligt ist, mit einer kleinen, einer großen Strafe sowie einer Spieldauer-Disziplinarstrafe zu bestrafen.

…

Regel 57 Schwere Disziplinarstrafe

Der Schiedsrichter kann gegen jeden Spieler, Manager, Coach oder Trainer eine schwere Disziplinarstrafe aussprechen, der sich einer schweren Disziplinlosigkeit, welcher Art auch immer, schuldig gemacht hat. Jede Person, der eine schwere Disziplinarstrafe auferlegt wird, ist für die verbleibende Spieldauer vom Spiel auszuschließen.

Regel 59 Spielen des Pucks mit den Händen

a) Wenn ein Spieler, außer dem Torhüter, den Puck in seiner Hand einschließt, wird das Spiel unterbrochen, und es wird eine kleine Strafe gegen ihn ausgesprochen. Eine kleine Strafe wird gegen den Torhüter verhängt, wenn er den Puck länger als 3 Sek. in der Hand hält, es sei denn, er wird gerade von einem Gegner gecheckt.

Regel 60 Stoßen mit dem Kopf

a) Eine doppelte kleine Strafe wird gegen einen Spieler ausgesprochen, der versucht, einen Gegner mit dem Kopf zu stoßen.

b) Eine große Strafe und eine Spieldauer-Disziplinarstrafe wird gegen einen Spieler verhängt, der einen Gegner mit dem Kopf stößt.

Regel 61 Hoher Stock

Es ist verboten, den Stock über Schulterhöhe zu halten.

a) Jede Berührung des Gegners mit dem Stock oberhalb dessen Schulterhöhe ist verboten und wird mit einer kleinen Strafe vorbehaltlich Absatz b) dieser Regel geahndet.

b) Führt oder hält ein Spieler einen beliebigen Teil des Stockes oberhalb der Schulterhöhe des Gegners derart, daß dies eine Verletzung verursacht, muß der Schiedsrichter:

– eine doppelte kleine Strafe für jeglichen Kontakt, der zur Verletzung führt, verhängen, ungeachtet dessen, ob das nach Meinung des Schiedsrichters zufällig oder fahrlässig geschehen ist;

– gegen einen Spieler eine Matchstrafe verhängen, der nach Meinung des Schiedsrichters versucht hat, einen Gegner zu verletzen;

– eine Matchstrafe gegen einen Spieler verhängen, der nach seiner Meinung absichtlich einen Gegner verletzt hat.

Es ist ebenfalls verboten, den Puck oberhalb der normalen Schulterhöhe mit dem Stock zu schlagen.

➡ *Seite 212*

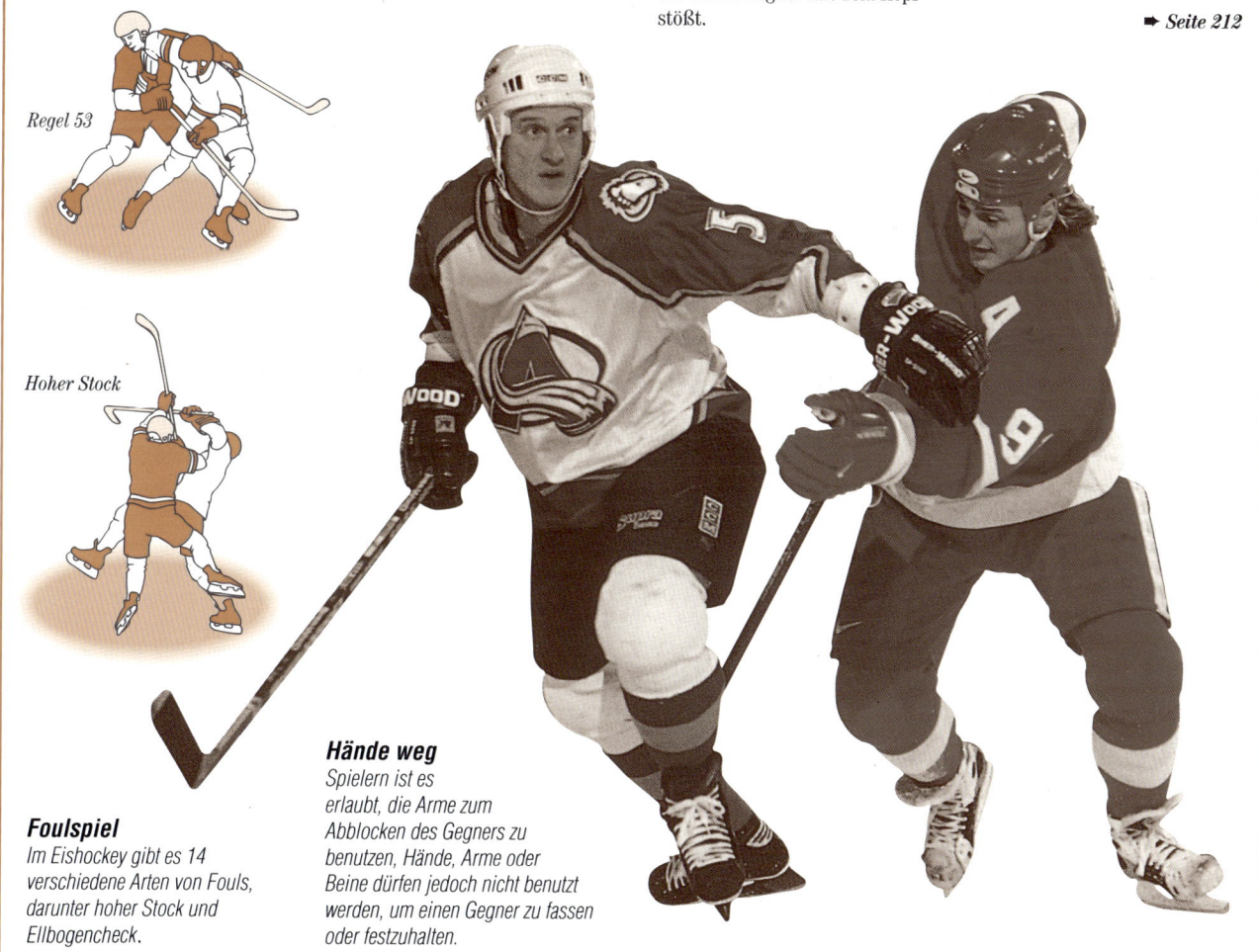

Regel 53

Hoher Stock

Foulspiel

Im Eishockey gibt es 14 verschiedene Arten von Fouls, darunter hoher Stock und Ellbogencheck.

Hände weg

Spielern ist es erlaubt, die Arme zum Abblocken des Gegners zu benutzen, Hände, Arme oder Beine dürfen jedoch nicht benutzt werden, um einen Gegner zu fassen oder festzuhalten.

Torerfolg

Im Eishockey werden Tore gewöhnlich aus ziemlich geringer Entfernung geschossen. Treffer aus großer Entfernung sind selten. Die beste Schußposition ist im Torraum. In einer typischen Torschußsituation erhält der Torschütze im Torraum den Puck und schlenzt ihn aufs Tor, wobei er den Stock über das Eis wischt. Dabei visiert der Spieler oft die obere oder untere Torecke an, denn die sind vom Torhüter am schwersten zu erreichen.

Wer gewinnt

Tore werden erzielt, indem die Scheibe mit dem Stock ins Tor befördert wird. Ein Spieler darf den Puck mit keinem Teil des Körpers über die Torlinie schlagen; auch wenn der Puck vom Körper eines anderen Spielers ins Netz abgelenkt wird, zählt das Tor nicht. Erzielt ein Spieler ein Tor, so gilt der Spieler als Vorlagengeber, der unmittelbar vor dem Torschuß am Spiel beteiligt war. Das Spiel gewinnt die Mannschaft, die die meisten Tore erzielt.

HAUPTREGELN

• Ein Spiel besteht aus drei Abschnitten von je 20 min mit Pausen von 10 min dazwischen. Die Mannschaften wechseln die Spielfeldseiten nach jedem Drittel. Bei Gleichstand am Spielende wird das Spiel um 5 min verlängert, und es gewinnt die Mannschaft, die das erste Tor erzielt.

• Es dürfen sich nur 6 Spieler derselben Mannschaft auf dem Spielfeld befinden, ein Trainer darf jedoch im Laufe eines Spiels so viele Spieler auswechseln, wie er will.

• Spieler einer Mannschaft dürfen sich gegenseitig den Puck innerhalb jeder der drei Zonen zuspielen. Ein Spieler darf ihn jedoch während eines Angriffs nicht nach vorn aus dem eigenen Drittel zu einem der jenseits der Mittellinie befindlichen Mitspieler passen, ein Verstoß wird mit einem Abseitsstrafschuß geahndet. Spieler der verteidigenden Mannschaft dürfen jedoch innerhalb ihrer Spielfeldhälfte (bis zur Mittellinie) Pässe geben und annehmen, ohne daß dafür eine Strafe verhängt wird. (Paßregel.)

• Ein Spieler der angreifenden Mannschaft darf nicht vor dem Puck ins Angriffsdrittel (bei einem Paß aus dem eigenen Verteidigungsdrittel in die Angriffshälfte) eindringen. Er ist abseits, wenn sich seine beiden Schlittschuhe jenseits der blauen Linie befinden.

• Unerlaubter Weitschuß bedeutet, dieser wird über die Mittellinie bis hinter die gegnerische Torlinie geschossen. Landet der Puck im Netz, wird ein Tor gegeben, andernfalls wird das Spiel unterbrochen und mit einem Bully fortgesetzt. Siehe Regel 48 (S. 208).

• Als Regelverstöße werden u. a. bestraft: Rempeln (Regel 47), Halten des Stocks über Schulterhöhe, Fallen auf den Puck, Tätlichkeiten oder Stockendenstoß, Stock-Checking, Hakeln oder Stechen eines Gegners mit dem Stock.

Gegen die Bande
Ein Angriffsspieler, der von einem Verteidiger unter Druck gesetzt wird, versucht bisweilen, den Puck gegen die Bande zu schlagen, um diesen zu umspielen oder den Puck einem seiner Mitspieler zuzuspielen, der dann den Angriff aufbauen kann.

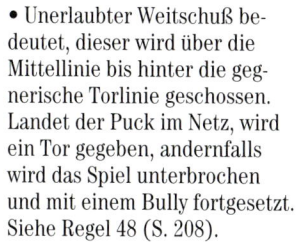

Unerlaubter Weitschuß

FERTIGKEITEN UND TAKTIKEN

• Ein Spieler muß in der Lage sein, den Puck geschickt mit dem Stock zu beherrschen, ihn zuzuspielen, anzunehmen und scharf und genau zu schießen. Das Spieltempo verlangt auch eine ausgezeichnete Schlittschuhlauftechnik. Topspieler sind in der Lage, sehr schnell zu sprinten und explosiv zu starten, scharf zu stoppen und die Richtung zu ändern.

• Bei einem Durchbruchsspiel wird ein Angriff aufgebaut, nachdem eine Mannschaft in ihrer Verteidigungszone in den Besitz des Pucks gekommen ist. Er wird von den Verteidigern zu den Stürmern gepaßt – oft auch unter Ausnutzung der Bande –, um ihn an checkenden und tackelnden Gegnern vorbeizubringen. Schüsse aus dem Torraum versprechen die größten Torchancen.

Das Tor ist zu
Das Tor mag klein sein, aber der Puck ist es auch – und oft sehr schnell. Um Tore zu verhindern, versucht sich der Torhüter so breit zu machen, daß er das Tor möglichst ausfüllt. Und da er oft vom Puck getroffen wird, trägt er eine dicke Schutzausrüstung, die ihn noch breiter macht.

Spagat
Um den Puck abzuwehren, vollführt ein Torhüter die unwahrscheinlichsten Verrenkungen.

Fortsetzung von Seite 209

Regel 62 Halten eines Gegners

Eine kleine Strafe ist gegen einen Spieler zu verhängen, der den Gegner mit den Händen, Armen oder Beinen festhält. *Anmerkung:* Ein Spieler darf einen Arm einsetzen, um einen Gegner unter Kraftanwendung abzublocken, vorausgesetzt, daß er dies bei normaler Körperhaltung macht und dabei nicht die Hände benutzt.

Regel 63 Festhalten des Stockes des Gegners

Ein Spieler darf nicht den Stock eines Gegners festhalten (kleine Stafe).

Regel 64 Mit dem Stock haken

Unter Haken ist die Benutzung des Stockes auf eine Art und Weise zu verstehen, die es einem Spieler erlaubt, einen Gegner zurückzuhalten.

a) Eine kleine Strafe wird gegen einen Spieler verhängt, der durch Haken mit dem Stock einen Gegner daran hindert, vorwärtszukommen.

b) Eine große Strafe und eine Spieldauer-Disziplinarstrafe wird gegen einen Spieler verhängt, der einen Gegner durch Haken verletzt.

Regel 65 Unerlaubter Weitschuß

a) Wenn ein Spieler einer Mannschaft, die zahlenmäßig gleich oder stärker als die gegnerische Mannschaft ist, den Puck

aus der eigenen Spielfeldhälfte über die Torlinie der gegnerischen Mannschaft hinaus schießt, schlägt oder ablenkt, muß das Spiel unterbrochen werden. Spielfortsetzung durch Bully im Drittel der gegen die Regel verstoßenden Mannschaft, und zwar an dem Anspielpunkt, der der letzten Berührung am nächsten liegt, es sei denn, der Puck geht in das Tor der gegnerischen Mannschaft; in diesem Fall ist das Tor gültig.

Der Punkt der letzten Berührung mit dem Puck durch die den Puck besitzende Mannschaft ist für die Feststellung maßgebend, ob ein unerlaubter Weitschuß vorliegt oder nicht.

Regel 66 Regelwidriger Puck

Wenn zu irgendeiner Zeit während des Spielverlaufs außer dem vorschriftsmäßigen Puck ein weiterer Puck auf dem Spielfeld ist, wird das Spiel nicht unterbrochen, sondern mit dem vorschriftsmäßigen Puck solange weitergespielt, bis die Spielphase

durch Puckbesitzwechsel beendet ist.

Regel 67 Behinderung

Eine kleine Strafe wird z.B. verhängt, wenn ein Spieler, der das Vorwärtskommen eines Gegners, der nicht im Besitz des Pucks ist, behindert oder unterbindet, einen Gegner, der zu checken versucht, zurückhält, einen Gegner, der nicht im Puckbesitz ist, ins Abseits drängt oder absichtlich den Stock aus der Hand des Gegners schlägt.

Regel 68 Behinderung durch Zuschauer

Der Schiedsrichter muß das Spiel unterbrechen, wenn ein Zuschauer einen Spieler behindert (es sei denn, der Spieler ist im Besitz des Pucks – dann muß die Spielphase zuerst abgeschlossen werden). Gegen einen Spieler, der gegen einen Zuschauer tätlich wird, wird eine schwere Disziplinarstrafe verhängt.

Regel 69 Treten eines Spielers

Eine Matchstrafe muß jedem Spieler auferlegt werden, der einen anderen Spieler tritt oder zu treten versucht.

Der Schiedsrichter muß eine 5-Minuten-Strafe aussprechen, ungeachtet dessen, ob es zu einer Verletzung kam oder nicht.

Regel 70 Treten des Pucks

a) In allen Zonen ist es erlaubt, den Puck mit dem Schlittschuh zu treten. Ein Tor kann jedoch nicht gegeben werden, wenn der Angriffsspieler den Puck mit einer deutlichen Kickbewegung ins Netz schießt. Auch dann nicht, wenn der Puck dann von einem Spieler, dem Torhüter oder einem Offiziellen ins Tor abprallt.

b) Wenn ein Puck von einem Angriffsspieler ins Tor abprallt, der keine eindeutige Kickbewegung macht, gilt das Tor.

Regel 71 Knieeinsatz

Als Knieeinsatz gilt, wenn ein Spieler einen anderen mit einer deutlichen Bewegung mit dem Knie trifft (kleine Strafe, große Strafe oder Matchstrafe).

Regel 72 Verlassen der Spieler- oder der Strafbank

Gegen einen Spieler, der als erster oder zweiter die Spieler- oder Strafbank einer oder beider Mannschaften bei einer Auseinandersetzung verlassen hat, oder

Auf Tuchfühlung

Eishockey ist ein Sport mit Körperkontakt, und die Tacklings sind oft ziemlich hart.

Der springende Punkt ist, daß die Stockschläge nicht gegen den Gegner, sondern gegen den Puck gerichtet werden.

dies tat, um eine Auseinandersetzung zu beginnen, wird eine Spieldauer-Disziplinarstrafe verhängt.

Regel 73 Unanständige oder ungehörige Ausdrücke oder Gesten

Gegen einen Spieler, der unanständige Gesten macht, wird eine Disziplinarstrafe verhängt; die gleiche Strafe bekommt ein Spieler, wenn er irgendwo auf dem Spielfeld ungehörige Ausdrücke benutzt.

Regel 74 Abseits

Ein nicht den Puck führender Angreifer ist abseits, wenn er mit beiden Schlittschuhen (jedoch nicht mit dem Stock) die Mittellinie oder (wenn der Paß aus der eigenen Hälfte der neutralen Zone kam) die blaue Linie zur Angriffszone überschritten hat, bevor der Puck diese Linie überquert hat.

Regel 75 Pässe

siehe S. 210f.

Regel 76 Tätliche Übergriffe gegen Offizielle

Je nach Schwere des Verstoßes wird der betreffende Spieler für 20, 10 oder 3 Spiele ausgeschlossen.

...

Regel 78 Schutz des Torhüters

Gegen einen Spieler, der mit seinem Stock oder Körper den Torhüter durch körperlichen Kontakt in seinen Bewegungen behindert, wird eine kleine Strafe wegen Behinderung verhängt.

Regel 79 Blockieren des Pucks

a) Der Puck muß ständig spielbar bleiben.

b) Gegen einen Spieler, einschließlich Torhüter, der den Ball hält, einkeilt oder mit dem Stock oder den Schlittschuhen auf eine Art und Weise spielt, die dazu geeignet ist, absichtlich eine Spielunterbrechung herbeizuführen, wird eine kleine Strafe verhängt.

Anmerkung: Für den Torhüter gilt diese Regel außerhalb des Torkreisbereichs.

Regel 80 Puck außerhalb des Spielfeldes oder unspielbar

Wenn ein Puck die Spielfläche verläßt, gegen irgendein Hindernis – außer Banden und Plexiglasaufsatz – aufschlägt, sich im Tornetz verfängt oder zwischen zwei gegnerischen Spielern eingekeilt wird, muß er an dem entsprechenden Anspielkreis eingeworfen werden.

Regel 81 Puck außer Sicht

Bei einem Handgemenge oder wenn ein Spieler zufällig auf den Puck fällt und der Puck dadurch außerhalb der Sicht des Schiedsrichter gerät, muß dieser das Spiel sofort mit einem Pfiff unterbrechen. Das Bully ist dort auszuführen, wo das Spiel unterbrochen wurde, es sei denn, die Regeln schreiben etwas anderes vor.

Regel 82 Berühren eines Offiziellen durch den Puck

a) Das Spiel soll nicht unterbrochen werden, wenn der Puck irgendwo auf dem Spielfeld einen Offiziellen berührt, und zwar ungeachtet dessen, ob eine Mannschaft zahlenmäßig schwächer ist oder nicht.

Regel 83 Spielverweigerung

Wenn ein Team – trotz Aufforderung durch den Schiedsrichter – sich weigert, das Spiel zu beginnen oder fortzusetzen, wird gegen einen Spieler dieser Mannschaft eine kleine Bankstrafe verhängt. Weigert sich das Team weiterhin, wird ihm eine Frist von 30 Sek. gesetzt und nach deren Ablauf – falls es sich immer noch weigert, der gegnerischen Mannschaft der Sieg zuerkannt.

Regel 84 Schlagen

Ein kleiner Streit sollte nicht mit großer Strafe geahndet werden.

Gegen einen Spieler, der einem Gegner einen Schlag versetzt, ist eine kleine Strafe zu verhängen.

Regel 85 Grobes Schlagen mit dem Stock

a) Es ist dem Schiedsrichter freigestellt, gegen einen Spieler, der die Vorwärtsbewegung eines Gegners durch grobes Schlagen mit dem Stock behindert, eine kleine oder große Strafe oder eine Spieldauer-Disziplinarstrafe zu verhängen.

b) Eine große Strafe und eine Spieldauer-Disziplinarstrafe müssen jedem Spieler auferlegt werden, der einen Gegner durch grobes Schlagen mit dem Stock verletzt.

Regel 86 Stockstich

a) Gegen einen Spieler, der eine stechende Bewegung mit dem Stock (mit der Spitze der Schlägerschaufel) macht, den

Gegner aber nicht berührt, wird eine doppelte kleine Strafe verhängt.

b) Gegen einen Spieler, der einen Gegner sticht, werden eine große und eine Spieldauer-Disziplinarstrafe verhängt.

Regel 87 Beginn des Spieles und der einzelnen Spieldrittel

siehe S. 207.

Regel 88 Werfen des Stocks

Wirft ein verteidigender Spieler in seiner Verteidigungszone seinen Stock absichtlich auf den Puck oder den Puckführenden, und es wird kein Tor erzielt, wird der Angriffsmannschaft ein Strafschuß zugesprochen. War das gegnerische Tor leer, aber der Puckführende wurde durch Werfen eines Stocks daran gehindert, ein Tor zu erzielen, wird der angreifenden Mannschaft ein Tor zugeschrieben. Ansonsten wird gegen einen Spieler, der seinen Stock irgendwo auf das Eis wirft, eine kleine Strafe ausgesprochen.

Regel 89 Unentschieden

siehe S. 210.

Regel 90 Spielzeit

siehe S. 210.

Regel 91 Beinstellen

a) Gegen einen Spieler, der seinen Stock oder irgendeinen anderen Teil seines Körpers auf eine Art und Weise benutzt, die dazu geeignet ist, seinen Gegner zum Stolpern und zu Fall zu bringen, wird eine kleine Strafe verhängt.

Regel 92 Auszeit

Jeder Mannschaft wird erlaubt, im Verlauf eines Spiels eine Auszeit von 30 Sek. zu nehmen. Diese Auszeit muß während einer normalen Unterbrechung beantragt werden.

Regel 93 Video-Torrichter

Behandelt Situationen, die der Beurteilung durch den Video-Torrichter unterliegen.

Eisschnellauf

Das Eislaufen ist schon seit über 2000 Jahren bekannt. Sehr beliebt wurde es vor etwa 300 Jahren hauptsächlich in den Niederlanden, wo es auf den zugefrorenen Grachten und Kanälen betrieben wurde. Das erste bekannte Eislaufrennen fand dann 1763 im englischen Fens statt, die erste künstliche Eisbahn war das Glaciarium in London (1876). Die ersten Schlittschuhe aus Stahl wurden in den

Die Strecken

Männer: 500 m, 1000 m, 1500 m, 3000 m, 5000 m, 10000 m
Frauen: 500 m, 1000 m, 1500 m, 3000 m, 5000 m

Mehrkämpfe

Männer:	Kleiner Vierkampf	(1. Tag 500 m, 3000 m, 2. Tag 1500 m, 5000 m)
	Großer Vierkampf	(1. Tag 500 m, 5000 m; 2. Tag 1500 m, 10000 m)
	Sprint-Vierkampf	(1. Tag 500 m, 1000 m, 2. Tag 500 m , 1000 m)
Frauen:	Vierkampf	(1. Tag 500 m, 3000 m, 2. Tag 1500 m, 5000 m)
	Sprint-Vierkampf	(1. Tag 500 m, 1000 m, 2. Tag 500 m, 1000 m)

Die Paarzusammenstellung für die 3. Strecke geschieht nicht durch Losen, sondern entsprechend den nach zwei Strecken erzielten Mehrkampfpunkten, für die 4. Strecke wird analog verfahren.

Olympische Winterspiele

Damen: 500 m, 1000 m, 1500 m, 3000 m, 5000 m
Herren: 500 m, 1000 m, 1500 m, 5000 m, 10 000 m

Weltmeisterschaften (Vierkampf)

Damen: 500 m, 1500 m, 3000 m, 5000 m
Herren; 500 m, 1500 m, 5000 m, 10 000 m
Der Vierkampf bei den WM kann auch an drei aufeinanderfolgenden Tagen ausgetragen werden.

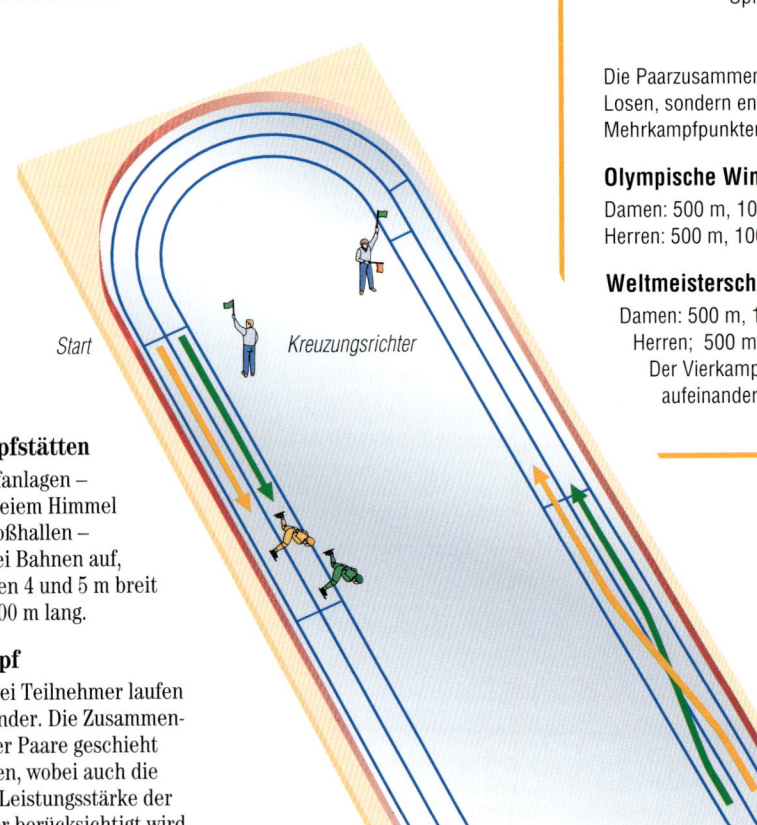

Start   *Kreuzungsrichter*

Wettkampfstätten

Die Eislaufanlagen – ob unter freiem Himmel oder in Großhallen – weisen zwei Bahnen auf, die zwischen 4 und 5 m breit sind und 400 m lang.

Wettkampf

Jeweils zwei Teilnehmer laufen gegeneinander. Die Zusammenstellung der Paare geschieht durch Losen, wobei auch die erwartete Leistungsstärke der Teilnehmer berücksichtigt wird (Gruppenauslosung).

Der Start

Das Kommando erfolgt in Englisch: »Go to the start« – beide Teilnehmer stehen 1 m entfernt nebeneinander – , »Ready« – beide Teilnehmer nehmen ihre Startposition ein – und 1 bis 1,5 s später erfolgt ein Schuß. Beim Start dürfen die Schlittschuhe nicht auf der oder über der Startlinie stehen. Der beim Start auf der Innenbahn Laufende trägt eine weiße Armbinde, der auf der Außenbahn eine rote.
Ab der Strecke 1500 m sind **Quartettstarts** erlaubt, wobei die Läufer zu Paaren mit 1/2 Runde Abstand zum anderen Paar starten. Das zuerst startende Paar trägt die Armbinden weiß und rot, das zweite Paar gelb und blau. Hier muß besonders darauf geachtet werden, daß der 10-m-Abstand, der »Schrittmachen« unterbinden soll, eingehalten wird – auch

bei Überrundungen. Verursacht ein Teilnehmer zweimal einen **Fehlstart**, wird er disqualifiziert.

Vorfahrt

In jeder Runde müssen die Läufer ihre Bahnen von innen nach außen bzw. umgekehrt **wechseln**. Das geschieht jeweils auf der Wechselgeraden. Der von der Außenbahn kommende Läufer hat immer Vorfahrt. Wird er dabei vom Läufer auf der Innenbahn behindert, führt das zu dessen Disqualifikation. Der benachteiligte Sportler darf seinen Lauf – allein – wiederholen und hat das Recht auf eine mindestens halbminütige Pause.

Zeitnahme

Die elektronische Zeitmessung wird ausgelöst, wenn die Spitze des vorderen Schlittschuhs die Lichtschranke durchbricht. Stürzt ein Athlet kurz vor dem Ziel, wird die Zeit per Hand gestoppt, wenn die Schlittschuhspitze die Ziellinie passiert (auch wenn sich der Läufer außerhalb seiner Bahn befindet).
Sieger ist der Teilnehmer mit der schnellsten Zeit des Wettbewerbs, bei Mehrkämpfen werden die gelaufenen Zeiten

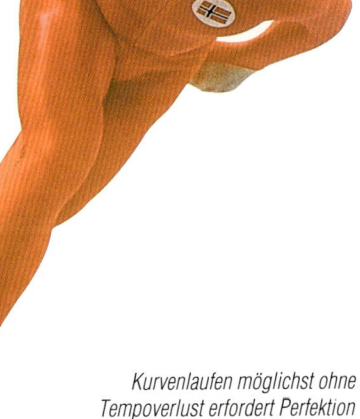

Kurvenlaufen möglichst ohne Tempoverlust erfordert Perfektion beim Umsetzen

in Punkte umgerechnet; der Teilnehmer mit der geringsten Punktzahl ist der Sieger.

Das Sportgerät

Die Schnellaufschlittschuhe haben besonders lange, gerade und schmale *Kufen*. Diese bestehen aus hochwertigem Werkzeugstahl und werden von Hand geschmiedet. Eine Kufe ist rund 40 cm lang, die rechtwinklig geschliffene Kante 1 mm breit. Mit dem neuartigen *Klappschlittschuh* (1996 erstmals verwandt) werden neue Leistungsbereiche erreicht. Erfunden und in aller Stille zum Patent angemeldet hat ihn schon 1984 der Würzburger Karl Hannes. Das erfuhren die Niederländer zu ihrer Überraschung, als sie ein Patent auf einen Klappschlittschuh anmelden wollten.
Was ist neu an dem Klappschlittschuh? Durch ein Scharnier bleibt die Kufe noch auf dem Eis, während die Ferse schon abhebt. Dadurch wird die Abdruckphase, während der der Sportler Kraft auf den Schlittschuh übertragen kann, verlängert, es ist ein kräftigerer Abdruck möglich und auch eine längere Gleitphase.

Besonderheit

Das Regelwerk enthält keine Regularien zum Sportgerät. Damit sind immer weitere technische Neuerungen möglich und auch eine Monopolstellung bestimmter Verbände oder Interessenvertreter.

Technik

Bei einem Eisschnellauf kommen drei unterschiedliche Lauftechniken zur Anwendung: 1. Das »Hacken« am Start, bei dem der Sportler seine quergestellten Schlittschuhe mit hoher Frequenz in das Eis rammt, um maximal zu beschleunigen; 2. das Gleiten auf den 100 m langen Geraden und 3. das Umsetzen in den ebenfalls 100 m langen Kurven. Bis zu fünfzehn Meter legen Könner auf einem Schlittschuh bei einer einzigen Gleitphase zurück. Wer sie zu spät abbricht, verliert an Geschwindigkeit, wer zu früh den nächsten Schritt tut, der vergeudet Kraft.

Geschwindigkeiten

Spitzenläufer erreichen Geschwindigkeiten von 70 km/h, Spitzenläuferinnen von 55 km/h. Im Durchschnitte laufen Männer mit 50 km/h, Frauen mit 45 km/h über die 500-m-Distanz.

SHORTTRACK

Short Track sind Eisschnellaufwettbewerbe auf einer Kurzbahn, bei denen die Teilnehmer mit einem Massenstart auf die Strecke geschickt werden. Die Anfänge sind eng mit dem Eishockey verknüpft, denn ursprünglich wurden die Wettbewerbe rund um ein Eishockeyfeld ausgetragen. So verwundert es nicht, daß die ersten Meisterschaften im Mutterland dieses Spiels, in Kanada, stattfanden. Das war 1905.

Dicke Polster schützen schnelle Shorttracker

Die Bahn

Short-Track-Bahnen sind oval, 111,12 m lang, 7 m breit und von gepolsterten Banden (Mindesthöhe 0,50 m) eingefaßt.

Wettbewerbe

Einzelwettbewerbe (Damen und Herren): 500 m, 1000 m, 1500 m, 3000 m
Mehrkampf (bei WM): 500 m, 1000 m, 3000 m
Mannschaftskämpfe (Damen und Herren): 500 m, 1000 m, 1500 m, 3000 m und Staffeln: 3000 m (Damen), 5000 m (Herren)

Die **Mannschaftskämpfe**

werden bei Weltmeisterschaften, nicht aber bei Olympischen Spielen ausgetragen. Nach dem Prinzip »jeder gegen jeden« treten in jedem Rennen vier Läufer als die Vertreter ihrer Mannschaften (plus einem Ersatzläufer) gegeneinander an. Gekämpft wird um Sieg- und Platzpunkte. Die Mannschaft, die am Ende die meisten Punkte aufzuweisen hat, ist Sieger.

Punktverteilung:
500 m und 1000 m: 5, 3, 2, 1
3000 m: 8, 6, 5, 4, 3, 2, 1
Staffel: 13, 7, 5, 3

Bei *Olympischen Winterspielen* werden folgende Short-Track-Disziplinen ausgetragen:
Damen: 500 m, 1000 m, 3000-m-Staffel
Herren: 500 m, 1000 m, 5000-m-Staffel.

Reglement

In den **Einzelrennen** starten je nach Streckenlänge 4, 6 oder 8 Läufer gleichzeitig, von denen sich die jeweils ersten zwei für die nächste Runde qualifizieren. Es gibt Vorläufe, Viertel- und Halbfinals sowie das Finale. In der **Staffel** laufen die Mitglieder von vier Mannschaften gegeneinander. Dabei lösen sich die Läufer einer Mannschaft rundenweise durch eine Körperberührung ab. Die letzten zwei Runden müssen von ein und demselben Läufer absolviert werden.
• Gelaufen wird entgegen dem Uhrzeigersinn. Wer überrundet wurde, darf weiterlaufen, bei einer zweiten Überrundung sollte er das Rennen freiwillig beenden, wenn er sich nicht mehr in einer günstigen Position befindet
• Ellenbogen- oder anderer körperlicher Einsatz ist verboten und führt zur Disqualifikation.
• Wegen der hohen Sturzgefahr müssen die Läufer Helme tragen, schnittfeste Anzüge und Handschuhe sowie einen speziellen Schutz für Ellenbogen und Knie. Empfohlen wird das Tragen eines Genickschutzes. Die Schlittschuhenden müssen abgerundet sein.

Verletzungen des Reglements:

Einzelwettläufe.
Bahnverkürzungen auf der linken (inneren) Kurvenseite; Behindern (Blocken, Angreifen oder Stoßen eines anderen Teilnehmers); Bahnkreuzen; unnötiges Verlangsamen; Kollisionen mit einem überholenden Teilnehmer; Absprachen mit Konkurrenten; absichtliches Herausstoßen eines Schlittschuhes; Über-die-Ziellinie-Werfen des Körpers.
Staffelwettläufe: keine einheitliche Kleidung aller Mitglieder einer Mannschaft, desweiteren s. Festlegungen Einzelwettläufe.

Eiskunstlaufen

Das gekonnte Dahingleiten auf zugefrorenen Seen, Teichen oder auch Flußläufen, nicht selten verbunden mit diversen Kunststückchen, hat schon vor Jahrhunderten die Mensch fasziniert. Das Eiskunstlaufen ist auch die älteste olympische Wintersportart. 1882 fand in Wien der erste Eiskunstlaufwettbewerb statt. Verlangt waren 23 Pflichtfiguren und eine Kür. Aber schon zwölf Jahre zuvor kombinierte der Amerikaner Jackson Haines seine Übung mit Musik.

Wettbewerbe

Herren (Einzel), Damen (Einzel), Paarlauf, Eistanz und Interpretive.
In den letzten Jahren entwickelte sich außerdem das Formationslaufen mit 16 bis 24 Eisläufern.
Bei den Olympischen Winterspielen starten bei den Einzelwettbewerben höchstens 30 Teilbehmer, bei den Paarwettbewerben ist die Zahl der Paare auf maximal 20 begrenzt. Gefordert werden eine Kurzkür (Originalprogramm) von 2:40 min Dauer , eine Kür (Damen 4:00 min, Herren und Paare 4:30 min).
Im Eistanz werden zwei Pflichttänze (keine Zeitvorgaben), ein Spurenbildtanz (2:00 min) zu einem jährlich wechselndem Rhythmus sowie eine Kür (4:00 min) verlangt.

Sportgerät

Die Schlittschuhe haben eine 3 mm breite Wolfram-Stahlkufe mit einer »Säge« und mit Hohlschliff, wodurch zwei Kanten in das Eis greifen. Die Kuven haben, von der Seite gesehen, eine konvexe Form.

Kleidung

Sie soll sportlichen Anforderungen genügen, unauffällig, also schon gar nicht aufreizend, und angemessen sein. Alle Damen müssen Röcke tragen. Bei den Herren sind Leggings verboten, lange Hosen gefordert. Sie dürfen auch nicht mit freien Oberarmen laufen. Bei Verstoß gegen diese Regel können von der B-Note 0,1 bis 0,2 Punkte abgezogen werden.

Wertung

Die Darbietungen werden von neun Preisrichtern sowohl nach der Ausführung der technischen Elemente (A-Note) als auch nach dem künstlerischen Ausdruck (B-Note) bewertet. Die Höchstnote beträgt 6,0 Punkte.

Bedeutung der Noten:
0 = nicht gelaufen
1 = sehr schlecht
2 = schlecht
3 = mittelmäßig
4 = gut
5 = sehr gut
6 = perfekt und fehlerlos

A-Note: Bei der Bewertung der Technik werden folgende Aspekte berücksichtigt: Leichtigkeit, Laufffluß, das Gleiten, die Sicherheit, Kraft und Tiefe der Kanten; die Fähigkeit, die Laufgeschwindigkeit und -richtung zu variieren; die Vielfalt ausdrucksstarker und innovativer Bewegungen; die Bewegungsfolge innerhalb des Programms sowie die Ausnutzung des Raumes und Verteilung über die gesamte Eisfläche.
B-Note: In die Bewertung fließen ein:

Interpretation der Musik und des Rhythmus; das musikalische Zeitgefühl, der Einsatz des gesamten Körpers, die Kreativität, die Choreographie, die Variation in Tempo, Spannung, Gefühl und Bewegung, die Synchronität von Musik und Bewegung sowie die Ausstrahlung und bei Paaren der Gleichklang der Bewegungen.

Platzziffer

Aus den von jedem der Preisrichter vergebenen Noten ergibt sich die von ihm entschiedene Rangfolge der gestarteten Teilnehmer. Die von allen Preisrichtern vergebenen Rangplätze ergeben die Platzziffer, die mit dem für den jeweiligen Wettbewerb festgelegten Koeffizienten des Wettbewerbs multipliziert wird. Bei Punktgleichstand entscheidet die Rangfolge in der Kür.

Koeffizienten: Die verschiedenen Teile eines Eiskunstlaufwettbewerbs gehen mit unterschiedlichem Gewicht in die Gesamtwertung ein. Mit den Koeffizienten (das sind die in Klammern angeführten Werte) wird die jeweilige Platzziffer des Wettkampfteilnehmers multipliziert.
Einzel:
Kurzprogramm 33,3 % (0,5),
Kür 66,7 % (1,0)
Paare:
Kurzprogramm 33,3 % (0,5),
Kür 66,7 % (1,0)
Tanz:
Pflicht 20 % (0,4),
Spurenbildtanz 30 % (0,6),
Kür 50 % (1,0)
Teamlaufen:
Kurzprogramm 33,3 %,
Kür 66,7 %

Wiederholung

Bei einer Behinderung ohne eigenes Verschulden – Hindernisse auf dem Eis, Materialdefekte, Organisationsprobleme des Veranstalters – kann vom Schiedsrichter eine Wiederholung des Laufs zugelassen werden. Sie erfolgt am Schluß der jeweiligen Eisläufergruppe. Die vorherige Wertung wird dann nicht angerechnet.

Kurzkür (Originalprogramm): Von der ISU werden acht technische Elemente vorgegeben, die in beliebiger Reihenfolge nach frei gewählter Musik und Choreografie vorzutragen sind. Geforderte Elemente (Einzellauf): zwei Hebungen (eine davon getwistet), ein Einzelsprung, eine Einzelpirouette, eine Paarlaufpirouette, eine

Der Axel: Ein Sprung von links auf rechts (oder rechts auf links). Absprung vorwärts von der linken Vorwärtsauswärtskante. In der Luft Arme vor der Brust an den Körper, Landung rückwärts auf der rechten Außenkante.

Der Flip: Absprung rückwärts einwärts mit dem linken Fuß. Volle Drehung, Landung rückwärts auf dem rechten Bein.

Der Rittberger: Anlauf und Absprung rückwärts-auswärts auf rechts, nach mindestens einer Drehung rückwärts auf dem Absprungbein, also wiederum rechts, aufsetzen.

Der Toe-Loop: Kurzes Angleiten rückwärts, mit dem linken Spielbein wird ins Eis getippt und der Absprung rechts ausgeführt. Landung auf dem Sprungbein. Im Sprung werden die Füße kurz gekreuzt.

Der Lutz: Absprung rückwärts von der linken Außenkante mit Eintippen der rechten Fußspitze ins Eis. Drehung und rückwärts auf der rechten Außenkante aufsetzen.

Der Salchow: Absprung rückwärts, danach schwingt das Spielbein im Kreisbogen um das andere herum. Landung rückwärts auf dem Schwungbein.

Todesspirale, eine Spiralensequenz und eine Schrittfolge.

Kür

Sie gibt nicht nur den Ausschlag für die Gesamtwertung, sondern ist auch der attraktivste Teil des Wettkampfes.

Als Muster einer Kür gilt das ausdrucksstarke Vortragen technisch höchst schwieriger Elemente in Verbindung mit originellen choreographischen Ideen zu selbstgewählter Musik.

Geforderte Elemente:
Doppelaxel, ein Doppel- oder Dreifachsprung aus Schritten, eine Sprungkombination aus zwei Sprüngen (Doppel/Doppel, Doppel/Dreifach, Dreifach/Dreifach), drei unterschiedliche Pirouetten und zwei Schrittfolgen.

Die Bewertung sämtlicher Elemente – Sprünge, Pirouetten, Schritte und spezifische Paarlaufelemente – basiert auf ihrer choreographischen und musikalischen Wirksamkeit, ihrer Qualität und Schwierigkeit. Das Programm sollte nicht einfach eine Ansammlung gefälliger oder spektakulärer Bewegungen sein, die zur Unterhaltung des Publikums gewählt wurden, sondern eine integrierte Interpretation der gewählten Musik, wobei die Betonung immer noch auf Eis*kunst*lauf liegt.

In bezug auf die A-Note wie auf die B-Note sind die gleichen Schwerpunkte gesetzt wie in der Kurzkür. Abzüge gibt es für unerlaubte Kleidung, bei Stürzen, bei unerlaubten Sprüngen und Hebungen (einschließlich Saltos) sowie Paarlaufelementen, bei Überschreitung der erlaubten Anzahl der Elemente. Die Anzahl der Sprünge ist bei den Damen, Herren und im Paarlauf nicht beschränkt, im Eistanz dagegen sind Sprünge nicht erlaubt. Dreifachsprünge dürfen in gleicher Ausführung nur einmal gezeigt werden, in Verbindung mit anderen Elementen können aber zwei Dreifachsprünge wiederholt werden.

Sprünge

Man unterscheidet im Eiskunstlauf sechs verschiedene Sprünge. Der schwierigste ist der Axel, der nach dem Norweger Axel Paulsen benannt wurde, als leichtester gilt der Toe-Loop (»Zeh-Überschlag«). Ein Engländer erfand den Flip (»kurzer Rundflug«), der Schwede Ulrich Salchow zeigte ebenfalls einen seinerzeit neuen Sprung, der dann nach ihm benannt wurde, den Rittberger kreierte der Deutsche gleichen Namens (Vorname Werner), und auch der Lutz trägt den Namen seines Erfinders. Je nach dem sportlichen Können des Läufers oder der Läuferin werden diese Sprünge mit einer Drehung, mit zwei, drei oder mit vier Umdrehungen gezeigt. Eine Ausnahme stellt der Axel dar, er hat sogar $1\frac{1}{2}$ Drehungen, weil der Absprung aus dem Vorwärtslaufen erfolgt, der Sprung aber mit einer Landung rückwärts endet. Der Doppelaxel hat somit $2\frac{1}{2}$ und der Dreifachaxel $3\frac{1}{2}$ Umdrehungen.

EISTANZ

Der Eistanz ging aus dem Paarlauf hervor, in dem sich mit den Jahren eine stärker tänzerische und eine mehr sportliche Auffassung herausgebildet hatten. 1949 schließlich wurde der Eistanz als eigenständiger Wettbewerb offiziell anerkannt.

Die Regel besagt, daß die Schritte ausschließlich tänzerischen Charakter haben und im Rhythmus der Musik gelaufen werden sollen.

Nicht erlaubt sind Sprünge (mit Ausnahme von fünf niedrigen, kleinen Tanzsprüngen mit maximal einer halben Drehung), Hebungen (außer fünf kleinen, niedrigen Hebungen mit maximal 1,5 Umdrehungen) und Pirouetten mit mehr als drei Umdrehungen. Gestattet sind bis zu fünf Trennungen der Partner mit nicht mehr als zwei Armlängen Abstand und höchstens für die Dauer von fünf Sekunden.

Es sind zwei Pflichttänze ausgeschrieben. Im Originaltanz haben die Tanzpaare ihren Vortrag zu einem vorgegebenen Rhythmus zu absolvieren. Die Gestaltung ihrer Kür obliegt ausschließlich ihrem Ermessen, ihrer Kreativität und ihren Fähigkeiten.

Pflichten der Preisrichter

Richter müssen stets völlig unparteiisch und neutral sein. Sie dürfen weder für noch gegen irgendeinen Eisläufer, aus welchen Gründen auch immer, voreingenommen sein. Sie müssen Applaus oder Mißbilligung seitens des Publikums völlig außer acht lassen. Sie müssen ausschließlich den Vortrag bewerten und dürfen sich weder vom Renommee noch von früheren Leistungen des Läufers beeinflussen lassen. Nach einer Ermahnung darf der Schiedsrichter einen beliebigen Preisrichter ersetzen, der gegen diverse Regeln verstößt.

Curling

Heimat des Curling ist Schottland, Ähnlichkeiten mit Jeu de Boule (Belgien), dem Klootschießen (Deutschland), dem Eisstockschießen (Deutschland und Österreich) und dem Bosseln (Deutschland) sind unverkennbar. Seit Nagano 1998 offizielle olympische Sportart.

Spielgedanke

Auf einer speziell hergerichteten Halleneisbahn (bei Turnieren ist auch Freieis möglich), dem Rink, stehen sich zwei Teams gegenüber. Das Ziel besteht darin, die eigenen Curlingsteine möglichst dichter an den jeweiligen Zielpunkt gleiten zu lassen als der Gegner.

Die Mannschaft

Sie besteht aus vier Spieler/innen (als Skip, Dreier, Zweier und Lead bezeichnet).

Die Spielfläche (Rink)

Gespielt wird auf einem langen, relativ schmalen Feld auf einer glatten, eben Eisfläche. Nahe den entgegengesetzten Enden des Rinks sind je ein Zielkreis – das Haus –markiert.
Damit die Spieler auf dem glatten Eis bei der Abgabe des Steins ausreichend Halt finden (Spikes sind verboten), sind an jeder A-Linie (Foot Line) spezielle Fußstützen (Hacks) eingearbeitet. Vor der näher gelegenen D-Linie (Hog Line) muß der Spieler den Stein losgelassen haben. Die B-Linie (Back Line) hinter dem Zielkreis sollte vom Curlingstein nicht überquert werden, sonst zählt er nicht mehr.
Als vierte Linie gibt es die C-Linie (Tee-Line oder Sweeping-Line), die durch das Zentrum geht. Ab hier darf der Skip den gegnerischen Stein durch Wischen aus dem Haus »ziehen«.

Spielgeräte und Ausrüstung

Der Curlingstein ist einschließlich Griff und Bolzen maximal 19,96 kg schwer, mindestens 11,43 cm hoch und hat einen Umfang von 91,44 cm. Da die Unterseite einen Hohlschliff aufweist, liegt der Stein nur mit einem millimeterbreiten Ring auf, so daß er Unterluft bekommt. Mit einem Besen aus Maisstroh, Natur- oder mit Kunststoffborsten darf das Eis auf der Bahn bis unmittelbar vor dem Mittelpunkt des Zielkreises gewischt werden, wodurch der Stein weiter gleitet. Durch das Wischen läßt sich auch die Richtung des Steins korrigieren, er darf dabei allerdings nicht berührt werden. Von einem Paar *Curlingschuhe* hat der eine Schuh eine glatte Sohle (Gleitsohle), damit der Spieler nach dem Abstoß noch einige Meter gleiten kann, und der andere eine Haftsohle, die dem Spieler einen festen Halt verleiht.

Spielablauf

Jede/r Spieler/in spielt zwei Steine in jedem Durchgang abwechselnd mit seinem/r Gegenspieler/in. Jedes Spiel hat bei Meisterschaften zehn Durchgänge (Ends), denen bei Gleichstand weitere folgen, bis eine Entscheidung herbeigeführt ist. Turniere werden zuweilen auch über acht Ends gespielt.

Die Steinabgabe

Der Spieler gibt dem Stein durch den Abstoß von den Fußstützen und durch seinen Armschwung, die nötige Geschwindigkeit und Richtung. Nach dem Abstoß gleitet der Spieler in einer weiten Ausfallschrittstellung – mit dem Stein in der Hand – selbst über das Eis, muß den Stein aber vor der D-Linie (Hog-Line) loslassen.

Wertung

Punkte gibt es für jeden Stein, der das Haus berührt und dem Zentrum näher liegt als der bestplazierte Stein des Gegners.

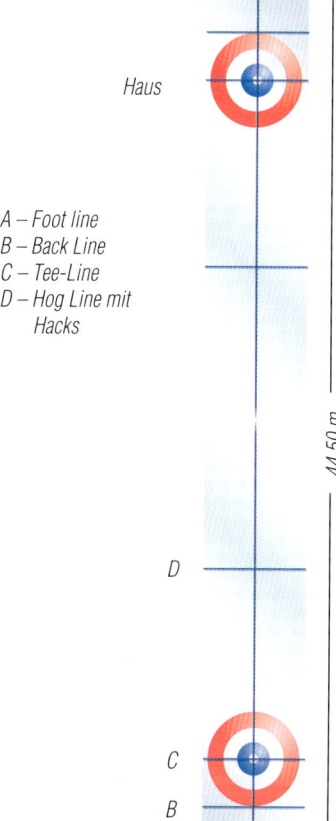

Haus

A – Foot line
B – Back Line
C – Tee-Line
D – Hog Line mit Hacks

44,50 m

D

C
B
A

1,83 m

Sachwortregister

Anschriften der Sportverbände

American Football
American Football-Verband Deutschland e.V.
Haus des Sports
Georg-Brauchle-Ring 93
80992 München
Tel.: 089/157 02–238/239
Fax:089/157 02–237

Badminton
Deutscher Badminton-Verband e. V.
Südstraße 25
45470 Mülheim an der Ruhr
Tel.: 0208/30 82 70
Fax: 0208/358 99

Baseball
Deutscher Baseball- und Softball-Verband e. V.
Feldbergstraße 20–22
55118 Mainz
Tel.: 06131/61 82 50
Fax: 06131/618 50

Basketball
Deutscher Basketball Bund e. V.
Schwanenstraße 6–10
58089 Hagen
Tel.: 02331/106–0
Fax: 02331/106–179

Billard
Deutsche Billard-Union e. V.
Hiberniastraße 17
46240 Bottrop
Tel.: 02041/796 10
Fax: 02041/7961 11

Boxen
Deutscher Amateur-Box-Verband e. V.
Pfannkuchstraße 7
34121 Kassel
Tel.: 0561/10 36 01
Fax: 0561/10 36 02

Curling
Deutscher Curling- Verband e. V.
Menzinger Straße 68
80992 München
Tel.: 089/811 10 55
Fax: 089/814 44 77

Dart
Deutscher Dart Verband
Grünes Tal 4
30982 Pattensen

Eishockey
Deutscher Eishockey-Bund e. V.
Betzenweg 34
81247 München
Tel.: 089/81 82–0
Fax: 089/81 82 36

Eiskunstlauf
Deutsche Eislauf-Union e. V.
Betzenweg 34
81247 München
Tel.: 089/81 82 42
Fax: 089/81 82 46

Eisschnellauf
Deutsche Eisschnellauf-Gemeinschaft e. V.
Menzinger Straße 68
80992 München
Tel.: 089/811 10 55
Fax: 089/814 44 77

Fechten
Deutscher Fechter-Bund e. V.
Am Neuen Lindenhof 2
53117 Bonn
Tel.: 0228/989 05–0
Fax: 0228/67 94 30

Fußball
Deutscher Fußball-Bund
Otto-Fleck-Schneise 6
60528 Frankfurt a. M.
Tel.: 069/678 80
Fax: 069/678 82 60

Golf
Deutscher Golf- Verband e. V.
Postfach 2106
65011 Wiesbaden
Tel.: 0611/990 20–0
Fax: 0611/990 20 40

Handball
Deutscher Handball-Bund
Strobelallee 56
44139 Dortmund
Tel.: 0231/91 19 10
Fax: 0231/12 40 61

Hockey
Deutscher Hockeybund e. V.
Theresienhöhe
50354 Hürth
Tel.: 02233/94 24 40
Fax: 02233/94 24 44

Judo
Deutscher Judo-Bund
Otto-Fleck-Schneise 12
60528 Frankfurt a. M.
Tel.: 069/67 60 13+14
Fax: 069/677 22 42

Karate
Deutscher Karate- Verband
Grabenstraße 37
45964 Gladbeck
Tel.: 02043/298 80
Fax: 02043/29 88 91

Kunstturnen
Deutscher Turner Bund
Otto-Fleck-Schneise 8
60528 Frankfurt a. M.
Tel.: 069/67 80 10
Fax: 069/67 80 11 79

Leichtathletik
Deutscher Leichtathletik- Verband
Alsfelder Straße 27
64293 Darmstadt
Tel.: 06151/77 08–0
Fax: 06151/77 08–11

Pétanque
Deutscher Péthanque-Verband e. V.
Holzgasse 46
53721 Siegburg
Tel./Fax: 0224/030 29–222

Radsport
Bund Deutscher Radfahrer e. V.
Otto-Fleck-Schneise 4
60528 Frankfurt a. M.
Tel.: 069/96 78 00–0
Fax: 069/96 78 00–80

Rhythmische Sportgymnastik
Deutscher Turner Bund
Otto-Fleck-Schneise 8
60528 Frankfurt a. M.
Tel.: 069/67 80 10
Fax: 069/67 80 11 79

Rugby
Deutscher Rugby-Verband e. V.
Ferdinand-Wilh.-Fricke-Weg 2 A
30169 Hannover
Tel.: 0511/147 63
Fax: 0511/161 02 06

Schwimmen
Deutscher Schwimm-Verband e. V.
Korbacherstraße 93
34132 Kassel
Tel.: 0561/940 83–0
Fax: 0561/940 83 15

Segeln
Deutscher Segler-Verband
Gründgensstraße 18
22309 Hamburg
Tel.: 040/632 00 90
Fax: 040/63 20 09 28

Skilauf
Deutscher Skiverband e. V.
Hubertusstraße 1
82152 Planegg
Tel.: 089/85 79 00
Fax: 089/85 79 02 47

Snowboard
ISF Germany
Zitzelsbergerstraße 3
81476 München
Tel.: 089/74 55 73 20
Fax: 089/745 99 50

DSV
Hubertusstraße 1
82152 Planegg
Tel.: 089/85 79 00
Fax: 089/85 79 02 47

Softball
Deutscher Baseball- und Softball-Verband e. V.
Feldbergstraße 20–22
55118 Mainz
Tel.: 06131/61 82 50
Fax: 06131/618 50

Squash
Deutscher Squash Rackets Verband e. V.
Weidenweg 10
47059 Duisburg
Tel.: 0203/31 50 75
Fax: 0203/31 48 13

Taekwondo
Deutsche Taekwondo Union
Georg-Brauchle-Ring 93
80992 München
Tel.: 089/15 70 23 67
Fax: 089/15 70 23 72

International Taekwon-Do Federation
Deutschland e. V.
Malvenweg 27
51061 Köln
Tel./Fax: 0221/63 95 18

Tennis
Deutscher Tennis Bund e. V.
Hallerstraße 89
20149 Hamburg
Tel.: 040/411 78–0
Fax: 040/411 78–222

Tischtennis
Deutscher Tischtennis-Bund
Otto-Fleck-Schneise 12
60528 Frankfurt a. M.
Tel.: 069/69 50 19–0
Fax: 069/69 50 19–13

Volleyball
Deutscher Volleyball-Verband e. V.
Otto-Fleck-Schneise 12
60528 Frankfurt a. M.
Tel.: 069/69 50 00–10
Fax: 069/69 50 01 24

HIGHLIGHTS DER SPORTGESCHICHTE

FESTGEHALTEN IN EINDRUCKSVOLL GESTALTETEN DOKUMENTATIONEN

Eine Fundgrube – nicht nur für Olympia-Fans

Volker Kluge
100 olympische Highlights Sommerspiele
Momentaufnahmen
Athen 1896 – Atlanta 1996
144 Seiten,
160 Duplex-Abbildungen,
gebunden
ISBN 3-328-00678-8

90 Jahre olympischer Wintersport

Volker Kluge
100 olympische Highlights Wintersport
Momentaufnahmen
1908 – 1998
128 Seiten,
141 Duplex-Abbildungen,
gebunden
ISBN 3-328-00757-1

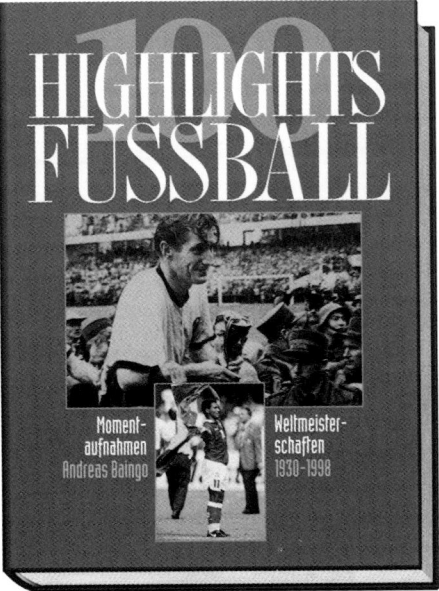

Die erste, einzige und komplette Edition über 50 Jahre Friedensfahrt

Manfred Hönel/
Olaf Ludwig
100 Highlights Friedensfahrt
Momentaufnahmen
zum 50. Jubiläum
128 Seiten,
120 Duplex-Abbildungen,
gebunden
ISBN 3-328-00717-2

100 bewegende Geschichten, die der Fußball schrieb

Andreas Baingo
100 Highlights Fußball
Momentaufnahmen
Weltmeisterschaften
1930 – 1998
128 Seiten,
150 Duplex-Abbildungen,
gebunden
ISBN 3-328-00779-2